Lebensraum AQUARIUM

Text von Peter Hunnam
mit einem Beitrag von
Annabel Milne und Peter Stebbing
Fotos von Jan-Eric Larsson

Übersetzung und deutsche
Bearbeitung von Lothar Seegers

Lebensraum
AQUARIUM

Ein Handbuch der Süß- und
Seewasseraquaristik
Ökologie, Pflanzen, Tiere, Technik

152 Farbfotos
225 ein- und mehrfarbige
Zeichnungen und 2 Karten

Bechtermünz Verlag

Genehmigte Lizenzausgabe für
Verlagsgruppe Weltbild GmbH,
Steinerne Furt, 86167 Augsburg 2002

Umschlaggestaltung: Peter Engel, München
Gesamtherstellung: Offizin Andersen Nexö
Leipzig GmbH - ein Unternehmen der
Union Verwaltungsgesellschaft,
Spenglerallee 26 - 30, 04442 Zwenkau
Printed in Germany
ISBN 3-86047-416-2

Grafische Gestaltung: Roland Thorbjörnsson
Illustrationen: Ulf Söderqvist (Strichzeichnungen); Lennart Molin (Technische Zeichnungen): Tommy Berglund (Seite 153 und 154); Annabel Milne und Peter Stebbing (Seite 61 – 70, farbig gestaltet von Nordbok); Syed Mumtaz Ahmad (Farbtafeln). Fotos: Jan-Eric Larsson, mit Ausnahme der Fotos auf den Seiten 26, 35 und 39 Mitte (Lars-Eric Löfgren) und 39 oben (Roland Thorbjörnsson).

Die Autoren

Der Text mit Ausnahme des 3. Kapitels stammt von Peter Hunnam. Als Ozeanologe und wissenschaftlicher Taucher hat er sich vor allem mit der Einrichtung und Organisation von Aquarien befaßt und den Bau des Qatar National Museum Aquariums geleitet. Daneben galt sein Interesse der Entwicklung von Unterwasser-Schutzgebieten und großen Schauaquarien. Bei der Arbeit an diesem Buch wurde er unterstützt von Valerie Joscelyne, die als Biologin Erfahrungen in der Planung und Ausstattung von Aquariensystemen besitzt.
Annabel Milne und Peter Stebbing haben den Text für Kapitel 3 zuammengestellt und geschrieben und die Seiten 61 bis 70 illustriert. Nach zeichnerischen und zoologischen Studien haben sie über 40 Bücher ebenso wie wissenschaftliche Zeitschriften illustriert. Ihr besonderes Interesse gilt den Fischen und dem Lebensraum Wasser.

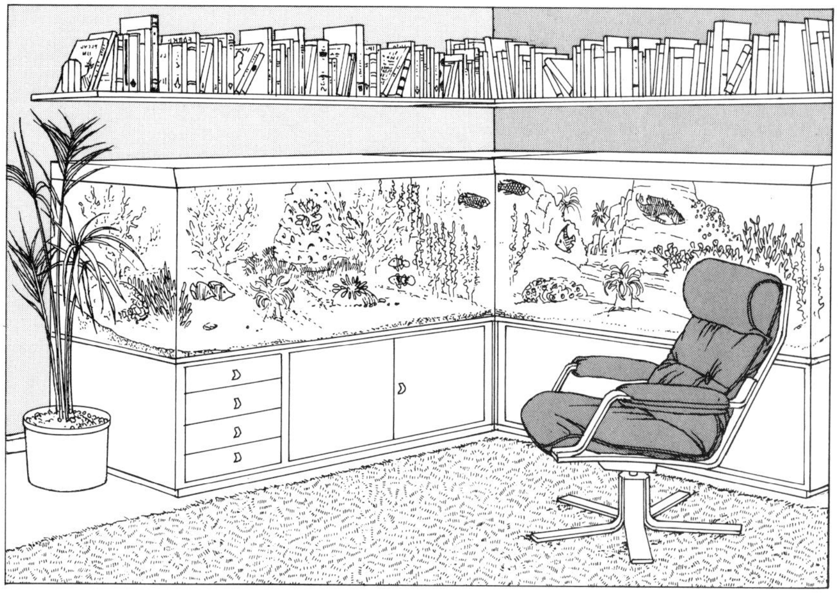

Der Fotograf

Jan-Eric Larsson fotografiert seit zehn Jahren Aquarienfische. Als erfahrener Aquarianer ist er Mitglied in verschiedenen Aquarien-Vereinigungen, in denen seine fotografischen Fachkenntnisse besonders geschätzt sind.

Inhalt

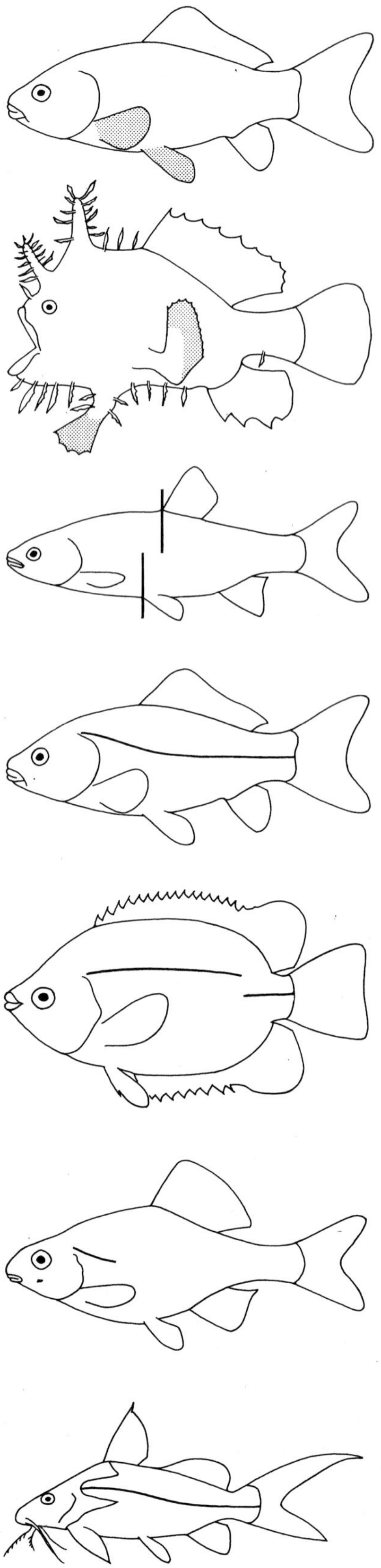

Vorwort

Von den meisten Menschen werden die Gewässer in der Natur nur als glitzernde Wasserfläche oder als undurchdringbarer Spiegel der Wolken wahrgenommen. Die riesigen Weiten des Meeres, die wunderbare Vielfalt der Lebensgemeinschaft eines Korallenriffes oder eines tropischen Flusses, die geheimnisvolle Tiefe eines Sees unserer Breiten oder eines Bergbaches, das geschäftige Treiben in einem kleinen Teich, alles dies bleibt in der Regel außerhalb des Erfahrungsbereiches der Menschen. Und dies, obgleich zwei Drittel unserer Erde von derartigen Lebensräumen eingenommen werden. Die Erde ist weithin von Wasser bedeckt, das ihre Landschaft formt, das Klima regelt, und vor allem das Medium ist, in dem das Leben seinen Anfang nahm und sich über Millionen von Jahren hinweg entwickelte.

Das Aquarium liefert einen Berührungspunkt zwischen uns als Landlebewesen und der Welt der Wasserbewohner. Es ist von seiner Größe her noch gut zu handhaben, es kann eingerichtet und in einem gewissen gesunden Gleichgewicht gehalten werden, unabhängig von jedem natürlichen Gewässer. Andererseits ist es relativ einfach und überschaubar um einigermaßen verstanden zu werden. Dennoch ist es ein lebendiges, vielfältiges System, das die wirklichen Vorgänge eines natürlichen aquatischen Systems deutlich wiedergibt. Durch die Scheiben des Aquariums lassen sich die Lebensvorgänge und Bedürfnisse von Unterwasserlebewesen leicht verfolgen und man kann ihre Lebensäußerungen, ihr Verhalten und ihr Zusammenleben gut beobachten und sich daran erfreuen.

In diesem Buch geht es vor allem darum, dem Aquarianer die Grundlagen für seine Arbeit aufzuzeigen. Viele Aquarien werden schlecht gepflegt, entweder im Hinblick auf die Bedingungen unter denen die Bewohner gehalten werden oder was den gesamten äußeren Eindruck betrifft. Wer ein Aquarium plant oder einrichtet, sollte sich vorher überlegen was er zu tun beabsichtigt. Es ist unsinnig, überstürzt vorzugehen, sich eine Menge Einrichtungsgegenstände für ein Aquarium anzuschaffen, alles zusammen zu mischen und ein solches Ergebnis aufs Geratewohl zu pflegen. Vielmehr sollte bei der Planung, Ausrüstung, der Einrichtung und Pflege jeder Schritt sorgfältig geplant werden. Ein gut überlegtes Vorgehen ist für jedes Aquarium entscheidend, sei es groß oder klein, ein Heimaquarium oder ein öffentliches Schaubecken, ein Aquarium als Wohnzimmerschmuck oder ein funktionelles Becken.

Das wesentliche an einem Aquarium besteht in erster Linie darin, für eine besondere Gruppe von Lebewesen einen geeigneten Lebensraum zu schaffen, erst in zweiter Linie kommt hinzu, daß diese Lebensgemeinschaft einem Zuschauerkreis dargestellt werden soll. Diese Grundprinzipien sollte man sich stets vor Augen führen, gleichgültig ob das Aquarium pädagogischen Zwecken, der reinen Unterhaltung oder wissenschaftlicher Forschung dienen soll. Deshalb ist es auch wichtig, die Bedingungen zu kennen, unter denen man bestimmte Verhältnisse in einem Aquarium erzielen kann.

Aus diesem Grund behandelt Kapitel 1 die Ökologie der natürlichen Lebensräume, der Heimat der Wasserpflanzen und Wassertiere. Diese Lebewesen werden dann einzeln in den Kapiteln 2 und 3 vorgestellt. Die Eigenart ihrer Lebensräume und die Art und Weise wie ihr Dasein von den verschiedenen Umweltbedingungen geformt wird, zeigen an, welche Umgebung wir jeder Art bieten müssen. Im Grunde ist das Aquarium eine Nachbildung dieser natürlichen Umweltbedingungen, oder sollte es wenigstens sein. Kapitel 4 zeigt auf, durch welche Vorgänge das Gleichgewicht dieser künstlichen Umgebung beeinflußt wird und erläutert die Wechselbeziehungen zwischen den Wasserlebewesen und ihrer Umwelt. Es handelt von den wesentlichen physikalischen Einflüssen und den chemischen Grundlagen des Lebensraumes Aquarium, sowie von den biologischen Faktoren, wie zum Beispiel der Wirkung des Kohlendioxids auf den Sauerstoffgehalt, des Säuregehalts auf die Giftigkeit des Ammoniums und der Pufferwirkung von Bicarbonaten auf die Wasserhärte.

Die meisten Organismen können, besonders wenn sie ausgewachsen sind, in einem relativ breiten Spektrum verschiedener Umweltbedingungen leben. Diese Toleranzbreite ist eine gute Anpassung an die unterschiedlichen Qualitäten vieler natürlicher Lebensräume. Daher können sich zahlreiche Süßwasserfische an relativ große Abweichungen des Salzgehaltes oder der Temperatur anpassen, wenn diese allmählich auftreten. Dennoch sollen sie im Aquarium ja nicht nur soeben überleben, sondern ihre volle Gesundheit und ein langes Leben zeigen, und es soll ein stabiler Lebensraum erhalten bleiben. Wenn sich ein Lebewesen an Umweltveränderungen anpassen muß, unterliegt es in dieser Zeit größerem Streß, und solche Streßbedingungen führen zu Krankheit und Tod.

Die entscheidenden Aufgaben von aquatischen Lebensgemeinschaften, sowohl in der Natur als auch im Aquarium, und die Rolle ihrer einzelnen Komponenten werden ebenfalls in den Kapiteln 1 und 4 besprochen. Außer den Tieren und Pflanzen gibt es noch eine weitere wichtige Komponente im Aquarium, nämlich die Mikroorganismen, die von organischem Detritus, Schwebe- oder Sinkstoffen, oder von stickstoffhaltigen Stoffwechselprodukten leben. Viele Lebensformen wachsen und vermehren sich in einem Aquarium ohne große Schwierigkeiten. Dazu zählen nicht nur die Arten, die zur Schau gestellt werden, sondern vor allem die kaum sichtbaren Mitbewohner: Einfache Algen, Mikroorganismen und sogar Pilze können sich außerordentlich rasch vermehren, wenn Nahrungsangebot, Siedlungsmöglichkeiten, Licht und Temperatur ihnen zusagen. Wenn man diese dynamischen Verhältnisse im Aquarium erfaßt hat, kann man Veränderungen im Laufe der Zeit in den Griff bekommen und den jeweiligen Erfordernissen anpassen.

Die Aquarientechnik wird etwas ausführlicher vorgestellt, wobei dem Aquarianer aufgezeigt wird, mit welchen Hilfsmitteln er ein aquatisches System – innerhalb gewisser Grenzen natürlich – erhalten kann. Außer der Aufzählung der verfügbaren

Aquarienzubehörteile und ihrer Funktionsweise erläutert Kapitel 5 wie sie zu Systemen zusammengestellt werden können, deren endgültige Installation und Behandlung die Kapitel 6 und 7 abhandeln.

Der Anfänger sollte durch die ausführliche Beschreibung der Einzelelemente eines Aquariensystems und wie man sie am zweckmäßigsten zum Einsatz bringt, zu Vergleichen ermutigt werden. Vor- und Nachteile sowie die Anwendung verschiedener Typen von Ausrüstungsgegenständen werden untersucht und sollen so den Leser in die Lage versetzen, die theoretischen Informationen unter seinen jeweiligen besonderen Erfordernissen in die Praxis umzusetzen. Ein Anfänger sollte dabei sein Augenmerk auf die Grundprinzipien richten und sich nicht durch die Vielfalt der Möglichkeiten, die sein neues Hobby bietet, verwirren lassen. Am Anfang sollte man sich lieber beschränken und die Artenvielfalt gering halten sowie einfachere Arten pflegen und sich nicht zuviele Geräte anschaffen. Vielmehr sollte die Einrichtung und Aufstellung des Aquariums einen leichten Überblick über die kleine Wasserwelt ermöglichen, damit man sich zu Beginn seines Hobbys Aquaristik am ersten Eindruck der Unterwasserwelt auch wirklich erfreuen kann.

Wenn man sein Aquarium mit Erfolg betreiben möchte, so muß man sich mit wissenschaftlichen, technischen und auch künstlerischen Fragen auseinandersetzen. In diesem Buch wird stets darauf hingewiesen, welch weites Feld hier den fortgeschrittenen Aquarianer zur Beschäftigung einläd. Darunter ist beispielsweise die Möglichkeit, Aquarien so einzurichten, daß bestimmte biologische Themen entsprechend dargestellt werden. Viele der Einrichtungsbeispiele, die besonders in Kapitel 4 dargestellt werden, umfassen eine sehr unterschiedliche Gemeinschaft von Organismen: Wirbellose, Fische und Pflanzen. Außer daß sie das Konzept einer natürlichen Lebensgemeinschaft unterstreichen, zeigen sie, wie verschiedenartigste Lebewesen sich zu einer Aquarieneinrichtung ergänzen. Der Spezialist kann mit seinen Kenntnissen auch wesentlich eingehendere Versuche anstellen, beispielsweise mit einer einzelnen Art. So kann eine Aquarieneinrichtung gezeigt werden, bei der Schwimmpflanzen dazu benutzt werden, die Vielfalt der Blattformen und ihre Art und Weise des Wachstums darzustellen, wobei sie sowohl von oben als auch unterhalb der Wasseroberfläche beobachtet werden können und sich schließlich verschiedene Wurzelsysteme in Bezug auf Größe und Nährsubstrat untersuchen lassen.

Viel zu oft wird in den Aquarien auch die Gestaltung des Innenraums vernachlässigt. Das Buch betont ständig die Wechselwirkung zwischen den Wasserlebewesen und ihrer Umwelt – der Notwendigkeit etwa, sich an bestimmte Substrate anzuheften, Verstecke aufzusuchen oder schattige Plätze, ruhiges oder bewegtes Wasser usw. Solche Zusammenhänge sind in der Natur oft wesentlich, sie garantieren beispielsweise eine größtmögliche Überlebenschance wenn ein bodenlebendes Tier einen Platz auswählt, um sich dort anzusiedeln oder abzulaichen. Die meisten Arten sind jedoch noch so flexibel, daß unterschiedliche Orte genutzt werden können. Wenn man diese Erfordernisse beachtet, lassen sich recht wirklichkeitsgetreue Aquarieneinrichtungen gestalten.

Während der Aquarianer eine Verantwortung dafür trägt, die biologischen Bedürfnisse eines Lebewesens in Gefangenschaft zu erfüllen, so kann er sich demgegenüber darin frei fühlen, das Innere eines Aquariums nach seinen Vorstellungen zu gestalten. Aus der Fähigkeit der meisten Arten sich anpassen zu können, ergibt sich die Möglichkeit, das Aquarium nach eigenen Wünschen einzurichten. Der Aquarianer kann mit außergewöhnlichen Natursubstraten experimentieren, wie mit optisch auffallendem künstlichem Material, besonders mit transparentem Kunststoff. Auf die Größe des Aquariums und auf Einrichtungsdetails kommt es dabei sehr wesentlich an, wie etwa bei einem Aquarium mit kleinen bodenlebenden Wirbellosen: Die Ausmaße und die Form des Beckens und der Sichtscheibe müssen der Feinheit des Substrats ebenso entsprechen wie der Ausstattung des Raumes, in dem das Aquarium steht. Weil die Arten in enger Bindung an den Boden leben, ist es wichtig, daß die Inneneinrichtung und Beleuchtung in enger Beziehung zur Sichtscheibe angeordnet werden. Höhlen, Vorsprünge und Bodenflächen sollten der Sichtscheibe gegenüber angeordnet sein, so daß ihre Bewohner gut zu sehen sind. Sogar grabende Tiere oder im Boden befindliche Lebewesen kann man mit etwas Überlegung und Einfühlungsvermögen erkennbar werden lassen. Es gibt wirklich kaum Grenzen für die Vielfalt der Aquarientypen und Inneneinrichtungsmöglichkeiten oder angesichts der verschiedenen Wasserlebewesen, die erfindungsreich und informativ ausgestellt werden können.

Die Aquarienbeleuchtung ist ein weiterer, meist unterschätzter Faktor für den experimentierfreudigen Aquarianer. Abgesehen vom Lichtbedarf der Pflanzen zur Photosynthese und dem Licht, das viele Tiere zur Orientierung und normalen Entwicklung benötigen, kann das Aquarium auf alle mögliche Art und Weise beleuchtet werden, damit es auch optisch gut aussieht. Licht und Beleuchtungssysteme werden in den Kapiteln 4 und 5 ausführlich besprochen.

Alle Aquarien bringen dem an Land lebenden Menschen die vielfältigen Zusammenhänge zwischen den Unterwasserlebewesen und ihren Lebensvorgängen näher. Es ist möglich, in kühleren Klimabereichen eine Aquarieneinrichtung mit Fischen eines Tropenflusses zu gestalten, oder eine Gemeinschaft von Seewasserlebewesen tausende von Kilometern von der Küste entfernt im Binnenland zu pflegen. Ein besonders interessanter Aquarientyp könnte beispielsweise einen Wasserlebensraum nachbilden, den man in der Natur nicht so leicht beobachten kann. Ein extremes Beispiel wäre die Zusammenstellung von Tieren eines unterirdischen Wasserlaufes – normalerweise für uns unerreichbar, wenn man von Fotos oder konservierten Tieren absieht oder von ein paar unerschrockenen Höhlentauchern. In ähnlicher Weise kann man die Fauna von trüben Flüssen in einem Aquarium verdeutlichen. In

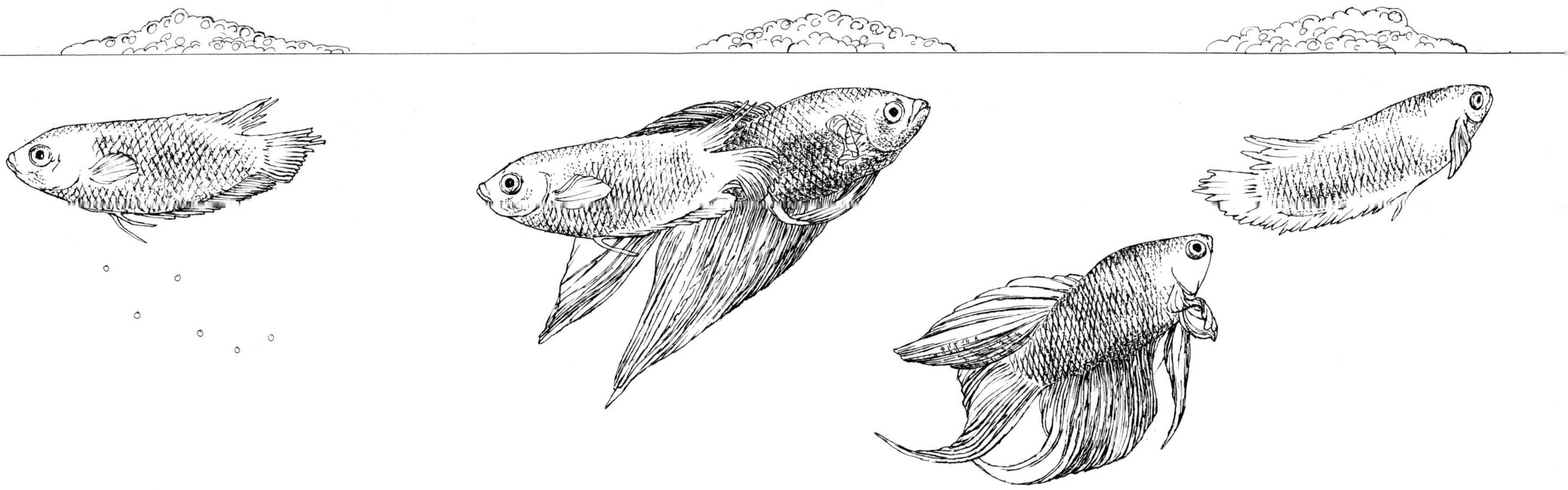

diesen Fällen muß die Beleuchtung sorgfältig installiert werden. Aber mit den entsprechenden Hilfsmitteln lassen sich viele der charakteristischen Merkmale solcher Lebensräume nachahmen, wobei sie den spezialisierten Lebewesen die Möglichkeit geben fast normal zu leben während man sie beobachtet.

Wie schon betont, stellen Aquarien hervorragende Möglichkeiten dar, den Menschen stärker auf das Leben im Wasser aufmerksam zu machen. Ich glaube, in dieser Hinsicht der beste Aquarientyp ist derjenige, der auf möglichst natürliche Weise funktioniert und eine naturgetreue Zusammenstellung von Arten aus dem gleichen oder einem ähnlichen Lebensraum enthält. Es ist bedauerlich, wenn der Aquarianer nicht den Versuch unternimmt, gefangene Tiere mit ihren wildlebenden Partnern in Bezug zu setzen und gemeinsam zu pflegen und sie so als lebende Komponenten des ökologischen Systems zu betrachten, aus dem sie stammen, sowie ihre biologischen Besonderheiten unter diesem Gesichtspunkt zu beobachten. Es mag schon wahr sein, daß viele Aquarianer sich nie Gedanken um die Herkunft der Lebewesen machen, die sie im örtlichen Zooladen gekauft haben und die dann im Wohnzimmer gepflegt werden.

Ich habe versucht dieses Mißverhältnis dadurch geradezurücken, daß ich den Aquarianer dazu ermutige, Beobachtungen in der Natur anzustellen und solcherart gewonnene Informationen oder Eindrücke dazu zu verwenden, um möglichst naturgetreue Einrichtungen mit den entsprechenden Arten zu gestalten, die – soweit möglich – sogar vom Aquarianer selbst gefangen werden sollten.

Allerdings ist hier daran zu erinnern, daß der Aquarianer auch gegenüber der Natur Verantwortung hat. Natürliche Lebensräume und freilebende Lebensgemeinschaften sind oft gegenüber Eingriffen durch den Menschen sehr empfindlich. Sie können seltene oder isolierte Einzelbeispiele darstellen oder besonders instabil sein und beispielsweise unfähig, Störungen durch Verschmutzungen, durch Überfischen oder Sammeln, sowie durch andere menschliche Eingriffe, wieder auszugleichen.

Ein guter Aquarianer zu sein bedeutet mehr als nur gelegentlich nach seinem Aquarium zu sehen. Eine der merkwürdigsten Eigenschaften eines Aquariums besteht darin, daß es mehr Fragen über das Leben unter Wasser aufwirft, als dazu Antworten zu geben. Der Aquarianer sollte aufgrund der zu Hause gewonnenen Beobachtungen ermutigt werden, über das Aquarium und den Zooladen hinaus, die wirkliche Natur zu erforschen und er sollte das Leben der freilebenden Geschöpfe und die Ökologie aquatischer Lebensräume zu erfassen versuchen. Durch eigene Beschäftigung in und mit der Natur oder durch die Beschäftigung mit den Naturwissenschaften kann der Aquarianer die Heimat der Lebewesen und ihre natürliche Verbreitung erforschen, und herausfinden, ob sie selten sind, schließlich auch ihre Lebensräume und ihre Beziehung zu anderen Arten kennenlernen. Zusätzlich zu diesen ökologischen Faktoren kann derjenige, der sich ernsthaft mit seinen Pfleglingen beschäftigt, mehr über die Evolution der Organismen lernen, über das Warum und Wieso ihres Körperbaus und ihrer Färbung.

Aus allen diesen Dingen lassen sich wertvolle Erkenntnisse gewinnen, die einen Aquarianer in seinen Bemühungen fördern, Aber das weitergehende dahinterstehende Ziel ist es, ein besseres Leben für den Menschen zu erreichen, indem sich dieser stärker der natürlichen Umgebung bewußt wird, in der er lebt, den Gefahren der Umweltverschmutzung und -zerstörung und den Erfordernissen, die viele Arten haben um auf unserer Erde zu gedeihen und sogar nur zu überleben. Am Aquarium läßt sich erkennen, welche geringfügigen Faktoren bereits ausreichen können um ein intaktes ökologisches System zu zerstören. Ein für diese Zusammenhänge offener Aquarianer wird sich auch an der Schönheit der Geschöpfe aus der freien Natur erfreuen. Da gibt es eine verblüffende Vielfalt, und jede Tier- oder Pflanzenart ist auf ihre Weise perfekt. Jede hat sich als lebende Einheit in ihrer eigenen speziellen Umwelt entwickelt. Wenn er sich ernsthaft darum bemüht einen entsprechenden Lebensraum für eine bestimmte Gruppe von Wasserlebewesen zu schaffen, gewinnt der Aquarianer eine kostenlose Einsicht in die Gesetzmäßigkeiten und Wunder ihres Lebens.

1 Die Lebensräume in der Natur

Das wesentlichste Element des Aquariums ist das Wasser. Zugleich ist es der Stoff mit der größten Bedeutung für das gesamte Leben auf unserer Erde überhaupt – für alle Lebensprozesse von Pflanze und Tier wird Wasser benötigt. Wenn wir Süß- und Seewasser zusammennehmen, finden sich auf unserem Planeten grob gesehen rund 1500 Millionen Kubikkilometer Wasser, eine unvorstellbare Menge. Damit ergibt sich eine unendliche Vielfalt an Lebensräumen für die unterschiedlichsten Lebensgemeinschaften, von denen der Aquarianer die wichtigsten kennen sollte.

Das Wasser

Wasser ist eine bestens bekannte anorganische Verbindung (anorganisch bedeutet, daß kein Kohlenstoff enthalten ist). Die kleinste Einheit des Wassers ist ein Molekül, das aus einem Atom Sauerstoff und zwei Atomen Wasserstoff besteht, die aufgrund elektrischer Ladungen miteinander verbunden sind. Diese Moleküle befinden sich in ständiger Bewegung, wobei ihre Geschwindigkeit von der Temperatur abhängig ist. Elektrische oder andere Anziehungskräfte wirken auf sie ein, jedoch umso schwächer, je schneller die Bewegung des Moleküls ist. Daher verlangsamen sich die Moleküle normalerweise wenn sich eine Substanz abkühlt und bilden Aggregate, wobei sie zunehmend dichter werden, so daß die Substanz schließlich ihren Zustand ändert: Von der Gasform, bei der die Moleküle sich mit relativ großer Freiheit bewegen, zur Flüssigkeit und schließlich zur festen Form, bei der die Moleküle zu einer festen Struktur zusammentreten.

Die physikalischen Eigenschaften des Wassers

Vereinfacht gesehen kommt Wasser in drei Zustandsformen vor: Als Flüssigkeit, als festes Eis und als gasförmiger Wasserdampf. Nur die erstgenannte Form kommt in dieser unendlichen Vielfalt unter den bei uns herrschenden Bedingungen – insbesondere den Temperaturverhältnissen – vor, enthält Salz und ist ein Lebenselement. Aber auch im flüssigen Zustand sind die unterschiedlichsten Eigenschaften des Wassers – in Abhängigkeit von der Temperatur – von großer Bedeutung für seine Eignung als Lebensraum. Eine spezielle Eigenschaft des Wassers ist beispielsweise die, daß es sich etwas ausdehnt wenn es gefriert, so daß das Eis spezifisch weniger dicht und damit leichter als das flüssige Wasser ist. Daher schwimmt Eis bekanntlich. Wasser hat noch einige andere bemerkenswerte Qualitäten, die hauptsächlich durch die Form und Bestandteile seiner Moleküle bedingt sind.

Wasser als Lebenselement

Von allen bekannten Flüssigkeiten hat Wasser die größte spezifische Wärme (das ist der Betrag an Wärme, der notwendig ist, um seine Temperatur in bestimmtem Umfang ansteigen zu lassen), die größte latente Wärmeverdunstung (der Betrag an Wärme, der notwendig ist, um es zur Verdunstung zu bringen) und – mit Ausnahme von Quecksilber – die größte Wärmeleitfähigkeit (der Betrag an Wärme,

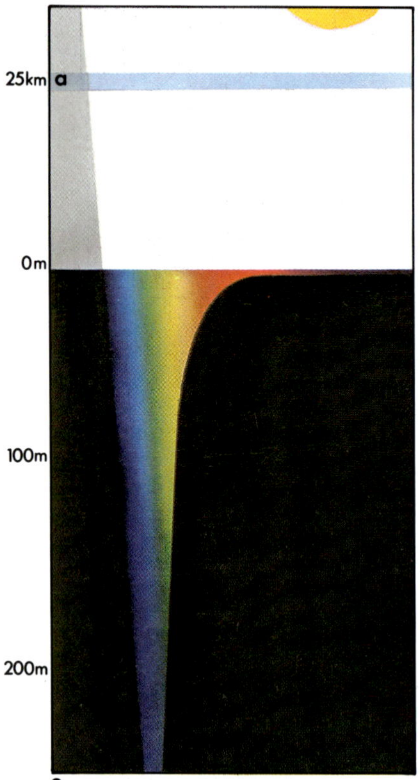

2

1 Die Sonnenenergie ist für nahezu alle Lebewesen unerläßlich und eine Grundbedingung für die Photosynthese. Auch der Wasserkreislauf auf unserer Erde hängt von der Sonne ab, denn sie läßt das Wasser verdampfen und ist für die Entstehung der Winde verantwortlich, die den Wasserdampf über das Land tragen, wo er als Regen oder Schnee wieder zur Erde fällt. Auf dem Land verdunstet der Niederschlag entweder, fällt unmittelbar in Flüsse und Seen, fließt über dem Boden in Strömen ab oder er sickert durch den Bodengrund, um sich im Grundwasser anzusammeln. Schließlich findet er seinen Weg wieder ins Meer zurück.

2 Wenn die Sonnenstrahlen die Erdatmosphäre erreichen, werden sie teilweise von der Ozonschicht (a) absorbiert, dann aber auch von der eigentlichen Atmosphäre. Wenn das Licht die Meeresoberfläche erreicht, wird es noch weiter absorbiert und violett und rot, die Wellenlängen an den Enden des Spektrums, verlieren sich zuerst. Obwohl blau-grüne Wellenlängen weiter eindringen, findet unterhalb von 100 m keine Photosynthese mehr statt.

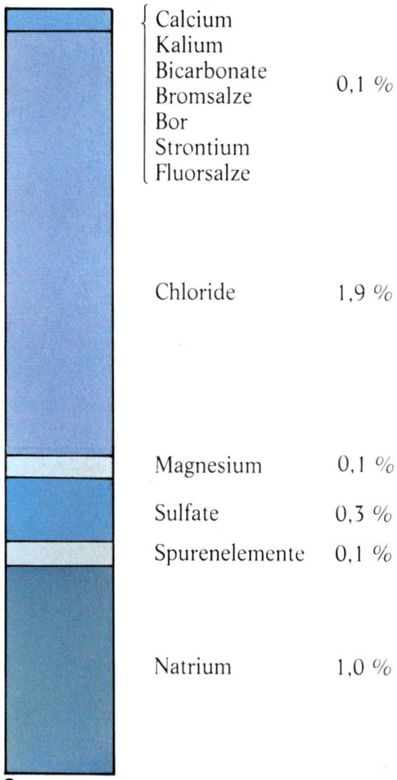

3

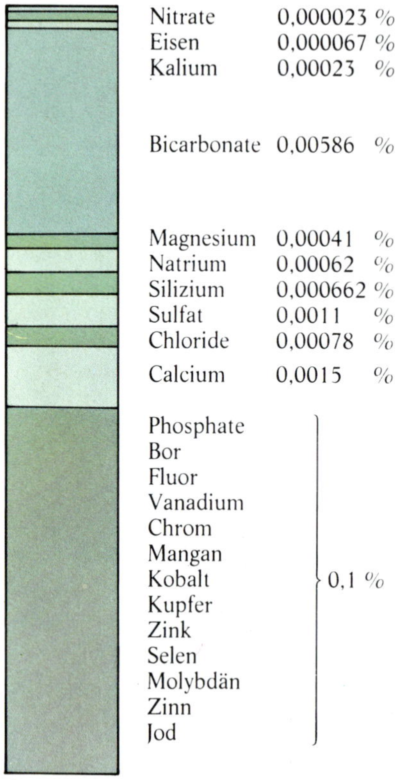

4

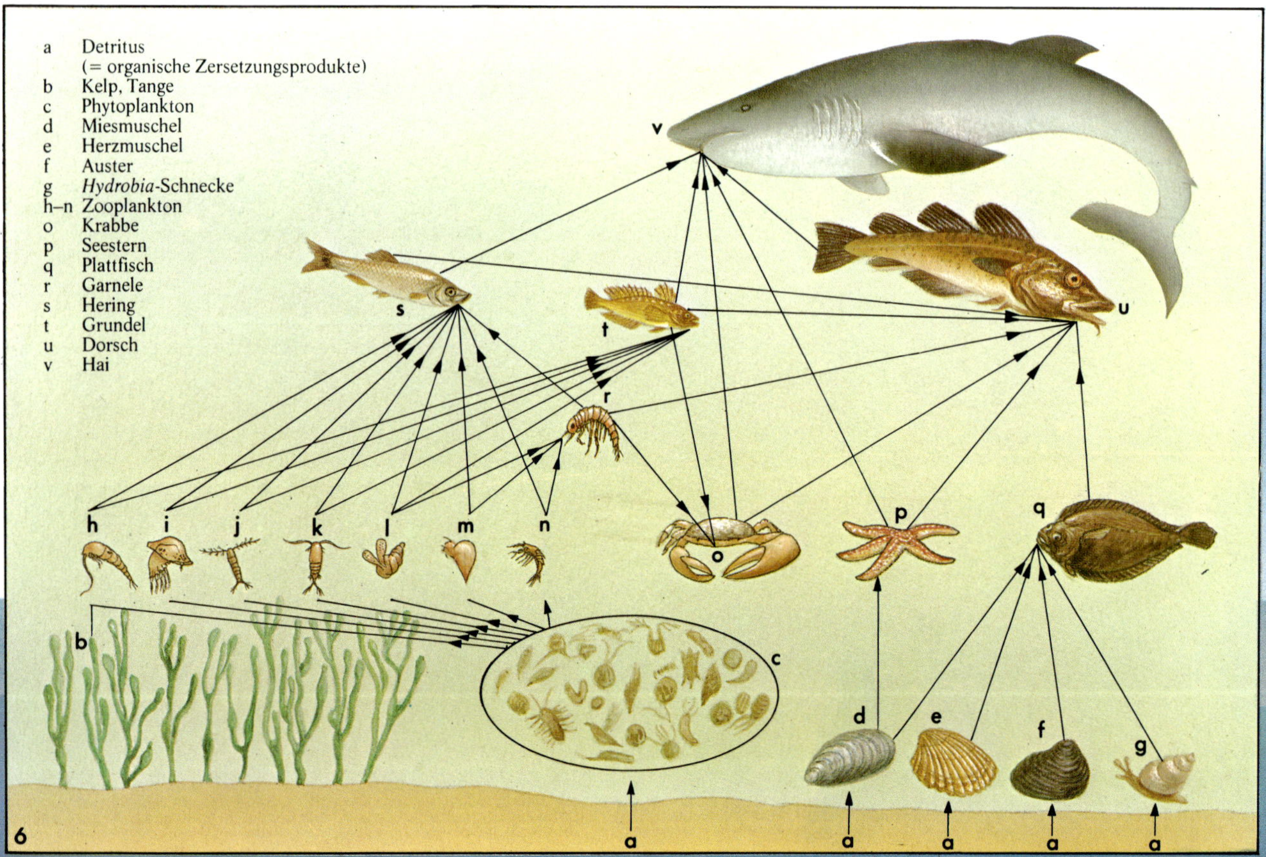

6

1

Aus diesem Grund ist es lebensnotwendig, daß die Nährstoffe aus der Tiefsee zur Oberfläche hochbefördert werden, wo das Sonnenlicht das Phytoplankton und die Algen erreichen kann.

3 Diese Säule gibt die 3,5 Prozent Seewasser an, die nicht reines Wasser (H_2O) sind. Natrium und Chlor machen als gewöhnliches Salz über 85 % der im Seewasser enthaltenen Substanzen aus.

4 Süßwasser ist arm an anorganischen Ionen, aber es variiert bezüglich des Gehaltes der darin gelösten Elemente. Die Säule stellt die im Durchschnitt 0,02 % des Süßwassers unserer Erde dar, die kein reines Wasser sind.

5 Ein Nahrungsnetz in einem Süßwassersee gemäßigter Breiten. Wenn der See klein ist und nicht genügend Sonnenlicht seine Oberfläche erreicht, dann kann das organische Material wichtig werden, das die Ufergemeinschaften liefern.

6 Das Nahrungsnetz des Meeres hängt wesentlich stärker von der direkten Photosynthese der Algen und Pflanzen ab als dies bei einem Süßwassernahrungsnetz der Fall ist.

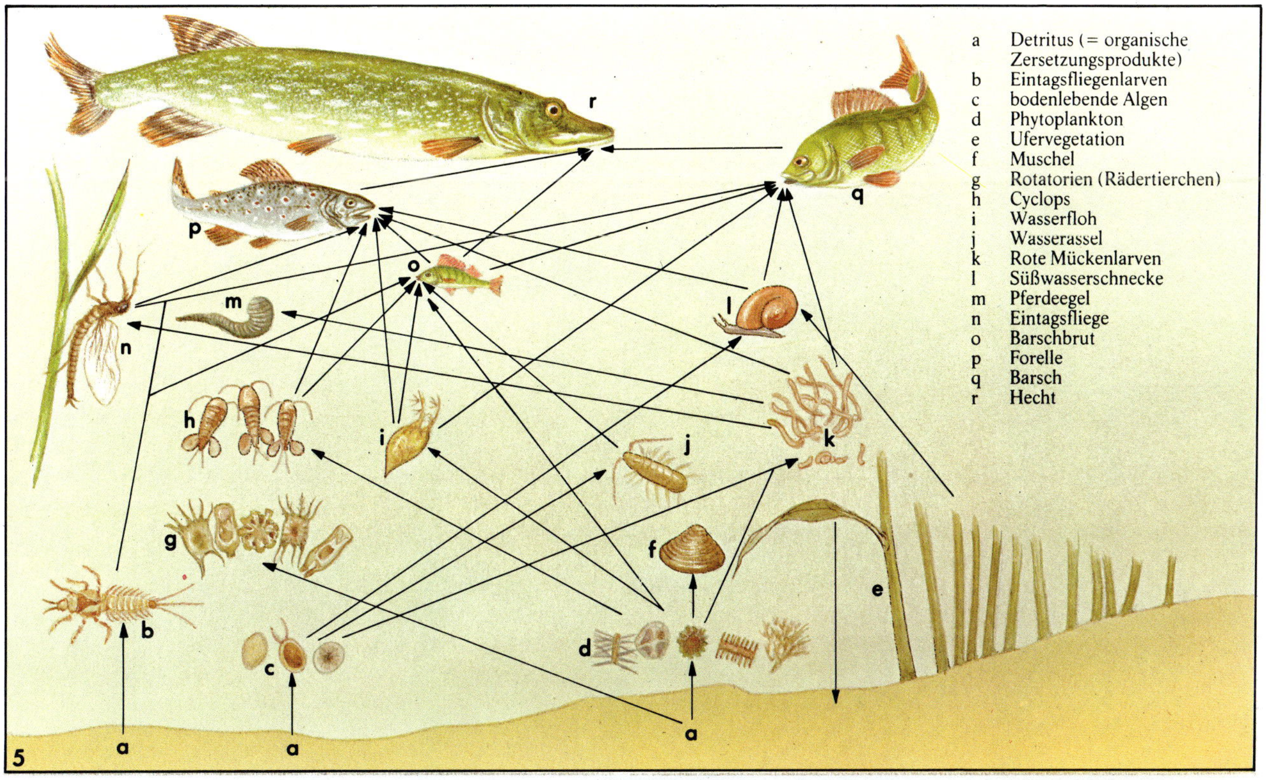

den das Wasser weiterleiten kann). Diese Eigenschaften bewirken, daß enorme Mengen an Wärmeenergie, die das Sonnenlicht liefert, in den Ozeanen der Erde und in der Atmosphäre gespeichert werden. Ihre riesigen Wassermassen werden in geringem Temperaturwechsel von Jahreszeit zu Jahreszeit, von Tag zu Tag und sogar von Stunde zu Stunde langsam erwärmt oder abgekühlt. Aus dem gleichen Grund ist der Temperaturbereich im Wasser (von etwa −2 °C bis 40 °C) geringer als derjenige auf dem Land (von etwa −70 °C bis 60 °C).

Wasser kann nahezu alles lösen, und gelöste Stoffe neigen dazu, im Wasser in Lösung zu bleiben. Das beruht auf einer weiteren Eigenschaft, die beim Wasser ausgeprägter als bei jedem anderen Stoff ist, nämlich auf seiner Dielektrizitätskonstante oder seiner Isolierfähigkeit. Die geladenen Teilchen oder Ionen eines bestimmten Stoffes werden dadurch voneinander getrennt und davon abgehalten, sich wieder zu vereinigen. Für das Leben auf unserer Erde hat dies ganz entscheidende Konsequenzen, denn alle chemischen Umwandlungsprozesse in lebenden Organismen finden zwischen Stoffen statt, die in Wasser gelöst sind. Als Flüssigkeit oder Dampf ist Wasser höchst beweglich. Der globale Wärmeaustausch durch Meeresströmungen und in der Feuchtigkeit der Atmosphäre ist ein grundlegendes Kennzeichen für die Klimate unserer Erde. Gleichermaßen lebenswichtig ist der Transport von gelösten Stoffen oder Schwebstoffen und von treibenden oder schwimmenden Organismen. Diese Vorgänge beeinflussen die Lebensvielfalt im Wasser und die Lebensräume an Land innerhalb unserer Biosphäre. Die Photosynthese und Atmung der Pflanzen, die Bewegung, Nahrungsaufnahme, Atmung, Fortpflanzung der Tiere und die Verbreitung ihrer Nachkommen, alles dies hängt vom Medium Wasser ab.

Licht und Wärme im Wasser

Sonnenlicht dringt durch die verschiedenen Schichten der Atmosphäre, durch eine Wolkendecke oder ein Pflanzendach um auf die Oberfläche eines Gewässers aufzutreffen. Der Anteil des Lichtes, der diese Wasseroberfäche erreicht, hängt vom Breitengrad, der Jahres- und Tageszeit und dem Wetter ab. Am Äquator durchdringen die Sonnenstrahlen eine geringere Atmosphärenschicht und sind deshalb intensiver als an den Polen. Zudem übersteigt die Reflexion an der Oberfläche den Anteil des Lichtes, der in das Wasser eindringt. Oberflächenbewegung durch Wellen und Luftblasen reflektiert bis zu einem Drittel des einfallenden Lichtes.

Wenn das Licht durch das Wasser dringt, wird es absorbiert und gestreut. Dies geschieht sowohl durch die Wassermoleküle als auch durch alle gelösten Stoffe oder schwebenden Partikel. Letztere können Sand, Schlamm oder Organismen wie beispielsweise Algen sein. Diese Verschmutzung ist von Gewässer zu Gewässer sehr unterschiedlich und variiert gleichermaßen mit der Turbulenz und der Geschwindigkeit der Wasserströmung. So enthalten vor allem überschwemmte Flüsse und Küstengewässer während der Winterstürme große Mengen an Schwebstoffen und sind sehr trübe. Es kommt hinzu, daß einige der Farben, die in ihrer Gesamtheit das für unsere Augen »weiße« Sonnenlicht ergeben, schneller als andere an Intensität abnehmen. Blaugrünes Licht reicht am weitesten ins Wasser hinab, doch auch dieses verschwindet bei einer größeren Tiefe als etwa 100 m, von wo ab jedes Pflanzenwachstum deshalb unmöglich wird.

Die schnelle Absorption von Sonnenstrahlen hat zur Folge, daß Wärmeenergie, die auch eine Form der Strahlung ist, nicht weiter als ein paar Meter in ein Gewässer eindringen kann. Die Änderung der Wassertemperatur mit der zunehmenden Tiefe ist eine wichtige Eigenschaft von Seen und Teichen. Wenn das Wasser von der Sonne erwärmt wird, nimmt das Oberflächenwasser eine geringere Dichte ein und der Wasseraustausch zwischen der Oberfläche und den tieferen Bereichen wird herabgesetzt, wodurch im Wasser deutliche Schichten entstehen. Diese Schichtung bleibt bestehen solange die Wasseroberfläche aufgeheizt wird, erst danach sinkt das nun kältere Wasser ab. Solche regelmäßig wiederkehrenden Vorgänge finden auch in den weiten Ozeanen statt. In höheren Breitengraden reicht das Aufheizen der Wasseroberfläche normalerweise nicht aus um solche Schichten zu bilden, in den Tropen jedoch hält eine deutliche Schichtung des Wassers das ganze Jahr hindurch an.

Diese Vorgänge haben auf das Leben und die Produktivität der Gewässer großen Einfluß. Die Temperaturschichtung verhindert die rasche Rückkehr von gelösten anorganischen Nährstoffen zur sonnenbeschienenen Wasseroberfläche, wo sie für die Produktion von Pflanzenmaterial durch Photosynthese benötigt werden.

Die Verteilung des Wassers auf unserer Erde

Über 97 % des Wassers auf unserer Erde befinden sich in den Ozeanen, etwa 1450 Millionen Kubikkilometer Salzwasser. 81 % der südlichen und etwa 61 % der nördlichen Hemisphäre sind vom Wasser bedeckt. Diese ungleiche globale Verteilung hat auf das Klima großen Einfluß.

Drei Viertel der Süßwasserreservoire der Erde sind in Gletschern und in den Polkappen gebunden – etwa 38 Millionen Kubikkilometer festes Eis. Der Rest ist zum großen Teil Grundwasser, annähernd 8 Millionen Kubikkilometer. Das Volumen des Oberflächenwassers aller Süßwasserlebensräume auf unserer Erde wird auf 250000 bis 400000 Kubikkilometer geschätzt. Das meiste davon ist in den wenigen großen Seen enthalten, nur relativ geringe Mengen in den vielen Millionen Teichen, Bächen und Flüssen durchschnittlicher Größe.

Süß- und Seewasser

Seewasser ist eine schwache Lösung praktisch aller Elemente, die auf unserer Erde gefunden werden. Chemisch gesehen ist das Meer ein sehr stabiler Lebensraum, er enthält 96,5 % reines Wasser und 3,5 % gelöste Salze. Letztere setzen sich fast ganz aus 11 Hauptbestandteilen zusammen, von denen über drei Viertel gewöhnliches Salz (Natriumchlorid) ausmachen. Diese verschiedenen Salze kommen im gleichen Verhältnis zueinander in allen Ozeanen der Erde vor. Im Durchschnitt beträgt der Gesamtsalzgehalt 3,5 %, er kann in einer warmen und halb abgeschlossenen Region, wie beispielsweise dem Persischen Golf, bei einer höheren Verdunstungs- als Zuflußrate durch Regen und Flüsse bis zu 4,5 % ansteigen, oder bis hinab zu 1,5 % in einem Gebiet wie dem der Ostsee, die aus ihrem Einzugsbereich viel Süßwasser erhält, absinken. Die seltener vorkommenden Salze sind nur in ganz kleinen Spuren zu finden. Darunter sind Phosphate und Nitrate, die Pflanzen ernähren, und für diese oft einen Minimumfaktor darstellen, ebenso, wie andere Elemente, die von einigen Lebewesen aufgenommen und gespeichert werden. Beispielsweise wird Jod von Seegräsern in einem solchen Ausmaß gespeichert, daß eine bestimmte Menge getrockneten Seegrases 100000 mal soviel Jod enthält wie die gleiche Menge Seewasser.

Im Gegensatz dazu ist die chemische Zusammensetzung der Süßgewässer unserer Erde außerordentlich variabel, sowohl jahreszeitlich gesehen wie auch in den einzelnen Bächen, Flüssen, Seen und Tümpeln. Selbst das Regenwasser ist nicht vollständig rein, sondern es enthält unterschiedliche Mengen von Natrium, Magnesium, Calcium, Chloriden und Sulfatverbindungen, ferner Gase wie Sauerstoff, Kohlendioxid und Stickstoff. Diese Bestandteile gelangen in die Atmosphäre durch Staub, durch Luftverunreinigungen, durch die Meeresgischt, die vom Winde weit landeinwärts getragen werden kann, und werden schließlich auch von der Luft selbst aufgenommen.

Bei den meisten Süßgewässern werden die komplizierten Zusammenhänge zwischen Säuregehalt, Kohlendioxid, Carbonaten, Bicarbonaten und Calcium sichtbar. Wegen seines hohen Gehaltes an Kohlendioxid ist der Regen normalerweise sehr sauer. Wenn dieser saure Regen den Boden durchdringt, dann nimmt er Calcium- und Magnesiumionen auf. Calciumcarbonat ist ein häufiger Bestandteil vieler Gesteine und wird durch eine lösende Säure leicht in Calcium und Bicarbonate getrennt. Die Bicarbonate neutralisieren das Bodenwasser, indem sie einem Säureanstieg entgegenwirken. Wenn die Kohlensäure aus dem Wasser entfernt wird, beispielsweise durch Photosynthese, läuft dieser Prozeß umgekehrt und das Calciumcarbonat wird im Boden abgelagert.

Unter natürlichen Bedingungen sind Calcium- und Magnesiumverbindungen die am häufigsten gelösten Bestandteile. Der Mangel an einem dieser Elemente kann die biologischen Prozesse einschränken. Bei der Bildung von Muschel- und Schneckenschalen, bei der Knochenbildung und der Kalkausscheidung der Pflanzen konzentrieren sich die Calciumionen, während Magnesium ein entscheidender Bestandteil des pflanzlichen Chlorophylls ist. Das Gewicht von Organismen aus calciumhaltigem Wasser kann drei- bis viermal größer als das von solchen aus calciumarmem Wasser sein, und verschiedene Arten bewohnen jeweils nur eine bestimmte Wasserqualität. Einige Binnengewässer haben sehr hohe Gesamtkonzentrationen an Salzen, die durch rasche Verdunstung und durch Auswaschungen von Mineralien aus der Umgebung entstanden sind. Beispielsweise ist im Großen Salzsee in den Vereinigten Staaten der Salzgehalt mit ungefähr 25 % etwa vierhundertmal höher als in normalen Seen. Seine einzigen Bewohner sind Kiemenfußkrebse der Art *Artemia salina* und gewisse Insektenlarven.

Der Kreislauf des Wassers

Verfolgen wir einmal einen Regenguß, der auf Vegetation, Gestein und Erdboden niedergeht. Die Oberfläche ist warm und ein gewisser Anteil des Wassers verdampft sofort wieder in die Luft zurück. Ein großer Teil des Wassers, das den Bodengrund erreicht, mag vielleicht eindringen und läßt den Grundwasserspiegel ansteigen, oder es sickert langsam durch den Boden zu tieferliegendem Gelände. Wasser, das über die Bodenoberfläche abläuft, wird Rinnsale bilden und Pfützen füllen, die durch Felsen oder Lehmboden oder – als natürliche Miniaquarien – in der Vertiefung eines Pflanzenblattes gebildet werden. Kleine Pfützen in flachen Senken können von Pflanzen bewachsen werden, die das Wasser aufnehmen und das meiste durch Transpiration der Blätter verdunsten, jedoch einen Teil davon im Photosyntheseprozeß mit Kohlendioxid binden.

Das Landschaftsbild bestimmt den Verlauf eines Flusses, wenn er durch ein felsiges Bett talabwärts strömt. Wenn das Wasser in einen tiefen See fließt, bleibt es dort möglicherweise eine lange Zeit, bevor es diesen durch Verdunstung oder durch einen Ausfluß wieder verläßt. Das Wasser kann ebenso Wälder durchfließen, Sümpfe oder Grasländer, es kann schneller fließen und sich tiefer in den Boden einschneiden wenn das Gewässer durch Regen angeschwollen ist, oder es kann während der Sommerhitze bis auf stehende Resttümpel austrocknen. Wenn Bäche zusammenfließen und in Flüsse einmünden, werden die Gewässer größer und fließen weiter, bis sie schließlich das Meer erreichen. Hier treffen sie, beladen mit Sand, Chemikalien, Lebewesen und mitgeschwemmten Dingen, auf das Salzwasser. Die Küstenlinie ist unter dem Druck der Gezeitenbewegungen einem dauernden Wechsel unterworfen. Lagunen werden gebildet und wieder vom Meer verschlungen. Sand und Schlamm sammeln sich an, von Watt- und Landpflanzen festgehalten, und werden später vielleicht von Sturmfluten wieder ausgewaschen. Wellen gehen über Riffe hinweg und schlagen gegen Felsenklippen. Die küstennahe See ist in ständiger Bewegung, unter der rastlosen Einwirkung von Wind und Wasser, von Leben und Wachstum, ebenso wie durch die Einwirkung des Menschen.

In den Tiefengewässern, weiter von der Küste entfernt, verlaufen solche Bewegungen langsamer. Aber enorme Luftmassenbewegungen und Wasserströmungen beinflussen die Wasseroberfläche. Tiefenwasser wird durch große Strudel heraufbefördert. Der Wind trägt die Gischt der Wellen fort, nimmt den warmen, aufsteigenden Wasserdampf mit, und tragt die feuchten Luftmassen über das Meer zu einer anderen Landmasse mit sich fort. Wenn die Luft aufsteigt, kühlt der Wasserdampf ab. Sobald eine Küstenlinie erreicht ist, wird die Luftmasse über dem Land zum Aufsteigen gezwungen. Eventuell sinkt dabei die Lufttemperatur so stark, daß der Wasserdampf kondensiert oder friert und als Regen oder Schnee auf die Erde zurückfällt. Auf dem Lande kommt es häufiger zu Regenfällen als zur Verdunstung, während über dem Meer das Gegenteil der Fall ist. Aber global gesehen existiert zwischen diesen beiden Vorgängen aufgrund des Wasserrückflusses zum Meer ein Gleichgewicht. Etwa 37000 Kubikkilometer Wasser kehren jedes Jahr als Oberflächenwasser ins Meer zurück, wobei sie Hunderte von Millionen Tonnen Mineralien mit sich tragen.

Die Ökologie der Gewässer

Die Ökologie beschäftigt sich mit dem Haushalt der Natur. Sie untersucht die Pflanzen und Tiere und besonders die Beziehungen, die sie sowohl untereinander als auch mit der physikalischen und chemischen Umgebung eingehen, in der sie vorkommen. Der Ausdruck »Ökologie« leitet sich von dem griechischen Wort »oikos« ab, das bedeutet Haushalt, und bezieht sich im engeren Sinne auf den Haushalt der Natur. Für jedes Lebewesen auf unserer Erde ergibt sich danach ein bestimmtes Beziehungsgefüge zu seiner Umwelt.

Jeder beliebige Organismus braucht bestimmte Grundvoraussetzungen und Lebensbedingungen: Licht, Nahrung, Sauerstoff, Wasser, Wärme und chemische Stoffe. Wenn man neben diesen Grundbedingungen genügend Lebensraum gewährt, kann die Pflanze oder das Tier leben und heranwachsen und sich, sofern mehrere Exemplare der gleichen Art vorhanden sind, fortpflanzen. Die Population kann sich ausbreiten oder an Dichte zunehmen, sofern natürlich die entsprechenden Nährstoffe zur Verfügung stehen und keine Einschränkungen durch Konkurrenz, durch Räuber oder parasitäre andere Organismen eintreten.

Während der 3,5 Milliarden Jahre, seit das Leben auf unserer Erde existiert, ist eine ungeheure Mannigfaltigkeit von verschiedenartigsten Lebewesen entstanden, entsprechend der großen Zahl unterschiedlichster Lebensbedingungen in der Biosphäre, also im Wasser, an Land oder in der Luft. Etwa 1500000 Arten, davon etwa 1200000 Tier- und 300000 Pflanzenarten, wurden bisher beschrieben. Die Vertreter jeder Art nehmen eine spezielle »Ökologische Nische« ein, in der sie zu bestimmten Zeiten überleben können. Bei einigen Arten gelten für diese Nische sehr engbegrenzte Bedingungen, die sie tolerieren können, so daß sie auf schwache Populationen an nur wenigen Stellen beschränkt sind. Andere Arten kommen in großer Anzahl vor und sind weltweit verbreitet. Wenn man die vielfältigen Dimensionen einer solchen ökologischen Nische kennt, dann weiß man auch, welche Erfordernisse die Art an ihre physikalische, chemische und biologische Umgebung stellt, um überleben zu können und gesund zu bleiben, zu wachsen und sich fortzupflanzen.

Das Grundmuster der Ökologie des Wassers soll an einem recht kleinen und einfachen Gewässer erläutert werden. Ein Weideteich ist eine Vertiefung im Boden, die ständig mit Wasser gefüllt ist. Bäume umgeben ihn, einige davon hängen über das Wasser und beschatten es teilweise. Kleine Bäche fließen hinein und hinaus. Chemikalien werden aus dem Boden der Umgebung eingespült oder lösen sich aus im Wasser liegendem Material. Wind bewegt die Wasseroberfläche und mischt das Wasser innerhalb des Teiches durcheinander.

Lebende Organismen lassen sich an der Teichoberfläche finden und ebenso in oder auf dem Bodenschlamm, auf einem Stein, einer versunkenen Wurzel oder einem alten Boot und entlang des Ufers. Die Vegetation reicht von mikroskopisch kleinen Algen bis zu schwimmenden oder bewurzelten Unterwasserpflanzen oder solchen, die aus dem Wasser herausragen. Zu den dort lebenden Tieren gehören viele Insektenlarven, Würmer, Schnecken, einige Muscheln, verschiedene Amphibien und Fische.

Der Energiefluß

Eine entscheidende Eigenart des Lebens auf unserer Erde liegt darin, daß im Grunde alle Lebewesen vom Sonnenlicht als Energielieferant abhangig sind. Auch die kleine ökologische Einheit unseres Weideteiches erhält ihre notwendige Energie durch das Sonnenlicht, das die Wasseroberfläche durchdringt. Ein Teil dieser Sonnenenergie wird von den grünen Pflanzen eingefangen und dazu benutzt, die Photosynthese in Gang zu setzen. Hierbei werden einfache chemische Elemente in energiereiche organische Verbindungen umgesetzt, deren Makromoleküle wie aufgeladene Batterien wirken können.

Die Pflanzen in unserem Teich atmen, wachsen und produzieren Samen. Auf diese Weise erhalten Tiere, die man als Herbivore bezeichnet, weil sie in der Lage sind, das pflanzliche Zellmaterial aufzunehmen und zu verdauen, energiereiche Nahrung. Diese Energie wird in den Tieren durch den Nahrungsstoffwechsel freigesetzt und ist somit für deren Lebensvorgänge verfügbar. Geeignetes organisches Material wird nun zu Muskeln bzw. Fleisch aufgebaut, so daß die Tiere wachser und Geschlechtszellen produzieren können.

Carnivor lebende Tiere fressen dagegen andere Tiere. Sogenannte Reduzenten, neben den pflanzlichen Produzenten und den tierischen herbivoren oder carnivoren Konsumenten die dritte große und wichtige Gruppe von Lebewesen in einem Ökosystem, verzehren tote Pflanzenstoffe und Tierreste, auch Material von außerhalb unseres Teiches. Wie bei vielen anderen aquatischen Lebensräumen besteht eine wichtige Nahrungsquelle darin, daß beispielsweise Insekten, Spinnen, Blätter, Früchte und Pollen von Bäumen in den Teich fallen oder durch Bäche eingespült werden.

So gelangen Energie und chemische Stoffe, die organische Verbindungen aufbauen, in unser Ökosystem Teich. Auf jeder Stufe benutzen die lebenden Organismen die zur Verfügung gestellte Energie, um ihre Lebensprozesse in Gang zu halten, indem sie organisches Material bei der Atmung verbrennen. Es geht bei einem solchen System aber auch Energie in Form von Wärme verloren. Die vielfältigen Beziehungen vieler verschiedener Tiere und Pflanzen bilden eine vielgliedrige Kette oder ein Nahrungsnetz, das auf der Photosynthese beruht und verschiedene Ebenen der Nahrungsaufnahme umfaßt, wobei jeweils die Glieder einer Ebene die vorhergehende als Nahrung verwenden. Während dabei der Energiefluß sozusagen als »Einbahnstraße« nur in eine Richtung weist, vom Sonnenlicht über die verschiedenen chemischen organischen Bindungen bis zu der schließlich von allen Lebewesen freigesetzten Wärme, werden die chemischen Baustoffe innerhalb des Systems immer wieder verwandt, man spricht hier eher von einem Kreislauf oder »Recycling-System«.

Die chemischen Kreisläufe

Pflanzen benötigen einige Grundnährstoffe, besonders Kohlendioxid, Phosphate und Nitrate, um damit die vielfältigen organischen Moleküle aufzubauen. Wasserpflanzen nehmen allgemein ihre Nährstoffe aus dem umgebenden Wasser auf, in dem diese in sehr unterschiedlichem Maße gelöst sind.

In organischem Material gebunden nehmen diese chemischen Bestandteile den Weg über die Nahrungskette, von den Pflanzen zu den Herbivoren, dann zu den Carnivoren und jeweils zu den Detritusfressern, den sogenannten Reduzenten. Totes organisches Material – abgefallenes Laub, Ausscheidungen und Leichen – sammeln sich auf jeder Stufe zunehmend an. Das entscheidende Bindeglied zwischen diesem Material und anorganischen Nährstoffen, die von den Pflanzen benötigt werden, sind die winzigen Bakterien und Pilze, die dadurch Energie gewinnen, daß sie das tote Material erschließen. Dabei bringen sie die chemischen Stoffe wieder in die Umwelt zurück.

Ein begrenzender Faktor aquatischer Ökosysteme – die entsprechenden Lebensräume sollen nachfolgend näher beschrieben werden – ist darin zu sehen, daß das Sonnenlicht, also die Quelle der Primärenergie, nur auf die oberen Wasserschichten beschränkt ist. Die Pflanzenproduktion, von der das gesamte System abhängig ist, ist somit auf eine dünne belichtete Zone begrenzt. Deshalb müssen die von den Zersetzern oder Destruenten überall im System freigesetzten chemischen anorganischen Bestandteile wieder an die Wasseroberfläche zurückkehren um erneut von den Pflanzen benutzt werden zu können.

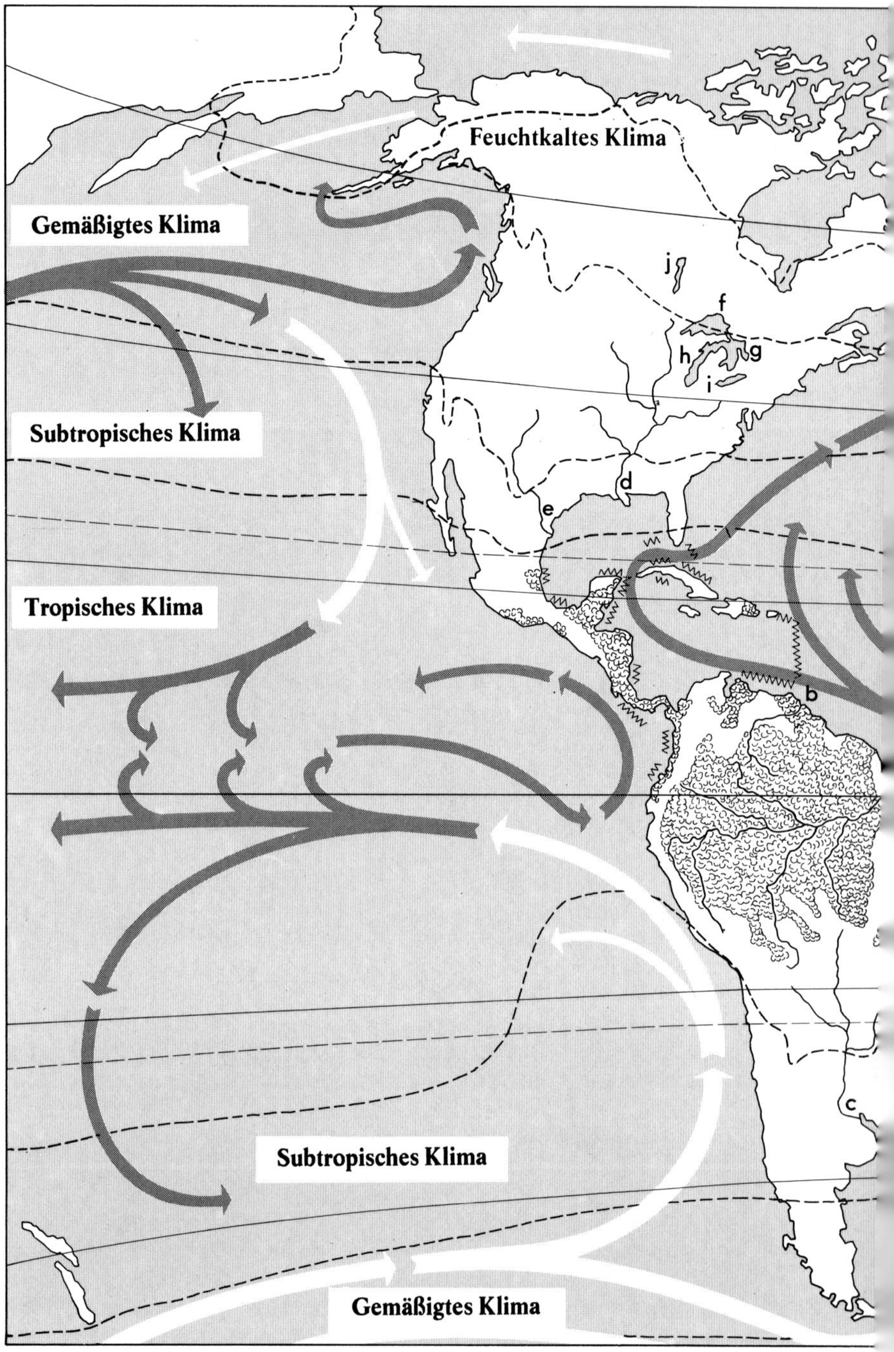

Lebensräume des Seewassers

Seewasser bedeckt etwa 70% oder 360 Millionen Quadratkilometer der Oberfläche unseres Planeten. Die Wassermenge der Ozeane, die sowohl die weltweiten als auch die regionalen Klimaverhältnisse maßgeblich mitbestimmt, ermöglicht überhaupt erst die Existenz des Lebens und bestimmt zugleich seine Vielfalt.

Die Ozeane haben eine durchschnittliche Tiefe von etwa 3700 m mit Tiefseebecken, die über 10000 m hinabreichen. Wenigstens sieben Prozent der gesamten

Über 97% des Wassers auf unserer Erde befinden sich im Meer, der Rest ist Süßwasser, von dem wiederum das meiste in den wenigen großen Seen enthalten ist, während nur sehr geringe Mengen in den zahlreichen Teichen, Flüssen und Bächen vorhanden sind, die vergleichsweise vernachlässigt werden können.

Die Wasserbewegung auf der Erde wird hauptsächlich durch die vorherrschenden Winde und die Temperaturunterschiede verursacht, die zwischen den großen Wassermengen in verschiedenen Teilen der Ozeane auftreten.

Auf dieser Karte der Erdoberfläche zeigen dunkle Pfeile die Richtung der warmen und helle diejenige der kalten Meeresströmungen an. Diese Meeresströmungen sind für das Leben in den Ozeanen entscheidend, weil sie dazu beitragen, das Oberflächenwasser mit dem Tiefenwasser zu vermischen und auf diese Weise Nähr-

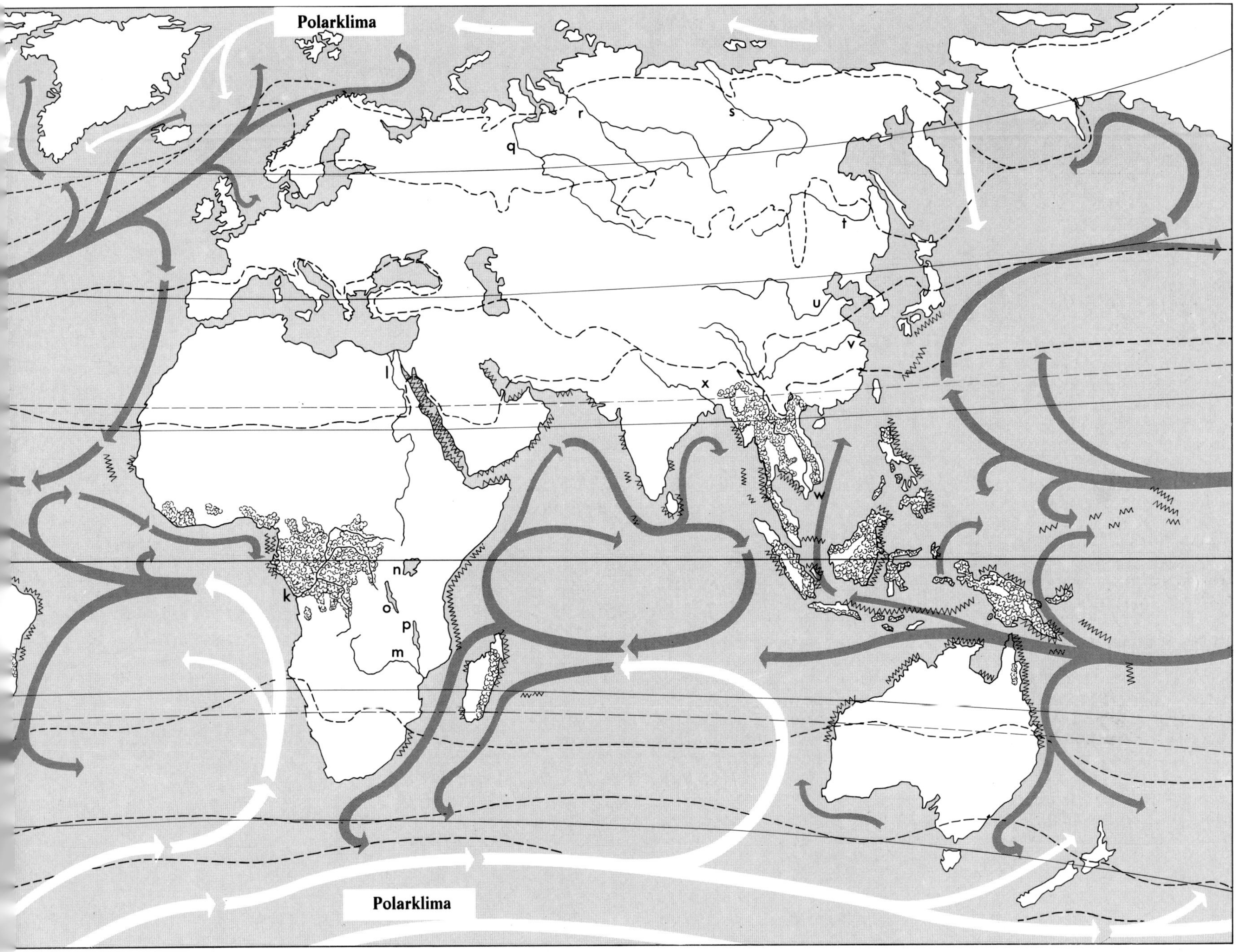

stoffe aus der Tiefe heraufbringen.

Die bekanntesten Süßwasseraquarienfische kommen aus den Gebieten des tropischen Regenwaldes, wo es dauernd warm und feucht ist: Beispielsweise aus dem Amazonas- und Kongobecken und den Flüssen und Bächen von Teilen Südostasiens. Die großen Seen des Grabenbruchs der tropischen Savannenbereiche Afrikas sind ebenfalls wichtige Herkunftsgebiete für Süßwasseraquarienfische.

Die tropischen und subtropischen Meere sind die Heimat der Seewasser-Aquarienfische, und besonders die Korallenriffe unserer Erde (auf der Karte eingezeichnet) sind die Heimat vieler von ihnen.

Die Tatsache, daß die bekanntesten Aquarienfische aus den Tropen kommen, bedeutet nicht, daß nicht Fische aus den gemäßigten Breiten ebenfalls im Aquarium gepflegt werden könnten. Ganz im Gegenteil, ein Kaltwasseraquarium kann genauso faszinierend sein wie eines, das mit Tropenfischen besetzt ist, vorausgesetzt, daß die Wahl der Fische, Pflanzen und Wirbellosen entsprechend phantasievoll ist.

Einige der großen Flüsse und Seen unserer Erde sind auf der Karte eingetragen. a) Amazonas, b) Orinoco, c) Paraná, d) Mississippi, e) Rio Grande, f) Oberer See, g) Huron-See, h) Michigan-See, i) Erie-See, j) Winnipeg-See, k) Zaire oder Kongo, l) Nil, m) Sambesi, n) Viktoria-See, o) Tanganjikasee, p) Malawisee, q) Ob, r) Jenessei, s) Lena, t) Amur, u) Huangho, v) Jangtse, w) Mekong, x) Ganges.

Tropischer Regenwald

Korallenriffe

Meeresfläche sind nicht mehr als zweihundert Meter tief. Innerhalb dieses riesigen Gebietes variieren Seewasserlebensräume bezüglich der Temperatur von etwa −2 °C bis 40 °C und bezüglich des Salzgehaltes von den schwach salzigen Randseen (weniger als 2,9 % Salz) bis zu den tropischen Golfen und Küstenlagunen (bis 4 oder 5 % Salz).

Das Meerwasser wird vom Wind, vom globalen Wärmeaustausch, von Erdbeben, von der Anziehungskraft der Sonne und des Mondes und – zu einem ganz kleinen Prozentsatz – von den Aktivitäten lebender Organismen in Bewegung gesetzt. Das Leben im Meer ist seinerseits wie auch sonst überall, davon abhängig, in welcher geeigneten Weise und in welchem Umfang die notwendigen Grundbedingungen vorhanden sind: Energie, Lebensraum und entsprechende chemische Grundstoffe.

Der Salzgehalt des Seewassers ist um sovieles höher als der des Süßwassers, daß nur wenige Arten in beiden Wasserbereichen leben können. Ein weiterer Grund für die auffallenden Unterschiede zwischen Süßwasser- und Seewasserorganismen ist ihre lange Trennung während des Evolutionsvorganges, der jeweils unabhängig voneinander verlief. Die hauptsächlichen Bewohner vieler mariner Lebensräume, wie etwa große Algen, Stachelhäuter und Hohltiere, sind im Süßwasser selten oder fehlen, während höhere Pflanzen, Amphibien und Insekten Hauptbestandteile der Süßwasserlebensräume sind, aber im Meer vergleichsweise kaum Bedeutung haben. Diese Unterschiede werden nachstehend aufgezeigt werden, wenn die hauptsächlichen Meeresregionen vorgestellt werden: der offene Ozean und die Tiefsee, die Küstenmeere und der von den Gezeiten beeinflußte Uferbereich.

Das offene Meer und die Tiefsee

Die Wasserbewegung im Meer wird teilweise durch die Windströmungen verursacht sowie durch Kräfte, die durch die Erdrotation entstehen. Oberflächenströmungen treten auch dort auf, wo das warme Wasser tropischer Regionen sich ausbreitet und polwärts strömt. Ein charakteristisches Beispiel hierfür ist der Golfstrom. Er trägt jede Sekunde etwa 50 Millionen Kubikmeter Wasser mit sich – das ist etwa 40mal die gesamte Wassermenge aller Flüsse unserer Erde –, die Küste vor Nordamerika nordwärts und dann quer über den Atlantik.

Die hauptsächlichen Wasserbewegungen in den tieferen Wasserschichten resultieren aus den absinkenden Wassermassen. Dies geschieht vor allem dann, wenn warmes Wasser, das verhältnismäßig viel Salz enthält, in die subpolaren Gewässer vordringt und abkühlt, denn dabei wird es schwerer. Tiefenwasser bewegt sich langsam von den Polen aus äquatorwärts, um den Oberflächenzufluß auszugleichen. Die Gezeiten schaffen eine zusätzliche Strömung, obgleich diese auf dem offenen Meer weniger intensiv ist als an den Küsten.

Die Meeresoberfläche

Eine Vielzahl besonders angepaßter Tiere bevölkert die Grenzschicht des Ozeans zur Luft hin. Siphonophoren, Mollusken, Fische, Vögel und Säugetiere, sie alle haben hier Vertreter. Zwei bemerkenswerte Beispiele der Siphonophoren, mit den Quallen verwandte Lebewesen, sind die Portugiesische Galeere *(Physalia physalia)*, die unter der Wasseroberfläche wie ein großes aufgeblasenes Floß treibt, und die Segelqualle *(Valella valella)*, die wegen ihrer segelartigen Fangarme so heißt. Diese Räuber haben schmerzhaft stechende Tentakeln, die bis zu 10 m lang sind, und benutzen Nesselgifte, um Fische zu fangen. Die echten Quallen sind nahe Verwandte und treiben ebenfalls im Wasser, indem sie sich von den Meeresströmungen mehr oder weniger passiv mit forttragen lassen. Ihr wässeriges Körpergewebe hat einen ganz geringen Auftrieb und ermöglicht es dadurch den Tieren, mit Leichtigkeit an der Wasseroberfläche zu bleiben.

Zu den Mollusken gehören die Cephalopoden, die am höchsten entwickelten Wirbellosen. Hierzu wiederum zählen die Tintenfische, aktive und schnelle Räuber, die mit einem ausgezeichneten Gesichtssinn und einer Art Düsenantrieb ausgestat-

Die Erosion durch Wind und Wasser hat aus der hier dargestellten Küste eine Anzahl unterschiedlicher Lebensräume herausgeformt. In der Steilküste am Ende des Küstenabschnittes, der dem Meer am stärksten ausgesetzt ist, finden sich Felsenufer mit Gezeitentümpeln und Sand- und Kiesbuchten, in denen große Felsblöcke liegen. Weiter unterhalb, zur Flußmündung hin, ist die Küste stärker geschützt und wir finden Sandbuchten mit vereinzelten größeren Felsen. Der Mündungsbereich des Flusses hat eine ganz besondere Flora und Fauna, die an den wechselnden Salzgehalt des Wassers angepaßt ist. Links der Flußmündung ist ein Salzsumpf eingezeichnet. Sand, der vom Flußwasser herangetragen wurde, wurde von den Meereswellen entlang der Küste abgelagert und bildet so eine natürliche Barriere, so daß das flache Land dahinter eine Menge des Wassers zurückhält, das die Flut zweimal am Tage hereinträgt. In solchen Sümpfen gedeiht ein unglaublich reiches Pflanzen- und Tierleben, hier haben die sich zersetzenden Stoffe einen reichhaltigen organischen Schlamm gebildet.

Ein Teil dieses Detritus wird von Tieren aufgenommen, die ihre Nahrung als Filtrierer erwerben, und Bakterien bauen den Rest zu gelösten chemischen Stoffen ab. Auf diese Weise wird das Marschland so fruchtbar, ebenso wie das Meer in der Nähe dieser Marschen, wenn die Nährstoffe bei Ebbe hinausgetragen werden.
Einschaltbild: Die Pflanzen einer typischen Salzmarsch. Zum Land hin finden sich meist a) Binsen (*Juncus*-Arten).
Am Ufer eines Wasserlaufs, wo das Land verhältnismäßig trocken ist, werden b) Strandaster *(Aster)* und c) Portulakröschen *(Halimione)* gefunden.
Ausgesprochene Marschpflanzen sind der d) Salz-Spärkling *(Spergularia)* und e) die Strandflieder *(Limonium).* Zur Seeseite hin wachsen f) Queller *(Salicornia)* und g) Schlickgras *(Spartina),* deren Wurzeln den weichen Schlamm oder Schlick festhalten. Schließlich findet sich in den Schlick- und Sandflächen, die sich zum Wasser hin erstrecken, h) Seegras *(Zostera).*

tet sind, sowie die mit einem mit Kammern ausgestatteten Gehäuse versehenen Nautilus-Arten und die Argonauten. Ein weiterer Molluske, der sich an der Wasseroberfläche aufhält, ist eine kleine schwimmende Meeresschnecke *(Glaucus atlanticus)*. Sie frißt von der tödlichen Spanischen Galeere, deren unverdaute Geißelzellen sie sogar zur Verteidigung in ihr eigenes Gewebe einbaut. Sie lebt mit der Oberseite nach unten an der Wasseroberfläche und hat in Anpassung dazu ein typisches umgekehrtes Farbmuster entwickelt. Ihre dunkelblaue Bauchseite ist für Räuber von oben schwer auszumachen, und die hellere Rückenseite zeichnet sich für Räuber von unten nicht gegen den hellen Himmel ab.

Die Pflanzenproduktivität des Meeres

Eine wichtige Zone, die sogenannte »euphotische«, d. h. lichtreiche Zone, reicht von der Oberfläche bis zu einer Tiefe, in der fast kein Licht mehr zur Photosynthese vorhanden ist. Unterhalb dieser Schicht können Pflanzen nicht mehr leben, weil für ihre Lebensprozesse nicht genügend organisches Material durch Photosynthese aufgebaut werden kann, so daß mehr Energie verbraucht als gewonnen wird. Ein solcher Kompensationspunkt, der von den meisten Pflanzenarten selbst in klarem Meerwasser in einer Tiefe von etwa 100 m erreicht wird, ist dafür verantwortlich, daß nur ein Bruchteil der gesamten vorhandenen Meerestiefe zur Verfügung steht, um Pflanzenmaterial zu produzieren, von dem wiederum sämtliches Leben im Meer abhängt.

Die hauptsächlich photosynthetisch aktiven Lebewesen sind kleine Diatomeen oder Kieselalgen und Flagellaten oder Geißel»tierchen«. Zur letzteren Gruppe zählen Arten, die Photosynthese betreiben, also echte Pflanzen sind, und daher besser als Geißelalgen zu bezeichnen wären und zu den Produzenten gehören, und solche, die diese Fähigkeit verloren haben und dann Konsumenten wurden, also im zweiten Glied der Nahrungskette stehen. Viele Phytoplanktonarten sind jeweils an leicht unterschiedliche Licht-, Temperatur-, Druck- und Nährstoffbedingungen angepaßt. Andererseits wird das Phytoplankton wiederum von Copepoden (Ruderfußkrebschen) und Foraminiferen verzehrt, während diese wiederum von größeren Tieren des Zooplankton gefressen werden, besonders von Krebstierchen, und diese ermöglichen wiederum größeren Populationen kleiner Fische das Leben.

Das Phytoplankton muß, um leben zu können, im genügend hellen Epilimnion bleiben, der oberen Wasserschicht, weil das Plasma und die Körperhüllen jedoch schwerer als Wasser sind, neigen diese Organismen dazu, abzusinken. Doch ihre geringe Größe sowie eine im Verhältnis zum Körpervolumen enorme Oberfläche, die dem Wasser größeren Widerstand bietet, führen dazu, daß sie in den oberen Wasserschichten verbleiben. Bei vielen Arten wird die Fähigkeit im Wasser zu treiben durch ihre merkwürdige Körpergestalt begünstigt. So haben diese Algen gebogene oder nadelähnliche Fortsätze, oder sie bilden mit anderen Zellen zusammen Ketten oder Räder. Das Zooplankton kann selbständig schwimmen, oder es besitzt Öltropfen, Luftblasen oder vergrößerte Oberflächen für den Auftrieb, und manche Lebewesen haben eigene Antriebsorgane. Geißeltierchen etwa entwickeln lange Fortsätze.

Die Tiefsee

Tiere kommen auch in dem kalten, dunklen und pflanzenlosen Bereich zwischen der Oberfläche und dem Boden der Ozeane vor. Sie leben von dem organischen Material, das vom Epilimnion herunterkommt, entweder abgestorben oder noch lebend. Unter den Tiefseeorganismen sind seltsame Fischarten, meist schwarz und etwa 15 cm lang. Einige haben Organe, die leuchten, oder riesige offenstehende Mäuler, mit denen sie so viel Nahrung aufnehmen, wie sie aus dem Wasser schöpfen können.

Die Bedingungen sind am Grund der Meere so extrem, daß dort verhältnismäßig wenig biologisches Leben zu finden ist. Dennoch ist jede Hauptgruppe oder jeder Stamm mariner Tiere präsent. Seegurken und Haarsterne sind häufig, daneben andere Wirbellose, die an ein kriechendes, grabendes oder im Boden verstecktes Leben in oder auf dem Schlamm des Bodengrundes angepaßt sind, wie etwa Seesterne, Schnecken, Würmer, Krebstiere und Schwämme. Verschiedene Seeschei-

Die große Lebensvielfalt im offenen Meer beruht auf der im hohen Maße zur Verfügung stehenden Nahrungs- und Energiemenge. Das Sonnenlicht dringt in genügender Stärke nur bis in etwa 100 m Tiefe um Photosynthese zu ermöglichen. Aus diesem Grund leben die meisten Arten in der oberen Wasserschicht, die als euphotische Zone bezeichnet wird. Im darunterliegenden Bathyal ist eine geringere Vielfalt zu finden. Je tiefer die Arten vorkommen, um so stärker müssen die Tiere ihre Körperform an die Wasserbedingungen anpassen, besonders an den Druck. An einigen Stellen reicht das höhere Leben bis in 6000 m Tiefe, hier dürfte es seinen tiefsten Punkt erreicht haben. Einige Fische der Dämmerungszone (siehe Einschaltbild) benutzen die Biolumineszenz, um ihre Nahrung zu fangen; sie setzen Leuchtorgane ein, um ihre Beute entweder sehen zu können oder aber anzulocken.
Im unteren Bathyal, von 2000 m Tiefe bis zum Meeresgrund, ist kein Licht vorhanden und herrscht ein enormer Wasserdruck. Viele Fische haben deshalb hier eine merkwürdige Körpergestalt angenommen. Tiere erhalten in diesen Tiefen ihre Nahrung durch das organische Material, das aus den oberen Wasserschichten herabsinkt. Weil Bakterien das organische Material zersetzen, werden Nährstoffe freigesetzt und durch Aufwärtsströmungen oder durch Vermischung der Wasserschichten bis an die Oberfläche gebracht. Unterhalb der Bathyalzone liegen nur noch die Tiefseegräben. Neuere Untersuchungen durch ein besonders konstruiertes U-Boot ergaben dort ökologische Systeme, die ohne jedes Licht existieren, offensichtlich aufgrund einer Form der Chemosynthese, die möglicherweise durch die von der Erdkruste ausgehende Wärme begünstigt wird, denn die Erdrinde ist in diesen Tiefseegräben verhältnismäßig dünn.

Die dargestellten Organismen sind: a) Hering, b) Phytoplankton, c) Delphin, d) Fliegender Fisch, e) Bartenwal, f) Zooplankton, g) Bonito, h) Tintenfisch, i) Schwertfisch, j) Seelöwe, k) Hai, l) Laternenfisch, m) Pottwal, n) Tiefseepolyp, o) Krake, p) Tiefseepolyp der Dunkelzonen, q) Chimäre, r) Tiefseecrustaceen, s) Anglerfisch, t) Tiefseefisch, u) Seelilien, v) Schwämme, w) Haarstern, x) Dreifuß-Fisch (Tiefseefisch), y) Seefedern.

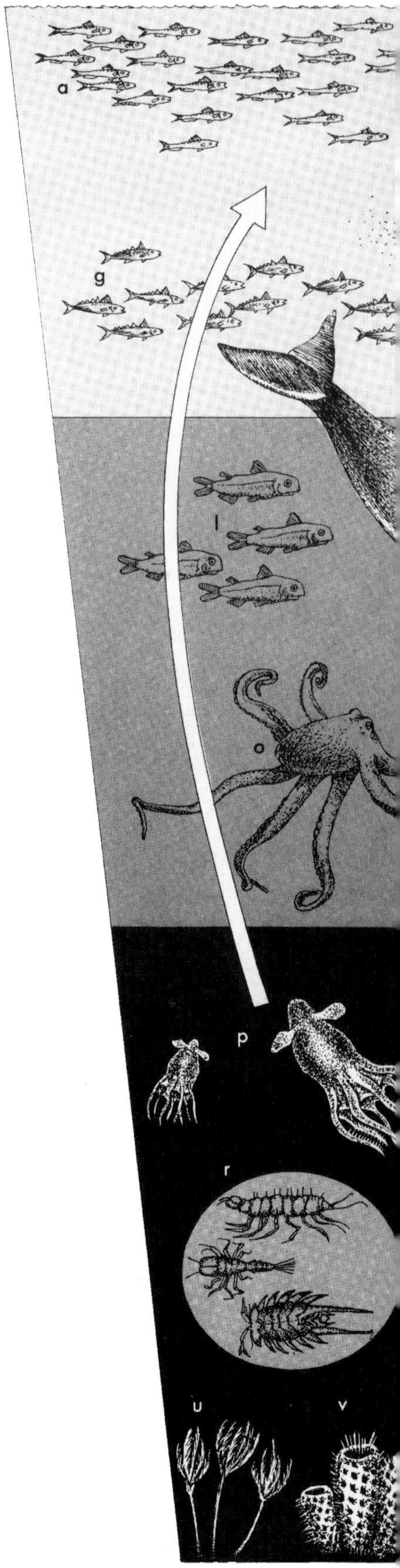

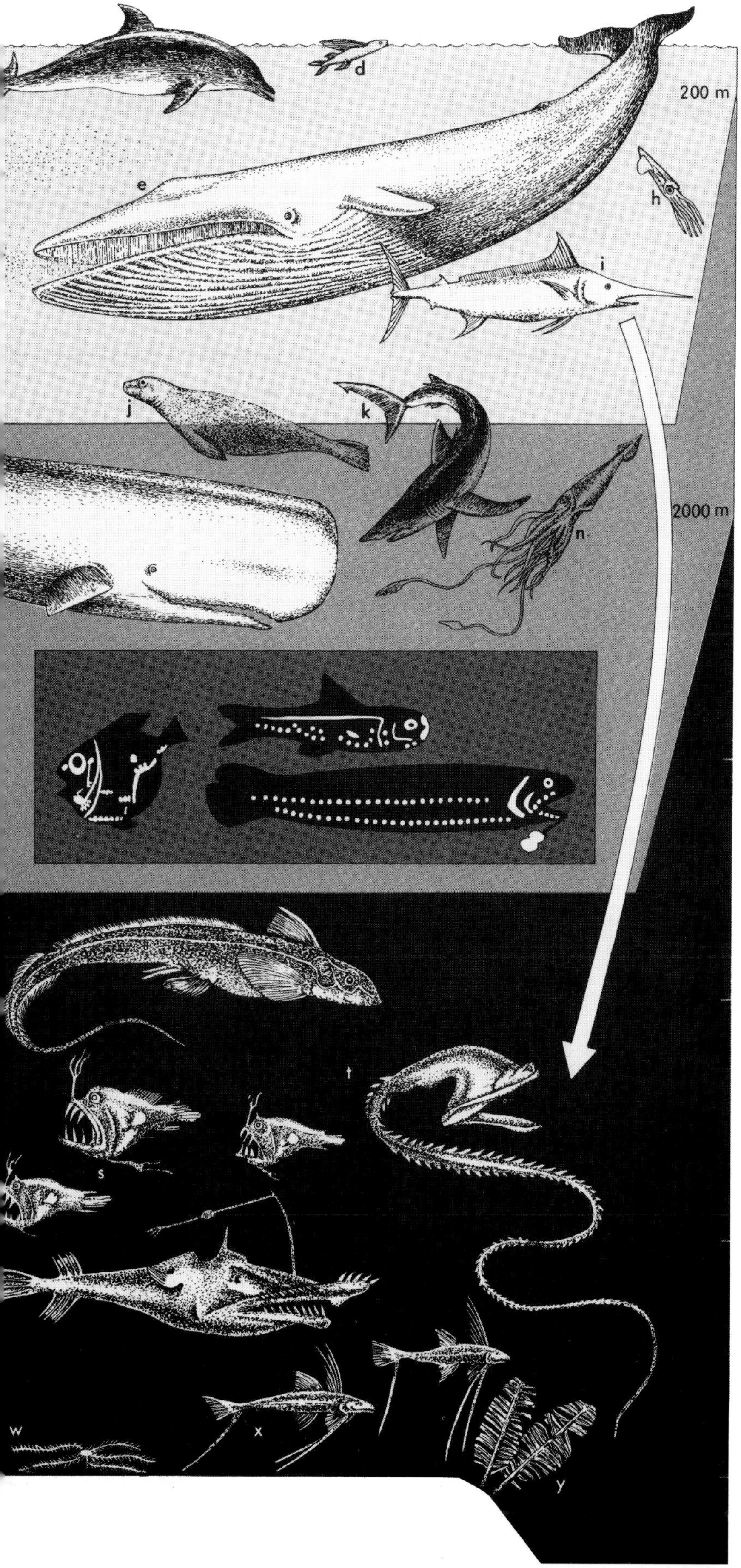

den und kleine Fische (*Chimaera*- und *Harriota*-Arten) lassen sich ebenfalls finden. Die Nahrungskette ist auf Tieren aufgebaut, die den Detritus, Abfallstoffe also, filtern oder fressen, der wie ein dünner Regen auf die weiten Sandebenen oder Schlammbereiche des Meeresbodens herabsinkt.

Das Leben in den Küstengewässern

Entlang der ausgedehnten Küstenlinien und Inseln der Landmassen unserer Erde ist das Meer turbulent, sonnendurchschienen und sehr produktiv. Die Gezeitenströme sind sehr stark und die Brandung der Wellen erreicht den Meeresboden und vermischt Wasser und Bodengrund und trägt gelöste und schwebende Mineralien, Nahrungspartikel und Lebewesen mit sich. Die Wassertemperatur, die Trübung und die Konzentration der Nährstoffe variieren je nach Jahreszeit mit dem Wind und dem Wetter.

Hier ist das Plankton sehr artenreich und zahlreich vertreten. Das Phytoplankton findet sich in der gesamten Wassersäule und nimmt in seiner Dichte je nach Vorhandensein von Sonnenlicht und Mineralstoffen zu oder ab. Das Zooplankton enthält je nach Saison Schwärme von pelagischen Eiern und Larven der vielen Wirbellosen und Fische, die als ausgewachsene Tiere auf dem Bodengrund des Meeres leben. Die Struktur des flachen Meeresbodens, eine Mischung aus Steinen, Kies, Sand und feinem Schlamm, ist ein Hauptfaktor, der die Tiere und Pflanzen, die in dieser Umgebung vorkommen, beeinflußt.

In den gemäßigten Zonen fallen Felsenufer zu Riffen und Unterwasserfelsformationen ins Meer ab. Dieser Bodengrund kommt an Stellen vor, wo die Gezeitenströmung oder die Tätigkeit der Wellen die Ablagerung von Sand oder Schlamm verhindern. In einem ruhigeren Gebiet dagegen sammeln sich diese Sedimente an und bilden ausgedehnte Schlammbänke und Untiefen.

Das Korallenriff

Die vielfältigsten und bemerkenswertesten aller Lebensgemeinschaften flacher Gewässer finden sich in den Korallenriffen tropischer Meere. Ein Korallenriff ist eine felsenähnliche Masse von Steinkorallen und anderen kalkablagernden Organismen, deren Kalkskelette über Tausende von Jahren hinweg Schicht um Schicht aufgebaut wurden. Das Skelett von Korallen und Schwämmen, die Schutzhüllen von Röhrenwürmern und Muscheln, und die Zellwandverstärkungen verschiedener Algen bestehen aus Calciumkarbonat, das von den lebenden Organismen abgeschieden wurde. Jede Generation siedelt sich auf den harten Rückständen der vorhergehenden an, und das Riff wächst pro Jahr um wenige Millimeter oder Zentimeter. Riesige Strukturen sind das Endergebnis, und einige große Riffe sind über 1000 m mächtig. Das größte Beispiel hierfür auf unserer Erde ist das Große Barriereriff, das sich mehr als 2000 km entlang der nordöstlichen Küste Australiens im Pazifischen Ozean erstreckt.

Hauptsächlich sind es Steinkorallen, die ein Riff aufbauen. Verwandte Arten kommen unregelmäßig in allen Meeren vor, doch die riffbildenden Vertreter sind auf tropische Gewässer in einem Temperaturbereich von 23,5–25°C beschränkt. Die Gebiete, in denen heute hauptsächlich Korallenriffe zu finden sind, liegen im Indopazifik und in der Karibik.

Nur die Außenschicht solch eines Riffes lebt, sie weist eine Haut von Polypen auf, die nebeneinander auf einem dichten Netz von Calciumkarbonatkristallen sitzen. Die Polypen sehen wie kleine Seeanemonen aus, Verwandte der Korallen. Sie leben von Kleinsttieren und organischen Partikeln, die sie mit nesselzellenbewehrten Tentakeln aus dem Wasser einfangen. Meist findet eine ungeschlechtliche Vermehrung statt, indem neue Tiere durch Teilung oder Knospung gebildet werden, so daß die Kolonie langsam aber stetig wächst.

Eine wichtige Eigenart riffbildender Korallen besteht darin, daß mikroskopische Algen, Zooxanthellen genannt, in den Körperhöhlen der Polypen leben. Es besteht eine enge Symbiose zwischen den Algenzellen und der gleichbleibenden Schutz gewährenden Umgebung innerhalb des Korallenpolypen. Die Algen sind photosyn-

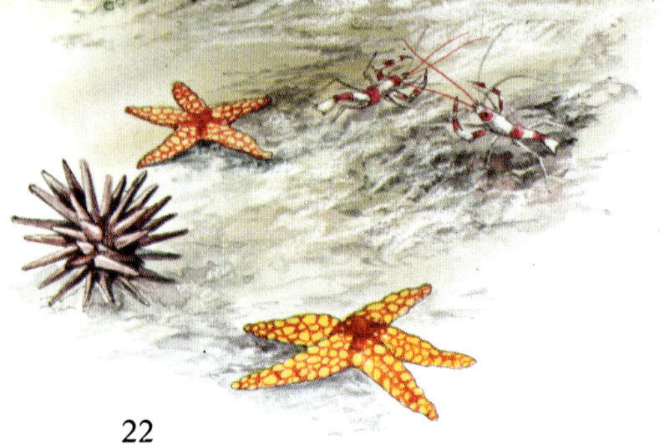

Das Korallenriff ist einer der interessantesten Unterwasserlebensräume die es gibt, und es weist ein sehr farbenprächtiges und vielfältiges Leben auf. Es gibt drei Rifftypen: Das Korallenatoll, das von Korallen aufgebaut wird, die auf dem Krater einer versunkenen Vulkaninsel siedeln; das Küstenriff, das entlang der Küste in Ufernähe wächst, und das Barriereriff (oberes Einschaltbild), das ebenfalls am Rande einer Landmasse (a) zu finden ist, doch von dieser durch eine Lagune (b) getrennt ist. Diese kann bei Ebbe einen »See« bilden, der möglicherweise nur einen einzigen Zugang hat. Das Riff selbst (c) hat zur Seeseite oft einen Steilhang. Der Aufbau einer Steinkoralle ist links unten im Einschaltbild dargestellt. Der Körper der Koralle, der Polyp, lagert Kalk ab, um ein Skelett zu bilden. Jahresringe zeigen die Wachstumsrate an, die 2,5 cm betragen kann. Rechts ist dargestellt wie sich die Steinkoralle durch Teilung vermehrt: Ein Polyp teilt sich und es bilden sich zwei Tochterpolypen. Auf diese Weise entsteht schließlich eine ganze Kolonie von Steinkorallen.
Die Lebensgemeinschaft eines Korallenriffs und ihr Nahrungsnetz: a) Hai, b) Barrakuda, c) Fadenmakrele, d) Feilenfische,

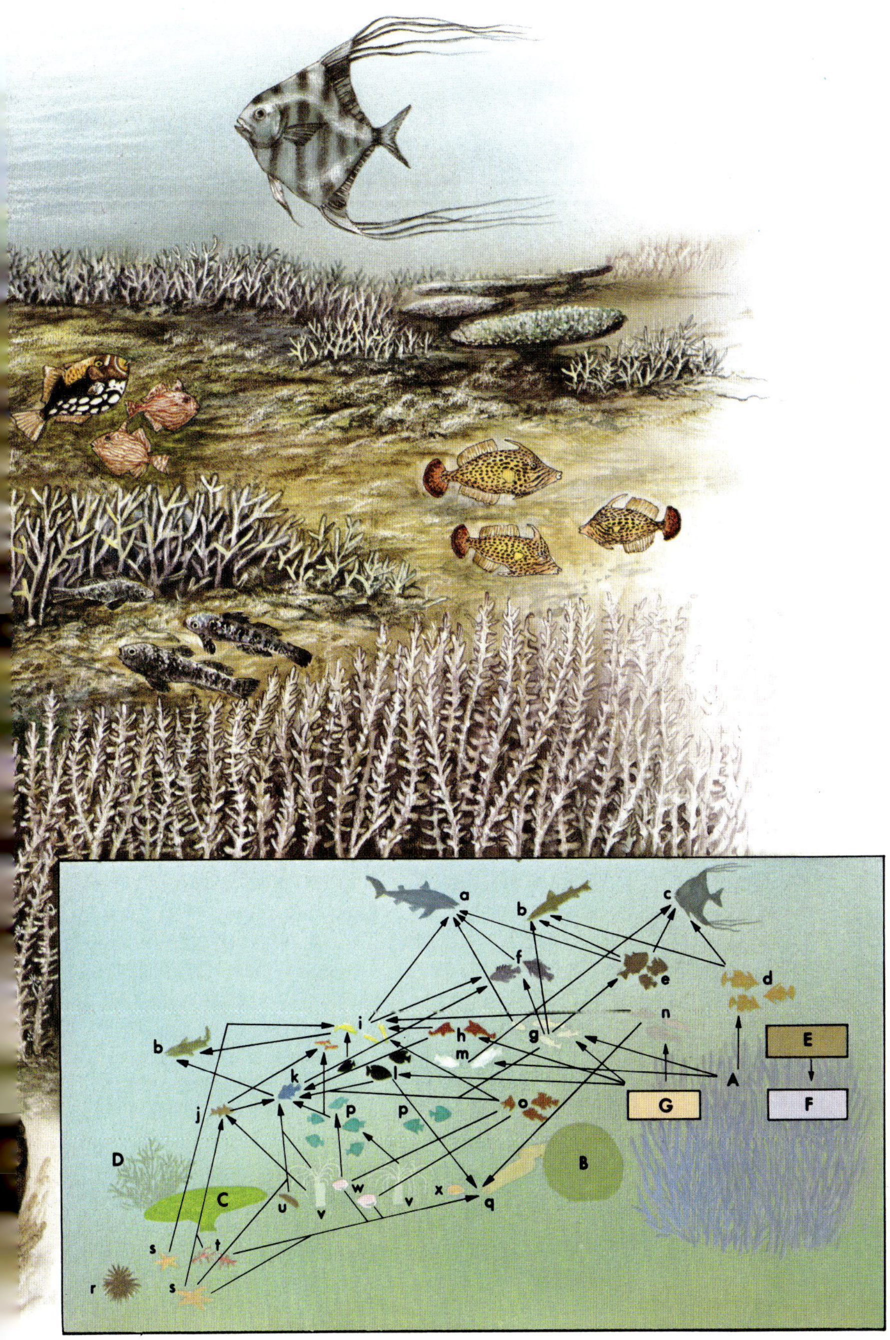

e) Drückerfisch, f) Grunzer, g) Kugelfische, h) Grundeln, i) Blaustreifen-Schnapper und kleinere Makrelen, j) Meerbarbe, k) Sechsstreifengrunzer, l) Guinea-Lippfisch, m) Papageienfisch, n) Grundeln, o) Harlekin-Süßlippen, p) Perlschuppen-Falterfisch, q) Moräne, r) Seeigel, s) Seesterne, t) Garnelen, u) Seegurke, v) Zylinderrose, w) Schwammkrabbe, x) Kaurischnecke.

Die hier dargestellten Korallen sind: A) Fingerkoralle, B) Hirnkoralle, C) Tischkoralle, D) Geweihkoralle.
Innerhalb des Nahrungsnetzes spielen zudem Phytoplankton (E), Zooplankton (F) und benthische Algen (G) eine lebenswichtige Rolle.

thetisch aktiv und nehmen Kohlendioxid auf, und das erleichtert es dem Polypen, Kalk abzulagern. Andererseits wird vielleicht auch der Polyp von einigen Photosyntheseprodukten profitieren, hier ist an den Sauerstoff zu denken. Diese Algenpartner ermöglichen es den Steinkorallen auch in Gewässern zu wachsen, in denen die Nahrung beschränkt ist und die Produktivität sonst nur gering wäre. Einige Riffe fixieren jedes Jahr 1,3–3,5 kg Kalk pro Quadratmeter, im Vergleich zu 20–40 g pro Quadratmeter in den offenen Gewässern der Umgebung, wo der Kalk etwa in Algenskeletten und anderen festen Körperbestandteilen von Tieren und Pflanzen festgelegt wird.

Die Bedeutung und Schönheit eines Korallenriffes hängen von der Dichte, der Vielfalt, den Formen und Farben der Tiere ab, die in seinen Spalten und Höhlen leben. Die abgelagerte Kalkmasse schafft eine Unzahl von Gängen, Löchern, Tunnels, Vorsprüngen, Spalten und Höhlen, mit einer riesigen Oberfläche, die in allen möglichen Winkeln dem Licht und der Wasserbewegung ausgesetzt sind. Während die äußeren Schichten neues Material anlagern, sind andere Organismen eifrig damit beschäftigt, zu ihrem Schutz Räume einzugraben und die lebenden Korallen zu fressen sowie das Riff chemisch anzugreifen und sich dadurch in das Material hineinzuarbeiten.

Die Struktur des Riffes schafft einen geeigneten Lebensraum für eine phantastische Vielzahl von Tieren. Jede marine Gruppe ist vertreten, oft durch viele Arten, die sonst nirgendwo vorkommen. Die häufigsten Wirbellosen des Riffs sind Schwämme, Würmer, Anemonen, Krabben, Einsiedlerkrebse, Hummer, Garnelen, Gehäuse- und Nacktschnecken, Muscheln, Tintenfische, Seesterne und Seegurken. Die Fische des Korallenriffs sind ungewöhnlich farbenprächtig, häufig mit stark kontrastierenden Pigmentflecken und -streifen. Die Form und das Verhalten jeder Art sind sehr fein an die jeweilige Lebensweise in dem übervölkerten Riff angepaßt. Die Falterfische der Familie Chaetodontidae und die Riffbarsche (Pomacentridae) gehören zu den häufigsten und charakteristischsten Riffbewohnern. Ebenfalls weit verbreitet sind die Lippfische (Labridae), Papageienfische (Scaridae) und Süßlippen (Pomadasyidae).

Die Steilküsten
Dieser Lebensraum kommt im stark bewegten Wasser an den Küsten und Inseln unterhalb der Niedrigwassergrenze der Ufer bis in Tiefen von mehreren hundert Metern häufig vor. Mit zunehmender Tiefe nimmt das Licht, das auch seine Farbe ändert, sowie auch die Brandung der vom Wind gepeitschten Wellen ab.

Im flachen Wasser gedeihen lange Braunalgen auf dem felsigen Grund. In kalten Meeren wachsen dichte Kelpwälder (*Laminaria*-Arten) und schaffen Deckung und Lebensräume für zahlreiche Wirbellose und Fischarten des Küstenbereiches, zum Beispiel Lippfische (Labridae), Seeskorpione (Cottidae), Butterfische (Pholididae) und Seebrassen (Sparidae). Rotalgen können in tieferes Wasser vordringen, da sie das wenige zur Verfügung stehende Licht besser nutzen können.

In allen Tiefen können Wellen auf die Felsen treffen. In starken Strömungsbereichen besiedeln verschiedenartigste Wirbellose jedes verfügbare Stückchen Felsenoberfläche, oft siedeln und wachsen sie sogar übereinander und bilden dadurch mehrere Schichten. Die meisten Tiere ernähren sich dadurch, daß sie das Wasser filtern, wenn es vorbeiströmt. Nahrung und Sauerstoff sind meist ausreichend vorhanden, und so wird der Kampf um den Lebensraum der Hauptfaktor, der die Populationen begrenzt.

Das Leben eines solchen Felsenbewohners besteht darin, auf dem Stück Untergrund, auf dem er sich als Jungtier hat niederlassen können, heranzuwachsen, nach Möglichkeit die benachbarten Lebewesen zu verdrängen, Nahrungspartikel und gelösten Sauerstoff aus dem Wasser zu filtern und die Stoffwechselprodukte und die Nachkommenschaft oder Eier und Spermien in die Wasserströmung abzugeben. Schwämme, Hydroidpolypen, Weichkorallen, Gorgonien, Anemonen, Bryozoen, Würmer, Entenmuscheln und Seescheiden, manchmal in großer Artenzahl, leben alle in dieser Weise auf Unterwasserfelsen und Felsenriffen.

Andere Tiere sind beweglich und können die sessilen, festgewachsenen Lebewesen fressen und als Beute betrachten. Seeigel der Familie Echinidae rollen auf ihren

Tausenden hydraulischen Röhrenfüßchen über die Felsenfläche und nagen mit ihren großen fünfteiligen Kiefern an den Bodenorganismen. Die Schnecken sind mit einem breiten, griffigen Fuß ausgestattet sowie mit einer langen und mit Zähnen versehenen Zunge. Muscheln (Trochidae) gleiten über Algenflächen und raspeln kleine Stückchen heraus. Die europäischen Muschelschnecken (*Trivia*-Arten) öffnen die Zellen von Algen, Schwämmen und Seescheiden und saugen den Inhalt heraus. Farbenprächtige Meeresschnecken sind besonders an die Lebewesen dieses Bereichs angepaßte Räuber und kommen oft nur auf jeweils bestimmten Arten vor, an die sie auch farblich angepaßt sind. In der Nacht bewegen sich Hummer und Krabben über den Felsen und nagen an einer Vielzahl von Nahrungsquellen.

Die Küsten- und Gezeitenzonen

Wo das Wasser auf das Land trifft, wird das Leben von den Bewegungen der Wellen und der Gezeiten, die auf Steine, Sand und Schlick einwirken, bestimmt. Dieser Uferlebensraum erfährt ein rhythmisches Auflaufen und Ablaufen der Gezeiten auf das schräg ansteigende Land. Die meisten Küsten werden in 24 Stunden etwa zweimal von der See bedeckt und wieder freigegeben, wobei das jeweilige Ausmaß zeitlich verschieden ist und von den entsprechenden örtlichen Gegebenheiten abhängt. Die unaufhörliche Tätigkeit der Wellen kompliziert dieses Geschehen, und dadurch findet sich am Uferbereich eine Vielfalt unterschiedlicher Lebensbedingungen, die es den verschiedensten Tier- und Pflanzenarten ermöglicht, einen geeigneten Lebensraum zu finden.

Die Wellen und Gezeiten

Die Hauptursache für die Gezeiten ist die Wirkung der Anziehungskraft des Mondes, die die Erde beeinflußt. Sie wirkt sich auf das Wasser des Meeres naturgemäß stärker als auf das feste Land aus, wobei auf der dem Mond zugewandten Seite der Erde ein Wasser»berg« entsteht, dem gleichzeitig auf der anderen Seite ein ebensolcher Wasser»berg« zum Ausgleich gegenübersteht. Jeden Tag dreht sich die Erde etwa einmal unter dem Mond weg, und eine bestimmte Stelle auf der Erde passiert dabei beide Wasser»berge«. Bei jedem Wasser»berg« steigt, beziehungsweise fällt das Wasser an dieser Stelle der Erde, so daß einmal das Wasser hoch (Flut) und dann wieder niedrig (Ebbe) steht. Die Gesamtdauer dieser beiden Vorgänge ist etwas länger als ein Tag, weil der Mond in gleichem Sinn um die Erde läuft und sich seine Anziehungskraft an einem Ort erst dann wiederholt, wenn die Erde mehr als eine vollständige Umdrehung vollzogen hat.

Die Sonne übt eine ähnliche, jedoch schwächere Anziehungskraft auf die Erde aus. Diese addiert sich zum Einfluß des Mondes, wenn alle drei Himmelskörper in einer Geraden liegen, jeweils zur Zeit des Neumondes und des Vollmondes. Dann ergeben sich die höchsten Gezeitenstände (Springtiden). In der Position bei Halbmond hingegen wirken die beiden Kräfte gegeneinander, so daß dann die niedrigsten Gezeiten auftreten (Nipptiden). Da der Mond einmal im Monat um die Erde wandert, ergibt sich auf diese Weise in der Höhe der täglichen Gezeiten ein periodisch wiederkehrender Wechsel. Es gibt noch einige weitere ähnliche Einflüsse auf den Rhythmus der Gezeiten, die im Laufe des Monats und Jahres variieren, aber auch weniger von Bedeutung sind.

Der Charakter und der Ablauf der Gezeiten wird aber auch durch andere Einflüsse noch verändert. Die Höhe und der Zeitpunkt der Gezeiten hängen in starkem Maße zusätzlich von der Form und der Länge der Küstenlinie und der Meerestiefe ab. In einem fast abgeschlossenen Bereich wie dem Mittelmeer ist das Meeresbekken so gestaltet, daß die Gezeitenhöhe nur recht gering ist. Im Gegensatz dazu hat die Bay of Fundy in Kanada eine trichterartige Mündung durch die Uferlinien und den flach ansteigenden Bodengrund, so daß dort ein täglicher Wechsel des Wasserstandes von über 14 m die Folge ist. An anderen Orten beträgt der Gezeitenunterschied normalerweise zwischen 5 und 10 m.

Die Wellenbewegungen sind meist noch ungleichmäßiger und meistens noch kräftiger als die Gezeitenwirkung. Ihre Häufigkeit, Geschwindigkeit und Höhe wird von den Windverhältnissen, der Entfernung, in der sie sich aufbauen können, und der Form der benachbarten Küstenbereiche bestimmt. Beständiges Wetter bedeutet überdies, daß eine Küste regelmäßig einer bestimmten Wellentätigkeit ausgesetzt ist. Und die Küsten können entsprechend ihrer Exposition gegenüber den Wellen oder dem Schutz vor solchen Wellen klassifiziert werden. Die am stärksten den Wellen ausgesetzten Ufer bestehen aus nackten Steilküsten, Felsenbuchten oder Bereichen, an denen der Sand fortgespült wurde. Wenn der Schutz zunimmt, finden sich auch zunehmend Ansammlungen von kleinen Steinen, Sandflächen, Schlamm und organischen Ablagerungen.

Das Felsenufer

Ein Felsenufer wird von vielen Pflanzen und Tieren bevölkert, die sich dort für dauernd festgesetzt haben, um periodisch von den Gezeiten überflutet zu werden und andererseits den Wellen, der Sonne und dem Regen ausgesetzt zu sein. Für die Lebewesen ist es wichtig, sich festzuhalten, weil der Tod diejenigen erwartet, die losgerissen werden. Die Arten unterscheiden sich in ihrer Verletzlichkeit durch das Meer und durch Dinge, die gegen das Ufer getragen werden. Viele Organismen haben besondere Körperstrukturen oder Verhaltensweisen entwickelt, um unter den extremen Brandungsbedingungen überleben zu können. Bei den Tangen, Seepocken, Muscheln, Schnecken und Fischen gibt es jeweils besonders angepaßte Vertreter, die diesen Lebensraum optimal nutzen. Es bestehen auch ganz wesentliche Unterschiede zwischen den Lebensgemeinschaften solcher Uferbereiche, die den Wellen ausgesetzt sind, und geschützten Zonen.

Eine zonierte Verteilung der Lebewesen ist an Steilufern am augenscheinlichsten. Über dem Bereich, bis zu dem die Gezeiten reichen, wird der Untergrund von Sturmwellen und Salzgischt beeinflußt oder er ist der Austrocknung anheimgestellt. Diese Spritzwasserzone ist nur unter härtesten Bedingungen zu besiedeln und ihre charakteristischen Bewohner sind auf Flechten, Asseln und ein paar salztolerante Landpflanzen beschränkt.

Unmittelbar unter dem Bereich des höchsten Gezeitenstandes wird das Ufer zwar von den täglichen Tiden erreicht, aber nur während zweier Zeiten innerhalb eines Monats, nämlich während der Springfluten. In dieser oberen Uferzone sind die Bewohner einmal langen Trockenzeiten ausgesetzt, dann wiederum sind sie vom Seewasser stark umspült. Schwarze Flechten, einige Schnecken und Seepokken sind teilweise in dieser Zone zu finden.

Der mittlere Uferbereich, zwischen dem Hoch- und Niedrigwasserstand während der Nipptiden, wird in den meisten Regionen zweimal pro Tag von Wasser bedeckt und wieder freigegeben. Wenn die Flut zurückweicht werden viele Lebewesen inaktiv. Seepocken, die hier häufig sind, schließen ihre Schalen, wenn sie trockenfallen, um etwas Wasser zurückzuhalten. Kleine Schnecken haben eine Kalkplatte, mit der sie ebenfalls ihr Gehäuse schließen können, um Wasserverlust vorzubeugen. Die dicke Epidermis verschiedener Braunalgen (wie etwa *Pelvetia canaliculata*) setzt die Verdunstungsrate herab und filtert die einfallende Sonnenstrahlung. Wenn das Wasser fällt, folgen ihm andere Lebewesen und wandern in Felsentümpel. Wenn der Wasserstand wieder steigt, kehren sie dann zurück, angesichts der Vorteile, die dieser Lebensraum bietet: viel Nahrung, Licht und Sauerstoff, zumal dieser Lebensraum nicht so stark bevölkert ist, da sich nur eine beschränkte Artenzahl an ihn angepaßt hat.

Unterhalb der niedrigsten Nipptidenbereiche liegt die untere Uferzone, die nur während der Zeit der Springfluten regelmäßig trockenfällt. Die Lebensbedingungen dieser Zone ähneln denen des flachen Meeres, und viele Arten können deshalb in diesem Lebensraum bis weit ins Land hinein vorkommen. Große Rot- und Braunalgen, die bekannten Seetange, bilden auf Felsen, die nicht so sehr vom Wellenschlag heimgesucht sind, dichte Bestände und beeinflussen so das Vorkommen vieler Tiere, die dort dann einen Lebensraum finden. Bei Niedrigwasser findet man oft eigenartige Lebewesen des Meeresbodens, etwa Seegurken, Anemonen, Krabben und Röhrenwürmer.

Die vertikale Zonierung der Organismen einer Felsenküste reicht von oberhalb der Spritzwasserzone der höchsten Flut, wo die harten Landflechten vorkommen, bis zum Wasserstand bei Ebbe, wo Seepocken und Seerosen zu finden sind. Unterhalb des Niedrigwasserstandes finden verschiedene Tange und Wirbellose ihren Lebensraum. Wenn die Flut kommt, wird zu den Bewohnern der Felsküste Nahrung herangetragen, und trockenliegende Organismen können die verlorengegangene Flüssigkeit ergänzen. Räuber können nun Nahrung erhalten, die bis dahin außerhalb ihrer Reichweite war.
Einschaltbild: a) Diatomeen-Phytoplankton, b) Tiefenplankton, c) Seesternlarve, ein pelagischer Plankter, d) *Calanus*-Art.
Die in der Hauptzeichnung dargestellten Organismen sind: a) Landflechte, b) Uferschnecke, c) Seeflechte, d) Schnecke, e) Seepocken, f) Seetang (*Fucus*-Art), g) Taschenkrebs, h) Seescheide, i) Miesmuschel, j) Pferdeaktinie, k) Blasentang, l) Seegurke, m) Eßbare Krabbe, n) Kegelschnecke, o) Seeanemone, p) Seeigel, q) Hornkoralle, r) Seestern, s) Fingerkoralle, t) Lippfisch, u) Grundel, v) Meeräsche, w) Seebarsch, x) Qualle.

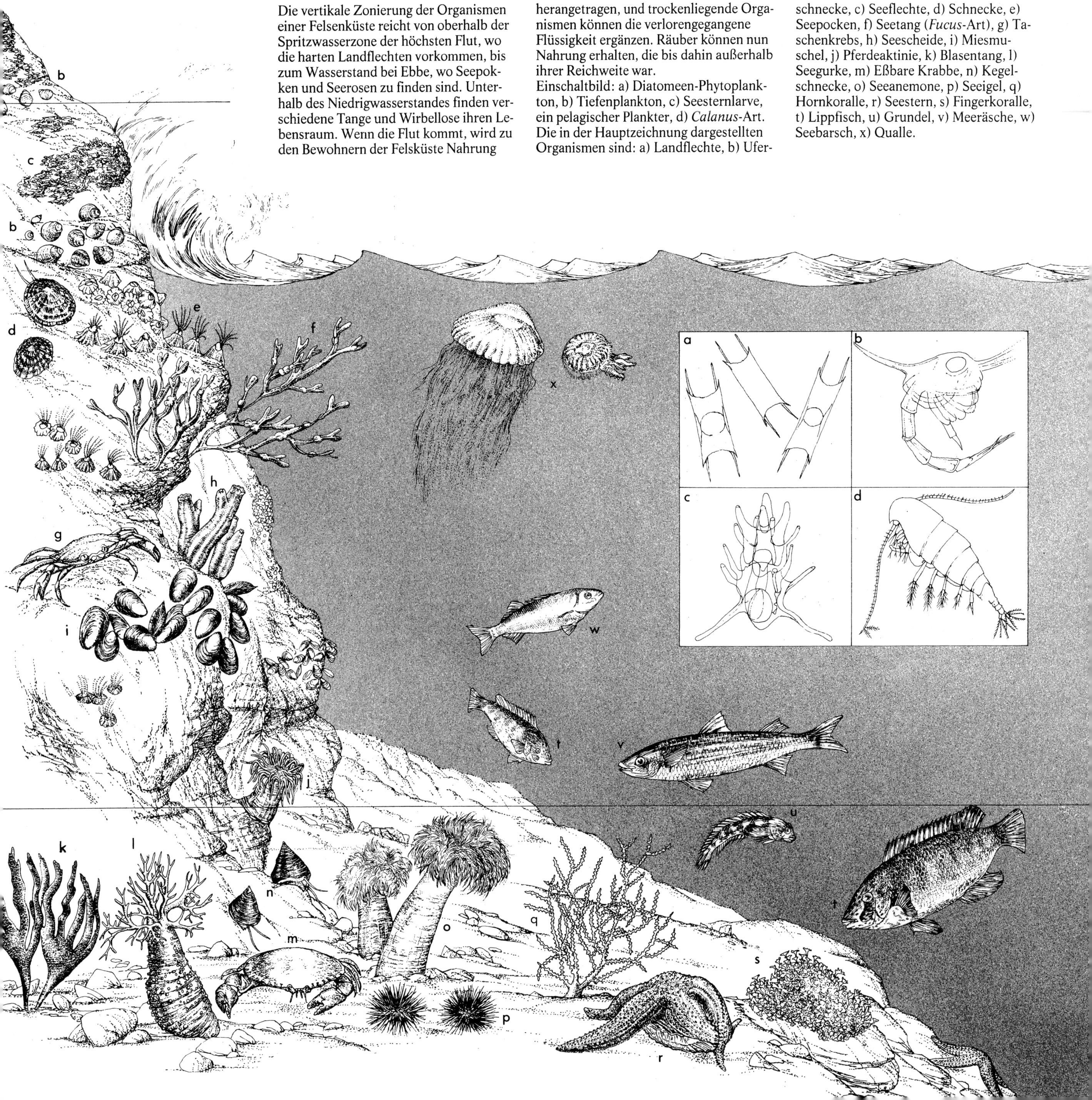

Der ständig Wasser führende Felsentümpel links wird zweimal am Tag von der Flut überspült und enthält zahlreiche Organismen, von denen im Bild beispielsweise Grünalgen erkennbar sind. Rechts ist ein solcher Tümpel bei Ebbe dargestellt. Er enthält: a) Kelp, b) Seepocken, c) Schnecken, d) Kegelschnecken, e) Grünalgen, f) *Jaera*-Art (Wasserassel), g) Garnelen, h) parasitär lebende Anemonen auf einem Einsiedlerkrebs, i) Grundel, j) *Blennius*-Art, k) Seeanemone, l) Tang, m) Muscheln.
Die Organismen, die in den höhergelegenen Tümpeln vorkommen, müssen zunehmend anspruchsloser und härter werden, um der Austrocknung widerstehen zu können und zu überleben. Das Schema rechts außen zeigt wie die Bedingungen im Laufe eines Tages in einem solchen dauernd Wasser führenden Tümpel variieren. Die helle Grundtönung zeigt an wenn der Tümpel isoliert ist, die dunklere gibt die Zeiten der Flut an. Die Farblinien sind wie folgt zu verstehen: Temperatur in Grad Celsius (blau), Sauerstoffgehalt in mg/Liter (gelb), pH-Wert (rot), Kohlendioxidgehalt in mg/Liter (durchgezogen schwarz). Der Salzgehalt (unterbrochene schwarze Linie) variiert etwas, weil Wasser verdunstet und zweimal täglich wieder aufgefüllt wird. Die waagerechte Achse zeigt die Uhrzeit und die Hell- und Dunkelperioden an.

Das Leben in einem Gezeitentümpel

Wenn das Wasser der Gezeiten von der unebenen Oberfläche des Felsenufers wegtrocknet, bleiben Seewassertümpel zurück, die so lange vom Meer isoliert sind, bis die Flut wieder zu ihnen hochsteigt. Diese Periode dauert in der mittleren Uferzone von Minuten bis zu Stunden und in der oberen Uferzone sogar bis zu mehreren Tagen, während die Tümpel der Spritzwasserzone über Wochen hinweg isoliert sein können, ohne von Wellen, Gischt oder Regen aufgefüllt zu werden.

Für die Organismen, die in einem Ufertümpel leben, ist es entscheidend, daß sie bei Niedrigwasser nicht austrocknen, ein Hauptproblem für das Leben zwischen den Gezeitenständen. Es gibt aber auch weitere Risiken, denn auf den Tümpel wirken ganz andere Klimabedingungen ein, während er der Luft ausgesetzt ist. An tropischen Ufern verhindern die hohe Lufttemperatur und die intensive Sonnenstrahlung die Entwicklung der reichhaltigen und farbenprächtigen Tümpelgemeinschaft, die entsprechende Gezeitentümpel der gemäßigten Küstenbereiche so interessant macht. Aber auch in den Tümpeln gemäßigter Breiten treten große Unterschiede bezüglich der Wassertemperatur, des Sauerstoffgehaltes und Kohlendioxidgehaltes, des pH-Wertes und der Salzkonzentration während des Gezeitenzyklus auf.

Je kleiner ein solcher Tümpel ist und je höher er am Ufer liegt, um so variabler sind seine Existenzbedingungen. Er kann sogar völlig austrocknen, so daß nur noch Salzkristalle übrigbleiben, oder über Tage hinweg mit Regenwasser gefüllt sein. Er wird zeitweilig von verschiedenen Algen und Wirbellosen bewohnt, wie beispielsweise von grünen Fadenalgen (*Enteromorpha*-Arten) und kleinen Krebstieren, die von den kurzen, nassen Perioden profitieren. Niedriger liegende Ufertümpel werden von verschiedenen Arten besiedelt, die ein Austrocknen des Wassers nicht lange ertragen können, wenn sie dies überhaupt überleben. Feine rote Seetange und zarte Anemonen, wie etwas *Anemonia sulcata* in Europa, können sich Wasserverlusten gegenüber nicht anpassen und außerhalb des Wassers auch ihren eigenen Körper nicht mehr stützen, so daß sie bald absterben. Die größten und tiefsten Gezeitentümpel beherbergen jedoch viele Tiere und Pflanzen, die normalerweise den Bereich unterhalb des Gezeiteneinflusses bevölkern.

Das Leben in Sand und Schlick

Die Uferfelsen werden durch die Gewalt des Meeres langsam abgetragen. Von der Küste entfernt, wo das Wasser weniger stark aufgewühlt ist, sammeln sich Sand und Schlick an, und in Suspension befindliche Partikel fallen aus und bilden ein Sediment. Im Vergleich zu den von Sand, Schlick und Sedimenten bedeckten Bereichen der Kontinentalschelfe und Tiefseebecken sind die Gebiete, die unter Wasser mit Felsen bedeckt sind, klein.

An der Küste selbst, wo Buchten und andere Küstenformationen Schutz vor den Wellen bieten, werden Teilchen abgelagert, deren Größe proportional der Stärke der Wasserbewegung ist. Die Reihenfolge von Sturmwogen bis zu leisem Wellenschlag verursacht eine Abfolge von Sedimenten, die von grobem sauberem Sand, der in einer steiler Bucht abgelagert wird, über schlammigeren Sand bis hin zum schwarzen Schlick einer fast isolierten Schlammfläche reichen.

Im Gegensatz zu den Felsenbewohnern, die fest am Gestein anhaften, graben sich die in Sand und Schlick vorhandenen Organismen nahe der Bodenoberfläche ein, um Schutz vor Räubern und ebenso vor der Austrocknung oder dem Fortgespültwerden während der Gezeiten zu finden. Der von Wellen bewegte Sand ermöglicht aufgrund seiner ständigen Bewegung und der Abrasion durch seine gröberen Partikel nur wenig Leben. Dennoch schaffen es ein paar Spezialisten im Sand zu gedeihen, wenn man einmal von den der Brandung am stärksten ausgesetz-

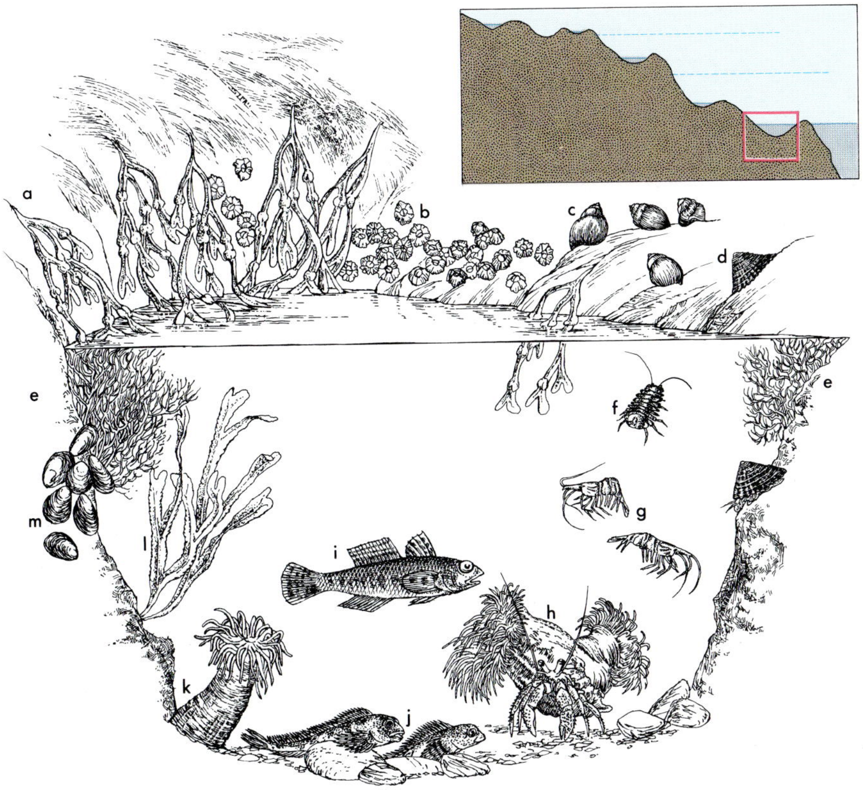

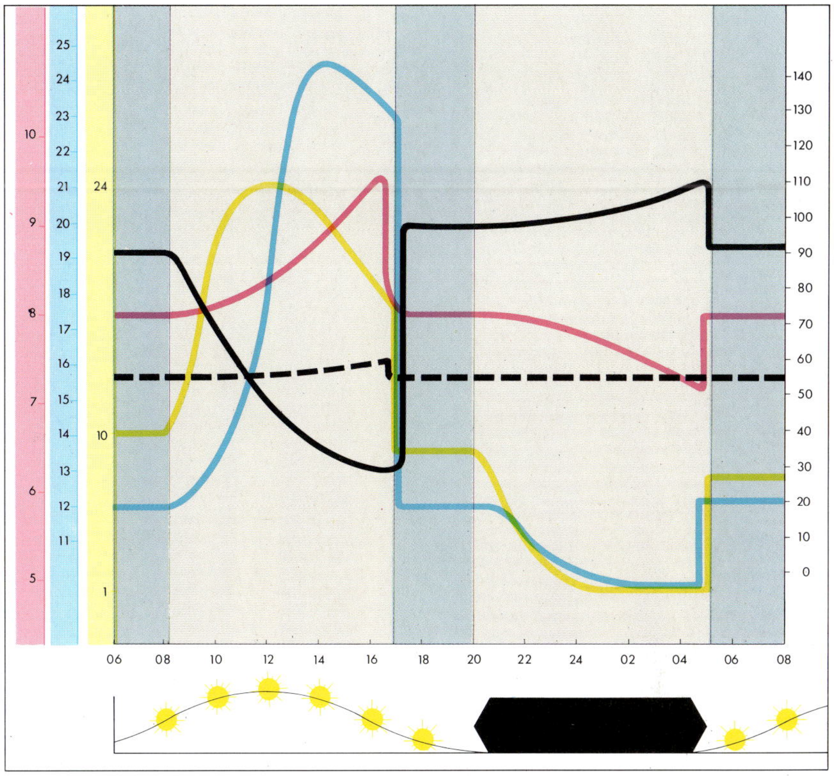

ten Buchten absieht. Sie leben hauptsächlich im unteren Uferbereich mit langsamer Gezeitenströmung. Da der Sand durch die Wellen von organischen Stoffen gereinigt wird, muß die Nahrung aus dem freien Wasser entnommen werden. Hier findet man viele grabende Muscheln, Plattmuscheln (aus der Familie Tellinidae) und Dreieckmuscheln (Donacidae). Ihre zarten Schalen sind mit kielartigen hinteren Rändern versehen, damit sie sich durch den Sand pflügen können. Scheidenmuscheln (Solenidae) graben sich so rasch in den Bodengrund ein, wenn sie gestört werden, daß dabei ein Wasserstrahl in die Luft gespritzt wird. Diese Muscheln ernähren sich dadurch, daß sie lange Siphonröhren zur Sandoberfläche schicken, durch die sie Wasser einziehen, das in großen Mengen nach Nährstoffen und Sauerstoff durchfiltert wird.

In geschützteren Buchten ist der Sand feiner und ziemlich beständig und enthält organischen Detritus. Herzigel und Schlangensterne gedeihen dort, arbeiten die obere Sandschicht durch und hinterlassen eine gepflügte Spur, während sie allen Detritus verzehren. Andere Echinodermen, die Seeigel, laufen verhältnismäßig rasch auf ihren Röhrenfüßchen und Stacheln und erbeuten lebende Schnecken und Muscheln. Die Nabelschnecken (*Natica*-Arten) ernähren sich räuberisch von vergraben lebenden Muscheln, indem sie ein rundes Loch in die Schale des Opfers bohren und sein Fleisch mit einer langen gezähnten Zunge herauslösen.

Unterwasserwiesen von Seegras (*Zostera-, Posidinia-* und andere Arten) kommen in den flachen Sand- und Schlickbereichen vor. In geschütztem Wasser setzt sich organisches Material zusammen mit feinem Sand und Lehm ab. Zu dieser Schicht tragen auch verrottende Tange, tote Tiere, Wattpflanzen und möglicherweise überhängende Bäume, etwa Mangroven, bei. Über 5 % des Schlammgewichts können Detritus sein, eine reiche Nahrungsquelle für die jeweilige Fauna.

Enorme Bakterienpopulationen leben in diesem Schlamm und verdauen das Material. Ihre Atmung senkt den Sauerstoffgehalt im Sediment und des wenig bewegten Wassers darüber. Daher leben sie anaerob und produzieren Hydrogensulfit, das Eisenoxid im Schlamm zu schwarzem Eisensulfit umwandelt.

Die großen Mengen an Organismen, die in einer Schlickfläche vorkommen, umfassen auch Algen, Würmer, Muscheln, Schnecken, Garnelen und Tunicaten. Sie müssen Sauerstoffmangel überwinden, die Behinderung durch Schwemmstoffe, Änderungen der Temperatur und des Salzgehaltes sowie starken Feindruck erleiden. Zur Ebbe werden die schlammigen Wattbereiche von Vögeln und Landtieren besucht, wie etwa von Möwen und Strandläufern, und auch von Fischern, die nach Muscheln suchen. Wenn die Flut wieder über das Watt geht, kommen Katzenhaie, Rochen, Plattfische, Meeräschen, Krabben und Garnelen sowie viele andere Lebewesen mit dem Wasser landwärts, um von den zahlreichen wirbellosen Wattbewohnern zu fressen.

Das Überleben in den Flußmündungen

Wo Süßwasserströme und -flüsse vom Land her in das Meer münden, da bildet sich ein Mischbereich, und die Verhältnisse ändern sich periodisch stark. Diese Mündungsgebiete stellen einen Lebensraum dar, der durch schlammige Kanäle, Sandbänke, öde Sümpfe und bewaldete Ufer gekennzeichnet wird, mit ständigen Änderungen der Temperatur und des Salzgehaltes des Wassers. Dieser Salzgehalt beträgt zwischen 0,1 und 3,5 % je nach der einfließenden Süßwassermenge und dem reinen Seewassergehalt. Der Salzgehalt ist darüber hinaus auch noch im gesamten Mündungsbereich sehr wechselnd, je nach Unterschieden in der Stärke des Süßwasserzuflusses, der Höhe der Gezeiten und der Rückhaltefähigkeit des Sediments.

Die meisten Tiere solcher Mündungsbereiche haben sich eher von Lebensräumen des Meeres her angepaßt als von Süßwasserlebensräumen her. Dabei mußten

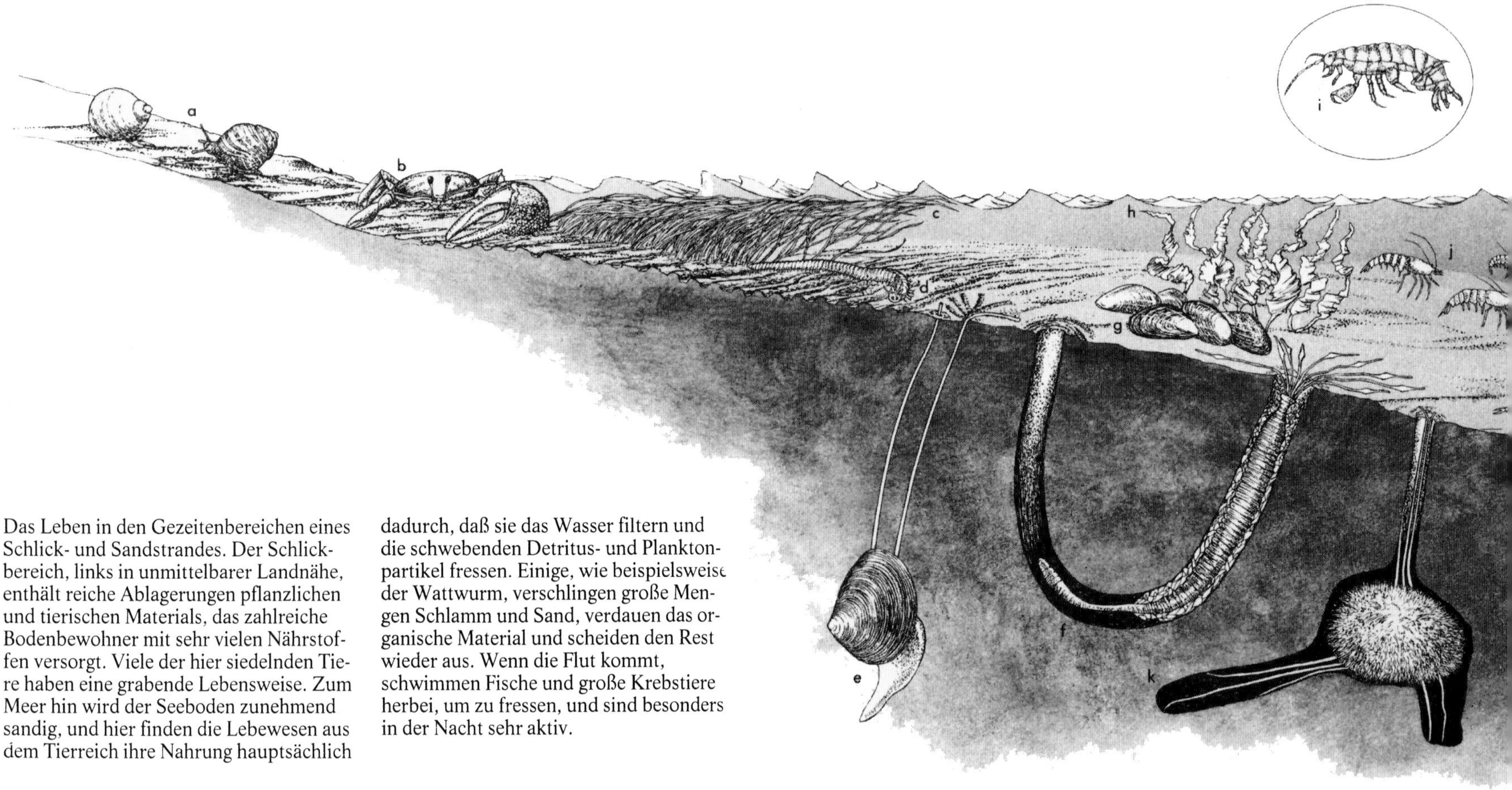

Das Leben in den Gezeitenbereichen eines Schlick- und Sandstrandes. Der Schlickbereich, links in unmittelbarer Landnähe, enthält reiche Ablagerungen pflanzlichen und tierischen Materials, das zahlreiche Bodenbewohner mit sehr vielen Nährstoffen versorgt. Viele der hier siedelnden Tiere haben eine grabende Lebensweise. Zum Meer hin wird der Seeboden zunehmend sandig, und hier finden die Lebewesen aus dem Tierreich ihre Nahrung hauptsächlich dadurch, daß sie das Wasser filtern und die schwebenden Detritus- und Planktonpartikel fressen. Einige, wie beispielsweise der Wattwurm, verschlingen große Mengen Schlamm und Sand, verdauen das organische Material und scheiden den Rest wieder aus. Wenn die Flut kommt, schwimmen Fische und große Krebstiere herbei, um zu fressen, und sind besonders in der Nacht sehr aktiv.

sie die Probleme lösen, die mit dem reduzierten und stark variierenden Salzgehalt für sie verbunden sind. Einige Arten können extreme Salzgehalte dadurch ertragen, daß sie den Salzgehalt ihrer Körperflüssigkeit mit dem des umgebenden Wassers erhöhen oder senken. Andere setzen sich dem Wasser mit niedrigerem Salzgehalt erst möglichst gar nicht aus: Beispielsweise schließen Muscheln und Seepocken ihre Schalen dicht und pumpen nur dann Wasser durch ihren Körper, wenn sie von den Gezeiten mit entsprechend hohem Salzgehalt überflutet werden. Bestimmte marine Würmer und Muscheln leben in einem Flußmündungsbereich noch weit stromauf, indem sie sich in den Schlamm eingraben, wo das Wasser auch während der Ebbe salzig bleibt, teilweise deshalb, weil das Meerwasser unter dem weniger dichten Flußwasser Grundwasserströme bildet.

In einem solchen Mündungsbereich werden auch sehr extreme Temperaturen gemessen. Im Wattenbereich kann im Winter das hereinströmende Gezeitenwasser fast bis auf den Gefrierpunkt abkühlen, während im Sommer der dunkle Schlamm ein Maximum an Sonnenlicht absorbiert und gefährlich heiß wird. Außerdem können unterschiedliche Muster der Sand- und Sedimentablagerungen dadurch entstehen, daß sich Fluß- und Gezeitenströme mit verschiedenem Salzgehalt und damit spezifischem Gewicht mischen.

Große Nahrungsmengen gelangen in diese Lebensräume durch die Flüsse und Gezeitenströme, wo sie an geschützten Stellen als Detritus im Schlamm abgelagert werden. Deshalb treten diejenigen Arten, die in den Flußmündungen leben können, oft in so großer Zahl auf. Eine kleine Muschel *(Scrobicularia plana)* kann in einer Dichte von 3000 Tieren pro m^2 vorkommen, und eine kleine Schnecke *(Hydrobia ulvae)* kann man an solchen Stellen siebenmal häufiger als gewöhnlich antreffen. Auf diese Weise werden die großen Mengen toten organischen Materials, die sich ständig ansammeln, von niederen Wirbellosen in Fleisch von Mollusken, Krebstieren oder Polychaeten umgesetzt. Diese werden wiederum von Tausenden von Meeräschen, Flundern, Katzenhaien, Krabben, Garnelen und anderen Tieren gefressen, die mit der steigenden Flut in die Mündungsbereiche schwimmen, und ihnen folgen Scharen von Vögeln, die, sobald das Wasser abgeflossen ist, ebenfalls diesen Lebewesen nachstellen.

Die Salzmarschen und Salzsümpfe

Wo der Uferbereich vor der Wellentätigkeit und den Gezeitenströmen geschützt ist, werden ergiebige Sedimente abgelagert, die das Land langsam zur See hin wachsen lassen. Besonders angepaßte Pflanzen gehören zu den ersten Siedlern dieses neuen Lebensraumes. Typische Beispiele hierfür sind die Gewächse der Salzmarschen entlang der Küsten gemäßigter Zonen und die Mangrovenbäume an ruhigen Ufern der Tropen. Solche dichten Bestände stark bewurzelter Vegetation halten den abgelagerten Schlamm fest und fangen weitere Ablagerungen und organische Reste auf. Auf diese Weise werden Marsch- und Sumpftiere mit Nahrung versorgt und finden einen idealen Lebensraum.

Im Untergrund gedeihen Winkerkrabben, Einsiedlerkrebse und Mangrovekrabben ebenso wie Sumpfschnecken und Gespenstergarnelen. Viele dieser Tiere können eine gewisse Zeitlang außerhalb des Wassers leben, indem sie durch Kiemen, die zu primitiven lungenartigen Strukturen umgewandelt sind, Sauerstoff aus der Atmosphäre aufnehmen. Bei den Mangrovebäumen dienen die Blätter den Krabben als Nahrung und ihre Zweige als Siedlungsmöglichkeit für planktische Larven von Austern, Muscheln und Seescheiden, die mit den Gezeiten herangetrieben werden, und von denen sich wiederum verschiedene Krabben und Schnecken ernähren. Dieses reichhaltige Ökosystem ernährt dann wieder andere Räuber wie Fische, Vögel, Reptilien und Landtiere verschiedenster Zugehörigkeit.

Eine typische Gemeinschaft eines solchen Lebensraumes mit Sand und Schlick könnte beispielsweise aus folgenden Lebewesen bestehen: a) *Hydrobia*-Schnecke, b) Winkerkrabbe, c) Grünalgen, d) Nereide, e) Klaffmuschel, f) Wattwurm, g) Miesmuscheln, h) *Laminaria*-Art, i) Flohkrebs, j) Sandgarnele, k) Herzigel, l) *Glycymeris*-Muschel, m) Messermuschel, n) Gespenstergarnele, o) Flunder, p) *Fucus*-Art, q) *Tellina*-Muschel, r) Seestern, s) Einsiedlerkrebs mit Seeanemone, t) Sanddollar, u) Katzenhai.

Süßwasser-Lebensräume

Stehende und fließende Süßgewässer nehmen nur einen kärglichen Teil der Landmasse unserer Erde ein und enthalten nur wenig des gesamten vorhandenen Wassers. Aber sie sind von großem Einfluß und Nutzen für die meisten Landschaften, und auch ihre Schönheit ist für den Menschen ein Gesichtspunkt. Als Lebensräume sind sie, über die Erde verteilt, höchst unterschiedlich, in besonderer Abhängigkeit von den klimatischen Gegebenheiten, insbesondere der Temperatur und den Niederschlägen. Diese Faktoren bestimmen die Menge und Qualität des Oberflächensüßwassers. Innerhalb jeder Wassermenge ändert sich die Temperatur jahreszeitlich in einer bestimmten Weise zwischen charakteristischen Minimal- und Maximalwerten. Diese Unterschiede werden von bestimmten Arten von Lebewesen toleriert, und solche Anpassung bestimmt größtenteils die Verbreitung der Pflanzen und Tiere.

Für die Tropen, die zwischen dem Wendekreis des Krebses (23,5° N) und dem Wendekreis des Steinbocks (23,5° S) liegen, sind das ganze Jahr hindurch relativ hohe Temperaturen und konstante Tageslängen kennzeichnend. Diese gleichbleibende Wärme fördert das Wachstum und die Entwicklung der Lebewesen, sowie eine bemerkenswerte Vielfalt von Tieren und Pflanzen. Beispielsweise sind etwa 8000 Arten von Süßwasserfischen bekannt, und über 1300 davon kommen ausschließlich im warmen Flußsystem des Amazonas vor, verglichen mit den nicht einmal 200 Arten in ganz Europa.

Regen kommt in den Tropen in sehr unterschiedlicher Menge vor. Im äquatorialen Gürtel der Festlandsbereiche ist sie am höchsten, hier können über 150 cm Regen, mehr oder weniger anhaltend, während des Jahres fallen. Das viele Wasser, das Sonnenlicht und die Wärme führen zu einer dichten Urwalddecke. Riesige Ströme, die ständig Wasser führen, durchqueren den äquatorialen Regenwald, dessen überhängendes Regendach sich in dunklen Tümpeln widerspiegelt. Die in mehreren Schichten wachsende Vegetation ist für die Regelung des Wasserflusses auf dem Land und für die Bildung von wasserreichen Lebensräumen sehr wichtig.

Mit zunehmender Entfernung vom Äquator nimmt der Regenfall ab und der feuchte Regenwald wird von Baumsavannen und Grasland abgelöst. Hier treten Regen- und Trockenzeiten auf: Heftige Regengüsse führen zu Überschwemmungen und Erosion, ihnen folgen lange Trockenzeiten, die Sümpfe austrocknen und Flüsse versiegen lassen. Jahreszeitliche Klimaunterschiede nehmen mit zunehmendem Breitengrad ebenfalls zu, weil die Sonne zweimal im Jahr über den Äquator wandert und so den gemäßigten Zonen kalte Winter und warme oder heiße Sommer bringt. Küstenbereiche sind bezüglich des Klimas immer ausgeglichener als zentrale kontinentale Gebiete, weil sich das Meer langsamer als die Luft oder das Land erwärmt oder abkühlt und so für einen Ausgleich sorgt.

Das Tier- und Pflanzenleben ist in den Süßgewässern der gemäßtigten Zonen in vielerlei Hinsicht diesem jahreszeitlichen Wechsel angepaßt. Der Fortpflanzungsrhythmus, das Heranwachsen der Nachkommen und die Nahrungsgewohnheiten haben sich entsprechend der im Frühjahr und Sommer reichlich vorhandenen Nahrung entwickelt. Frost und Kälte werden dadurch überstanden, daß die Lebewesen überwintern oder diese Jahreszeit als Samen oder Eier überdauern und den gesamten Lebenszyklus auf die warmen Monate des Jahres beschränken.

Das Leben in Flüssen und Bächen

Unterschiede zwischen den einzelnen Fließgewässern können sich aus der jeweiligen Breitenlage, dem Klima, der Höhenlage, dem Einzugsgebiet, den örtlichen geologischen Verhältnissen, dem Grad der Beschattung und des Windschutzes, der Ufervegetation und dem Einfluß von Tieren – auch des Menschen – ableiten. Die Verhältnisse ändern sich auch mit der Länge eines Flusses oder Stromes. Von der Quelle bis zur Mündung verursachen die abnehmende Höhe und die Strömung im Flußbett ein Zunehmen der Wassertemperatur und der Fließgeschwindigkeit, Änderungen im Gehalt gelösten Sauerstoffes und organischer Salze sowie der Zusammensetzung des Bodengrundes. Aus diesen Abstufungen ergibt sich auch eine Abfolge von verschiedenen Pflanzen und Tieren vom Bergbach bis zum Tieflandfluß.

Ein Fluß gemäßigter Breiten

Nahe seiner Quelle, an einem Berg oder einem Gebirgshang, wo viel Regen fällt, strömt ein Gewässerzufluß ein steiles und felsiges Bachbett abwärts. Das Wasser ist hier klar und kühl, meist unter 10°C, auch im Sommer, und sein Sauerstoffgehalt liegt ständig hoch. Der pH-Wert und der Mineralgehalt hängen von den örtlichen klimatischen und geologischen Gegebenheiten ab.

Um in diesem strömenden Bach überleben zu können, muß ein Lebewesen es verhindern, fortgeschwemmt zu werden. Das Pflanzenleben ist auf Moose, Lebermoose und Algen beschränkt, die fest und dicht an den Felsen des Bachbettes festgewachsen sind. Sie sind von ihrem Aufbau her gut angepaßt und haben kräftige Stiele und Halteorgane. Ebenso gut angepaßte Tiere sind breitfüßige Schnekken der Familie Ancylidae und Plattwürmer, wie etwa *Crenobia alpina*. Eintagsfliegenlarven haben ebenfalls abgeflachte Körper, und die Gehäuse von Köcherfliegenlarven (*Tremona*-Arten) dieses Lebensraumes sind stromlinienförmig. Einige freilebende Köcherfliegenlarven und die Larven der Kriebelmücken (aus der Familie Simuliidae) benutzen Haken, um sich festzuhalten. Einige Fliegenlarven produzieren sogar mit Hilfe großer Spinndrüsen Seidenfäden; die Larve selbst hält sich in einem geflochtenen Netz fest, das an einem vom Bachlauf überströmten Stein befestigt ist. Sie bindet sich außerdem mit einem seidenen Sicherheitsgurt an diesem Netz fest, und wenn sie von der Strömung einmal losgerissen werden sollte, kann sie entlang dieses Sicherheitsfadens wieder zurückklettern, wie es auch herabgefallene Spinnen in ähnlicher Weise tun.

Fische dieser rasch fließenden Bäche sind die Forelle, der Bachsaibling und die Groppe. Die beiden ersteren haben stromlinienförmige ovale Körper, die zum Schwanz hin schlanker zulaufen. Es sind typische Kaltwasserfische, die sogar im eiskalten Wasser in der Lage sind zu fressen und aktiv zu bleiben, wobei sie einen hohen Grundstoffwechsel haben. Während ihres gesamten Lebens ist ihr Sauerstoffbedarf hoch, von der Entwicklung im Ei in einem gut durchströmten Kies»nest« bis zum ausgewachsenen und sehr lebhaften Tier. Viel Energie wird dazu aufgewendet, um gegen die Strömung zu bestehen, und man kann die Forelle meist in den Kolken hinter großen Steinen oder unter überhängenden Uferbereichen finden. Die Groppe *(Cottus gobio)* sieht wie ein träger und bequemer Fisch aus, aber sie hat ihre eigene Technik entwickelt, um mit schnellfließendem Wasser zurechtzukommen. Sie kann sich unter Steine graben oder gegen den Boden drükken, und sie kommt dadurch zu ihrer Nahrung, daß sie kurz aus ihrer geschützten Lage hervorstößt.

Die mittleren Bereiche

Wenn sich die kleineren Bäche zu breiteren und tieferen Flußläufen vereinigen, fließt das Wasser rasch über Felsblöcke und lose Steine, wobei kleinere ruhige Zonen gebildet werden, in denen sich Kies und grober Sand ablagern. Das Wasser ist nun etwas wärmer, obgleich es selten mehr als 15°C erreicht, und es ist immer noch sauerstoffreich. Algen und Moose sind auch weiterhin noch die vorherrschenden Pflanzen, aber in den ruhigeren Zonen kommen nun gelegentlich auch höhere Pflanzen vor, wie etwa Tausendblattarten *(Myriophyllum)*, Wasserstern *(Callitriche)* und Flutender Hahnenfuß *(Ranunculus fluitans)*. Die letzteren haben kräftige biegsame Stengel, fein geteilte Blätter und viele Adventivwurzeln, die den lockeren Kies binden.

Um der Strömung zu entgehen, halten sich die Fische und Wirbellosen bevorzugt in den Randbereichen und Stillwasserzonen hinter Steinen auf. Kleine Steinchen und Sand werden von Köcherfliegenlarven benutzt, um ein entsprechend schweres Gehäuse zu bauen, das nicht fortgespült wird. Die Dreikantmuschel *(Dreissena polymorpha)* oder Wandermuschel gedeiht im Gegensatz zu anderen Muscheln in ruhigeren Stillwasserbereichen dieser Flußregion, wahrscheinlich deshalb, weil ihre Haltefäden oder Byssusfäden erst beim erwachsenen Tier ausgeprägt sind. Nahrung aufzunehmen, die das fließende Wasser vorbeiträgt, ist eine wirksame Methode, um Energie zu sparen, und wurde während der Evolution von verschiedenen Arten erworben.

Fische, die in Mitteleuropa diese Zone charakterisieren, sind die Äsche *(Thymallus thymallus)*, die Elritze *(Phoxinus phoxinus)*, die Hasel *(Leuciscus leuciscus)* und die Bartgrundel *(Noemacheilus barbatulus)*. Der abgeflachte Kopf und der zylindrische Rumpf spiegeln die Lebensweise der Bartgrundel wider, die sich am Bodengrund aufhält und zwischen Steinen umherhuscht. Die anderen Fische sind alle lebhafte und kräftige Arten, die dadurch an Ort und Stelle zu bleiben vermögen, indem sie gegen die Strömung anschwimmen.

Wenn der Fluß aus den Bergen herabkommt, wird sein Gefälle geringer und seine Strömung nimmt ab. Kies und Sand werden regelmäßig abgelagert und nehmen einen Großteil des Flußbettes ein. Die durch gelöste organische Stoffe und feine Mineralien verursachte Wassertrübung nimmt ab. Hier liegen die Wassertemperaturen höher, im Sommer meist über 15°C. In dieser Jahreszeit kann auch zum erstenmal während des Weges, den der Fluß nimmt, der Sauerstoffgehalt absinken. Dies geschieht aufgrund der verminderten Strömung und Durchlüftung, der geringeren Löslichkeit des Gases im wärmeren Wasser und der zunehmenden Zahl von Bakterien, die den Detritus abbauen und dabei atmen.

Zugleich mit der langsameren Strömung und den feineren Bodenablagerungen, in die Wurzeln gut eindringen können, besteht die Vegetation zunehmend aus höheren Pflanzen. Sie breiten sich über das ganze Flußbett hinweg aus, versorgen die Lebensgemeinschaft mit Nahrung und Sauerstoff und halten den Sand fest. Die Artenzusammensetzung ist dabei oft unterschiedlich. In sauren, kalkarmen Flüssen Europas finden sich *Potamogeton polygonifolius, P. natans* und *P. alpinus*, in kalkreichen Flüssen hingegen eher *Sparganium simplex, Potamogeton perfoliatus, Sagittaria sagittifolia* und *Hippurus vulgaris*.

Aufgrund des reichen Pflanzenwuchses gedeihen verschiedene bodenbewohnende Wirbellose, wie zum Beispiel Oligochaeten (Würmer), Wasserasseln, Insektenlarven, Hydren und Schnecken, die man auch an den Blättern und Stengeln findet. Die Fische haben in diesem Flußabschnitt einen hohen Körperbau und breite, bewegliche Flossen, um sich gemächlich durch die Pflanzen zu bewegen. Barbe *(Barbus barbus)* und Döbel *(Leuciscus cephalus)* sind Charakterarten. Die Plötze *(Rutilus rutilus)*, die Rotfeder *(Scardinius erythrophthalmus)* und der räuberische Barsch *(Perca fluviatilis)*, der Hecht *(Esox lucius)* und der Aal *(Anguilla anguilla)* können häufig vorkommen.

Der Tieflandfluß

Im Verlauf des letzten Flußabschnittes fließt dieser gemächlich über einem schlammigen Bodengrund, der reich an organischen Abfallstoffen ist. Das Wasser kann trübe sein und eine enorme Fracht an feinem Sand und Schwebstoffen mit sich führen, die das Licht nicht sehr weit eindringen lassen. Hier ist das Flußbett breiter und führt in großen Schleifen durch Seen und flache Untiefen. Im Sommer kann das Wasser recht warm werden, meist über 20°C, und der Sauerstoffgehalt nimmt dann zum Boden hin deutlich ab.

Nun trägt das zahlreich vorhandene Phytoplankton erheblich zur Photosyntheserate bei. So können mikroskopische Diatomeen (einzellige Algen) die hauptsächlich vertretenen Pflanzen sein, wie dies besonders in großen Flüssen der Fall ist. Der Zahl nach kommen diese Pflanzen sehr wechselnd vor, weil sich die Lichtstärke, die Trübung, die Temperatur, die Strömung und die im Wasser gelösten chemischen Stoffe im Laufe des Jahres stark ändern können. Wurzeln tragende höhere Pflanzen wachsen in dieser Flußzone in dichten Beständen, obgleich sie aufgrund der starken Trübung und der großen Flußtiefe auf die flacheren Uferbereiche und Untiefen

Ein Ausschnitt aus dem vielfältigen Leben in einem südostasiatischen Mangrovesumpf: a) Indischer Königsfischer, b) Krokodil, c) Mangroveschlange, d) Schützenfisch, e) Tigerfische, f) Asiatischer Kugelfisch, g) Argusfisch, h) Schlammspringer, i) Silberflossenblatt. Im Sand vergraben leben zahllose Muscheln, während Schnecken und Krabben in großer Zahl um die Wurzeln der Bäume herum leben. Das Wurzelsystem der Roten Mangrove ist rechts dargestellt. Die Samen der Roten Magrove keimen am Ast, bevor sie in den Schlamm fallen, wo sie rasch festwurzeln. Die Mangrovesümpfe der Erde sind in den schlammigen Mündungsbereichen tropischer und subtropischer Flüsse zu finden. Dort ist das Wasser brackig und die Wasserlebewesen sind daran angepaßt, Salzschwankungen zu überstehen. Die Sümpfe werden durch verschiedene Arten von Mangrovebäumen charakterisiert, deren Wurzeln den Wasserlebewesen Schutz bieten, Detritus, Sand und Schlamm festhalten, und damit zum Verlandungsprozeß beitragen, so daß sich das Land seewärts weiter vorschiebt.
Einschaltbild: Ein Schnitt durch einen südostasiatischen Mangrovesumpf (a) zeigt die Zonierung der Mangrove-Arten. Pioniermangroven (*Sonneratia*-Arten) siedeln sich im seeseitig gelegenen Küstenbereich rechts an. Hinter ihnen wachsen Bestände der Roten Mangrove *(Rhizophora)*. *Sonneratia*-Arten haben zahlreiche Luftwurzeln, mit denen sie atmen und von denen Seitenwurzeln ausgehen (c). Wo der Boden am trockensten ist, finden sich *Brugueira*-Mangroven, deren Wurzeln im Schlamm wachsen, wobei oberhalb des Wassers nur »Knie« sichtbar sind (b).

beschränkt sind. Bekannte emerse Arten sind beispielsweise unter anderen *Phragmites communis*, das Schilf, *Glyceria*-Arten und *Scirpus lacustris*.

In dem feinen Sand, der mit Schlamm vermischt ist, kommen wirbellose Tiere häufig vor. Unter den zahlreichen Insektenlarven finden sich grabende Eintagsfliegenlarven (*Ephemera*-Arten), Libellenlarven *(Aeschna)* sowie Chironomidenlarven (Rote Mückenlarven) in ihren selbstgebauten Röhren. Tubifexwürmer und kleine Muscheln *(Sphaerium)* können in feinerem sauerstoffarmem Schlamm häufig sein. Fischarten, die den geringeren Sauerstoffbedarf tolerieren können, fressen sowohl diese Wirbellosen als auch Detritus. Die wichtigsten Beispiele sind der Karpfen *(Cyprinus carpio)* und der Blei oder Brachsen *(Abramis brama)*, weiterhin der Bitterling, der Aal, die Schleie *(Tinca tinca)* und viele andere.

Die Gewässer des äquatorialen Regenwaldes

Viele Monate des Jahres hindurch regnet es in den äquatorialen Regenwaldgürteln des Festlandes. Im Amazonasbecken fallen beispielsweise jährlich über 300 cm Regen. Die feuchteste Periode dauert nördlich des Äquators von Mai bis Juli und im Süden von November bis Januar. Auf diese Weise erhalten die großen Flüsse, die die zentralen Tropenbereiche entwässern, einen zweimaligen Höhepunkt der Regenfluten. Die Flüsse überschwemmen zu diesen Zeiten riesige Urwaldflächen. Der Amazonas steigt an einigen Stellen um bis zu 15 m an, während der Kongo im Vergleich zu seinem normalen Flußbett einen 75 km breiten Bereich an Wald- und Grasland überflutet.

Der Amazonas und der Kongo sind die größten Flußsysteme der Erde, sie entwässern die Tropen Südamerikas beziehungsweise Afrikas. Der Amazonas und seine Nebenflüsse entwässern rund 6,5 Millionen km^2, von den Guyana-Hochländern im Norden bis zum Matto Grosso im Süden. Dieses Gebiet reicht von den Anden im Westen über 6000 km hinweg bis zum Atlantik im Osten. Das Einzugsgebiet des Kongo dehnt sich über 1500 km aus und entwässert über 3,5 Millionen km^2. Nebenflüsse finden sich in Angola, Zimbabwe, Kamerun und Zentralafrika.

Diese Flußsysteme haben eine enge Beziehung zu dem dichten Urwald, der einen Großteil der Flußeinzugssysteme bedeckt, 80 % sind es beim Amazonas und 34 % beim Kongo. Diese Lebensräume, die zu den großartigsten und produktivsten auf unserer Erde zählen, liefern einen Großteil des auf der Erde erforderlichen Sauerstoffs. Sie sind darüber hinaus wesentliche Elemente des Wasserkreislaufs und regeln den globalen Süßwasserhaushalt. Sie schaffen geeignete Bedingungen für eine fast unglaubliche Vielfalt von Lebewesen. Das Blätterdach des Regenwaldes hält die Sonnenenergie und den Wind davon ab, das Flußwasser zu erreichen; es produziert aber auch pflanzliche und tierische Stoffe, wie etwa Pollen, Blüten, Früchte, Blätter, Insekten und Spinnen, die wiederum als Nahrung dienen, oder auch die Wasserzusammensetzung ändern können und so im Haushalt des Flusses eine grundlegende Rolle spielen.

Der zentrale Fluß

Das offene Wasser des Hauptflusses und seiner großen Nebenflüsse ist ein bemerkenswert stabiler Lebensraum. Die Temperatur des Amazonas schwankt im Hauptstrom über das Jahr hinweg nur zwischen 28 °C und 30 °C. Eine pelagische – in den oberen Wasserschichten lebende – Gemeinschaft von pflanzlichem und tierischem Plankton ist vorhanden, die großen Schwärmen planktonfressender Fische das Leben ermöglicht, im Kongo beispielsweise kleinen Clupeiden (*Microthrissa*- und andere Arten), Salmlern *(Clupeocharax)* und Karpfenfischen (*Barbus*-Arten). Dort kommen auch räuberische, fischfressende Arten vor, wie beispielsweise *Hydrocynus vittatus*, und große Schwärme von Salmlern und Karpfenfischen, die von Insektenlarven und Insekten leben, die auf das Wasser fallen.

Das Flußwasser ist tief und trübe und der Boden ist mit Schlamm, Sand, und – je nach Strömung – möglicherweise mit Felsen bedeckt, oft auch mit Mengen abgebrochener und vom Wasser angetriebener Äste und Baumstämme; es gelangt jedoch kein Licht auf den Flußboden, um Pflanzenwachstum zu ermöglichen. Die Lebensgemeinschaft besteht aus grabenden und kriechenden Insektenlarven, die von Detritus leben und ihrerseits von bodenbewohnenden Fischen gefressen wer-

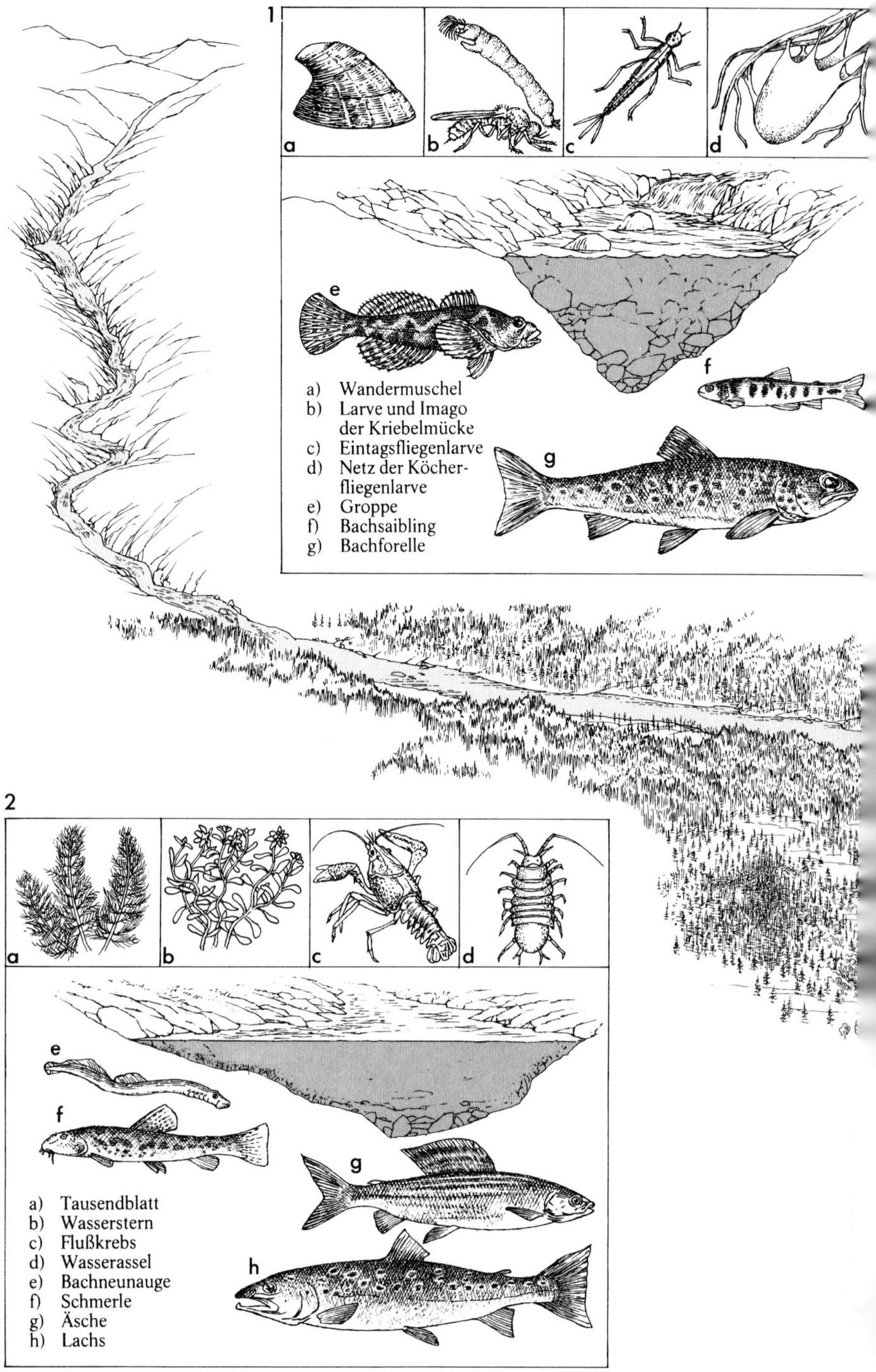

Der Fluß aus gemäßigten Breitengraden beginnt im typischen Fall oben in den Bergen und beendet seinen Lauf im Mündungsbereich, wo das Süßwasser auf das Salzwasser des Meeres trifft.

1 Der Bergbach führt sprudelndes, sauerstoffeiches und kühles Wasser. Er fließt über ein unregelmäßiges und felsiges Bett talwärts. Die hier lebenden Organismen sind an diese Verhältnisse angepaßt und sind entweder kräftige Schwimmer, wie die Forelle oder die Groppe, oder sie sind mit Saugmäulern oder Haftmöglichkeiten ausgestattet, um sich an den Steinen festhalten zu können. Dieser Abschnitt des Flusses wird als Forellenregion bezeichnet.

2 Die obere Hälfte des mittleren Flußbereichs, die Äschenregion, ist tiefer und die Fließgeschwindigkeit ist nicht mehr so

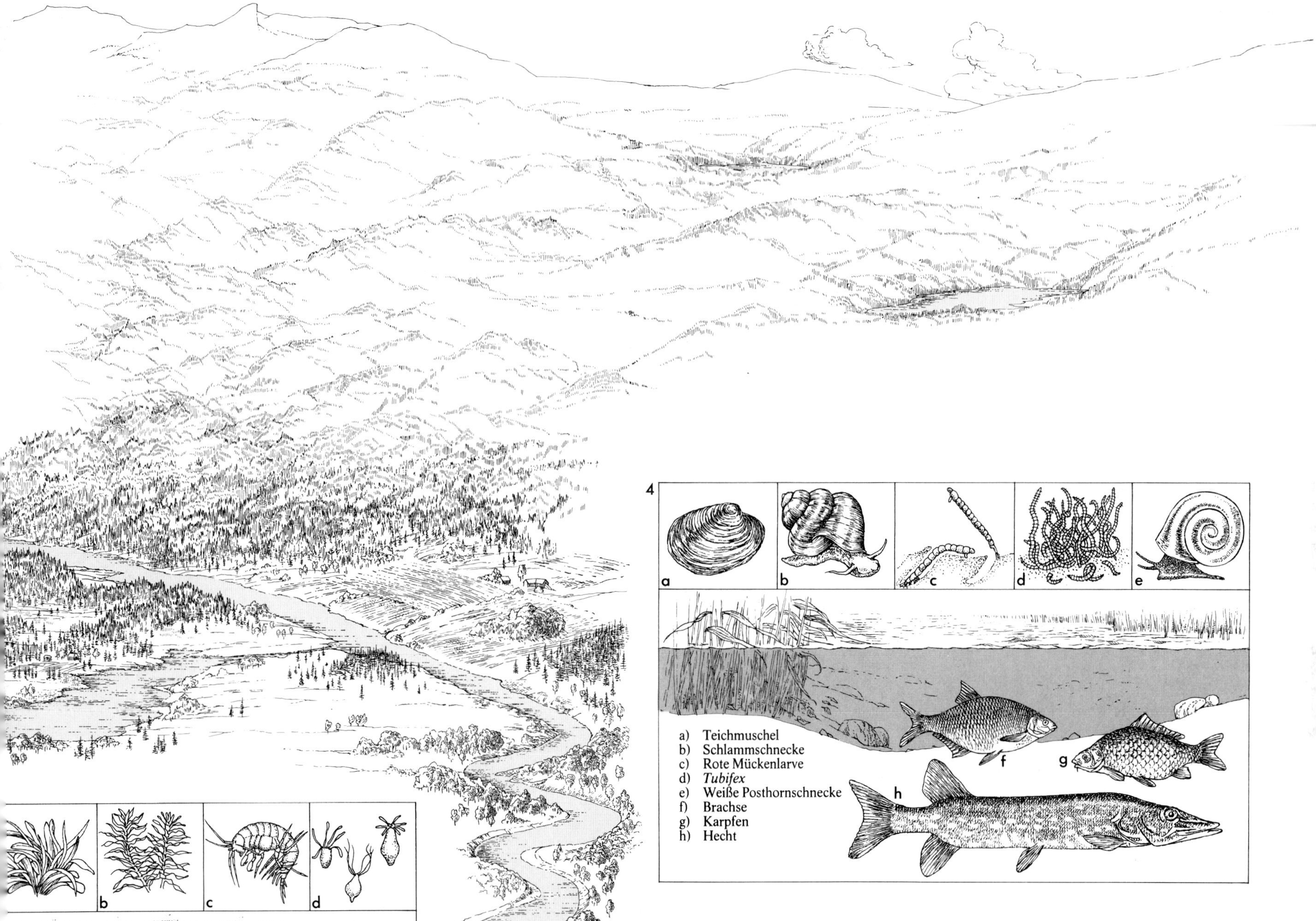

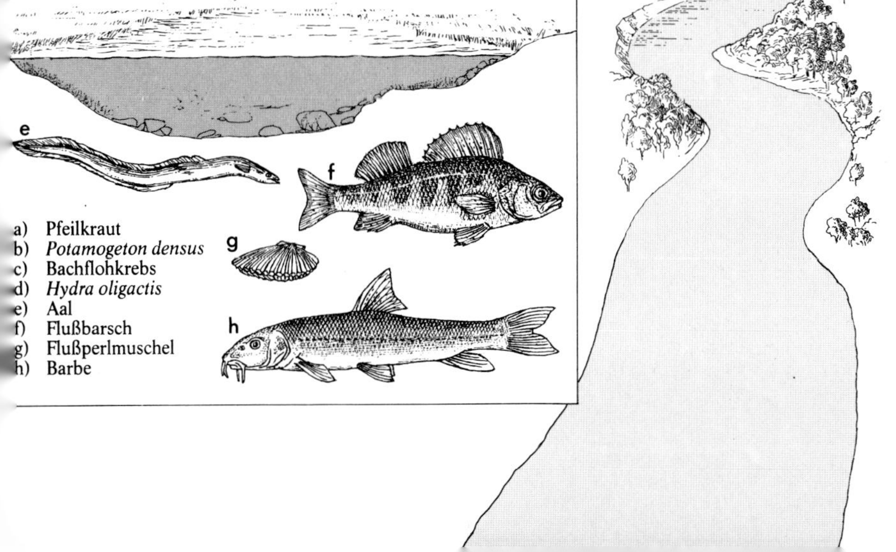

groß. Das Wasser ist noch gut durchlüftet, der Bodengrund besteht aus einer Mischung von Steinen und Felsen mit kleineren Sand- und Kiesflächen, und das Leben ist vielfältiger.

3 Die untere Hälfte des mittleren Flußabschnittes. Der Bodengrund besteht hier aus einer Mischung von Sand und Kies, die Fließgeschwindigkeit ist weiter gesunken. Die Detritus- und Schlammablagerungen sind größer geworden und es gibt auch eine höhere Anzahl grabender oder wühlender Tiere. Barbe, Döbel und Flußbarsch sind die häufigsten Fische. Entsprechend handelt es sich hier um die Barbenregion.

4 Der untere Flußbereich, die Brachsenregion, ähnelt in vieler Hinsicht einem Teich. Der Bodengrund ist schlammig, das Wasser trübe und der Querschnitt ist vergleichsweise flach. Schilf und andere bewurzelte Uferpflanzen gedeihen, Würmer und Insektenlarven sind im Schlamm vergraben und es gibt eine reiche Vielfalt von Pflanzen und Tieren. Viele der hier vorkommenden Fische können nicht sehr schnell schwimmen und ihr Räuber ist der Hecht.

a
b
d
e
f
g
h
i
j
k
l
m
n

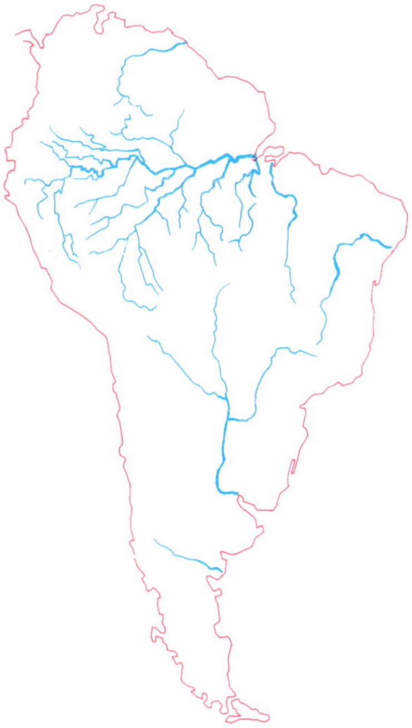

Das in der Karte gezeigte Einzugsgebiet des Amazonas ist das größte unserer Erde, und der Fluß führt mehr Wasser als jeder andere. Der Amazonas hat etwa zweihundert Zuflüsse, von denen als nördliche Nebenflüsse, in denen das Wasser klar und sauer ist, der Napo, Icá, Japurá und Negro zu erwähnen sind, aus dem Süden sind es der Huallaga, Javari, Purús, Madeira, Tapajós und Xingu, deren Wasser Trübstoffe mit sich führt.

Rechts stürzt ein typischer Regenwaldfluß über einen Wasserfall. Die besondere Üppigkeit des Regenwaldes führt zu einer ständigen Versorgung der Flüsse mit Nährstoffen. Sand und Schlick lagern sich schnell ab, um eine Sandbank zu bilden, hinter der Fische Schutz finden. Auch Baumwurzeln und ins Wasser reichende Zweige und Büsche gewähren Unterstände. Links sind dargestellt: a) Riesenseerose, b) Gebänderter *Leporinus,* c) *Pistia stratiotes,* d) Gestreifter Beilbauch, e) Zitronensalmler, f) Schwarzbandsalmler, g) Skalar, h) Froschbiß, i) Wasserfarn, j) Amazonasschwertpflanze, h) Zwergschwertpflanze, l) Pfauenaugenbuntbarsch, m) Schwarze Amazonaspflanze, n) Diskusfisch. Wirbellose und vor allem Crustaceen gibt es im Amazonasgebiet besonders zahlreich.

den. Viele von diesen haben nächtliche Lebensweisen und leben in Bodenlöchern oder unter umgestürzten und verrottenden Baumstämmen. Beispiele aus dem Kongo sind Mormyriden, Welse, Citharinidenz (wie *Distichodus-* und *Citharinus-*Arten), Karpfenfische (wie etwa *Labeo*) und Cichliden (zum Beispiel *Tylochromis*).

Die Flußränder

Flußränder, Seitenbäche, Ausstände, Teiche und Sandbänke, die die Uferränder der Hauptströme bestimmen, stellen die artenreichsten Regionen dieser riesigen Regenwaldgebiete dar. In ihrem Flachwasser wurden die verschiedenartigsten und aktivsten Lebensgemeinschaften festgestellt. Die Strömung ist gering und die Wassertemperaturen bleiben gleichmäßig hoch, etwa zwischen 25 und 35 °C. Bereiche, die für Sonne und Wind zugänglich sind, wechseln mit bewaldeten Ufern und Inseln ab, die dichten Schatten bieten. Meist ist das Wasser nur ein paar Meter tief, und nur einige wenige Teiche und Flußarme erreichen eine Tiefe von 10 m.

Das Wasser ist klar genug, so daß submerse Pflanzen, wie beispielsweise *Echinodorus*-Arten, auf dem Grund wachsen und Schutz und Nahrung bieten können. Fisch- und Wirbellosenpopulationen können sich von bodenlebenden Insektenlarven, Schnecken und Würmern sowie von Pflanzenmaterial und organischem Detritus ausreichend ernähren. Der stark gegliederte Randbereich bietet zum Hauptstrom hin vor räuberischen Fischen, Vögeln und Landtieren Schutz.

Hier kommen sowohl Standfische als auch wandernde Fische zahlreich vor. Viele der Arten, die man in anderen Gewässern des tropischen Regenwaldes findet, verbringen einige Zeit in diesen Randbezirken. Häufige Arten sind Salmler aus der Familie der Characidae, Kopfsteher (Hemiodidae), Panzerwelse (Callichthyidae) und Cichliden, wie etwa Diskusfische und Skalare.

Tümpel des Regenwaldes

Wenn die Regenfluten zurückweichen, bleiben in einiger Entfernung vom Flußufer im Regenwald große, sumpfige Tümpel zurück. Sie stellen einen ganz extremen Lebensraum für die Tiere dar, die in der Lage sind, sich diesen Verhältnissen anzupassen. Sonnenlicht und Wind werden durch die dichte Vegetation stark gedämpft. Das Wasser ist meist nur ein paar Meter tief und wird durch Mengen von abgefallenen und sich zersetzenden Pflanzenresten beeinflußt.

Dieses Wasser wird durch organische Säuren, die aus dem verrottenden Pflanzenmaterial stammen (der Säuregehalt beträgt etwa pH 4–5) dunkelbraun gefärbt. Der Sauerstoffgehalt ist meist sehr gering, doch hängt dies davon ab, ob das Wasser durch den Wind gemischt wird. Die Temperatur kann in einem solchen Tümpel über 30 °C ansteigen. Es ist nur wenig Plankton vorhanden und es wachsen dort so gut wie keine Wasserpflanzen. Doch ist der Bodengrund des Teiches an organischem Material reich; er besteht aus sauerstoffzehrendem schwarzem Schlamm und ist von Blättern und Baumresten bedeckt.

Nahrungspartikel, Pflanzenstreu und besonders Insekten fallen aus dem Blätterdach des Waldes oder werden von kleinen Bächen eingetragen. Die Tiere in diesem Lebensraum müssen daran gewöhnt sein, mit einem geringen Sauerstoffgehalt auszukommen. Viele der hier vorkommenden Fische haben zusätzliche Atemorgane. Wirbellose nutzen oft den höheren Sauerstoffgehalt oberhalb des Wasserspiegels.

Tropische Bergbäche

Durch die dichtbewaldeten Berge Südostasiens und ähnlicher Landschaften in Afrika und Südamerika fließen Ströme und kleine Flüsse, die einen ganz besonderen und interessanten Lebensraum darstellen. In diesen hochgelegenen Topengebieten ist der Regen sehr heftig und lokal begrenzt. Der Wasserstand eines solchen Gewässers steigt und fällt rasch, wenn Stürme die Wasserscheide überqueren. Das Wasser ergießt sich steile Hänge hinab bis zu den sanfteren Hügeln am Gebirgsfuß oder in die Tiefebene des Flusses.

Licht und Temperatur werden von der Walddichte am Ufer eines solchen Flusses bestimmt. Allgemein variiert die Temperatur nur wenig, von 24 bis 28 °C, obwohl sie im unbeschatteten Wasser, etwa an Stellen wo Bäume gefällt wurden, bis 35 °C erreichen kann. In dichtbeschatteteten Bereichen werden in Asien die Wasserpflanzen beispielsweise durch *Cryptocoryne*-Arten, die schwaches Licht ertragen können, repräsentiert. Sie bilden reiche Bestände und breiten sich auf Sand- und Kiesablagerungen aus.

Die Lebensgemeinschaft des Stromes ist weitestgehend vom Nahrungsangebot aus den Wäldern der Umgebung abhängig, dazu gehören viele Insekten und Spinnen. Ein Wechsel im Verlauf des Flusses wirkt sich entscheidend aus. Schnellfließende Bereiche mit blankem Sand und mit Felsgestein wechseln mit ruhigem, stillstehendem Gewässer und kleinen Tümpeln ab, in denen sich organischer Detritus auf dem Boden ablagert. Blätter und heruntergefallene tote Stoffe, Baumwurzeln und hineingestürzte Steine sammeln sich an, um als Nahrung beziehungsweise als Versteck dienen zu können.

Das Nahrungsnetz ist mit dem anderer Ströme und Flüsse durchaus zu vergleichen. Die Fischarten der oberen schnellströmenden Bereiche ernähren sich hauptsächlich von Insekten, die aus der Luft auf das Wasser fallen. Weiter flußabwärts, in langsamerer Strömung und bei zunehmenden Ablagerungen von Sedimenten und Detritus, leben bodenbewohnende Fische von den im Wasser vorkommenden Wirbellosen und Pflanzenstoffen. Barben, Bärblinge, Elritzen (Familie Cyprinidae) und Schmerlen (Cobitidae) sind hier häufig.

Saisonale Flüsse und tropische Sümpfe

Obwohl die Regenmenge jeweils nur saisonal zunimmt, können außerhalb der Äquatorialzone enorme Gebiete flachen Graslandes überschwemmt werden. Während des Frühjahrs und Sommers, wenn die Tage länger werden und die Temperaturen ansteigen, steigt auch das Wasser in den Flußbetten, füllt leere Bäche und abseits liegende Wasserrinnen und überflutet dann die Ebenen. Bei dieser jährlichen Überschwemmung sind viele Teiche und Sümpfe mit dem Hauptfluß verbunden. Ihr Wasser, das während der Niedrigwasserzeit weitgehend ausgetrocknet war, ist reich an mineralhaltigen Nährstoffen aus organischem Material, wie etwa Pflanzen- und Tierresten.

Das reichliche Licht und die Wärme verursachen ein explosionsartiges Wachstum des Planktons, der Algen und Bakterien, denen möglicherweise noch größere Mengen von Insekten und wasserlebenden Wirbellosen folgen, wie etwa Schnekken, Krebstiere und Würmer. Sowohl bewurzelte als auch schwimmende Wasserpflanzenarten haben sich an diese Bedingungen angepaßt. Während der Regenzeit wachsen und blühen sie und bilden Samen, dann sterben sie ab, wenn die Flut zurückgeht und die Ebenen wieder trockenfallen.

Wenn das Wasser steigt, schwimmen viele Fische flußauf, um sich mit den Fischen zu vereinigen, die jetzt die ständig Wasser führenden Teiche und Sümpfe verlassen können. Es werden Eier abgelaicht, die heranreifen, und sehr bald schlüpfen die Larven. Die Jungfische finden gleich optimale Nahrungsbedingungen und Schutz zwischen den Pflanzen, so daß sie sich rasch entwickeln. Wenn das Wasser wieder zurückgeht, werden die Teiche und Sümpfe erneut isoliert. Einige Fische entkommen zu den Hauptflüssen, die übrigen bleiben in den Teichen auf den Ebenen zurück. Das Wasser steht hier still, und nur solche Fische können während der Trockenzeit überleben, die in der Lage sind Sauerstoffmangel oder Austrocknung zu überstehen.

Der afrikanische Lungenfisch (*Protopterus*-Arten) kann sich im Schlamm in einer Schleimhülle einkapseln und sich außerdem von Wasserloch zu Wasserloch durch die feuchte Vegetation über Land bewegen. Bei anderen Fischen, wie etwa bei den Eierlegenden Zahnkarpfen, überleben nur die Eier, die gegenüber der Austrocknung widerstandsfähig sind. In Südamerika finden viele Arten, besonders Welse aus der Familie Auchenopteridae, feuchte, höhlenartige Verstecke in verfaulten Baumstämmen oder im Schlamm, wenn die Savannentümpel austrocknen. Einige Fische haben, um die Trockenzeit überleben zu können, aus Teilen des Verdauungstraktes oder der Schwimmblase zusätzliche Atemmöglichkeiten gebildet. Ebenso wichtig ist es für solche Fische, die in austrocknenden Teichen eingeschlossen sind, nicht zu Beutetieren zu werden. Daher haben verschiedene Arten spitze Stacheln, eine gepanzerte Haut oder besondere Schutztrachten entwickelt.

Auch in den Tropen überdauern weite Gebiete mit Sümpfen und Teichen das ganze Jahr. Allein in Afrika bedecken sie Hunderttausende von Quadratkilometern mit entscheidenden Konsequenzen für die Ökologie und das menschliche Leben. Ein Sumpf ist ein Lebensraum mit stehendem Wasser, in dem dichte Vegetation vorherrscht. Das ganze Jahr über bewirkt die hohe Feuchtigkeit, das Sonnenlicht und die Wärme ein extrem rasches Pflanzenwachstum und auch wiederum ein schnelles Zersetzen dieses Materials.

Viele Sümpfe sind am Rand mit Pflanzen bestanden, die über die Wasseroberfläche ragen und das Sonnenlicht und auch die Luftbewegung in starkem Maße zurückhalten. Papyrus *(Cyperus papyrus)* ist die charakteristische Sumpfpflanze des zentralen und östlichen tropischen Afrika. Die Pflanze wächst im Schlamm, der ständig mit Wasser vollgesogen ist, und vermehrt sich durch große verzweigte, unterirdische Stengel oder Rhizome. Dieses Netzwerk von Rhizomen hält zersetzendes organisches Material und Sand fest und ermöglicht es damit dem Papyrus, vom Seeufer aus zur Mitte hinauszuwachsen, indem er in einer über dem Bodengrund schwimmenden Matte weiterwächst, die auch abreißen und alleine weitertreiben kann. Solche Papyrusinseln sind häufig und werden beispielsweise im Sudd, dem im Sudan gelegenen riesigen Sumpfbereich des Nil, sehr groß und so stabil, daß sie Fischer und ihre Hütten tragen können.

Die oberen Teile der dichtstehenden Papyruspflanzen wachsen aufgrund der Photosynthese weiter. Wenn sie absterben und sich mit Wasser vollsaugen, entstehen Massen von untergetauchten Pflanzenresten, die sich in dem warmen und sauerstoffarmen Wasser anaerob zersetzen. Im Papyrusdickicht ist das Licht gedämpft, und es kommen nur wenige im Wasser lebende Algen oder höhere Pflanzen vor, so daß die Sauerstoffproduktion nur gering bleibt. Stattdessen hat das Wasser einen hohen Gehalt an Kohlendioxid und einigen organischen Säuren, so daß sich ein pH-Wert von 6,0 bis 6,5 ergibt. Sogar unter diesen schwierigen Bedingungen besteht das tierische Leben aus Ciliaten, Nematoden und oligochaeten Würmern, aus Mollusken, Insektenlarven und Krebstieren. Häufige Fischarten solcher afrikanischer Sümpfe sind *Protopterus aethiopicus, Polypterus bichir, Clarias lazera* und *Ctenopoma muriei.*

Außerhalb des Uferbereichs der Papyrussümpfe können bestimmte Pflanzenzonen in den einzelnen Wassertiefen vorkommen: submerse Pflanzen wie etwa *Ceratophyllum-, Potamogeton-* und *Utricularia*-Arten und bewurzelte Pflanzen mit Schwimmblättern, wie die Seerose und die Wassernuß (*Nymphaea-* und *Trapa*-Arten). Das Sonnenlicht durchdringt in diesen Zonen noch das Wasser, und die Pflanzen produzieren dann durch Photosynthese sehr viel Sauerstoff. Die Temperaturen sind hier hoch, etwa 26°C, und der pH-Wert geht bis auf 8,5 hinauf. Die Wasserpflanzen verursachen eine reiche Wirbellosenfauna und schützen große Jungfischpopulationen vor Feinden aus der Luft und aus dem Wasser.

Das Leben in Teichen und Seen

Abgeschlossene Süßwasserbecken bilden sich auf vielfältige natürliche Weise, etwa durch geologische Erdauffaltungen, durch Gletscher, durch Auflösen von Kalkgesteinen, oder durch Dämme, die durch Erdrutsche, durch vom Wind angetriebenes Material, Haffbildung, Pflanzenwuchs, die Tätigkeit von Bibern und so weiter entstanden sind – ganz abgesehen von denjenigen, die der Mensch geschaffen hat. Solche Seen und Teiche stellen aufgrund ihrer Abgeschlossenheit und ihrer unterschiedlichen Größe und Struktur im Laufe der Evolution relativ begrenzte Lebensräume dar, die oft ganz spezielle Lebensbedingungen und Lebensgemeinschaften aufweisen. Ein Extrem ist der kleine flache Tümpel mit nur geringem Wasserdurchfluß. Der Boden kann von bewurzelten Pflanzen oder von hineingefallenen Pflanzenresten und Fadenalgen bedeckt sein, so daß die unterschiedliche Photosynthese zu starken Schwankungen bezüglich des Gehalts an gelöstem Sauerstoff und an Nährstoffen führt. Das andere Extrem sind große tiefe Seen, die meist in den V-förmigen Tälern von Bergregionen vorkommen. Diese Seen haben steile Ufer und nur schmale Uferzonen, die mehr Felsen als Sedimente aufweisen und daher bewurzelten Pflanzen nur geringen Lebensraum bieten. Im Wasser ist nur wenig gelöstes und in Suspension befindliches Material, so daß die Durchsichtigkeit recht groß ist.

Trotz solcher Unterschiede setzen sich die meisten stehenden Gewässer aus drei Hauptregionen zusammen, von denen jede durch typische Tier- und Pflanzenarten charakterisiert wird: Das offene Wasser (Pelagial), die Uferzone (Litoral) und der Bodengrund (Benthal).

Das offene Wasser

Außerhalb der Uferzone verfügt ein See meist über eine weite Fläche tiefreichenden, offenen Wassers. Das Oberflächenwasser liegt im vollen Licht und ist daher reich an Phytoplankton, so daß auch eine Zooplanktongemeinschaft Lebensraum findet, deren Tiere sich vom Phytoplankton und voneinander ernähren. Beispiele für das Phytoplankton der Teiche und Seen sind Diatomeen, blaugrüne und grüne Algen und photosynthesetreibende Flagellaten oder Geißelalgen, die peitschenartige Fortsätze zur Fortbewegung haben. In vielen Seen treten »Wasserblüten« auf, explosionsartige Vermehrungen des Phytoplanktons, die dann eintreten, wenn die Anzahl der Diatomeen oder blaugrünen Algen 10–20 Millionen Zellen pro Liter erreicht. Diese Wasserblüten werden durch Änderungen des Lichtes, der Temperatur und der Nährstoffe verursacht, die mit jahreszeitlichen Änderungen der Physiologie der verschiedenen Arten zusammentreffen. In ähnlicher Weise zeigt das Zooplankton zu verschiedenen Zeiten eines Jahres plötzliche Anstiege der Populationen. Es besteht hauptsächlich aus Rotatorien (Rädertierchen), wie etwa *Karatella*-Arten, und kleinen Krebstieren, wie *Bosmina-* und *Daphnia*-Arten.

Die Uferzone

In den flachen und gut belichteten Bereichen der Seen und Teiche können höhere Pflanzen gedeihen, seien es submerse, bewurzelte oder schwimmende Arten, und sich über den gesamten Bodengrund eines gleichmäßig flachen Sees ausbreiten. Vom Seeufer läßt sich bis in das tiefere Wasser hinein eine Abfolge von Pflanzen- und Tierarten beobachten. Diese variiert unter Umständen je nach Wasserstand und Wellengang in der Nähe des Ufers und an seichten Stellen.

Am Ufer eines typischen Sees besteht die Vegetation hauptsächlich aus Binsen, Riedgräsern und Süßgräsern. Sie leiten mineralische Nährstoffe und Wasser durch ihre langen Stengel und Blätter vom Seeboden nach oben und betreiben dazu Photosynthese und atmen mit dem Kohlendioxid und Sauerstoff, den sie der Luft entnehmen. Ihr Beitrag an abgestorbenem Pflanzenmaterial für den Detritus des Sees ist wichtig. Innerhalb dieses Schilfgürtels kommen oft Pflanzen mit Schwimmblättern vor, wie etwa Seerosen (*Nymphaea*-Arten) und Teichrosen *(Nuphar)* sowie Laichkräuter *(Potamogeton)*, außerdem auch freitreibende Pflanzen wie Entengrütze *(Lemna)* und Wasserfarn *(Azolla)*. Die Blätter bilden auf der Wasseroberfläche eine Blattschicht, die das Sonnenlicht abschirmt, was zu einer reduzierten Photosynthese führt und im Wasser selbst zu Sauerstoffmangel.

Die unteren Blatt- und Wurzelflächen tragen eine interessante Miniatur-Lebensgemeinschaft aus Tieren und Algen, die als »Aufwuchs« bezeichnet wird. Hierzu zählen zahlreiche Schnecken (*Planorbis-* und *Physia*-Arten), Käfer (*Donacia* und *Gyrinus*) und andere Insekten, die ihre Eier an die Blätter heften. Laichende und nestbauende Fische, wie etwa die Sonnenbarsche (Familie Centrarchidae) aus Nordamerika sind ebenfalls hier zu finden.

Weiter vom Seeufer entfernt haben die Pflanzen in einer Zone untergetaucht lebender Vegetation lange bewegliche Blätter, oder sie sind buschig mit feinen verzweigten Blättern. In diesem Lebensraum sind Laichkräuter (*Potamogeton*-Arten), Hornkräuter *(Ceratophyllum)*, *Najas*, Tausendblätter *(Myriophyllum)*, *Anarcus* und einige Pfeilkrautarten *(Sagittaria)* häufig und weitverbreitet, zusammen mit den großen grünen Armleuchteralgen *(Chara)*, die dort vorkommen wo das Wasser hart ist.

In der Uferzone gibt es viele Nahrungsquellen wie Pflanzen, Plankton, Detritus und Tiere. Für die Wirbellosen, Amphibien und Fische, die in ruhigem Wasser gedeihen können, bietet dieser Bereich gute Deckungsmöglichkeiten und vielfältige Lebensräume, und diese Gemeinschaft ist derjenigen ähnlich, die sich in den unteren Flußabschnitten findet.

Links ist ein tropischer Savannensee aus Afrika abgebildet. In der Trockenzeit trocknen die Zuflüsse und der See selbst nahezu vollständig aus und daher müssen sich die hier lebenden Wassertiere an den sehr niedrigen Sauerstoffgehalt des Restwassers anpassen oder ihren Bedarf aus der Luft decken. Unten links ist ein Ausschnitt aus einem Savannenfluß dargestellt, mit a) Papyrus, b) Zyperngras, c) Seerosen, d) Schnecken, e) Wels, f) Flösselhecht (Larve), g) Lungenfisch, j) Würmer. Unten rechts wird gezeigt, wie der Lungenfisch sich heftig in den Bodengrund eingräbt, indem er Wasser gegen den Untergrund bläst und sich dann in der so entstandenen Höhlung einrollt. Wenn der Wasserstand sinkt, bildet er einen feuchten Schleimkokon, der später zu einer Schutzhülle eintrocknet. Luft hat von oben Zutritt, und der Fisch lebt während seines Sommerschlafes von seinen Fettreserven.

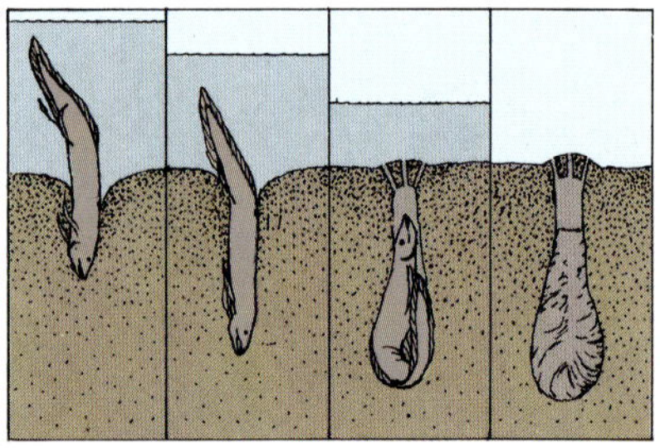

Gegenüber werden drei weitere Süßwasserlebensräume vorgestellt, die als Vorbild für eine Aquarieneinrichtung dienen können.

1 Ein See aus gemäßigten Breiten Mitteleuropas. Die flacheren Bereiche dieses Sees ähneln in vieler Hinsicht einem Teich, und auf Seite 132–133 ist die Aquariengestaltung eines derartigen Süßwasserteiches der gemäßigten Breiten dargestellt.

2 Ein Fluß im Gir-Gebiet aus Gujarat, Indien. Das Monsunklima des Indischen Subkontinentes bringt sehr heftige Regenfälle mit sich, die das Gewässer stark anschwellen lassen. Das Foto zeigt den Fluß während der Trockenzeit.

3 Ein schnellfließender Fluß in Kenya. Links im Vordergrund wächst Papyrus, während sich rechts Travogras befindet.

1

2

3

Der Seeboden

Wie an anderen Stellen im See auch, wird das Leben an seinem Grund durch die Wasserbedingungen bestimmt, von der Temperatur, der Transparenz, dem Gehalt an Sauerstoff und an gelösten chemischen Stoffen sowie durch die Strömung. Diese variieren je nach Form und Beschaffenheit des Seebeckens und seiner Zuflüsse ebenso wie nach dem örtlichen Klima und den biologischen Faktoren wie der verfügbaren Nahrung, den Schutzmöglichkeiten für die Lebewesen, den Konkurrenzbedingungen und dem Räuber-Beute-Verhältnis. Dem Tiefenbereich kommt größte Bedeutung zu, da bestimmte Lebensgemeinschaften, ausgehend von der Uferzone mit ihrer submersen Vegetation bis hinab zu den tiefsten Teilen des Seebeckens, jeweils voneinander abhängen.

Kennzeichnend für die Tiefenbereiche ist Mangel an Licht, niedriger Sauerstoffgehalt und hoher Gehalt an Kohlendioxid. Dort kommen weiche, feine Sedimente vor, die reich an organischen Zersetzungsprodukten sind. Obwohl grüne Pflanzen fehlen, können in den oberen Schlammschichten Pilze, Bakterien und bestimmte Einzeller gut gedeihen. Oligochaete Würmer, wie beispielsweise *Tubifex*-Arten, Muscheln, etwa solche der Familie Sphaeridae, und Larven von zweiflügeligen Insekten (Dipteren), wie *Chironomus*- und *Chaoborus*-Arten, gehören zu den häufigsten der etwas größeren Organismen, die im Schlamm aktiv graben oder vergraben sind.

Das Leben in einem tropischen See

Besonders eindrucksvoll sind in den Tropen die großen Seen des afrikanischen Kontinents. Mit Ausnahme des Tschadsees liegen sie innerhalb des Graben- und Entwässerungssystems von Ost- und Zentralafrika. Die beiden Teile des Großen Ostafrikanischen Grabenbruchs und das riesige Becken des Viktoriasees wurden durch intensive Bewegungen der Erdkruste vor etwa 15 Millionen Jahren gebildet. Diese großen und isolierten Gewässer boten der ursprünglichen Wasserflora und -fauna in einer Region, die zuvor nur durch sanfte Hügel, Ebenen und Flüsse gekennzeichnet war, plötzlich eine neue Vielfalt an Lebensräumen.

In dieser Situation führten beispiellose genetische Veränderungen und Anpassungen an die Umwelt zu einer Artenaufspaltung. Jeder der großen Seen hat eine enorme Anzahl endemischer Arten, Arten, die nur dort vorkommen. Dies gilt ganz besonders für die Fische, die ja viel weniger in der Lage sind, von einem isolierten Gewässer zum nächsten zu gelangen als Wirbellose, die leicht einmal verschleppt werden oder sogar selber fliegen können. In jedem der Seen sind über 90 % der Cichlidenarten endemisch.

Die Seen des Grabenbruchs, dem Rift Valley, sind recht lang und tief, mit steilen Küsten und einem schmalen Uferbereich. Der Tanganjikasee, der größte unter ihnen, ist 650 km lang und etwa 50 km breit, die Maximaltiefe beträgt 1500 m. Die einfließenden Gewässer sind, mit Ausnahme des Malagarasi, kurz, oft sind es nur saisonale Flüsse, die die umgebenden Bergländer entwässern, während das meiste Wasser verdunstet. Der Salzgehalt ist recht hoch (über 0,5 ‰), mit einer ganz merkwürdigen Zusammensetzung des Süßwassers: Hohe Prozentsätze von Chloridionen gegenüber Sulfaten, und von Magnesium- gegenüber Calciumionen.

Die klimatischen Bedingungen der Tropen verursachen im tiefen Wasser eine dauernde Schichtung und einen ständigen Sauerstoffmangel. Die Temperaturen ändern sich nur jeweils in den oberen 200 m und bleiben darunter konstant bei 23,3 °C. Die enorme Menge ständig sauerstofffreien Wassers unterhalb der oberen Zone, die reich an Hydrogensulfit ist, stellt eine bemerkenswerte Eigenart für die Ökologie dieser Seen dar. Drei Viertel der Gesamtmenge des Sees haben nicht genügend Sauerstoff, um überhaupt Leben zu ermöglichen.

Das offene Wasser

Die riesige Fläche offenen Wassers in den Seen des Rift Valley ist bezüglich ihrer Ökologie mit der des Meeres durchaus zu vergleichen. Starke Stürme wühlen die Oberfläche auf, besonders die flachen Bereiche, was zeitweise den Nährstoffgehalt an der Oberfläche erhöht und die Phytoplanktonproduktion ansteigen läßt. Die Tiefe des Epilimnions, der Zone also, die Licht erhält, variiert, sie beträgt im sehr klaren Wasser jedoch etwa 30 m. Daher ist der Anteil der produktiven Wasserschicht relativ groß.

Die pelagische Lebensgemeinschaft umfaßt kleine Herings- und Sardinenartige aus der Familie Clupeidae, die sich von zooplanktischen Copepoden (Ruderfußkrebschen), Cladoceren und Rotatorien ernähren. Im Malawisee, dem zweitgrößten See des Großen Grabenbruchs, haben sich etwa 16 endemische *Haplochromis*-artige entwickelt, die im offenen Wasser Schwärme bilden und vom Zooplankton leben. Fischfressende Räuber sind beispielsweise Welse, etwa *Bagrus*- und *Rhamphochromis*-Arten. Es gibt auch schwimmende Krabben und gelegentlich Schwärme von Süßwasserquallen *(Limnocnida)*.

Die Uferzone

In den tropischen Seen Ostafrikas ist das Küstenwasser so klar, daß genügend Licht eindringen kann, um bis in etwa 20 m Tiefe ein Pflanzenleben zu ermöglichen. Die Uferzonen des Tanganjika- und Malawisees bestehen weithin aus Steilküsten und herabgestürzten Felsblöcken, wodurch eine gewisse Ähnlichkeit zu Korallenatollen und den Unterwassersteilküsten der Küstenmeere entsteht. Diese Felsenoberflächen sind von kleinen Braun- und Grünalgen bedeckt, in denen wiederum eine Tierfauna von Crustaceen, Rotatorien und Insektenlarven existiert. Im Tanganjikasee gibt es eine einzigartige Lebensgemeinschaft von Mollusken, die verschiedene *Paramelania*- und *Spekia*-Arten umfaßt, die kräftige Schalen haben und die Algen abweiden.

Garnelen, Krabben und viele Fische – sechs oder mehr Tiere pro Quadratmeter – finden zwischen den massiven Steinblöcken Schutz, oft verstecken sie sich am Tage in Löchern und Spalten. Die Fische sind meist sogar in besonderen Seeabschnitten endemisch und auf bestimmte Felsenbereiche beschränkt. Kleine, lebhaft gefärbte Cichliden schaben den Algenbewuchs ab und fressen diesen, wie etwa *Limnotilapia*- und *Petrochromis*-Arten im Tanganjikasee. Andere Cichliden mit hervorstehenden Zähnen nehmen kleine Crustaceen und Insektenlarven vom Untergrund auf, und wieder andere ernähren sich von Krabben und Fischen. Einige Arten, beispielsweise *Genyochromis mento* im Malawisee, haben sich daran angepaßt, Schuppen zu fressen und anderen Fischen Flossenstücke herauszureißen.

Mit den Felsenufern und Unterwassersteilküsten wechseln flache Sand- und Schlammzonen ab, ein ganz anderer Lebensraum. Bewurzelte Pflanzen, wie *Vallisneria*- und *Ceratophyllum*Arten, bilden wahre Unterwasserwälder und schützen und ernähren eine reiche Fauna von Krabben, Copepoden, Ostracoden, Garnelen, Insektenlarven (von Köcherfliegen, Chironomiden und Libellen), Schnecken und Muscheln. Viele Cichliden sind daran angepaßt, hier zu leben, und ihre verschiedenen Nahrungsgewohnheiten lassen sich am Beispiel des Malawisees gut darstellen: *Haplochromis mola* frißt Mollusken, *H. silimis* und *Tilapia melanopleura* fressen Pflanzen, *T. saka* ernährt sich von gesunkenem organischem Material und Phytoplankton, und *Lethrinops*-Arten graben im Boden nach Insektenlarven.

Der Seeboden

Das Leben besteht unter einer Tiefe von 200 m fast ausschließlich aus anaeroben Mikroorganismen. In flacheren Bereichen ist ein großer Teil des Sediments sehr weich, es besteht aus organischem Schlamm, auf dem Chironomidenlarven, Copepoden und Krebstierchen (Ostracoden) sowie Mollusken gedeihen. Muscheln und viele niedere Tiere können, wie etwa im Tanganjikasee, bezüglich ihrer Körperform der Zusammensetzung des Schlammes angepaßt sein. Manchmal haben sie beispielsweise hervorspringende Schalenspitzen, die in ihrer Länge so bemessen sind, daß sie in dem weichen Sediment nicht versinken. Organischer Detritus, der von den oberen Seeschichten herabfällt, ist für die meisten Tiere der tieferen Wasserschichten die Nahrungsquelle.

Es gibt viele Arten bodenlebender Fische, besonders endemische Cichlidenarten. Bemerkenswerte Beispiele aus dem Tanganjikasee sind die *Trematocara*-, *Hemibates*-, *Haplochromis*- und *Synodontis*-Arten wie auch verschiedene Mormyriden.

2 Botanik für den Aquarianer

Pflanzen sind die einzigen Lebewesen, die die Strahlungsenergie des Lichtes absorbieren und in organischen Molekülen festlegen können. Dieser Prozeß der Photosynthese hält auf unserer Erde eine Energiemenge fest, die der Leistung von über zwei Milliarden großer Kraftwerke entspricht. Ohne die Photosynthese würde es kein Leben auf unserer Erde geben, weil diese Makromoleküle wiederum die Nahrungsgrundlage für Pflanzen und Tiere sind. Die Pflanzen benötigen diese Nährstoffe, um solche Zeiten überleben zu können, in denen nicht genügend Energie aus dem laufenden Photosyntheseprozeß zur Verfügung steht. Das organische Material, das sie produzieren, kann in ihren Stengeln oder Sproßachsen und ihren Wurzeln abgelagert werden, auch in den Früchten. Tiere müssen organisches Material, sei es lebend oder abgestorben, von den Pflanzen oder von anderen Tieren aufnehmen, um Energie für alle Lebensprozesse zu gewinnen.

Ebenso bedeutsam für das Leben auf unserer Erde ist der Sauerstoff, ein Nebenprodukt der Photosynthese. Freier Sauerstoff ist für die lebenden Organismen zur Atmung lebenswichtig. Pflanzen geben ihn ab, wenn vermittels der Lichtenergie Wassermoleküle und Kohlendioxid in Wasserstoff- und Sauerstoffatome gespalten werden. Bei diesem Vorgang werden mit Hilfe der Kohlenstoffatome organische Moleküle aufgebaut, und auf diese Weise werden gleichzeitig überschüssige Mengen von Kohlendioxid aus der Atmosphäre gebunden.

Die Wasserpflanzen

Pflanzen, die unter Wasser wachsen, haben gegenüber solchen, die an Land vorkommen, verschiedene Vorteile. Beispielsweise müssen letztere in dem Medium Luft aufrecht dem Sonnenlicht entgegenwachsen und werden dabei nicht gestützt. Untergetaucht lebende Pflanzen können hingegen ohne stützendes Gewebe in ihren Stengeln und Blättern auskommen, weil sie von dem dichteren Medium Wasser getragen werden. Viele sind sehr feine und flexible Pflanzen, die der Wasserbewegung nur wenig Widerstand entgegensetzen, die aber zusammenfallen würden, wenn man sie aus dem Wasser herausnimmt.

Für Wasserpflanzen besteht keine Gefahr, daß sie vertrocknen, und deshalb haben viele von ihnen die wasserundurchlässige Cuticula verloren, die Landpflanzen vor dem Austrocknen bewahrt. Ihre dünne Epidermis erlaubt es vielmehr anorganischen Nährstoffen, organischen Stoffen, gelösten Gasen und Wasser durch die im Wasser befindliche Oberfläche der Pflanze einzudringen. Während Landpflanzen anorganische Nährstoffe aus dem Boden aufnehmen müssen, tun Wasserpflanzen dies durch ihre Blätter oder die gesamte Oberfläche. Sie befinden sich sozusagen in einem Bad von gelösten anorganischen und organischen chemischen Stoffen.

Sauerstoff kommt, verglichen mit seiner Häufigkeit in der Luft, im Wasser selten vor. In stehenden Gewässern kann er in oder über dem Bodenschlamm sogar ganz fehlen. So ist es für die Wurzeln der Wasserpflanzen ein Problem, den Sauerstoffbedarf für die Zellatmung zu decken. Viele solcher Pflanzen haben in ihrem Gewebe Lufträume, die sich durch die ganze Pflanze ziehen, so daß Sauerstoff bis zu den Wurzeln diffundieren kann. In ähnlicher Weise kann das zur Photosynthese benutzte Kohlendioxid (CO_2) nur in saurem Wasser frei auftreten. Unter alkalischen Bedingungen bildet dieses Glas Bikarbonationen (HCO_3^-), die nur von einigen wenigen Pflanzenarten direkt genutzt werden können.

Hygrophila polysperma (Indischer Wasserfreund) *Vesicularia dubyana* (Javamoos) *Microsorium pteropus* (Javafarn) *Cabomba*-Art

Vallisneria americana (Glatte Zwergvallisnerie)

Limnobium stoloniferum (Froschbiß)

Pistia stratiotes (Muschelblume, Wassersalat)

Echinodorus tenellus (Grasartige Schwertpflanze)

Die Bedeutung des Lichtes

Das größte Problem für Wasserpflanzen liegt darin, genügend Licht zu erhalten. Licht, das eine untergetaucht lebende (= submerse) Pflanze erreicht, wurde zuvor auf seinem Wege – oft sehr beträchtlich – durch Beschattung, Reflexion und Absorption verringert.

Süßwasserbiotope werden in der Natur meist von Bäumen und Sträuchern umgeben, die über das Wasser hängen und das einfallende Licht um mehr als 90 % verringern können. So kann es in dichtbeschatteten Strömen dazu kommen, daß für höhere Formen des Pflanzenlebens nicht mehr genügend Licht zur Verfügung steht, um überhaupt zu überleben.

Das Eindringen des Lichtes in und durch das Wasser wird zum größten Teil durch Oberflächenreflexion und durch Absorption von schwimmenden Teilchen oder gelösten chemischen Stoffen eingeschränkt. Bis zu 50 % des Lichtes, das die Oberfläche erreicht, kann reflektiert werden. Das restliche Licht nimmt in einem noch höheren Verhältnis ab (logarithmisch), wenn es das Wasser durchdringt. Daher kann die Intensität vielleicht bereits auf den ersten Metern Wassertiefe schon um 50 % herabgesetzt werden. In sehr trübem Wasser erreichen weniger als 2 % des eindringenden Lichtes eine Tiefe von 2 m.

Daraus ergibt sich, daß unzureichende Lichtverhältnisse fast immer die entscheidende Hemmschwelle für das Wachstum der Unterwasserpflanzen sind. Viele Tieflandflüsse weisen deshalb keine submersen Blütenpflanzen auf. Sogar in dem klaren Wasser des offenen Meeres liegt die Maximaltiefe, in der Pflanzen noch existieren können, bei etwa 100 Metern. Daher bleibt bei einer durchschnittlichen Wassertiefe von 3500 Metern der gesamte Rest der Wassersäule nur noch für Tiere übrig, die alle von der pflanzlichen Nährstoffproduktion in der Schicht unterhalb der Wasseroberfläche abhängen.

Chlorophyll, ein Pigment, das die Pflanzen enthalten, ist der wichtigste photosynthetisch wirksame Stoff. Es wird von einigen Wellenlängen stärker als von anderen aktiviert. Unglücklicherweise sind in diesem hauptsächlich wirksamen Aktionsspektrum die Farben Violett und Rot für das Chlorophyll die wichtigsten, doch ausgerechnet diese sind im Sonnenlicht relativ wenig vorhanden. Unter Wasser ist die Situation durch die selektive Absorption noch komplizierter. Das Licht, das am besten durch das Wasser dringt, hat blaugrüne Wellenlängen, die jedoch Chlorophyll am wenigsten nützen.

Einige Algen können diese Schwierigkeiten zu einem gewissen Teil ausgleichen. Sie haben zusätzliche photosynthetisch wirksame Pigmente, die andere Wellenlängen absorbieren als die, welche das Chlorophyll bevorzugt. Bei den Braunalgen absorbiert das Pigment Fucoxanthin grünes Licht. Bei Rotalgen absorbieren Phycoerythrin und andere Pigmente grünes, gelbes und blaues Licht. Solche Pigmente befähigen diese Algen dazu, das Licht unter Wasser besser ausnutzen zu können als Pflanzen, die nur Chlorophyll enthalten. Auf den felsigen Abhängen eines Unterwasserriffs, das als Substrat für Algen geeignet ist, kommen die verschiedenen Algentypen in deutlich voneinander abgegrenzten Zonen vor. Grünalgen sind dabei auf die flachen Bereiche beschränkt, Braunalgen beherrschen die mittleren Zonen und Rotalgen reichen bis in tieferes Wasser.

Pflanzen bieten Schutz

Pflanzen haben in allen Biotopen, in denen genug Licht für sie vorhanden ist, um zu gedeihen, noch eine weitere wesentliche Aufgabe innerhalb eines Ökosystems. Sie stellen der Lebensgemeinschaft eine Vielzahl unterschiedlicher Räume und Oberflächen zur Verfügung und geben Schutz und Schatten als lebenswichtige Bestandteile der Umgebung.

Höhere Pflanzen, die in den seichten Zonen der Seen und Flüsse wurzeln, bilden ein Schutzdach, das zur Wasseroberfläche hin wächst. Der Wasserraum wird durch die räumliche Gestalt der Pflanzen gegliedert. Fische können sich verstecken und zwischen den Pflanzenstengeln Ruhe finden. Die Stengel, Blätter und Wurzeln bieten über dem Bodenschlamm Raum für die Ansiedlung von kleinen Algen und Wirbellosen und für die Eiablage von Fischen, Schnecken, Krebstieren und anderen Lebewesen. Die Wurzeln und unterirdischen Stengelteile einer Pflanze können feinen Sand und Schlamm binden und einer reichen Population von grabenden Tieren das Leben ermöglichen. In langsam fließenden Strömen ist der vom Wasser befeuchtete Felsen mit Moos bedeckt, dessen dichtes Wachstum Rückzugsmöglichkeiten und Lebensraum für viele kleine Wirbellose bietet.

Auf ähnliche Weise finden sich im marinen Lebensraum an Felsenufern und Küstenabhängen, die den Wellen ausgesetzt sind, und an Riffen, die von der Brandung umspült werden, für größere Algen zusätzliche ökologische Nischen. Ein Beispiel sind die Riesentange des amerikanischen Kelp (*Laminaria*-Arten): Ganze Matten von Bryozoen leben auf seinen breiten Blättern; eine zonierte Gemeinschaft von Rotalgen, Hydroidpolypen, Seepocken, Schnecken, Schwämmen und Tunicaten können seine langen und kräftigen Stengel und Blätter besiedeln. Zwischen den Verzweigungen am Boden können sich Detritus, Muschelgrus und Sand ansammeln, ein Lebensraum für grabende Würmer und Krabben. Am Ufer bilden die großen *Fucus*-Tange eine dichte Schicht, die, wenn die Ebbe fortschreitet, auf den Felsen liegenbleiben. In diesen Blattwerkhaufen werden Tiere und kleinere Algen vor dem Vertrocknen geschützt, vor extremen Temperaturen und vor Räubern.

In den folgenden Abschnitten werden die Hauptgruppen der Pflanzen im besonderen Hinblick auf ihre Bedeutung im Aquarium vorgestellt und ihre wesentlichen Eigenarten und Vertreter beschrieben. Die wissenschaftlichen Namen solcher Gruppen sollen zur Erinnerung hier noch einmal in der abnehmenden Rangfolge erwähnt werden: Es sind Stamm, Klasse, Familie, Gattung und Art. Für viele Arten werden Hinweise auf geeignete Bedingungen gegeben, unter denen sie im Aquarium gepflegt werden können: Wassertemperatur, Lichtstärke und die notwendige Wasserbeschaffenheit. Die Lichtstärke wird in einer vierstufigen Skala angegeben, wobei die Einheit Lux (zur Definition des Lux siehe Kapitel 5) benutzt wird, um die Lichtmenge messen zu können, die die Pflanze erreicht. Der Wert 1 bedeutet dabei 500–1000 Lux, 2 bedeutet 1000–2000 Lux, 3 bedeutet 2000–5000 Lux und 4 bedeutet schließlich 5000–10000 Lux.

Das Pflanzenreich ist in Thallophyta (Algen und Pilze), Bryophyta (Leber- und Laubmoose), Pteridophyta (Farne und Farnverwandte) und Spermatophyta (Blütenpflanzen) aufgeteilt. Letztere gliedern sich in zwei Klassen: Die Gymnospermae und die Angiospermae, von denen erstere keine Aquarienpflanzen aufweisen. Die Angiospermae sind in monocotyledone (einkeimblättrige) und dicotyledone (zweikeimblättrige) Pflanzen gegliedert. Hier wird das Reich der Aquarienpflanzen in einer Übersicht dargestellt, wie es dann auf den folgenden Seiten beschrieben wird. Dabei ist für jede Familie ein Beispiel dargestellt.

1) Chlorophyta *(Enteromorpha)*, 2) Chrysophyta *(Biddulphia sinensis)*, 3) Phaeophyta *(Fucus vesiculosus)*, 4) Rhodophyta *(Rhodymenia palmata)*, 5) Nitellaceae *(Nitella capillaris)*, 6) Ricciaceae *(Riccia fluitans)*, 7) Fontinalaceae *(Fontinalis antipyretica)*, 8) Hypnaceae *(Vesicularia dubyana)*, 9) Polypodiaceae *(Microsorium pteropus)*, 10) Isoëtaceae *(Isoëtes lacustris)*, 11) Azollaceae *(Azolla filiculoides)*, 12) Marsileaceae *(Marsilea hirsuta)*, 13) Acanthaceae *(Hygrophila polysperma)*, 14) Alismataceae *(Echinodorus bleheri)*, 15) Aponogetonaceae *(Aponogeton crispus)*, 16) Araceae *(Pistia stratiotes)*, 17) Cabombaceae *(Cabomba aquatica)*, 18) Callitrichaceae *(Callitriche palustris)*, 19) Ceratophyllaceae *(Ceratophyllum demersum)*, 20) Cyperaceae *(Eleocharis acicularis)*, 21) Elatinaceae *(Elatine macropoda)*, 22) Haloraginaceae *(Myriophyllum spicatum)*, 23) Hippuridaceae *(Hippurus vulgaris)*, 24) Hydrocharitaceae *(Elodea canadensis)*, 25) Lemnaceae *(Lemna minor)*, 26) Lentibulariaceae *(Utricularia exoleta)*, 27) Menyanthaceae *(Nymphoides peltata)*, 28) Najadaceae *(Najas marina)*, 29) Nymphaeaceae *(Nuphar advena)*, 30) Onagraceae *(Ludwigia arcuata)*, 31) Plantaginaceae *(Litorella uniflora)*, 32) Polygonaceae *(Polygonum amphibium)*, 33) Pontederiaceae *(Eichhornia crassipes)*, 34) Potamogetonaceae *(Potamogeton gayii)*, 35) Primulaceae *(Hottonia palustris)*, 36) Ranunculaceae *(Ranunculus fluitans)*, 37) Scrophulariaceae *(Bacopa caroliniana)*.

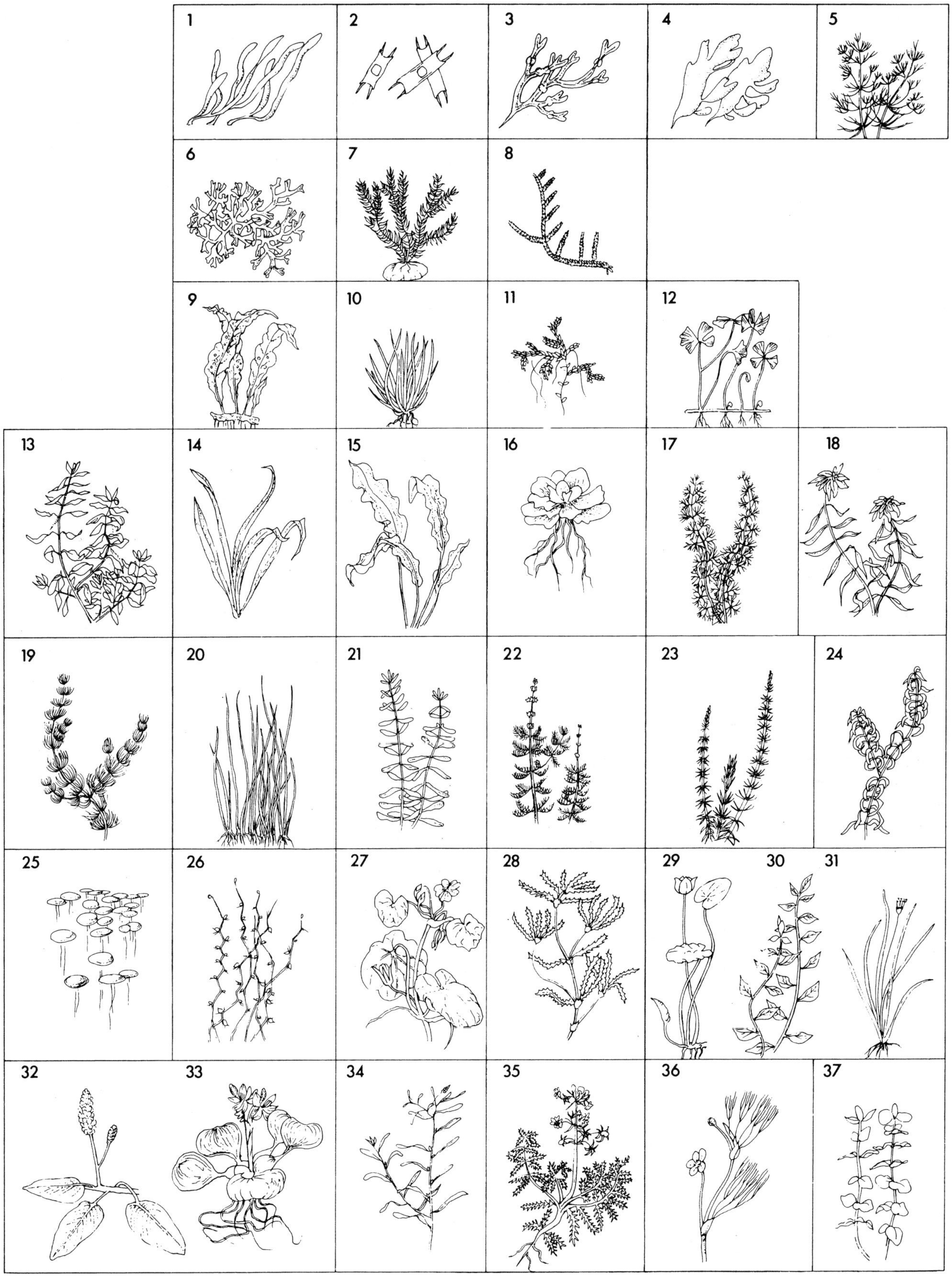

Die Algen

Algen gelten als die primitivsten Pflanzen. Sie sind in ihrer Gesamtstruktur recht einfach aufgebaut und nicht in Wurzel, Sproßachse und Blätter aufgeteilt. Aber viele der größeren Arten haben ein erkennbares Blattwerk, eine Ankerstruktur, mit der sie Halt finden, und gelegentlich einen Stiel oder Stengel. Alle haben photosynthetisch wirksame Pigmente, nach denen sie meistens in Grün-, Braun- und Rotalgen sowie andere Gruppierungen eingeteilt werden.

Die meisten Algen sind wasserlebend und sie gehören zu den wichtigsten Gliedern der Lebensgemeinschaften des flachen See- oder Süßwassers. Sie unterscheiden sich in Form und Größe sehr, von mikroskopisch kleinen Diatomeen bis hin zu den bekannten Seetangen an felsigen Küsten und den riesigen Kelpwäldern. Viele der kleinen Formen leben planktisch. Im Phytoplankton gibt es wahrscheinlich etwa 1500 Algenarten, die in großen Gewässern die Photosynthese durchführen. Das Wachstum und Gedeihen des Lebens im Meer und in den Seen hängt vom vorhandenen organischen Material ab, das von den vielen Millionen dieser einfachen und winzigen Pflanzen geliefert wird.

Die meisten der makroskopischen Algenarten lassen sich auf bestimmten festen Oberflächen aus Felsen oder Holz oder auf anderen Pflanzen finden. In einigen Lebensräumen, beispielsweise in heißen Quellen, Wildwassern und Kanälen, sowie an flachen Meeresriffen, kommen sie als einzige photosynthetisch tätige Lebewesen vor.

Chlorophyta – die Grünalgen

Fast alle Arten des Stammes der Chlorophyta enthalten zwei Chlorophylltypen a und b, die die grüne Färbung der Pflanzen verursachen, sowie zusätzlich geringe Mengen der Farbstoffe Karotin und Xanthophyll. 90 % der Grünalgen sind Süßwasserarten, es gibt jedoch auch mehrere wichtige Arten im flachen Seewasser.

Viele Arten sind Einzeller und sehr klein. Sie umfassen im Phytoplankton lebende Algen, wie etwa *Chlamydomonas* und *Chlorella.* Arten der letzteren Gattung können auch symbiontisch im Körper einiger Protozoen und Hohltiere leben, einschließlich der *Hydra*-Arten und der meisten Steinkorallen des Flachwassers (Scleractinien). Andere Clorophyten bilden lange Fäden (wie etwa bei *Cladophora*- und *Spirogyra*-Arten) oder Hohlkugeln (*Volvox*). Dünne blattartige Formen bilden *Ulva* und *Enteromorpha,* wichtige Gattungen im See- und Brackwasser.

Die Vielfalt von Arten und ihr charakteristisches rasches Wachstum bedeuten, daß Grünalgen in den meisten flachen Gewässern gut bekannt sind. Viele Arten sind regelrechte Opportunisten, sie kommen solange in geringer Zahl vor, bis die richtigen Lebensbedingungen vorhanden sind, und dann blühen sie zu einer dichten Population auf.

Enteromorpha kommt auf der ganzen Erde in Küstengewässern und Flußmündungen vor. Die Pflanzen werden etwa 30 cm lang und bewachsen Steine, Muschelschalen, Holz, andere Algen oder – in sehr trüben Gebieten – die Schlammoberflächen. Sie sind für solche Bereiche typisch, wo pflanzenfressende Wirbellose, besonders

Riccia fluitans (Teichlebermoos)

Cladophora rupestris (Grünalge)

Cryptocoryne willisii (Zwergwasserkelch)

Schnecken, wegen des geringen Salzgehaltes, wegen Versandungsgefahr oder Gewässerverschmutzung fehlen.
Temp.: 8–20 °C, Licht: 3–4, Wasser: Seewasser (0,5–3,5 %)

Caulerpa prolifera ist eine ungewöhnliche marine Alge, die, von wurzelähnlichen Fäden an ein sandiges Substrat geheftet, gut im Aquarium ausdauert. Sie hat einen farblosen Stengel, der über den Boden kriecht und von dem blattähnliche grüne Blattflächen abzweigen. In den wärmeren Bereichen des Mittelmeeres kommen ausgedehnte Unterwasserwiesen dieser Pflanze vor. Unter anderem vermehrt sie sich dadurch, daß abgebrochene Teile vegetativ heranwachsen.
Temp.: 18–21 °C, Licht: 2–3, Wasser: Meerwasser

Cladophora ist sowohl in See- als auch in Süßwasser häufig. Es sind verzweigte fadenförmige Algen, die als dichte Masse wachsen und meist am Boden festsitzen, auf Steinen, Sand oder Schlamm oder auch auf anderen Pflanzen, obgleich einige Arten frei treiben. Die dunkelgrünen Fäden können bis zu 4 m lang werden, aber normalerweise beträgt ihre Länge nur etwa 20 cm. Sie können eine sehr schnelle Wasserströmung ertragen, ihre Blätter sind dann mit der Strömung flußabwärts im Wasser flutend gerichtet. Marine Arten sind beispielsweise *C. rupestris, C. sericea* und *C. mediterranea,* während *C. glomerata* Ströme und Seen besiedelt und auch in verschmutzten Flüssen gedeiht.

Chrysophyta – die Kieselalgen

Zu diesem Stamm gehören die mikroskopisch kleinen Diatomeen, Algen, die Chlorophyll enthalten und im See- oder Süßwasser im Plankton und der Lebensgemeinschaft des Bodenbereiches vorkommen. Sie sind im offenen Meer so häufig, daß sie die hauptsächlichen Photosynthese betreibenden Pflanzen sind. In steinigen Flüssen bilden sie einen schleimigen Überzug auf den unter Wasser liegenden Flächen und sind ein Hauptelement der Flora. Viele aquatische Nahrungsnetze beruhen auf Diatomeenpopulationen.

Das merkwürdige Kennzeichen der Kieselalgen ist ihr Bau: Jede ist einzellig, doch ist sie von zwei Schalen aus Kieselsäure umschlossen. Diese bilden eine glasartige »Schachtel« mit Deckel und Boden, die mit Stacheln bedornt sein oder ein charakteristisches Oberflächenmuster tragen kann. Bei einigen Arten können sich Diatomeenkolonien bilden, indem die Zellen zu langen Fäden oder radförmigen Kolonien verbunden sind.

Phaeophyta – die Braunalgen

Die meisten Braunalgen, eine Abteilung mit über tausend Arten, sind Tange, die an solchen Stellen, wo Felsen und Steine zum Anheften vorkommen, an Steilküsten und Riffen, die unter der Gezeitenzone liegen, wachsen. Sie kommen hauptsächlich in gemäßigten und polaren Meeren vor. Einige Arten, wie *Fucus ceranoides,* wachsen im Brackwasser von Flußmündungen, und es gibt auch eine Handvoll Süßwasserarten. Die Braunalgen enthalten Chlorophyll, doch wird dessen Farbe von Fucoxanthin und anderen Pigmenten überlagert, die die charakteristische olivgrüne oder braune Farbe verursachen. Es sind meist große, vielzellige Pflanzen, und sie bestehen aus deutlichen Blättern, Stielen und Haftorganen.

Die Gattung *Macrocystis* oder der Riesenkelp ist eine der größten und am raschesten wachsenden Pflanzen unserer Erde, sie wird über 80 m hoch. In den kalten polaren Küstengewässern bildet sie dichte Unterwasserwälder und wird dadurch zum vorherrschenden Kennzeichen des gesamten Lebensraumes.

Eine Art der Gattung *Sargassum* ist dadurch bemerkenswert, daß sie nicht an einem Substrat festgeheftet ist, sondern aufgrund von Gasblasen frei im offenen Meer treibt. Zwischen ihrer Blattmasse lebt eine ganz besondere Gemeinschaft von Krabben, Garnelen und jungen Fischen, Hunderte von Meilen vom Ufer entfernt und Tausende Meter über dem Meeresgrund.

Die großen Braunalgen lassen sich in einem geschlossenen Aquariensystem allgemein schwierig halten. Von den Pflanzen werden überdies große Mengen organischen Schleims abgegeben, die teilweise dazu dienen, das während der Photosynthese abgelagerte Calciumkarbonat auszuscheiden. Schnelle Wasserumwälzung und Filterung des Wassers sind daher wichtig. Aber einige der kleineren Arten können im Aquarium ohne weiteres gepflegt werden. Ein Beispiel dafür ist *Padina* oder der Pfauenschwanz. Er wächst in Fächerform 4–10 cm hoch auf Untergrund und Steinen in den flachen Küstengewässern der gemäßigten und subtropischen Meere.

Rhodophyta – die Rotalgen

Die Rotalgen sind vielzellige und verhältnismäßig komplexe Algen, die eine große Formen- und Farbenvielfalt entwickelt haben. Sie enthalten das rote Pigment Phycoerythrin, ebenso beide Chlorophylltypen und Xanthophyll, Karotin und Phycocyanin. Sie werden von über 3000 Arten in allen Meeren der Erde repräsentiert. Die meisten sind Tange, die vom Ufer bis in eine Tiefe von über 100 m in klaren Meeren an Felsen und Steinen festsitzen. Ein paar Arten leben auch im Süßwasser, vor allem in Flüssen. Viele Arten sind Epiphyten, sie leben auf anderen Pflanzen, und einige zeigen eine bemerkenswerte Vorliebe für bestimmte Wirte. In den meisten Fällen ist die Art und Weise dieser engen Beziehungen unbekannt. Die Arten unterhalb der Gezeitenzone und solche, die am Ufer leben, haben oft eine im Grunde ähnliche Wuchsform. Sie halten sich durch eine Hafteinrichtung, oft sind es wurzelförmige Fäden, an dem harten Untergrund fest.

Rhodymenia palmata ist dafür ein bekanntes Beispiel. Man findet sie auf geschützten Felsen des unteren Uferbereiches. Die Pflanzen haben abgeflachte purpurfarbene oder rotviolette Blätter von 15–35 cm Länge, die oft mit einem Rand kleinerer Lappen versehen sind.

Temp.: 8–20 °C, Licht: 2, Wasser: Seewasser

Polysiphonia ist eine abweichende Gattung dünner, fadenförmig verzweigter Pflanzen, die auf anderen Algen oder auf felsigen Ufern und bis in tieferes Wasser vorkommt.

Temp.: 8–20 °C, Licht: 1–2, Wasser: Seewasser

Corallinaceae sind eine Familie, deren Arten durch dicke Calciumkarbonatkrusten oder Kalkablagerungen gekennzeichnet sind. *Lithothamnion* und seine Verwandten bilden klumpige gesteinsartige Wuchsformen. Andererseits bilden Mitglieder dieser Familie, wie etwa *Corallina officinalis*, aufrechte Pflanzen mit verzweigten Ästen. Für tropische Riffe sind diese Rotalgen von großer Bedeutung, da sie zusammen mit den Steinkorallen für die massiven Kalkablagerungen verantwortlich sind, die sich im Laufe der Jahrhunderte gebildet haben. In den felsigen Gezeitentümpeln des mittleren Uferbereiches ist der Grund oft vollständig mit diesen rosa-cremefarbenen oder graurosa Algen bedeckt.

Temp.: 8–20 °C, Licht: 2–3, Wasser: Seewasser

Charophyta – die Armleuchteralgen

Armleuchteralgen bestehen aus einer Hauptachse mit Quirlen von feinen, gegabelten Seitenverzweigungen. Sie sind bis zu 30 cm lang und stellen attraktive Süßwasserpflanzen dar. In ihrer Erscheinungsform sind sie höheren Wasserpflanzen bemerkenswert ähnlich. Als wichtige Glieder von Lebensgemeinschaften in Seen bilden sie an gut belichteten flachen Uferbereichen oft ausgedehnte Wiesen und sind auch in tieferen Zonen häufig die vorherrschenden Pflanzen. Da es sich um Algen handelt, haben sie keine richtigen Wurzeln, sie ankern jedoch mit fadenförmigen Organen im Bodengrund.

Es gibt zwei Hauptgattungen, *Chara* und *Nitella*. Einige Arten sind von ihrer Struktur her brüchig, weil auf ihrer Oberfläche Kalk abgelagert ist. Armleuchteralgen lassen sich meist in hartem, calciumreichem Wasser finden, aber einige *Nitella*-Arten können auch weiches Wasser ertragen, wo sie die kalkigen Ablagerungen verlieren.

Temp.: 8–20 °C, Licht: 1–2, Wasser: Süßwasser, hart bis sehr hart

Bryophyta – Moose

Wenn wir die Algen verlassen, kommen wir zu den Bryophyten oder Moosen, recht kleinen photosynthetisch aktiven Pflanzen, die keine Blüten haben und auch kein Xylem oder Phloem (= Leitgefäße, durch die Wasser und Photosyntheseprodukte in der Pflanze verteilt werden), wie es für die Farne und Blütenpflanzen charakteristisch ist. Diese Gruppe schließt die Hepaticopsida oder Lebermoose und die Bryopsida oder Laubmoose ein. Alle sind Arten feuchter Land- oder Süßwasserlebensräume, es gibt keine marinen Arten.

Die Bryophyten können sich durch Sporen fortpflanzen und ausbreiten, die von Kapseln ausgestreut werden, die auf Stielen sitzen, oder durch vegetative Vermehrung, indem kleine Teile abbrechen und flußabwärts getrieben werden. Die meisten Lebermoose haben einen abgeflachten Thallus, wie man den Pflanzenkörper bezeichnet, oder eine einfache Struktur, die sich teilweise über nassen Steinen und Felsen ausbreitet. Allgemein gesagt sind die Lebermoose Arten der feuchten Randbereiche schnellfließender Bäche. Sie bevorzugen kaltes, weiches oder saures Wasser.

Riccia fluitans ist eine auf der ganzen Erde verbreitete Art mit einem schmalen, verzweigten Thallus, der an der Oberfläche ruhiger Tümpel und Gräben treiben, oder sich zu verzweigten, runden, festsitzenden Pflanzen entwickeln kann.

Temp.: 10–20 °C, Licht: 1–2, Wasser: Süßwasser

Die Laubmoose kommen in Flüssen und Bächen auf der ganzen Erde vor und werden von einer großen Anzahl von Gattungen und Arten vertreten. Im Gegensatz zu den meisten höheren Pflanzen nutzen die Moose nicht gelöstes Bikarbonat als eine Kohlendioxidquelle für die Photosynthese und sind deshalb auf Lebensräume wie etwa saure Flüsse beschränkt, wo das freie Kohlendioxid in Lösung vorliegt. In kalkreichen Gewässern kommen Moose allgemein nur dort vor, wo die Bewegung flacher Wasserbereiche den Gehalt an gelöstem Kohlendioxid aus der Atmosphäre ansteigen läßt.

Fontinalis ist eine Gattung, die echte Wassermoose umfaßt. Dieses sind flutende und bewurzelte Pflanzen, die sowohl in ruhigem als auch in fließendem Wasser leben. *F. antipyretica* ist eine in vielen Gewässertypen, einschließlich jener Gewässer mit organischer Verschmutzung, häufig vorkommende Pflanze. Die Pflanze, deren Sproß bis zu 70 cm oder länger werden kann, bildet große wehende oder flutende Büschel. Sie haften an Steinen fest, auf dem Gewässergrund und an Baumstämmen, und finden sich in ruhigen Gewässern auch lose an Steinen und Sandablagerungen. Das Brunnenmoos oder Quellmoos, wie es auch genannt wird, ist ein wichtiger Bestandteil tieferliegender Süßwasser-Unterwasserwiesen sowohl als Produzent von Sauerstoff und organischem Material als auch wegen seines guten Schutzes, den es einer emsig tätigen Gemeinschaft kleiner Wirbelloser bietet.

Temp.: 10–20 °C, Licht: 1–2, Wasser: Süßwasser, neutral bis leicht sauer

Vesicularia-Arten sind amphibisch lebende Moose des tropischen und subtropischen Afrika und Asien. Sie können rasch wachsen und breiten sich über nasse Felsen und Baumflächen aus.

Temp.: 20–28 °C, Licht: 1–2, Wasser: Süßwasser, leicht sauer

Pteridophyta – die Farne

Die Pteridophyten oder Farne weichen von allen bisher besprochenen Pflanzen ab. Es sind Gefäßpflanzen, die jedoch keine Blüten haben. Sie haben spezialisierte Xylem- und Phloemgefäße wie die Blütenpflanzen, aber statt der Blüten bilden die Farne Sporen.

Im Gegensatz zu den Bryophyten haben die meisten Farne ein gutentwickeltes Wurzelsystem und eine Sproßachse und Blätter. Es gibt sehr viele Arten, vor allem in tropischen Lebensräumen, wie etwa Regenwäldern, und in den Feuchtgebieten der ganzen Erde. Verschiedene Familien enthalten auch gänzlich wasserlebende Arten, alle kommen nur im Süßwasser vor.

Microsorium pteropus ist eine amphibisch lebende Art der Polypodiaceae, der größten Farnfamilie. Es ist ein Bewohner Südostasiens, meist als Javafarn bekannt. Unter Wasser lebt er zwischen herabgefallenen Baumästen und Wurzeln, an steinigem oder kiesigem Substrat festgewurzelt. Von dem kriechenden Rhizom zweigen Büschel von breiten, spitz zulaufenden grünen Blättern ab, die etwa 20 cm lang werden.

Temp.: 20–28 °C, Licht: 2, Wasser: jedes Süßwasser

Isoëtes lacustris ist eine weitere amphibische Art, die submers in klarem, stillem Süßwasser leben kann. Sie ist in Europa und Nordamerika heimisch. Sie hat ein kurzes Rhizom, die Wurzeln sind im Sand und Kies verankert. Die aufrechtstehenden Blätter sind zylindrisch und binsenförmig, sie bilden eine 10 cm hohe oder noch höhere Rosette.

Cryptocoryne wendtii
Anubias barteri forma *nana*

Temp.: 8–20°C, Licht: 1–2, Wasser: Süßwasser, neutral, weich

Azolla sind kleine schwimmende Farne, die in tropischen und gemäßigten Breitengraden beheimatet sind. *A. filiculoides* ist eine nordamerikanische Art, die sich infolge ihrer Einführung als Aquarien- und Zierpflanze in Europa verbreitet hat. Sie wird im Durchmesser nur 1,5 cm groß und hat dicke, sich überlappende Blattschöpfe, die grün oder rot gefärbt sind und von denen jeder aus einem schwimmenden und einem submersen Teil mit einer sich verzweigenden Sproßachse besteht. Kleine dünne Wurzeln hängen ins Wasser. Die Pflanzen wachsen und pflanzen sich rasch vegetativ fort und können in verhältnismäßig kurzer Zeit die Oberfläche von Teichen ganz bedecken. Das führt zu einer stärkeren Beschattung des darunterstehenden Wassers und zur Abnahme des gelösten Sauerstoffs.

Temp.: 20–25°C, Licht: 2–3, Wasser: Süßwasser

Marsilea ist unter dem Namen Wasserklee und in Nordamerika auch als Pfefferkraut bekannt. Man findet die Pflanzen in ruhigen Süßgewässern der Tropen, Subtropen und gemäßigten Zonen. Unter Wasser wurzeln sie meist mit einem vergrabenen Rhizom im Kies- und Sandboden, von dem aus sich ein langer Stiel erhebt, der in einem vierteiligen Blatt endet. Die Pflanze kommt auch als freischwimmende Form vor.

Die Blütenpflanzen

Die höheren Pflanzen haben Blüten und Samen und besitzen besondere Xylem- und Phloemgefäße, um Wasser und Assimilate durch die Pflanze zu leiten und zu verteilen. Sie sind in erster Linie an das Landleben angepaßt – im Wasser lebende Gefäßpflanzen sind in der sehr großen und verschiedenartig gestalteten Gruppe eine kleine Minderheit. Die beiden Hauptklassen sind die Gymnospermae, die Nacktsamigen Pflanzen, zu denen die Koniferen gehören, und die alle landlebend sind, und die Angiospermae, die Bedecktsamigen Pflanzen, die die größte Gruppe der Samen produzierenden Blütenpflanzen ausmachen.

Es gibt etwa 200000 bekannte Blütenpflanzenarten, aber verhältnismäßig wenige sind an ein Leben unter Wasser angepaßt. Von diesen Wasserpflanzen leben wiederum nur etwa 50 Arten im Meerwasser. Die Blütenpflanzen sind aufgrund der embryonal angelegten Blätter oder Keimblätter in zwei Unterklassen gegliedert: Die Monokotyledonen oder Einkeimblättrigen und die Dikotyledonen oder Zweikeimblättrigen. Die Einkeimblättrigen, bei denen die ausgewachsene Pflanze parallelnervige Blätter mit einer umhüllten Basis hat, umfassen 18 ausschließlich im Wasser lebende Familien, weiterhin einige im Wasser lebende Vertreter von in erster Linie landlebenden Pflanzen. Die wenigen marinen Blütenpflanzen sind alle einkeimblättrig, wobei die meisten Arten zu ein oder zwei weitverbreiteten Familien gehören, den Najadaceae und den Hydrocharitaceae. Die Dikotyledonen oder Zweikeimblättrigen, die größere Unterklasse, haben netzförmig geaderte Blätter und umfassen etwa 10 Familien, die ausschließlich oder hauptsächlich Wasserpflanzen beinhalten.

Die Angiospermen haben sich als Landpflanzen entwickelt, und verschiedene Probleme mußten von den Arten überwunden werden, die versuchten, wieder aquatische Lebensräume zu besiedeln. Beispielsweise ist die Befruchtung unter Wasser schwierig, und viele unter Wasser lebende Bedecktsamer verbreiten sich hauptsächlich auf vegetativem Wege. Die meisten Wasserpflanzen erheben ihre Blüten über die Wasseroberfläche und der Pollen wird von Insekten oder vom Wind übertragen oder er treibt stromabwärts. Einige Arten haben allerdings Unterwasserblüten, zum Beispiel die Seegräser und Hornkräuter (*Ceratophyllum*-Arten). Von vielen Arten werden schwimmende Samen gebildet, die von der Elternpflanze forttreiben können.

Die Mehrheit der wasserlebenden Angiospermen ist entsprechend der Körnung des Sedimentes verbreitet, die ihrerseits wieder von der Geschwindigkeit der Wasserströmung abhängt. Wenn eine Art im fließenden Wasser überleben soll, muß die Wurzel in der Lage sein, die Pflanze sicher zu verankern. Viele Bedecktsamer entwikkelten ausgedehnte Wurzelsysteme mit Rhizomen oder Ausläufern und Adventivwurzeln, die ein Netzwerk bilden und das Sediment festhalten.

Sogar innerhalb einer Art kann man den Einfluß der Wasserströmung auf die Form des Wachstums verschiedener höherer Pflanzen erkennen. Allgemein werden mit zunehmender Strömung die Blätter kleiner und die Blattstiele und die Abschnitte zwischen den Blattansätzen, die sogenannten Internodien, kürzer. Bei einigen Pflanzen, wie etwa *Myriophyllum spicatum* oder *Nuphar lutea*, ist dann die ganze Pflanze klein. Andererseits kann die ganze Pflanze auch größer werden, dies kann man bei *Potamogeton densus* oder *Ranunculus calcareus* feststellen.

Die meisten aquatischen bedecktsamigen Pflanzen können in alkalischem Wasser Bikarbonationen als Kohlendioxidquelle nutzen. Einige Arten, wie *Potamogeton lucens* und *Myriophyllum spicatum,* können besser mit Bikarbonat als mit Kohlendioxid Photosynthese betreiben und kommen deshalb bevorzugt in alkalischem Wasser vor. Andere können Bikarbonat überhaupt nicht nutzen und sind nur in saurem Wasser zu finden: Beispielsweise einige *Potamogeton*-Arten und *Myriophyllum alterniflorum.* Wieder einige Arten, die in sauerstoffarmem Schlamm wurzeln, können Kohlendioxid durch die Wurzeln absorbieren und es durch die Luftgefäße in ihren Stengeln bis zu den Photosynthese betreibenden Blättern transportieren.

In alphabetischer Reihenfolge werden die Merkmale und einige Vertreter der 25 wichtigsten Familien submers lebender Angiospermen vorgestellt.

Acanthaceae – Bärenklaugewächse

Die Acanthaceae sind eine Familie zweikeimblättriger Pflanzen, die etwa 250 Gattungen und über 2500 Arten von Stauden und Kräutern umfaßt, jedoch nur zwei Gattungen von Wasserpflanzen: *Hygrophila* und *Justicia.*

In der Gattung *Hygrophila* sind etwa 80 Arten von Wasser- und Sumpfpflanzen zusammengefaßt, die meist in den Tropen und Subtropen in Afrika und Asien vorkommen. Viele Arten können entweder submers oder emers leben, das heißt, entweder untergetaucht oder über Wasser, und sie neigen dazu, unter- und oberhalb der Wasseroberfläche unterschiedliche Blattformen auszubilden. Über Wasser werden kleine rote oder weiße Blüten in den Blattachseln angelegt. Die Pflanze kann sich durch Stengelteile vegetativ vermehren.

H. difformis, der Indische Wasserwedel, ist eine weitere Wasserpflanze aus dem Osten, die von Indonesien bis nach Indien zu finden ist. Die bewurzelte Pflanze hat eine recht dicke und kräftige Sproßachse, die bis 60 cm hoch werden kann. Eine dichte Reihe von tief geschlitzten, kräftig grünen Blättern wächst zur Wasseroberfläche hin.

Temp.: 20–28 °C, Licht: 2–3, Wasser: Süßwasser

H. polysperma, der Indische Wasserfreund, ist ein Bewohner des indischen Subkontinents. Die relativ kleine Pflanze wächst in ruhigen, klaren Süßwassergräben und Teichen, und ist hauptsächlich eine Sumpfpflanze. Die schlanke Sproßachse ist reich verzweigt und trägt lange schmale Blätter, die hellgrün sind und etwas dunklere Gefäße zeigen.

Alismataceae – Froschlöffelgewächse

Diese Familie enthält einkeimblättrige Pflanzen, die als Pfeilkräuter und Schwertpflanzen bekannt sind. Es gibt von ihnen über 100 Arten und sie sind in kühlen, gemäßigten, subtropischen und tropischen Süßwasserlebensräumen verbreitet. Viele Arten sind emerse Sumpfpflanzen, die vor allem periodisch überflutete Gebiete besiedeln. Andere leben ständig untergetaucht am Rande langsam fließender oder stehender Gräben, in Kanälen und Teichen. Die Familie wird durch ein im Boden wachsendes Rhizom gekennzeichnet, von dem aus Blattstiele abgehen, die wie Pfeilspitzen geformte, ovale oder auch rundliche Blätter tragen. Die ausgewachsenen Pflanzen werden zwischen 7 und 250 cm hoch.

Alisma ist eine Gattung, die von verschiedenen Arten auf der ganzen Erde vertreten wird. *A. plantago-aquatica,* der Gemeine Froschlöffel, ist in Europa weit verbreitet. Noch häufiger und vollkommen untergetaucht lebend, kommt der Grasblättrige Froschlöffel *A. gramineum* vor, auch er ist in Europa beheimatet. Beide Arten haben ein zur Knolle verdicktes Rhizom und wurzeln sowohl in schlammigen Ablagerungen in flachen und ruhigen Buchten, Teichen und Gräben, als auch in fließenden Gewässern, wo der Bodengrund aus feinem Sand besteht. Bandartige Blätter werden unter Wasser gebildet, während ein pyramidenförmiger Blütenstand, der weiße oder rötlichweiße Blüten trägt, über die Wasseroberfläche hinauswächst.

Temp.: 10–20 °C, Licht: 1–2, Wasser: Süßwasser

Echinodorus ist eine große Gattung, die viele amerikanische Arten umfaßt, besonders aus dem Amazonasgebiet. Die Mehrheit bewohnt flaches Wasser und Sumpfstandorte, wo wenig oder überhaupt kein Wasser fließt und feiner Sand abgelagert ist. *E. tenellus,* die Grasartige Schwertpflanze, ist eine recht kleinbleibende Art, meist etwa 3–8 cm hoch. Diese pflanzt sich vegetativ durch Ausläufer fort, die vom Rhizom ausgehen und über und durch das Substrat wachsen, um ganze Bodengrundbereiche zu bedecken. Ihre schmalen bandartigen Blätter stehen in Rosetten, die Pflanze hat kleine weiße Blüten, die an einem dünnen Blütenstiel über die Wasseroberfläche hinauswachsen. Dies ist eine tropische und subtropische Art aus Mittelamerika und den südlichen Vereinigten Staaten. Sie braucht helles Licht zum Gedeihen und eine konstante, mäßig hohe Wassertemperatur.

Temp.: 16–28 °C, Licht: 3, Wasser: Süßwasser, neutral, weich bis mittelhart

Viele *Echinodorus*-Arten oder Schwertpflanzen bewachsen flache, ruhige Randteiche des Amazonas und andere Flußaußenstände. Typisch für die größeren Arten ist *E. amazonicus,* die Amazonasschwertpflanze, die als aufrechtstehende Blattrosette 20 cm oder auch höher wachsen kann.

Echinodorus bleheri, die Breite Amazonasschwertpflanze, hat, wie schon aus dem Namen hervorgeht, breitere Blätter – etwa 5 cm breit –, die auch hier in einer dichten Rosette stehen und etwa 30–50 cm lang werden. *E. quadricostatus* hat ähnliche Blätter, jedoch ohne Blattstiele und kleiner – 10 cm lang und 1–2 cm breit. Es bilden sich bei ihr rasch lange Ausläufer, so daß schon bald ein Bodengrundbereich mit einem hellgrünen Teppich bedeckt ist. Viele Arten innerhalb dieser Gattung bilden rasch mehrere Herzen, so daß sich die Pflanzen vegetativ fortpflanzen können. Von Zeit zu Zeit bilden sich lange Ableger, an denen junge Pflanzen sitzen, die von der Elternpflanze leicht abgetrennt werden können.

Temp.: 15–30 °C, Licht: 2–3, Wasser: Süßwasser, weich bis mittelhart

Aponogetonaceae – Wasserährengewächse

Diese einkeimblättrigen Pflanzen sind meist tropische und subtropische Arten aus Afrika, Südeuropa, Asien und Australien. Einige Arten leben in Sümpfen, aber die Mehrheit lebt ständig untergetaucht. Die einzige Gattung *Aponogeton* enthält über fünfzig Arten. Die Pflanzen haben in der Regel kräftige Stiele und lange speerförmige Blätter mit dünnen Blattflächen. Ein langer Blütenstiel wächst über die Wasseroberfläche hinaus und trägt viele dünne gelbe, weiße oder rosa Blüten. Samen bilden sich leicht und keimen rasch, um neue Pflanzen heranwachsen zu lassen. Verschiedene Arten sterben normalerweise im Winter ab. Einige Arten wachsen aus einem geteilten Rhizom.

Aponogeton crispus kommt aus Sri Lanka, wo die Art sowohl in fließendem Wasser als auch in ruhigen Teichen häufig ist. Die Pflanze hat ein langes, waagerechtes, vergrabenes Rhizom, von dem aus bandartige, bis 30 cm lange Blätter wachsen. Der Blütenstiel kann 80 cm lang werden.

Temp.: 15–23 °C, Licht: 3–4, Wasser: Süßwasser

A. madagascariensis (ein Synonym ist *A. fenestralis*) wird durch seine Blätter charakterisiert, deren Blattfläche reduziert ist und aus einem Gitter besteht. Sie werden bis 20 cm lang und sitzen an einem etwas kürzeren Blattstiel, der von dem eingegrabenen Rhizom ausgeht. Dies ist eine von möglicherweise mehreren ähnlichen Arten, die auf Madagaskar vorkommen und als Gitterpflanzen bekannt sind.

Temp.: 15–25 °C, Licht: 3, Wasser: Süßwasser

A. ulvaceus ist eine weitere Art aus Madagaskar. Sie hat hellgrüne Blätter von etwa 30 cm Länge und 6 cm Breite mit gewellten Rändern und manchmal zusammengerollten Blattspitzen. Die Pflanze lebt in klaren Flüssen und flachen Teichen, und über die Wasseroberfläche erhebt sich ein geteilter Blütenstand. Die vielen kleinen gelben Blüten werden durch Insekten bestäubt.

Temp.: 12–18 °C, Licht: 3, Wasser: Süßwasser

Araceae – Aronstabgewächse

Die Araceae sind eine sehr große Familie einkeimblättriger Pflanzen, die über 100 Gattungen und etwa 200 Arten umfaßt. Diese zeigen eine große Vielfalt an Wuchsformen, von kleinen Kräutern bis hin zu baumartigen Büschen. Viele sind Bewohner der Tropen und Subtropen, besonders in Südostasien und in Afrika. Der Blütenstand einer solchen Pflanze ist sehr charakteristisch gestaltet. Dabei sitzen recht kleine Blüten an einem fleischigen fingerartigen Stab, der Spadix, die von einem großen umgewandelten Blatt, der Spatha, tütenförmig umgeben wird. Die Pflanzen verbreiten sich durch vegetative Knospen am Hauptwurzelstock oft rasch über einen bestimmten Substratbereich. So bilden sich manchmal regelrechte dichte Unterwasserwiesen einzelner Arten. Blüten bilden sich nur an emersen Pflanzen.

Cryptocoryne ist die wichtigste Aquarienpflanzengattung aus dieser Familie. Alle ihre Arten leben in Südasien, von Ceylon und Indien bis nach Indonesien und den Philippinen. Sie wachsen als Sumpfpflanzen oder untergetaucht in ruhigen Teichen und Gräben, aber auch in Flüssen, die rasch oder mäßig fließen. Wahrscheinlich gibt es von ihnen etwa 100 Arten. *C. balansae* lebt ebenfalls in schnellfließenden Flüssen und wurzelt in steinigen oder sandigen Flußbetten. Die Pflanze hat gestielte Blätter mit gewellten Rändern und einem verdickten Mittelnerv. Die Blätter können 30 cm Länge erreichen und sind etwa 3 cm breit. *C. bullosa* ist eine indonesische Art aus flachen und ruhigen Gewässern. Ihre grünen und rotbraunen Blätter werden an lang aufragenden Blattstielen getragen, sind von elliptischer Form und haben eine schrumpelige Oberfläche.

Temp.: 20–30 °C, Licht: 1–2, Wasser: Süßwasser

Pistia stratiotes, der Wassersalat, gehört ebenfalls zu dieser Familie. Er kommt in allen tropischen Zonen der Erde vor und bildet eine salatartige Blattrosette von etwa 15 cm Durchmesser aus großen, rundlichen, hellgrünen Blättern. Dichte Wurzeln hängen in das Wasser herab. Neue Pflanzen bilden sich an langen Ausläufern, die von der Mutterpflanze ausgehen. Auf diese Weise werden dichte schwimmende Teppiche gebildet.

Temp.: 15–25 °C, Licht: 2–3, Wasser: Süßwasser

Cabombaceae

Diese zweikeimblättrigen Pflanzen umfassen zwei Wasserpflanzengattungen, *Cabomba* und *Brasenia,* die in allen tropischen und subtropischen Gebieten des amerikanischen Kontinents vertreten sind. Alle *Cabomba*-Arten sind Pflanzen mit weichen Blättern, die dauernd unter Wasser leben und nicht lange in der Luft überstehen können. Sie wachsen aus einem Rhizom, das über den Bodengrund kriecht und sich mit feinen Wurzeln festhält. Stengel, die bei einigen Arten bis 2 m lang sind, wachsen vom Rhizom aus bis zur Wasseroberfläche und tragen in Quirlen jeweils 2–3 sehr feine gegabelte fächerförmige Blätter. Wenn die Pflanze die Oberfläche erreicht hat, werden Schwimmblätter gebildet, deren Blattfläche kaum gegliedert ist, die sich also von den Unterwasserblättern deutlich unterscheiden. Bei den meisten Arten sind Stengel und Blätter sehr empfindlich und brechen oder quetschen leicht. Kleine weiße, gelbe oder rote Blüten werden auf kurzen Blütenstengeln an der Wasseroberfläche gebildet.

Cabomba aquatica ist für die südamerikanischen Arten typisch. Sie wächst im mittleren Amazonasbecken in Teichen und verhältnismäßig langsam fließenden flachen Gewässern.

Temp.: 25–30 °C, Licht: 2–3, Wasser: Süßwasser, weich und leicht sauer

C. caroliniana ist eine verbreitete nord- und mittelamerikanische Art. Sie bewohnt flache sandige Teiche und Flüsse im gesamten subtropischen Klimabereich. Die an der Oberfläche flutenden Schwimmblätter sind wie eine Pfeilspitze geformt, während die Unterwasserblätter fein gegliedert, geteilt und fächerförmig gestaltet sind.

Temp.: 15–25 °C, Licht: 2–3, Wasser: Süßwasser, weich, neutral

Callitrichaceae

Diese Familie zweikeimblättriger Pflanzen kommt im Süßwasser gemäßigter Zonen vor. Sie kann die Wasserläufe rasch und langsam fließender Ströme und flacher Flüsse ebenso besiedeln wie ruhige Seen, Teiche und Gräben. Von verschiedenen Arten werden unterschiedliche Blattformen gebildet. Die Arten selbst sind schwierig zu bestimmen, aber in Europa gehören zehn oder mehr zur einheimischen Flora.

Callitriche stagnalis, C. platycarpa, C. hamulata und *C. palustris* sind sehr häufige und weit verbreitete Arten. Es sind kleine Pflanzen mit sich jeweils sehr ähnelndem Aussehen.

Callitriche stagnalis hat abgerundete Blätter, während die anderen drei Arten längliche submerse Blätter und breitere, flutende Blätter bilden. Männliche und weibliche Blüten, die über Wasser wachsen, kommen gemeinsam auf einer Pflanze vor, und es bilden sich kleine flache, geflügelte Früchte. Die Pflanze hat einen gestreckten, wuchernden Stengel, der sich durch Seitenwurzeln in Abständen am Bodengrund verankert.

Temp.: 10–20 °C, Licht: 2, Wasser: Süßwasser

Ceratophyllaceae – Hornblattgewächse

Diese Familie besteht aus nur zwei Arten: *Ceratophyllum demersum,* dem Gemeinen Hornkraut, und *C. submersum,* dem Zierlichen Hornkraut. Es sind zweikeimblättrige Pflanzen und Kosmopoliten, die erstere Art ist am häufigsten verbreitet. Die zweite ist demgegenüber empfindlicher gegenüber Wasserströmung, Beschattung, Austrocknung und Wasserverschmutzung. Beide Arten besiedeln Teiche, Gräben und Kanäle, aber nur *C. demersum* vermag in langsam fließende Gewässer und sogar leichtes Brackwasser vorzudringen. Normalerweise wächst diese Art in Tiefen von 1–2 m, aber gelegentlich wurde sie schon bis hinab zu 8 m oder mehr Wassertiefe gefunden.

Das Hornkraut ist eine submerse Pflanze mit verzweigtem Sproß, der 50–100 cm lang wird. Es können sich große schwimmende Pflanzenmassen bilden, und die Pflanze kann durch einen farblosen Stengelabschnitt im Schlamm verankert sein. Echte Wurzeln sind nicht vorhanden. Am Stengel befinden sich Quirle mit vielen Blättern. Bei *C. demersum* sind die Blätter steif und spröde mit stacheligen Dornen, während sie bei *C. submersum* dornenlos und zart sind.

Die vegetative Vermehrung geschieht dadurch, daß Stengelabschnitte abbrechen und forttreiben. Eine geschlechtliche Fortpflanzung geschieht offensichtlich selten: Unter Wasser bilden sich kleine Blüten in den Blattachseln, und die Staubfäden lösen sich ab, steigen zur Wasseroberfläche, brechen auf und setzen den Pollen frei, der auf die unter Wasser befindliche weibliche Blüte heruntersinkt. Besondere stärkereiche Knospen werden im Winter gebildet. Diese sind stachelig und lösen sich von der Pflanze, um im Frühling neue kleine Pflanzen auszubilden.

Temp.: 12–20 °C, Licht: 1–2, Wasser: Süßwasser

Cyperaceae – Zypergräser

Die Zypergräser sind eine große Familie einkeimblättriger Pflanzen, die etwa 60 Gattungen und über 3500 Arten enthält. Die große Mehrheit besteht aus Landpflanzen, obgleich viele Arten Sumpfgelände besiedeln. Der Papyrus, die größte afrikanische Sumpfpflanze (*Cyperus papyrus*) und die Binsen (*Schoenoplectus*) gehören zu dieser Familie. *Eleocharis acicularis*, das Haargras oder die Nadelsimse, ist eine Art, die völlig untergetaucht leben kann. Sie ist von gemäßigten bis zu tropischen Breitengraden weit verbreitet und besiedelt die sandigen Ufern von Seen ebenso wie langsam oder mäßig fließende Ströme und Flußuntiefen. Sie hat schlanke bewurzelte Ausläufer, die über den Bodengrund kriechen und von denen aus Bündel feiner weicher haarähnlicher Blätter von bis zu 20 cm Länge nach oben wachsen. Es können teppichartig dichtbestandene Bereiche gebildet werden. Ein schmaler, dünner Blütenstiel trägt die einfachen Blüten über die Wasseroberfläche hinaus.

Temp.: 12–20 °C, Licht: 3, Wasser: Süßwasser

Elatinaceae – Tännelgewächse

Diese Pflanzenfamilie umfaßt die Gattung *Elatine*, die etwa 10 Arten zweikeimblättriger Pflanzen aufweist. Sie leben submers in flachem Wasser oder sind kriechende Sumpfpflanzen. *Elatine hydropiper, E. macropoda* und *E. hexandra* sind in Mittel- und Südeuropa heimisch. Die Pflanzen wachsen mit ihren Stengeln aus dem Substrat, wobei sie von kurzen Wurzeln festgehalten werden und Seitensprosse kleine runde Blätter senkrecht nach oben tragen. Sie bewohnen sowohl Teiche als auch die Ränder von Seen bis in etwa 50 cm Tiefe. Oft sind es auch Bereiche, die sonst keinen Pflanzenwuchs zeigen, weil sie den Wellen ausgesetzt sind. Dort bildet *Elatine* dichte Bestände von bis zu 10 cm Höhe. Die Blüten werden unter Wasser in Blattachseln gebildet. In der Natur sterben die Pflanzen ab, wenn die Temperaturen im Herbst fallen, und sie überleben den Winter als Samen. Unter gleichbleibenden Bedingungen können die Pflanzen mehrere Jahre überdauern.

Temp.: 12–22 °C, Licht: 2, Wasser: Süßwasser

Haloragaceae – Seebeerengewächse oder Tausendblattgewächse

In dieser großen Familie zweikeimblättriger Pflanzen sind etwa vierzig Arten von Tausendblättern zusammengefaßt – die Gattung *Myriophyllum*. Sie sind dadurch charakterisiert, daß sie eine zentrale Sproßachse haben, die im Boden verwurzelt sein kann oder auch nicht, und von der aus in gewissen Abständen Quirle von drei bis sechs dünnen, zierlichen, federartigen Blättern ausgehen. Die meisten Tausendblattarten sind zerbrechliche, weichblättrige Pflanzen, die vollständig untergetaucht leben, wenn man von dem emersen Blütenstand absieht. Dennoch gibt es auch einige amphibisch lebende Arten, die in Sümpfen vorkommen. Verschiedene Arten kommen über die ganze Welt verteilt in verschiedenen Temperaturbereichen zwischen den Tropen und gemäßigten Zonen vor. Hier überleben einige Arten die kalten Winter, indem sie halbschlafende Knospen bilden, die aus vielen kleinen, dichtstehenden Blättern bestehen.

Myriophyllum spicatum kommt in ganz Europa, Nordafrika und Nordamerika vor. Es findet sich sowohl in ruhigem als auch fließendem Wasser, einschließlich sanfter Ströme, und vor allem in kalkhaltigen Gegenden, wo das Wasser hart und alkalisch ist. In klaren Seen kommt es in bis zu 2 m Tiefe vor. Die feinen Blätter sind 2–3 cm

Ludwigia repens *Anubias barteri* forma *nana* *Aponogeton madagascariensis* (Gitterpflanze) *Echinodorus parviflorus* (Schwarze Amazonaspflanze)
Myriophyllum-Art (Tausendblatt) *Eleocharis acicularis* (Kantige Nadelsimse)
Aponogeton madagascariensis (Gitterpflanze, Ausschnitt) *Nymphoides aquatica* (Unterwasserbanane)

lang, federartig, und in Quirlen von jeweils 4 Blättern zusammengefaßt.

Temp.: 10–22 °C, Licht: 2, Wasser: Süßwasser, bevorzugt hartes alkalisches Wasser

M. aquaticum ist in den südlichen Vereinigten Staaten, in Mittel- und Südamerika beheimatet. Sie bildet hauptsächlich Unterwasserblätter, die hellgrün, federartig und weich sind. An jedem Blattquirl stehen 5 Blätter. Die Pflanze kann auch über die Wasseroberfläche hinauswachsen, die emersen Blätter sind kräftiger, dicker und eher dunkelgrün.

Temp.: 18–30 °C, Licht: 2–3, Wasser: Süßwasser, weich, neutral bis leicht alkalisch

Hippuridaceae – Tannenwedelgewächse

Diese zweikeimblättrigen ausdauernden Pflanzen sind mit den Tausendblattgewächsen verwandt. In Europa sind es Pflanzen, die in Sumpfgebieten und flachen Gewässern, in Teichen, Gräben und Flüssen vorkommen.

Hippuris vulgaris ist der weitverbreitete Europäische Tannenwedel. Die Pflanze hat kurze, schmale, dunkelgrüne Blätter, die von weicher Struktur sind und in dichten Quirlen entlang der aufrechten Sproßachse stehen. Diese kann 1 bis 1,5 m erreichen und hat ein kriechendes Rhizom, das im Bodengrund verwurzelt ist. Der Tannenwedel kann vollständig untergetaucht leben und wird bis in Tiefen von 4 m gefunden, dort wo das Wasser klar ist. Typischerweise lebt er jedoch ganz oder halb emers, wobei er Luftblätter ausbildet. Die Blüten werden über der Wasseroberfläche gebildet. Sie sind recht klein und werden in den Blattachseln angelegt.

Temp.: 10–20 °C, Licht: 2–3, Wasser: Süßwasser, hart, alkalisch

Hydrocharitaceae – Froschbißgewächse

Diese sogenannten Froschbißgewächse umfassen einkeimblättrige Arten sowohl aus dem Süß- als auch aus dem Seewasser. Sie variieren sehr stark in der Form der Blätter, in der Wuchsform und im Aussehen der Blüten. Es kommen sowohl treibende als auch submerse Arten vor. In den nördlichen gemäßigten Breiten sind folgende wichtige Süßwassergattungen vertreten: *Stratiotes, Limnobium* und *Hydrocharis,* in subtropischen und tropischen Zonen sind es *Lagarosiphon, Vallisneria, Egeria* und *Hydrilla.*

Stratiotes aloides ist die weitverbreitete Europäische Krebsschere. Sie ist eine ungewöhnliche Pflanze, besteht aus einer dichten Blattrosette von stacheligen Blättern mit gesägtem Rand und lebt vollständig untergetaucht oder treibt halb unter Wasser. Die Blätter sind bis zu 35 cm lang und 4 cm breit. Lange unverzweigte Wurzeln hängen in das Wasser herab. In den Blattachseln bilden sich Knospen, die zu langen Ablegern auswachsen und neue kleine Pflanzen entstehen lassen. Auf diese Weise bilden sich treibende Pflanzenmassen, so daß sich die Krebsschere hauptsächlich vegetativ fortpflanzt. Im Sommer wachsen deutlich sichtbare Blüten, weiß und grün, über die Wasseroberfläche. Im Winter sinkt die ganze Pflanze auf den Bodengrund.

Temp.: 8–20 °C, Licht: 2–3, Wasser: Süßwasser, mittelhart, leicht alkalisch

Elodea canadensis ist die häufige und gutbekannte Kanadische Wasserpest. Sie ist eigentlich ein Bewohner der kühlen bis gemäßigten Süßgewässer Nordamerikas, doch wurde sie durch den Menschen während des 19. Jahrhunderts in Europa eingeschleppt und ist nun weit verbreitet. Sie kommt in praktisch allen ruhigen Gewässern vor und erträgt auch langsam fließende Ströme. Ihr schnelles Wachstum und die rasche Fortpflanzung haben sie zeitweilig auf den Schiffahrtswegen zu einem Ärgernis werden lassen. Die Fortpflanzung geschieht fast ganz auf vegetativem Wege durch kleine Stengelbruchstücke. *Elodea* hat einen langen verzweigten Stengel, der Wurzeln schlägt und das Bodensediment aus feinem Sand und Kies zusammenhält. Der Stengel ist vollständig untergetaucht und trägt dichte Quirle schmaler Blätter. Eine ähnliche Wasserpflanze ist *E. nutallii,* eine kleinere Pflanze von bis 10–15 cm Länge mit schmalen und feingezähnten Blättern, die bis 1 cm lang werden.

Temp.: 5–24 °C, Licht: 2–3, Wasser: Süßwasser

Egeria densa ist eine Art der gemäßigten und subtropischen Zonen in Südamerika. Sie sieht *Elodea* sehr ähnlich und wurde ebenfalls in andere Teile der Erde verschleppt. Sie hat einen langen unverzweigten Stiel, der ständig untergetaucht lebt und Gruppen von Seitenwurzeln trägt, die die Pflanze im Bodengrund verankern, sowie dichte Quirle kleiner hellgrüner Blätter entlang des Stengels. Diese Art bewohnt ruhige Gewässer und ist in flachen Teichen, Kanälen und dauernd wasserführenden Gräben in einigen Gebieten häufig.

Temp.: 8–25 °C, Licht: 3–4, Wasser: Süßwasser, mittelhart, leicht alkalisch

Hydrocharis morsus-ranae ist der Froschbiß. Er kommt im gesamten gemäßigten Europa in ruhigen oder langsam fließenden Gräben und Kanälen sowie Teichen vor. Die Pflanze treibt lose dicht an der Wasseroberfläche, die unverzweigten Wurzeln hängen im Wasser herab. Wie bei der Wasserhyazinthe ist eine Rosette runder Blätter vorhanden, und weiße Blüten mit drei Blütenblättern wachsen an kurzen Blütenstengeln deutlich über das Wasser hinaus. Die Pflanze vermehrt sich vegetativ durch Ausläufer, die aus den Blattachseln herauswachsen. Auf diese Weise entsteht ein dichter Pflanzenteppich. Im Herbst, wenn die Wassertemperaturen sinken, entwickeln sich an den Ausläufern Winterknospen, von denen jede eiförmig, 1–1,5 cm lang ist und eine embryonale Pflanze mit einem Stärkevorrat enthält. Die Knospen lösen sich und sinken vor dem Winter auf den Bodengrund. Im Frühjahr bilden sich Gasräume in diesen Knospen, und wenn die Nährstoffe aufgezehrt sind, treiben sie als neue junge Pflanzen an die Wasseroberfläche.

Temp.: 10–18 °C, Licht: 3, Wasser: Süßwasser, hart, alkalisch

Lagarosiphon major ist eine in Südafrika beheimatete Pflanze und ist, wie viele Pflanzen aus dieser Verwandtschaft, in verschiedenen Teilen Europas eingeführt worden. Sie sieht wie eine üppige und robuste *Elodea*-Form aus: Ein langer kräftiger und recht steifer Stengel trägt dichte Quirle dicker dunkelgrüner durchscheinender Blätter. Diese Blätter sind etwa 2 cm lang und eingerollt. Seitenwurzeln halten den Stengel im Substrat fest, und die Pflanze lebt ständig untergetaucht in ruhigen Gewässern. Sie trägt kleine weißliche Blüten, die, wenn sie die Wasseroberfläche erreicht haben, frei treiben.

Temp.: 15–23 °C, Licht: 3–4, Wasser: Süßwasser, mittelhart, leicht alkalisch

Vallisneria ist eine Gattung, die von etwa einem Dutzend Arten in den Tropen, Subtropen und gemäßigten Breiten auf der ganzen Erde vertreten wird. Sie ist als Wasserschraube bekannt. Die Pflanzen wachsen dicht mit langen riemen- oder bandartigen Blättern, die in ihrer ganzen Länge gedreht sein können. Ausgewachsene Bestände bilden an der Wasseroberfläche ein dichtes Blattgewirr. Die Pflanzen bilden männliche und weibliche Blüten, die unter Wasser heranwachsen, an die Oberfläche treiben, wenn sie fertig ausgebildet sind, und sich im Sonnenlicht öffnen. Die Fortpflanzung geschieht meist jedoch vegetativ durch Ausläufer, die von dem vergrabenen Rhizom ausgehen und dichte Bestände erzielen können.

V. americana ist eine in den Vereinigten Staaten einheimische Pflanze, wo sie in den südlichen USA Ströme und Teichränder besiedelt. Die Pflanze wird bis etwa 30 cm hoch.

Temp.: 15–28 °C, Licht: 1–2, Wasser: Süßwasser, weich bis mittelhart, neutral bis leicht sauer

Vallisneria spiralis ist eine in Südeuropa und den ganzen Tropen der Erde weitverbreitete Art dieser Gattung. Sie wurde auch aus England gemeldet, und zwar aus den warmen Abwässern von Industriewerken. Die Pflanze bewohnt mäßig fließende Gewässer und wurzelt in verschiedenen Sedimenten. Die Blätter sind meist über 1 m lang und etwa 1 cm breit.

V. asiatica ist der östliche Vertreter der Gattung. Sie ist in fließenden Bächen und anderen klaren Süßgewässern in Indonesien, China und Japan zu finden. Sie wächst nicht so rasch wie die beiden vorigen Arten und bildet kleinere Bestände schmalerer, hellgrüner Blätter, die verhältnismäßig senkrecht und etwas steif zur Oberfläche zeigen.

Temp.: 15–28 °C, Licht: 2–4, Wasser: Süßwasser

Lemnaceae – Wasserlinsengewächse

Die Lemnaceen sind die kleinsten einkeimblättrigen Pflanzen, sie sind auch als Entengrütze bekannt. Es handelt sich um kleine freitreibende Pflanzen, die aus sehr einfach gebauten flachen Blättern bestehen, an denen einzelne oder büschelförmige Würzelchen ins Wasser hängen. Die Familie besteht aus mehreren Gattungen – *Lemna, Spirodela, Wolffia* und *Wolffiella* – mit Vertretern, die von den Tropen bis in gemäßigte Süßgewässer verbreitet sind. Arten aus gemäßigten Zonen überwintern, indem sie auf den Gewässerboden sinken und dort die kalte Jahreszeit überstehen.

Lemna-Arten sind in ruhigen oder langsam fließenden Teichen, Gräben und Kanälen häufig, meist dort, wo das Wasser durch mineralische oder organische Nährstoffe angereichert ist. Die Pflanzen können sich sehr rasch vegetativ vermehren, weil die einfachen Blätter Knospen schieben, die dann Würzelchen bilden und abbrechen. Auf diese Weise können sich auf der Wasseroberfläche dichte Teppiche bilden. *L. minor* ist eine kosmopolitische Art, also auf der ganzen Erde zu finden, und auch in Europa häufig. Die eiförmigen Blättchen sind meist 2–3 mm im Durchmesser groß. *L. trisulca,* die Dreifurchige Wasserlinse, ist ebenfalls über die ganze Erde verbreitet. Die Pflanze besteht aus länglichen Blättern von etwa 8 mm Länge, die oft von kurzen Stielen zu Gruppen verbunden sind, und diese schwimmen vollständig untergetaucht knapp unter der Wasseroberfläche. Beide genannten Arten haben auf der Unterseite einzelne Wurzeln. *L. polyrrhiza* wächst ähnlich wie *L. minor,* doch ist sie mit etwa 5–8 mm im Durchmesser etwas größer. Von der rötlichen Unterseite jeder Pflanze wächst bei ihr ein ganzes Wurzelbüschel herab.

Temp.: 10–25°C, Licht: 2–3, Wasser: alle Süßgewässer, vor allem, wenn sie nährstoffreich sind

Lentibulariaceae – Wasserschlauchgewächse

Diese Familie zweikeimblättriger Gewächse umfaßt Sumpfpflanzen und Arten des mehr oder weniger trockenen festen Landes ebenso wie Wasserpflanzen, nämlich die Wasserschlauchgewächse. Die wichtigste Gattung ist *Utricularia,* die mehrere hundert Arten enthält, die in den Tropen, Subtropen und gemäßigten Zonen der Erde verbreitet sind. Sie sind dadurch gekennzeichnet, daß sie in der Lage sind, Insekten bzw. kleine Tiere zu fangen und zu verdauen. Diese heterotrophe Ernährungsweise ermöglicht es den Pflanzen, in sehr nährstoffarmen Gewässern zu leben, wie zum Beispiel in Moorteichen.

Von den meisten Arten werden keine Wurzeln gebildet, und die Pflanzen treiben frei unter Wasser. Bei anderen Arten dienen einige umgewandelte Blätter als Wurzeln und verankern die Pflanzen lose im Bodensediment oder zwischen anderer Vegetation. Die Blätter der Wasserschlaucharten sind besonders fein und geteilt und tragen bei den meisten Arten viele kleine Säckchen oder Blasen, mit denen kleine Wassertiere gefangen werden können. Die Beute zersetzt sich in der Blase und die Nährstoffe werden von der Pflanze aufgenommen.

Wasserschlauchgewächse verbreiten sich hauptsächlich durch vegetative Fortpflanzung, aber sie entwickeln auch Blüten und streuen Samen aus. Die Blüten sind bemerkenswert groß und recht bunt. Mittels eines langen Blütenstiels werden sie über die Wasseroberfläche gehoben. Arten der gemäßigten Zone sind in der Natur einjährige Pflanzen, die als Samen überwintern, während viele tropische Arten ausdauernde Pflanzen sind.

Utricularia exoleta ist in Afrika, Asien und Australien beheimatet. Sie bewohnt die tropischen und subtropischen Regionen in ruhigen flachen Teichen und Gräben, wo die dünnen Stengel und Blätter unter Wasser dichte Büsche bilden. An einem über Wasser reichenden Blütenstiel, der 10 cm lang werden kann, sitzen weiße Blüten.

Temp.: 15–30°C, Licht: 2, Wasser: Süßwasser, weich, neutral bis leicht sauer

Menyanthaceae – Fieberkleegewächse

Die Menyanthaceae werden oft auch zu den Gentianaceae, den Enziangewächsen, gezählt. Die zweikeimblättrigen Fieberkleegewächse und Seekannen sind Schwimm- und Sumpfpflanzen, die in tropischen und subtropischen Gebieten häufig sind. Zu den wichtigsten Gattungen gehören *Menyanthes* und *Nymphoides.* Letztere Pflanze hat ein steifes verdicktes Rhizom, das über und durch den Bodengrund wächst und sich mit Wurzeln darin festhält. Von diesem Rhizom aus wachsen dünne Blattstiele nach oben und tragen das flache, runde, recht große Blatt über den Bodengrund. Die Blätter sind entweder untergetaucht oder treiben auf der Wasseroberfläche.

Nymphoides aquatica ist in Nordamerika beheimatet. Sie ist als Unterwasserbanane bekannt, denn sie trägt am Pflanzengrund ein Bündel von dicken Knollen, die 2–4 cm lang sind. Die Pflanze findet sich in Teichen, Kanälen und langsam fließenden Flüssen bis in 50 cm tiefem Wasser. Zunächst werden untergetauchte flache Blätter gebildet, ältere Pflanzen haben langstielige Blätter, die an der Wasseroberfläche treiben. Diese sind an der Oberseite hellgrün, von unten fleischig und rötlichgrün. An der Wasseroberfläche öffnen sich weiße glockenförmige Blüten.

Temp.: 15–22°C, Licht: 1–2, Wasser: Süßwasser

N. peltata ist eine kleine europäische Art, ihr deutscher Name lautet Seekanne. Die flutenden Blätter werden bis 12 cm im Durchmesser, sie stehen auf langen dünnen Stengeln, die von der Spitze eines dünnen verzweigten Rhizoms ausgehen. Die Blütenstiele wachsen über die Wasseroberfläche hinaus und tragen etwa 3 cm große gelbe, kelchförmige Blüten mit ausgefransten Rändern.

Temp.: 10–25°C, Licht: 1–2, Wasser: Süßwasser, neutral bis leicht sauer

Najadaceae – Nixenkrautgewächse

In dieser Familie sehr unterschiedlich gestalteter einkeimblättriger Pflanzen sind ein Dutzend oder mehr Gattungen zusammengefaßt, die rund sechzig Arten submerser Wasserpflanzen umfassen. Sie sind von tropischen bis zu kühl-gemäßigten Breitengraden verbreitet und enthalten Süß- und Brackwasserarten, die in ruhigen Seen und Teichen vorkommen, oder reine Seewasserarten, die Seegräser. Sie sind vollständig an das Wasserleben angepaßt, und auch die Befruchtung erfolgt unter Wasser. Unscheinbare Blüten, die einen einzigen Griffel haben, bilden sich in den Blattachseln. Die Pflanzen verbreiten sich durch Stengelabschnitte und Ableger auch vegetativ. Zu den Seegräsern gehören die Gattungen *Zostera, Posidinia, Thalassia* und *Halodule.* Diese kommen auf der ganzen Erde vor und bilden in flachen Buchten und Mündungsbereichen dichte Wiesen. Wo Licht und Bodengrund in geeigneter Weise vorhanden sind, bedecken sie große Gebiete. Innerhalb solcher dichter Seegraswiesen wird eine vielfältige Tiergemeinschaft, die sowohl aus dauerhaften als auch aus vorübergehenden Bewohnern besteht, mit Nahrung, Schutz und Ablaichmöglichkeiten versorgt.

Najas indica ist eine Art des tropischen Südostasien, die in ruhigen und langsam fließenden Gewässern vorkommt. Sie bildet untergetaucht wachsende Büschel aus festen, unverzweigten Stengeln, die von Seitenwurzeln am Boden festgehalten werden und durch das Wasser nach oben wachsen. Die Blätter sind deutlich unter 1 cm Breite, sie wachsen aber in gebogener Form bis zu einer Länge von 4 cm. Sie sind kräftig grün mit feingezähnten Rändern.

Temp.: 18–28°C, Licht: 3–4, Wasser: Süßwasser, neutral, weich bis mittelhart

N. graminae ist eine subtropische Art aus Südeuropa, Afrika, Südasien und Australien. Ihre langen verzweigten Stengel sind in Abständen bewurzelt und wachsen nach oben. Sie sind sehr zerbrechlich, und Bruchstücke bilden rasch neue büschelförmige Pflanzen. Die Blätter sind schmal, etwa 2 cm lang, mit feinen Zähnchen an den Rändern, und bilden dichte, hellgrüne Quirle.

Temp.: 15–25°C, Licht: 3, Wasser: Süßwasser, weich, neutral bis leicht sauer

N. marina, das Meer-Nixenkraut, und *N. flexilis,* das Biegsame Nixenkraut, sind Arten der kühlen gemäßigten Zonen, obwohl sie in einigen Gegenden sehr selten sind. Sie besiedeln in Nordeuropa ruhige Teiche, und *N. marina* kann leicht brackige Gewässer ertragen.
Zostera marina ist in den gemäßigten Küstengewässern der nördlichen Hemisphäre eine weit verbreitete Art. Sie wird bis zu 15–20 cm hoch und breitet sich durch Ableger aus.

Temp.: 8–18°C, Licht: 2, Wasser: Seewasser

Posidinia oceanica nimmt im Mittelmeer in Tiefen zwischen 2–3 m und 35 m große Bereiche ein.

Temp.: 10–25°C, Licht: 3–4, Wasser: Seewasser

Nymphaeaceae – Seerosengewächse

Etwa 70 Arten von Seerosen wurden aus den Tropen, Subtropen und den gemäßigten Zonen unserer Erde beschrieben. Es sind zweikeimblättrige Pflanzen, und die Mehrheit von ihnen entwickeln als junge Pflanzen submerse Blätter, später dann bilden sich die gut bekannten, großen flachen Schwimmblätter. Die Blattstiele gehen von einem gedrungenen Rhizom aus, das durch den Bodengrund wächst und darin von Seitenwurzeln verankert wird. Die Pflanzen wachsen in bis zu 2 m Wassertiefe und sind in ruhigen oder langsam fließenden Gewässern zu finden, die vor Wind geschützt sind. Die breiten schwimmenden Blätter der größeren und kräftigeren Arten können die Wasseroberfläche vollständig bedecken. Dies beeinträchtigt die Lichtverhältnisse für untergetaucht lebende Pflanzen erheblich und ebenso den Einfluß des Windes auf die Wasserbewegung und die Durchlüftung des Gewässers, so daß der Gehalt an freiem Sauerstoff sehr stark sinken kann.

Nuphar, eine Gattung, die in allen gemäßigten Breiten vorkommt, umfaßt Pflanzen, die oft mehrere Jahre lang untergetaucht leben, bevor sie Schwimmblätter und Blüten bilden. *N. lutea* ist die häufigste europäische Art, die bis nach Nordamerika und in die gemäßigten Bereiche Asiens verbreitet ist.

Temp.: 15–25°C, Licht: 1–2, Wasser: Süßwasser

Barclaya-Arten sind kleinere Seerosengewächse. Ein typischer Vertreter ist *B. longifolia,* er ist in Südostasien beheimatet. Die Pflanze schiebt aus einem bewurzelten Rhizom ein Büschel dünner, zierlicher submerser Blätter. Die Blätter sind grün bis rotbraun, bis zu 30 cm lang und 5 cm breit.

Temp.: 22–28°C, Licht: 2, Wasser: Süßwasser, weich, neutral, Boden: recht nährstoffhaltig

Onagraceae – Nachtkerzengewächse

Zu diesen zweikeimblättrigen Pflanzen gehören beispielsweise die Weidenröschen und Nachtkerzen, unter denen sich insgesamt viele Sumpfpflanzen befinden, jedoch nur eine Gattung, nämlich *Ludwigia,* umfaßt hauptsächlich echte Wasserpflanzen. Diese haben niedrige oder kriechende Stengel mit länglichen und schmalen Unterwasserblättern.

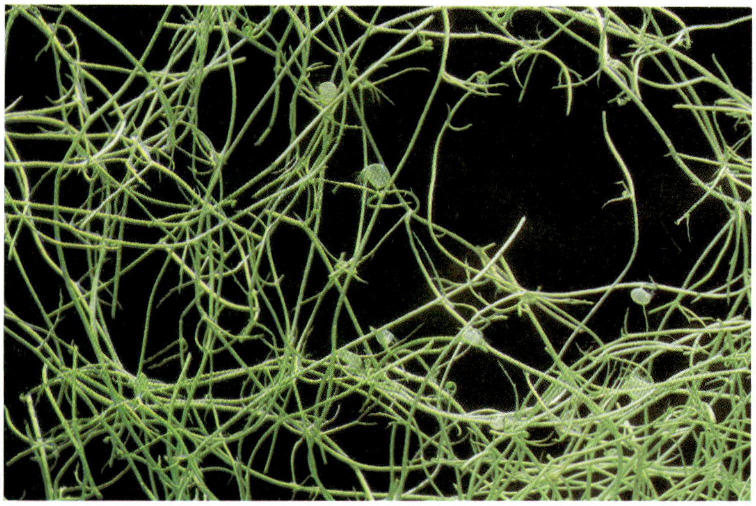

Utricularia gibba exoleta (Zwergwasserschlauch)

Subularia aquatica

Aglaonema simplex

Ludwigia repens

L. arcuata ist in den südlichen Vereinigten Staaten beheimatet, wo sie in Teichen und Gräben mit ruhigem oder langsamfließendem Wasser vorkommt. Der Stengel verzweigt sich und wird bis etwa 40 cm lang. Die Blätter, sie können grün bis rot sein, sind bis 2 cm lang, aber nur etwa 0,5 cm breit. *L. repens* ist eine weitere Art aus dem gleichen Verbreitungsgebiet, sie kommt aus ruhigen Gewässern. Sie hat einen kriechenden Stengel und dunkle, glänzende Blätter, die unten rot oder purpurfarben sind.

Temp.: 15–28 °C, Licht: 2–3, Wasser: Süßwasser

L. palustris ist eine europäische Art, deren verzweigte Sproßachse in Abständen Wurzeln und ovale Blätter trägt. An der Blattbasis bilden sich kleine Blüten ohne Blütenblätter.

Temp.: 15–20 °C, Licht: 2, Wasser: Süßwasser

Plantaginaceae – Wegerichgewächse

Die zweikeimblättrigen Wegeriche sind eine Familie kleinerer Pflanzen, die weltweit in sehr unterschiedlichen Lebensräumen vorkommen. *Litorella* ist die einzige Gattung, die wasserlebende und amphibische Arten enthält.

L. uniflora, der Strandling, wächst auf dem Kiesboden von Teichen, Seen und Stauseen bis in 4 m Tiefe. Er ist in ganz Mittel- und Nordeuropa häufig. Die Pflanze besteht aus einer Rosette oder einem Büschel Blätter, die im Bodengrund verwurzelt sind. Die Blätter sind bis 5 cm lang, spitz, und im Querschnitt zusammengerollt. Von der Pflanzenbasis aus wachsen schlanke Ausläufer, an denen neue Pflanzen entstehen, so daß sich ein dichter Teppich über den Boden ausbreiten kann. *L. australis* und *L. americana* sind ähnliche Arten, die im gemäßigten Süd- bzw. Nordamerika beheimatet sind.

Temp.: 10–20 °C, Licht: 1–2, Wasser: Süßwasser, leicht hart und alkalisch

Polygonaceae – Knöterichgewächse

Die Knöteriche oder Ampfer sind zweikeimblättrig und umfassen auch die weitverbreitete europäische Art *Polygonum amphibium.* Sie ist amphibisch und kommt in sehr unterschiedlichen Biotopen vor, Seen, Stauseen, Gräben, Kanälen und Strömen, wo das Wasser ruhig ist oder nur von Wellen leicht bewegt wird. Der Wasserknöterich kann in bis 2 m Wassertiefe leben, ebenso aber auch außerhalb des Wassers am Ufer. Die Pflanze hat ein Rhizom, das im Boden verwurzelt ist, und einen schlanken Stengel, der lange Blattstiele mit glänzenden, elliptischen, dunkelgrünen Blättern trägt. Ein Blütenstand von etwa 10 cm Länge, mit kleinen, rötlichen Blüten, wächst meist aus dem Wasser heraus.

Temp.: 10–25 °C, Licht: 1–2, Wasser: Süßwasser

Pontederiaceae – Pontederiengewächse

Diese vielfältige Familie zweikeimblättriger Pflanzen umfaßt etwa zehn Gattungen mit etwa dreißig Arten tropischer und subtropischer Sumpf- und Wasserpflanzen. Sie umfaßt die schwimmende Wasserhyazinthe ebenso wie untergetaucht lebende Arten.

Eichhornia crassipes ist die Wasserhyazinthe, die in fast allen Flüssen, Kanälen und Teichen der Tropen eingeschleppt wurde und ursprünglich aus Südamerika kommt. Sie wurzelt im flachen Wasser oder treibt an der Wasseroberfläche, wobei ihre Wurzelbüschel im Wasser frei herabhängen. Die Pflanzen bilden eine Rosette breiter, ovaler Blätter von etwa 5 cm Länge. Die hübschen orchideenartigen Blüten bilden sich in der Mitte der Blattrosette über der Wasseroberfläche.

Temp.: 15–28 °C, Licht: 2–3, Wasser: Süßwasser, weich, neutral bis leicht sauer

Heteranthera zosterifolia ist eine submerse Pflanze, die aus dem Amazonasbecken stammt. Der Stengel, etwa 30 cm lang, ist schlank und biegsam. Er wächst durch den Bodengrund und ist in Abständen bewurzelt. Von ihm aus wachsen Seitenschößlinge nach oben, die schmale, langgestreckte oder rötlichgrüne Blätter tragen.

Temp.: 22–30 °C, Licht: 2–3, Wasser: Süßwasser, weich, leicht sauer

Zosterella dubia ist ein Bewohner der subtropischen südlichen Bereiche Nordamerikas. Die Pflanze trägt viele lange bandartige Blätter, die leicht zusammengerollt sind und senkrecht von einer dünnen, verzweigten Sproßachse ausgehen. Die Pflanze ist im Bodengrund festgewurzelt und kann bis 1 m hoch wachsen.

Temp.: 15–28 °C, Licht: 2, Wasser: Süßwasser

Potamogetonaceae – Laichkrautgewächse

Diese einkeimblättrigen Pflanzen umfassen eine sehr große Anzahl Wurzeln tragender Süßwasserpflanzen, die in den gesamten tropischen bis gemäßigten Breitengraden vorkommen. Es sind mittelgroße Pflanzen, die von einem sich verzweigenden Rhizom aus wachsen, das durch und über dem Bodengrund wächst, und bei einigen Arten eine verwobene Matte bildet, die den Sand zusammenhält. Es werden drei unterschiedliche Blattformen gebildet: breite, untergetauchte Blätter mit weichem Blattgewebe, dann fein geteilte, untergetauchte und grasartige Blätter und schließlich längliche, ovale Schwimmblätter mit kräftigem Blattgewebe. In der Natur verlieren die meisten Arten der gemäßigten Zonen im Herbst ihre Blätter und überwintern mit dem Nahrungsvorrat ihrer Rhizome.

Die Laichkräuter schieben einen zylindrischen Blütenstand über die Wasseroberfläche. Er trägt unscheinbare grünbraune Blüten, die von Insekten bestäubt werden. Die Pflanze vermehrt sich auch vegetativ durch Stengel- oder Wurzelfragmente, und einige Arten bedecken rasch einen Bereich des Bodengrundes mit Rhizomausläufern. Von verschiedenen Arten gemäßigter Breiten werden auch Winterknospen gebildet.

Potamogeton coloratus, das Gefärbte Laichkraut, ist ein Bewohner des mittleren und westlichen Europa, der die ruhigen Gewässer kalkhaltiger Moore bevorzugt. Seine geteilten Blätter wachsen bis zur Wasseroberfläche hoch und sind schön schlank, netznervig und elliptisch geformt. *Potamogeton compressus,* das Flachstengelige Laichkraut, ist, obgleich in Europa weitverbreitet, weniger häufig. Diese Pflanze lebt in kleinen Teichen und langsam fließenden Gewässern mit kalkreichem Wasser. Sie hat ein kriechendes Rhizom, aus dem ein Stengel wächst, der 2 m Länge erreichen kann. Entlang dieses Stengels wachsen paarweise lange bandartige Blätter im Ausmaß von bis zu 20 × 0,5 cm.

Potamogeton densus, das Dichte Laichkraut, ist in Europa weitverbreitet und besiedelt klares Wasser in Fließgewässern und Gräben mit langsamer bis mäßiger Fließgeschwindigkeit. Die Pflanzen sind klein und kompakt und tragen Paare elliptischer Blätter, die einander entlang des dichtbewachsenen Stengels gegenüberstehen.

Temp.: 12–20 °C, Licht: 2, Wasser: Süßwasser, hart, alkalisch

P. perfoliatus, das Durchwachsene Laichkraut, eine weitere verbreitete europäische Art, lebt in ruhigen und fließenden Gewässern und kann klare Teiche und Kanäle bis in eine Tiefe von 2 m besiedeln. In fließendem Wasser werden lange Triebe gebildet. Das Rhizom kriecht sehr rasch und von ihm aus wächst ein verzweigter Stengel mit ovalen Blättern, die etwa 2 × 2 cm groß sind und den Stengel umfassen.

P. crispus ist das bekannte Krause Laichkraut, das sowohl ruhige als auch mäßig schnelle Gewässer über allen Sedimenttypen besiedelt. Seine Rhizome wachsen lang und dünn und verzweigen sich regelmäßig, wobei sie in ganzer Länge bewurzelt sind. Der Stengel und die wellenförmig gerandeten, gezähnten, länglichen Blätter sind oft rötlichgrün.

P. pectinatus wird das Kamm-Laichkraut genannt, weil seine besonders schlanken, spitzen Blätter wie zwei fadenförmige Röhren geformt sind, die wie Kammzähne aussehen. Seine Lebensweise gleicht derjenigen der letztgenannten Arten, doch kann es auch in Brackwasser bis zu einem Salzgehalt von 0,5‰ vorkommen. Der Stengel ist stark verzweigt und in flachem Wasser werden meist dichte Bestände gebildet. Es wächst in klaren Gewässern bis in eine Tiefe von 2,5 m.

Temp.: 12–20 °C, Licht: 2, Wasser: Süßwasser

Potamogeton gayii ist eine weitverbreitete südamerikanische Art. Sie wächst aus einem langen Rhizom, das über den Bodengrund kriecht, mit Seitenwurzeln versehen ist und in Abständen schlanke flutende Stengel treibt. Die Blätter sind rotgrün, lang und schmal und bis etwa 10 × 0,8 mm groß. *P. malaianus,* der in den amerikanischen und asiatischen Tropen und Subtropen weit verbreitet ist, besiedelt sowohl stehende als auch fließende Gewässer. Das im Bodengrund vergrabene Rhizom schiebt einen aufstrebenden Stengel, der die zarten, halb durchscheinenden, langen schmalen Blätter trägt.

Temp.: 15–28 °C, Licht: 2, Wasser: Süßwasser

Primulaceae – Primelgewächse

Diese große Familie zweikeimblättriger Pflanzen enthält über dreißig Gattungen und 800 Arten kleiner Blütenpflanzen in den gesamten nördlichen gemäßigten Breiten. Es gibt unter ihnen einige wenige Wasserpflanzen.

Hottonia palustris, die Wasserfeder, ist in Europa und Asien häufig, sie wächst in flachen und ruhigen Teichen, Wasserlöchern und Gräben, wo der Bodengrund sandig ist. Die Pflanze hat ein dünnes, bewurzeltes Rhizom, das waagerecht durch den Bodengrund wächst und einen aufrechten, schlanken Stiel trägt. Die Blätter sind submers, zart, federartig und etwa 4–5 cm lang. Der Stengel geht über der Wasseroberfläche in einen Blütenstiel mit hellvioletten Blüten über. Im Winter werden an der Spitze der Ausläufer Winterknospen gebildet.

Temp.: 8–20 °C, Licht: 2, Wasser: Süßwasser

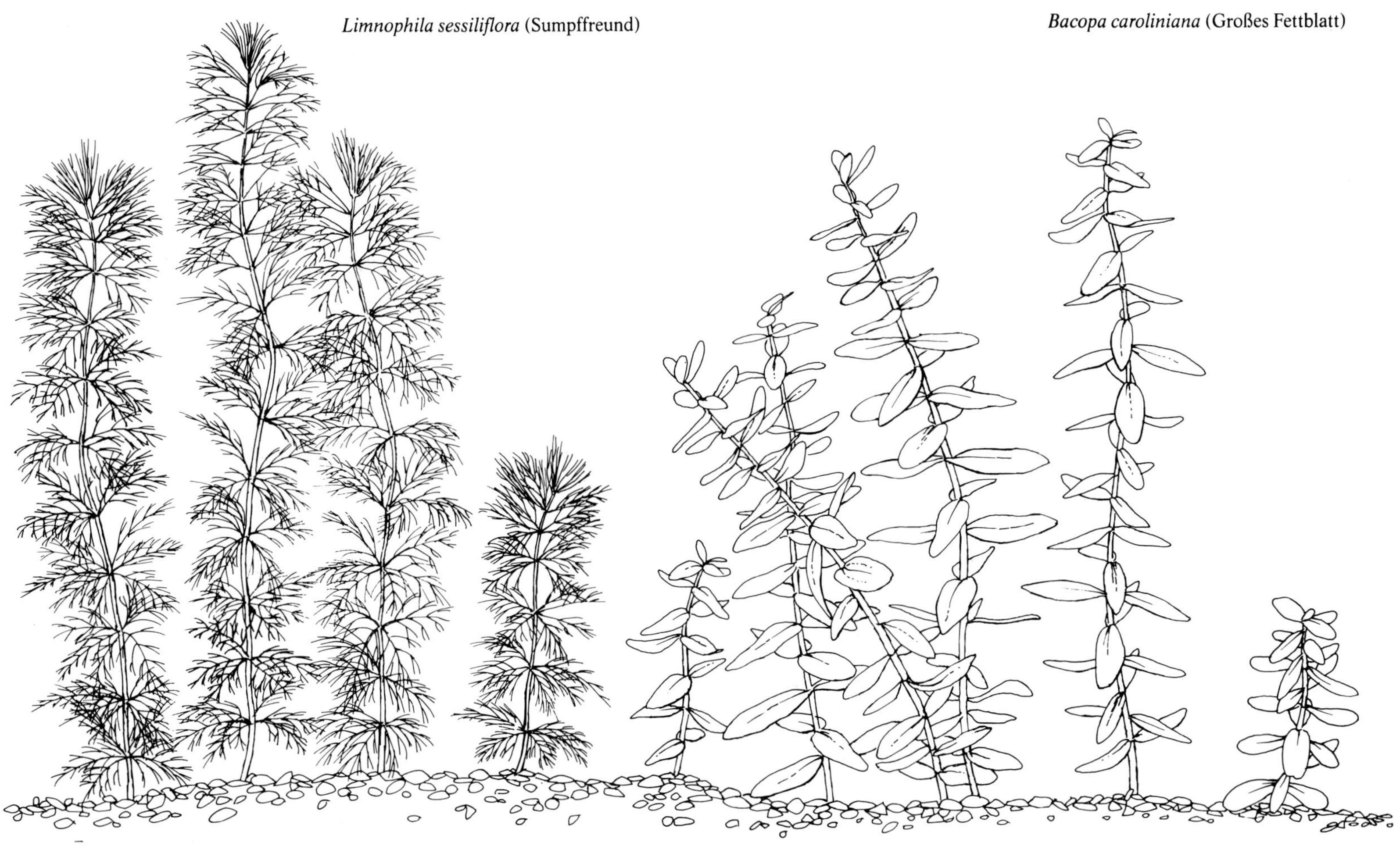

Ranunculaceae – Hahnenfußgewächse

Die zweikeimblättrigen Hahnenfußgewächse werden durch fein geteilte gegabelte Unterwasserblätter gekennzeichnet, die vom Hauptstengel austreiben, sowie durch lappenartige Schwimmblätter. Es kommen auch intermediäre Blattformen vor. Viele solcher Arten kommen über die gesamten gemäßigten Breiten der Erde in Teichen, flachen Seebuchten, Kanälen und Fließgewässern vor. Die Hahnenfußgewächse treiben Einzelblüten über die Wasseroberfläche, die auf Blütenstielen sitzen. Die meisten haben weiße Blüten- und Kelchblätter mit einem gelben Blütenzentrum.

Ranunculus fluitans, der Flutende Hahnenfuß, ist eine der wenigen höheren Pflanzen, die in schnellströmenden Gewässern mit einer Fließgeschwindigkeit von bis zu 70 cm pro Sekunde leben können. Er hat einen kräftigen Stengel, der bis in eine Wassertiefe von 2 m im Bodengrund festwurzelt. Lange Wurzeln treiben durch den groben Kies seines natürlichen Standortes und halten die Pflanze so gegenüber der Strömung fest verankert. Es werden nur submerse Blätter gebildet, die dünn, weich, bürstenartig und 5–25 cm lang sind.

Temp.: 5–15 °C, Licht: 1, Wasser: Süßwasser, neutral, mittelhart

Ranunculus aquatilis ist eine weitere europäische Art, eine derjenigen, die in ruhigen und langsamfließenden Gewässern vorkommen und sowohl submerse als auch Schwimmblätter bilden. Letztere sind kräftig und rund, jedoch tief eingeschnitten und sehr variabel, während die untergetauchten Blätter weich und fein gegabelt sind.

Temp.: 10–20 °C, Licht: 1–2, Wasser: Süßwasser

Scrophulariaceae – Rachenblütler

Die Rachenblütler sind eine große Familie zweikeimblättriger Pflanzen, die mehrere tausend Arten in über 200 Gattungen umfaßt. Etwa siebzehn Gattungen weisen auch Wasserpflanzenarten auf. Die Ehrenpreis- und Augentrost-Arten gehören zu dieser Pflanzenfamilie.

Veronica anagallis-aquatica, das Gauchheil-Ehrenpreis, ist blaublütig, *V. catenata,* das Wasser-Ehrenpreis, ist eine rötliche Verwandte. Beide sind in Europa weit verbreitet und in manchen Gegenden häufig. Sie sind in unterschiedlichen Gewässern zu finden, von flachen Teichrändern und Gräben bis hin zu langsam fließenden Bächen, und man findet sie oft als Erstbesiedler nachdem der Bodengrund pflanzenfrei gemacht oder aufgewühlt wurde. Sie wachsen bis zu einer Höhe von 30–50 cm und tragen Paare spitzer Blätter, die etwa 5 cm lang und 2 cm breit sind und den aufrechten Stengel umgreifen. Die kleinen hellen Blüten sitzen an Blütenstielen, die von der Basis der emersen Blätter ausgehen.

Temp.: 10–20 °C, Licht: 1–2, Wasser: Süßwasser

Die Bachbunge oder das Bach-Ehrenpreis, *V. beccabunga,* ist eine weitere europäische Art.

Bacopa caroliniana (amplexicaulis), die oft auch unter ihrem Synonym *B. amplexicaulis* bekannt ist und den deutschen Namen Großes Fettblatt trägt, ist eine Sumpfpflanze der südlichen Vereinigten Staaten. Unter Wasser wächst eine lange zentrale Sproßachse, die in Abständen bewurzelt ist, über den Boden flacher Teiche und Gräben. Weiche, glatte Blätter von 2–3 cm Länge, mit dunklen Blattgefäßen, wachsen an senkrecht aufsteigenden, flutenden Schößlingen bis zu 20 cm über den Bodengrund. Blüten bilden sich nur an emersen Trieben, sie sind dunkelblau.

Temp.: 15–28 °C, Licht: 1–2, Wasser: Süßwasser, weich, leicht sauer

Limnophila (oder *Ambulia*) ist eine Gattung, die über dreißig Arten Sumpf- und Wasserpflanzen umfaßt, die in Asien, Australien und Afrika verbreitet sind.

L. aquatica ist in Indien und Ceylon beheimatet, wo sie Gräben, Teiche und Bewässerungskanäle bewohnt. Die Pflanze hat einen runden Stengel, der über den Bodengrund wächst und sich durch Wurzeln festhält. Der aufwärts treibende Sproß trägt zarte, fein geteilte Blätter in buschigen Quirlen von 5 cm Durchmesser. Wenn die Sproßachse die Wasseroberfläche erreicht, werden Blätter gebildet, die kleiner und elliptisch sind. An den Spitzen der Blütenstiele wachsen Büschel lilafarbener Blüten.

Temp.: 18–28 °C, Licht: 2, Wasser: Süßwasser

Heteranthera zosterifolia
(Seegrasblättriges Trugkölbchen)

3 Zoologie für den Aquarianer

Annabel Milne
Peter Stebbing

Einleitung

Die Abbildung links zeigt Schnepfenmesserfische, die zwischen den Stacheln eines Hutnadelseeigels schwimmen. Solche Populärnamen lebender Organismen sind oft zweideutig. Deshalb haben die Biologen, wie schon aus den vorhergehenden Kapiteln zu entnehmen ist, jedem Lebewesen einen wissenschaftlichen Namen gegeben, der in der Regel aus zwei Worten besteht. Für den Fisch in der linken Abbildung zum Beispiel ist das der Name *Aeoliscus strigatus* (Günther, 1860). Das zweite Wort ist der Artname des Lebewesens und das erste Wort bezeichnet die nächste größere Gruppe oder die Gattung, zu der die Art gehört. Diese Worte sind latinisiert und leiten sich meist aus dem Lateinischen oder dem Griechischen ab. Bei exaktem wissenschaftlichem Gebrauch folgt dem Artnamen der Name des Autors der Erstbeschreibung mit deren Publikationsjahr. Wenn die beiden letzteren in Klammern gesetzt sind, wurde der in der Originalbeschreibung benutzte Gattungsname zwischenzeitlich geändert.

Eine Art ist eine Gruppe oder Population von Organismen, die sich untereinander fortpflanzen können. Die Systematiker vergleichen die Arten miteinander und klassifizieren sie zu einer Folge höherer Gruppen und drücken so die verwandtschaftlichen Beziehungen zwischen den Lebewesen aus. So gehört beispielsweise unser *Aeoliscus* zur Familie Centriscidae in der Ordnung Syngnathiformes innerhalb der Klasse Osteichthyes (Knochenfische) im Stamm Chordata (der die Wirbel-

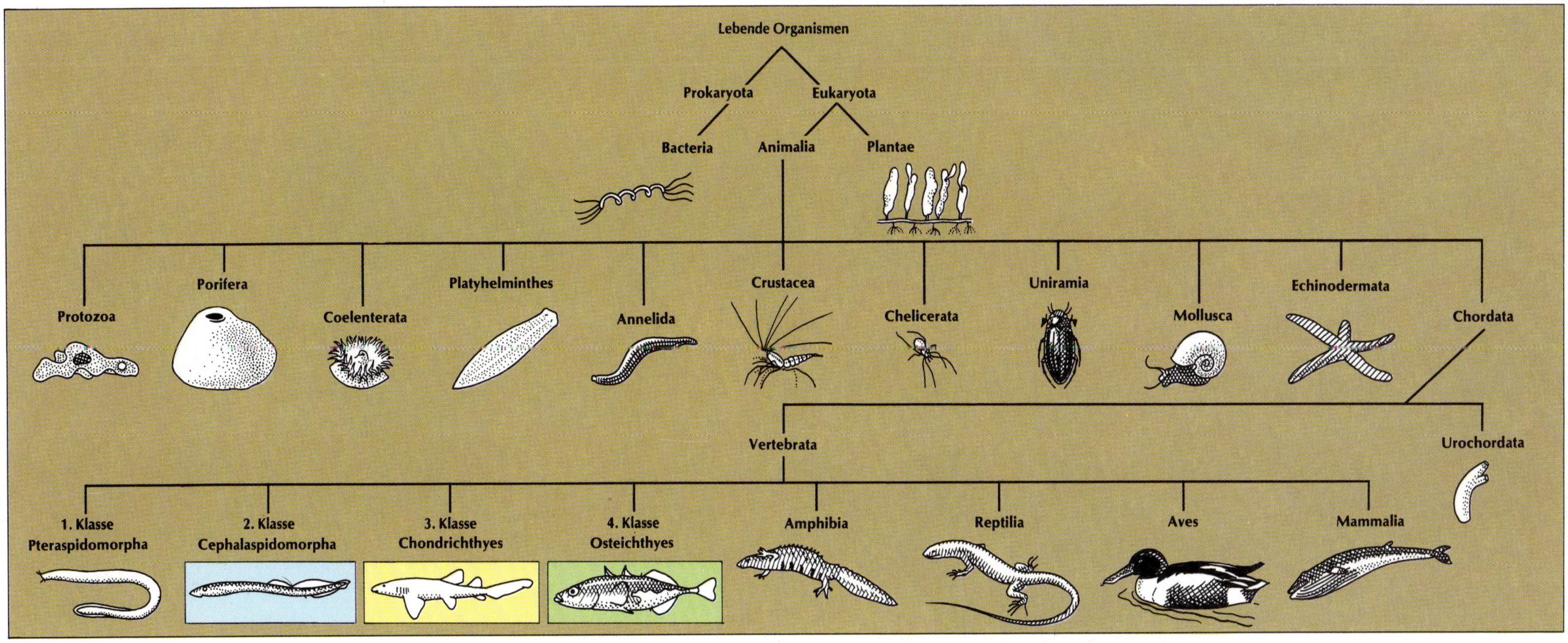

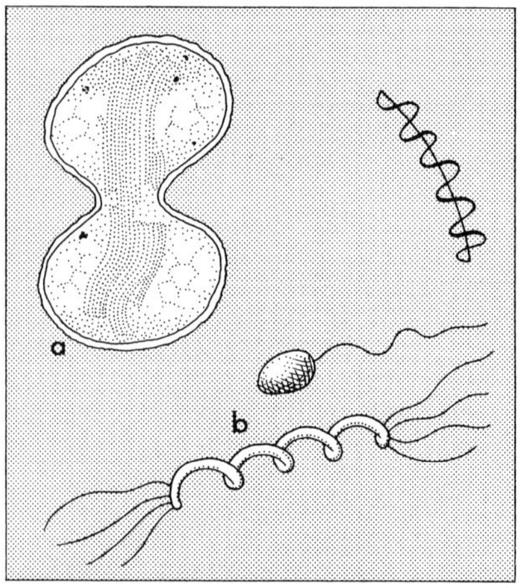

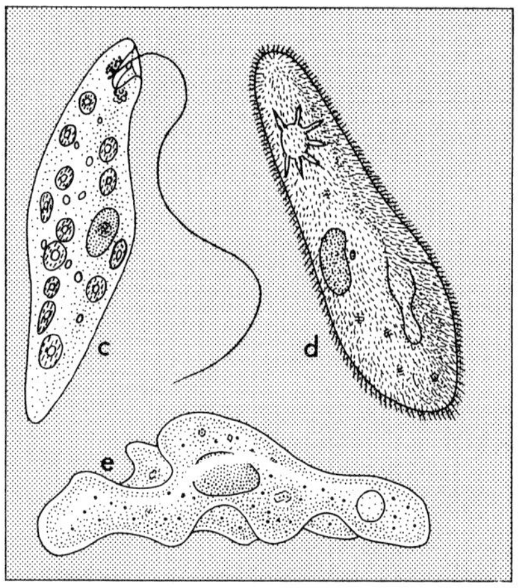

a) In Teilung befindliche Zelle von *Nitrosococcus* (11 000fach), einer der nitrifizierenden Bakterienarten. b) Formen einzelliger Bakterien. c) Ein Flagellate oder Geißel»tierchen«, *Euglena viridis,* in Wirklichkeit eine Geißelalge. d) Ein Ciliate oder Wimperntierchen, *Paramecium caudatum. e) Amoeba proteus* bewegt sich fort, indem sie Plasmaströme aussendet und so vorwärtskriecht. d–e) sind Beispiele einzelliger echter Tiere.

tiere umfaßt) im Reich der Tiere. Die Tafel auf Seite 61 zeigt, wie die in diesem Kapitel besprochenen Stämme und einige andere bekannte Gruppen klassifiziert werden. Die folgende Zusammenfassung der Stämme beschränkt sich auf wasserlebende Gruppen, besonders Fische, und hebt ihre Merkmale hervor.

Ein wesentlicher Bestandteil der Wasserlebewesen ist das Plankton, treibende Organismen, die sich hauptsächlich aus kleinsten und mikroskopischen Lebewesen sowie auch aus den Eiern und Larven zahlreicher größerer Arten zusammensetzen. Zu den kleinsten planktischen Organismen gehören Bakterien, die auch in allen anderen Lebensräumen vorkommen, sich rasch fortpflanzen und für die Wiederaufarbeitung von Abfallprodukten wesentlich sind. Bakterien werden in die Gruppe der Prokaryonten gestellt, deren Zellen keinen Zellkern aufweisen, wie ihn die höheren Pflanzen und Tiere haben. Ihnen gegenüber stehen die Eukaryonten, die einen solchen Zellkern in jeder Zelle besitzen.

Das Tierreich

Der Stamm der Protozoa besteht aus mikroskopischen, einzelligen Lebewesen. Einige gut bekannte Gruppen sind die Geißeltierchen, mit einer oder mehreren peitschenartigen Geißeln, die Wimperntierchen, die mit haarähnlichen Cilien besetzt sind, und die Amöben. Einige Protozoen können assimilieren und sind daher den Pflanzen zuzuordnen, hier trennen sich also Tier- und Pflanzenreich auf.

Der Stamm der Porifera umfaßt die Schwämme. Außer einer einzigen Süßwasserfamilie sind sie alle Seewassertiere. Sie haben kein Nervensystem und bilden ein Unterreich, Parazoa genannt. Sie sind alle mehrzellige, seßhafte Filtrierer mit einem einfachen Körperbau und haben mehrere Zelltypen und Stützelemente, Nadeln, die eine Körperhöhle mit einer Atemöffnung umgeben. Die Nadeln unterscheiden sich von Art zu Art und sind zur Identifizierung und Einteilung der Schwämme wichtig.

Im Stamm der Coelenterata finden sich Quallen, Polypen, Korallen und Anemonen. Sie haben Nesselzellen, Cnidoblasten genannt, die zum Nahrungserwerb und zur Verteidigung dienen. Sie kommen in zwei Hauptformen vor, entweder freischwimmend oder als sessiler Polyp. Die Tiere aus der Klasse Hydrozoa (Hydroidpolypen) durchlaufen während ihres Lebens beide Formen. Die Scyphozoa (Quallen) leben meist in der freischwimmenden Form und werden nur selten zu Hause im Aquarium gehalten. Die Anthozoa (Korallen, Anemonen) entwickeln sich nie über das Polypenstadium hinaus.

Im Stamm der Plathelminthes sind Plattwürmer zusammengefaßt, parasitär lebende Saug- und Bandwürmer und viele freilebende Arten wie Planarien und marine Strudelwürmer. Letztere sind meist nicht größer als 1,3 cm. Größere tropische Arten können leuchtend gefärbt sein und sind auch aquaristisch durchaus

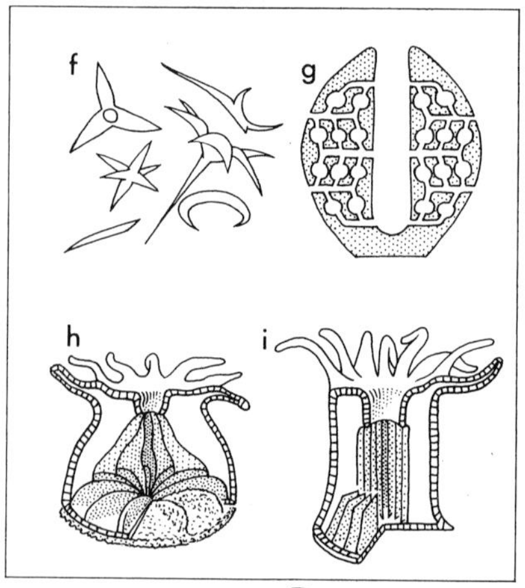

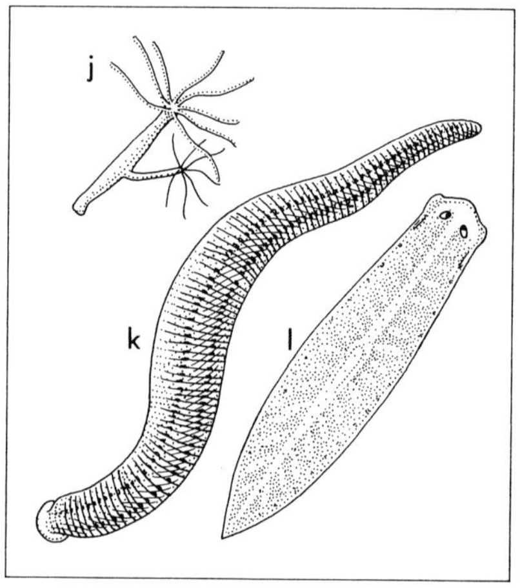

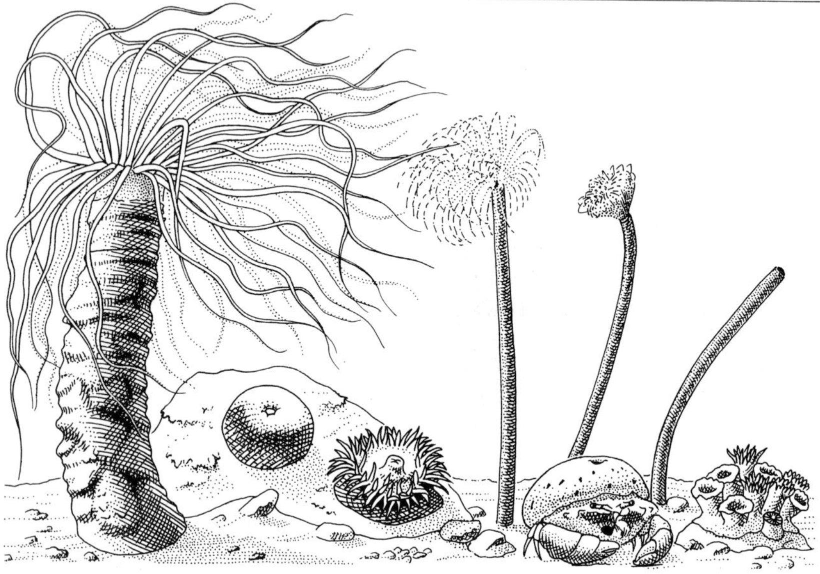

Unten links ist ein Ausschnitt aus dem Mittelmeer dargestellt. Von links nach rechts: Die Anthozoen *Cerianthus membranaceus* (ihr Tentakelkranz wird von über 200 Armen gebildet, sie erreicht eine Größe von bis zu 30 cm und besitzt eine feste Hülle aus Schleim und festen Partikeln) und *Actinia equina* (Purpurseerose, einmal mit geöffneten und einmal mit geschlossenen Tentakeln dargestellt). Die Tentakeln des polychaeten Wurmes *Spirographis spallanzanii* ziehen sich zusammen, wenn das Tier gestört wird. Sie sind gelb, braun und weiß gefärbt und werden zur Atmung und als Nahrungsfilter benutzt. Die Krabbe *Dromia personata* trägt den Schwamm *Suberites* auf ihrem Panzer. Ganz rechts eine Kolonie der Steinkoralle *Astroides çalycularis.*

f) Nadeln (Spiculae) verschiedener Schwämme. g) Ein Querschnitt durch einen Schwamm: Geißelzellen in den Kammern pumpen das Wasser durch röhrenförmige Kanäle. h) Polyp einer Steinkoralle. i) Seeanemone mit ihrem Magen-Darm-Raum und den Tentakeln, die Cnidoblasten tragen. j) Süßwasserpolyp *(Hydra)* der Klasse Hydrozoa. k) Der Pferdeegel *Haemopis sanguisuga* und l) der Plattwurm *Dugesia lugubris* sind Arten des kühleren Süßwassers.
Crustaceen: m) *Artemia salina* und n) der Wasserfloh *(Daphnia pulex)* sind primitivere Beispiele aus der Klasse Branchiopoda. o) Der Gespensterkrebs *(Squilla mantis)* ist ein räuberischer Stomatopode. p) *Gammarus pulex,* der Bachflohkrebs, ist

interessant. Plattwürmer haben drei Zellschichten, von denen die mittlere Schicht, das Mesoderm, Muskeln und anderes Gewebe ausbildet. Hierauf aufbauend, können kompliziertere tierische Strukturen entstehen.

Der Stamm der Annelida besteht aus Würmern mit weichem, segmentiertem Körper, die eine Körperhöhle oder ein Coelom enthalten. Seine beiden Hauptgruppen sind die Clitellata (hermaphroditische oder zwittrige Regenwürmer und Egel) und die Polychaeta (eingeschlechtliche Borstenwürmer, hauptsächlich marine Vertreter, in über 8000 Arten).

Die »Arthropoden«

Die drei folgenden Stämme wurden früher in dem größeren Stamm der Arthropoda (Gliederfüßler) zusammengefaßt. Dies wird heute als überholt angesehen, weil entsprechende Untersuchungen gezeigt haben, daß diese frühere Gruppe polyphyletisch ist, daß sie sich also von verschiedenen Vorfahren ableiten läßt.

Im Stamm Crustacea sind die Wasserflöhe, Garnelen, Krebse und andere Arten vereinigt. Zumeist marin, haben sie zwei paarige Fühler und meistens zweiteilige Gliedmaßen und zwei oder drei Paar Mundwerkzeuge. Die Klassen Ostracoda und Copepoda, die planktisch lebende Formen umfassen, und Cirripedia, die Entenmuscheln, werden nur selten im Aquarium gepflegt. Die größte Klasse, die für den Menschen wirtschaftlich wichtig ist, sind die Malacostraca, die solche Ordnungen umfassen wie die Stomatopoda, die primitive Formen darstellen, die Isopoda und die Amphipoda. Isopoden sind meist auf dem Rücken abgeflacht, Amphipoden seitlich. Die Arten der Ordnung Decapoda haben zehn Gliedmaßen am Vorderkörper.

Der Stamm Chelicerata umfaßt die Pfeilschwanzkrebse, Seespinnen, Spinnen und Milben. Die beiden letzteren bilden die größte Klasse, nämlich die Arachnida, während die meisten wasserlebenden Arten aus den Klassen Merostomata (Pfeilschwanzkrebse) und Pycnogonida (Seespinnen) kommen. Ihnen allen fehlen die Fühler, doch haben sie zwei getrennte Körperbereiche, meist vier oder mehr Beinpaare am hinteren Körperteil, und ein Paar Chelicerenanhänge (pinzettenartige Mundwerkzeuge) vor dem Maul. Arten, die für den Aquarianer von Interesse sind, sind die Pfeilschwanzkrebse, deren Larven ein »Trilobiten«-Stadium durchlaufen und so die urtümliche Herkunft dieser seltsamen Tiere demonstrieren. Sie kommen entlang der Küsten des Nordwestatlantik und des westlichen Pazifik vor. Auch die Wasserspinne (Klasse Arachnida) ist von Interesse, sie baut eine seidene Taucherglocke und ist in Europa und Asien weit verbreitet.

Der Stamm Uniramia enthält einen Unterstamm der Hexapoda (Insekten), der wasserbewohnende Arten umfaßt. Insekten haben sechs Beine, meistens zwei Paar Flügel, und der Körper ist oft recht deutlich in Kopf, Thorax (Brust) und Abdomen (Hinterleib) getrennt. Weil Insekten den hohen Salzgehalt des Meerwassers nicht ertragen können, meiden sie dieses, obgleich einige die Wasseroberfläche besiedeln, wie beispielsweise die Meereswasserläufer (Gerridae). Aber in etwa der Hälfte der

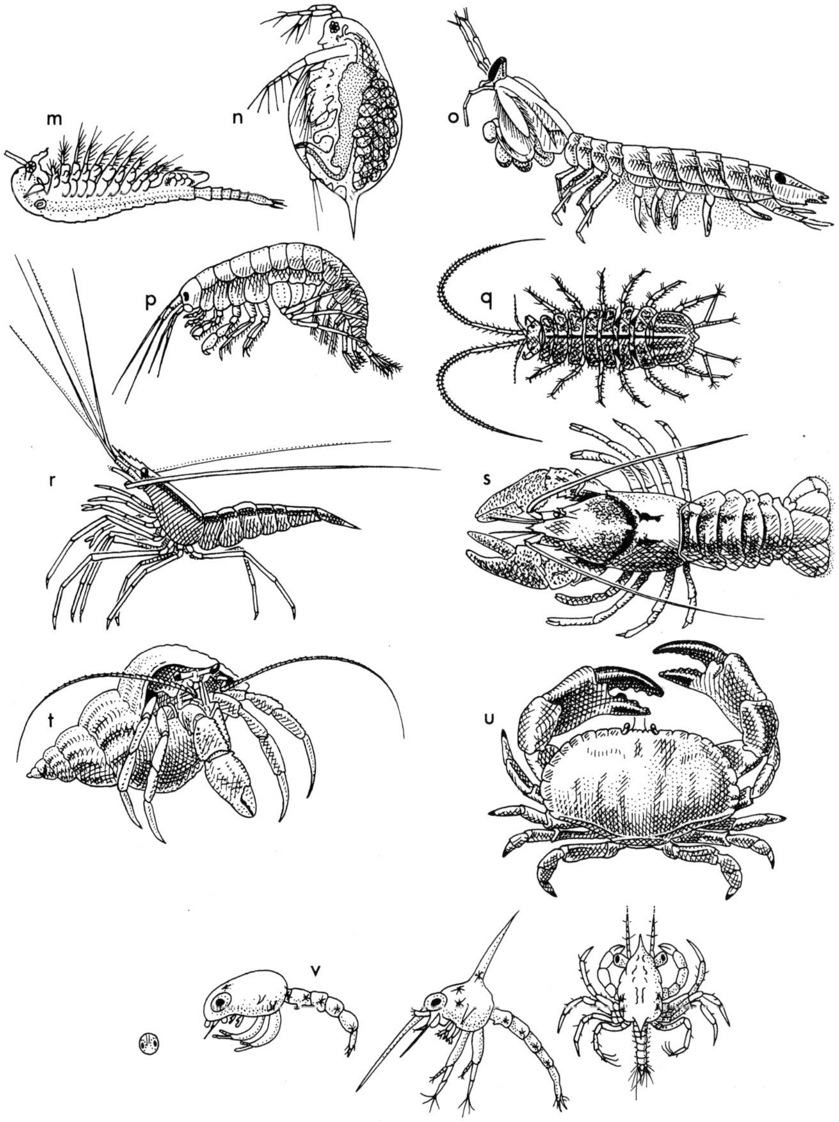

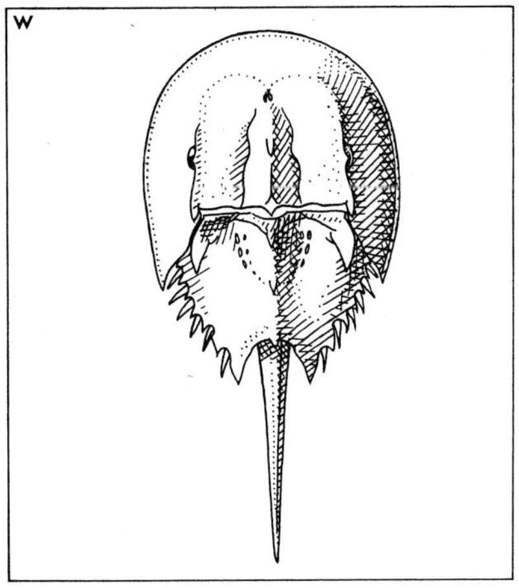

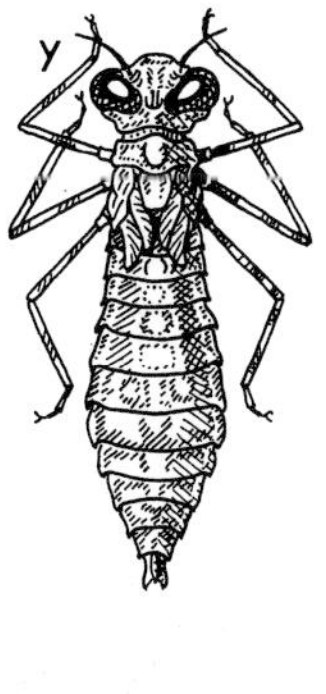

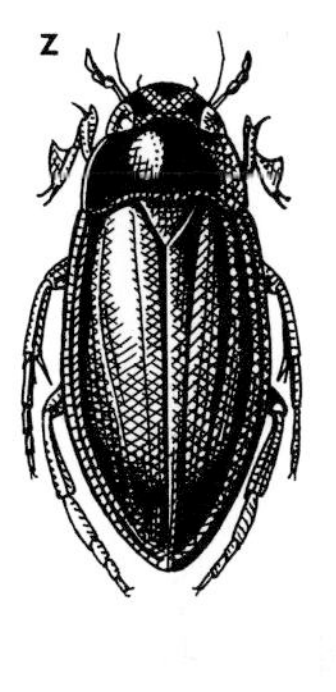

ein Amphipode unserer Breiten. q) Die Wasserassel *(Asellus aquaticus)*, ein Isopode. Zur Ordnung Decapoda gehören r) eine tropische Putzergarnele *(Hippolysmata grabhami)*, s) Süßwasserkrebs *(Astacus pallipes)*, t) der Einsiedlerkrebs *(Pagurus bernhardus)*, der Schneckenschalen bewohnt, u) die Eßbare Krabbe *(Cancer pagurus)* mit v) ihren Entwicklungsstadien.
Chelicerata oder Spinnenverwandte: w) Der Pfeilschwanzkrebs *(Limulus polyphemus* aus der Klasse Merostomata kommt von der nördlichen amerikanischen Ostküste. x) Die Wasserspinne *(Argyroneta aquatica)* in ihrer Taucherglocke.
Uniramia: y) Libellenlarve (*Aeschna*-Art), z) Kolbenwasserkäfer *(Hydrophilus piceus)*.

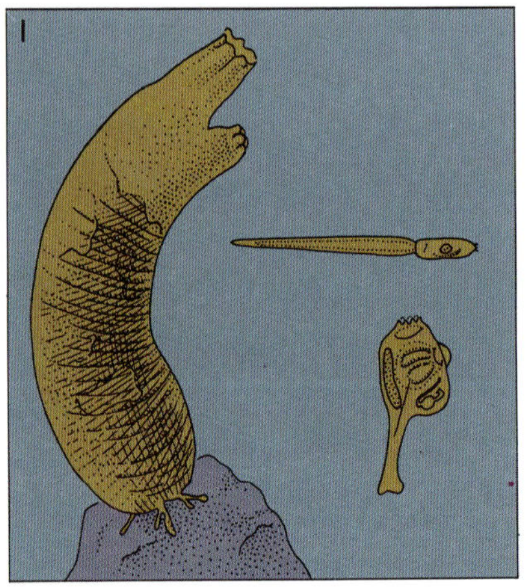

Mollusken (Fuß und Schale sind farbig dargestellt): a) Käferschnecke *(Tonicella lineata)* aus der Klasse Placophora; die Schnecken oder Gastropoden b) *Patella aspera,* c) *Phyllidia bourguini,* eine Meeres-Nacktschnecke, d) die Posthornschnecke *(Planorbarius corneus),* eine Süßwasser-Gehäuseschnecke. e) Kammuschel *(Pecten maximus),* f) Tintenfisch *(Sepia officinalis),* ein Cephalopode. Echinodermata oder Stachelhäuter und ihre Röhrenfüßchen: g) *Antedon bifida,* ein Haarstern, h) *Linckia laevigata,* ein Seestern, i) *Ophiotrix fragilis,* ein Schlangenstern, j) *Echinus esculentus,* ein Seeigel, k) *Holothuria forskali,* eine Seegurke. Urochordata: l) Seescheide *(Ciona intestinalis)* mit Larvenstadien.

Insektenordnungen gibt es Beispiele für Süßwasserbewohner: Die Odonata (Libellen) sind ein Beispiel für die vielen Arten, die sich nur im Wasser entwickeln und es mit der Umwandlung zum geschlechtsreifen Tier verlassen. Demgegenüber weisen einige Coleoptera (Käfer) ein echtes Wasserleben auf.

Die Mollusken

Der Stamm der Mollusken oder Weichtiere umfaßt sehr verschiedenartige Tiere und ist schwierig zu definieren. Meist geht man dabei von einem hypothetischen Vorfahren aus, der alle Merkmale zeigt, die wir jeweils bei den heute lebenden Gruppen finden. Zu diesen Merkmalen gehört ein muskulöser Fuß und eine Schale, die äußerlich oder im Körper angelegt sein oder auch fehlen kann. Die Schale wird von einer Zellschicht aufgebaut, dem Mantel, der normalerweise den Kiemenraum umhüllt. Einige der Hauptgruppen sind die folgenden:

Die Klasse Polyplacophora (Käferschnecken) läßt sich leicht an den acht leicht übereinandergreifenden Platten auf dem Rücken des abgeflachten Körpers erkennen. Käferschnecken leben hauptsächlich in der Gezeitenzone und weiden die Algenschichten ab. Wenn man sie von der Unterlage entfernt, rollen sie sich zusammen. Die Klasse Gastropoda (Nackt- und Gehäuseschnecken) kommt in marinen, Süßwasser- und Landbiotopen vor. Sie haben einen muskulösen Fuß und viele besitzen ein Gehäuse, das die Eingeweide schützt, die sich während der Larvenentwicklung aufdrehen. Man bezeichnet dies als Torsion. Die Klasse Bivalvia (Muscheln und Austern) wird durch eine einzige Schale mit zwei Klappen charakterisiert, die am Rücken durch ein Band zusammengehalten werden. Ihre Vertreter, alle wasserbewohnend, sind meistens marine Filtrierer, die im Boden oder festgeheftet auf einem Substrat leben, obgleich einige wenige Arten schwimmen können. In der Klasse Cephalopoda (Tintenfische, Kraken) befindet sich die Schale entweder im Körperinneren oder fehlt ganz. Der Kopf trägt gut entwickelte Augen und acht, zehn oder mehr ausstreckbare Tentakeln. Die Cephalopoden stellen die schnellsten und intelligentesten Wirbellosen dar.

Die Echinodermen

Die Mitglieder des Stammes der Echinodermata (das Wort leitet sich aus dem Griechischen ab und bedeutet »Stachelhäuter«) haben einen fünfteiligen Körperbau und ein sogenanntes Hydrovascularsystem, das viele röhrenförmige Füßchen umfaßt, die zur Bewegung und Nahrungsaufnahme wie Saugnäpfe tätig werden können. Diese Tiere sind in fünf Hauptgruppen weltweit verbreitet.

Bei der Klasse Crinoidea (Seelilien und Haarsterne) lassen sich die ihr zugehörigen Arten an den fünf Armen erkennen, die meist unverzweigt sind. Sie entspringen einer Körperscheibe und werden dazu benutzt, um beispielsweise Plankton zu filtern. Seelilien sind mit einem einzigen Stiel am Boden befestigt, während die beweglichen Haarsterne eine Vielzahl von Cirren oder kleinen Armen haben, um sich zeitweilig festzusetzen. Die Unterklasse Asteroidea (Seesterne) besitzt bis zu fünfzig Arme, die seitlich entspringen und sich, weil sie oft recht dick sind, nicht immer deutlich vom Körper abgrenzen lassen. Auf der Unterseite jedes Armes befindet sich eine Rinne mit Reihen von röhrenförmigen Füßchen, die Saugnäpfe haben können (eine Ausnahme sind hier die meisten grabenden Formen). Die Unterklasse Ophiuroidea (Schlangensterne) haben kleine, deutlich abgesetzte Körper mit langen Armen, die leicht abbrechen können und bei den Gattungen der Korbsterne verzweigt sind. Die Röhrenfüßchen werden als Tentakeln für den Nahrungserwerb genutzt und entspringen zwischen Platten, die Gruben bedecken, welche den Arm an der Unterseite durchziehen. Einige Arten leben räuberisch, die meisten ernähren sich jedoch von organischen Stoffen, die sie aus dem Wasser filtrieren oder vom Substrat aufnehmen.

Die Klasse Echinoidea (Seeigel) hat eine feste Hülle oder Schale, die viele Stacheln unterschiedlicher Größe trägt, die beweglich am Körper sitzen. Runde und radiärsymmetrische Formen leben auf dem Boden, zweiseitig symmetrische sind daran angepaßt, sich in den Boden einzugraben. Die Klasse der Holothuroidea (Seegurken) hat langgestreckte Körper mit fünf Seiten, Mund und After befinden sich am entgegengesetzten Ende. An drei Seiten sind die Röhrenfüßchen zahlrei-

Die Bestimmung eines Fisches setzt einige Kenntnisse seiner Anatomie voraus, die in den folgenden Zeichnungen erläutert wird. Unten ist ein Farbkarpfen mit den grundlegenden Bezeichnungen seiner Körpermerkmale dargestellt, wie wir sie von den meisten Fischen kennen: a) Maul, b) Lippen, c) Nasenöffnungen, d) Bartel, e) Vorderkiemendeckel (Praeoperculum), f) Kiemendeckel (Operculum), g) Anus oder After, h) Seitenlinie (Laterallinie, Linea lateralis), i) Schwanzwurzel, j) Flossenbeginn, k) Flossenbasis, l) Flossenende, m) Rückenflosse (Dorsale), n) Brustflosse (Pectorale), o) Bauchflosse (Ventrale), p) Afterflosse (Anale), q) Schwanzflosse (Caudale).

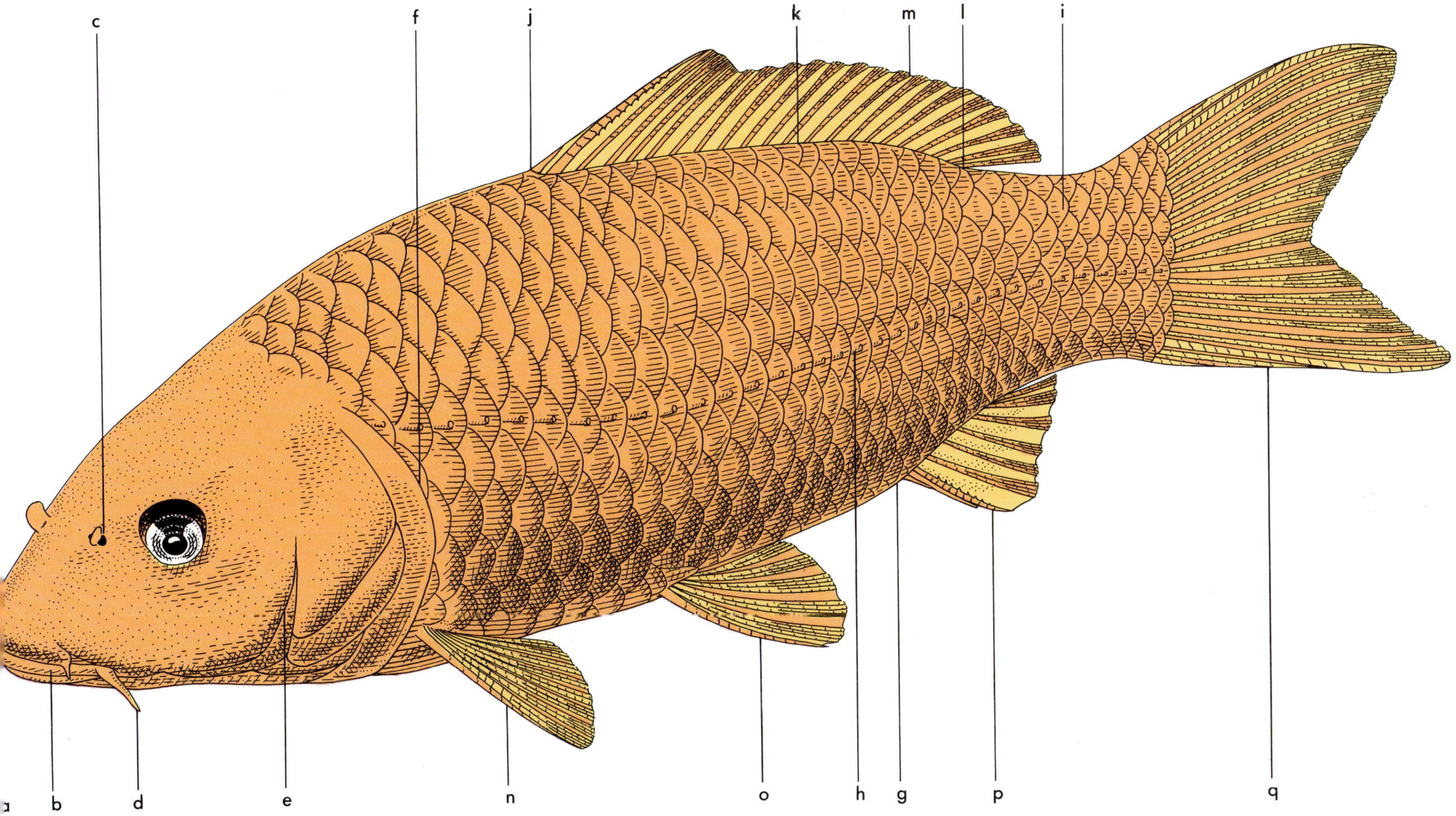

Bei einem Hai, einem Rochen, einem Knochenfisch und einem Plattfisch, der ebenfalls zu den Knochenfischen zählt, (unten von links nach rechts) sind jeweils die Flossen vergleichbarer Herkunft und Struktur in den gleichen Farben dargestellt.

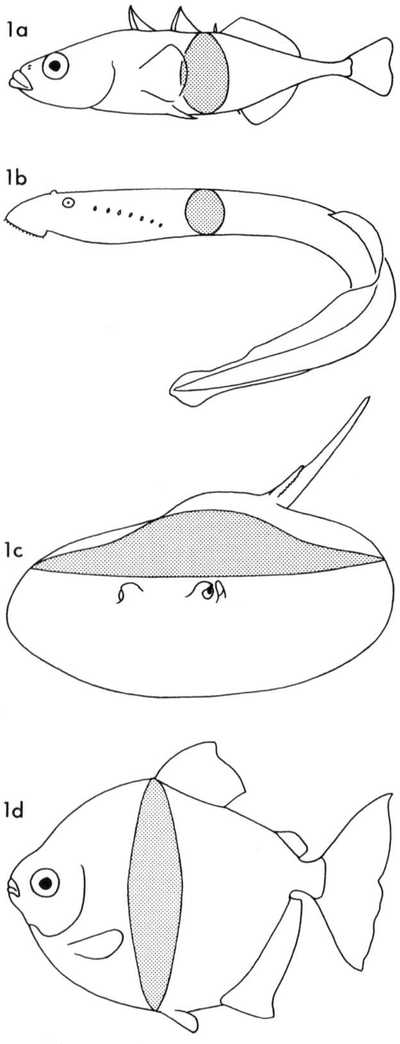

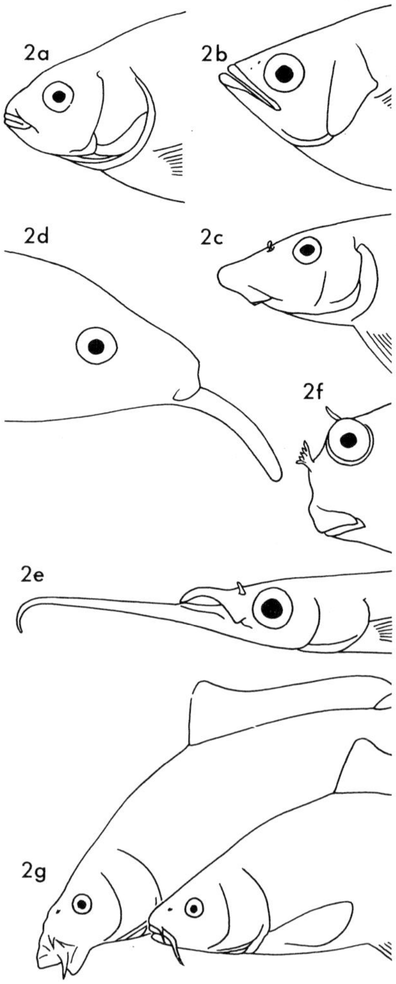

Alle Fische lassen sich in ihrer Formgebung von der dem Wasserleben angepaßten Stromlinienform ableiten, sie stellt die Ausgangsform für die in diesem Kapitel vorgestellten Fischtypen dar.

Der Körperquerschnitt ist als Silhouette eingezeichnet. 1a) Stromlinienform, bei *Gasterosteus aculeatus,* dem Dreistachligen Stichling, dargestellt. 1b) Langgestreckter Körper von *Lampetra planeri,* dem Bachneunauge. 1c) Abgeplatteter Körper, *Potamotrygon motoro,* Süßwasserrochen; 1d) seitlich zusammengedrückter oder komprimierter Körper von *Metynnis hypsauchen,* einem Scheibensalmler.

Der Kopf ist von Art zu Art meist unterschiedlich gestaltet, je nach der entsprechenden Ernährungsweise, dabei können jedoch die Körperformen durchaus ähnlich gestaltet sein. Das Maul kann beispielsweise 2a) endständig sein, wie bei der Plötze *(Rutilus rutilus),* wenn beide Kiefern gleich lang sind, 2b) oberständig, wenn der Unterkiefer größer als der Oberkiefer ist, wie bei dem Schützenfisch *(Toxotes jaculatrix),* 2c) unterständig, wenn der Oberkiefer oder auch die Schnauze den Unterkiefer überragen, wie bei der Saugschmerle *(Gyrinocheilus aymonieri).* Besonders angepaßte Arten sind 2d) *Gnathonemus petersi,* der Elefantenrüsselfisch, der einen beweglichen Kinnanhang hat, und 2e) *Dermogenys pogonognathus,* der Halbschnabelhecht, mit stark entwickeltem Unterkiefer. Kopfanhänge sind zum Beispiel Barteln (auf Seite 65 dargestellt), bei einigen Arten sind auch Cirren vorhanden, kleine fleischige oder häutige Auswüchse, vor allem um die Augen oder die Nasenlöcher herum. 2f) *Ophioblennius atlanticus,* der Rotlippen-Schleimfisch. 2g) Von vielen Arten kann zum Fressen ein vorstülpbares Maul benutzt werden.

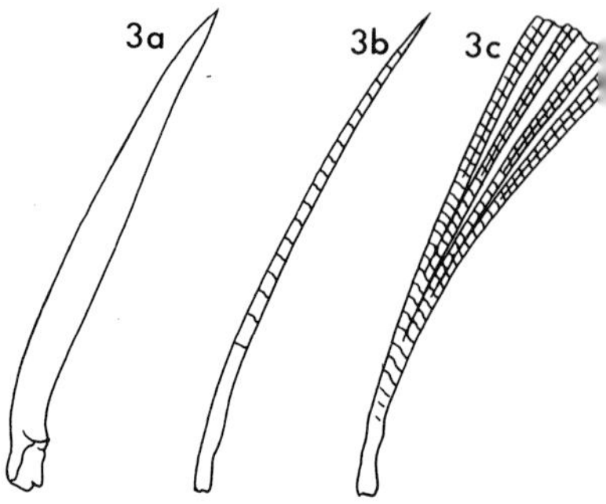

Die Flossen enthalten Stützstrukturen, die als Hart- oder Weichstrahlen bezeichnet werden. 3a) Hartstrahlen sind gewöhnlich sehr steif, am Ende zugespitzt, unverzweigt, sowie unsegmentiert. Wo sowohl Hart- als auch Weichstrahlen vorkommen, sind in der Regel mehr Weichstrahlen vorhanden. 3b) Weichstrahlen sind nicht so hart, meist segmentiert, und auch verzweigt.

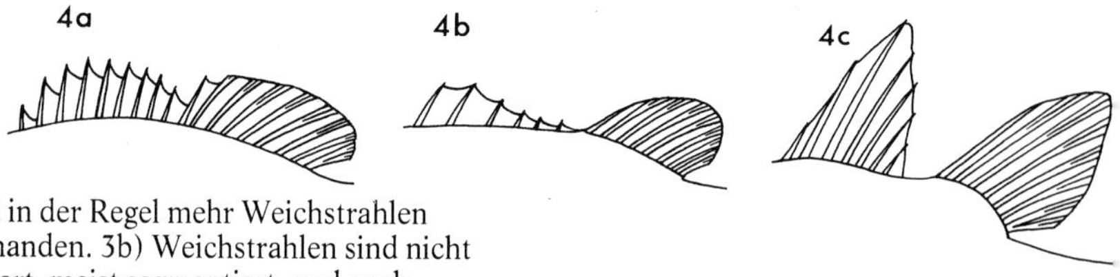

Die unpaaren Flossen sind in der Längsschnittebene angeordnet. Hierzu gehört die Rückenflosse, die 4a) durchgehend, 4b) unterbrochen, oder 4c) als zwei getrennte Flossen auftreten kann. 4d) Getrennte Flossenabschnitte oder Flössel kommen dorsal (rückenseitig) oder ventral (bauchseitig) bei einigen Arten vor. 4e) Eine Fettflosse, die auch einen Stützstrahl haben kann, ist ebenfalls bei einigen Fischgruppen vorhanden. Die Schwanzflosse zeigt verschiedene Formen: 4f) heterocerc, 4g) leierförmig, 4h) gegabelt, 4i) sichelförmig, 4j) gekerbt oder gebuchtet, 4k) doppelt gebuchtet, 4l) abgestutzt, 4m) abgerundet, 4n) verlängerte Mittelstrahlen, 4o) mit Dorsale und Anale verschmolzen, 4p) fehlende Schwanzflosse. Die Afterflosse liegt bauchwärts hinter dem After. Viele Arten haben 4q) je nach Geschlecht unterschiedlich gestaltete Flossen, wobei geschlechtsreife ausgewachsene Tiere, meist ist es das Männchen, in einer oder mehreren Flossen verlängerte Flossenstrahlen aufweisen. Bei einigen Arten sind ein Teil der Afterflossenstrahlen des Männchens zu einem Kopulationsorgan umgestaltet.

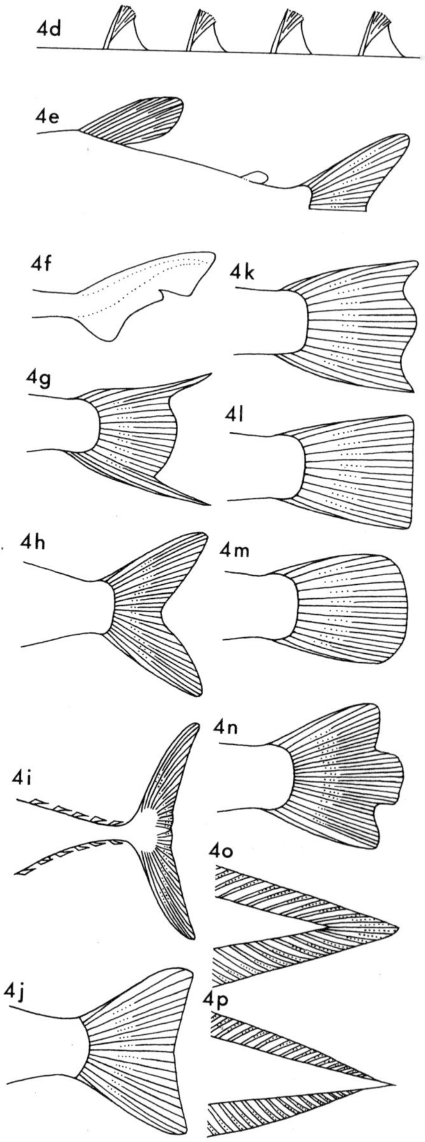

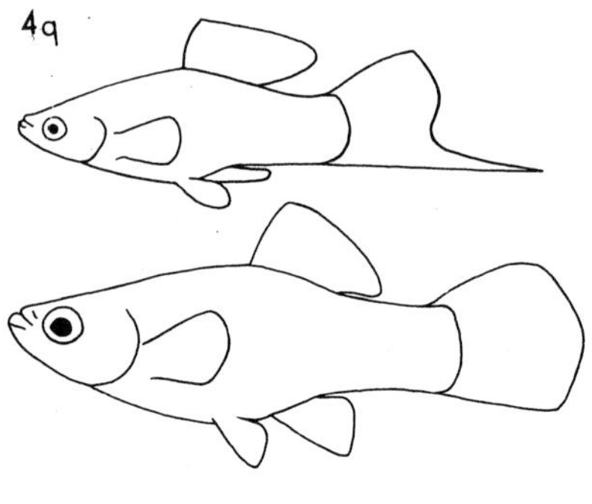

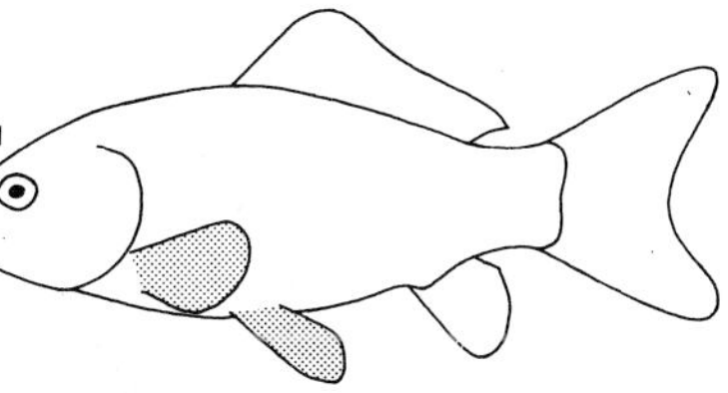

5a

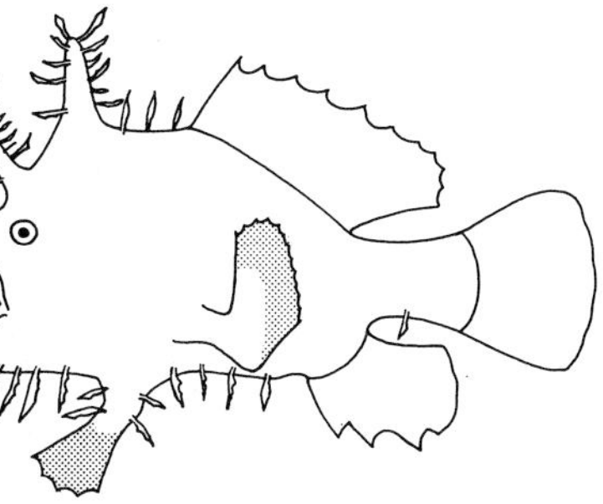

5b

Die paarigen Flossen sind in Abbildung 5 gerastert eingezeichnet. Die Brustflossen sind meist hinter dem Kopf zum Bauch hin, unterhalb der Mittellinie, eingelenkt. Die Bauchflossen können in der Bauchebene unterschiedlich angeordnet sein, hinter (5a) oder sogar vor den Brustflossen, wie beim 5b) Sargassofisch *(Histrio histrio)*. Bei einigen Arten können die Bauchflossen oder sogar alle paarigen Flossen fehlen.

Die Markierungen auf dem Körper umreißen Bereiche: a) Kopf, b) Schulterbereich, c) Flanke, d) Schwanzstiel, e) Bauchbereich.

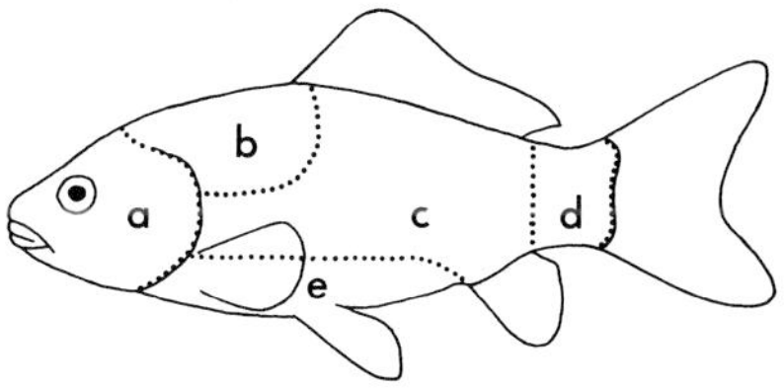

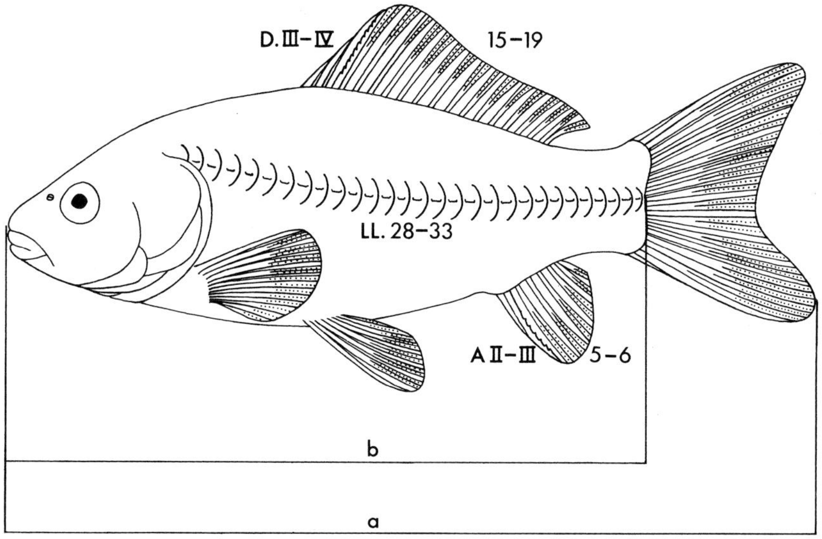

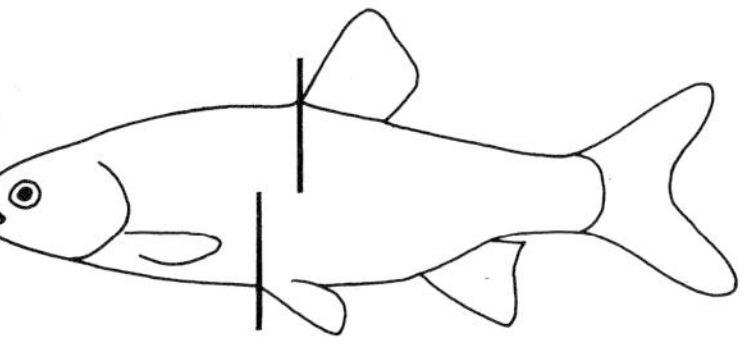

6

Die Lage der Flossen zueinander ist bei der Beschreibung eines Fisches meist mit angegeben, beispielsweise wenn (6) die Rückenflosse hinter dem Ursprung der Bauchflosse ansetzt. Beide Flossenansätze sind in der Zeichnung durch senkrechte Striche markiert.

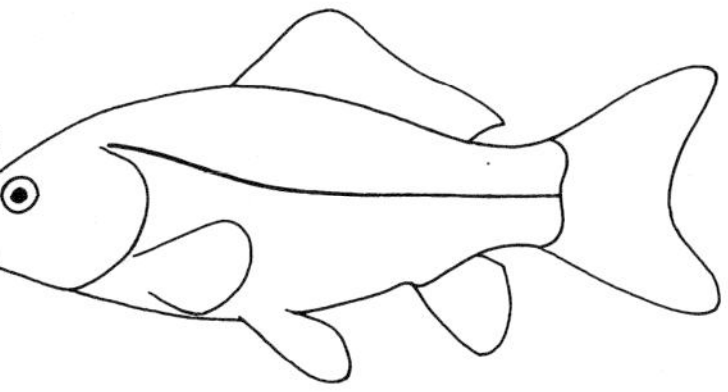

7a

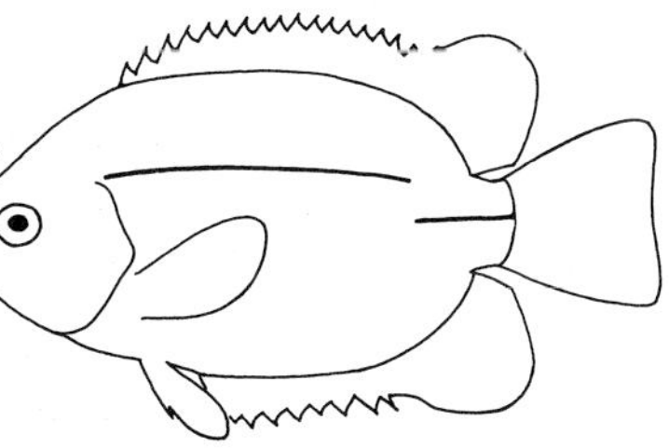

7b

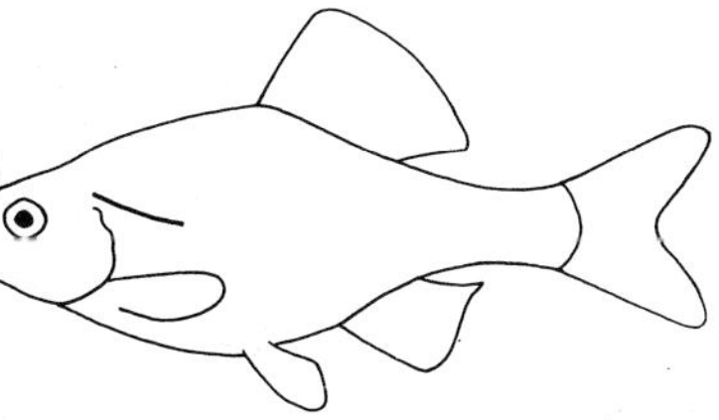

7c

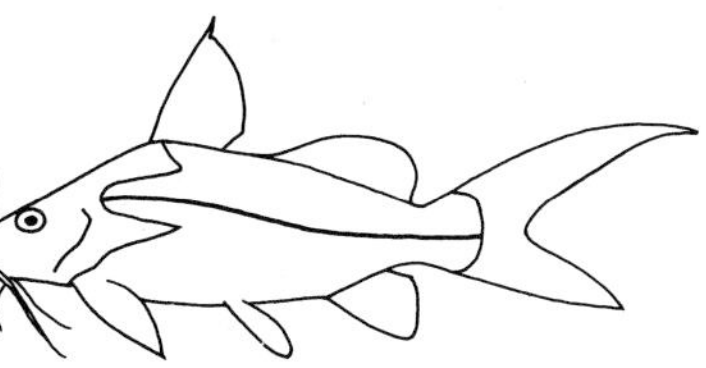

7d

Die Seitenlinie ist ein wichtiges Sinnesorgan der Fische, das dazu dient, im Wasser Druckwellen wahrzunehmen. Die Haupttypen sind die (7a) vollständige, (7b) die geteilte oder unterbrochene, (7c) die unvollständige Seitenlinie, oder (7d) die vollständige Seitenlinie eines schuppenlosen Welses. Die Schuppen der Seitenlinie sind durchbohrt und tragen kleine Löcher, die mit dem Seitenlinienkanal eine Verbindung herstellen.

Die Fischschuppen können unterschiedlichen Typen angehören, vor allem können sie wie folgt gestaltet sein: als (8a) Cycloidschuppen (Rundschuppen), (8b) Ctenoidschuppen (Kammschuppen), (8c) Placoidschuppen (zahnartige Schuppen) oder (8d) Ganoidschuppen (Schmelzschuppen). Die punktierten Bereiche der Zeichnungen geben den in der Haut liegenden Schuppenteil an. Eine Fischart kann auch mehrere Schuppentypen aufweisen oder überhaupt keine Schuppen tragen.

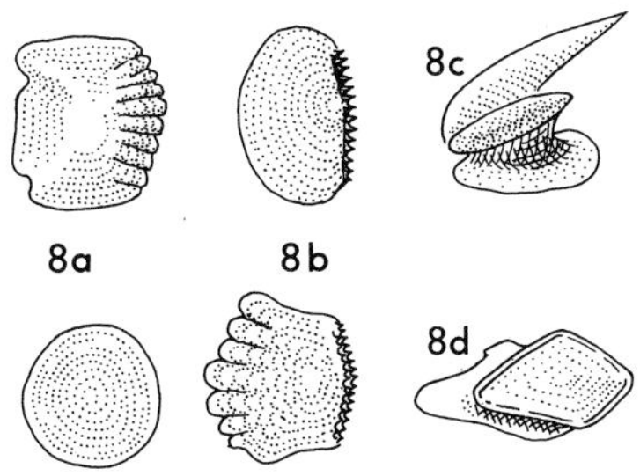

Die Werte der Flossenstrahlen und Schuppenzahlen (meristische Werte) geben die Zahlen der Hart- und Weichstrahlen sowie der Schuppen an, um einen Fisch eindeutig identifizieren zu können. Diese Werte stellt man in der Regel in Formeln dar, wobei die folgenden Bezeichnungen verwendet werden: D = Rückenflosse (Dorsale); wenn mehr als eine Rückenflosse vorhanden ist, werden sie mit 1D, 2D usw. angegeben. A = Afterflosse (Anale), P = Brustflosse (Pectorale), V = Bauchflosse (Ventrale), Ll = Seitenlinie (Linea lateralis). Die Flossenstrahlen werden mit römischen Zahlen für die Hartstrahlen und arabischen Zahlen für die Weichstrahlen beziffert. Für den Aquarianer sind allerdings die unverzweigten Weichstrahlen am lebenden Fisch kaum von den Hartstrahlen zu unterscheiden, sie werden hier deshalb gemeinsam gezählt. Beispielsweise lautet danach die meristische Formel für den Goldfisch D. III–IV, 15–19; A. II–III, 5–6; Ll. 28–33. Dies bedeutet, daß drei oder vier Hartstrahlen oder unverzweigte Weichstrahlen und 15 bis 19 verzweigte Weichstrahlen in der Rückenflosse vorhanden sind. Entsprechendes gilt für die Afterflosse. Der letzte Strahl der D. und A. kann bereits an der Basis verzweigt sein und zählt dann nur als ein Strahl. Der Goldfisch hat weiterhin 28 bis 33 Schuppen in der Seitenlinie. Die Länge eines Fisches, hier als »Größe« angegeben, bezieht sich auf seine Gesamtlänge (a). Häufig wird jedoch die Körperlänge (b) genannt, die auch als Standardlänge bezeichnet wird.

cher, unterstützen den Körper und ermöglichen eine Bewegung. Die Füßchen um das Maul herum sind an die Nahrungsaufnahme angepaßt und bei einigen Arten sind nur sie noch vorhanden.

Die Chordaten

Der Stamm der Chordaten oder Chordatiere umfaßt zunächst einen Unterstamm, Urochordata genannt, die Seescheiden. Man nimmt an, daß ihre Vorfahren in der Evolution ein Bindeglied zwischen den Wirbellosen und den Wirbeltieren waren, weil sie ein Larvenstadium mit einer Chorda dorsalis haben, dem Vorläufer der Wirbelsäule. Ausgewachsene Tiere sind von einer gelatinösen Hülle umgeben und filtern Wasser zur Nahrungsaufnahme und Versorgung mit Sauerstoff durch ihren Körper. Einige Arten sind seßhaft und andere pelagisch – entweder solitär lebend oder in Kolonien –, aber alle sind marine Lebewesen.

Der Unterstamm der Vertebraten oder Wirbeltiere setzt sich aus vier Fischklassen und den Amphibien, Reptilien, Vögeln und Säugetieren zusammen. Die Zeichnungen zeigen Vertreter einiger der anschließend vorgestellten Fischfamilien und können als optische Hilfe zur ersten Orientierung und Einordnung eines Fisches dienen. Sie sind in Ordnungen zusammengefaßt, und die angegebenen Nummern beziehen sich auf die beschriebenen Familien.

Die Fischklassen sind erstens die Pteraspidomorpha und zweitens die hier dargestellten Cephalaspidomorpha (Neunaugen). Beide Klassen hatten ihre höchste Blüte während des Silurs und Devons, vor 435 bis 345 Millionen Jahren. Sie sind heute bis auf etwa dreißig Arten in jeder Gruppe ausgestorben. Von der dritten

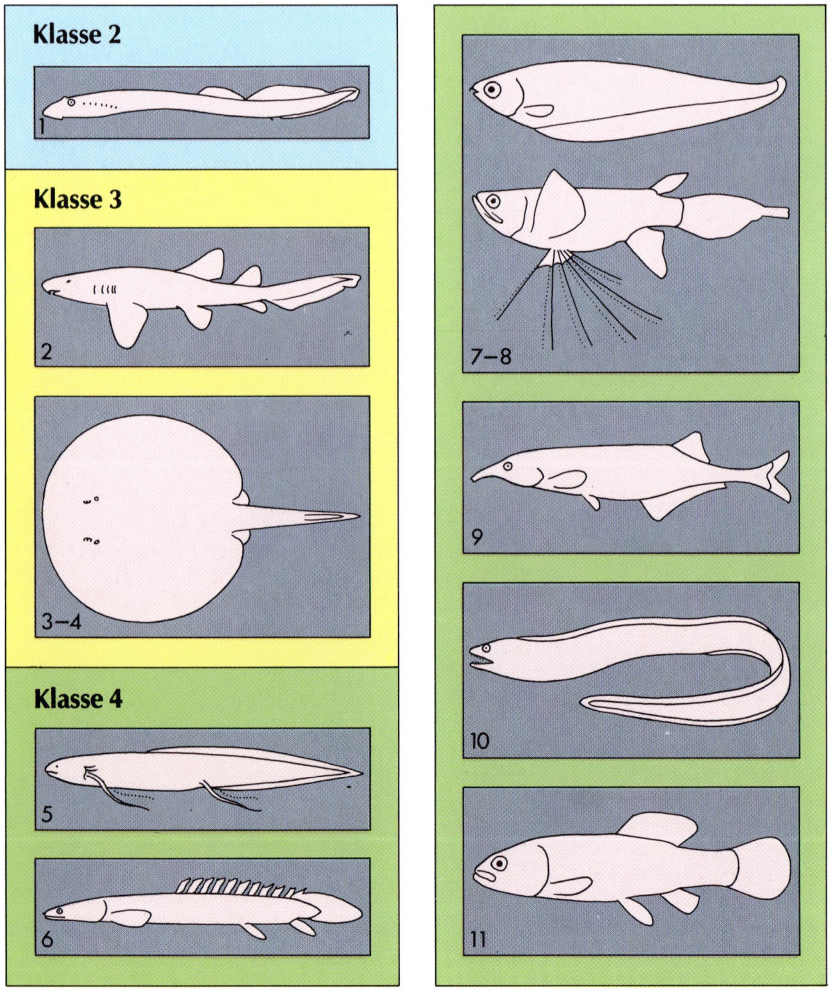

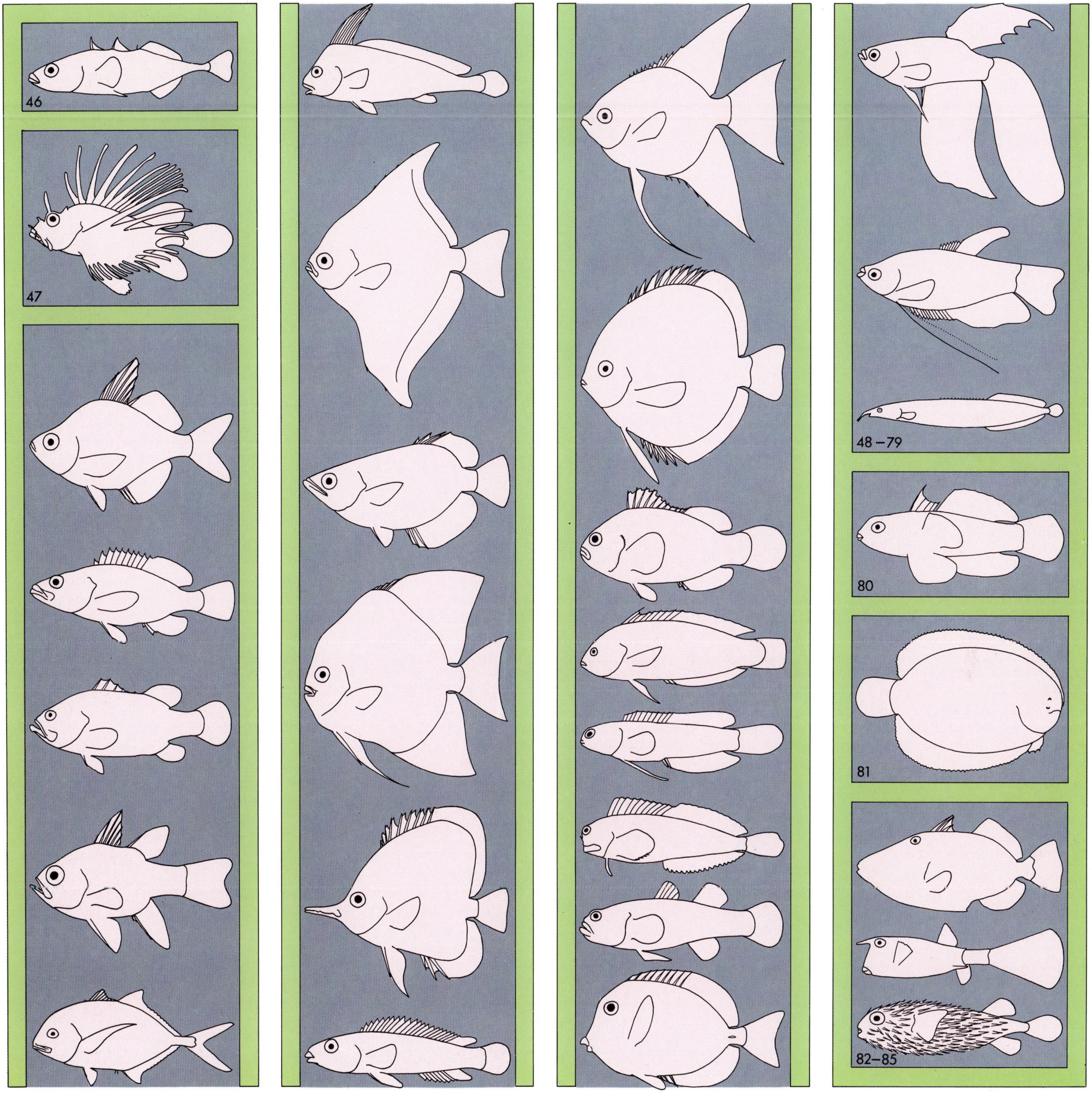
46
47
48–79
80
81
82–85

Der Lebenszyklus eines Amphibs umfaßt ein Larvenstadium mit Kiemen, das in der Regel wasserlebend ist. Dieses Larvenstadium wird hier durch den Entwicklungszyklus des Kammolches, *Triturus cristatus,* verdeutlicht.

Junge Reptilien leben nach dem Schlüpfen vollständig an Land. Hier ist die Entwicklung von *Lacerta viridis* dargestellt, der Smaragdeidechse. Man erkennt sofort die wesentlichen Unterschiede zum Entwicklungszyklus der Amphibien.

Klasse, den Chondrichthyes, den Haien und Rochen, die über 600 Arten umfassen, sind die meisten für den Aquarianer nicht zu beschaffen, oder sie sind wegen der Größe, die sie erreichen, für ihn ungeeignet. Die vierte Klasse, die Osteichthyes, beinhaltet etwa 19000 Arten von Knochenfischen. In diesem Kapitel ist die erste Fischklasse fortgelassen, weil diese Fische normalerweise im Aquarium nicht gepflegt werden. Die letzte Klasse umfaßt die meisten aquaristischen Arten.

Amphibien

Die Klasse der Amphibien bildete sich zum Ende des Devons. Man nimmt an, daß sie sich aus den Crossopterygiern entwickelt hat, einer Gruppe von Quastenflossern, die dem heute noch lebenden Quastenflosser *Coelacanthus* nahesteht. Amphibien sind auf das Wasser oder wenigstens feuchte Umweltbedingungen angewiesen, vor allem, weil sie durch ihre Haut atmen, deren Drüsen Schleim bilden, um sie feucht zu halten. Eine charakteristische Eigenart besteht darin, daß sie schalenlose Eier legen, aus denen sich Larven mit Kiemen entwickeln, die sich dann zu den erwachsenen Tieren umwandeln. Von den drei Ordnungen der Amphibien wird eine, die Apoda oder Gymniophona, die Blindwühlen, welche Regenwürmern ähneln, normalerweise nicht in Gefangenschaft gehalten und wird deshalb hier nicht behandelt.

In der Ordnung Urodela sind Salamander und Molche vereinigt, die deutsche Bezeichnung »Schwanzlurche« nimmt auf das gemeinsame kennzeichnende Merkmal Bezug, den Schwanz. Meistens haben sie vier Beine und leben von verschiedenen kleinen Wasser- und Landtieren. Sie reichen von gänzlich wasserlebenden bis zu vollständig zum Landleben übergegangenen Arten und sind gelegentlich ovovivipar, ihre Jungtiere schlüpfen kurz vor der Geburt oder währenddessen aus dem Ei. Beispielsweise hat sich der Riesensalamander *(Cryptobranchus alleganlensis)* ganz an das Wasserleben angepaßt, aber der Kammolch *(Triturus cristatus)* lebt nur während der Laichzeit im Wasser, während der Europäische Salamander *(Salamandra salamandra)* in der Regel auf dem Land lebt und sich ovovivipar fortpflanzt (die Jungen entwickeln sich also in den Eiern innerhalb des Muttertieres bis zur Schlupfreife und werden während des Schlupfes oder kurz danach abgesetzt).

Die größte Ordnung der Amphibien sind die Anura, die Frösche und Kröten, die in ihrer Lebensweise auch sehr unterschiedlich sind. Sie haben einen kurzen Körper, keinen Schwanz und kräftig entwickelte Hinterbeine, die bei vielen Arten gut zum Springen geeignet sind. Der südafrikanische wasserlebende Krallenfrosch *(Xenopus laevis)* gräbt sich, wenn seine Gewässer austrocknen, bis zur nächsten Regenzeit in den Schlamm ein und verfällt in einen Trockenschlaf. Die Arten der Familie Hylaidae (Laubfrösche) haben Saugorgane an ihren Füßen und können gut klettern, sie leben bevorzugt auf Bäumen. Die Arten der Familie Rhacophoridae (Flugfrösche) gleiten von einem Baum zum nächsten, indem sie Häute zwischen ihren Gliedmaßen als Tragflächen benutzen. Die Familien Ranidae (Frösche) und Bufonidae (Kröten) sind nur während der Fortpflanzungszeit wasserlebend.

Reptilien

Die Vorfahren der Klasse Reptilia haben sich während des Karbons, vor etwa 345 bis 280 Millionen Jahren aus den Amphibien entwickelt. Die Reptilien haben sich in viele Arten aufgespalten, die früher alle Lebensräume beherrschten. Sie haben eine schuppige trockene Haut, legen beschalte Eier, die alle für die Entwicklung der Jungtiere notwendigen Stoffe enthalten, und kommen in erster Linie an Land vor, obgleich es auch viele wasserlebende Arten gibt. Drei der vier Reptilienordnungen sind für den Pfleger von Interesse.

Die Ordnung Chelonia umfaßt Landschildkröten, Wasserschildkröten und die amphibisch lebenden Dosenschildkröten. Ihr Körper ist in einen Knochenpanzer gehüllt, und einige wenden, um den Kopf zu schützen, diesen zur Seite (Halswender), andere ziehen ihn ein (Halsberger). In der Ordnung Squamata gibt es zwei Gruppen: Sauria (Eidechsen, Geckos, Leguane) mit vier Gliedmaßen, beweglichen Augenlidern und äußeren Ohröffnungen, und die Serpentes oder Ophidia, die Schlangen, ohne Gliedmaßen oder äußere Ohrenöffnungen. Die Ordnung Crocodilia (Alligatoren, Kaimane, Gaviale), die den ausgestorbenen Sauriern noch am nächsten verwandt ist, ist halb wasserlebend und kommt meist im Süßwasser vor. Die Tiere haben einen seitlich zusammengedrückten Schwanz zur Anpassung an das Schwimmen und eine lange Schnauze mit vielen Zähnen.

Die Fische

Die Fische umfassen ungefähr 50% aller Wirbeltierarten. Fische kann man als wasserlebende Wirbeltiere mit Kiemen und Flossen definieren, obgleich letztere manchmal fehlen, und ihre Körpertemperatur hängt von der Temperatur des umgebenden Wassers ab. Man bezeichnet sie deshalb als »wechselwarm« oder »poikilotherm«. Die Thunfische und einige Haiarten stellen die Ausnahme von dieser letzten Bedingung dar, weil sie eine Körpertemperatur haben, die über der Umgebungstemperatur liegt. Fische sind bezüglich Form, Farbe, Verhalten und Lebensraum erstaunlich vielfältig, wie die folgenden Fotos demonstrieren. Anschließend werden zahlreiche Fischarten beschrieben und wichtige Merkmale ihrer jeweils nächsten Verwandten besprochen. Dabei wird eine systematische Reihenfolge oder natürliche Klassifizierung angewandt, die auf den strukturellen Ähnlichkeiten zwischen den Organismen und der Art und Weise, wie sie sich entwickelt haben, begründet ist. Sie stellt die einfachsten oder niederen Organismen (wie etwa Einzeller) an den Beginn und höhere Formen (wie beispielsweise den Menschen) an das Ende. Die heute für Knochenfische weithin akzeptierte Klassifizierung (Greenwood, Rosen, Weitzman und Myers, 1966) wird nachstehend mit gewissen Änderungen (Nelson, 1976) für die Anordnung der Familien verwendet.

Die Beschreibungen der Familien und Arten beziehen sich auf Einzelheiten der leicht erkennbaren charakteristischen Merkmale. Meristische Werte, die sogenannten Flossen- und Schuppenformeln, werden nur dort angeführt, wo sie die einfachste Art der Identifizierung von Fischen darstellen. Beispielsweise bedeutet »A. III und Weichstrahlen«, daß die Afterflosse eine charakteristische Zahl von drei Hartstrahlen und eine nicht charakteristische Anzahl von Weichstrahlen aufweist, während »A. mehr als III und Weichstrahlen« bedeutet, daß die Flosse drei oder mehr Hartstrahlen und die Weichstrahlen besitzt.

Bei vielen Fischarten ändern sich die Färbung und Zeichnung während unterschiedlicher Entwicklungsstadien und während bestimmter Verhaltensmuster, wie zum Beispiel bei der Paarung, der Brutpflege und besonderen Formen des Revierverhaltens. Einseitige Ernährung kann sich ebenfalls in blassen Farben äußern. Diese Unterschiede sollten in Betracht gezogen werden, wenn Fische bestimmt werden.

Am Ende jeder Artbeschreibung werden weitere Informationen als Hilfe für die Identifizierung und die richtige Haltung des Fisches gegeben. Die »Größe« bezieht sich auf die Gesamtlänge eines erwachsenen Fisches, wie auf Seite 63 dargestellt. Die »Verbreitung« gibt das natürliche Verbreitungsgebiet der Art an, sofern nicht anders vermerkt. Das »Verhalten« zeigt das wahrscheinlichste Verhalten der Fischart im Aquarium an, wobei dies jedoch von den jeweiligen Verhältnissen im Aquarium abhängig ist.

Das »Wasser«, das für einen Fisch am geeignetsten ist, ist entweder als Süß-, Brack- oder Seewasser gekennzeichnet. Seine Temperatur zeigt den Bereich an, in dem die Fische gehalten werden sollten. Die Qualität umfaßt bei Süßwasserarten weitere Einzelheiten. In meßbaren Einheiten entspricht weiches Wasser etwa 0–10 Grad Deutscher Härte (dH), mittelhartes Wasser 11–18°dH und hartes Wasser 19–30°dH. Der pH-Wert wird als sauer (unter pH 6,0), leicht sauer (pH 6,0–6,5), neutral (um pH 7), leicht alkalisch (pH 7,5–8,0) oder alkalisch (über pH 8,0) bezeichnet. Diese Faktoren werden in den darauffolgenden Kapiteln erläutert.

1 Petromyzonidae (Neunaugen oder Lampreten)

Beschreibung: Diese Fische haben auf der Mundscheibe und der Zunge Zähne, keine Kiefer, und gutentwickelte Augen. Der nackte Körper ist aalähnlich. Es gibt sieben Paar äußerer, seitlicher Kiemenöffnungen und keine paarigen Flossen oder Flossenstrahlen.
Verbreitung: Gemäßigte Zonen. Fehlt zwischen dem 30. Breitengrad Nord und dem 34. Breitengrad Süd.

Die 24 Neunaugenarten gehören zu den einfachsten Wirbeltieren. Ihre Atmung und ihre Kiemen unterscheiden sich von denen der Knochenfische. Eine Tasche mit 7 Kiemenbeuteln an jeder Seite erstreckt sich vor dem Darm. Jeder Kiemenbeutel führt zu einer Kiemenöffnung, so daß, wenn das Maul an Beute oder Steinen festgesaugt ist, Wasser durch die Kiemenöffnungen gepumpt werden kann. Einige Arten leben parasitär: ausgewachsene Tiere fressen, indem sie mit ihrem Saugmaul, um das herum zahlreiche Zähne stehen, am Fleisch ihrer Opfer raspeln.

Das Flußneunauge (Lamprete), *Lampetra fluviatilis,* beginnt sein Leben als ein kleines Ei, aus dem nach 21 Tagen eine Larve schlüpft, die als Ammocoete bezeichnet wird. Ihre Augen und das Maul entwickeln sich erst nach der Metamorphose und sie frißt, indem Wasser durch das Maul gefiltert wird. Nachdem sie etwa vier Jahre in diesem Stadium im Flußschlamm gelebt hat, beginnt ihre Metamorphose. Die Augen, die Rücken- und Schwanzflosse sowie das Maul entwickeln sich, und der Bauch wird silbrigweiß. Der Fisch steigt aus dem Schlamm auf und schwimmt ins Meer, wo er als Parasit am Hering, an der Finte und an Lachsfischen lebt. Nach einem Jahr beendet er die Nahrungsaufnahme und kehrt zu einem Fluß oder Bach zurück, wo er sich im April oder Mai paart. Die Eier sinken in den Bodenschlamm. Kurz danach sterben die Elterntiere ab.

Lampetra planeri (Bachneunauge)
Beschreibung: Die erste und zweite Rückenflosse gehen ineinander über, die Zähne sind stumpf und die Augen groß und silbrig. Es gibt kein parasitär lebendes Stadium.

Der Rücken des Bachneunauges ist olivbraun oder blaugrau, der Unterbauch silbern. Es wandert nicht und lebt im oberen Bereich der Flüsse. Das Larvenstadium ist ein Filtrierer, von dem des Flußneunauges nicht zu unterscheiden. Nach der Metamorphose durchläuft das Bachneunauge kein Freßstadium als erwachsenes Tier, sondern pflanzt sich im folgenden Frühjahr fort. Es wählt einen beschatteten Bach mit Kies- oder Sandboden und baut ein Nest, wobei Kiesel entfernt werden und so eine flache Grube gebildet wird, in die die Eier abgelegt werden. Vom Zeitpunkt der Metamorphose bis zu seinem Tod frißt es nicht mehr.
Größe: 20 cm, die Larve 12 cm. *Verbreitung:* Europa, westliches Nordamerika, Asien. *Verhalten:* friedlich. *Wasser:* Süßwasser, 10–15°C, leicht sauer.

2 Orectolobidae (Teppich- oder Ammenhaie, Familie der Haie)

Beschreibung: Die Mitglieder dieser Familie weisen nicht die typische Haiform auf. Beide Rückenflossen sind gut entwickelt, und der Beginn der vorderen Rückenflosse liegt entweder über oder hinter dem Ansatz der Brustflossen.
Verbreitung: In allen Ozeanen, allerdings kommt nur eine Art *(Ginglymostoma cirratum)* im Atlantik vor.

Die Familie umfaßt etwa 25 Arten, die größte erreicht eine Länge von über 4 m. Einige Arten legen Eier, während andere ovovivipar sind. Die Arten des Indopazifik sind auffallend gekennzeichnet und gefleckt, wodurch sie optisch mit den felsigen Korallenriffen verschmelzen, die sie bewohnen. Die australischen Arten werden »Wobbegongs« oder Teppichhaie genannt und werden bis zu 3,20 m lang. Diese nächtlichen Räuber haben vor ihrem Maul Fühler, um in der Dunkelheit Beute aufzuspüren. Die Männchen kann man an ihren Haken erkennen, eingesenkten Anhängen auf den Brustflossen, die Längsgruben aufweisen. Während der Paarung werden diese Haken in der weiblichen Geschlechtsöffnung zusammengelegt, um die Übertragung der Spermienflüssigkeit zu ermöglichen. Brustflossenhaken sind ein Merkmal der ganzen Klasse der Chondrichthyes oder Knorpelfische, einschließlich der Haie, Glattrochen und Rochen.

Ginglymostoma cirratum (Atlantischer Ammenhai)
Beschreibung: Die Schwanzflosse hat keinen unteren Lappen. Die Färbung ist ein gleichmäßiges Graubraun, die Jungtiere haben schwarze Flecken. Obgleich der Ammenhai seinen Populärnamen mit den gefährlichen *Carcharinus*-Arten der australischen Gewässer teilt, ist er eine ganz andere Art. Allerdings können nur Jungfische gehalten werden: bei der Geburt messen sie bereits etwa 28 cm, ein Exemplar von 2,60 m wiegt etwa 160 kg. Jungtiere sind viel attraktiver gezeichnet als erwachsene. Wenn sie geschlechtsreif werden, verschwinden die Flekken, und die Grundfarbe kommt stärker zum Vorschein.

Im Gegensatz zu den meisten Haien sucht diese Art nicht aktiv nach Beute, sondern lebt bodennah in den nahrungsreichen Küstengewässern zwischen Korallen- oder Felsenriffen und lauert auf Beute, die in ihre Reichweite kommt. Dieser flache Lebensraum liefert eine vielfältige Nahrung, einschließlich kleiner und jugendlicher Fische, an Krustentieren, Weichtieren und Stachelhäutern. Der gleiche Lebensraum wird gerne von Menschen aufgesucht, und, obgleich er nicht aggressiv ist, ist der Ammenhai dafür bekannt, daß er zur Verteidigung angreift, wobei er mit großer Zähigkeit zubeißt, es sind jedoch noch keine Todesfälle vorgekommen. Er ist ovovivipar, und bis zu 28 Jungtiere wurden schon bei einer einzigen Geburt beobachtet.
Größe: 4,30 m. *Verbreitung:* Westafrikanische Küste bis zu den Kapverden, Westatlantik von den Florida Keys bis nach Brasilien, Ostpazifik von Kalifornien bis Ekuador. *Verhalten:* friedlich. *Wasser:* Seewasser, 20–26°C.

3 Dasyatidae (Rochen)

Beschreibung: Diese Knorpelfische haben eine sehr flache Körperform. Gutentwickelte Brustflossen ziehen sich entlang der Seiten hin und sind vorne miteinander verbunden, so daß der Kopf nicht abgesetzt ist. Der Kopf,

6 *Polypterus*-Art (Flösselhecht)

7 *Xenomystus nigri* (Afrikanischer Messerfisch)

9 *Gnathonemus petersi* (Elefantenrüsselfisch)

10 *Echidna*-Art (Moräne)

8 *Pantodon buchholzi* (Schmetterlingsfisch)

der Körper und die paarigen Flossen (Brust- und Bauchflossen) ähneln einer etwas deformierten Scheibe, wenn man sie von oben betrachtet. Die Rückenflossen fehlen bei den meisten Arten, und gewöhnlich zeigt einer oder mehrere gesägte Rückenflossenstrahlen auf einem sehr biegsamen Schwanz nach hinten.
Verbreitung: Atlantik und Indopazifik.

Die meisten Arten leben marin, doch kann man einige auch in Brack- oder Süßwasser finden. Es gibt drei Unterfamilien, von denen die größte die der Dasyatinae ist, die Stechrochen, mit etwa 35 Arten (einschließlich *Dasyatis kuhlii,* der anschließend beschrieben wird): Sie haben einen Schwanz, der länger als die Breite der Scheibe ist, und keine Schwanzflosse. Die zweite Unterfamilie, die Gymnurinae, sind die Schmetterlingsrochen, die gewöhnlich nicht in Aquarien gehalten werden. Ihnen fehlt die Schwanzflosse, und die Scheibe ist breiter als die Körperlänge. Schließlich lassen sich die Urolophinae, die Rundrochen, durch eine Schwanzflosse erkennen, sie umfassen einige Arten, die im Aquarium gehalten werden können. Eine davon ist der Gelbgefleckte Rochen aus der Karibik, *Urolophus jamaicensis.* Er erreicht die Geschlechtsreife, wenn die Breite der Körperscheibe 30 cm beträgt und gebiert vollentwickelte Jungtiere, deren Größe etwa ein Viertel der eigenen Körpergröße beträgt. Erwachsene Tiere werden etwa 75 cm lang.

Die Gruppe der Dasyatinae umfaßt einige der größten Stachelrochen von bis zu 4,30 m Länge mit Scheiben von 2 m Breite. Größte Vorsicht ist bei der Pflege von Stachelrochen angebracht; wenn sie zustechen, ist ihr Gift sehr gefährlich. Die Stiche erfordern sofortige ärztliche Behandlung. Das Gift verliert seine Wirkung bei hohen Temperaturen; daher sollte man die Wunde zwischen 30 und 90 Minuten in fast unerträglich heißes Wasser tauchen. Wer in flachem Wasser watet, sollte sich vor Stachelrochen in acht nehmen. Sie sind schwierig auszumachen wenn sie im sandigen oder schlammigen Grund halb eingegraben sind, und der aufgeschreckte Rochen schnellt seinen Schwanz hoch, um den vermeintlichen Angreifer zu stechen. Manchmal geschieht dies mit solcher Kraft, daß die Planken eines kleinen Bootes durchdrungen werden. Stachelrochen kommen in Küstennähe, um sich von Mollusken zu ernähren, die sie im Bodengrund freilegen, indem sie ihre Brustflossen wellenförmig schlängeln. Sie fressen auch verschiedene Wirbellose und Fische, die sie mit den Zähnen zermalmen, die Pflastersteinen ähneln. Wenn sie nicht gerade aktiv nach Nahrung suchen, vergraben sie sich im Sand, wobei nur ihre Augen und Atemlöcher sichtbar sind (ein Atemloch ist eine Atemöffnung hinter dem Auge.). Die meisten Stachelrochenarten sind ovovivipar.

Dasyatis kuhlii (Blaugefleckter Stachelrochen)
Beschreibung: Die Scheibe ist breiter als der Fisch lang ist, und der Schwanz ist etwa so lang wie die Scheibe. Der Körper und die Scheibe tragen blaue Flecken. Diese Art darf nicht mit dem blaugefleckten Rochen *Taeniura lymma* verwechselt werden, der eine runde Scheibe mit blauen Flecken und einen am Ende zusammengedrückten Schwanz mit zwei blauen Linien über seine ganze Länge hat.

Die Jungtiere sind auf ihrer Rückenfläche deutlich mit vielen kleinen schwarzen Flecken gemustert, die bei den erwachsenen Tieren durch weniger leuchtend blaue Ocelli (Augenflecken) ersetzt werden. Diese Stachelrochen sind im Vergleich zu anderen tropischen Arten klein, die Breiten der Scheiben von über einem Meter erreichen. Wie andere Rochen gräbt sich auch diese Art in den Sand ein, um sich zu verstecken, wobei manchmal nur die Augen und die Atemlöcher über der Oberfläche bleiben. Die Art lebt zwischen Korallenriffen, wo sie auf Beute lauert, oder sie gräbt Nahrung aus dem Sand aus. Die sehr verschiedenartige Nahrung umfaßt Fische, Muscheln und Crustaceen. Wie bei vielen anderen Knorpelfischen, die sich von Bodennahrung ernähren, besitzt auch der Blaugefleckte Stachelrochen Zähne, die gut an das Verzehren von Schalentieren angepaßt sind. Weil die Art sich ovovivipar fortpflanzt, gibt es keine Eikapsel, wie sie für viele Rochenarten charakteristisch ist und oft als »Geldbörse einer Meerjungfrau« bezeichnet wird. Die Art kommt bis in eine Tiefe von 36 m vor.
Größe: Breite der Scheibe: 35 cm. *Verbreitung:* Rotes Meer bis westlicher Pazifik und Australien. *Verhalten:* friedlich, doch sehr gefährlich wenn gereizt. *Wasser:* Seewasser, 24–26 °C.

4 Potamotrygonidae (Süßwasserrochen)

Beschreibung: Körper und Brustflossen sind wie bei der vorhergehenden Familie gestaltet, mit Ausnahme von Unterschieden im Knochenbau. Die Arten dieser Familie haben ebenfalls einen oder mehrere giftige Stacheln auf dem Schwanz. Diese Rochen sind deshalb einzigartig, weil sie reine Süßwasserfische sind.
Verbreitung: Zentral- und Südamerika, Afrika, Südostasien.

Diese Familie besteht hauptsächlich aus der Gattung *Potamotrygon* und ist am besten in Südamerika vertreten, von wo 18 Arten gemeldet werden. Sie liegen halbvergraben im Sand oder Schlamm flacher Flußbetten, dabei zusätzlich durch ihre Färbung getarnt. Ihr Stachel ist sehr gefürchtet und wird von einem gesägten Hartstrahl gebildet, der von Gewebe umgeben ist, das Giftzellen enthält. Viele Rochen verlieren ihre Stachelscheide, die jedoch nachwächst. Süßwasserrochen leben von Schnekken und Fischen und von Pflanzenresten. Sie sind ovovivipar. Von *Potamotrygon brachyurus* wird berichtet, daß er verhältnismäßig groß wird, wobei Exemplare über 120 kg wogen und 1,70 m lang waren.

Potamotrygon motoro (Südamerikanischer Süßwasserrochen)
Beschreibung: Die Scheibe, fast ganz von den Brustflossen gebildet, ist rund und kräftig und ist mit dunklen Augenflecken mit orangefarbenen Zentren gezeichnet, die zum Rand der Scheibe kleiner werden und seinen Umriß erkennen lassen. Mit ihren runden Augenflecken unterscheidet sich diese Art von dem ähnlichen *P. brachyurus,* der hexagonale Flecken besitzt. Der Schwanz hat vor dem Verteidigungsstachel in der Mitte eine Reihe von kurzen, rückwärts gerichteten Stacheln (Schildern).

Diese Art frißt verschiedene Wirbellose ebenso wie Mollusken und Fische. Sie wird als eine der gefährlichsten Arten beschrieben und kommt in zahlreichen Flüssen in Südamerika vor.
Größe: 60 cm. *Verbreitung:* Amazonas, Paraná und Paraguay und die Flüsse südlich von Rio de Janeiro. *Verhalten:* aktiv und einzelgängerisch.
Wasser: Süßwasser, 23–25 °C; weich, leicht sauer, mit Torfzusatz.

5 Protopteridae (Afrikanische Lungenfische)

Beschreibung: Die Schwanzflosse hängt mit der Rückenund der Afterflosse zusammen. Die paarigen Flossen sind schlank und peitschenförmig. Die Augen und Schuppen sind schmal und die Zähne sind zu zahlreichen scharfen, kantigen knochigen Platten vereinigt.
Verbreitung: Tropisches Afrika.

Diese Familie umfaßt vier Arten, die ihren fossilen Vorfahren aus dem Zeitalter des Devon und des Trias stark ähneln. Lungenfische sind anatomisch bemerkenswert, weil sie ein Paar primitiver Lungen und reduzierte Kiemen haben. Die Lungen sind während der Trockenzeit sehr wichtig, wenn der Fisch sich in den Schlamm eingräbt, zu einem Ball zusammenrollt und einen Schleimkokon um seinen Körper absondert. Dies verhindert das Austrocknen und befähigt den Fisch zu überleben, wobei er durch ein Loch im Kokon atmet. Man spricht dann von der sogenannten Sommerruhe. Der Fisch kann in diesem Zustand über ein Jahr verweilen, und wenn der Regen einsetzt, schlüpft er aus, um sein Leben im Wasser wieder aufzunehmen. Seine ungewöhnliche Fähigkeit, Luft zu atmen, erlaubt es dem Lungenfisch, in sauerstoffarmem Wasser zu leben, oder dort, wo das Wasser jährlich austrocknet.

Protopterus annectens (Afrikanischer Lungenfisch)
Beschreibung: 41–55 Schuppen stehen in einer Reihe von der Kiemenspalte bis zum Beginn der Bauchflossen. Der Körper ist langgestreckt, mit peitschenartigen paarigen Flossen, einer hellgelben Unterseite, unter dem Kopf sind keine Flecken vorhanden. Diese Art ist *P. amphibius* sehr ähnlich, doch hat der Kopf des letzteren eine weiße Unterseite mit dunklen Flecken.

Dieser Fisch lebt in sumpfigen Uferzonen, oft mit so wenig Wasser, daß er nicht frei schwimmen kann. Dennoch kann er dort leben, weil er Luft atmet. Vor der Sommerruhe frißt er kleine Reptilien und Amphibien, um einen Fettvorrat anzulegen, was ihn zu einem beliebten Speisefisch für die Eingeborenen macht. Der Lungenfisch ist als aggressiver Räuber bekannt, der andere Fische und sogar Exemplare der eigenen Art töten kann.
Größe: 20–70 cm. *Verbreitung:* Senegal, Niger, Tschadsee, Sambesi. *Verhalten:* aggressiv, einzelgängerisch. *Wasser:* Süßwasser, 16–32 °C, weich, sauer.

6 Polypteridae (Flösselhechte)

Beschreibung: Die Rückenflosse besteht aus 5–18 kleineren Flossen, jede von ihnen hat einen Hartstrahl und einen oder mehrere Weichstrahlen. Die Brustflossen sind langstielig und fächerförmig. Der Körper ist langgestreckt und aalähnlich, mit röhrenförmigen Nasenöffnungen und mit einer Haut, die von rhombischen Ganoidschuppen bedeckt ist.
Verbreitung: Tropisches Afrika.

Die 11 Arten dieser Familie ähneln stark fossilen Zeugen primitiver Fische. Ihre Schwimmblase, in zwei ungleiche Teile gegliedert und durch den Oesophagus verbunden, ähnelt sehr einer primitiven Lunge. Der Fisch atmet, indem er zur Wasseroberfläche aufsteigt, Luft schöpft, und wieder zurückkehrt, um auf dem Boden zu ruhen. Es gibt zwei Gattungen, *Calamoichthys* (Flösselaal) ohne Bauchflossen, und *Polypterus* (Flösselhechte) mit Bauchflossen. Der letztere Name bedeutet »viele Flossen« und bezieht sich besonders auf die Flossenteile der ungewöhnlichen Rückenflosse. Wenn er schwimmt, legt der Fisch sie zurück, um den Körper stromlinienförmiger zu gestalten, aber er stellt sie auf, wenn er in Alarmbereitschaft ist. Die Polypteridae leben nächtlich, sie ruhen am Tage auf dem Bodengrund und fressen in der Nacht Würmer, Crustaceen und kleine Fische, die als Ganzes gefressen werden. Die Paarung ist besonders auffallend: Sie springen aus dem Wasser und verfolgen sich, wobei das Männchen das Weibchen anstößt und drückt. Von ihrer Fortpflanzung ist wenig bekannt, im August und September kann man laichreife Weibchen und Jungtiere in den überwachsenen Uferbereichen und Überschwemmungsgebieten ihres Lebensbereiches beobachten. Die Jungtiere ähneln Molchlarven, sie haben bäumchenförmige Außenkiemen. Im Aquarium ist der freie Zugang zur atmosphärischen Luft für diese Fische wesentlich.

Polypterus ornatipinnis (Flösselhecht)
Beschreibung: Der Körper ist langgestreckt und zusammengedrückt, mit 10–11 Rückenflossenstacheln (Flösseln) und mit Bauchflossen. Die Schnauze überragt leicht den Unterkiefer und die Brustflossen enden vor dem ersten Rückenflossenstrahl (das Foto Seite 72 zeigt eine nicht identifizierte *Polypterus*-Art).

Diese hübsche Art wird auf dem Rücken und den Seiten von einem kräftigen marmorierten, schwarzen Muster auf weißem oder grauem Grund überzogen. Der Bauch ist gelb, und jeder Rückenflossenabschnitt trägt einen schwarzen Fleck auf weißem Grund. Die paarigen Flossen, wie Paddel zum Ruhen und zum Schwimmen benutzt, haben schwarze Querbinden.
Größe: 37 cm. *Verbreitung:* Zaire. *Verhalten:* friedlich, einzelgängerisch. *Wasser:* Süßwasser, 22–28 °C, weich.

7 Notopteridae (Messerfische)

Beschreibung: Der Körper ist groß, gestreckt und leicht zusammengedrückt, wobei der After weit vorne liegt. Die Brustflossen sind gut entwickelt, die Schuppen klein und die Seitenlinie ist vollständig ausgebildet.
Verbreitung: Afrika bis Südostasien.

Wie einige Arten aus den vorigen Familien, so steigen auch diese Fische zur Wasseroberfläche auf, um Luft zu schnappen, da sie ebenfalls eine Schwimmblase besitzen, die als zusätzliches Atemorgan ausgebildet ist. Es sind nächtlich lebende Bodentiere, die während des Tages in einer schrägen Lage, mit dem Kopf nach unten, ruhen. Sie leben in ruhigen, verkrauteten Stillwassern, und über ihr Fortpflanzungsverhalten ist nur wenig bekannt. Die langen und zusammenhängenden After- und Schwanzflossen werden in besonderer Weise zum Schwimmen gebraucht: Rhythmische Wellen, die entweder vor- oder rückwärts den Flossen entlang laufen, verursachen eine Fortbewegung jeweils in die entgegengesetzte Richtung.

Xenomystus nigri (Afrikanischer Messerfisch)
Beschreibung: Diese Art kann man leicht erkennen, denn sie hat keine Rückenflosse.

Die Art ist eine der kleineren Vertreter der Familie und sehr ausdauernd im Aquarium, ohne äußerliche Geschlechtsunterschiede. Man nimmt an, daß die Tiere während der Laichzeit die Farbe ändern, sie sollen dann purpurrot mit olivgrüner Flosse werden, obgleich sie normalerweise mausgrau oder braun sind. *Größe:* 20 cm. *Verbreitung:* oberer Nil bis zur Westküste des tropischen Afrika. *Verhalten:* zurückhaltend, als Jungtiere schwarmbildend, nach der Geschlechtsreife territorial. *Wasser:* Süßwasser, 24–28 °C, weich, leicht sauer, über Torf filtern.

8 Pantanodontidae (Schmetterlingsfische)

Diese Familie besteht aus nur einer Art.

Pantodon buchholzi (Schmetterlingsfisch)
Beschreibung: Die Brustflossen sind groß und wie Flügel gestaltet. Seitlich betrachtet sieht der Fisch bootsförmig aus, mit einem großen oberständigen Maul und röhrenförmigen Nasenlöchern.

Dieser Fisch ist nachtaktiv und lebt in verkrauteten, stehenden tropischen Gewässern. Er ruht unter schwimmenden Blättern und versteckt sich so vor Räubern und wartet auf kleine Insekten, die auf die Wasseroberfläche fallen, von wo sie aufgenommen werden. Der Fisch kann auch im Flug Beute fangen, indem er aus dem Wasser springt und mit Hilfe der Brustflossen manchmal bis zu 2 m weit gleitet. Das erklärt wohl auch die Herkunft seines Namens. Die Männchen kann man an ihrer eingebuchteten Afterflosse von den Weibchen unterscheiden. Das Fortpflanzungsverhalten ist sehr interessant, der Fisch wurde schon mehrfach erfolgreich in Gefangenschaft nachgezogen.
Größe: 15 cm. *Verbreitung:* tropisches Westafrika. *Verhalten:* friedlich, einzeln lebend. *Wasser:* Süßwasser, 23–30 °C, weich, leicht sauer, über Torf filtern.

9 Mormyridae (Elefantenfische)

Beschreibung: Diese Fische sehen recht merkwürdig aus und haben eine sehr unterschiedliche Gestalt. Die meisten haben kleine Augen, die in der Haut verborgen sind, kleine Cycloidschuppen und gegabelte Schwänze mit einer verhältnismäßig kleinen Schwanzflosse. Die vom Bodengrund fressenden Tiere haben eine röhrenähnliche Schnauze oder Kinnanhänge (beispielsweise bei *Gnathonemus elephas, G. petersi* und *Mormyrus boulengeri*), die solchen Arten fehlen, die in mittleren Wasserschichten leben.
Verbreitung: Die Flußgebiete von Nil und Kongo.

Alle Arten haben ein besonders großes Gehirn, das ein Kleinhirn enthält, welches verhältnismäßig größer als das jeden anderen Fisches ist. Das mag mit der Entwicklung der umgewandelten Muskelzellen in der Schwanzwurzel zusammenhängen, die ein elektrisches Organ darstellen. Dieses Organ kann Mikrovoltspannungen erzeugen, um ein sensorisches Feld aufzubauen, von dem man annimmt, daß es wie ein Radarempfänger arbeitet. Es wird dazu benutzt, um Nahrung und andere Objekte im natürlichen Lebensraum der Flußdeltas, die meist trübes Wasser mit geringer Sichtweite aufweisen, zu lokalisieren. Die Mormyriden sind die intelligentesten Fische, mit einem großen Spieltrieb und einiger Lernfähigkeit. Über ihr Fortpflanzungsverhalten ist kaum etwas bekannt, aber von einigen Arten wird angenommen, daß sie an der Wasseroberfläche Schaumnester bauen.

Gnathonemus petersi (Tapirfisch, Elefanten-Rüsselfisch)
Beschreibung: Der Unterkiefer ist zu einem spitz zulaufenden Kopfanhang verlängert, im Gegensatz zur zylindrischen Schnauze der ähnlichen Art *G. elephas.*

Der Tapirfisch ist ein dämmerungsaktiver und territorialer Fisch, der unter sehr schattigen und sumpfigen Umweltbedingungen lebt, wo der Bodengrund aus weichem Schlamm besteht und viele Pflanzen vorkommen. Die Schnauze wird dazu gebraucht, um den Boden nach kleinen Insekten und Krebstieren zu durchstöbern. Geschlechtsunterschiede sind nicht bekannt.
Größe: 25 cm. *Verbreitung:* von Nigeria bis Zaire. *Verhalten:* scheu, einzeln lebend. *Wasser:* Süßwasser, 20–30 °C, die Wasserwerte sind nebensächlich.

10 Muraenidae (Muränen)

Beschreibung: Die Fische haben keine paarigen Flossen und keine Schuppen, ebenso keine Sinnesporen, wenn man von der Seitenlinie absieht. Der Kopf trägt hohe zurückgesetzte Nasenlöcher, gewöhnlich oberhalb der Augenlinie.
Verbreitung: Tropische und gemäßigte Meere.

Dies ist eine Familie farbenprächtiger, mariner aalartiger Fische. Sie neigen zu einer nächtlichen Lebensweise und halten sich oft in Felsen- oder Korallenlöchern auf, wo sie auf Beute lauern, die sie gierig verzehren. Die größeren Arten können recht gefährlich sein und greifen Menschen ohne äußeren Anlaß an. Ihre rauhe schuppenlose Haut bedeckt auch die ineinander übergehende Rükken-, After- und Schwanzflosse. Das Maul kann weit geöffnet werden und hat kräftige Kiefer mit sehr scharfen Zähnen, deren Anordnung zwischen den verschiedenen Arten variiert und zur Bestimmung benutzt wird.

Lycodontis tesselata (Schwarzflecken- oder Leopardmuräne)
Beschreibung: Die Zeichnung ist für Jungtiere und erwachsene Tiere gleichermaßen charakteristisch. Große flache Zähne befinden sich vorne in den Kiefern, und der After liegt etwa in der Mitte des Körpers.

Diese Art ist als aggressiv verschrien und charakteristisch für die ganze Familie, sie zählt zu den gefährlichsten Arten unter den Meereslebewesen. Sie kommt im Flachwasser vor, besonders an Riffkanten und in alten Wracks, wo sie vorüberschwimmende Taucher bedrohen kann.
Größe: 75 cm. *Verbreitung:* Ost- und Südafrika, Indopazifik. *Verhalten:* sehr aggressiv, hart. Wasser: Seewasser, 24–26 °C.

11 Umbridae (Hundsfische)

Beschreibung: D.10–17; A.7–16; L1. 30–100. Die Fische dieser Familie haben einen kurzen Kopf, eine abgerundete Schnauze, zurückgesetzte Rücken- und Afterflossen und eine kurze oder fehlende Seitenlinie.
Verbreitung: Westliches Alaska, die Großen Seen und das östliche Nordamerika sowie Teile des südöstlichen Europa.

Diese Süßwasserfamilie hat wegen ihrer sehr unterschiedlichen Chromosomenzahlen viele Probleme bezüg-

12 *Astyanax mexicanus* (Mexikanischer Höhlenfisch)

12 *Cheirodon axelrodi* (Roter Neon)

12 *Micralestes occidentalis* (ein afrikanischer Salmler)

12 *Gymnocorymbus ternetzi* (Trauermantelsalmler)

12 *Hyphessobrycon pulchripinnis* (Zitronensalmler)

lich ihrer Einordnung aufgeworfen. Die drei Gattungen umfassen fünf Arten, alle sind sehr hart und können unter Bedingungen extremer Kälte oder geringen Sauerstoffgehaltes überleben. Eine Art, der Alaska Blackfish (*Dallia pectoralis)* kann im Eis überleben, wobei die Körperflüssigkeit bei Temperaturen wenig unter dem Nullpunkt nicht gefriert.

Umbra krameri (Hundsfisch)
Beschreibung: D. 15–16; A. 7–8. Dieser Fisch hat ein hohes Rückenprofil, wobei die Rückenflosse über den Ansatz der Bauchflossen zurückgesetzt ist. Die Grundfarbe ist braun mit dunklen braunen Flecken auf dem Kopf und den Seiten.

Dieses ist ein benthisch (auf dem Grunde) lebender Fisch, der hauptsächlich über dem schlammigen Bodengrund von Flüssen und Seen gefunden wird, besonders am Ufer zwischen Wasserpflanzen. Er frißt in erster Linie Insektenlarven, Wasserkäfer und andere Insekten, ebenso Süßwassermollusken. Er laicht im Frühjahr, gewöhnlich im März oder April. Das Weibchen, das größer als das Männchen ist, legt etwa 150 Eier in eine Grube und bewacht diese, bis sie schlüpfen. Der Fisch hat eine Methode entwickelt, Luft zu schnappen und sie als Luftblase im Kiemenraum zu halten, damit sie durch die Kiemenmembran aufgenommen werden kann. Auch die Schwimmblase soll als zusätzliches Atemorgan benutzt werden.
Größe: 12 cm. *Verbreitung:* Donau und andere Flüsse, die in das nordöstliche Schwarze Meer entwässern. *Verhalten:* friedlich. *Wasser:* Süßwasser, 4–20 °C, neutral.

12 Characidae (Salmler)

Beschreibung: A. weniger als 45, P. 5–12. Gewöhnlich ist eine Fettflosse vorhanden, der After liegt deutlich hinter dem Kopf. Das Maul ist nicht vorstülpbar und die Zähne sind gut entwickelt.
Verbreitung: Afrika, Süd- und Mittelamerika, südwestliches Nordamerika.

Ursprünglich waren diese Fische in einer Familie (Characinidae) mit über 1000 Arten zusammengefaßt, aber diese wurde in 16 Familien innerhalb einer Überfamilie (Characoidae) aufgegliedert, von denen 8 von besonderem Interesse für den Aquarianer sind (hier die Familien 12–19). Gemeinsam mit anderen Fischen aus der Ordnung Ostariophysi (einer größeren Gruppe, die auch die Karpfenfische, elektrischen Aale und andere Gymnotiden sowie Welse umfaßt), haben viele Salmlerartige eine besondere Schreckreaktion entwickelt. Diese tritt dann auf, wenn ein Exemplar verwundet wird, zum Beispiel durch einen Räuber. Besonders spezialisierte Hautzellen setzen dann einen Schreckstoff frei, der von den anderen Tieren des Schwarmes wahrgenommen wird, worauf sie flüchten.

Die Verbreitung von Fischfamilien wie derjenigen der Salmler, die sowohl in Afrika als auch in Amerika beheimatet sind, ist eine Stütze für die Erklärung der Kontinentalverschiebungs-Theorie. Danach hingen Afrika und Südamerika früher einmal zusammen und bildeten gemeinsam mit Indien und Australien den Urkontinent »Gondwanaland«. Nachdem die Kontinente auseinandergedriftet waren, finden sich auf beiden Landmassen Nachfahren einer früheren gemeinsamen Fauna. Cichliden und Cyprinodontiden (Killifische) sowie andere Gruppen sind hierfür ebenfalls als Beweis heranzuziehen.

Die nachfolgend ausgewählten Arten gehören meist zu den größeren Characiden-Gruppen. Sie umfassen die

12 *Brycinus longipinnis* (Langflossensalmler)

12 *Hyphessobrycon ornatus* (Schmucksalmler)

12 *Hemigrammus erythrozonus* (Glühlichtsalmler

afrikanischen Salmler mit Beispielen aus den Gattungen *Arnoldichthys, Brycinus, Micralestes* und *Phenacogrammus,* die alle verhältnismäßig klein bleibende Schwarmfische enthalten. Die Familie umfaßt aber nicht nur kleinere Aquarienfische: Einige der afrikanischen Tigerfische (*Hydrocynus*-Arten) werden über 1 m lang und haben große Schneidezähne, mit denen sie andere Fische töten. Unter den amerikanischen Salmlern umfassen die Piranhas sowohl ausgesprochene Fleischfresser, wie etwa *Serrasalmus,* weniger bekannte Pflanzenfresser, wie etwa *Metynnis,* als auch den Fischparasiten *Catoprion.* Die andere Hauptgruppe südamerikanischer Salmler, die Characidae, umfaßt Gattungen wie *Aphyocharax, Cheirodon, Hemigrammus, Hyphessobrycon, Nematobrycon* und *Thayeria.* Die meisten von ihnen sind bunt gefärbt, fressen Insekten und bevorzugen flacheres Wasser. Einige der Ausnahmen mit ungewöhnlichem Verhalten sind der Mexikanische Höhlenfisch, *Astyanax mexicanus,* und der schuppenfressende Parasit *Exodon.*

Die Salmler sind eine Familie von Süßwasserfischen, die vor allem in warmen und flachen Lebensräumen vorkommen, die oft von Landpflanzen überwuchert werden. In solchen Gewässern findet sich ein reiches Leben an Wirbellosen, außerdem fallen Insekten von den überhängenden Pflanzen in das Wasser, und da die Landpflanzen ins Wasser hängen und auch ihre Früchte und Samen teilweise hineinfallen, tragen sie merklich zur Nahrungsvielfalt vieler Salmler bei. Bei zahlreichen Salmlern sehen die Geschlechter unterschiedlich aus, wobei die Männchen ausgezogene Flossen besitzen und häufig leuchtendere Farben als die Weibchen. Das Ablaichen ist sehr lebhaft und findet in dichter Vegetation statt. Sein Höhepunkt besteht darin, daß sich die Partner seitlich aneinanderpressen. Das Weibchen zittert kurz und stößt dann die Eier in das Wasser aus, wo sie von den Spermien des Männchens befruchtet werden. Die Eier fallen auf das Laichsubstrat, oder wenn sie eine klebrige Oberfläche haben, bleiben sie in den Pflanzen hängen. Nach einem oder mehreren Tagen, je nach Art, schlüpft die Brut und frißt schon bald Staubfutter.

Aphyocharax anisitsi (Rotflossensalmler)
Beschreibung: A. 18–23. Alle Flossen mit Ausnahme der Brustflossen und der Fettflossen sind leuchtend rot.

Dieser Fisch ist ein Allesfresser, der hauptsächlich kleine Wirbellose aus den oberen Wasserschichten frißt. Seltsamerweise ist das Weibchen der größere Geschlechtspartner, das Männchen besitzt winzige Haken an den Enden der Afterflossenstrahlen. Das Brutverhalten steht im Gegensatz zu der normalerweise vorhandenen Friedfertigkeit der Fische: Während der Paarung schwimmen die Tiere sehr aufgeregt umher und springen manchmal aus dem Wasser, bevor das Weibchen die Eier ausstößt. Der Fisch war lange Zeit als *A. rubripinnis* bekannt, ein Name, der ihm 1921 verliehen wurde, aber der Name *A. anisitsi* ist derjenige der Erstbeschreibung von 1903 und hat nach den Gesetzen der wissenschaftlichen Nomenklatur Vorrang.
Größe: 6 cm. *Verbreitung:* Argentinien bis Paraguay. *Verhalten:* friedlich, Schwarmfisch. *Wasser:* Süßwasser, 17–28 °C, weich bis mittelhart.

Arnoldichthys spilopterus (Rotaugensalmler)
Beschreibung: Diese Art ist die einzige innerhalb der Gattung. Ihre Rückenflosse trägt einen großen schwarzen Fleck, die Schwanzflosse ist deutlich gegabelt, und der Fisch besitzt eine Fettflosse. Die Schuppen sind auf der unteren Körperhälfte klein, auf der oberen Hälfte größer.

Es handelt sich hier um einen sehr attraktiven Fisch mit irisierenden Schuppen und einem dunklen Streifen, der vom Auge bis zum hinteren Ende der Schwanzflosse zieht. Das Männchen hat eine nach außen gebogene Afterflosse, die gewöhnlich von waagerechten schwarzen Streifen gezeichnet oder dreifarbig ist, während das Weibchen eine senkrecht endende Afterflosse und einen schwarzen Fleck auf dem letzten Flossenstrahl hat. Der Fisch ist rastlos und kommt in großen Schwärmen nahe der Oberfläche vor, wo er von verschiedenen Wasserinsekten und -larven lebt und ebenso von Landinsekten, die von der Oberflächenspannung des Wassers festgehalten werden. Die Fortpflanzung ist in Gefangenschaft schon gelungen, aber über sein Fortpflanzungsverhalten ist bisher noch nicht berichtet worden.
Größe: 7 cm. *Verbreitung:* Tropisches Westafrika. *Verhalten:* friedlich, Schwarmfisch. *Wasser:* Süßwasser, 24–28 °C, weich, leicht sauer, Torfzusatz.

Astyanax mexicanus (Blinder Höhlenfisch)
Beschreibung: Es handelt sich hier um einen blinden Salmler, bei dem die verkümmerten Augen von Haut überwachsen sind. Der Körper ist hellrosa mit silbrigen Schuppen.

Der Fisch ist eine in der Natur auftretende Form des Mexikanischen Salmlers, mit dem er sich kreuzt. Dies geschieht auch in der Natur, zumindest in den Höhlen, in denen die beiden Formen gemeinsam vorkommen. Der Blinde Höhlensalmler wurde früher als eine eigenständige Art angesehen und *Anoptichthys jordani* genannt. Seine Jungfische haben kleine Augen, die verkümmern, wenn der Fisch heranwächst, sie werden dann von hochentwickelten Geruchs- und Berührungsnerven bzw. -organen ersetzt. Es sind sehr lebhafte Fische, und man nimmt an, daß die Druckwellen, die durch ihre Bewegungen entstehen, ihnen dazu dienen, die Umgebung wahrzunehmen, wobei sie die von Gegenständen zurückgeworfenen Wellen auswerten. Die Höhlen, in denen die Fische leben, werden meist von Fledermäusen bevölkert, so daß sie unter anderem von den noch teilweise unverdauten Insekten im Kot der Fledermäuse leben. Die Höhlenfische paaren sich, indem sie ihre Körper unter der Wasseroberfläche zusammenpresen, wobei die Eier und die Spermien dann gemeinsam abgegeben werden.
Größe: 8 cm. *Verbreitung:* Mittelamerika. *Verhalten:* friedlich, lebhaft und schwarmbildend. *Wasser:* Süßwasser, 18–23 °C, mittelhart, leicht alkalisch.

Brycinus longipinnis (Langflossensalmler)
Beschreibung: Ll. 26–27. Ein schwarzes Band auf der unteren Hälfte der Schwanzflosse dehnt sich vor dem Ende der Anale auf die Schwanzflossenwurzel aus. Die Männchen haben sehr lang ausgezogene Rückenflossenstrahlen. Diese Art ist *B. chaperi* sehr ähnlich, einer weiteren Art aus Westafrika, doch hat letztere 28–30 Schuppen in der Seitenlinie.

Der Langflossensalmler ist dem Aquarianer ebenso wie *Brycinus chaperi* gut bekannt. Seine Lebensräume sind sehr unterschiedlich, aber meist sind es die oberen und mittleren Bereiche von großen und schnellfließenden Fließgewässern. Die Fische fressen Insekten, wie etwa Moskitolarven und andere kleine Wirbellose, und sie haben einen guten Gesichtssinn, um diese zu fangen. Sein Wahrnehmungsvermögen läßt den Fisch im Aquarium leicht scheu werden, und über sein Brutverhalten ist nicht allzuviel bekannt.
Größe: 16 cm. *Verbreitung:* Tropisches West- bis Zentralafrika. *Verhalten:* friedlich, lebhaft und schwarmbildend. *Wasser:* Süßwasser, 23–25 °C, weich, leicht sauer, mit Torfzusatz pflegen.

Catoprion mento (Wimpelpiranha)
Beschreibung: Der Unterkiefer steht wesentlich weiter vor als bei anderen Piranha-Arten und besitzt nach außen zeigende Zähne. Die ersten Strahlen der Dorsale sind verlängert und reichen zurück bis wenigstens zur Fettflosse. Der Kiemendeckel trägt einen orangen oder roten Fleck. Der Körper ist silbern, die Schwanzflosse ist schwarz und die Afterflosse rot.

Dieser Fisch ist auch als Schuppenfresser bekannt, was auf seine parasitäre Gewohnheit Bezug nimmt. Er lebt in unteren und mittleren Wasserschichten in Schwärmen und greift Mitbewohner an, indem er an ihren Flanken aufwärts streicht und mit seinen nach außen gerichteten Zähnen Schuppen abreißt. Fachleute nehmen an, daß sich diese Art und ihre Gewohnheit aus einer früheren fleischfressenden Form entwickelt hat. Zwei verwandte Arten (*Metynnis hypsauchen* und *Serrasalmus nattereri)* werden weiter unten beschrieben.
Größe: 15 cm. *Verbreitung:* unterer Amazonas. *Verhalten:* aggressiv und Schwärme bildend. *Wasser:* Süßwasser, 23–25 °C, weich, leicht sauer, Torfzusatz.

Cheirodon axelrodi (Roter Neon)
Beschreibung: Ein leuchtend rotes Band erstreckt sich vom Beginn der Schwanzflosse zum Kiemendeckel, wobei der obere Rand mit der Pupille abschließt. Manchmal dehnt sich der rote Bereich auch auf die Kehle aus. Oberhalb dieses Bandes befindet sich ein irisierender blaugrüner Streifen, der von der Fettflosse bis zum Auge reicht.

Dieser wunderschöne Salmler wurde erst vor relativ kurzer Zeit beschrieben. Er lebt in gedämpftem Licht in mittleren und unteren Schichten von Waldteichen, daher sind die leuchtenden irisierenden Farben, die auf Guaninkristallen beruhen, als Hilfsmittel zu betrachten, damit sich die Tiere zur Bildung von Schwärmen gegenseitig erkennen können. Obgleich die Fische in Gefangenschaft länger als ein Jahr leben, sind sie in der Natur möglicherweise annuell. Man nimmt an, daß die Fische für eine zweite Saison nicht genügend Nahrung finden und daher bald nach dem Ablaichen absterben. Das Ablaichen ist dem des Neonfisches ähnlich und erfolgt in den Pflanzen. Hier werden die Eier abgelegt, die Jungfische schlüpfen nach ein bis anderthalb Tagen und bleiben an den Pflanzen hängen. Wenn die Larven erst einmal freischwimmen, fressen sie Plankton und wachsen während der ersten Lebenswochen rasch.
Größe: 4 cm. *Verbreitung:* oberer und mittlerer Rio Negro. *Verhalten:* friedlich, lebhaft und schwarmbildend. *Wasser:* Süßwasser, 23–25 °C, weich, leicht sauer, mit Torfzusatz.

Crenuchus spilurus (Segelflossen-Salmler)
Beschreibung: D. 17–18; A. 11; Ll. 29–32. Der Körper ist gestreckt und seitlich zusammengedrückt, mit einer kleinen Fettflosse und einer deutlich gegabelten Schwanzflosse. Beim Männchen werden die Unter- und Oberkiefer während des zweiten und dritten Jahres größer und geben dem Fisch ein Aussehen, das etwas an Lachse erinnert, während die Rücken- und Afterflossen

sich vergrößern und braune und orangerote Muster tragen. Der Körper ist rotbraun mit gelbweißem Hinterleib, und die Schuppen sind dunkel gerandet, besonders auf dem Rücken des Fisches. Auf der unteren Hälfte der Schwanzflosse befindet sich zur Schwanzwurzel hin ein großer schwarzer Fleck. Ein dunkler, waagerechter Streifen verläuft vom Kiemendeckel zur Schwanzwurzel und hat einen gelben oberen Rand.

Dieser Fisch bewohnt, wie einige andere Salmler auch, verkrautete Gewässer, die an den Ufern von dichter Vegetation überschattet werden. Er lebt von verschiedenen kleinen Wirbellosen und Fischen. Das Ablaichen soll dem von Cichliden ähneln: Die leuchtendroten Eier werden auf einen flachen Untergrund in Bodennähe angeheftet, zum Beispiel auf Steine oder große Blätter, und werden vom Männchen betreut und befächelt. Bei diesem Fisch wurde festgestellt, daß er ein Organ besitzt, das in ähnlicher Form bei einigen Welsen, Hechtlingen und anderen Arten vorkommt. Dieses ungewöhnliche Organ, das sogenannte Pinealorgan, sitzt oben auf dem Kopf und wird durch einen unpigmentierten Fleck angezeigt. Man nimmt an, daß es lichtempfindlich ist, und bezeichnet es deshalb auch als »Drittes Auge«. Es ist nach bisheriger Kenntnis auf die gleichen Organstrukturen zurückzuführen wie die Epiphyse unseres menschlichen Gehirnes.
Größe: 6 cm. *Verbreitung:* Guyana und das mittlere Amazonasbecken. *Verhalten:* versteckt lebend, friedlich. *Wasser:* Süßwasser, 23–25 °C, weich, leicht sauer, über Torf filtern.

Exodon paradoxus (Zweitupfen-Raubsalmler)
Beschreibung: Der Fisch zeigt zwei intensiv schwarze runde Flecken, einen auf der Schwanzflosse, den anderen auf der oberen Körperhälfte vor der Rückenflosse. Eine Fettflosse ist vorhanden.

Bei diesem besonders schönen Salmler sind die Körper und die Schwanzflosse gelb, und die anderen Flossen haben leuchtendrote hintere Ränder. Der Fisch lebt, wie berichtet wurde, über Sandboden in den Flüssen der Savannengebiete. Er lebt von Schuppen, die er von Fischen abreißt, indem er – bei einer Trefferquote von etwa 50 % – mit einer raschen kreisförmigen Bewegung gegen ihre ungeschützten Körperstellen mit seinen dafür besonders angepaßten Zähnen vorstößt. Er laicht ab, indem er schwungvoll zwischen Wasserpflanzen schwimmt und dort die Eier ausstößt.
Größe: 15 cm. *Verbreitung:* nordöstliches Südamerika. *Verhalten:* lebhaft, aggressiv und schwarmbildend. *Wasser:* Süßwasser, 23–28 °C, weich, leicht sauer, mit Torfzusatz.

Gymnocorymbus ternetzi (Trauermantelsalmler)
Beschreibung: A. 40–42. Der Rand der Afterflosse ist konvex, und kleine Schuppen bedecken die Flossenbasis. Der Fisch hat zwei dunkle senkrechte Schulterstreifen. Die hintere Hälfte des Körpers und die Rücken-, After- und Fettflosse sind bei Jungtieren schwarz, werden mit zunehmendem Alter jedoch grau.

Trauermantelsalmler kommen in verschiedenen Lebensräumen mit langsam fließendem Wasser vor, das von Vegetation beschattet wird. Sie bevorzugen Insekten, die von den Pflanzen am Ufer auf die Wasseroberfläche fallen. Sie sind sehr produktiv. Wenn sie ablaichen, drücken sich Männchen und Weibchen heftig aneinander und geben die Eier in die Pflanzen ab.
Größe: 6 cm. *Verbreitung:* Brasilien, Paraguay, Bolivien, *Verhalten:* friedlich, schwarmbildend. *Wasser:* Süßwasser, 23–25 °C, weich bis mittelhart.

Hemigrammus erythrozonus (Glühlichtsalmler)
Beschreibung: Das »Glühlicht« ist ein roter irisierender Längsstreifen auf der Körperseite mit einer goldenen Linie, die bei gutem Licht an seinem oberen Rand zu erkennen ist. Der vordere Rand der Rückenflosse trägt einen roten Fleck.

Dieser Fisch kommt an verschiedenen Fundorten vor, von schmalen Urwaldbächen bis zu Sümpfen, und ist ein Allesfresser. Die Geschlechter sind schwierig zu unterscheiden, die Männchen sind etwas schlanker. Das Ablaichverhalten ist für Salmler nicht unbedingt typisch. Die beiden Partner umgreifen einander mit den Flossen und drehen sich, dann stößt das Weibchen seine Eier aus, und diese werden vom Männchen befruchtet. Die Eier bleiben, da sie eine klebrige Oberfläche haben, an den Pflanzen hängen. Die Brut schlüpft nach etwa einem Tag.
Größe: 5 cm. *Verbreitung:* nordöstliches Südamerika. *Verhalten:* friedlich, lebhaft, schwarmbildend. *Wasser:* Süßwasser, 23–28 °C, weich, leicht sauer mit Torfzusatz.

Hyphessobrycon ornatus (Schmucksalmler)
Beschreibung: Der Fisch hat keinen Schulterfleck, gewöhnlich nicht mehr als 33 Schuppen in der Längsreihe und einen unregelmäßigen dunklen Fleck auf der Rükkenflosse. Bei den Männchen hat diese Flosse einen weißen vorderen Rand, und die Rücken- und Afterflossen sind verlängert.

Wegen der Ähnlichkeit mit einigen anderen Salmlern gibt es einige Verwirrungen bezüglich der richtigen Benennung dieser Art. Etwa 6 Arten sind innerhalb der Gattung *Hyphessobrycon* nahe miteinander verwandt und werden als »Blutsalmler« bezeichnet. Der Schmucksalmler lebt meist in den unteren Schichten langsam fließender Ströme und Urwaldsümpfe zwischen dichter Vegetation. Er ernährt sich von kleinen wasserlebenden Wirbellosen und von Pflanzen und laicht in der für Salmler typischen Weise ab. Die Eier sind rötlich oder braun und werden in Klumpen zwischen dichter Vegetation abgelaicht.
Größe: 6 cm. *Verbreitung:* Guyana und unterer Amazonas. *Verhalten:* friedlich, schwarmbildend. *Wasser:* Süßwasser, 23–26 °C, weich, leicht sauer.

Hyphessobrycon pulchripinnis (Zitronensalmler)
Beschreibung: Die obere Hälfte der Iris ist leuchtend rot. In der Afterflosse sind die ersten Strahlen gelb, ihr Rand ist beim Männchen schwarz.

Diese allesfressende Art lebt ähnlich wie die vorige. Während des Ablaichens drücken sich Männchen und Weibchen zwischen die Pflanzen und geben die Eier in der typischen Weise ab.
Größe: 5 cm. *Verbreitung:* Amazonasbecken. *Verhalten:* friedlich, lebhaft, schwarmbildend. *Wasser:* Süßwasser, 23–25 °C, sehr weich, leicht sauer mit Torfzusatz.

Megalamphodus megalopterus (Schwarzer Phantomsalmler)
Beschreibung: Der Fisch trägt einen dunklen Schulterfleck. Rücken- und Afterflosse sind dunkel und – bei erwachsenen Tieren – groß ausgeprägt.

Der Phantomsalmler ist ein Schwarmfisch, der gerne in schattigen Bereichen zwischen dichtem Pflanzenwuchs lebt. Er ist ein Fleischfresser und nimmt Insekten von der Wasseroberfläche, frißt aber auch andere kleine Wirbellose. Ungewöhnlich ist es für Salmler, daß hier das Weibchen leuchtender als das Männchen gefärbt ist, wobei die After-, die Bauchflossen und gelegentlich die Fettflosse rot sind. Die Männchen imponieren manchmal, indem sie ihre Flossen spreizen. Das Ablaichen geschieht zwischen älteren Männchen und jungen Weibchen. Die Brut, die nach etwa einem Tag schlüpft, frißt kleine Rädertiere und Krebschen.
Größe: 4 cm. *Verbreitung:* Argentinien. *Verhalten:* lebhaft, schwarmbildend. *Wasser:* Süßwasser, 23–26 °C, weich, leicht sauer mit Torfzusatz.

Metynnis hypsauchen (Dickkopf-Scheibensalmler)
Beschreibung: Diese Gattung ist durch die langgezogene Fettflossenbasis besonders charakterisiert, die etwa eineinhalbmal dem Abstand zwischen dem Ende der Rükkenflosse und dem Beginn der Fettflosse entspricht. Der Körper ist fast so hoch wie lang. Gewöhnlich sind keine Flecken vorhanden, aber gelegentlich finden sich ein oder sogar zwei Schulterflecken, ältere Fische können einige Flecken oder Streifen in vertikalen Reihen zeigen.

Die hier besprochene Art hat als Synonym den Namen *M. schreitmuelleri.* Alle Arten dieser Gattung sind aufgrund ihrer seitlich komprimierten, tiefen Körperform als Scheibensalmler bekannt. Der Dickkopf-Scheibensalmler kommt in Gewässern mit starkem Pflanzenwachstum vor, weil er sehr viel pflanzliche Nahrung benötigt, obgleich er auch kleinere Wirbellose frißt, die zwischen den Pflanzen vorkommen. Das Fortpflanzungsverhalten ist für Salmler typisch. Das Weibchen legt über 2000 Eier, und die Brut schlüpft nach drei Tagen.
Größe: 18 cm. *Verbreitung:* Guyana, das Amazonas- und Paraguay-Becken. *Verhalten:* lebhaft, friedlich, schwarmbildend. *Wasser:* Süßwasser, 24–27 °C, weich, leicht sauer mit Torfzusatz.

Nematobrycon palmeri (Kaisersalmler)
Beschreibung: Die Schwanzflosse hat zwei Lappen und einen mittleren spitzen Fortsatz, der über die Schwanzflossenlappen hinausreichen kann und am stärksten bei den Männchen entwickelt ist. Ein dunkles Band läuft über die gesamte Körperlänge und in den mittleren Schwanzflossenfortsatz. Die Fettflosse fehlt und die Seitenlinie ist vollständig.

Dieser typische Salmler bewohnt die unteren Wasserschichten und frißt verschiedene kleine Wirbellose wie Krebstiere, Insekten und ihre Larven. Während des Ablaichens verfolgt das Männchen heftig das Weibchen und lockt sie mit zitternden Flossen und seitlichen Körperbewegungen in die Pflanzen. Es werden etwa 75 Eier abgegeben, und die Brut schlüpft nach zwei Tagen.
Größe: 6 cm. *Verbreitung:* Kolumbien. *Verhalten:* friedlich, schwarmbildend. *Wasser:* Süßwasser, 25–26 °C, weich, leicht sauer.

Paracheirodon innesi (Neonfisch, Neonsalmler)
Beschreibung: Diese Art ist dem Roten Neon ähnlich, abgesehen von der Ausdehnung des roten Bandes auf der Körperseite. Beim normalen Neon verläuft das Band vom Beginn der Schwanzflosse über die Hälfte des Körpers und endet gewöhnlich zwischen dem Beginn von Rücken- und Bauchflosse. Über diesem Band befindet sich ein leuchtend blaugrüner, irisierender Streifen, der von der Fettflosse bis auf das Auge verläuft.

Der Fisch kommt in kleinen Bächen, Tümpeln und

12 *Paracheirodon innesi* (Neonfisch)

12 *Pristella maxil'aris* (Wasserstieglitz, Sternflecksalmler)

Sümpfen im tropischen Regenwald vor. Er ist Allesfresser und ernährt sich von verschiedenen Kleinsttieren wie Insekten, Larven, Krebstierchen und Rädertierchen. Das Ablaichen findet zwischen Pflanzen statt und ähnelt dem des Roten Neon.
Größe: 4 cm. *Verbreitung:* Quellgebiete des Amazonas. *Verhalten:* friedlich, schwarmbildend. *Wasser:* Süßwasser, 21–23°C, weich bis mittelhart, leicht sauer, über Torf filtern.

Phenacogrammus interruptus (Kongosalmler)
Beschreibung: A. 15–21. Die Rücken- und die Schwanzflosse des Männchens haben lang ausgezogene, fadenförmige Strahlen. Die Seitenlinie ist unvollständig, und entlang der Körperseiten läuft ein undeutliches, dunkles Band.

Dieser Fisch, ein Allesfresser, kommt in großen Schwärmen in den Oberflächenschichten der Gewässer vor, sucht dort ständig nach Beute und frißt rasch jedes Insekt, das auf das Wasser fällt. Das Ablaichen findet an sonnigen Tagen statt und beginnt mit einem sehr aktiven Werbeverhalten. Das Weibchen laicht sodann etwa 300 Eier, die nach der Befruchtung durch das Männchen auf den Boden sinken, wo die Jungtiere nach etwa 6 Tagen schlüpfen.
Größe: 12 cm. *Verbreitung:* Zaire-(Kongo-)Becken. *Verhalten:* friedlich, lebhaft, schwarmbildend. *Wasser:* Süßwasser, 23–26°C, weich, leicht sauer mit Torfzusatz.

Pristella maxillaris (Sternflecksalmler, Wasserstieglitz)
Beschreibung: Diese Art hat einen Schulterfleck, eine rote Schwanzflosse und deutlich dreifarbige vordere Bereiche der Rücken- und Afterflosse. Diese sind vom Körper nach außen zu zitronengelb, schwarz und schließlich weiß gefärbt.

P. maxillaris wurde früher in die Gattung *Hemigrammus* gestellt, wurde jedoch umgruppiert, weil die Zähne abweichend angeordnet sind. Er lebt als Allesfresser und laicht wie ein typischer Salmler ab. Die Eier werden blindlings ausgestoßen und fallen auf den Bodengrund. Nach dem Schlüpfen hängt die Brut noch für einige Tage nahe der Wasseroberfläche. Die Art war lange Zeit unter ihrem Synonym *Pristella riddlei* bekannt, doch ist der oben angegebene Name älter und hat deshalb Priorität.
Größe: 5,5 cm. *Verbreitung:* Amazonas, Venezuela und Guyana. *Verhalten:* lebhaft, schwarmbildend. *Wasser:* Süßwasser, 20–26°C, weich, leicht sauer, über Torf filtern.

Serrasalmus nattereri (Roter Piranha)
Beschreibung: Die Zähne in beiden Kiefern sind sehr scharf und greifen wie zwei verzahnte Sägeblätter ineinander. Die Afterflosse und der Bauch sind rot, Jungtiere haben dunkle Flecken auf dem Körper. Die Fettflosse ist nicht wie bei *S. piraya* durch rudimentäre Strahlen büschelartig.

Piranhas stehen in einem ganz besonderen Ruf, und es gibt über ihre Gefährlichkeit sehr viele gegensätzliche Meinungen. Für gewöhnlich wird beschrieben, daß sie von anderen Fischen und sogar von Exemplaren der gleichen Art leben. Der schwarmbildende Piranha *Serrasalmus piraya* greift unerklärlicherweise große Säugetiere an, die durch die Flüsse zu schwimmen versuchen. Andererseits weiß man, daß in einigen Gebieten die Eingeborenen regelmäßig in piranhaverseuchten Gewässern baden, ohne daß sie verletzt werden, während anderswo badende Eingeborene gelegentlich schon einmal kleinere Verletzungen erlitten haben. Faßt man alle glaubwürdigen Berichte zusammen, so entsteht die Gefahr offensichtlich erst dann, wenn Menschen oder Tiere mit offen blutenden Wunden ins Wasser gehen, oder wenn man etwa vom Boot aus Körperteile, etwa die Hand, ins Wasser hängen läßt. Warum Piranhas durch Blut so erregt werden, ist noch unklar, obgleich diese Verhaltensweise für die Art von Vorteil sein dürfte, vor allem wenn man berücksichtigt, daß sie Stücke aus ihrer Beute herausreißen und ihre Zähne an diese Methode des Nahrungserwerbs besonders gut angepaßt sind. Piranhas vermögen wahrscheinlich wie Haie den Geschmack oder Geruch von Blut im Wasser wahrzunehmen und ihn mit einer leicht zu erreichenden Nahrungsquelle in Verbindung zu bringen. Obgleich schon Gefangenschaftszuchten erfolgten ist über ihr Fortpflanzungsverhalten nicht allzuviel bekannt. Die Männchen sollen die Eier pflegen, und wenn ein als Eindringling auftretendes Säugetier sie stört, kann dies einen begrenzten und unvermuteten Angriff auslösen. Die Unterfamilie der Piranhas, die Serrasalminae, umfassen zwei weitere Arten, die ebenfalls hier beschrieben wurden *(Catoprion mento* und *Metynnis hypsauchen),* die jedoch ganz andere Ernährungsweisen haben.
Größe: 30 cm. *Verbreitung:* Das gesamte Amazonasbekken. *Verhalten:* schwarmbildend, aggressiv. *Wasser:* Süßwasser, 24–27°C, weich, leicht sauer mit Torfzusatz.

Thayeria boehlkei (Schrägschwimmer)
Beschreibung: Ein schwarzes Band erstreckt sich vom oberen Kiemendeckelrand entlang des ganzen Körpers bis in den unteren Lappen der Schwanzflosse. Dieser untere Schwanzflossenlappen kann bis zu ¼ länger als der obere Lappen sein. Ähnlich, bezüglich Körperform und Lebensgewohnheit, ist der Pinguinsalmler *(T. obliqua),* dessen Band von unterhalb der Fettflosse bis in den unteren Schwanzflossenlappen reicht, der hier bis zu ⅓ länger sein kann als der obere Lappen.

Der Schrägschwimmer gilt als die innerhalb der Gattung verbreitetste Art. Er lebt am liebsten zwischen dichter Vegetation von Urwaldbächen und Flußrändern, die am Ufer von Pflanzen beschattet sind. Dort mag der schräge Streifen dazu dienen, sich zu verbergen, indem der Fisch mit den Schatten verschmilzt. Diese Farbgebung kann aber auch zum Schwarmverhalten des Fisches in Beziehung stehen, denn die Tiere neigen dazu, sich alle in die gleiche Richtung auszurichten, um so den verbergenden Charakter ihrer Streifenzeichnung auszunutzen. Der Fisch kann im Wasser eine schräge Stellung mit dem Kopf nach oben einnehmen, etwa im Winkel von 30°. Dies wird ihm durch seine in besonderer Weise gestaltete Schwimmblase ermöglicht. Der Fisch frißt Insekten und andere kleinere Wirbellose und ist so fruchtbar, daß von einer Laichabgabe etwa 1000 Jungtiere schlüpfen.
Größe: 8 cm. *Verbreitung:* Maranon-Becken, Peru. *Verhalten:* lebhaft, friedlich, schwarmbildend. *Wasser:* Süßwasser, 23–28°C, weich, leicht sauer.

12 *Metynnis*-Art (Scheibensalmler)

12 *Phenacogrammus interruptus* (Kongosalmler)

13 Lebiasinidae (Schlanksalmler)

Beschreibung: A. 8–14. In einer Längsreihe stehen 18 bis 30 große Schuppen. Das Maul ist klein und erreicht gewöhnlich nicht das Auge. Eine Fettflosse kann vorhanden sein und die Rückenflosse steht immer vor der Afterflosse.
Verbreitung: Südamerika.

Diese Familie ist wie folgt in zwei Unterfamilien gegliedert: Die Unterfamilie Lebiasininae umfaßt als Typus die Art *Lebiasina bimaculata,* den Zweifleck-Schlanksalmler, der deshalb so interessant ist, weil seine Schwimmblase an die Aufnahme atmosphärischer Luft angepaßt ist. Die Unterfamilie Pyrrhulininae beinhaltet außer anderen auch die drei nachfolgend vorgestellten Arten. Das Fortpflanzungsverhalten wurde bei vielen Arten schon untersucht und ist sehr variabel und außerordentlich interessant.

Copella arnoldi (Spritzsalmler)
Beschreibung: Erwachsene Tiere haben S-förmige Kiefer, einen langgestreckten Körper, ausgezogene Flossen und keine Fettflosse. Die Färbung ist charakteristisch, besonders der schwarze Streifen, der vom Maul zum Auge und auf der Rückenflosse des Männchens verläuft. Die Kiefer und Flossen sind beim Männchen stärker entwickelt.

Diese schönen Fische leben in den oberen Wasserschichten, wo sie kleine Insekten und deren Larven von der Oberfläche fressen. Wenn sie an breiten Blättern über der Wasseroberfläche ablaichen, nutzen sie ihr gutes Sprungvermögen. Das Männchen schwimmt regelmäßig zur Wasseroberfläche unter das Gelege, biegt seinen Körper und spritzt mit seinem Schwanz Wasser auf die Eier, um sie feucht zu halten. Dies findet außerdem während der Regenzeit und unter ganz allgemein verhältnismäßig feuchten äußeren Bedingungen statt. Die Jungfische schlüpfen nach 36 Stunden und werden mit dem Wasserschwall ins Wasser gespült.
Größe: 8 cm. *Verbreitung:* Unterer Amazonas, Para. *Verhalten:* scheu, die Männchen sind revierbildend. *Wasser:* Süßwasser, 26–28 °C, weich, leicht sauer, über Torf filtern.

Nannobrycon eques (Spitzmaul-Ziersalmler)
Beschreibung: Der Körper ist torpedoförmig mit deutlich vergrößertem unterem Schwanzflossenlappen und manchmal fehlender Fettflosse. In einer Längsreihe befinden sich 24 bis 25 Schuppen. Die Färbung kann zur Identifizierung herangezogen werden; in der Nacht verbleicht sie.

Diese Art schwimmt wie alle anderen der Gattung im schrägen Winkel mit dem Kopf nach oben. Manchmal kann man sie waagerecht schwimmend beobachten, besonders wenn sie unter der Wasseroberfläche schwimmt und frißt. Die Fische leben in flachem Wasser mit überwachsenen Ufern. Das Männchen ist farblich leuchtender und weniger rundlich als das Weibchen und hat blaue Flecken auf den Bauchflossen. Wenn sie ablaichen, drükken sich die beiden Fische gegeneinander und legen bis zu drei Eier gleichzeitig an breiten Blättern ab. Gelegentlich kommt es vor, daß die Eier von hungrigen Elterntieren gefressen werden, normalerweise schlüpfen sie innerhalb von 24 Stunden. In weniger als einer Woche nehmen die Jungfische erstmals Nahrung auf, sie haben dann eine bandartige Fettflosse.
Größe: 5 cm. *Verbreitung:* Guyana und der mittlere Amazonas. *Verhalten:* friedlich, schwarmbildend. *Wasser:* Süßwasser, 22–28 °C, sehr weich, sauer, mit Torfzusatz.

Pyrrhulina vittata (Kopfbindensalmler)
Beschreibung: Ll. 20–22. Die charakteristische Färbung zeigt Flecken auf dem Körper. Das Weibchen hat farblose Flossen und ist größer als das Männchen, dessen oberer Schwanzflossenlappen manchmal verlängert ist.

Alle Arten dieser Gattung sind sehr hübsche, klein bleibende Fische, die sich bevorzugt an der Oberfläche aufhalten und gute Springer sind. Sie leben in ruhigem, langsam fließendem Wasser, besonders dort, wo sich am Ufer eine dichte Vegetation befindet. Das Ablaichen findet auf großen, submersen Blättern statt, die zunächst vom Männchen sorgfältig gereinigt werden. Das Männchen treibt dann das Weibchen so lange, bis es auf dem Blatt die Eier ablaicht, die dann von ihm sogleich besamt werden. Anschließend befächert das Männchen die Eier mit seiner Schwanzflosse, so daß die meisten dabei auf den Bodengrund fallen, wo sie innerhalb von 24 Stunden ausgebrütet werden.
Größe: 7 cm. *Verbreitung:* Amazonas und der Rio Tapajoz. *Verhalten:* friedlich, aktiv. *Wasser:* Süßwasser, 24–26 °C, mittelhart, leicht sauer.

14 Gasteropelecidae (Beilbauchfische)

Beschreibung: Der Körper ist tiefbäuchig und sehr stark seitlich zusammengedrückt und bildet zusammen mit dem Kopf die Beilform, die der Gruppe den Namen gab. Eine Fettflosse kann vorhanden sein. Diese Fische sind die einzigen bisher bekannten Fische, die mit eigener Kraft durch die Luft segeln können.
Verbreitung: Südamerika, von Panama bis zum Rio de la Plata.

Diese im wahrsten Sinne »Fliegenden Fische« haben kräftige Brustflossenmuskeln, die an einem vergrößerten Schultergürtel ansetzen. Das ermöglicht es den Fischen, diese Flossen heftig auf und ab zu bewegen und sich selbst wie mit Propellern durch die Luft fortzubewegen, nachdem sie aus dem Wasser gesprungen sind.

Carnegiella marthae (Schwarzschwingen-Beilbauchfisch)
Beschreibung: Dies ist einer der kleineren Vertreter seiner Familie, er hat keine Fettflosse. Die Färbung zeigt unter anderem einen dunklen Streifen, der von den Kiemendeckeln zur Afterflosse herabläuft, sowie eine dunkle Linie, die den ganzen Bauchkiel umsäumt.

Die Fische leben in Schwärmen in humusreichen langsamfließenden und schattigen Flüssen und Bächen. Geschlechtsunterschiede sind äußerlich nicht vorhanden, doch kann man zur Laichreife das Weibchen, allerdings etwas unsicher, am stärkeren Leibesumfang erkennen. Das Ablaichen erfolgt zwischen Pflanzenwurzeln. Das Männchen vollführt einen schmetterlingsartigen Werbetanz, das Weibchen stößt Bündel von 2–3 stark klebrigen Eiern kurz unter der Wasseroberfläche aus. Die Larven

16 *Abramites hypselonotus* (Gefleckter Kopfsteher)

14 *Carnegiella marthae* (Schwarzflügel-Beilbauchfisch)

16 *Leporinus arcus* (Gestreifter Leporinus)

schlüpfen in knapp drei Tagen, und die Brut ernährt sich schon bald von Mikroorganismen. Sie beginnen nach etwa 20 Tagen den Elterntieren im Aussehen ähnlicher zu werden.
Größe: 3,5 cm. *Verbreitung:* Venezuela, Peru, Amazonasbecken, Rio Negro. *Verhalten:* scheu, schwarmbildend. *Wasser:* Süßwasser, 23–30 °C, weich, leicht sauer, mit Torfzusatz.

15 Curimatidae (Barbensalmler)

Die Familie gliedert sich in die beiden Unterfamilien Chilodinae und Prochilodinae auf, wobei hier auf die letztere eingegangen werden soll.
Beschreibung: Der Körper ist gestreckt und seitlich stark zusammengedrückt, die Schwanzwurzel ist lang und die Schwanzflosse tief gegabelt. Das kleine Maul ist wie zu einer Saugscheibe aufgeworfen und mit kleinen Papillen besetzt.
Verbreitung: Südamerika.

Diese Unterfamilie umfaßt große Süßwasserfische, die oberflächlich betrachtet der Gattung *Labeo* ähneln. Viele sind als Jungtiere leuchtend gefärbt und bilden, wenn sie heranwachsen, kräftige Zeichnungsmuster auf dem Schwanz aus. Die Saugscheibe auf dem Maul wird dazu benutzt, um Algen abzuweiden, doch sind diese Fische Allesfresser und fressen auch kleine Insekten und andere Wirbellose. Sie werden bis zu 60 cm lang und haben nur auf den Lippen Zähne.

Semaprochilodus insignis (Schwanzstreifensalmler)
Beschreibung: Ll. etwa 40. Die Jungfische sind herrlich gefärbt: Sie haben einen silbrigen Körper mit blaugrünem Glanz, dunklen Streifen auf den Seiten, eine gelbe Grundfarbe auf allen Flossen, blaue Muster auf der Afterflosse und dunkle waagerechte Streifen auf dem Schwanz.

Dieser Fisch ist ein guter Springer und besonders im Schwarm sehr lebhaft. Er bevorzugt Pflanzennahrung. Sichtbare Geschlechtsmerkmale scheinen nicht vorhanden zu sein, und bezüglich des Fortpflanzungsverhaltens ist kaum etwas bekannt.
Größe: 35 cm. *Verbreitung:* Guyana und das Amazonasbecken. *Verhalten:* lebhaft, schwarmbildend. *Wasser:* Süßwasser, 22–26 °C, weich, leicht sauer, mit Torfzusatz.

16 Anostomidae (Engmaulsalmler)

Beschreibung: Das Hauptmerkmal fast der ganzen Familie ist ein kleines, enges und nicht vorstülpbares Maul, das von gefalteten Lippen umgeben wird. Die Seitenlinie ist gerade, in der Regel mit mehr als 34 Schuppen. *Verbreitung:* Süd- und Mittelamerika und Westindische Inseln.

Alle Arten dieser Familie sind Allesfresser, sie nehmen Nahrung vom Boden auf und fressen Algen, die auf Wasserpflanzen wachsen. Sie sind daran angepaßt, zum Nahrungserwerb schräg oder sogar mit dem Kopf nach unten zu schwimmen. Um Räubern zu entkommen, können sie auch horizontal sehr schnell vorwärtsschwimmen. Sie sind recht attraktiv gemustert und gefärbt und leben in langsam fließenden verkrauteten Gewässern. Die meisten Arten sind klein und für den Aquarianer von Interesse, einige größere Arten sind für die Eingeborenen als Nahrungsquelle wichtig. Es gibt die beiden folgenden Unterfamilien: Leporellinae umfaßt nur die Gattung *Leporellus,* deren zahlreiche Arten zwar selten vorkommen, aber in allen südamerikanischen Flußbecken verbreitet sind. Die Anostominae umfassen mehrere Gattungen, von denen drei nachstehend vorgestellt werden sollen.

13 *Nannobrycon eques* (Spitzmaul-Ziersalmler)

13 *Copella arnoldi* (Spritzsalmler)

16 *Anostomus anostomus* (Prachtkopfsteher)

18 *Chilodus punctatus* (Punktierter Kopftsteher)

Abramites hypselonotus (Brachsensalmler)
Beschreibung: Der Körper ist zusammengedrückt und langgestreckt, mit kleinem Kopf und spitzer Schnauze. Die Färbung ist sehr variabel.

Obgleich diese Art selten und über ihr Fortpflanzungsverhalten wenig bekannt ist, glaubt man, daß sie zwischen dichten Pflanzen in ähnlicher Weise wie viele andere Salmler ablaicht. Die Geschlechter unterscheiden sich nur wenig, aber der Körper des Weibchens ist etwas rundlicher und das Zeichnungsmuster ist nicht so intensiv.

Größe: 13 cm. *Verbreitung:* Unterer Amazonas. *Verhalten:* scheu, große Tiere sind oft untereinander streitsüchtig. *Wasser:* Süßwasser, 25–27 °C, weich, leicht sauer, über Torf filtern.

Anostomus anostomus (Prachtkopfsteher)
Beschreibung: Die Färbung ist auffallend, besonders drei dunkle Längsstreifen und die rotgefärbten After- und Rückenflossen. Der Kopf ist oben flach und das Maul oberständig.

Das oberständige Maul verschiedener Arten dieser Gattung ließ früher die Vermutung aufkommen, daß sie ihre Nahrung von der Oberfläche aufnehmen, aber das hat sich als unrichtig erwiesen. Wie andere Arten der Familie neigen sie dazu, im schrägen Winkel zu schwimmen, wenn sie vom Boden Nahrung aufnehmen. Manchmal müssen sie dabei wegen ihres oberständigen Maules sogar mit dem Kopf senkrecht nach unten schwimmen. Der stromlinienförmige Körper ermöglicht es den Fischen, rasch durch dichte Vegetation zu schwimmen, um Räubern zu entkommen. Die Geschlechter sind einander im äußeren Erscheinungsbild sehr ähnlich, doch ist das Männchen kleiner und kräftiger gefärbt. Bezüglich des Fortpflanzungsverhaltens ist kaum etwas bekannt.
Größe: 15 cm. *Verbreitung:* Guyana und der Amazonas südlich von Manaus. *Verhalten:* lebhaft, schwarmbildend. *Wasser:* Süßwasser, 24–27 °C, weich, leicht sauer, über Torf filtern.

Leporinus arcus
Beschreibung: Über den Körper ziehen sich vier Längsstreifen, drei über die Seiten und einer über den Rücken, auf der Basis der Brustflossen befindet sich ein schwarzer Fleck. Das Profil über den Augen ist leicht konvex, das Maul leicht unterständig. Eine zweite Art, *L. striatus,* sieht ähnlich aus, aber sie ist etwas kleiner. *L. arcus* ist ein Vertreter der größten Gattung innerhalb der ganzen Familie. Alle diese Arten bevorzugen einen Lebensraum mit kiesigem oder sandigem Bodengrund und verstecken sich gerne zwischen Baumwurzeln. Sie sind Pflanzenfresser und gute Springer, man muß das Aquarium daher entsprechend gut abdecken.
Größe: 40 cm. *Verbreitung:* Venezuela und der obere Amazonas. *Verhalten:* lebhaft, friedlich. *Wasser:* Süßwasser, 24–27 °C, weich, leicht sauer, über Torf filtern.

17 Hemiodidae (Keulensalmler)

Beschreibung: Pect. 18–23, Ll. 50–125. Der Körper ist gewöhnlich spindelförmig und seitlich komprimiert. Die Rückenflosse ist klein, eine Fettflosse ist vorhanden und die Schwanzflosse ist tief gegabelt. Die Schuppen sind auf dem Rücken kleiner als auf dem Hinterkörper.
Verbreitung: nördliches Südamerika.

Diese Familie umfaßt heute zwei Unterfamilien, die Hemiodinae, mit drei Stämmen oder Tribus, und die Parodontinae. Beide Unterfamilien haben mehrere Gattungen, doch ist ihre Systematik nicht in allen Punkten geklärt. Der Name für die Familie leitet sich von einer griechischen Bezeichnung ab, die mit „Halbzähner" zu übersetzen wäre, und darauf Bezug nimmt, daß im Unterkiefer gewöhnlich Zähne fehlen. Dies ist das Hauptmerkmal, das die Keulensalmler von den anderen Salmlern unterscheidet.

Hemiodopsis microlepsis
Beschreibung: Ll. mehr als 100. Das Maul ist klein und die Schwanzflosse groß, wobei die Flossenlappen einen großen Winkel bilden. Der untere Lappen hat einen dunklen Streifen und ist wie die Bauchflossen rot. Auf den Seiten befindet sich ein runder dunkler Fleck.

Diese Art gehört zur größten Gattung innerhalb der Familie. Sie schwimmt rasch und ist ein gieriger Fresser, der verschiedene Wirbellose frißt, hauptsächlich aber Pflanzenmaterial.
Größe: 15 cm. *Verbreitung:* Amazonas und die Flüsse Rio Negro und Guaporé. *Verhalten:* friedlich. *Wasser.* Süßwasser, 23–25 °C, weich, leicht sauer.

18 Chilodontidae (Kopfsteher)

Beschreibung: Pect. 13–16; Ll. 25–31. Diese Familie sollte man nicht mit den Anostomidae verwechseln, obgleich beide viele gemeinsame Merkmale haben. Von manchen Ichthyologen wird eine eigenständige Familie Chilodontidae nicht anerkannt, sondern diese Fische als eine Unterfamilie Chilodinae innerhalb der Familie Curimatidae gesehen. Hierher gehören zwei Gattungen, *Caenotropus* mit zwei Arten, *C. labyrinthicus* und *C. maculosus,* sowie *Chilodus,* die wahrscheinlich nur die einzige unten beschriebene Art umfaßt. Weil diese letztere Art sehr variabel ist, nehmen verschiedene Autoren an, daß eine Population ähnlichen Aussehens, die mit dem Namen *C. zunevei* belegt wurde, in Wirklichkeit ein Synonym hierzu ist. Alle Arten der Familie kommen in einem ähnlichen Lebensraum vor, den auch die Anostomiden bevorzugen, und schwimmen in der typischen Weise mit dem Kopf nach unten.

Chilodus punctatus (Punktierter Kopfsteher)
Beschreibung: Ll. 25–27. Ein schwarzes Längsband reicht vom Maul zum Auge. Die Rückenflosse ist gefleckt und ein brauner Fleck befindet sich an der Basis der recht großen Schuppen auf dem Rücken und den Flanken.

Dieser Fisch gibt gelegentlich laute, klickende Geräusche von sich, beispielsweise bei der Fütterung oder vor dem Ablaichen. Er kann auch vor dem Ablaichen die Farbe ändern: Der Längsstreifen und die Rückenzeichnung werden blasser und hinter jedem Kiemendeckel erscheinen zwei Flecken, während die Afterflosse und die Fettflosse dunkler werden. Vor dem Ablaichen nimmt das Weibchen an Leibesfülle zu. Die Eier werden an Wasserpflanzen abgelaicht und schlüpfen nach etwa vier Tagen. Die Brut beginnt nach etwa 2 oder 3 Tagen freizuschwimmen und nimmt sogleich die Schwimmlage mit dem Kopf nach unten ein, wenn sie auf dem Bodengrund nach Futter sucht.
Größe: 9 cm. *Verbreitung:* nordöstliches Südamerika. *Verhalten:* lebhaft und friedlich, obwohl Tiere der eigenen Art schon einmal miteinander in Streit geraten können. *Wasser:* Süßwasser, 25–27 °C, sehr weich, leicht sauer, über Torf filtern.

19 Citharinidae

Beschreibung: Die Seitenlinie ist gerade und die Ctenoidschuppen bedecken manchmal die große Fettschuppe.
Verbreitung: Afrika.

Arten dieser Familie kommen in verschiedenen Lebensräumen vor, besonders aber in sumpfigen Gebieten, wo sie während der Regenzeit ablaichen. Die kleineren Arten sind für das Aquarium gut geeignet, während die größeren als Nahrungsquelle für die örtlichen Eingeborenen wichtig sind. Einige der größeren Arten haben sehr hohe, seitlich abgeflachte Körper und sind deshalb auch in der Umgangssprache als »Mondfische« bekannt.

Nannaethiops unitaeniatus (Afrikanischer Einstreifensalmler)
Beschreibung: Ll. 35–38. Der Körper ist mäßig zusammengedrückt und gestreckt, mit tief gegabeltem Schwanz.

Bei dieser Art ist das Männchen viel farbiger und schlanker als das Weibchen. Während des Ablaichens sind der vordere Bereich der Rückenflosse und der obere Lappen der Schwanzflosse leuchtend rot. Offensichtlich lieben beide Partner das Sonnenlicht und werden dadurch angeregt, über dem Sandboden ihres Lebensraumes, meist Flüssen, abzulaichen. Dort werden die Eier ausgestoßen und fallen zwischen die Sandkörner. Die Larven schlüpfen innerhalb von etwa 24 Stunden und die Jungfische schwimmen nach 5 Tagen frei.
Größe: 6,5 cm. *Verbreitung:* Äquatoriales Afrika, vom Weißen Nil bis zur Westküste. *Verhalten:* friedlich, scheu. *Wasser:* Süßwasser, 22–27 °C, weich, leicht sauer, über Torf filtern.

20 Gymnotidae (Messeraale)

Beschreibung: Diese Fische sind langgestreckt und aalähnlich, vorne im Querschnitt fast rund und hinten seitlich zusammengedrückt. Sie haben kleine Schuppen, keine Rücken- oder Afterflossen und können schwache elektrische Ladungen abgeben.
Verbreitung: Mittel- bis Südamerika.

Diese Familie gehört zu einer Überfamilie, deren Mitglieder auch die Familien der Electrophoridae (Elektrische Aale), Apteronotidae und Rhamphichthyidae (Amerikanische Messerfische) umfassen. Sie haben alle längliche aalähnliche Körper und sind nachtaktiv. Die Familie der Gymnotidae hat nur eine Gattung mit drei Arten, von denen zwei nur in Mittelamerika vorkommen und von denen die folgende Art am weitesten verbreitet ist.

Gymnotus carapo (Gebänderter Messerfisch)
Beschreibung: A. 200–260; Pect. I, 14–15. Die Rücken-, Schwanz- und Bauchflossen fehlen, die Analöffnung liegt unter dem Kopf und das oberständige, schräge Maul ist breit. Die Färbung kann einfarben und fleischfarben sein, oder es können dunkle, vertikale Streifen vorhanden sein.

Die Afterflosse dieser Fische ist die einzige Möglichkeit zur Fortbewegung und wird in genau der gleichen Weise wie die verwachsene After- und Schwanzflosse der Notopteridae benutzt. Die kleinen elektrischen Organe vermögen verschiedene Typen elektrischer Signale zu produzieren. Ein Drohsignal, das während des Kampfes gebraucht wird, besteht aus einer rasch ansteigenden Folge, wonach die Signale in ihrer Häufigkeit wieder abnehmen. Wenn die Entladungen für etwa eine Sekunde aufhören, signalisiert das den Wunsch zu fliehen, und wenn die Entladungen längere Zeit aufhören, ist das ein Ruhesignal.
Größe: 60 cm. *Verbreitung:* Vom Rio de la Plata nach Westen bis zu den Anden und nach Norden bis Guatemala. *Verhalten:* einzelgängerisch, aggressiv. *Wasser:* Süßwasser, 22–28 °C, Weichwasser.

21 Cyprinidae (Karpfenfische)

Beschreibung: Diese Fische haben keine Fettflosse, keine Schuppen auf dem Kopf und keine Zähne im Maul, aber sie besitzen eine Rückenflosse mit gewöhnlich einem bis drei Hartstrahlen. Die Arten lassen sich manchmal nach der Form und Anordnung ihrer Schlundzähne unterscheiden.
Verbreitung: Nordamerika, Afrika und Eurasien.

Karpfenfische sind in den meisten Gebieten ihres Verbreitungsareals die häufigsten Fische. Es ist die größte aller Fischfamilien, mit etwa 1600 Arten in 275 Gattungen. In Nordamerika ist die vorherrschende Gattung *Notropis* (shiner), die auch die gut bekannten Arten *N. atherinoides* (emerald shiner oder Smaragdorfe) und *N. lutrensis* (red shiner oder Amerikanische Rotflossenorfe) umfaßt, die in großen Schwärmen vorkommen und weit verbreitet sind. In Eurasien herrschen die Gattungen *Barbus* und *Rasbora* vor. Die Familie umfaßt in erster Linie Süßwasserfische, obwohl einige Arten wie zum Beispiel die Plötze *(Rutilus rutilus)* sich an ein teilweises Leben im Brack- oder sogar Seewasser anpassen können. Die Lebensräume und Freßgewohnheiten sind sehr unterschiedlich, wie schon durch die verschiedenartige Form der Schlundzähne deutlich wird. Allgemein haben die pflanzenfressenden Arten mühlsteinartige Zähne, während die fleischfressenden Arten spitze oder hakenförmige Zähne haben. Die Zähne sind in drei Reihen auf dem gebogenen Schlundknochen angeordnet und liegen unter den Kiemendeckeln. Diese Zähne sind nur zu sehen, wenn man den Kopf des Fisches zerlegt, deshalb werden sie hier nicht als Bestimmungshilfe angegeben.

Die Einteilung der Fische innerhalb dieser Familie ist umstritten. Beispielsweise haben viele Arten zwei Bartelpaare, besonders solche, die die unteren Wasserschichten bewohnen. Die Barteln alleine lassen sich jedoch nicht zur Arteneinteilung heranziehen, weil sie bei nahe verwandten Arten fehlen oder vorhanden sein können. Daher wurden im Laufe der Jahre den Arten unterschiedliche Gattungsnamen gegeben. Einige Arten, die zur Gattung *Barbus* gehören, wurden in Gattungen wie *Systomus, Puntius, Barbodes* und *Capoeta* gestellt, während andere Autoren die letzteren Namen als Synonyme ansehen. Diese Dinge sollte man beachten, wenn man die Literatur heranzieht.

Barbus conchonius (Prachtbarbe)
Beschreibung: Ll. 24–28. Die Körperform ist für die Gattung typisch, das Maul hat keine Barteln. Die charakteristische Färbung zeigt einen dunklen Fleck, der zentral oberhalb des Endes der Afterflosse liegt. Die After- und Rückenflosse des Männchens haben dunkle Spitzen.

Fast alle Arten der Gattung *Barbus* leben über weichem schlammigem Boden und gründeln gerne im Boden nach Nahrung. Sie sind Allesfresser und leben in größeren Schwärmen. Diese Art bewohnt sowohl ruhige als

19 *Nannaethiops unitaeniatus* (Afrikanischer Einstreifensalmler)
21 *Barbus schwanefeldi* (Schwanefelds Barbe)

auch fließende Gewässer und ist in ihrem Verbreitungsgebiet häufig. Wie bei vielen Barben hat sie eine wunderschöne Zeichnung. Während des Laichens, zu dem übrigens das Weibchen die Initiative ergreift, färbt sie sich rosarot. Die Partner reiben sich heftig aneinander, wenn die Eier ausgestoßen und befruchtet werden. Die Eier, die leicht klebrig sind, hängen an den Pflanzen und beginnen sofort beträchtlich anzuschwellen. Die Jungfische schlüpfen nach 36 Stunden und wachsen rasch. Nach etwa einem Jahr sind sie geschlechtsreif.
Größe: 14 cm. *Verbreitung:* Nordindien, Bengalen und Assam. *Verhalten:* lebhaft, schwarmbildend. *Wasser:* Süßwasser, 17–25 °C, weich, leicht sauer.

Barbus schwanefeldi (Brassenbarbe oder Schwanefelds Barbe)
Beschreibung: Ll. 35–36 und vollständig. Der Körper ist hoch gebaut und stark komprimiert, und bei älteren Fischen steigt der Nacken steil an. Um das Maul stehen 2 Paar Barteln. Die Rücken- und Schwanzflosse sind leuchtend rot mit schwarzen Zeichnungen. Die anderen Flossen sind gelborange.

Barbus schwanefeldi ist eine der größten Barben und ein kräftiger Allesfresser. Obwohl sie im Schwarm lebt, wenn sie geschlechtsreif ist, wird sie gegenüber Exemplaren der gleichen Art aggressiv, wenn sie voll ausgewachsen ist. Das Ablaichen ist dem der Prachtbarbe ähnlich, mit dem Unterschied, daß diese Art ihre Eier, manchmal bis zu 5000, auf dem Flußgrund verstreut, aus denen nach etwa 24 Stunden die Larven schlüpfen.
Größe: 35 cm. *Verbreitung:* Sumatra, Borneo, Malakka, Thailand und Indonesien. *Verhalten:* lebhaft, schwarmbildend. *Wasser:* Süßwasser, 20–25 °C, weich, leicht sauer.

Barbus tetrazona tetrazona (Sumatrabarbe)
Beschreibung: Die Zeichnung ist charakteristisch: Vier breite senkrechte Streifen verlaufen über den Kopf und den Körper. Eine ähnliche gefärbte Unterart *(B. tetrazona partipentazona)* weist einen zusätzlichen halben Streifen von der Rückenflosse bis zur Mitte der Körperseite auf. Beide Unterarten haben ein endständiges Maul.

Diese beiden Unterarten leben in sehr ähnlichen Lebensräumen und weisen das gleiche Fortpflanzungsverhalten auf wie *B. conchonius.* Beide zeigen einen geringen Geschlechtsdimorphismus. Die Weibchen sind rundlicher, und im Gegensatz zu den Männchen sind die After- und Rückenflosse weniger farbig. Wenn die Männchen die Weibchen treiben, werden sie etwas heller. Die Art ist sehr produktiv und laicht zwischen 600 und 1000 Eier, aus denen nach etwa einem Tag die Larven schlüpfen. Die Brut beginnt nach 6 Tagen freizuschwimmen.
Größe: 7 cm. *Verbreitung:* Borneo, Sumatra, Singapur und Südostthailand. *Verhalten:* friedlich, schwarmbildend. *Wasser:* Süßwasser, 20–27 °C, die Wasserzusammensetzung ist von untergeordneter Bedeutung.

Brachydanio rerio (Zebrabärbling)
Beschreibung: Ll. 26–28 und unvollständig. Der Körper ist gestreckt und leicht zusammengedrückt, um das Maul stehen zwei Paar Barteln.

Die Gattung, zu der diese Art zählt, läßt sich in ganz Indien finden. Alle Arten sind Schwarmfische und laichen bevorzugt über Kiesboden. Dies geschieht gewöhnlich in der frühen Morgensonne, die Eier fallen zwischen die Pflanzen. Die Brut schlüpft nach etwa 24 Stunden

und hängt so lange an Blättern, bis der Dottersack aufgezehrt ist. Ausgewachsene Weibchen sollen ihren Männchen »treu« sein und oft wiederholt mit dem gleichen Tier eines Schwarmes ablaichen. Die Männchen sind von den Weibchen dadurch zu unterscheiden, daß sie schlanker sind und kräftigere Farben zeigen.
Größe: 4,5 cm. *Verbreitung:* Ostindien. *Verhalten:* lebhaft, schwarmbildend. *Wasser:* Süßwasser, 18–24 °C, bezüglich der Wasserqualität unkritisch.

Carassius auratus (Goldfisch)
Beschreibung: D.III–IV, 15–19; A.II–III, 5–6. In der Rücken- und Afterflosse kommen vor allem nach hinten zu tief gegabelte und gesägte Knochenstrahlen vor. Bei der Wildform ist die Körperfarbe auf dem Rücken olivgrün und auf den Seiten golden. In der Gefangenschaft reicht die Färbung von gold, gelb, rot und silbern bis hin zu Mischungen dieser Grundfarben und auch noch anderen Tönen.

Der Goldfisch wurde bis etwa 1000 v. Chr. als Speisefisch gehalten, als die Chinesen damit begannen, ihn als Zierfisch zu pflegen. Er wurde im 17. Jahrhundert nach Europa gebracht und bald am russischen Hof eingeführt, wo er in Potemkins Wintergarten gepflegt wurde, so daß er schnell zur Mode wurde.

Sein natürlicher Lebensraum ist ein langsam fließender Fluß mit schlammigem Grund, und wie sein naher europäischer Verwandter, die Karausche, kann er in Wasser mit niedrigem Sauerstoffgehalt leben. Er ernährt sich von Wirbellosen und Algen. Dabei kaut er jeweils ein Maul voll Schlamm durch und spuckt die ungenießbaren Reste wieder aus. Zur Laichzeit unterscheiden sich die Geschlechter: Das Weibchen wird rundlicher, und das Männchen entwickelt auf den Brustflossen und dem Kopf weiße Knötchen, gelegentlich als Perlorgane bezeichnet. Das Männchen schwimmt hinter dem Weibchen her und befruchtet die Eier, sobald sie von diesem abgegeben werden. Das Weibchen legt zwischen 500 und 1000 Eier, die normalerweise an den Wasserpflanzen festkleben und in etwa 7 Tagen schlupfreif sind. Die Larven bleiben für etwa zwei Tage an den Pflanzen hängen, bis sich ihre Flossen entwickelt haben. Dann beginnen sie freizuschwimmen und sich von Mikroorganismen zu ernähren.
Größe: 18 cm. *Verbreitung:* China bis Osteuropa. *Verhalten:* lebhaft, schwarmbildend. *Wasser:* Süßwasser, 4–24 °C, die Wasserzusammensetzung ist unerheblich.

Carassius auratus: Die Goldfischrassen
Im Laufe der vielen Jahre wurden durch Zuchtauslese verschiedener Formen und Mutanten Hunderte von Goldfischrassen erzielt. Diese Rassen stammen aus China, sie wurden jedoch auch in Europa und Amerika weit verbreitet. Jede Rasse kann in unterschiedlichen Farb- und Schuppenmustern gezüchtet werden. Alle Farben des Goldfisches lassen sich auf nur drei Pigmente zurückführen: orange, gelb und schwarz. Alle anderen Farben stellen Kombinationen dieser Grundpigmentierung dar oder sie entstehen durch Lichtbrechung durch die Körperschuppen. Ein Fisch mit metallischer Färbung hat seinen spiegelähnlichen Glanz durch Guaninablagerungen in den Schuppen. Ein farblich matt oder schuppenlos aussehender Fisch hat kein Guanin in den Schuppen. Schließlich gibt es auch perlmuttartig glänzende Schuppen, die halbmatt sind, so daß die Eigenfärbung des Fisches durchscheint. Solche Formen sind empfindlicher als der gewöhnliche Goldfisch und benötigen höhere

21 *Brachydanio rerio* (Zebrabärbling)

21 *Labeo bicolor* (Feuerschwanz)

Temperaturen, die nicht unter 15°C absinken sollten.
Der Schleierschwanz ist eine Form mit gedrungenem eiförmigem Körper und langen fließenden Flossen. Die Schwanzflosse ist an jeder Seite in zwei Flossenhälften geteilt, die von der Seite her gesehen noch die gegabelte Flosse des normalen Goldfisches erkennen lassen. Viele andere Formen haben ebenfalls die Merkmale des Schleierschwanzes, beispielsweise die Perlschupper mit ihren abgehobenen oder gebogenen Schuppen. Der Segelschwanz ist eine abweichende Form, er besitzt einen kurzen Körper wie der Schleierschwanz, aber eine besonders lange Schwanzflosse, die vom Körper herabhängt. Dieser lange Schwanz kehrt bei vielen Varianten wieder. Das Blasenauge ist ein Goldfisch mit blasenartigen flüssigkeitsgefüllten Hautsäcken unter den Augen, es besitzt keine Rückenflosse. Von ihm gibt es wieder Varianten mit verdrehten Augen, wie etwa den Himmelsgucker, dessen Augen bei ausgewachsenen Fischen nach oben gerichtet sind, oder das Schwarze Drachenauge, ein ganz schwarzer Fisch mit hervorstehenden Augen. Der Löwenkopf ist durch einen runden Körper gekennzeichnet, einen Schleierschwanz, fehlende Rückenflossen und einen Kopf mit warzenartig geschwollenen Hautauswüchsen, die ihm zu seinem Namen verholfen haben. Eine ähnliche Form ist der Oranda, der jedoch eine Rückenflosse besitzt. Der extremen, manchmal als monströs zu bezeichnenden Zuchtformen gibt es eine Menge, die Frage ist, ob hier nicht teilweise das Wohl der Fische dem Spieltrieb und möglicherweise auch gelegentlich dem Geschäftssinn des Menschen untergeordnet wurde, der verantwortungsbewußte Aquarianer wird sich hierzu sicher seine eigene Meinung bilden müssen.

Cyprinus carpio (Farbkarpfen oder Koi)
Beschreibung: Diese Fische haben einen gestreckten Körper, wie ihn der Wildkarpfen aufweist, mit 2 Barteln auf jeder Seite des Maules. Ihr Hauptcharakteristikum ist die große Vielfalt an Farbformen.

Die Haltung von Zierkarpfen ist im Orient seit über 1000 Jahren populär. Erste schriftliche Berichte über Farbformen stammen etwa aus den Jahren um 300 nach Christi, als schwarze, blaue, rote, gelbe und weiße Karpfen gezüchtet wurden. Aber die meisten Koi-Varianten kamen erst im späten 18. Jahrhundert auf. Diese Fische können wie der Goldfisch in verschiedenen Farbschlägen und mit unterschiedlicher Beschuppung auftreten. Die drei Schuppentypen sind der Lederkarpfen mit sehr wenigen sichtbaren Schuppen, der Spiegelkarpfen mit einer einzigen Reihe großer Schuppen an jeder Seite, und der Schuppenkarpfen mit großen Schuppen, die unregelmäßig über den Körper verteilt sind. Es gibt vier Typen von Pigmentzellen: Melanophoren (schwarz), Erythrophoren (rot), Xanthophoren (gelb) und Guanophoren, die Guaninkristalle enthalten und durch Lichtbrechung irisierende Farben erzeugen. Diese Pigmentzellen können alle miteinander kombiniert werden, um die zahlreichen vorhandenen Farbformen zu erzielen. Diese Farbformen des Farbkarpfens haben verschiedene Namen und manchmal geradezu bewundernswerte Stammbäume, wie man es bei einem Fisch auch erwarten kann, der schon so lange gezüchtet wird. Die Zuchtformen können hier nicht alle erwähnt werden, sie sind aber in drei Hauptgruppen zu gliedern. Die Gruppe der einfarbigen Kois umfaßt viele Farbformen aller möglichen Art der Pigmentierung, wie beispielsweise den seltenen silbernen »Nezu-Ohgon«, den gold-orangen »Orenji-Ohgon« und den kardinalroten »Hi-aka«. Unter den zweifarbigen Karpfen befindet sich auch der populäre rot und weiße »Kohaku«. Die Vielfarbkarpfen können schließlich drei bis fünf Farben aufweisen. Alle diese Farbkarpfen sind harte Allesfresser und bevorzugen – wie andere Karpfen – einen schlammigen Bodengrund, in dem sie nach Freßbarem wühlen können. Das Weibchen zeigt einen umfangreicheren Körper als das Männchen. Die Tiere sind sehr fruchtbar und laichen normalerweise etwa 10000 Eier ab, die über Wasserpflanzen verstreut werden.
Größe: 60 cm. *Verbreitung:* Ostasien. *Verhalten:* friedlich, schwarmbildend. *Wasser:* Süßwasser, 18–21°C, bezüglich der Wasserqualität nicht wählerisch.

Chela dadiburjori
Beschreibung: Diese Art hat einen gestreckten und seitlich komprimierten Körper. Rücken- und Afterflosse sind weit zurückgesetzt, und die langen Brustflossen reichen bis hinter den Ursprung der Bauchflossen. Ein dunkelbrauner Streifen verläuft waagerecht vom Kopf bis zum Beginn der Schwanzflosse.

Dieser Fisch wurde von Shri Sam J. Dadyburjor aus Bombay entdeckt und nach diesem benannt. Er ist sehr lebendig, schwimmt in kleinen Schwärmen und frißt als Allesfresser kleine Tiere und Algen. Es heißt, daß der Fisch beim Ablaichen die Eier an die Unterseite großer Blätter heftet. Es werden bis etwa 100 Eier abgelaicht, aus denen innerhalb von 24 Stunden die Larven schlüpfen. Die Brut schwimmt und frißt nach sechs Tagen und wird in drei Monaten geschlechtsreif.
Größe: 3 cm. *Verbreitung:* Bombay (Indien). *Verhalten:* lebhaft, schwarmbildend. *Wasser.* Süßwasser, 22–25°C, weich bis mittelhart.

Labeo bicolor (Feuerschwanz)
Beschreibung: Ll. 30–35. Alle Arten der Gattung *Labeo* haben kräftig entwickelte unterständige Mäuler, die als wirksame Saugorgane benutzt werden. Diese Art hat zwei Paar Barteln. Ihr Körper ist gestreckt und leicht komprimiert, mit einer fahnenartigen Rückenflosse, die genau vor den Bauchflossen ansetzt. Der Schwanz ist orangerot, die übrigen Flossen wie der Körper schwarz.

Dieser hübsche Fisch neigt dazu, gegenüber anderen Exemplaren der gleichen Art sehr aggressiv zu sein. Er lebt in Fließgewässern mit gutem Pflanzenwuchs und weidet mit seinem Saugmaul Algen ab, doch frißt er auch Würmer und andere kleine Wirbellose. Die Geschlechter sind sich sehr ähnlich, die Weibchen sind etwas kräftiger

21 *Carassius auratus* (Goldfisch)

21 *Barbus tetrazona* (Sumatrabarbe) 21 *Barbus conchonius* (Prachtbarbe)

21 *Chela dadiburjori*

21 *Carassius auratus* (Goldfisch, Blasenauge)

21 *Carassius auratus* (Goldfisch, Blasenauge)

als die Männchen, besonders während der Laichzeit. Das Weibchen laicht zwischen 30 und 60 Eier ab, die sorgsam plaziert werden, so daß sie leicht verteidigt werden können, gewöhnlich vom Männchen. Nach etwa drei Tagen schlüpfen die Larven, die nach etwa weiteren drei Tagen freischwimmen, sobald sie ihren Dottersack aufgezehrt haben. Nach acht Wochen sind die Jungfische noch recht grau, beginnen aber langsam die Färbung der Elterntiere anzunehmen, obgleich sie noch eine Zeitlang eine weiße Rückenflossenspitze behalten. Leider gelten diese Fische im Aquarium als schwer zu züchten.
Größe 20 cm. *Verbreitung:* Thailand und die Malaiische Halbinsel. *Verhalten:* lebhaft, revierbildend. *Wasser:* Süßwasser, 22–27 °C, weich, leicht sauer mit Torfzusatz.

Leuciscus idus (Aland, Nerfling, Silber- und Goldorfe)
Beschreibung: Ll. 55–61; A. III, 9–10. Der Aland hat hinter dem Kopf einen leichten Buckel. Das Maul ist endständig und schräg, ohne Barteln. Die Färbung erwachsener Fische ist ein Grauschwarz auf dem Rücken, das bauchwärts zu einem Silberton aufhellt. Die Bauch-, Brust- und Afterflossen sind orangerot und das Auge ist gelb. Die goldene Farbform ist auf dem Rücken gelb bis orangefarben und hat manchmal dunkle Flecken.

Dies ist ein recht harter Fisch, der in großen Schwärmen lebt. Er bevorzugt tiefere Gewässer, besonders die brackigen Bereiche der Flüsse sowie manchmal Seen, wo er den Winter verbringt. Im März oder April jedoch beginnt er flußaufwärts zu wandern und sucht einen geeigneten Ablaichplatz. Die Färbung der Männchen wird leuchtender, und sie erreichen den Laichplatz ein paar Tage vor den Weibchen, die etwas größer sind. Zum Ablaichen bevorzugen die Orfen flaches Wasser mit sandigem oder steinigem Bodengrund und etwas Pflanzenwuchs. Das Ablaichen erfolgt dann von April bis Mai, die Fische sind dabei sehr aktiv und springen sogar gelegentlich aus dem Wasser. Zwischen 40000 und 100000 Eier werden abgegeben und befruchtet und hängen an Pflanzen oder Steinen. Nach ungefähr 15 Tagen schlüpfen sie, und die Larven beginnen sich bald von tierischem Plankton zu ernähren. Die Männchen werden nach 5 oder 6 Jahren geschlechtsreif, die Weibchen benötigen etwa 8 Jahre. Schon bald nach dem Ablaichen kehren die Elterntiere in Schwärmen flußabwärts zurück, um wieder in tieferem Wasser zu überwintern, wo sie Insekten und auf dem Bodengrund lebende Wirbellose fressen. Der Fisch ist bei Anglern verhältnismäßig beliebt, und in einigen Gebieten wird er kommerziel gefischt, weil sein Fleisch einen guten Geschmack hat. Als Jungtier ist die goldene Form ein attraktiver Aquarienfisch, wenn sie allerdings ausgewachsen ist, ist sie eher für den Gartenteich geeignet.
Größe: 50 cm. *Verbreitung:* nordwestliches und mittleres Europa. *Verhalten:* friedlich, schwarmbildend. *Wasser:* Süß- und Brackwasser, 4–20 °C, die Wasserzusammensetzung ist nicht so entscheidend.

Rasbora heteromorpha (Keilfleckbarbe)
Beschreibung: D. II-III, 7; A. III, 5; Ll. 26–27, unvollständig und gebogen, wobei sie nur von 6–9 Schuppen unterbrochen ist. Das Maul ist oberständig, und ein keilförmiger schwarzblauer Fleck befindet sich auf den Flanken und der Schwanzflosse.

Dies ist einer der populärsten tropischen Süßwasserfische seiner Gattung. Wie von den Mitarbeitern des Raffles-Museum in Singapur berichtet wurde, bevölkert er saure Gewässer, sowohl fließende als auch stehende, sowie kleine Flüsse, in denen er in den oberen Schichten lebt. Er frißt kleine Krebstiere und Insektenlarven. Obwohl die Keilfleckbarbe gesellig lebt, können die Männchen besonders zur Laichzeit gegeneinander aggressiv werden. Das Weibchen ist größer als das Männchen, und sein schwarzer Fleck reicht nicht so weit nach vorne. Das Ablaichen erfolgt nach heftigem Treiben durch das Männchen, und die Eier werden an Pflanzenbüscheln oder an Blattunterseiten abgelaicht, wo sie innerhalb von 24 Stunden schlüpfen. Die Larven hängen an Wasserpflanzen und schwimmen nach etwa vier Tagen frei, sie wachsen dann sehr rasch. Die Elterntiere sind als starke Laichräuber bekannt, man muß sie im Aquarium deshalb sorgfältig während des Ablaichens beobachten.
Größe: 4,5 cm. *Verbreitung:* Malaiische Halbinsel, Thailand, Ostsumatra. *Verhalten:* friedlich, schwarmbildend. *Wasser:* Süßwasser, 22–26 °C, weich, leicht sauer, über Torf filtern.

Tanichthys albonubes (Kardinalfisch)
Beschreibung: D.II,7; A.III,8; Ll. etwa 30. Das Maul ist sehr schräg und endständig. Der Rücken ist olivgrün oder gelbbraun gefärbt, der Bauch weiß, und ein leuchtender Streifen verläuft vom Auge bis zur Basis der Schwanzflosse. Ein noch leuchtenderer und stärker irisierender Streifen erhöht die Farbigkeit der Jungfische.

Dieser hübsche Fisch wurde 1932 von dem chinesischen Zoologen Lin nach einem Exemplar beschrieben, das in der Nähe von Kanton gefunden worden war. Anfänglich verursachten Veröffentlichungen Verwirrung bezüglich seiner Verwandtschaft mit einer zweiten beschriebenen Art, *Aphyocypris pooni,* doch nimmt man heute an, daß beide Bezeichnungen Synonyme sind. Der Fisch ist Allesfresser und bevorzugt die dichte Vegetation von Flußufern, wo der Fisch auch laichen soll. Die Lar-

ven sollen nach etwa zwei Tagen schlüpfen. In Gefangenschaft ließ sich beobachten, daß die erwachsenen Fische oft die Eier fressen. Wenn die Tiere geschlechtsreif sind, sind sie leicht unterscheidbar, weil das Männchen kleiner und schlanker ist.
Größe: 5 cm. *Verbreitung:* Das Gebirge der Weißen Wolken (China). *Verhalten:* friedlich, schwarmbildend. *Wasser:* Süßwasser, 16–22°C, die Wasserzusammensetzung ist nicht entscheidend.

22 Gyrinocheilidae (Saugschmerlen)

Beschreibung: D.III,9. Das Maul ist zu einem bauchwärts gelegenen Saugorgan umgewandelt. Es sind keine Barteln vorhanden. Über dem Kiemendeckel befindet sich eine Atemöffnung.
Verbreitung: Südostasien.

Diese kleine Familie von Süßwasserfischen besteht aus drei Arten einer Gattung. Ihre Methode zu atmen ist ziemlich ungewöhnlich, sie haben sich an das Leben in schnellfließenden Bergbächen angepaßt. Daher haben sich die Lippen des unterständigen Maules zu einem wirksamen Saugorgan umgewandelt, durch das kein Atemwasser aufgenommen werden kann. Das Wasser wird durch die Öffnung oberhalb der Kiemendeckel in den Kiemenraum aufgenommen und verläßt das Maul wieder durch den unteren Teil der Kiemenöffnung, nachdem es aus dem Kiemenraum herausgedrückt wurde. Auch die Nahrungsaufnahme der Saugschmerlen ist der Lebensweise angepaßt. Die Falten oder Lippen, die das Saugmaul bilden, haben besondere Raspeln, um Algen von den Steinen abzuweiden. Saugschmerlen haben sehr kleine Schwimmblasen, die keinen nennenswerten Auftrieb erzeugen können, sie wirken vielmehr mit den Flossen zusammen. Nachzucht wurde bisher von der folgenden Art in Gefangenschaft erzielt.

Gyrinocheilus aymonieri (Saugschmerle)
Beschreibung: Gut gezeichnete Exemplare haben ein Zickzackmuster aus Flecken entlang eines etwas dunkleren Seitenstreifens.

Dieser Fisch lebt in sauerstoffreichen Bergbächen. Seine Nahrung ist – typisch für diese Familie – nicht sehr inhaltsreich, weil viel unverdauliches Material aufgenommen wird. Aus diesem Grund ist der Verdauungstrakt sehr lang und entspricht vierzehnmal der Körperlänge des Fisches. Das Männchen hat über dem Maul mehr Knötchen als das Weibchen, das insgesamt etwas kräftiger gestaltet ist. Die Eier sollen in einer Grube abgelaicht werden, die von den Elternfischen ausgehoben wurde. Diese sorgen für die Brut, indem sie die Eier und später die Jungfische bewachen und reinigen.
Größe: 25 cm. *Verbreitung:* Thailand. *Verhalten:* in der Jugend friedlich, im Alter aggressiver werdend. *Wasser:* Süßwasser, 21–30°C, die Wasserzusammensetzung ist von untergeordneter Bedeutung.

23 Cobitidae (Familie der Schmerlen und Dorngrundeln, Dornaugen)

Beschreibung: Es sind drei bis sechs Paar Barteln vorhanden. Viele Arten haben in der Nähe der Augen aufrichtbare Stacheln, entweder einzeln oder geteilt. Einige Arten haben eine Fettflosse, die Seitenlinie kann fehlen.

21 *Carassius auratus* (Goldfisch)

21 *Carassius auratus* (Goldfisch, Schleierschwanz)

21 *Tanichthys albonubes* (Kardinalfisch)
22 *Gyrinocheilus aymonieri* (Saugschmerle)

Verbreitung: Europa, Asien und Teile Afrikas.

Diese Fische werden so bezeichnet, weil viele von ihnen neben dem Auge einen Stachel haben, der der Verteidigung dient. So fand man des öfteren Dorngrundeln im Hals von toten Fischen und auch von Vögeln. Es gibt drei Unterfamilien: die Botiinae, die Cobitinae und die Noemacheilinae, von denen die letztere mit etwa 110 Arten die größte ist. Schmerlen kommen in sehr verschiedenen Lebensräumen vor, von sauerstoffreichen Bergbächen bis zu sauerstoffarmen sumpfigen Gewässern, in denen andere Fischarten nicht überleben können. Einige Arten können neben der Kiemenatmung auch atmosphärische Luft aufnehmen und den Sauerstoff durch die Darmwand absorbieren. Der Wetterfisch, Schlammbeißer oder Schlammpeitzger *(Misgurnus)* macht von einer weiteren Möglichkeit Gebrauch, indem er durch die Haut atmet und so über 60% seines Sauerstoffbedarfs deckt, während er auf diese Weise gleichzeitig über 90% seines Kohlendioxids abgibt. Wenn die Kiemen stark zerstört sind, kann er die Sauerstoffaufnahme durch die Haut sogar auf 80% ansteigen lassen. Er kann sogar eine kurzzeitige Austrocknung überleben, indem er sich in den Schlamm eingräbt und seine Stoffwechselprozesse für kurze Zeit herabsetzt. Einige Schmerlen graben sich zum Schutz oder zur Nahrungssuche in den Bodengrund ein. Mit den Barteln um ihr Maul, die sehr berührungs- und tastempfindlich sind, sind sie an ein Bodenleben gut angepaßt. Die Barteln werden dazu benutzt, um Würmer, Insektenlarven und pflanzliche Nahrung aufzuspüren, die im Sand vergraben sein können.

Ebenso ist die kleine Schwimmblase angepaßt. Sie verhindert, daß der Fisch zu sehr Auftrieb bekommt; er ist in der Lage, auf dem Boden zu bleiben, um den starken Strömungen des Flusses zu entgehen. Die Schwimmblase verfügt nur über einen sehr kleinen hinteren Teil, alles übrige ist von einer Knochenkapsel umschlossen. Man glaubt, daß dies das Organ ist, mit dem Luftdruckänderungen wahrgenommen werden können, auf die manche Arten empfindlich reagieren. Diese Fähigkeit besitzt beispielsweise auch *Misgurnus fossilis,* der bei Luftdruckänderungen ein sehr nervöses Verhalten entwickelt und in Gefangenschaft dann aufgeregt durch das Aquarium schwimmt. Es heißt, daß dieser Fisch als »Wetterprophet« benutzt wurde, daher heißt er auch Wetterfisch. Einige Schmerlenarten benutzen die Schwimmblase während der Balz, indem sie aus einem Gang Luft entlassen, um einen hohen Ton zu erzeugen. Das Fortpflanzungsverhalten einiger Schmerlen ist recht gut bekannt, und es beginnt damit, daß sich das kleinere Männchen um das Weibchen schlingt. Die Eier werden abgegeben und befruchtet, während das Paar zur Wasseroberfläche aufsteigt. Die Folge ist, daß die Eier wahllos über die Pflanzen oder den Bodengrund verstreut werden, wobei sie aufgrund der Aktivitäten der Elterntiere sogar mit Sand zugeschüttet werden können.

Acanthophthalmus myersi
Beschreibung: Der Körper trägt 10–14 dunkelbraune, breite, senkrechte Streifen, die zum Rücken hin zusammenlaufen. Die Grundfarbe variiert von rosa bis gelb. Um das Maul stehen drei Paar Barteln, neben dem Auge befindet sich der typische Dorn.

Diese Art lebt auf dem flachen sandigen Grund von Bergbächen und langsam fließenden Gewässern und ernährt sich in der für Schmerlen typischen Weise von Bodenlebewesen. Die Art lebt nächtlich und meidet während des Tages das Licht. Die kleinen Augen sind von einer durchsichtigen Haut überzogen, so daß sie während der Nahrungssuche im Boden nicht verletzt werden können. Die Brustflossen des Männchens sind besser entwikkelt als die des Weibchens, das auf dem Hinterleib oft heller gefärbt ist. Über die Fortpflanzung der Arten dieser Gattung ist wenig bekannt. In Gefangenschaft gelang die Zucht von Dornaugen bisher nur nach Hormonzugaben.
Größe: 8 cm. *Verbreitung:* Thailand. *Verhalten:* schwarmbildend. *Wasser:* Süßwasser, 24–30°C, weich, leicht sauer.

Botia macracantha (Prachtschmerle)
Beschreibung: D.11–12. Vier der acht Barteln entspringen einer gemeinsamen Basis auf der Oberlippe. Der Dorn unter dem Auge hat zwei Spitzen. Die Färbung ist sehr lebhaft, der orangerote Körper trägt drei breite senkrechte Streifen, einen über dem Kopf und zwei über dem Körper.

Einige Arten der Gattung *Botia* sind dämmerungsaktiv, während andere nächtlich aktiv sind. Die Prachtschmerle ist jedoch am Tage aktiv und stößt, wenn sie bedroht wird, knackende Geräusche aus und versteckt sich. Sie lebt von Algen ebenso wie von Würmern und kleinen Wirbellosen. Über das Freßverhalten und das Fortpflanzungsverhalten in der Natur ist wenig bekannt, und obgleich die Fortpflanzung in Gefangenschaft schon gelungen sein soll, spielt sich das Verhalten dieses Fisches sehr im Verborgenen ab, so daß hierüber Beobachtungen bisher fehlen. Die Geschlechter scheinen sich äußerlich nicht zu unterscheiden.
Größe: 30 cm. *Verbreitung:* Sumatra, Borneo. *Verhalten:* lebhaft, friedlich, schwarmbildend. *Wasser:* Süßwasser, 24–30°C, weich bis mittelhart, leicht sauer.

Noemacheilus botia
Beschreibung: D.II, 10–12; A.II,5. Es sind drei Paar verhältnismäßig langer Barteln vorhanden, jedoch kein Dorn neben dem Auge. Die Schwanzflosse ist leicht abgekantet. Der Körper ist graubraun oder graugrün mit unregelmäßigen dunkleren Streifen.

Diese nächtlich lebende Schmerle bevorzugt steinigen und sandigen Boden. Sie ist ein Pflanzenfresser und weidet Algenrasen ab, die auf Felsen und Steinen wachsen. Es sind keine äußeren Geschlechtsunterschiede bekannt.
Größe: 12 cm. *Verbreitung:* nordwestliches bis nordöstliches Indien. *Verhalten:* revierbildend. *Wasser:* Süßwasser, um 24°C, weich bis mittelhart.

24 Bagridae (Stachelwelse)

Beschreibung: D.I und Weichstrahlen. Es sind drei bis vier Paar Barteln vorhanden, und oft findet sich eine große Fettflosse.
Verbreitung: Afrika, Kleinasien und Südostasien.

Diese Welsfamilie umfaßt einige Arten mit außergewöhnlichen Eigenschaften. Sie sind meist nachtaktiv und leben im Süßwasser, aber einige können auch kurzzeitig an Land gehen, da ihre Schwimmblase in der Lage ist auch atmosphärische Luft aufzunehmen. Ihre Barteln sind Tast- und Geruchsorgane, die ihnen in der Nacht helfen, Futter zu erkennen. Sie sind in erster Linie Fleischfresser und leben von verschiedenen kleinen Wirbellosen, vor allem von Würmern, Insekten und deren Larven. Einige Arten graben Laichgruben in den Bodengrund und verteidigen die Eier gegenüber Laichräubern, wobei sie Laute von sich geben. Dazu benutzen sie ihre Flossen, die schnarrende Töne hervorbringen, und ihre Schwimmblasen, die krächzende oder grunzende Laute erzeugen. Eine Art *(Bagrichthys hypselopterus)* aus den Flüssen Sumatras und Borneos ist wegen seiner lang ausgezogenen Rückenflosse bemerkenswert. Bei einem der ersten beschriebenen Exemplare, das eine Gesamtlänge von 10 cm hatte, maß sie fast 6 cm. Der Körper dieser Art ist dunkelbraun und die Seitenlinie trägt einen dünnen, weißen Streifen. Diese Art kann bis zu 40 cm lang werden, aber es ist noch ungeklärt warum sich in der Rückenflosse ein so langer Strahl entwickelt hat.

Leiocassis poecilopterus
Beschreibung: D. I, 7; A. 15–16. Die Fettflosse ist vorhanden, die Barteln des Unterkiefers reichen nicht bis hinter den Kopf. Die Färbung ist auffallend und variabel. Auf dem dunklen Körper befinden sich deutliche, unregelmäßige hellbraune Flecken. Zwei kennzeichnende Flecken sind die vor dem Beginn der Rücken- und der Fettflosse.

Diese Art lebt zwischen der Wasserpflanzenvegetation von Flüssen und Bächen. Sie hat eine besondere Vorliebe dafür, senkrecht zwischen Pflanzenstengeln zu ruhen. In dieser Stellung und mit seiner groben und gutangepaßten Zeichnung, die an der Körperseite nicht wesentlich heller als auf dem Rücken ist, ist der Fisch in dem wechselnden Licht seines natürlichen Lebensraumes gut getarnt. Eine weitere Art dieser Gattung, der Hummelwels *(L. siamensis)*, ist ähnlich gezeichnet und ist zu Lautäußerungen inner- oder außerhalb des Wassers fähig. Über das Fortpflanzungsverhalten wurde bisher nichts berichtet und irgendwelche Geschlechtsunterschiede sind ebenfalls nicht bekannt.
Größe: 18 cm. *Verbreitung:* Java, Sumatra, Borneo, Thailand. *Verhalten:* friedlich. *Wasser:* Süßwasser, 22–25 °C, weich, leicht sauer.

25 Siluridae (Eurasiatische Welse)

Beschreibung: D. fehlend oder mit weniger als 7 Flossenstrahlen und kleinen Hartstrahlen. Die Basis der Afterflosse ist sehr lang und kann bis zu 90 Flossenstrahlen haben. Die Fettflosse fehlt und die Bauchflossen sind entweder sehr klein oder fehlen völlig. Zwei oder drei Paar Barteln sind vorhanden.
Verbreitung: Europa und Asien.

Dies ist eine große Familie von Süßwasserfischen, die in zwei Unterfamilien aufgegliedert ist, die Silurinae und die Kryptopterinae. In der ersten Unterfamilie ist der Europäische Wels oder Waller *(Silurus glanis)* eine der größten Arten, von dem über 4 m lange Exemplare nachgewiesen sind, mit einem Gewicht von 295 kg. Der Wels ist ein nächtlicher Räuber, der hauptsächlich von Fischen und anderen Tieren lebt, sogar von Vögeln, die er unter Wasser ziehen soll, indem er ihre Füße mit dem Maul packt. Während des Tages versteckt er sich in Uferlöchern oder unter ausgehöhlten Baumstämmen. Er bildet aus Pflanzen Nester und legt bis zu 100000 Eier, die anscheinend das Männchen bewacht.

Die zweite Unterfamilie enthält die Arten, die bei den Aquarianern bekannt sind. Diese gehören zur Gattung *Kryptopterus*, die einige der transparentesten Fische umfaßt. Einer hiervon, der Glaswels *Ompok bimaculatus*,

21 *Rasbora heteromorpha* (Keilfleckbärbling)

21 *Rhodeus sericeus* (Bitterling)

23 *Botia macracantha* (Prachtschmerle)

23 *Noemacheilus botia*

23 *Acanthophthalmus myersi* (Dornauge)

wird bis zu 45 cm lang und ist ein Speisefisch. Im Jugendstadium ist er transparent, doch mit zunehmendem Alter verliert er diese Eigenschaft und nimmt die graugrüne oder braune Färbung der erwachsenen Fische an. Das Fehlen der Pigmentzellen, das diese Durchsichtigkeit verursacht, ist eine Eigenart der Jungfische vieler Fischarten und wird von den ausgewachsenen Exemplaren einiger Glaswelsarten beibehalten. Dadurch sind sie besser getarnt und es erklärt auch ihren Namen.

Kryptopterus bicirrhis (Indischer Glaswels)
Beschreibung: D. I; A. 53–70. Der Körper ist zusammengedrückt und durchscheinend. Die Afterflosse geht nicht in die Schwanzflosse über sondern ist getrennt. Sie ist tief gegabelt und ihr unterer Lappen ist gewöhnlich größer als der obere. Es sind nur ein Paar Barteln vorhanden, die anderen sind verkümmert oder fehlen.

Dieser relativ kleine Fisch ist so transparent, daß sich das meiste des inneren Körperbaus unmittelbar beobachten läßt. Er ist carnivor und lebt von verschiedenen kleinen Wirbellosen. Da er sich zwischen den Pflanzen aufhält, ist er noch besser getarnt, weil die Pflanzen deutlich durch seinen Körper hindurch zu sehen sind. Der Indische Glaswels ist eine Art, die die mittleren Wasserschichten aufsucht und oft eine schräge Lage mit dem Kopf nach unten einnimmt, wobei die Afterflosse wellenförmig bewegt wird. Am Tage stehen kleinere Gruppen im Schatten von Blättern und Pflanzen. Ähnlich im Aussehen und bezüglich seiner Gewohnheiten ist *K. macrocephalus*, dessen erwachsene Tiere aber weniger transparent und stärker gefleckt sind. Äußere Geschlechtsunterschiede scheinen nicht vorhanden zu sein, und über das Fortpflanzungsverhalten ist kaum etwas bekannt.

Größe: 10 cm. *Verbreitung:* Südostasien. *Verhalten:* lebhaft, schwarmbildend. *Wasser:* Süßwasser, 20–26 °C, weich bis mittelhart, leicht alkalisch.

26 Schilbeidae (Glaswelse)

Beschreibung: Die Rückenflosse, die normalerweise vorhanden ist, hat einen starken Hartstrahl, die Afterflosse ist sehr lang. Die Fettflosse kann fehlen, und zwei bis vier Paar Barteln sind vorhanden. *Verbreitung:* Südostasien und Afrika südlich und östlich der Sahara.

Diese Familie umfaßt 40 Arten in vielen Gattungen. Zwei Arten sind *Physailia pellucida*, der Afrikanische Glaswels, der keine Rückenflosse hat, und *Parailia longifilis*, der im hellen Licht steif auf dem Boden liegt als ob er tot sei, der aber in der Dunkelheit rasch aktiv wird. Einige Arten, die früher in diese Familie gehörten, zählen heute zur Familie Pangasiidae, die den großen pflanzenfressenden *Pangasianodon gigas* enthält, den Mekong-Wels, einen Speisefisch, der bis 2,3 m lang wird.

Eutropiellus debauwi (Dreistreifen-Glaswels)
Beschreibung: D. I, 5; A. III–IV, 35–43. Es sind drei Paar kurzer Barteln vorhanden, eine Fettflosse und eine gegabelte Schwanzflosse. Drei deutliche waagerechte Streifen verlaufen über den Körper, der mittlere geht durch das Auge und ist meist am deutlichsten ausgeprägt.

Dieser kleine Fisch lebt von kleinen Krebstieren und von Würmern. Er ist sehr lebhaft und schwimmt ruhelos in oft schräger Stellung mit dem Kopf nach unten etwa 10–15 cm über dem Boden. Die Weibchen sind etwas heller gezeichnet und etwas rundlicher als die Männchen. Über das Fortpflanzungsverhalten ist nichts bekannt. *Größe:* 8 cm. *Verbreitung:* Stanley Pool und andere Fundorte im westlichen tropischen Afrika. *Verhalten:* lebhaft, friedlich, schwarmbildend. *Wasser:* Süßwasser, 24–27 °C, weich, leicht sauer.

Schilbe mystus (Silberwels)
Beschreibung: D. I, 6; A. III–IV, 55–56. Der Fisch hat eine kurze Rückenflossenbasis, keine Fettflosse und vier Paar Barteln. Der obere Rand der Schwanzflosse besitzt einen schmalen verdickten Flossenrand. Quer über der Seitenlinie befindet sich hinter dem Kiemendeckel ein großer schwarzer Fleck.

Diese Art ist nachtaktiv und versteckt sich gerne am Tage zwischen Wurzeln und Vegetation. Sie lebt von kleinen Fischen und Wirbellosen. Äußere Geschlechtsunterschiede und das Fortpflanzungsverhalten sind offensichtlich unbekannt, mit Ausnahme der Tatsache, daß das Ablaichen während der Regenzeit erfolgt.
Größe: 35 cm. *Verbreitung:* Nil-, Kongo- und Sambesi-Flußsysteme und die afrikanischen Seen. *Verhalten:* lebhaft, schwarmbildend. *Wasser:* Süßwasser, 22–26 °C, weich, leicht sauer.

27 Clariidae (Kiemensackwelse)

Beschreibung: D gewöhnlich 30 oder mehr Strahlen. Rücken- und Afterflosse haben eine sehr lange Basis und nur Weichstrahlen, und einige Arten besitzen eine Fettflosse. Um das Maul sitzen vier Paar Barteln. Labyrinthartige Atemhilfsorgane gestatten es einigen Arten über Land zu »gehen«.

24 *Leiocassis poecilopterus*

25 *Kryptopterus bicirrhus* (Glaswels)

Verbreitung: Afrika, Syrien und Südostasien von Indien bis zu den Philippinen.

Diese Familie ist für ihre Fähigkeit bekannt, atmosphärische Luft aufzunehmen und sich auf dem Lande fortzubewegen, wie es besonders deutlich der Froschwels oder Wanderwels *(Clarias batrachus)* zeigt. Einige der afrikanischen Gattungen (zum Beispiel *Channallabes* und *Gymnallabes*) haben sehr schlanke und aalähnliche Körper mit kleinen oder fehlenden paarigen Flossen, und sind an eine grabende Lebensweise angepaßt. Sie können der Sommerhitze und Austrocknung dadurch entgehen, daß sie sich in den Schlamm eingraben, wo sie bleiben bis der Regen einsetzt und die sumpfigen Seen wieder auffüllt. Andere Gattungen, von denen zwei nur blinde Arten umfassen, bewohnen Flüsse und Seen. Viele Arten sind kräftige Fresser, die solange fressen, bis ihre Bäuche rundlich hervorstehen. Meistens fressen sie Wirbellose, kleine Fische und etwas Pflanzenkost. Über das Fortpflanzungsverhalten der meisten Arten wurde bisher noch nichts berichtet.

Clarias batrachus (Wanderfisch, Froschwels)
Beschreibung: D. 62–76; A. 45–58. Die Männchen haben im hinteren Bereich der Schwanzflosse einen dunklen Fleck. Rücken-, After- und Schwanzflosse haben normalerweise einen dunklen Rand.

Dieser Fisch stammt aus Südostasien, er wurde jedoch in Florida eingeführt, was sich als nicht sehr vorteilhaft erwiesen hat. Versuche, ihn dadurch auszurotten, daß man das Wasser vergiftete, schlugen fehl, weil er in benachbarte Gewässer auswanderte, so daß nur die einheimischen Fische vergiftet wurden. Da das befallene Gebiet auch die Everglades, ein einzigartiges Naturschutzgebiet, umfaßt, ist noch gar nicht abzuschätzen, welche Auswirkungen durch diesen Fisch noch entstehen. Solche künstliche Einbürgerung faunenfremder Tiere kann den Rückgang und das Aussterben einheimischer Arten zur Folge haben, weil sie entweder von den eingeführten Arten direkt als Beute ausgerottet werden, oder sich gegenüber den neuen Arten als Nahrungskonkurrenten behaupten müssen. Deshalb haben mehrere amerikanische Staaten den Besitz oder Import von Froschwelsen verboten, und ähnliche Gesetze existieren auch gegen Piranhas.

Elektronenmikroskopische Untersuchungen dieses Fisches bestätigen, daß sich die Kiemenstrukturen in der oberen Kiemenhöhle zu bäumchenartigen oder labyrinthartigen Organen umgebildet haben, die intensiv von Blutgefäßen durchzogen sind und dazu benutzt werden, um Sauerstoff aufzunehmen. Der Froschwels ist an diese Fähigkeit so stark angepaßt, daß er über die Kiemen nicht mehr genügend Sauerstoff aus dem Wasser aufnehmen kann und deshalb zur Luftaufnahme an die Wasseroberfläche kommen muß. Er ist dämmerungsaktiv und verläßt in der Dämmerung oft das Wasser um an Land Nahrung zu suchen, manchmal legt er dabei bis zu einem halben Kilometer zurück. Als kräftiger Fresser benutzt er seine Barteln dazu, um Nahrung zu suchen, vor allem kleine Fische, Würmer, andere Wirbellose und einige Pflanzen. Er wandert, indem er sich auf den steifen Strahlen der Brustflossen fortbewegt, die von einer giftigen Schleimschicht überzogen sind, die von Drüsen an der Basis der Strahlen ausgeschieden wird. Tiere, die als Albinowelse bekannt sind, gehören ebenfalls meist zu dieser Art, da bei den Froschwelsen ein hoher Prozentsatz derartiger Albinotiere auftritt. Die normale Färbung ist bräunlich bis blaugrün. Die Bauchseite ist bleich. Über die Fortpflanzungsweise wurde bisher noch nichts berichtet.

Größe: 55 cm. *Verbreitung:* Sri Lanka und östliches Indien bis zur malaiischen Halbinsel. In Florida, Guam und Hawaii künstlich eingeführt. *Verhalten:* lebhaft. *Wasser:* Süß- bis Brackwasser, 20–25 °C, die Wasserqualität ist unbedeutend.

28 Mochokidae (Fiederbartwelse)

Beschreibung: A. weniger als 10. Die Afterflosse, die eine lange Basis aufweist, hat verknöcherte Strahlen. Rücken- und Bauchflossen haben kurze, weiche, verzweigte Strahlen. Der Oberkiefer trägt ein langes Paar Barteln und der Unterkiefer zwei kürzere Paare, die gefiedert sein können, indem sie wiederum eine Anzahl kürzerer Barteln tragen. *Verbreitung:* Afrika, südlich und östlich der Sahara.

Die Arten dieser Süßwasserfischfamilie werden auch als Rückenschwimmende Welse bezeichnet, der Name leitet sich von der merkwürdigen Gewohnheit einzelner Arten ab, mit dem Bauch nach oben zu schwimmen. Die Familie umfaßt etwa 10 Gattungen mit 150 Arten. Diese leben nächtlich und in der Dämmerung und bewohnen Seen, Staubereiche und langsamfließende Flüsse. Sie verstecken sich am Tage, und manche lieben es, senkrecht an Pflanzenstengeln oder anderen Unterlagen zu ruhen. In manchen Gebieten Afrikas sind sie als »Squeaker« bekannt, weil sie laute Geräusche von sich geben. Man nimmt an, daß diese Geräusche durch das Aneinanderreiben von Rücken- und Brustflossenstrahlen erzeugt werden, und daß sie innerhalb der großen nächtlichen

Schwärme dieser Fische eine soziale Funktion haben. Die Ernährung ist omnivor, dabei werden die Barteln zum Auffinden des Futters benutzt. Normalerweise lassen sich die Weibchen an ihren rundlicheren Körperformen erkennen. Obwohl allgemein über das Fortpflanzungsverhalten nur sehr wenig bekannt ist, wurde das Balzverhalten des Gefleckten Fiederbartwelses *(Synodontis angelicus)* schon beobachtet. Während der Balz schwimmen die Fische zielstrebig aufeinander zu und stoßen mit dem Kopf gegeneinander. Sie tun dies in Abständen von etwa einer halben Minute mehrmals. Wie dann dieses merkwürdige Verhalten weitergeht, wurde nicht berichtet.

Synodontis nigriventris (Rückenschwimmender Kongowels)
Beschreibung: D. I, 7; A. IV, 4–9. Die vordere Oberfläche des Rückenflossenstachels ist glatt. Die Barteln des Unterkiefers sind gefiedert und weisen kleinere Fortsätze auf. Der Bauch ist schwarz und lieferte so den Artnamen (von *nigri*, schwarz, und *ventris*, Bauch), der Fisch trägt eine Anzahl dunkelbrauner Flecken.

Dieser nächtlich lebende Fisch schwimmt fast ständig mit dem Rücken nach unten. Diese Gewohnheit hat sich wahrscheinlich daraus entwickelt, daß er Algen und kleine Wirbellose bevorzugt, die auf der Unterseite der Blätter von Wasserpflanzen leben. Er frißt auch kleine Tiere von der Wasseroberfläche, und ohne sein besonderes Schwimmverhalten wäre das Maul nicht dazu in der Lage solche Beute zu erlangen. Auch die Färbung ist an diese Gewohnheit angepaßt, da die Gegenschattierung des Körpers umgekehrt ist: der Bauch ist dunkler, der Rükken hell. In der Nacht untersucht der Fisch seine Umgebung unablässig mit seinen Barteln, die gefühls- und geschmacksempfindlich sind. Am Tage verbirgt er sich mit dem Kopf nach unten in seinem Versteck. Diese Art wurde schon in Gefangenschaft nachgezüchtet, aber über sein Verhalten bei der Fortpflanzung ist dennoch nichts bekannt geworden, weil es sich in einer Höhle abspielte. Das Weibchen hat vermutlich einen stärker abgerundeten Körper.
Größe: 9 cm. *Verbreitung:* Zaire. *Verhalten:* friedlich, schwarmbildend. *Wasser:* Süßwasser, 22–27 °C, weich, leicht sauer.

29 Aspredinidae (Bratpfannenwelse)

Beschreibung: Der Körper ist vorne stark zusammengedrückt, ihm fehlt eine Fettflosse, und er besitzt viele große Knötchen und Warzen, ist aber ansonsten nackt. Aufgrund der Anzahl der Afterflossenstrahlen werden zwei Unterfamilien unterschieden: A. 50 oder mehr bei den Aspredininae und A. 12 oder weniger bei den Bunocephalinae.

Diese Familie umfaßt einige der am merkwürdigsten gestalteten Welse. In der Unterfamilie Aspredininae finden wir Arten des Süß- und Brackwassers, wobei letztere in den Mangrovebereichen von Guyana vorkommen. Eine Art hat, wie einige andere aus dieser Familie auch, eine ungewöhnliche Weise entwickelt um die Eier zu erbrüten: Sie sind an schwammigen Fortsätzen des Hinterkörpers befestigt und das Weibchen trägt sie mit sich herum. In der zweiten Unterfamilie sind etwa 21 Süßwasserarten zusammengefaßt, einschließlich der aquaristisch interessanten Arten. Ihr merkwürdiges Aussehen dient als Schutztracht und ermöglicht es ihnen, sich am Tage zwischen abgefallenem Laub zu verstecken, sie werden dann nach Eintritt der Dämmerung aktiv, um nach Nahrung zu suchen.

Bunocephalus coracoides (Bratpfannenwels)
Beschreibung: D. I, 4–5; A. II, 5. Um das Maul stehen drei Paar Barteln, ein langes Paar darüber und zwei kürzere Paare auf dem Unterkiefer. Das erste Paar Kinnbarteln oder Kopfbarteln ist am kürzesten und erreicht die Basis des dahinterliegenden zweiten Paares nicht.

Der Bratpfannenwels ist ein nachtaktiver Stöberer, der sich am Tage unter Blättern verbirgt oder sogar in den Bodengrund eingräbt. Die Weibchen haben eine größere Körperfülle als die Männchen. Vor dem Ablaichen graben die Elterntiere eine flache Grube, die sie mit ihren Flossen neben einem Stein oder einer Pflanze ausfächeln. Nach dem Ablaichen werden die Eier von den Elterntieren bewacht, die auf ihnen liegen bis die Larven schlüpfen. Von anderen Arten dieser Gattung wird berichtet, daß sie sich in ähnlicher Weise fortpflanzen und daß sie offensichtlich sehr produktiv sind, denn man zählt einige tausend Junge.
Größe: 12 cm. *Verbreitung:* Südamerika, im Rio Uruguay und dem Amazonasbecken. *Verhalten:* friedlich. *Wasser:* Süßwasser, 20–27 °C, die Wasserzusammensetzung ist nicht so entscheidend.

30 Plotosidae (Korallenwelse)

Beschreibung: Der Körper ist nackt, gestreckt oder aalähnlich. Die zweite Rückenflosse und die Afterflosse sind mit der Schwanzflosse verbunden, die ausgezogen oder stumpf abgerundet ist. Die erste Rückenflosse setzt weit vorne an, und viele Arten haben ein äußeres Ausscheidungsorgan mit sich verzweigenden Fortsätzen hinter dem After.
Verbreitung: Indischer Ozean und die Bereiche des östlichen Pazifik von Japan bis Australien.

Die Familie der Korallenwelse umfaßt über 20 Arten im See-, Brack- und Süßwasser, obgleich nur einige wenige marin sind. Die Süßwasserarten bauen aus Kies und Steinen auf dem Flußboden Nester, in denen sie ablaichen und dann die Eier bis zum Schlüpfen der Jungtiere bewachen. Normalerweise sind die Geschlechter äußerlich nicht unterscheidbar.

Plotosus lineatus (Gestreifter Korallenwels)
Beschreibung: 1 D. I, 4–5; 2 D. 80–100; A. 70–77. Die zweite Rückenflosse setzt hinter dem Beginn der Bauchflosse an. Hinter dem After ist ein verzweigtes Organ vorhanden.

Dieser Fisch wird wegen seiner Hartstrahlen in der Rücken- und Bauchflosse gefürchtet, die an ihren Seiten Giftdrüsen tragen und bei der geringsten Berührung eine schmerzhafte Wunde verursachen können. Die Jungtiere bilden dichte Schwärme und bewohnen Küstengewässer, in denen sie den Menschen gefährlich werden können. Bei Bedrohung formiert sich der Schwarm zu einem dichten Pulk, wobei die Köpfe der Fische nach außen gerichtet sind. Auf diese Weise ähnelt der Schwarm dann einem großen, sich bewegenden Objekt, und man weiß, daß Räuber einen solchen Schwarm nicht angreifen, da er wie ein großes Tier wirkt. Das Maul dieser Art hat vier Paar Barteln, die dazu benutzt werden um Futter zu suchen, wie Würmer, Krebse und andere kleine Krebstiere. Das hinter dem After gelegene verzweigte Organ ist durch Gewebe mit einem Wirbel verbunden, aber seine Funktion scheint wie bei den anderen Arten bei denen es auftritt, offensichtlich unbekannt zu sein. Die Geschlechter unterscheiden sich äußerlich nicht. Über ihr Fortpflanzungsverhalten ist nur wenig bekannt, mit Ausnahme der Tatsache, daß das Ablaichen von Juli bis August geschieht und daß die Eier in flachem Wasser in Felsspalten abgelegt werden.
Größe: 30 cm. *Verbreitung:* tropischer Indopazifik. *Verhalten:* schwarmbildend. *Wasser:* Seewasser, 24–26 °C.

31 Pimelodidae (Antennenwelse)

Beschreibung: Der Körper ist nackt und hat eine Fettflosse. Um das Maul sitzen drei Paar Barteln, von denen mindestens ein Paar gewöhnlich sehr lang ist. Die Rükkenflosse ist weit vorne gelegen und hat normalerweise einen starken Hartstrahl.
Verbreitung: Süd- und Mittelamerika bis Südmexiko.

Die Süßwasserfamilie der Pimelodidae umfaßt etwa 56 Gattungen mit fast 300 Arten, alle leben dämmerungsaktiv und nächtlich. Am Tage verstecken sie sich zwischen Wurzeln und Pflanzen und werden in der Abenddämmerung zu lebhaften Fressern. Im Dunkeln wird die Nahrung mittels der Barteln geortet, die über einen hervorragenden Geruchssinn verfügen. Eine Art dieser Familie ist blind und kommt nur in einer Höhle bei Sao Paulo in Brasilien vor. Über das Fortpflanzungsverhalten ist wenig bekannt. Einige Arten werden im Aquarium gehalten und einige der bekanntesten Vertreter gehören zu den Gattungen *Pimelodella, Pimelodus, Microglanis, Pseudoplatystoma* und *Sorubim.*

Sorubim lima (Spatelwels)
Beschreibung: D. I, 7; A. III, 18. Der Kopf ist sehr flach und die Schnauze ist spatelförmig mit unterständigem Maul. Die Schwanzflosse ist tief gegabelt. Der Körper wird von einem horizontalen schwarzen Streifen überzogen, der durch das Auge verläuft und bis auf die Schwanzflosse reicht.

Der Spatelwels ruht entweder mit dem Kopf nach oben oder nach unten gerichtet zwischen senkrechten Pflanzenstengeln, oder er kann in Bodennähe zwischen den Pflanzen stehen. Er ernährt sich von Bodentieren wie Würmern und Krebstierchen, aber auch von kleinen Fischen.
Größe: 60 cm. *Verbreitung:* Südamerika, Amazonas und seine Zuflüsse, Rio de la Plata und Rio Magdalena. *Verhalten:* friedlich. *Wasser:* Süßwasser, 20–26 °C, weich, leicht sauer.

32 Callichthyidae (Schwielenwelse)

Beschreibung: Der Körper ist mit Reihen von Knochenplatten bedeckt, jede Seite trägt zwei Reihen solcher überlappender Platten. Die Fettflosse wird vorne durch einen Hartstrahl gestützt. Das Maul trägt auf dem Oberkiefer zwei Paar Barteln.
Verbreitung: Südamerika bis Panama.

Diese Familie umfaßt 8 Gattungen mit etwa 130 Arten, die alle nur im Süßwasser vorkommen. Einige dieser Gattungen sind *Hoplosternum, Callichthys* und *Aspidoras.* Die größte Gattung, *Corydoras,* mit etwa 100 Arten, ist die einzige, deren Arten tagaktiv sind, die anderen leben nächtlich. Die Schwielenwelse bewohnen langsamfließende Flüsse. Sie leben in Trupps oder Schwärmen und ernähren sich von Würmern, kleinen Wirbellosen und anderem freßbarem Material, wobei sie sogar kurzfristig das Waser verlassen können sollen, um am Ufer Nahrung zu suchen. Man hat in der Tat schon beobachtet, daß sie viele Meter über Land gekrochen sind um neue Gewässer aufzusuchen, wenn ihr alter Lebensraum im heißen Klima austrocknete. Sie können dadurch auf dem Land überleben, daß sie Luft aufnehmen und den Sauerstoff durch die Magen- und Darmwand absorbieren. Ihre Knochenplatten schützen sie während dieser für sie gefährlichen Ausflüge sowohl vor Feinden als auch vor dem Austrocknen. Die Weibchen haben fülligere Hinterleiber als die Männchen und sind gewöhnlich größer. Einige Mitglieder dieser Familie sind innerhalb der Welse deshalb besonders merkwürdig, weil sie mit dem Darmtrakt Blasen erzeugen, die sie zum Bau schwimmender Nester verwenden. Dies ist beispielsweise bei einer *Hoplosternum*-Art der Fall, die ein Nest aus Gras und anderen Pflanzen baut, und bei einer *Callichthys*-Art, die ihre Eier unter einem Blatt ablegt. Letztere kann bei einem Laichvorgang bis zu 120 Eier abgeben. Das Nest wird vom Männchen bewacht, das während dieser Zeit laute grunzende Geräusche von sich geben kann.

Corydoras metae (Schwarzrücken-Panzerwels)
Beschreibung: Diese Art wird durch ihre Färbung gekennzeichnet. Ein dunkler, vertikaler Streifen verläuft durch das Auge, ein zweiter setzt sich entlang dem Rükken fort und verläuft über die Schwanzflossenbasis. Der untere Teil der Rückenflosse und die wichtigsten Weichstrahlen zeigen ebenfalls ein dunkles, rauchiges Schwarz.

Diese Art ist ein verhältnismäßig wenig verbreiteter Vertreter einer Gattung, die bei den Aquarianern sehr beliebt wurde. Sie lebt in flachen schlammigen Flüssen und Teichen auf dem Bodengrund. Sie toleriert Wasser von schlechter Qualität und mit niedrigem Sauerstoffgehalt, weil sie ihren Sauerstoffbedarf dadurch ergänzen kann, daß sie gelegentlich zur Wasseroberfläche schwimmt und Luft aufnimmt, deren Sauerstoff durch die Magenwand absorbiert wird. Diese Art kommt in kleinen Trupps vor und frißt organisches Material vom Bodengrund. Geeignet erscheinende Nahrung wird mit den Barteln identifiziert. Diese können durch den ständigen Gebrauch bei alten Exemplaren kürzer geworden sein. Die Weibchen haben rundere Körper als die Männchen. Das Fortpflanzungsverhalten ist augenscheinlich für die ganze Gattung typisch, obgleich unterschiedliche Berichte bezüglich verschiedener Einzelheiten vorliegen. Nachdem sich die Tiere zunächst recht aufgeregt verhalten, gibt das Weibchen einige wenige Eier ab, die in einer »Tasche« aufgefangen werden, die von der Bauchflosse gebildet wird. Über die Befruchtung der Eier bestehen unterschiedliche Ansichten: Manchmal wird behauptet, das Weibchen verteile die Spermien mit seinem Maul, was sich aber nicht als zutreffend erwiesen hat. Es scheint vielmehr, daß die Spermien die Eier durch die Wasserströmung erreichen, die durch die Atmungstätigkeit und/oder durch Flossenbewegungen erzielt wird. Dann klebt das Weibchen die Eier auf den vorbereiteten Laichplatz, und ein Beobachter kann feststellen, wie sie einzeln befestigt werden. Eine Laichperiode kann einige Tage anhalten, in denen das Weibchen bis zu 250 Eier ablaicht.

27 *Clarias batrachus* (Froschwels)

28 *Synodontis nigriventris* (Rückenschwimmender Kongowels)

29 *Bunocephalus coracoides* (Bratpfannenwels)

26 *Eutropiellus debauwi*

26 *Schilbe*-Art

Größe: 5 cm. *Verbreitung:* Kolumbien. *Verhalten:* lebhaft bis ruhig, schwarmbildend. *Wasser:* Süßwasser, 22–26 °C, weich, leicht sauer.

Dianema longibarbus (Langbarteliger Schwielenwels)
Beschreibung: Der Kopf ist abgeflacht und im Profil weniger steil als bei *Corydoras*. Zwei Paar langer Barteln entspringen über dem Maul. Eine unregelmäßige Reihe meist deutlich ausgeprägter Flecken verläuft dort über die Flanken, wo beide Reihen von Knochenplatten aufeinandertreffen. Auch ober- und unterhalb dieser Reihe können Flecken auftreten. Die gegabelte Schwanzflosse ist nicht gemustert, jedoch zeigt eine ähnliche Art, der Schwanzstreifen-Schwielenwels *(D. urostriata)*, etwa 5 kräftige horizontale Streifen auf dieser Flosse.

Schwielenwelse sind hart und leben auf dem Bodengrund. Dort fressen sie Würmer und andere kleine Wirbellose. Die Geschlechter scheint man nicht unterscheiden zu können, und über das Fortpflanzungsverhalten ist offensichtlich nichts bekannt.
Größe: 9 cm. *Verbreitung:* Südamerika, Amazonas und Rio Ambyiacu. *Verhalten:* ruhig. *Wasser:* Süßwasser, 25–28 °C, unkritisch bezüglich der Qualität.

33 Loricariidae (Harnischwelse)

Beschreibung: Der Körper ist selten nackt und in der Regel von drei oder vier Reihen seitlicher Knochenschilder geschützt. Eine Fettflosse mit einem Stützstachel am vorderen Rand kann vorhanden sein. Das Maul ist bauchwärts gelegen und mit kleinen Barteln umgeben, die unteren Lippen tragen verschiedene kleine Papillen.
Verbreitung: nördliches und mittleres Südamerika.

Diese Familie umfaßt etwa 50 Gattungen mit über 400 dämmerungsaktiven Arten. Die meisten leben in kleinen Bergbächen, aber ein paar bewohnen auch leicht brackige Flüsse. Sie sind bodenlebend und benutzen ihre Saugmäuler um sich auf Steinen anzusaugen. Ihre stromlinienförmigen Körper haben sich so entwickelt, daß sie nur einen geringen Widerstand aufweisen, und obgleich einige nur schlechte Schwimmer mit stark verlängerten Schwänzen sind, sind viele so gestaltet, daß die Strömung sie gegen den Untergrund drückt. Eine Anzahl Arten frißt Algen, die auf den Steinen wachsen. Im Gegensatz zu den übrigen Knochenfischen, die eine starre Pupille haben und das in das Auge einfallende Licht nicht kontrollieren können, haben die Harnischwelse einen Irislappen, der über die Pupille reicht und wie bei den Rochen das einfallende Licht regeln kann. Von vielen Arten ist das Fortpflanzungsverhalten noch unbekannt. Bei einigen sind die Geschlechter unterschiedlich gestaltet, so haben manchmal die Männchen einen längeren Bart, der wie Stacheln von ihren Köpfen absteht.

Rineloricaria parva (Zwergharnischwels, Hexenwels)
Beschreibung: D. I, 7; A. I, 5. Die oberen und unteren Strahlen der Schwanzflosse sind sehr lang ausgezogen und nahezu gleichlang. In der Seitenlinie befinden sich 29 Schilder, und zwischen diesen Längsreihen liegen drei oder vier Reihen Bauchschilder.

Dieser bodenlebende Fisch hat eine gefleckte Färbung, die seinen Körper mit dem Kiesgrund der Flüsse verschmelzen läßt. Er lebt hauptsächlich von Algen, zusätzlich von Würmern und anderen kleinen Wirbellosen. Seine Lippen sind in typischer Weise daran angepaßt, sich an Steinen festzusaugen. Es ist anzunehmen, daß die Fortpflanzung einer anderen Art entspricht, nämlich *Rineloricaria filamentosa*, die detailliert beobachtet wurde. Bei dieser Art reinigt das Männchen einen Ablaichplatz, das Weibchen legt dort seine Eier ab, und das Paar liegt anschließend Seite an Seite und führt verschiedene Bewegungen durch, während denen die Eier befruchtet werden. Die Zahl der Eier beträgt zwischen 100 und 200, und die Jungfische schlüpfen nach 9–12 Tagen. Da der Hexenwels jedoch in dunklen Spalten oder Röhren ablaicht, haben Aquarianer herausgefunden, daß das Ablaichen dadurch gefördert werden kann, daß man die Tiere mit einem hohen Prozentsatz pflanzlichen Materials füttert.
Größe: 11 cm. *Verbreitung:* Paraguay, La-Plata-Gebiet. *Verhalten:* friedlich. *Wasser:* Süßwasser, 21–25 °C, weich bis mittelhart.

34 Antennariidae (Sargasso- oder Fühlerfische)

Beschreibung: Der Körper ist schlaff, unförmig, leicht zusammengedrückt und oval, mit großem oberständigem Maul. Die Haut ist entweder glatt oder mit kleinen Dornen oder Warzen bedeckt. Der erste oder die beiden ersten Rückenflossenstrahlen bilden mäßig gut entwickelte Köder oder Leuchtorgane. Die Färbung ist eine Tarntracht und sehr schön.
Verbreitung: Alle tropischen und subtropischen Meere.

Diese marine Fischfamilie umfaßt etwa 60 Arten, die in zwei Unterfamilien gegliedert sind: Die Tetrabrachiinae mit einer Art und die Antennariinae mit allen übrigen Arten. Ihre paarigen Flossen werden dazu benutzt, um sich auf dem Korallen- oder Felsengrund der Riffe, die sie bewohnen, krabbelnd fortzubewegen und den Körper abzustützen. Der eine oder – bei einigen Arten – die beiden köderartigen Rückenflossenstrahlen locken Beute an, wie etwa kleine Fische, damit sie in den Aktionsradius des riesigen Maules der Fühlerfische gelangen. Die Fische ähneln aufgrund ihre Tarnfärbung Teilen des Riffs, und sie können sogar langsam ihre Farbe ändern, um sich dem Untergrund anzupassen. Das Fortpflanzungsverhalten konnte bei dem Sargassofisch *(Histrio histrio)* beobachtet werden. Danach kriecht das Männchen dicht hinter dem Weibchen her. Im Augenblick des Ablaichens schnellt das Paar zur Wasseroberfläche empor, wo die Eier ausgestoßen werden. Diese bilden bei einigen Arten ein Floß oder ein Segel von über 2,7 m Länge und 16 cm Durchmesser, bei anderen Arten ähneln sie einem Ballon. In kurzer Zeit können mehrere solcher Flöße abgelaicht werden, doch ist es noch unklar wann genau die Befruchtung durch das Männchen erfolgt.

Antennarius phymatodes
Beschreibung: Die Schwanzflosse ist vom Körper abgesetzt und die Rücken- und Afterflosse enden etwas vor der Schwanzflossenbasis. Kopf und Körper tragen deutliche Warzen. Vom Beginn des zweiten Rückenflossenstrahls zieht sich ein hellgelbes, rosafarbenes oder braunes Band schräg nach vorne, das mit der Grundfarbe gut kontrastiert, und sich auf den Kopfseiten verbreitert, von wo es schräg bis zum Auge ansteigt.

Dieser Fisch lebt in Gezeitentümpeln und an Riffen, wo er sich mit seinen verwachsenen Bauchflossen kriechend bewegt, wobei er von seinen Brustflossen und der Afterflosse unterstützt wird. Die Brustflossen befinden sich bauchwärts vor den Bauchflossen. Wie bei anderen Antennenfischen ist die Art ortstreu. Sie lebt von kleineren Fischen sowie Krebstieren, und die durch die Köder angelockte Beute wird sehr rasch verschluckt.
Größe: 13 cm. *Verbreitung:* Indo-Australischer Archipel, Indischer Ozean und Philippinen. *Verhalten:* territorial. *Wasser:* Seewasser, 24–26 °C.

35 Exocoetidae (Fliegende Fische und Halbschnabelhechte)

Beschreibung: D. 8–16; A. 8–16; L 1. gewöhnlich 38–60. Diese Fische haben einen langgezogenen Körper, kleine Zähne, große Schuppen und keine isolierten Flossenabschnitte. Es gibt zwei Unterfamilien: Die Exocoetinae, gut bekannte marine fliegende Fische mit langen Brustflossen und bei einigen Arten großen Bauchflossen, und die Hemirhamphinae oder Halbschnabelhechte, deren Unterkiefer wesentlich länger als der Oberkiefer ist. Aquaristisch werden nur Vertreter der letzteren Unterfamilie gepflegt.
Verbreitung: Atlantik und Indopazifischer Raum.

Die Hemirhamphinae umfassen etwa 11 Gattungen und 60 Arten im Süß-, Brack- und Seewasser. Ihre merkwürdige Anpassung, der »Halbschnabel« wird von den marinen Arten dazu benutzt, um Plankton in das Maul zu leiten. Die Süßwasserarten fressen Wasserinsekten und ihre Larven und Insekten, die auf die Wasseroberfläche fallen. Man glaubt auch, daß das Maul dazu dienen könnte, um den Vorderkörper des Fisches im Wasser zu stabilisieren und zu lenken. Die Männchen der Gattung *Dermogenys* sind für ihre Streitlust bekannt und kämpfen oder »ringen« miteinander, wobei sie ihre »Schnäbel« benutzen. In der freien Natur sind solche Streitigkeiten rasch beendet, doch wurden die Tiere in Thailand für Wettkämpfe gezüchtet, wie es auch beim Kampffisch *(Betta splendens)* der Fall ist. Daher wurde *Dermogenys* von Dr. H. M. Smith, der die Fische Thailands intensiv bearbeitete, auch als »Ringkämpfer« bezeichnet, nachdem er in Thailand dieses Verhalten beobachtet hatte. Die Tiere werden auf Tapferkeit hin gezüchtet und können manchmal über eine Stunde lang miteinander »ringen«, ganz im Gegensatz zu Wildtieren. Die beiden Kämpfer erhalten Punkte danach, wie oft sie sich gegenseitig festhalten können. Normalerweise verliert einer der Fische, wenn er nicht mehr weiterkämpfen kann, doch offensichtlich geschieht es selten, daß ein Fisch ernsthaft verwundet wird oder an Erschöpfung eingeht. Die bevorzugte Art für solche Kämpfe ist *Dermogenys pusillus*, der hechtköpfige Halbschnäbler. Die Arten dieser Gattung sind ebenso wie einige der anderen verwandten Süßwassergattungen lebendgebärend.

Dermogenys pogonognathus (Roter Halbschnabelhecht)
Beschreibung: Die Bauchflossen sitzen hinter dem Beginn der Rückenflosse. Der Körper hat einen leichten rötlichen Hauch, auf den sich der Populärname bezieht. Während hier die Männchen das größere Geschlecht darstellen, ist bei den anderen beiden Arten *D. pusillus* und *D. sumatranus* (dem Sumatra-Halbschnabelhecht) das Gegenteil der Fall.

Diese Fische leben an der Oberfläche und benutzen ihre Unterkiefer dazu, um tote Insekten und Larven in ihr

Maul zu befördern. Aufgrund dieses merkwürdigen Maules sind sie unfähig, Nahrung vom Boden aufzunehmen. Sie verbringen viel Zeit damit, bewegungslos unmittelbar unter der Wasseroberfläche zu lauern. Ausgewachsene Männchen sind untereinander recht aggressiv und kämpfen in der oben beschriebenen Weise.

Die Paarung wird vom Männchen eingeleitet, das unter das Weibchen schwimmt und ihren Hinterleib mit der Spitze seines Unterkiefers anstößt. Wenn sie empfängnisbereit ist, drückt er seine Seite an ihre. Die vorderen Strahlen seiner Afterflossen sind zu einem Übertragungsorgan umgewandelt, das dazu dient, den Weibchen die Spermien einzuführen und die Eier innerlich zu befruchten. Die Reifezeit dauert bis zu 8 Wochen, und das Muttertier kann bis zu 20 lebende Jungfische absetzen, die etwa 1 cm lang sind.
Größe: 9 cm die Männchen, 6 cm die Weibchen. *Verbreitung:* Malaiische Halbinsel und das Indonesische Archipel. *Verhalten:* scheu, die Männchen sind gegeneinander streitsüchtig. *Wasser:* Süß- und Brackwasser, 25–30°C, die Härte ist unbedeutend.

36 Belonidae (Hornhechte)

Beschreibung: L 1. 130–350. Der Körper ist sehr langgestreckt mit einer vollständigen und tiefliegenden Seitenlinie. Die Kiefer tragen viele Zähne und sind verlängert, so daß das Maul einem Vogelschnabel ähnelt. Rücken- und Afterflosse stehen einander gegenüber und in Schwanznähe. Isolierte Flossenabschnitte sind nicht vorhanden.
Verbreitung: Alle Meere, sowie Süßgewässer in Südamerika und Südostasien.

Diese Familie hat nur etwa 10 Gattungen, deren Arten See- und Brackwasserfische sind, obgleich einige Arten dauernd im Süßwasser leben. Ihre besondere Körperform ist von Vorteil, da sie den Fischen erlaubt, sich zwischen den reflektierenden Wellenbergen der Wasseroberfläche vor Räubern zu verbergen. Für gewöhnlich leben sie von Schwärmen kleiner Fische, die sie mit ihren bezahnten »Schnäbeln« erbeuten. Zeitweise fliehen sie vor Räubern, indem sie über die Wasseroberfläche schnellen, wobei sie heftig mit ihrem Schwanz schlagen, so daß sich der Körper in fast senkrechter Stellung eine Weile außerhalb des Wassers befindet. Sie sind auch sehr rasche Schwimmer und können Räubern oder Booten dadurch entkommen, daß sie weit aus dem Wasser springen. In der Nacht werden sie jedoch von den Lichtern der Fischerboote angelockt, und Fischer sind schon dadurch verwundet worden, daß sie von den springenden Fischen getroffen wurden. Über ihr Fortpflanzungsverhalten ist bisher wenig bekanntgeworden, nur das Brutverhalten des Knochenhechtes *(Belone belone)* wurde untersucht. Diese Art legt ihre Eier im Mai oder Juni in Flußmündungen ab. Jedes Ei trägt etwa 50–60 verwickelte Fäden, die das Ei verankern und bis zu 18 mm lang sein können. Das Ei bleibt an Tangen in Bodennähe befestigt.

Xenentodon cancila (Süßwasser-Hornhecht)
Beschreibung: D. 15–18; A. 16–18; L 1. mehr als 250. Die Rücken- und Afterflossen sind stark eingebuchtet und die Schwanzflosse ist abgestutzt. Auf dem Rücken ist der Körper dunkel graugrün mit kleinen schwarzen Flekken, die Seiten sind silbergrün und der Bauchbereich ist weißlich. Ein waagerechter Streifen läuft von der Schnauze bis zum Schwanz und wird von einer dünnen, dunklen Linie begrenzt.

Dieser Fisch stellt eine der wenigen Ausnahmen seiner Familie dar, die sonst zumeist rein marine Arten umfaßt. Er bewohnt ansonsten aber in typischer Weise die Wasseroberfläche und jagt kleine Fische, Wirbellose und Amphibien. Die Weibchen unterscheiden sich von den Männchen dadurch, daß ihre Rücken- und Afterflossen dunkle Ränder haben. Man sollte vorsichtig sein und diese Fische nicht plötzlich erschrecken, weil sie kräftige Springer sind und sich sonst schwer verletzen können wenn sie aufgeschreckt werden.
Größe: 30 cm. *Verbreitung:* Südostasien. *Verhalten:* räuberisch. *Wasser:* Süß- bis Brackwasser, 20–26°C, die Wasserzusammensetzung ist nicht entscheidend.

37 Cyprinodontidae (Eierlegende Zahnkarpfen oder Killifische)

Beschreibung: Der Körper ist gewöhnlich beschuppt, der Kopf oft abgeflacht. Das Maul hat keine Barteln, ist endoder oberständig und trägt in den Kiefern kleine Zähne. Eine Fettflosse ist nicht vorhanden, und in der Regel fehlt den Männchen ein Gonopodium oder Begattungsorgan.
Verbreitung: Südöstliches Kanada bis Südamerika, Afrika und Madagaskar, südliches Eurasien.

Die Familienbezeichnung »Killifisch« leitet sich aus dem Altholländischen ab. »Kill« bedeutet kleines Gewässer oder Wasserlauf. Zunächst wurden damit die Vertreter der Gattung *Fundulus* aus der Umgebung New Yorks bezeichnet, dann die gesamte Familie der Eierlegenden Zahnkarpfen. Gelegentlich wird die Bezeichnung jedoch auf alle Familien innerhalb der Überfamilie Cyprinodontoidae bezogen. Die anderen Familien sind die Goodeidae (Hochlandkärpflinge), Anablepidae (Vieraugen), Jenynsiidae, und die beliebten Poeciliidae (Lebendgebärende Zahnkarpfen), von denen jede bekannte Aquarienarten enthält.

In der eigentlichen Familie der Cyprinodontiden weisen alle Arten einen deutlichen Geschlechtsdimorphismus auf, wobei das Weibchen meist kleiner ist als das Männchen. Alle Arten sind ovipar, d. h. sie legen Eier, aus denen dann die Jungfische schlüpfen, und einige haben einen Lebenszyklus, bei dem das Eistadium daran angepaßt ist, eine Ruhepause im feuchten Bodengrund zu verbringen. Diese Ruheperiode erlaubt es einer Fischpopulation auch in Teichen zu überleben, die in heißen Klimazonen jedes Jahr zwischen den Regenzeiten austrocknen. Die meisten Eierlegenden Zahnkarpfen sind klein, unter 20 cm Länge. Für die Wissenschaft sind sie von einiger Bedeutung, da sie häufig für medizinische und biologische Untersuchungen benutzt werden. Diese Familie umfaßt etwa 50 Gattungen und 450 Arten. Außer den nachfolgend beschriebenen zählen hierzu beispielsweise die Gattungen *Aphanius, Fundulus, Lucania, Pachypanchax, Pterolebias, Rivulus* und *Roloffia*, um nur einige zu nennen. All diese Gattungen enthalten Arten, die sich sehr gut im Aquarium pflegen lassen.

Aphyosemion australe (Kap Lopez)
Beschreibung: D. 9–11, A. 14–16, L 1. 29–32. Bogenartige rote Linien zieren den Unterkiefer und den Kiemendeckel und setzen sich nach einer Unterbrechung über den Brustflossen fort. Die Schwanzflosse weist in jedem Lappen einen waagerechten roten Streifen auf, der je-

30 *Plotosus lineatus* (Gestreifter Korallenwels)

31 *Sorubim lima* (Spatelwels)
32 *Corydoras metae* (Schwarzrücken-Panzerwels)

32 *Dianema longibarbis* (Langbärtiger Schwielenwels)
37 *Aplocheilus lineatus* (Streifenhechtling)

34 *Antennarius* spec. (Froschfisch)

33 *Rineloricaria parva* (Zwergharnischwels)

37 *Aplocheilichthys johnstoni* (Johnstons Leuchtaugenfisch)

weils den äußeren Flossenbereich von der blauen Grundfarbe im Zentrum der Flosse trennt. Außerhalb dieser roten Streifen ist die Schwanzflosse vorne gelb und nach hinten zu, auf den ausgezogenen Flossenstrahlen, weiß gerandet.

Lange Zeit war über das natürliche Vorkommen dieser Art nichts bekannt, bis sie kürzlich – erstmals in der Nähe der Ogowe-Mündung beim Kap Lopez, Gabun – in der Küstenebene des tropischen Westafrika von Nordgabun bis Zaire in kleinen Urwaldbächen und Wasseransammlungen wiederholt aufgefunden werden konnte. Sie lebt hauptsächlich von Mückenlarven und anderen kleinen Wirbellosen. Der Kap Lopez ist als Pflanzenlaicher bekannt, die klebrigen Eier werden an Pflanzen oder Wurzeln abgelaicht. Meist wird bei einer Paarung nur ein Ei abgegeben, aber die Laichzeit kann mehrere Wochen dauern, währenddessen können die Fische täglich ablaichen. Zunächst können es pro Tag etwa 30 und mehr abgelaichte Eier sein, aber diese Zahl geht im Lauf der Zeit zurück. Die Eier sind groß und klar. Einige Arten dieser Gattung laichen auf dem Boden ab, wobei die Eier durch die Ablaichbewegungen vom Substrat bedeckt werden können und somit vor dem Austrocknen etwas besser geschützt sind. Die beschriebene Art ist kein reiner Saisonfisch, dennoch leben die Tiere in enger Anpassung an Trockenperiode und Regenzeit.
Größe: 5 cm. *Verbreitung:* Afrika, die Küstenebene von Äquatorialguinea bis zur Volksrepublik Kongo und Zaire. *Verhalten:* eher scheu. *Wasser:* Süßwasser, 20–24 °C, leicht sauer, über Torf filtern.

Aplocheilichthys johnstoni (Johnstons Leuchtaugenfisch)
Beschreibung: L. l. 27–32. Neben den durchbohrten Schuppen des Seitenlinienorgans weist auch der Kopf Sinnesporen auf. Das Maul ist oberständig und der Beginn der Rückenflosse liegt über der Mitte der Afterflossenbasis.

Diese Art lebt von Plankton und frißt kleine Crustaceen, Insektenlarven und andere Wirbellose. Sie lebt in kleinen Schwärmen in den oberen Wasserschichten. Der Körper der Weibchen ist weniger farbig und rundlicher als derjenige der Männchen. Die Fische laichen in feinen Pflanzen ab, vor allem an der Wasseroberfläche. Die Jungfische schlüpfen nach etwa vierzehn Tagen.
Größe: 5 cm. *Verbreitung:* südliches Zentralafrika, Malawisee, Lake Kariba. *Verhalten:* Schwarmfische. *Wasser:* Süßwasser, 23–26 °C, weich, leicht sauer, mit Torfzusatz.

Aplocheilus lineatus (Streifenhechtling)
Beschreibung: In dieser Gattung liegt der Beginn der Rückenflosse gewöhnlich fast über dem Ende der Afterflosse. Bei dieser Art sind die ersten Strahlen der Bauchflosse oft stark ausgezogen. Meist verlaufen 6–8 dunkle senkrechte Streifen über die Seiten, diese sind bei den Weibchen besonders deutlich.

Dieser Fisch kommt in den ruhigen und langsamfließenden Gewässern von Reisfeldern, Kanälen und Sümpfen vor. Er frißt Mückenlarven, und in einigen Gebieten ist der Wert dieser Tiere für die Mückenbekämpfung so deutlich, daß dort einige Arten dieser Gattung gesetzlich geschützt sind. Die Nahrung umfaßt gelegentlich auch kleine Fische sowie Wirbellose. Ablaichende Elterntiere drücken sich gegen Pflanzen, wobei ihre Hinterleiber engen Kontakt miteinander halten. Die kräftigen dickschaligen Eier messen etwa knapp 2 mm im Durchmesser.

37 *Cynolebias nigripinnis* (Schwarzer Fächerfisch)

35 *Dermogenys pogonognathus* (Halbschnabelhecht)

Größe: 12 cm. *Verbreitung:* Indien (Kerala und Madras). *Verhalten:* Gelegentlich aggressiv gegenüber der eigenen Art und ähnlich gestalteten Fischen. *Wasser:* Süßwasser, 20–25°C, weich bis mittelhart, die Wasserqualität ist nicht unbedingt entscheidend.

Cynolebias nigripinnis (Schwarzer Fächerfisch, Sternhimmelfisch)
Beschreibung: Männchen: D. 26, A. 25; Weibchen: D. 20–21, A. 18–21, L 1. 28. Der einheitlich samtschwarze bis dunkel blauschwarze Körper ist bei den Männchen mit hellen Flecken geziert. Die Rücken- und Afterflosse hat einen blaugrünen Rand. Die Weibchen sind braun mit marmorierter Zeichnung.

Dieser kleine Killifisch durchläuft seinen Lebenszyklus in nur etwa 8 Monaten. Zu Beginn der Regenzeit, wenn das Wasser die ausgetrockneten Tümpel füllt, schlüpfen die Jungfische aus Eiern, die im Schlamm abgelaicht waren. Die dadurch entstandenen Fächerfisch-Populationen leben von Krebstierchen und Insektenlarven. Wenn die Fische rasch heranwachsen, werden die schwächeren von den kräftigeren gefressen. Die Geschlechtsreife setzt sehr bald ein, und beim Ablaichen wühlen sich die Fische in den Schlamm ein, wo die Eier abgelaicht werden. Die Elterntiere sind nach wenigen Wochen heftigen Laichens erschöpft und ausgelaicht und sterben sobald der Tümpel austrocknet. Die Eier, die im Schlamm zurückbleiben, sind gegenüber Druck sehr unempfindlich und können nachgewiesenermaßen bis zu drei Jahre in dem anaeroben Boden eines Gewässergrundes überleben.
Größe: 6 cm. *Verbreitung:* Südamerika, La Plata-Becken. *Verhalten:* Männchen sind untereinander aggressiv, sonst friedlich. *Wasser:* Süßwasser, 17–25°C, weich, leicht sauer.

Epiplatys dageti (Querbandhechtling)
Beschreibung: D. 8–11, A. 14–17. Aufgrund der Färbung werden zwei Unterarten unterschieden. *E. dageti dageti* hat in der Regel sechs dunkle senkrechte Streifen auf den Körperseiten auf bronzefarbenem Grund und die Kehle ist vorne weiß, grau oder rosa. *E. dageti monroviae* hat eine orangerote Kehle und meist fünf senkrechte Streifen auf blaugrünem Grund.

Dies ist ein weiterer Fisch- der zur Moskitobekämpfung eingesetzt wird. Er lebt in flachen Wald- und Savannenteichen und -bächen. Die Eier sind hartschalig und verhältnismäßig druckunempfindlich. Auch sie können möglicherweise kurze Austrocknungsperioden der Gewässer überstehen, obgleich die Art kein Saisonfisch ist. Die geschlüpfte Brut frißt Wasserinsekten und deren Larven sowie andere kleine Wirbellose. Sie wird innerhalb von 8–12 Wochen erwachsen, dann sind die Tiere laichreif. Beim Ablaichen sucht das Männchen mit seiner Kehle Kontakt zum Weibchen, so daß es aussieht, als reite es auf der Partnerin. Diese sucht einen geeigneten Ablaichort, und die Fische drücken sich seitlich in die Pflanzen, wobei das Männchen das Weibchen mit den Flossen umgreift. Die Elterntiere legen bei jeder Paarung immer nur ein Ei und befruchten dies. Das Ablaichen wird über mehrere Wochen hinweg fortgesetzt.
Größe: 6 cm. *Verbreitung:* Sierra Leone, Liberia. *Verhalten:* friedlich. *Wasser:* Süßwasser, 20–25°C, weich, leicht sauer.

Jordanella floridae (Floridakärpfling)
Beschreibung: D. I, 15–16; A. 11–13; L 1. 25–26. Der Körper ist recht hoch und seitlich komprimiert. Die Rükkenflosse wird durch Reihen rotbrauner Flecken oder Bänder gekennzeichnet und unter ihrem Beginn findet sich gewöhnlich ein undeutlicher, dunkler Fleck auf dem Körper. Obgleich sie sehr variabel gefärbt sein kann, hat die Färbung eine gewisse Ähnlichkeit mit dem gestreiften Teil der Nationalfahne der Vereinigten Staaten, was dem Fisch den englischen Namen »American Flagfish« eingetragen hat. Er lebt in Teichen und Sümpfen und ernährt sich als Allesfresser von Algen und verschiedenen Wirbellosen. Dabei bleibt er meist etwas scheu zwischen der Vegetation. Während der Laichzeit entwickelt das Männchen sehr lebhafte Farben. Das Ablaichen geschieht zwischen den Pflanzen über einer Stelle, wo das Männchen eine Vertiefung im Boden gefunden oder vorbereitet hat. Das Männchen umgreift mit den Flossen die Partnerin, die dann etwa 5–7 Eier abgeben kann. Das Männchen vertreibt das Weibchen aus seinem Revier. Dadurch wird es zugleich davon abgehalten die Eier zu fressen. Da das Männchen keine Eier frißt und sein Revier verteidigt, sind damit die Eier geschützt. Eine unmittelbare Brutpflege erfolgt nicht. Die Brut schlüpft innerhalb einer Woche und frißt Algen und Kleintiere.
Größe: 6 cm. *Verbreitung:* Florida. *Verhalten:* friedlich, revierbildende Männchen, vor allem ältere, manchmal aggressiv. *Wasser:* Süßwasser, 19–22°C, die Wasserzusammensetzung ist nicht entscheidend.

Nothobranchius rachovii (Rachows Prachtgrundkärpfling)
Beschreibung: D. 15; A. 15–16; L 1. 25–26. Die Rücken- und Afterflosse sind türkisfarben mit unregelmäßigen dunkelroten Flecken und Streifen. Die Schwanzflosse ist türkisfarben mit mehreren senkrechten karminroten Streifen. Parallel zu ihrem abgerundeten Rand erstrecken sich zwei farbige Streifen: Ein schwarzer Streifen dem Rand zu und ein orangeroter Streifen weiter nach innen.

Meistens sind die Männchen der verschiedenen Arten dieser Gattung außerordentlich farbenprächtig. Die hier beschriebene Art besiedelt meist einen Teich oder ein Gewässer, das jährlich austrocknet, sie ist also ebenfalls ein Saisonfisch. Die Eier überstehen eine Trockenzeit von etwa sechs Monaten bis der nächste Regen kommt. Die Jungfische fressen das gleiche Futter wie die von *Aphyosemion australe* und werden schon 6–8 Wochen nach dem Schlüpfen geschlechtsreif. Das Ablaichen erstreckt sich über Wochen und wird dadurch eingeleitet, daß das Männchen über das Weibchen schwimmt und sie mit der Kehle auf den Boden zu drücken versucht. Dort umgreift er sie, indem er seine Rücken- und Afterflosse über bzw. unter ihren Schwanzstiel schlägt. Mehrere Eier werden ausgestoßen und befruchtet, wobei die Elterntiere zitternd ablaichen. Durch die Bewegung der sich voneinander abstoßenden Partner werden die Eier noch weiter in den Bodengrund befördert. Die Anzahl der insgesamt abgelaichten Eier ist unterschiedlich, aber es wurde schon berichtet, daß bis zu 2000 Eier abgelaicht wurden.
Größe: 5 cm. *Verbreitung:* Mozambique bis Südafrika (Krüger Nationalpark). *Verhalten:* friedlich. *Wasser:* Süßwasser mit leichtem Salzzusatz, 20–26°C, weich, leicht sauer mit Torfzusatz.

Terranatos dolichopterus (Säbelflosser, Flügelflosser)
Beschreibung: Die Basis der Rücken- und der Afterflosse stehen einander fast gegenüber, wobei der Beginn der Rückenflosse leicht vor dem der Afterflosse liegt. Die vorderen Strahlen beider Flossen sind sehr lang ausgezogen, und wenn die Flossen gespreizt sind, ist der Abstand von Spitze zu Spitze fast so groß wie die Länge des Fisches.

Diese nicht sehr häufig zu findende Art bewohnt schlammige Teiche, die zwischen Dezember und Mai austrocknen. Aber die Eier überleben in der schon weiter oben beschriebenen Weise und die Larven schlüpfen innerhalb etwa einer Woche nachdem der Regen die Teiche

gefüllt hat. Die Jungtiere fressen hauptsächlich Moskitolarven und werden in etwa zehn Wochen geschlechtsreif. Die Weibchen haben nicht so außergewöhnlich entwikkelte Flossen wie die ausgewachsenen Männchen.
Größe: 5 cm. *Verbeitung:* Venezuela. *Verhalten:* gegenüber Männchen der eigenen Art aggressiv, einzeln lebend. *Wasser:* Süßwasser, 20–25 °C, weich, leicht sauer, mit Torfzusatz.

38 Anablepidae (Vieraugenfische)

Beschreibung: Die Augen sind besonders entwickelt und hervorstehend, sie sind hoch angesetzt und waagerecht zweigeteilt. Der Körper ist langgestreckt und hinten zusammengedrückt und hat ein breites, endständiges Maul. Die Rückenlinie ist vom Kopf bis zum Beginn der Rükkenflosse, die weit zurückgesetzt ist, fast gerade. Die Schwanzflosse ist abgerundet und die Afterflosse ist beim Männchen zu einem Begattungsorgan für die innere Befruchtung umgewandelt.
Verbreitung: Südmexiko bis nördliches Südamerika.

Wenn diese Fische unmittelbar unter der Wasseroberfläche treiben, kann man ihre ungewöhnlichen Augen deutlich wie kleine Kugeln darüber hinausragen sehen. Die Augen sind zweigeteilt und haben paarig geformte Linsen, damit die Fische gleichzeitig über und unter der Wasseroberfläche sehen können. Aufgrund ihrer Fähigkeit über Wasser zu sehen, nimmt man meist an, daß die Fische von Insekten leben, obgleich dieser Nahrungserwerb wahrscheinlich noch nie beobachtet wurde. Doch hat man schon festgestellt, daß sie im Schlamm der Gezeitenzone liegen und aus dem ablaufenden Wasser Detritus herausfiltern. Solche Gewässer sind auch Nahrungsgründe für Vögel, einschließlich Seeschwalben und Reihern, die Fische und Wirbellose fressen. Es ist wahrscheinlich, daß die Anablepiden diese Räuber mit Hilfe ihrer Augen entdecken und es dem Fisch dadurch möglich wird, rechtzeitig zu entkommen. Die Geschlechter lassen sich bei diesen Fischen aufgrund des großen Geschlechtsorganes der Männchen leicht erkennen. Allerdings kann sich nicht jedes Männchen mit jedem Weibchen paaren, weil die Geschlechtsöffnung der Weibchen von einer kleinen Schuppe bedeckt ist, die die Öffnung nur zur rechten oder nur zur linken Seite hin zugänglich macht, während die Männchen ihr Gonopodium nur entweder zur rechten oder nur zur linken Seite bewegen können. Auf diese Weise ist die Population in zwei Fortpflanzungsgemeinschaften getrennt: Beispielsweise kann ein Weibchen mit einer Geschlechtsöffnung, die nach rechts zugänglich ist, nur mit einem Männchen kopulieren, dessen Gonopodium sich nach links bewegen läßt. Das Weibchen bringt jeweils zwischen einem und fünf Jungfische zur Welt, die bis zu 6 cm messen. Die Familie umfaßt nur eine Gattung.

Anableps anableps (Vierauge)
Beschreibung: L 1. 50–55. Der Fisch ist olivgrün mit dunklerem Rücken und hat entlang der Seiten 4 oder 5 horizontale graue Streifen. Diese Färbung unterscheidet ihn von den beiden anderen Arten innerhalb der Gattung, ebenso die Zahlen der Seitenlinienschuppen. *A. dovii* mit L 1. 64–70, und *A. microlepis* mit L 1. 81–90 Schuppen.

Diese Art lebt in der Gezeitenzone der Küste mit sich verändernden Schlammgründen, in Brackwasserlagunen und sogar in Süßwasserseen des Binnenlandes. Während der Trockenzeit, wenn das Brackwasser bis zu 80 km weit landeinwärts eindringt, kann sie auch weit flußaufwärts gefunden werden. Die Trübung der Gewässer ihres Lebensraumes ist auf die mitgeführten Sedimente der Flüsse zurückzuführen oder ist durch die aufgewühlte See bedingt. Der Fisch lebt von Tieren im Schlamm, wahrscheinlich von polychaeten Würmern und kleinen Crustaceen, und nimmt auch wohl Nahrung von unterhalb der Wasseroberfläche auf. Es scheint so, als schwimme er nicht gerne zum Bodengrund, aber er kann sich von der Wasseroberfläche lösen, um räuberischen Vögeln zu entkommen oder kann sogar weit aus dem Wasser springen.
Größe: 30 cm. *Verbreitung:* tropisches Mittelamerika und nördliches Südamerika. *Verhalten:* friedlich, schwarmbildend. *Wasser:* Süß-, Brack- und Seewasser, 24–28 °C, die Wasserwerte sind von untergeordneter Bedeutung.

39 Poeciliidae (Lebendgebärende Zahnkarpfen)

Beschreibung: Das Männchen hat ein Gonopodium oder Geschlechtsorgan, meist vom 3., 4. und 5. Strahl der Afterflosse gebildet, zur inneren Befruchtung. Es ist normalerweise kleiner als das Weibchen und bei den meisten Arten haben die Geschlechter unterschiedlich gestaltete Flossen.
Verbreitung: Östliches Nordamerika bis nordöstliches Argentinien.

Diese Familie ist in drei Unterfamilien aufgegliedert, von denen zwei nur jeweils eine Art umfassen. Die dritte, die Poeciliinae, weist über 20 Gattungen und etwa 136 Arten auf, darunter viele bekannte Aquarienfische. Die Begattung erfolgt gewöhnlich innerlich, und die Jungen werden lebend geboren. Einige Arten sind für den Menschen sehr nützlich, da sie für die biologische Bekämpfung der Mücken eingesetzt werden und zur genetischen und Verhaltensforschung dienen.

Belonesox belizanus (Hechtkärpfling)
Beschreibung: D. 8–10, A. 10; L 1. 52–65. Der Körper ist leicht komprimiert, die Augen sind groß und die Rükkenflosse sitzt in Schwanznähe. Die Schnauze ist lang und das Maul ist tief gespalten, einem Vogelschnabel ähnlich, mit spitzen Zähnen, die nach innen zu im Kiefer größer werden. Der Fisch ist rückenwärts olivgrau, mit olivgrünen bis graugelben Flanken, farblosen oder leicht gelblichen Flossen und einem deutlichen schwarzen Fleck auf der Schwanzflossenbasis. Das Männchen ist kleiner und hat ein Gonopodium.

Diese Art ist außergewöhnlich, weil sie innerhalb einer Familie omnivorer Fische räuberisch ist. Sie lebt in Oberflächennähe und frißt kleine Fische, Insektenlarven, Kaulquappen und Wirbellose, dabei lauert sie auf ihre Beute. Das Weibchen erreicht die doppelte Länge des Männchens und kann recht fruchtbar sein. Zwischen Mai und September werden vier Würfe abgesetzt, im Durchschnitt jeweils 136 Jungtiere. Diese sind mit einem breiten schwarzen, horizontalen Streifen deutlich gezeichnet. Ihr Verhalten ist daran angepaßt, nicht zur Beute der Elterntiere zu werden: Die Jungen verlassen die Wasseroberfläche, um nach Nahrung zu suchen sobald die erwachsenen Fische fort sind, aber sie bleiben an der Oberfläche stehen wenn diese anwesend sind.
Größe: 20 cm. *Verbreitung:* östliches Mittelamerika vom südlichen Mexiko bis Nicaragua. *Verhalten:* scheu. *Wasser:* Süß- und Brackwasser, 25–30 °C, die Wasserzusammensetzung ist nebensächlich.

Gambusia affinis (Texaskärpfling, Gambuse)
Beschreibung: D. 6–7; A. 8–10; L 1. 29–30. Diese Art kann leicht anhand ihrer gefleckten Schwanzflosse vom Guppy unterschieden werden.

Gambusia affinis ist wegen seiner Streitlust bei den Aquarianern nicht sehr beliebt, dagegen ist er für seine Vorzugsnahrung, nämlich Mückenlarven, bekannt. In Teilen von Nordamerika ist seine Verbreitung durch die Behörden erfolgt, die für die Mückenbekämpfung zuständig sind. Die Art ist etwas größer als der Guppy und frißt täglich ihr eigenes Körpergewicht an Mückenlarven. Als biologische Kontrolle erwies sie sich wegen ihrer Gefräßigkeit und ihrer großen Toleranz gegenüber sehr unterschiedlichen Lebensverhältnissen, die von Süßgewässern bis zu Brackwassersümpfen zwischen 10 und 30 °C reichen können, sehr geeignet. Sie pflanzt sich von April bis Oktober fort. Trächtige Weibchen tragen einen schwarzen Flecken am Hinterkörper und gebären bis zu 80 Jungtiere. Es gibt zwei Unterarten, *G. affinis affinis* (der Gefleckte Texaskärpfling oder Westliche Moskitofisch) und *G. affinis holbrooki* (der Östliche Moskitofisch). Der Erfolg dieser Art bei der Mückenbekämpfung in Panama hat es den Menschen ermöglicht, dort zu siedeln, und weitere Ansiedlungen der Fische erfolgten in Japan, China, Australien und den Ländern um das Mittelmeer. Besonders hier hat sich das Aussetzen von Gambusen für die einheimische Fischwelt allerdings auch oft als sehr nachteilig erwiesen, weil sie als Nahrungskonkurrenten auftraten.
Größe: 6,5 cm. *Verbreitung:* Flußsysteme des San Antonio und Guadelupe in Texas. *Verhalten:* aggressiv. *Wasser:* Süß- und Brackwasser, 18–24 °C, die Wasserzusammensetzung ist nicht von Bedeutung.

Heterandria formosa (Zwergkärpfling)
Beschreibung: D. 7–8, Pect.: 11–12. Ein horizontaler breiter schwarzer Streifen läuft entlang der Flanken von der Schnauze bis zum Schwanz und dieser wird von weniger deutlichen senkrechten Streifen gekreuzt.

Der Zwergkärpfling ist eines der kleinsten Wirbeltiere auf unserer Erde und soll zu den kleinsten lebendgebärenden Wirbeltieren überhaupt gehören. Er bewohnt die mittleren und unteren Wasserschichten kleiner Flüsse und Bäche, wo er zwischen Pflanzen vorkommt und sich als Allesfresser von Algen, kleinen Crustaceen und Insektenlarven ernährt. Die Geschlechtsunterschiede sind deutlich erkennbar, so ist das Männchen kleiner, es wird nur bis 2 cm lang und trägt ein langes Gonopodium. Es werden immer nur kleine Würfe auf die Welt gebracht, und bei einer Geburt werden bis zu 8 Jungtiere abgesetzt. Die Eier werden befruchtet sobald sie sich gebildet haben, so daß ein Weibchen Embryonen in bis zu sechs unterschiedlichen Entwicklungsstadien tragen kann. Die Zeit, die ein einzelnes Ei zur Entwicklung benötigt, variiert je nach der Zahl und Reife der Embryonen, die das Weibchen bereits zur Entwicklung bringt. Von drei Weibchen wurde in 74 Tagen von einem Durchschnitt von 63 Jungtieren berichtet. Bei der Geburt messen die Jungfische 7 mm.
Größe: 3,5 cm. *Verbreitung:* südliches Nordamerika. *Verhalten:* scheu, friedlich, manchmal untereinander etwas streitsüchtig. *Wasser:* Süßwasser, 20–24 °C, mittelhart.

37 *Terranatos dolichopterus* (Flügelflosser, Säbelflosser)

37 *Nothobranchius rachovii* (Prachtgrundkärpfling)

37 *Aphyosemion australe* (Kap Lopez)

37 *Jordanella floridae* (Floridakärpfling)

37 *Nothobranchius korthausae*

37 *Epiplatys dageti dageti* (Querbandhechtling)

Poecilia (Lebistes) reticulata (Guppy oder Millionenfisch)

Beschreibung: D. 7–8; A. 8–9. Das Männchen besitzt einen sehr kräftigen zweiten Strahl in der Bauchflosse und zeigt besonders leuchtende irisierende Farben in einer großen Mannigfaltigkeit. Selten ähnelt ein Männchen dem anderen.

Dieser kleine Fisch wurde 1866 von A. C. Günther nach dem Rev. R. J. L. Guppy benannt, der mit Tieren dieser Art von Trinidad nach England zurückkam. Aber dieser Name führte nur zu dem Populärnamen für diesen Fisch, weil er bereits 1859 durch W. Peters beschrieben worden war. Der Guppy ist aufgrund seiner Verschiedenartigkeit in Form und Farbe bemerkenswert, und es gibt viele Zuchtformen. Sein natürlicher Lebensraum sind langsam fließende Süß- und Brackgewässer. Obgleich er ein Allesfresser ist, hat er eine weite Bedeutung als wirksamer Insektenvertilger in den Gebieten erlangt, in denen durch Mücken übertragene Krankheiten auftreten. Die irisierende Farben der Männchen ziehen die Weibchen an. Die Paarung beginnt mit zahlreichen Verhaltensmustern, von denen eines als »Folgereaktion« bekannt ist, hier folgt das Männchen dem Weibchen, und eine andere Verhaltensweise besteht darin, daß das Männchen das Weibchen in die Genitalgegend beißt. Bei einigen dieser Verhaltensformen faltet das Männchen die mittleren Strahlen seiner Flosse zusammen. Wenn es ihm gelingt, die Aufmerksamkeit des Weibchens zu erzielen, antwortet sie, indem sie langsamer schwimmt. Dann vollführt das Männchen eine Anzahl Balzbewegungen, bei denen es seinen Körper vor dem Weibchen S-förmig biegt, so daß sich das Licht an seinen Farben reflektiert. Während dieser letzten Aktion unternimmt das Männchen einen Kopulationsversuch, wobei es sich in eine solche Stellung bringt, daß es die Spitze seines Gonopodiums in die Geschlechtsöffnung des Weibchens einführen kann. Das Paar schwimmt in einem engen Bogen, wobei das Weibchen vom Männchen flankiert wird, und sie ihren Rücken krümmt, um ihm die Genitalregion darzubieten. Das Männchen überträgt Spermienpakete, die innerhalb des Weibchens aufbrechen. Die Spermien wandern dann zu einer Samenkammer in der Nähe des Eierstocks, wo sie aufbewahrt werden bis sie benötigt werden. Die Eier reifen im Eierstock heran und werden befruchtet bevor sie diesen Verlassen, so daß die Befruchtung vor dem Eisprung erfolgt. Wie bei den vorhergehenden Arten und vielen anderen Poeciliiden können die Guppys gleichzeitig mehrere Bruten in unterschiedlichen Entwicklungsstadien auf einmal zur Entwicklung bringen, eine Erscheinung, die als Superfötation bekannt ist.

Poecilia reticulata (Gelber Doppelschwertguppy und andere Zuchtformen)

Beschreibung: Siehe die obige Beschreibung. Diese Form hat eine ovale Schwanzflosse, deren äußere obere und untere Strahlen verlängert sind, um zwei »Schwerter« zu bilden. Ihre Länge sollte etwa 4/5 der Körperlänge betragen. Die Rückenflosse ist ausgezogen und beträgt bis zu 1/3 der Länge der Schwanzflosse.

Diese Zuchtvariante ist nur eine der vielen Formen, die von Aquarianern gezüchtet werden. Die Vielfalt an Guppyformen ist ein Hauptgrund für die Beliebtheit dieses Fisches, und es sind zahlreiche Zuchtformen bekannt. Man kennt auch recht gut die diesen Formen zugrundeliegenden genetischen Voraussetzungen. Vereine haben sich der Zucht und Pflege des Guppys verschrieben, und

sie veranstalten jährliche Ausstellungen, um die verschiedenen Formen vorzustellen, von denen besondere Standardformen gezüchtet werden. Über ein Dutzend Zuchtformen mit unterschiedlich geformten Rücken- und Schwanzflossen gibt es, einige davon sind der Nadelschwanz-, der Fahnenschwanz-, der Untenschwert-, Leierschwanz- und Rundschwanzguppy, von den verschiedenen Farben einmal ganz abgesehen.
Größe: 6 cm. *Verbreitung:* nördliches Südamerika, Trinidad und Barbados. *Verhalten:* lebhaft. *Wasser:* Süß- bis Brackwasser, 16–30 °C, nicht unbedingt weich.

Poecilia spec. (Black Molly-Hybriden)
Beschreibung: Black Molly-Hybriden entstanden vor etwa 50 Jahren durch Kreuzungen von drei *Poecilia*-Arten. Diese lassen sich voneinander und von Hybriden durch einige ihrer meristischen Werte unterscheiden.

P. sphenops zeigt D. 8–11; L 1. 25–30, D.-Beginn hinter dem A.-Beginn; *P. latipinna:* D. 13–16; L 1. 26–30, D.-Beginn vor dem A.-Beginn. *P. velifera:* D. 18–19; L 1. 26–28, D.-Beginn deutlich vor dem A.-Beginn. Wenn der Stammbaum eines Hybriden nicht bekannt ist, läßt sich seine Herkunft oft schwierig oder gar nicht bestimmen.

Der Name »Molly« leitet sich von dem früheren Gattungsnamen *Mollienesia* ab, einem Synonym für *Poecilia*. Ursprünglich wurden die Black-Molly-Hybriden durch eine Kreuzung von *P. sphenops* mit *P. latipinna* erzielt, aber heute gibt es zahlreiche Varietäten, denn alle oben angeführten Arten wurden miteinander gekreuzt. Bei allen diesen Arten finden sich auch in der Natur gescheckte (teilmelanistische) oder völlig schwarze (melanistische) Formen, auch jeweils reinrassig bei den drei Arten. Man hat auch schon angenommen, daß *P. latipinna* und *P. velifera* möglicherweise Unterarten einer einzigen Art seien, denn sie kreuzen sich leicht und ihre natürlichen Verbreitungsgebiete berühren sich. Der Black Molly ernährt sich als Allesfresser von kleinen Krebstieren und viel pflanzlicher Kost. Er pflanzt sich nach etwa 9 bis 12 Monaten fort und die Trächtigkeitsdauer beträgt 6 bis 8 Wochen.
Größe: 12 cm. *Verbreitung:* eine Zuchtform, die Ausgangsarten kommen im südlichen Nordamerika vor. *Verhalten:* friedlich. *Wasser:* leicht salzhaltig, 25–28 °C, weich bis mittelhart, leicht sauer bis leicht basisch.

Xiphophorus helleri (Schwertträger)
Beschreibung: D. 13–14; A. 9–10; L 1. 26–29. Die ausgezogenen unteren Strahlen der Schwanzflosse des Männchens bilden ein langes »Schwert«.

Diese Fischart besiedelt sehr unterschiedliche Flußlebensräume, von Bergquellen bis hin zu langsam fließenden, sumpfigen Ausständen. Sie lebt von Algen und verschiedenen kleinen Tieren. Die Fortpflanzung geschieht in der für die Familie typischen Weise, es sind Lebendgebärende. Das Weibchen bringt nach einer Tragzeit von 4–6 Wochen maximal etwa 150 Jungfische pro Wurf zur Welt. Es gibt fünf Unterarten, die aus verschiedenen Gebieten stammen, ihre Gonopodienspitze haben jeweils eine andere Struktur. Es sind dies *X. helleri helleri, X. h. alvarezi, X. h. guentheri* und *X. h. signum* sowie *X. h. strigatus.* Von manchen Autoren werden diese Formen auch als eigenständige Arten angesehen, von anderen Autoren nur als Fundortpopulationen. Im Aquarium sind die Schwertträger sehr beliebt. Durch Kreuzungen zwischen den Unterarten und mit anderen *Xiphophorus*-Arten wurden schon viele Formen erzielt.
Größe: 15 cm. *Verbreitung:* Mittelamerika. *Verhalten:* lebhaft, die Männchen sind gelegentlich etwas aggressiv. *Wasser:* Süßwasser, 17–25 °C, die Wasserzusammensetzung ist nicht entscheidend.

40 Melanotaeniidae (Regenbogenfische)

Beschreibung: Der Körper ist tief und seitlich komprimiert, mit einer schwach entwickelten Seitenlinie und verhältnismäßig großen Schuppen. Die beiden Rückenflossen sind durch einen schmalen Zwischenraum getrennt, und die Afterflossenbasis ist länger als die Basis der zweiten Rückenflosse.
Verbreitung: Neuguinea, Aru-Inseln und Australien.

Die Familie umfaßt etwa 19 Arten, meist Süßwasserfische.

Melanotaenia maccullochi (Zwergregenbogenfisch)
Beschreibung: 1. D IV–VII; 2. D I, 8–10; A. I, 14–15. Der Körper zeigt die gattungstypische Form. Der Rücken ist braun und die Bauchseite ist glänzend bleichgelblich, über die Körperseite laufen 7 horizontale Streifen.

Dieser Fisch bewohnt die mittleren Wasserschichten verkrauteter Flüsse. Wenn er ablaichbereit ist, wird er rötlich mit grünlichen Flossen und zeigt eine braune oder ziegelrote Schwanzflosse. Das Weibchen bleibt gewöhnlich farblich blasser. Wenn die Eier abgelaicht werden, tragen sie kurze fadenförmige Fortsätze, mit denen sie an Pflanzen angebracht werden. Die Jungfische schlüpfen nach etwa 8 Tagen und sind relativ dunkel gefärbt.
Größe: 8 cm. *Verbreitung:* Nordaustralien. *Verhalten:* friedlich, schwarmbildend. *Wasser:* Süßwasser, 20–26 °C, weich bis mittelhart.

41 Atherinidae (Ährenfische)

Beschreibung: Der Körper ist eher langgestreckt mit zwei Rückenflossen, die weit voneinander entfernt sind, und einem breiten waagerechten, silbernen Band. Die Schuppen sind verhältnismäßig groß und entweder Rundschuppen oder Kammschuppen. Die Brustflossen setzen hoch am Vorderkörper an.
Verbreitung: gemäßigte und tropische Gebiete.

Die meisten Arten sind Seewasserfische, obgleich einige Gattungen wie *Chirostoma* oder *Bedotia* Süßwasserarten umfassen, *Telmatherina* auch Brackwasserarten. Viele marine Vertreter schwimmen in großen Schwär-

39 *Heterandria formosa* (Zwergkärpfling)

39 *Poecilia reticulata* (Gelber Doppelschwert-Guppy)

39 *Gambusia affinis* (Texas-Kärpfling, Moskitofisch)

39 *Poecilia reticulata* (Guppy, Wildform)

39 *Poecilia reticulata* (Guppy, Triangel, Snakeskin)

men und sind von wirtschaftlicher Bedeutung. Die Eier haben stets einige fadenförmige Auswüchse, mit denen sie an Pflanzen und Steinen hängenbleiben.

Bedotia geayi (Madagaskar-Ährenfisch, Rotschwanz-Ährenfisch)
Beschreibung: Der Körper ist langgestreckt und das Maul oberständig. Die erste der beiden Rückenflossen hat ihren Ursprung in der Mitte des Rückens, und deutlich getrennt von der zweiten, die eine relativ lange Basis besitzt. Die Brustflossen setzen auf dem waagerechten Streifen an und zeigen ganz typisch nach oben.

Dieser Fisch bleibt in den oberen Wasserschichten und lebt von Wasserinsekten und ihren Larven. Die Schwanz- und Afterflosse des Männchens haben einen roten Rand. Das Ablaichen ist dem des Sonnenstrahlfisches ähnlich, der nachfolgend beschrieben wird.
Größe: 15 cm. *Verbreitung:* Madagaskar. *Verhalten:* lebhaft, friedlich, schwarmbildend. *Wasser:* Süßwasser, 20–24 °C, pH-Wert neutral, mittelhartes bis hartes Wasser.

Telmatherina ladigesi (Celebes-Ährenfisch, Sonnenstrahlfisch)
Beschreibung: Der Körper ist langgestreckt und seitlich komprimiert. Die zweite Rückenflosse ist größer und bei geschlechtsreifen Männchen sind die Strahlen ausgezogen, wobei die Afterflosse ähnlich gestaltet ist. Die erste Rückenflosse ist schwarz mit weißen oder gelben Strahlen, und die zweite ist orangefarben, wobei der erste Flossenstrahl beim Weibchen schwarz ist, beim Männchen sind die ersten beiden Flossenstrahlen schwarz.

Dieser Ährenfisch frißt Kleinlebewesen. Das Weibchen ist farblich eintöniger als das Männchen und beide werden durch morgendliche Sonnenstrahlen zum Ablaichen angeregt. Nach heftigem Treiben geben die Tiere die Eier ab, bzw. befruchten die Eier, die vor allem an den Wurzeln von Schwimmpflanzen hängenbleiben. Die gelblichen Eier sind in diesem Stadium sehr empfindlich und werden gern gefressen, wenn die Eltern sonst wenig Nahrung finden. Die Eier schlüpfen nach etwa 10 Tagen. Die Jungfische bleiben an der Wasseroberfläche, wo sie von Mikroorganismen leben. Nach sieben Monaten sind sie im allgemeinen geschlechtsreif.
Größe: 7 cm. *Verbreitung:* Celebes. *Verhalten:* friedlich, schwarmbildend. *Wasser:* Süß-, eher Brackwasser. 24–28 °C.

42 Monocentridae (Tannenzapfenfische)

Beschreibung: Der Körper ist von großen plattenartigen Schuppen bedeckt. Die Rückenflossenstrahlen sind nach verschiedenen Seiten geneigt, und die Brustflossen haben einen großen Hartstrahl und drei Weichstrahlen. Zwei phosphoreszierende Leuchtorgane unterhalb des Kiefers geben durch symbiontische Bakterien Licht ab.
Verbreitung: Indopazifischer Raum.

Diese Familie umfaßt zwei marine Arten in einer einzigen Gattung. Die australische Art ist *Monocentrus gloriaemaris*, ein gelber Fisch mit blauen, roten, orangen und weißen Zeichnungsmustern, der den Fischern oft unbeabsichtigt ins Netz gerät.

Monocentrus japonicus (Tannenzapfenfisch)
Beschreibung: D. V–VI, 11–12; A. II, 8; L 1. 13–16. Die Färbung ist goldgelb mit schwarzen Markierungen.

Dieser Fisch wurde wiederholt aus Wassertiefen von bis zu 200 m heraufgeholt. Dort dürften seine Leuchtorgane in der Dunkelheit deutlich sichtbar sein und dazu benutzt werden, Beute zu entdecken oder anzulocken, allerdings ist nicht bekannt, wovon sich der Fisch in der Natur ernährt. Man weiß auch nichts über das Fortpflanzungsverhalten, doch glaubt man, daß er in Schwärmen lebt. In Japan ist er ein bekannter Speisefisch, sonst aber findet man ihn kaum einmal im Aquarium. Er wurde dem Steinhart-Aquarium in San Francisco vom japanischen Kronprinzen zum Geschenk gemacht und die Art ist auch in der Stuttgarter Wilhelma zu sehen.
Größe: 16 cm. *Verbreitung:* Indo-Pazifik, an verstreuten Vorkommen um Japan und Südafrika. *Verhalten:* friedlich, schwarmbildend. *Wasser:* Seewasser, 12–18 °C.

43 Holocentridae (Husarenfische und Soldatenfische)

Beschreibung: D. X–XIII und Weichstrahlen; Pel. I, 5–8. Alle diese Fische haben eine Rückenflosse mit langer Basis, und die meisten Arten sind rot gefärbt. Der Körper ist mit großen rauhen Schuppen bedeckt, der Kiemendeckel hat einen stacheligen Rand.
Verbreitung: Tropische Meere.

Diese marinen Fische sind meist nachtaktiv. Die erwachsenen Tiere leben bevorzugt in Bodennähe zwischen dem Küstenbereich und einer Tiefe von 100 m. Am Tage verstecken sie sich in Spalten oder unter Überhängen eines Riffs. Die Brut lebt planktisch. Es gibt zwei Unterfamilien. Die eine sind die Holocentrinae (Husarenfische) mit einem starken vergrößerten Stachel auf dem Vorderkiemendeckel, der bei einigen Arten auch giftig ist, und einer langen röhrenförmigen Schwimmblase, die die Körperlänge durchzieht. Die zweite Unterfamilie sind die Myripristinae (Soldatenfische), denen der große Kiemenstachel fehlt und die eine Schwimmblase haben, die durch eine Einschnürung in zwei beinahe selbständige Kammern getrennt ist.

Holocentrus cornutum (Weißer Husar)
Beschreibung: D XI, 12–13; A. IV, 9; L 1. 35–36. Der Dorn auf dem Vorderkiemendeckel ist kürzer als der Augendurchmesser. Es sind zwei Kiemendornen vorhanden, der untere von beiden ist kürzer. Der dritte Afterflossenstrahl ist der größte. Auf der Basis des hinteren Rückenflossenteils, der After- und Schwanzflosse befinden sich jeweils dunkle Flecken.

Der weiße Husar ist in Riffen häufig, wo er sich am Tage zwischen den Korallen versteckt und in der Nacht ausschwärmt, um sich von Crustaceen zu ernähren. Wie andere Arten der Familie ist auch er fähig, laute Geräusche durch Grunzen und Klicken von sich zu geben.
Größe: 20 cm. *Verbreitung:* Ostafrika, Queensland und Melanesien. *Verhalten:* scheu. *Wasser:* Seewasser, 24–26 °C.

44 Centriscidae (Schnepfenmesserfische)

Beschreibung: Der Körper ist sehr zusammengedrückt und messerförmig, mit einer scharfen Bauchkante und fehlender Seitenlinie. Die Schnauze ist lang und ähnlich einer Trompete. Das Maul ist klein. Der Fisch ist fast ganz mit hornigen, schuppenartig verzahnten Platten bedeckt, die Auswüchse der Wirbelsäule sind. Hinten befindet sich ein spitzer, horizontal gerichteter Stachel, der der erste Rückenflossenstachel ist.
Verbreitung: Indopazifischer Raum.

Diese Familie besteht aus zwei Gattungen, *Aeoliscus* und *Centriscus*, von denen jede zwei Arten hat. Diese attraktiven Fische schwimmen in einer senkrechten Stel-

40 *Melanotaenia macculochi* (Zwergregenbogenfisch)
41 *Telmatherina ladigesi* (Celebes-Sonnenstrahlfisch)

41 *Bedotia geayi* (Madagaskar-Ährenfisch)

39 *Xiphophorus helleri* (Schwertträger)
39 *Poecilia* X (Black Molly-Hybride)

lung mit dem Kopf nach unten und schwimmen nur horizontal, wenn sie Räubern zu entkommen suchen. Ihr winziges Maul und die enge Schnauze schränken das Ausmaß ihrer Nahrung erheblich ein.

Aeoliscus strigatus (Rasiermesserfisch oder Schlanker Schnepfenmesserfisch)
Beschreibung: Die Arten dieser Gattung sind von denen der Gattung *Centriscus* dadurch zu unterscheiden, daß sie am Ende des Rückenflossenstachels einen beweglichen Abschnitt haben, und daß bei ihnen der Raum zwischen den Augen gefurcht ist und keine tiefe Grube trägt. Diese Art weist entlang der Flanken einen rauchigschwarzen Streifen auf, während die andere Art *(A. punctulatus)* stattdessen viele kleine schwarze Flecken aufweist.

Diese Fische finden zwischen den Stacheln des Seeigels *Diadema* Schutz. Zwischen den Stacheln eines einzigen Seeigels können sich viele Exemplare ansammeln, wobei ihre dunklen Streifen und die halbtransparenten Körper die Tarnung noch ergänzen. Man hat manchmal beobachtet, daß sie ihre Gewohnheit, mit dem Kopf nach unten zu schwimmen, ändern. Sie schwimmen dann vorwärts, um die winzigen Meereslebewesen zu fressen, von denen sie sich ernähren, wobei sie ein senkrechtes Riff hinaufschwimmen oder entlang eines Höhlendaches nach Nahrung suchen. An diesen Stellen halten sie ihren Körper sogar senkrecht und scheinen dann geradezu vom Höhlendach herabzuhängen. Die Bevölkerung der Insel Palau im Pazifik soll die getrockneten Exemplare dieser Art als Schmuck verwenden.
Größe: 15 cm. *Verbreitung:* Die Küste des südöstlichen Australiens und Neu Guineas sowie der Indopazifik. *Verhalten:* friedlich, schwarmbildend. *Wasser:* Seewasser, 24–26 °C.

45 Syngnathidae (Seepferdchen und Seenadeln)

Beschreibung: S. 15–60. Der langgestreckte Körper ist von knochigen Platten umgeben, die unter der Haut sitzen. Diese Fische haben eine lange Schnauze, ein enges Maul, eine Rückenflosse, keine Brustflossen und eine sehr kleine Afterflosse. Einige Arten haben keine Schwanzflosse und der Schwanz kann als Greiforgan dienen.
Verbreitung: Atlantik und Indopazifischer Raum.

Diese Fische leben in flachen Meeresbereichen und Küstengewässern, einige Arten kommen auch im Süßwasser vor. Weil sie durch ihren Panzer so gut geschützt sind, bewegen sie sich nur minimal und schwimmen, indem die Flossen wellenförmige Bewegungen ausführen. Während des Laichens bringt das Weibchen seine Eier in eine Bruttasche am Bauch des Männchens, so daß die Eier geschützt sind bis die Jungtiere schlüpfen. Es gibt zwei Unterfamilien: Die Syngnathinae (Seenadeln), die in allen Gewässerarten anzutreffen sind, und die Hippocampinae (Seepferdchen), die ausschließlich marin leben.

Hippocampus kuda (Kuda-Seepferdchen)
Beschreibung: D. 16–18; A. 4. Der Körper hat etwa 36 Ringe und ist gelb gefärbt. Der Schwanz ist beweglich und als Greiforgan benutzbar. Das Seepferdchen schwimmt in aufrechter Position.

Diese Art läßt sich gewöhnlich auf hoher See finden und wird des Nachts an die Oberfläche gelockt, wenn Lichter ins Wasser scheinen. Sie kann ihre Farbe wechseln und tut dies besonders während des Ablaichens. Männchen und Weibchen nähern sich, wobei sie mit den Köpfen nicken und gleichzeitig ein klickendes Geräusch verursachen, das von einer Kerbe hinter dem Kopf verursacht wird. Sie umschlingen einander, und das Weibchen steckt seine vergrößerte Legeröhre in oder gegen die Bauchtaschenöffnung des Männchens und überträgt ein paar Eier. Das Paar trennt sich dann, das Männchen biegt seinen Körper vor und zurück, offensichtlich um die Eier richtig zu plazieren. Dieser Vorgang wird viele Male wiederholt bis 100–200 Eier übertragen sind, die das Männchen ausbrütet. Innerhalb von 4–5 Wochen schlüpfen die Jungfische, und die Brut wird freigelassen.
Größe: 25 cm. *Verbreitung:* Indopazifik. *Verhalten:* friedlich. *Wasser:* Seewasser, 24–26 °C.

Syngnathus pulchellus (Afrikanische Süßwassernadel)
Beschreibung: D. 25; A. 2. Auf Körper und Schwanz befinden sich 48 knochige Ringe. Der Schwanz ist sehr lang. Die Färbung ist grau oder braun mit blauen Glanzlichtern. Die Flanken sind marmoriert, und vom Zentrum des Auges laufen schwarze Streifen strahlenförmig nach außen.

Die Afrikanische Süßwassernadel kommt in Brackwasserbuchten und Flußmündungen vor, wo sie sich von kleinen Wirbellosen und von Fischbrut ernährt. Wie andere Mitglieder dieser Familie auch, kann sie die Färbung ändern, um sich der Umgebung anzupassen. Das Fortpflanzungsverhalten gleicht dem der vorigen Art, das Weibchen übergibt die Eier in die Bauchtasche des Männchens. Die Eier werden dann in ein schwammiges Gewebe eingebettet, das sich an der Bauchseite des Männchens bildet.
Größe: 15 cm. *Verbreitung:* Zaire- und Ogowe-Einzüge. *Verhalten:* friedlich. *Wasser:* Süß- und Brackwasser, 24–26 °C, die Wasserqualität ist von untergeordneter Bedeutung.

46 Gasterosteidae (Stichlinge)

Beschreibung: Der Körper ist im Querschnitt zusammengedrückt und bei einigen Arten ist der Kopf zugespitzt. Die Haut ist nackt mit senkrechten Körperplatten. Vor der Rückenflosse befinden sich drei oder mehr Stacheln, die aufgerichtet werden können, und die Afterflosse ähnelt in der Form der Rückenflosse.
Verbreitung: Auf der Nordhalbkugel weit verbreitet.

Die Tiere sind lebhafte und muntere Fische, die sich von kleinen Wirbellosen ernähren. Viele Arten bauen Nester wenn sie ablaichen und wurden verhaltensbiologisch intensiv untersucht. Alle kommen in Süß- oder Brackwasser vor, mit Ausnahme der echten marinen Art *Spinachia spinachia*, dem Fünfzehnstacheligen oder Seestichling.

Gasterosteus aculeatus (Gemeiner oder Dreistachliger Stichling)
Beschreibung: D. III-IV, 8–14; A. I, 6–11. Jede der drei Rückenflossenstacheln stützt eine segelartige Membran. Die Zahl der Knochenplatten ist variabel und scheint im Zusammenhang mit dem Salzgehalt des Wassers zu stehen, denn sie ist in Brackwasser höher als in Süßwasser. Die Färbung ist auf dem Rücken grün oder braun gefleckt, manchmal dunkelblau, auf der Unterseite silbrig und heller werdend.

Der Dreistachelige Stichling wurde ausführlich untersucht, etwa von Tinbergen und anderen Forschern, beispielsweise hinsichtlich des Ablaichverhaltens, das dem der anderen Mitglieder der Familie ähnlich ist. Das Männchen bekommt zur Laichzeit einen roten Unterkörper und grenzt ein Revier ab, in dem es ein Nest aus pflanzlichem Material baut. Wenn es ein laichreifes Weibchen erblickt, balzt es dieses mit einem ganz besonderen Verhaltensmuster an. Auf diese Weise wird das Weibchen dazu angeregt, seine Eier in das vom Männchen gebaute Nest abzulegen, wo sie befruchtet werden. Das Männchen bewacht und befächelt die Eier bis sie sich entwickeln und schlüpfen und vertreibt alle anderen Männchen und sogar weitaus größere Fisch.
Größe: 10 cm. *Verbreitung:* Europa, nördliches Asien, Japan und Nordamerika. *Verhalten:* schwarm- und revierbildend. *Wasser:* Süß-, Brack- und Seewasser, 4–20 °C, die Wasserwerte sind von untergeordneter Bedeutung.

47 Scorpaenidae (Drachenköpfe oder Skorpionfische)

Beschreibung: Gewöhnlich D. XI–XVII, 8–18; A. I–III, 3–9; Pel. I, 2–5. Der Körper ist zusammengedrückt und normalerweise von Kammschuppen bedeckt. Der Kopf hat einen knöchernen Grat oder ein knöchernes Korsett, das vom Kiemendeckel bis unter das Auge verläuft, weiterhin zahlreiche zusätzliche Grate und Stacheln. Gewöhnlich ist eine Rückenflosse vorhanden, die starke Stacheln hat, die mit Giftdrüsen ausgestattet sind. After- und Bauchflossen sind vorhanden.
Verbreitung: tropische und gemäßigte Meere, einige arktische Gewässer.

Diese Familie ist in 8 Unterfamilien gegliedert, von denen einige bekannte Aquarienfische umfassen. Beispielsweise enthalten die Pteroinae die äußerst giftigen *Pterois*-Arten, während die Scorpaeninae gut bekannte Arten wie die der Gattungen *Scorpaena* und *Scorpaenodes*, die Skorpionfische, aufweisen. Viele Arten der Familie sind wirtschaftlich bedeutend, und der Rotbarsch aus dem Nordatlantik *(Sebastes marinus)* wird wegen seines augezeichneten, weißen Fleisches in großer Zahl gefangen. Viele Arten zeigen auffällige Farbmuster, wobei Rot meist die vorherrschende Farbe ist. Die Skorpionfische sind im allgemeinen mittelgroß und leben zwischen Felsen und Riffen oder in Tangfeldern versteckt, wo sie lange Zeit bewegungslos verharren. Dort sind sie gut getarnt und können Menschen gefährlich werden, die zufällig auf sie treten und von ihren Giftstacheln gestochen werden. Der Gefährlichkeitsgrad variiert von Art zu Art, man sollte sich aber nach einem Stich in jedem Fall möglichst umgehend zum Arzt begeben. Auch die Fortpflanzungsweise ist unterschiedlich. *Sebastodes* und *Sebastes* haben beispielsweise eine innere Befruchtung entwickelt und pflanzen sich lebendgebärend fort. Die Jungen werden um den Zeitpunkt des Schlüpfens herum ausgestoßen, und es ist durchaus möglich, daß die Jungfische sogar erst schlüpfen nachdem die Eier abgelaicht worden sind. Dies geschieht im Frühling in einer Tiefe von etwa 90 m an der westatlantischen Küste. Von anderen Arten weiß man, daß sie die Eier äußerlich befruchten.

45 *Hippocampus kuda* (Kuda-Seepferdchen)

44 *Aeoliscus strigatus* (Streifen-Schnepfenmesserfisch)

Pterois volitans (Rotfeuerfisch)
Beschreibung: D. XII, 10–11; A. III, 6–7; Pect. 14. Die Flossen sind sehr lang ausgezogen, die Rückenflossenstrahlen sind fadenförmig verlängert und ebenso lang wie die Körperhöhe. Die Brustflossen haben ein flügelartiges Aussehen. Körper und Kopf werden von 24–30 senkrechten Streifen überzogen, die mit schmaleren weißen Streifen abwechseln. Die weichstrahligen Rücken, Afterund Schwanzflossen haben viele dunkle Flecken.

Diese eindrucksvolle Art kann einen schmerzhaften Stich unter gleichzeitiger Injektion eines Nervengiftes auslösen, wenn die Spitze eines Rückenflossenstachels berührt wird. Das Gift ist jedoch hitzeempfindlich und kann wie bei Stichen der Dasyatidae (Stachelrochen) und der Potamotrygonidae (Süßwasserrochen) behandelt werden. Die zwölf Rückenflossenstacheln haben jeweils einen Drüsenkanal, der unmittelbar an der Basis der Strahlen beginnt und die gesamte Länge entlangzieht. Die Giftdrüsen liegen in dieser Grube und können sich über ¾ ihrer Länge erstrecken. Der Strahl selbst ist von einer Hautscheide überzogen. Die Fische findet man oft unterhalb von Riffkanten, unter Höhlen oder in Korallenspalten, wo Taucher daher besonders vorsichtig sein sollten. Die Art ist ein kräftiger Fleischfresser und ernährt sich von Garnelen, Krabben, kleineren Fischen und sogar von Jungtieren der eigenen Art. Trotz seiner Giftstacheln ist es ein sehr beliebter Aquarienfisch.
Größe: 30 cm. *Verbreitung:* tropischer Indopazifik. *Verhalten:* einzeln lebend. *Wasser:* Seewasser, 24–26 °C.

48 Centropomidae (Glasbarsche)

Beschreibung: 1. D. VII–IX; 2. D. I, 9–15; A. III, 6–17; Pel. I, 5. Die Seitenlinie erstreckt sich bis auf den Schwanz, der Körper ist verhältnismäßig hoch. Ein schuppiger Fortsatz findet sich gewöhnlich auf der Brustflossenbasis.
Verbreitung: Atlantik und Indopazifik.

Die Familie hat neun Gattungen, darunter auch *Chanda*, die asiatischen Glasbarsche. Bei diesen Fischen ist der Körper transparent, so daß sich die Wirbelsäule und andere innere Strukturen meist gut erkennen lassen. Die Familie umfaßt aber auch *Lates niloticus*, den Nilbarsch, einen gut bekannten, afrikanischen Süßwasserfisch.

Chanda ranga (Indischer Glasbarsch)
Beschreibung: 1. D. VII; 2. D. I, 12–15; A. III, 13–15; L 1. 60–70. Die Körperform ist für die Familie typisch. Der dritte Strahl der Afterflosse ist gewöhnlich der längste, der Rand der zweiten Rückenflosse ist konvex. Die Rükken- und Afterflossen haben schwarze Strahlen und hellblaue Ränder.

Chanda ranga lebt als Jungfisch in Schwärmen, wenn er ausgewachsen ist, neigt er jedoch dazu scheu zu sein und einzeln zu leben. Das Weibchen ist heller und gelblicher als das Männchen. Das Paar wird durch Sonnenlicht zum Ablaichen angeregt und tut dies vorwiegend in den Morgenstunden. Etwa 4–6 Eier werden jeweils gleichzeitig abgelaicht und dies wird wiederholt, bis etwa 200 klebrige Eier vorhanden sind, die an Pflanzen haften. Die Jungfische schlüpfen gewöhnlich innerhalb von 24 Stunden. Die Brut schwimmt nach drei bis vier Tagen frei.
Größe: 7 cm. *Verbreitung:* Indien, Burma, Thailand. *Verhalten:* scheu. *Wasser:* Süß- und Brackwasser, 18–25 °C, hart, alkalisch.

49 Serranidae (Zackenbarsche)

Beschreibung: A. III und Weichstrahlen; Pel. I, 5. Diese Fische haben einen kräftigen Körper und einen großen Kopf, auf dem Kiemendeckel befinden sich drei nach hinten zeigende Stacheln. Die Seitenlinie ist durchgehend und vollständig, die Schuppen sind meist ctenoid, manchmal jedoch cycloid. Die Schwanzflosse ist abgestumpft, rundlich oder sichelförmig.
Verbreitung: Tropische und gemäßigte Zonen.

Diese Familie umfaßt zahlreiche Gattungen und insgesamt über 370 Arten. Ein paar davon sind auf Süßwasser beschränkt, die übrigen kommen in brackigen Flußmündungen und in Binnengewässern vor. Meist sind es auf dem Grund lebende Raubfische, einige, wie beispielsweise *Epinephalus lanceolatus*, der Grunzer, werden gut über 3,50 m lang. Taucher schätzen Tiere dieser Größe im allgemeinen wenig, Angler dagegen sehr. Merkwürdigerweise sind einige Arten Hermaphroditen: Normalerweise durchlaufen die Fische als Jungtiere ein Weibchenstadium und wandeln sich später zu Männchen um, manchmal jedoch entwickeln sich bei einem Tier gleichzeitig Eier und Spermien. Die von Serraniden abgegebenen Eier können entweder im Wasser pelagisch treiben und sind dann nicht klebrig, oder sie können Sinkeier sein und kleben, aber in keinem Fall scheint eine Brutpflege der Eier oder der Jungfische vorzukommen.

Serranus scriba (Schriftbarsch)
Beschreibung: Der Fisch ist langgestreckt mit einer leicht abgerundeten Schwanzflosse und Brustflossen, die über den Beginn der Afterflosse hinausreichen. Er hat einen gelblich-cremefarbenen Körper mit 4–7 breiten, braunen senkrechten Streifen darüber und ein kleinfleckiges Muster auf den Wangen. Auf der Bauchmitte befindet sich ein großer blauvioletter Fleck und zieht sich auf der Seitenmitte aufwärts.

Diese Art ist an den Felsenufern des Mittelmeeres häufig, wo Einzeltiere ein Revier bilden und es heftig gegen andere Tiere der gleichen Art verteidigen. Wie die meisten Mitglieder der Familie lebt der Schriftbarsch räuberisch und schleicht sich vorsichtig an verschiedene Beutetiere heran, wie etwa an *Atherina*-Arten (Ährenfische), frißt aber auch Weichtiere und Crustaceen. Diese Fische sind Hermaphroditen und laichen von Mai bis August am Ufer ab, wobei sie klebrige Sinkeier abgeben, die an Felsen und Steinen kleben bleiben.
Größe: 25 cm. *Verbreitung:* Mittelmeer, Schwarzes Meer und östlicher Atlantik von der Biskaya bis Südafrika. *Verhalten:* aggressiv, revierbildend. *Wasser:* Seewasser, 18–26 °C.

50 Grammistidae (Seifenfische)

Beschreibung: D. II–IX, 12–27; A. O–III, 8–17. Der Körper ist barschartig, getreckt bis oval und komprimiert. Er trägt auf dem Kopf Schuppen und mehrere große Dornen auf dem Vorderkiemendeckel und dem Kiemendeckel. Das Maul ist aufwärtsgerichtet und groß und eine Bartel befindet sich am Kinn.
Verbreitung: Atlantik und Indopazifik.

In dieser Familie sind sechs Fischgattungen mit Fischen geringer bis mittlerer Größe zusammengefaßt, die Maximalgröße beträgt etwa 30 cm. Unter anderem gehören auch die Seifenfische des tropischen Amerika hierher, die wegen des schlüpfrigen Schleimes so heißen, den sie absondern, und der das Wasser schaumig macht. Alle Arten der Familie haben in der Haut giftige Schleimdrüsen, die den bitter schmeckenden Schleim abgeben, der sie davor schützt, gefressen zu werden. Man nimmt an, daß ihre leuchtenden Farben deshalb eine Warntracht darstellen.

Grammistes sexlineatus (Goldstreifen-Seifenfisch)
Beschreibung: 1. D. VI–VIII, 13–15; A. I–II, 9–10; L 1. 63–72. Diese Art trägt auf dem Kinn nur eine rückgebildete Bartel. Die Rückenflosse ist durchgehend. Der Vorderkiemendeckel hat drei bis vier Dornen und der Kiemendeckel deren drei. Die Schwanzflosse ist abgerundet und die Haut in charakteristischer Weise schleimig. Die Farbe ist rötlich oder schwarzbraun mit 3–9 gelblichweißen, waagerechten Streifen auf Kopf und Körper. Die Jungtiere haben nur drei Streifen.

Es handelt es sich hier um einen sehr vorsichtigen Fisch, der über Korallenriffen und in flachen Lagunen lebt, wo er alleine oder zu zweit oder dritt schwimmt. Er ist immer bereit in einer Spalte oder einem anderen Versteckplatz zu verschwinden wenn er gestört wird. Wie die übrigen Arten der Familie ist er von einem bitteren, giftigen Schleim überzogen, der große Räuber abschreckt, wie man herausfand, und kleine Tier töten kann. In einem kleineren Aquarium sollte man besonders vorsichtig sein, weil sein Gift für andere Arten gefährlich sein kann, besonders wenn er berührt oder in Schreck versetzt wird. *Größe:* 25 cm. *Verbreitung:* tropischer Indopazifik. *Verhalten:* aggressiv. *Wasser:* Seewasser, 24–26 °C.

51 Grammidae (Feenbarsche)

Beschreibung: D. XI–XIII und Weichstrahlen; Pel. I, 5. Die Seitenlinie ist geteilt und reicht entweder über die gesamte Körperlänge oder ist unvollständig.
Verbreitung: Indopazifik und tropischer Westatlantik.

Diese kleinen, leuchtend bunt gefärbten Seewasserfische wurden früher mit den Grunzern zusammen in eine Familie gestellt (Familie der Serranidae), mit denen sie nahe verwandt sind. Sie bilden heute eine eigenständige Familie, die nur etwa 12 Arten umfaßt. Zwei Gattungen (*Gramma* und *Lipogramma*) kommen in der Karibik vor und wenigstens 3 weitere in verschiedenen Räumen des Indopazifik. Es sind scheue Fische und sie leben in Löchern, Höhlen und Spalten in Korallenriffen. Manchmal benutzen sie Algen, um eine eigene Behausung zu bauen. Sie fressen planktische Crustaceen und anderes Plankton.

Gramma loreto (Feenbarsch)
Beschreibung: Diese Art läßt sich sofort an ihrer auffallenden Färbung an dem schwarzen Fleck vorne in der Rückenflosse erkennen.

Dieser einzeln lebende Fisch kommt gewöhnlich im Flachwasser zwischen 12–24 m Tiefe vor. Manche Tiere neigen dazu, einen besonderen Riffabschnitt zu bewohnen und sich mit allen seinen Spalten und Löchern vertraut zu machen, um sie bei Gefahr zum Schutz aufsuchen zu können. Wenn die Tiere unter einem Riffüberhang schwimmen, orientieren sie sich mit dem Bauch zum Substrat hin. Manchmal putzen die Jungfische Parasiten von anderen Fischarten ab. Die erwachsenen Feenbarsche brüten die Eier im Maul aus; dies wurde in Gefangenschaft beobachtet, allerdings erwiesen sich die Eier

47 *Pterois volitans* (Rotfeuerfisch)

43 *Holocentus cornutum* (Rotstreifen-Husar)

als unbefruchtet. Feenbarsche können gut springen, deshalb ist es ratsam, das Aquarium gut abzudecken.
Größe: 10 cm. *Verbreitung:* Karibik. *Verhalten:* friedlich, einzeln lebend. *Wasser:* Seewasser, 24–26 °C.

52 Theraponidae (Tigerfische oder Sägefische)

Beschreibung: D. XII–XIV, 8–14; A. III, 7–12. Der Körper ist im Querschnitt oval und seitlich komprimiert. Auf dem Kiemendeckel befinden sich ein oder zwei Stacheln, die Rückenflossenstrahlen können in eine Grube zurückgelegt werden. Der Bauchflossenbeginn liegt hinter dem Brustflossenansatz.Die Schuppen sind klein und ctenoid und die Seitenlinie ist vollständig und nicht unterbrochen, wobei die Schuppen hier kleiner sind als auf dem übrigen Körper. Oft zeigt dieser deutliche waagerechte Streifen.
Verbreitung: Indopazifischer Raum.

Diese Familie ist mit den Serranidae ebenfalls nahe verwandt, die Arten unterscheiden sich jedoch im Fortpflanzungsverhalten, in der Anzahl der Rückenflossenstacheln und durch ein kleineres Maul mit vielen sägeförmigen Zähnen. Es gibt 15 Arten in drei Gattungen: *Helotes, Pelates* und *Therapon*. Die meisten Arten kommen in flachem Seewasser vor, obgleich einige in Flußmündungen und Flüsse eindringen, während andere völlig im Süßwasser leben. Von einigen Arten ist bekannt, daß sie grunzen und krächzen, wenn man sie aus dem Wasser nimmt.

Therapon jarbua (Dreistreifen-Tigerfisch)
Beschreibung: D XI–XII, 10–11; A. III, 7–9; Ll. etwa 80. Der Vorderkiemendeckel ist gesägt und die Schwanzflosse ist deutlich ausgezackt. Die Färbung ist oben bräunlich und auf dem Bauch silbrig, mit drei gebogenen schwarzbraunen Linien, von denen die obere vom Beginn der Rückenflosse bis zu ihrem Ende verläuft. Wenn der Fisch ausgewachsen ist, finden sich auch dunkle Makel auf der Rücken- und Afterflosse.

Therapon jarbua ist eine räuberische Art, die, wenn sie völlig ausgewachsen ist, sowohl recht große Fische als auch kleinere Tiere frißt. Sie ist dafür bekannt, daß sie mit ihrer Schwimmblase laute Geräusche produzieren kann und bewohnt häufig Küstengewässer und Flußmündungen, wobei sie oft weit flußaufwärts wandert bis fast ins Süßwasser hinein. Wiederholt wurde die Art beim Ablaichen an seichten Stellen der Flüsse von Sri Lanka beobachtet. Hier werden in einer Tiefe von 15 cm die Eier in Höhlen unter Steinen oder faulendem Holz abgelaicht. Die klebrigen Eier werden vom Männchen bewacht und gepflegt bis die Jungfische schlüpfen. Diese sind friedlich aber sehr lebhaft und sammeln sich zu Schwärmen, doch wenn sie heranwachsen, werden sie zunehmend aggressiv und zu Einzelgängern und sind dann für die Pflege im Aquarium weniger geeignet.
Größe: 25 cm. *Verbreitung:* Indopazifik mit Ausnahme von Hawaii. *Verhalten:* als Jungtiere friedlich und schwarmbildend, aggressiv wenn sie erwachsen sind. *Wasser:* Brack- und Seewasser, 24–26 °C.

53 Centrarchidae (Sonnenbarsche)

Beschreibung: A. mehr als III und Weichstrahlen. Die meisten Arten dieser Familie sind hochgebaut und seitlich stark komprimiert mit eiförmigem Körperprofil, wenn auch die Gattungen *Elassoma, Micropterus, Aplites* und *Pomis* gestreckter sind. Die Seitenlinie ist vollständig, oder wenigstens nahezu vollständig, obgleich sie in der Gattung *Elassoma* fehlt. Bei den meisten Jungfischen ist die Färbung attraktiv, sie verblaßt jedoch mit zunehmendem Alter.
Verbreitung: Nordamerika.

Diese Familie lebt in klaren, verkrauteten Tieflandgewässern, sie bevorzugt einen sandigen Untergrund. Viele der größeren Arten sind alleinlebend und räuberisch, während die kleineren Arten dazu neigen in Gruppen zu schwimmen. Sie fressen hauptsächlich Insektenlaven und andere Wirbellose.

Elassoma evergladei (Zwergsonnenbarsch oder Schwarzbarsch)
Beschreibung: D. II–IV, 8–9; A. III, 5–7. Der Körper ist etwas länglich und komprimiert. Es sind große Cycloidschuppen vorhanden, die Färbung ist grau mit schwarzen Flecken.

Dieser Fisch hat eine ungewöhnliche Methode sich über den Untergrund fortzubewegen, indem er dazu abwechselnd seine Brustflossen benutzt. Beim Ablaichen wird das Männchen schwarz mit einzelnen silbernen oder hellblauen Schuppen. Das Ablaichen erfolgt nach einer interessanten Balz, und es werden 30–60 Eier über den Pflanzen ausgestoßen. Die erwachsenen Tiere fressen ihren Nachwuchs offensichtlich nicht.
Größe: 3,5 cm. *Verbreitung:* USA, Carolina bis Florida. *Verhalten:* friedlich. *Wasser:* Süßwasser, 4–30 °C, weich, leicht sauer.

54 Apogonidae (Kardinalfische)

Beschreibung: 1. D. VI–VIII; 2. D. I, 8–14; A. II, 8–18; L 1. 23–25. Der Körper ist seitlich komprimiert, die Seitenlinie ist einfach und manchmal unterbrochen. Kopf, Augen und Maul sind groß. Viele Arten haben eine rote oder bronzefarbene Körperfarbe.
Verbreitung: Atlantischer Ozean und Indopazifischer Raum.

Die meisten Arten sind Seewasserfische, einige kommen in Süß- und Brackwasser vor. Sie leben an Korallenriffen und felsigen Überhängen und ernähren sich von verschiedenen kleinen Tieren. Viele Arten leben nächtlich und ruhen am Tage, versteckt in dunklen Höhlen oder manchmal in Schwämmen und Mollusken.

Apogon orbicularis
Beschreibung: Ein senkrechter Streifen teilt den Körper, auf der hinteren Hälfte befinden sich dunkle Flecken. Es scheint zwei sehr ähnliche Formen oder Arten zu geben, und einige Fachleute betrachen *A. nematopterus* als eine getrennte Art, andere sehen sie jedoch als das Weibchen von *A. orbicularis* an.

Apogon orbicularis ist ein dämmerungsaktiver Fisch, der sich in kleinen Schwärmen um vorstehende Korallenäste ansammelt. Er kommt auch im Mangrovebereich vor und frißt kleine Crustaceen und andere kleine Tiere. Die Eier haben lange Filamente und sind zu einem Klumpen verbunden, der vom Männchen erbrütet wird.
Größe: 10 cm. *Verbreitung:* Indischer Ozean und westlicher Pazifik. *Verhalten:* scheu, schwarmbildend. *Wasser:* Seewasser, 24–26 °C.

55 Carangidae (Pferde- oder Stachelmakrelen)

Beschreibung: Der komprimierte Körper variiert in der Körperhöhe, die Haut kann entweder nackt sein oder kleine Cycloidschuppen tragen. Die Seitenlinie kann dornige Schuppen tragen. Gewöhnlich sind drei Afterflossenstacheln vorhanden, von denen die ersten beiden nicht mit der übrigen Flosse zusammenhängen. Die Rückenflosse ist meist flach, die Schwanzflosse ist tief gegabelt.
Verbreitung: Atlantischer Ozean und Indopazifischer Raum.

Diese Familie umfaßt 24 Gattungen, darunter viele marine Arten und einige aus dem Brackwasser. Oft sind es wichtige Speisefische, wie etwa *Caranx hippos* im tropischen Atlantik und dem Golf von Mexiko. Von keiner Art aus dieser Familie ist bezüglich des Ablaichverhaltens genaueres bekannt, obgleich der gewöhnliche Pilotfisch *(Naucrates ductor)* klebrige Sinkeier haben soll. Diese Eier haben an einem Ende einen dünnen langen Faden, der, wie man vermutet, möglicherweise an Haien hängenbleibt.

Caranx speciosus (Königsmakrele)
Beschreibung: 1. D. I, VIII; 2. D. I, 18–21; A. II, I, 15–17. Von der Seite betrachtet ist der Körper schlank und sehr komprimiert. Die Färbung der Jungtiere ist charakteristisch, sie sind gelblich-silbern und haben etwa 7 breite Längsstreifen, dazwischen befinden sich undeutliche Streifen. Diese Streifen verblassen wenn die Fische heranwachsen.

In ruhigen Buchten begegnen Taucher oft Jungtieren, wobei kleine Trupps der Fische in einigem Abstand neben dem Taucher herschwimmen. Ein weiteres Mitglied dieser Familie, der Pilotfisch *(Naucrates ductor)* entwikkelte ein ähnliches Verhalten und schwimmt oft zusammen mit Haien, oder vor ihnen her, als ob er als Führer diene. Diese Gewohnheit erklärt seinen Populärnamen. Als geschlechtsreifer Fisch wird die Königsmakrele öfter auf hoher See gefunden, obgleich sie von Anglern gelegentlich auch schon in Flußmündungen gefangen wurde.
Größe: 1 m. *Verbreitung:* Rotes Meer und Indopazifischer Raum. *Verhalten:* schwarmbildend. *Wasser:* Seewasser, 24–26 °C.

56 Lutjanidae (Schnapper)

Beschreibung: A. III und Weichstrahlen. Diese Fische haben große kaninchenförmige Zähne. Die Rückenflosse ist durchgehend und die Bauchflossen setzen genau unter oder leicht hinter der Brustflossenbasis an.
Verbreitung: Atlantik und Indopazifik.

Die meisten Schnapper sind kräftig gefärbte Schwarmfische, die Korallenriffe und tropische Lagunen bevölkern. Einige, wie der herrliche Blaugebänderte Schnapper *(Lutjanus kasmira)* versammeln sich zu Schwärmen von weit über 100 Tieren und bilden so einen prachtvollen Anblick. Ihr Populärname leitet sich von ihrem Verhalten ab, da sie mit großer Kraft mit ihren Kiefern schnappen, wenn sie aus dem Wasser genommen werden.

Über ihre Fortpflanzung ist wenig bekannt, doch sollen sie eine große Zahl pelagischer Eier abgeben und keine Brutpflege ausüben. Die meisten Schnapper sind beliebte Angelfische und schmecken auch sehr gut, obgleich einige Arten als Speisefische gelegentlich schon die sogenannte Form der tropischen Fischvergiftung ausgelöst haben. Dies betrifft hauptsächlich Küsten- und Riffische, die zwischen dem 34. nördlichen und südlichen Breitengrad vorkommen. Man nimmt an, daß das Gift über die Nahrungskette aufgenommen wird und daß es von einigen bodenlebenden Organismen herstammt, die von pflanzenfressenden Arten aufgenommen werden, die dann ihrerseits fleischfressenden Fischen als Nahrung dienen. Die Fische an der Spitze der Nahrungskette sammeln das Gift an, ohne daß negative Einwirkungen auf sie selbst bekanntgeworden wären.

Lutjanus sebae (Königsschnapper)
Beschreibung: Der Körper ist hoch und komprimiert, er trägt einen großen Kopf, der ein steiles Profil aufweist. Das erwachsene Tier ist weiß, mit drei breiten senkrechten dunkelbraunen Bändern. Bei Jungtieren ist die Grundfarbe blaßrot.

Diese Räuber leben von Fischen, Krebstieren und anderen kleinen Tieren ebenso wie von pflanzlicher Kost. Die Jungfische suchen zwischen den Stacheln großer Seeigel Schutz. Sie wachsen rasch und bilden, wenn sie erwachsen sind, große Schwärme in den ruhigeren Bereichen des Riffs. In einigen Gebieten mit viel Nahrung werden sie sehr fruchtbar. Gerade die Jungfische sind immer wieder als Aquarienbewohner eingeführt worden, doch wachsen sie ziemlich schnell heran.
Größe: 60 cm. *Verbreitung:* tropischer Indopazifik. *Verhalten:* schwarmbildend, als Jungtiere friedlich. *Wasser:* Seewasser, 24–26 °C.

57 Lobotidae (Dreischwanzbarsche)

Beschreibung: A. III und Weichstrahlen. Der Körper ist hoch und komprimiert, mit einer kurzen Schwanzflosse. Die Partien der Rücken- und Afterflosse, die Flossenstrahlen enthalten, sind ausgezogen und abgerundet, so daß der Fisch drei Schwanzflossen zu haben scheint. Der Kiemendeckel weist einen oder zwei Dornen auf.
Verbreitung: Atlantischer Ozean und Indopazifischer Raum.

Diese Familie umfaßt vier Arten in zwei Gattungen: *Lobotes*, mit einer marinen Art *(L. surinamensis)* und *Datnoides* mit Brack- und Süßwasserarten in den Mündungsbereichen südostasiatischer Flüsse. Die Jungfische sind so gefärbt, daß sie Blättern ähneln und diese Täuschung dadurch noch vervollständigen, daß sie mit einer leichten Körperneigung schräg durch das Wasser treiben. Alle Arten sind als erwachsene Tiere kräftige Räuber. Man nimmt an, daß sie pelagische Eier legen.

Datnoides quadrifasciatus (Vierbinden-Dreischwanz)
Beschreibung: D. XII, 13–14; A. III, 8–9; L 1. 55–62. Der Körper trägt acht bis zehn senkrechte oder schräge Streifen. Sechs von ihnen sind vollständig, die vier mittleren Streifen hingegen nicht. Die Jungfische haben einen schwarzen Fleck auf dem Kiemendeckel und drei Streifen, die vom Auge ausgehen. Dieser Fisch lebt in den brackigen Gewässern der Flußmündungen, und die erwachsenen Tiere wandern flußauf um im Süßwasser abzulaichen.
Größe: 30 cm. *Verbreitung:* Südostasien. *Verhalten:* aggressiv, revierbildend. *Wasser:* Süß- und Brackwasser, 24–26 °C, mittelhart, leicht alkalisch.

52 *Therapon jarbua* (Dreistreifen-Tigerbarsch)

48 *Chanda*-Art (Glasbarsch)

51 *Gramma loreto* (Feenbarsch)

53 *Elassoma evergladei* (Schwarzbarsch)

58 *Plectorhynchus orientalis* (Orientalische Süßlippe)

54 *Apogon orbicularis* (Gürtel-Kardinalfisch

56 *Lutjanus sebae*
(Königsschnapper oder Kaiserschnapper)

58 Pomadasydae (Grunzerfische)

Beschreibung: A. III und Weichstrahlen. Es ist eine Rükkenflosse vorhanden. Der Körper ist seitlich zusammengedrückt und der größte Bereich von Kopf und Körper sind beschuppt, die Seitenlinie ist durchgehend.
Verbreitung: Atlantischer Ozean und indopazifischer Raum.

Die meisten Grunzerfische bewohnen Korallenriffe und ernähren sich von verschiedenen planktischen und am Boden lebenden Wirbellosen, während ein paar Arten in Brack- oder Süßwasser leben. Ihr Liebhabername rührt von ihrer Angewohnheit her, ihre Schlundzähne aneinanderzureiben, um so ein Geräusch zu erzeugen, das dann von der Schwimmblase anschließend noch verstärkt wird. Eine andere merkwürdige Eigenart ist ihr »Kuß«-Verhalten. Dabei nähern sich zwei Fische einander und pressen ihre geöffneten Mäuler aneinander. Die Bedeutung dieses Verhaltens ist noch unklar.

Plectorhynchus orientalis (Orientalische Süßlippe)
Beschreibung: D. XII–XIV, 17–21; A. III, 7–8; L 1. etwa 80–85. Die Färbung ist variabel, bei erwachsenen Tieren ist sie jedoch auf dem Rücken gelb, die Flanken sind weiß und es finden sich drei bis vier waagerechte Streifen, wobei sich der mittlere Streifen bis auf den Schwanz erstreckt. Die Rückenflosse ist gelb mit einer schwarzen Basis, und die Brustflossen sind schwarz mit hellem Rand. Die Jungfische sind schokoladenbraun mit cremefarbenen Flecken, die gelb umrandet sind.

Diese Art lebt zwischen den flachen Küstenriffen und ernährt sich wie die anderen marinen Vertreter der Familie. Man nimmt an, daß sie pelagische Eier ablaicht und keine Brutpflege ausübt.
Größe: 40 cm. *Verbreitung:* Indo-Australischer Archipel und Indischer Ozean. *Verhalten:* lebhaft. *Wasser:* Seewasser, 24–26 °C.

59 Sciaenidae (Umberfische oder Trommler)

Beschreibung: A. I–II und Weichstrahlen. Die Strahlen sind in der Regel schwach und die Rückenflosse ist entweder durchgehend oder in zwei Flossen geteilt. Die Seitenlinie verläuft bis zum Ende der Schwanzflosse, die entweder abgestumpft oder abgerundet ist.
Verbreitung: Süßgewässer Süd- und Nordamerikas, Atlantischer Ozean und Indopazifischer Raum.

Die Familie umfaßt meist marine Arten mit einigen Süß- und Brackwasservertretern. Insgesamt sind es etwa 160 Arten in 28 Gattungen. Einige Arten haben eine Gruppe kleiner Barteln oder eine einzige Bartel am Kinn. Die Schwimmblase hat, wenn sie vorhanden ist, viele Verzweigungen und wird als Resonanzboden zur Lauterzeugung benutzt. Die Familie ist wegen dieser Laute besonders interessant, sie werden von Muskeln erzeugt, die an der Schwimmblase ansetzen. Bei einigen Arten kommt das Aneinanderreiben der Schlundzähne noch hinzu.

Viele Arten leben in sehr trüben Gewässern, und man nimmt daher an, daß die erzeugten Geräusche zur Orientierung und Kommunikation benutzt werden, besonders während der Fortpflanzung. Einige Trommler sind bemerkenswert laut wenn sie in Verteidigungs- oder Angriffstimmung sind. M. W. Johnson vom Scripps Institute of Oceanography in Kalifornien berichtete während und nach dem 2. Weltkrieg, daß von April bis September hauptsächlich die Trommler für einen »Unterwasser-Abendchor« verantwortlich waren, der etwa mit Sonnenuntergang begann und mehrere Stunden anhielt und aus froschähnlichem Krächzen sowie sanften Trommelgeräuschen bestand.

Die meisten marinen Arten laichen in verhältnismäßig flachem Wasser ab und die Larven wandern dann zum Land hin, um ihren ersten Sommer im Brackwasser zu verbringen. Es sind bodenlebende Arten. Einige wandern wenn sie heranwachsen von einem weichen Untergrund zu einem felsigeren Lebensraum.

Equetus lanceolatus (Gebänderter oder Wimpel-Ritterfisch)
Beschreibung: 1. D. XIV–XVI, 2. D. I, 53; A. II, 5. Der dornige vordere Teil der Rückenflosse ist sehr hoch und ausgezogen, die Strahlen sind bei erwachsenen Tieren stark verlängert. Die Körperfärbung ist weiß mit drei dunklen Streifen, von denen jeder silbern gerandet ist. Der erste Streifen verläuft senkrecht durch das Auge, der zweite zieht sich etwas weiter hinten von oberhalb des Auges zur Basis der Bauchflossen, der dritte ist V-förmig und umgibt den vorderen Rand des dornigen Teiles der Rückenflosse und verläuft von ihrer Basis weiter zur Spitze der Schwanzflosse. Diese Färbung verblaßt mit zunehmendem Alter des Fisches.

Diese attraktiven Fische leben in gemäßigter Tiefe um Korallenriffe herum und sammeln sich in kleinen Schulen. Sie leben nächtlich und verstecken sich am Tage unter Felsenüberhängen und in Höhlen, die sie in der Dämmerung verlassen, um sich von Crustaceen wie Krabben und Garnelen sowie anderen Wirbellosen zu ernähren. Über ihre Fortpflanzung ist praktisch nichts bekannt.
Größe: 23 cm. *Verbreitung:* Karibik bis Florida. *Verhalten:* friedlich. *Wasser:* Seewasser, 24–26°C.

60 Monodactylidae (Flossenblätter)

Beschreibung: D. V–VIII und Weichstrahlen, A. III und Weichstrahlen. Der Körper ist hoch und sehr komprimiert. Die Rückenflosse hat eine sehr lange Flossenbasis, die ebenso wie die Afterflosse mit Schuppen bedeckt ist. Die Brustflossen sind verkümmert oder sehr klein.
Verbreitung: Westafrika und die Indopazifische Region.

Diese hübschen Schwarmfische leben in Brack- und Seewasser und wandern manchmal in die Flüsse, wo sie sogar bis über den Bereich des Gezeiteneinflusses hinaus flußaufwärts vordringen können. Sie kommen oft in der Nähe von Abwassereinleitungen vor und ernähren sich als Allesfresser. Ihr Name leitet sich von zwei griechischen Worten ab und bedeutet »einzelner Finger«. Dies bezieht sich auf die Form von Rücken- und Afterflosse.

Psettus sebae (Hohes Flossenblatt)
Beschreibung: D. VIII, 32–36; A. III, 37. Der Körper ist sehr stark seitlich zusammengedrückt und scheint sogar aufgrund der Schuppen, die die Rücken- und Afterflossenbasis bedecken, noch zusätzlich höher zu sein als er tatsächlich ist. Die Brustflossen sind bis auf wenige kleine Strahlen reduziert. Auf Körper und Kopf befinden sich wenigstens drei dunkle senkrechte Streifen, der längste von ihnen verläuft von der Rücken- zur Afterflosse.

Aus dieser Familie ist *P. sebae* eine von zwei Arten, die gewöhnlich für den Aquarianer importiert werden. Die andere ist *Monodactylus argenteus* aus Ostafrika, Malaysia und Polynesien, diese hat normalerweise nur zwei senkrechte Streifen. Beide sind friedlich und schwarmbildend. Bezüglich der Geschlechtsunterschiede oder des Fortpflanzungsverhaltens ist kaum etwas bekannt, obgleich *P. sebae* im Süßwasser ablaichen soll. Die Eier sind klein, rund und schwimmen. Die Jungfische ähneln kleinen erwachsenen Tieren und wachsen rasch. Bei dieser Art kann die Färbung auffallend verbleichen wenn der Fisch gestört wird oder geängstigt ist.
Größe: 20 cm. *Verbreitung:* Tropisches Westafrika zwischen den Flußmündungen des Senegal und des Zaire. *Verhalten:* friedlich, schwarmbildend. *Wasser:* Brack- und Seewasser, 24–28 °C, hart, alkalisch.

61 Toxotidae (Schützenfische)

Beschreibung: D. IV–VI, 11–14; A. III, 12–18. Der Körper ist hoch, komprimiert und von Ctenoidschuppen bedeckt. Die Augen sind groß und der Unterkiefer steht etwas vor. Das obere Profil ist von der Schnauze bis zur Rückenflosse fast gerade. Die Färbung reicht von oliv und gelb bis silbern und ist kräftig von schwarzen Flekken und Streifen gemustert.
Verbreitung: Arabien bis zentrale Indopazifische Region.

Der Name »Schützenfisch« leitet sich von der erstaunlichen Fähigkeit ab, Insekten zu schießen, sogar im Fluge, wobei ein Wasserstrahl mit dem Maul abgeschossen wird. In der einzigen Gattung *Toxotes* gibt es fünf Arten. Sie bevorzugen Mangrovesümpfe, werden aber auch im Süß- und Brackwasser sowie im küstennahen Seewasser gefunden.

Toxotes jaculatrix (Schützenfisch)
Beschreibung: D. IV und Weichstrahlen. Die Färbung ist variabel, meist sind jedoch etwa fünf schwarze dreieckige, sattelförmige Zeichen auf den Körperseiten zu finden. Eine ähnliche Art ist *T. chatareus*, die durch die Hartstrahlen in der Rückenflosse unterschieden ist (D. V und Weichstrahlen).

Dieser Fisch lebt in der Nähe von Mündungsbereichen der Flüsse und Küstengewässer, sowie in Mangrovesümpfen. Dort bevorzugt er Bereiche mit überhängenden Blättern. Man kann die ausgewachsenen Tiere manchmal entdecken, wenn sie, auf Beute wartend, mit den Spitzen ihres Unterkiefers die Wasseroberfläche in Bewegung bringen. Meist sieht der Fisch ein Insekt heranfliegen, das sich auf Pflanzen setzen will, und spuckt etwas Wasser darauf, damit es auf die Wasseroberfläche fällt, wo er es dann frißt. Der kräftige Wasserstrahl kommt dadurch zustande, daß die Kiemendeckel zusammengepreßt werden und Wasser durch eine Röhre gedrückt wird, die sich durch die Zunge und das Dach des Maules bildet. Die Schußrichtung wird durch das dünne vordere Ende der Zunge bestimmt. Um die Entfernung und die Position der Beute abzuschätzen, benutzt der Fisch seine gutentwikkelten beweglichen Augen, die ein binokulares Sehen zur Wasseroberfläche hin erlauben. Gelegentlich schießt er sogar fliegende Insekten oder springt aus dem Wasser, um diese zu fangen. Über das Fortpflanzungsverhalten ist nichts bekannt, aber man glaubt, daß die Fische in Korallenriffen ablaichen, weit von der Küste entfernt. Als Jungfische leben sie in kleinen Trupps und sind dann gelb gefärbt mit irisierenden Flecken auf dem Rücken. Man glaubt, daß diese Färbung den Fischen in den trüben Gewässern, die sie bewohnen, hilft, gegenseitig Kontakt zu halten. Ihre Fähigkeit, Insekten zu schießen, ist erst ausgebildet, wenn sie etwa halb ausgewachsen sind. Hugh M. Smith, Berater der thailändischen Regierung in den späten 40er Jahren, berichtete, daß der Fisch ein guter Speisefisch ist und oft von Anglern gefangen wird.
Größe: 24 cm. *Verbreitung:* Südostasien bis Nordostaustralien und Melanesien. *Verhalten:* als erwachsene Fische einzeln lebend, als Jungfische schwarmbildend. *Wasser:* Brackwasser und für Jungtiere Süßwasser, 25–28 °C.

62 Platacidae (Fledermausfische)

Beschreibung: Diese Fische haben merkwürdig aussehende hohe und komprimierte Körper und ein kleines Maul. Die Flossen, vor allem Rücken- und Afterflosse, sind verhältnismäßig groß.
Verbreitung: Atlantischer Ozean und Indopazifischer Raum.

Bemerkenswert ist die Gestaltsänderung, die viele Fledermausfischarten im Laufe ihrer Entwicklung durchmachen. Dabei wird der Körper meist gedrungener und verliert im Verhältnis zur Länge die Höhe. Die Flossen werden im Verhältnis zum Körper meist kleiner.

Platax teira (Langflossen-Fledermausfisch)
Beschreibung: Dieser Fisch hat die typische Gestalt der Fledermausfische. Die Rücken-, After- und Bauchflossen sind bei den Jungfischen sehr stark ausgezogen und verkürzen sich mit dem Heranwachsen. Die Jungtiere sind grau bis schwarz mit drei breiten senkrechten Streifen, die mit zunehmendem Alter verschwinden.

Diese Art findet sich gewöhnlich in Mangrovesümpfen, wo sie durch ihre hohe Form und die Körperzeichnung den Pflanzenwurzeln ähnlich wird. Sie kommt auch in trüben Hafengewässern vor. Der Langflossen-Fledermausfisch ist ein kräftiger Allesfresser, und wenn die Tiere ausgewachsen sind, werden sie in einigen Gegenden als Delikatesse geschätzt.
Größe: 60 cm. *Verbreitung:* tropischer Indopazifik. *Verhalten:* friedlich. *Wasser:* Brackwasser, Seewasser, 22–27 °C.

63 Scatophagidae (Argusfische)

Beschreibung: A. III und Weichstrahlen. Diese Fische sind scheibenförmig mit hohen und sehr komprimierten Körpern. Sie haben kleine Ctenoidschuppen, die die Basis der weichen Rücken- und Afterflosse bedecken. Die Seitenlinie ist deutlich, vollständig und gebogen. Das Maul ist endständig und nicht vorstülpbar.
Verbreitung: Indopazifischer Raum.

Die beiden Gattungen dieser Familie, *Prenes* und *Scatophagus*, leben in See- und Brackwasser. Ihre Jungfische durchlaufen ein Larvenstadium, in dem eine kräftige Verknöcherung auf dem Kopf entwickelt wird. Dieses Stadium bezeichnet man als »Tholichthys«. Anschließend verschwindet dieser Höcker wieder.

Scatophagus argus (Argusfisch)
Beschreibung: L 1. 100 und mehr. Die Körperform ist für die Gattung typisch und die Färbung ist sehr variabel, je nach der Herkunft des Fisches. Als Jungtiere sind die Fische recht dunkel, von einer Größe ab etwa 5 cm wer-

61 *Toxotes jaculatrix* (Schützenfisch)
60 *Psettus sebae* (Hohes Flossenblatt)
62 *Platax teira* (Langflossen-Fledermausfisch)

den sie grünlich, bläulich oder bräunlich mit einem silbernen Glanz. Auf den Körperflanken befinden sich senkrechte Reihen großer Flecken oder Linien, auf den Flossen finden sich oft braune und schwarze Zeichnungen. Fische aus Seewasser haben meist leuchtendere Farben als solche aus Brackwasser.

Die Fische leben in Küstengewässern, Flußmündungen und Süßwasser. Der Name *Scatophagus* bedeutet »Kotfresser« und bezieht sich auf die Angewohnheit, sich zersetzendes Material in der Nähe der Abwässereinlässe großer Städte zu fressen. Die Jungfische werden in Süß- und Brackwasser gefunden, wo sie rasch wachsen. Geschlechtsunterschiede sind bis jetzt nicht bekannt, und man weiß wenig über das Fortpflanzungsverhalten. Man nimmt allerdings an, daß die Paarung derjenigen der Cichliden ähnelt, und daß Männchen und Weibchen auch die gleiche Art und Weise der Brutpflege wie jene ausüben.
Größe: 30 cm. *Verbreitung:* tropischer Indopazifik. *Verhalten:* lebhaft, friedlich, schwarmbildend. *Wasser:* Süß-, Brack- und Seewasser, 20–28 °C, mittelhart.

64 Chaetodontidae (Falterfische und Kaiserfische)

Beschreibung: Der Körper ist hoch und komprimiert und trägt ein kleines Maul mit normalerweise bürstenähnlichen Zähnen. Die Schwanzflosse ist abgekantet bis rund und die unpaaren Flossen sind dicht beschuppt.
Verbreitung: Atlantischer Ozean und Indopazifischer Raum.

Diese lebhaften und leuchtend bunt gefärbten Fische leben hauptsächlich an Korallenriffen. Sie sind in zwei Unterfamilien aufgegliedert. Erstens, die Chaetodontinae (Schmetterlingsfische), sie haben am Rand des Vorderkiemendeckels keinen Stachel, doch haben sie einen Fortsatz an der Bauchflosse. Zweitens, die Pomacanthinae (Kaiserfische), diese haben sowohl einen kräftigen Stachel auf dem Vorderkiemendeckel als auch einen deutlichen Bauchflossenfortsatz. Heute sieht man diese beiden Unterfamilien vielfach auch als eigenständige Familien Chaetodontidae und Pomacanthidae an. Viele Arten sind auffallend gezeichnet und manche von ihnen durchlaufen unterschiedliche Farbstadien wenn sie heranwachsen. Die Jugendform von *Pomacanthodes semicirculatus*, dem Korankaiserfisch, trägt manchmal Muster in der Schwanzflosse, die arabischen Schriftzeichen ähneln.

Wenn sie ausgewachsen sind, werden viele Arten als Speisefische betrachtet. Viele sind sich in der Form ähnlich und lassen sich nur an ihrer Zeichnung unterscheiden. Wenn sie schwimmen, benutzen sie ihre Schwanzflosse als Steuerruder und Stabilisator, der Hauptantrieb erfolgt durch rudernde Bewegungen der Brustflossen. Über ihr Fortpflanzungsverhalten ist noch wenig bekannt.

Chaetodon auriga (Fähnchen-Falterfisch)
Beschreibung: L 1. 26–30. Diese Art hat ein deutlich konkaves Profil und eine stark ausgezogene spitze Schnauze. Der fünfte und sechste Strahl der Rückenflosse sind in drei langen Filamenten ausgezogen. Wenn der Fisch noch nicht geschlechtsreif ist, findet sich auf dem Weichteil der Rückenflosse unterhalb dieses Filamentes

64 *Chaetodon auriga* (Fähnchen-Falterfisch)

63 *Scatophagus argus* (Argusfisch)

64 *Chelmon rostratus* (Gebänderter Pinzettfisch)

64 *Heniochus acuminatus* (Echter Wimpelfisch)

64 *Pomacanthus imperator* (Echter Kaiser , Imperatorfisch)

66 *Papiliochromis ramirezi* (Schmetterlingsbuntbarsch)

66 *Astronotus ocellatus* (Pfauenaugenbuntbarsch)

ein großer schwarzer Fleck. Bei der Unterart *C. a. setifer* aus dem Indopazifik bleibt dieser Fleck zeitlebens erhalten.

Der Name *Chaetodon* leitet sich von zwei griechischen Worten ab, die »Bürste« und »Zahn« bedeuten und nimmt auf die Form der Zähne innerhalb dieser Familie Bezug. Diese Zähne werden dazu benötigt, um Polypen von den Korallen oder kleine Anemonen von den Felsen abzufressen. Die meisten Arten dieser Gattung haben einen dunklen Streifen auf dem Kopf, um das Auge zu verbergen. Man hat vermutet, daß einige Arten, so wie die hier beschriebene, die einen Augenfleck in der Rükkenflosse tragen, sich damit gegenüber Angreifern einen Vorteil verschaffen können, der es dem Fisch ermöglicht, in eine für den Angreifer unvorhergesehene Richtung die Flucht zu ergreifen. Bei anderen Arten glaubt man, daß der Augenfleck als wichtiges Signal für das Sozialverhalten dient. Die hier besprochene Art ist in ihrem Verbreitungsgebiet recht häufig und wird gewöhnlich einzeln oder paarweise in einer Tiefe von 1–10 m angetroffen. Es gibt zwei Unterarten, *C. a. auriga* aus dem Roten Meer und *C. a. setifer*, der von Australien und Neuguinea bis in den ganzen Indopazifik hinein verbreitet ist.
Größe: 23 cm. *Verbreitung:* Vom Roten Meer bis zum Indopazifik. *Verhalten:* lebhaft. *Wasser:* Seewasser, 24–26 °C.

Forcipiger flavissimus (Gebänderter Pinzettfisch oder Streifenpinzettfalterfisch)
Beschreibung: D. XII und Weichstrahlen. Dieser Fisch ähnelt sehr einer weiteren Art, *F. longirostris*, die eine noch längere Schnauze und D. X–XI und Weichstrahlen aufweist.

Der Fisch ist weit verbreitet und wesentlich häufiger als sein oben erwähnter naher Verwandter. Er wird in Tiefen von 1–30 m über Korallengrund gefunden. Er schwimmt entweder allein oder in Gruppen bis zu fünf Exemplaren. Mit seiner langen Schnauze kann er in Spalten zwischen den Korallen nach Krebstieren, Würmern und anderen kleinen Tieren suchen.
Größe: 13 cm. *Verbreitung:* Rotes Meer bis Australien, Hawaii und Südkalifornien. *Verhalten:* lebhaft. *Wasser:* Seewasser, 24–26 C.

Heniochus acuminatus (Gewöhnlicher Wimpelfisch)
Beschreibung: D. XI–XII, 24–27; A. III, 16–19. Die Länge der Basis des hartstrahligen Teiles der Rückenflosse entspricht der Länge des weichstrahligen Teiles. Der vierte Rückenflossenstrahl ist zu einem sehr langen wehenden Filament ausgezogen, das so lang wie der Körper ist. Auch die Färbung ist charakteristisch. Bei dieser Art entwickelt sich mit zunehmendem Alter zwischen den Augen ein leichter Fortsatz.

Der Fisch kommt sowohl am Innen- als auch am Außenriff vor. Es ist eine häufige Art, die dem Halfterfisch *(Zanclus cornutus)* bezüglich der Rückenflossenlänge und der Zeichnung in gewisser Weise ähnelt. Im Gegensatz zu vielen anderen Arten der Familie behält diese die Färbung des Jugendstadiums bei der Geschlechtsreife bei, nur die verlängerten Rückenflossenstrahlen und der Fortsatz zwischen den Augen entwickeln sich mit zunehmendem Alter weiter. Dieser Fisch kommt einzeln, paarweise oder in kleinen Gruppen vor.
Größe: 25 cm. *Verbreitung:* vom Roten Meer bis zum Großen Barriere Riff Australiens und bis Hawaii. *Verhalten:* friedlich, schwarmbildend. *Wasser:* Seewasser, 24–26 °C.

Pomacanthodes imperator (Imperatorfisch, Echter Kaiser)
Beschreibung: D. XIV, 19–21; A. III, 18–21. Zeichnungsmuster und Farbgebung sind bei ausgewachsenen Tieren sehr charakteristisch. Die Jungtiere sind dunkelblau mit einer Reihe konzentrischer weißer Ringe. Diese Färbung verändert sich langsam, wenn die Fische heranwachsen.

Im Jugendstadium wird diese Art oft in den seichteren Teilen von Lagunen und den ruhigeren Gewässern um Riffe herum gefunden. Sie scheint dann territorial zu sein und man konnte bestimmte Tiere über einen langen Zeitraum hinweg an der gleichen Stelle eines Riffes finden. Erwachsene Tiere werden oft alleine oder paarweise in der Nähe des Eingangs von Höhlen oder von Überhängen gefunden, wo sie sich bei Gefahr rasch verstecken können. Sie leben als Allesfresser von Algen, Korallenpolypen und Krebstierchen. Wenn sie erschreckt werden, geben die Fische ein ungewöhnliches Geräusch von sich. Ausgewachsene Tiere lassen sich häufig an Verlängerungen einzelner Weichstrahlen der Rückenflosse individuell erkennen.
Größe: 35 cm. *Verbreitung:* Rotes Meer, Indopazifischer Raum bis Polynesien und Japan. *Verhalten:* friedlich, gegenüber Tieren der eigenen Art jedoch aggressiv. *Wasser:* Seewasser, 24–26 °C

65 Nandidae (Nanderbarsche)

Beschreibung: Der Kopf ist in der Regel groß, mit einem tief gespaltenen Maul. Die Basis der Rückenflosse ist lang und die Schwanzflosse ist abgerundet.
Verbreitung: Nordöstliches Südamerika, südöstliches Asien und Westafrika.

Diese Fische sind sehr gefräßige und angriffslustige Raubfische, die in der Lage sind, Beute mit einer Länge von bis zu zwei Dritteln ihrer eigenen Länge zu verschlingen. Sie bevorzugen beschattete Gewässer, wo sie sich erfolgreich verstecken können, während sie auf ihre Beute lauern. Einige Arten, wie etwa der Blattfisch *Monocirrhus polyacanthus*, ähneln stark einem Blatt. Viele Arten laichen in Höhlen, *Polycentropsis abbreviata*, der der vorigen Art ähnlich ist, baut ein Schaumnest. Neuerdings werden die bisher in diese Familie gestellten *Badis*-Arten auch als eigene Familie Badidae aufgefaßt, weil sie sich in einigen Punkten von den übrigen Nandidae unterscheiden.

Badis badis (Blaubarsch)
Beschreibung: D. VI–VIII, 6–10; L 1. 26–33. Der Körper ist gestreckt mit einem verhältnismäßig kleinen Maul.

66 *Cichlasoma meeki* (Feuermaulbuntbarsch)

Die Seitenlinie ist unterbrochen, die Rückenflossenbasis ist sehr lang.

Im Vergleich zu den anderen Nanderbarschen ist diese Art recht friedlich. Sie ist ein sehr hübsch gefärbter Fisch und hat eine bemerkenswerte Fähigkeit, die Farbe rasch zu ändern. Sie lebt von kleinen Wirbellosen. Die Eier werden meist in einer Höhle abgelaicht, wobei sich Männchen und Weibchen nach Art vieler Labyrinthfische umschlingen, und werden vom Männchen bewacht.
Größe: 8 cm. *Verbreitung:* Indien. *Verhalten:* scheu. *Wasser:* Süßwasser, 25–27°C, die Wasserwerte sind nicht so entscheidend.

66 Cichlidae (Buntbarsche oder Cichliden)

Beschreibung: A. III oder mehr und Weichstrahlen. Diese Fische sind von den echten Barschen auch dadurch zu unterscheiden, daß sie nur ein Paar Nasenlöcher und eine geteilte Seitenlinie haben. Die Körperform ist meist sehr unterschiedlich, meist jedoch hoch und seitlich komprimiert, wie etwa bei der Gattung *Cichlasoma.* Sie kann auch scheibenförmig mit hohen segelartigen Flossen sein, wie bei *Pterophyllum,* oder langgestreckt, wie bei *Julidochromis.*
Verbreitung: Mittel- und Südamerika, Westindien, Afrika, Madagaskar, Syrien und die Küstengebiete Indiens.

Die Familie umfaßt etwa 85 Gattungen und weit über 700 Arten, sowohl aus dem Süß- als auch aus dem Brackwasser. Sie ist in Afrika sehr häufig, wobei sich die meisten Arten in den drei großen Seen finden: über 200 im Malawisee, wenigstens 170 im Victoriasee und etwa ebenso viele im Tanganjikasee, doch werden ständig neue Arten entdeckt. Viele dieser Cichlidenarten sind schwierig zu bestimmen, weil sie sich von einer oder mehreren Ausgangsarten verwandtschaftlich beträchtlich entfernt und an verschiedene ökologische Nischen angepaßt haben. In den großen afrikanischen Seen leben die meisten Arten entlang der Küste in ruhigem oder stehendem Wasser und isolierten Buchten. Einige sind Pflanzenfresser, die meisten sind jedoch Raubfische und ernähren sich auf unterschiedliche und manchmal sehr spezialisierte Weise. Das reicht von der Ernährung von kleinen Fischen, Insekten und anderen Tieren bis hin zu Arten, die nur Teile von Fischen fressen, so kennt man parasitäre Arten, die als Augen- und Schuppenfresser bekannt sind.

Etwa 20 Gattungen mit über 150 Arten kommen in Südamerika vor. Wie die afrikanischen Arten sind sie von der Evolution stark geprägt worden. Viele Cichliden sind beliebte Aquarienfische, wie etwa *Symphysodon* und *Pterophyllum,* während andere gute Angel- und Speisefische sind, wie etwa *Cichla ocellaris,* der größte südamerikanische Cichlide, der über 8 kg schwer werden kann. Die meisten Arten leben in Flüssen und ruhigen Altwässern, und ein paar harte Arten bewohnen die Hauptströme. Die Cichliden haben hochspezialisierte Verhaltensweisen der Brutpflege entwickelt. Einige Arten sind Maulbrüter, meistens aber üben die Elterntiere oder eines von ihnen eine offene Brutpflege aus, indem sie die Jungtiere und Eier bewachen. Viele Arten haben in Anpassung an ihre hauptsächliche Lebensweise sehr unterschiedliche Farbmuster ausgebildet.

Astronotus ocellatus (Pfauenaugenbuntbarsch)

Beschreibung: Der Körper ist hoch und mäßig komprimiert. Der Kopf ist stumpf, mit einem großen vorstehenden Unterkiefer. Die Färbung ist variabel, bei ausgewachsenen Tieren gewöhnlich olivfarben, grau und zum Bauch hin orange, außerdem tragen sie auf der Schwanzwurzel einen großen, runden schwarzen Fleck, der von einem roten Rand gesäumt ist.

Der Pfauenaugenbuntbarsch ist ein robuster Fisch, ein Allesfresser, der in unterschiedlichen Gewässern lebt. Mit einer Länge von 10–12 cm wird er geschlechtsreif, das Männchen läßt sich dann an drei schwarzen Flecken in der Rückenflossenbasis erkennen. Die Eier werden in konzentrischen Ringen auf einem flachen Stein abgelaicht und befruchtet. Die Fische sind treusorgende Eltern und bringen die Brut nach etwa drei Tagen in eine sorgsam im Sand ausgehobene Grube, wo sie bis zum Freischwimmen bleibt. Die Jungfische sind dunkel mit einer hellen Marmorierung und nehmen die Erwachsenenfärbung an, wenn sie etwa 7,5 cm lang sind.
Größe: 30 cm. *Verbreitung:* nördliches Südamerika. *Verhalten:* friedlich, ältere Exemplare können jedoch aggressiv sein. *Wasser:* Süßwasser, 20–25°C, die Wasserwerte sind nicht entscheidend.

Cichlasoma meeki (Feuermaulbuntbarsch)

Beschreibung: Der Körper ist hoch und komprimiert. Der Rücken ist blaugrün bis leicht violett, die Kehle und der Bauch sind rot, und über den Körper ziehen sich zahlreiche breite senkrechte Streifen. Alle Schuppen sind rot gerandet, und auf den Kiemendeckeln finden sich dunkle Flecken, die golden gerandet sind, dunkle Flecken sind auch auf der oberen Körpermitte zum Rücken hin und auf der Schwanzbasis. Ein dunkler horizontaler Streifen verbindet diese Flecken.

Diese Art gehört zur größten südamerikanischen Cichlidengattung, deren etwa 60 Arten eine große Vielfalt an Verhaltensweisen zeigen. Sie bewohnen schattige Gewässer und ernähren sich hauptsächlich von Wirbellosen und Pflanzenresten. Die Geschlechter dieser Arten sind einander oft sehr ähnlich und paaren sich zur Fortpflanzung, wenn die Wassertemperatur etwa 24–25°C beträgt. Das Weibchen, das gewöhnlich etwas kleiner und farbloser ist, bekommt gelegentlich einen weißen Bauch und zeigt ihre Ablaichbereitschaft dadurch an, daß sie ihre Legeröhre hervortreten läßt. Das Männchen färbt sich noch kräftiger und beginnt eine Grube auszuheben, oft unter einem Stein, in der die Eier abgelegt und beschützt werden können. Nachdem das Weibchen einige Tage vom Männchen umworben wurde, begutachtet dieses die Grube, und dann werden meist am Abend etwa 200 oder mehr Eier abgelaicht und befruchtet. Die Eier werden vom Weibchen sorgfältig gepflegt, während das Männchen mehr das Revier verteidigt. Wenn die Brut schlupfreif ist, hilft das Weibchen den Larven, aus dem Ei zu gelangen, indem es diese mit dem Maul von den Eihüllen befreit und sie dann in eine sichere Ecke der Laich-

grube spuckt. Am fünften Tag schwimmen sie frei, doch werden sie jede Nacht in eine sichere Grube gebracht und von den Eltern beschützt.
Größe: 10 cm. *Verbreitung:* Mittelamerika, Yucatan. *Verhalten:* revierbildend. *Wasser:* Süßwasser, 20–25 °C, weich, leicht sauer.

»Haplochromis« venustus
Beschreibung: Dieser Fisch wird durch sein Farbmuster charakterisiert. Ausgewachsene Männchen haben einen schwefelgelben Glanz, der zwischen den Augen beginnt und sich über den Nacken bis zur Rückenflosse erstreckt, deren Rand hellgelb ist. Das Weibchen hat auf den Körperseiten eine Reihe heller schräger Streifen, die in Form regelmäßiger dunkler Flecken angeordnet sind. Die Jungfische haben diese Flecken auch, aber die Männchen verlieren sie bald.

Diese Art gehörte bisher zur größten Cichlidengattung *Haplochromis*, doch wurde diese Gattung kürzlich durch Greenwood teilweise aufgelöst und festgestellt, daß die Arten des Malawisees nicht in diese Gattung im engeren Sinne gehören. Aus nomenklatorischen Gründen steht bisher etwa die Gattung *Cyrtocara* zur Verfügung, möglicherweise wird die Art *venustus* aber auch in eine neu zu schaffende Gattung zu stellen sein, entsprechende Untersuchungen sind noch abzuwarten.

»Haplochromis« venustus ernährt sich als Allesfresser, vor allem aber als Raubfisch. Sie wird über Wasserpflanzenfeldern und Sandboden gefunden. Das Brutverhalten ist für diese Arten typisch. Zunächst gräbt das Männchen eine Ablaichgrube, in der die Eier abgelaicht werden. Dann nimmt sie das Weibchen ins Maul und betupft die Afterflosse oder den Bauch des Männchens, worauf dieses das Sperma abgibt, das dann vom Weibchen aufgenommen wird. Die Eier werden, soweit bekannt, im Maul des Weibchens befruchtet, wo sie bis zum Schlüpfen bleiben. Dies dauert gewöhnlich etwa drei Wochen. Während dieser Zeit frißt das Weibchen meist nicht.
Größe: 20 cm. *Verbreitung:* Malawisee. *Verhalten:* aggressiv. *Wasser:* Süßwasser, 20–27,5 °C, hart, leicht alkalisch.

Hemichromis bimaculatus (Roter Cichlide)
Beschreibung: Der Körper ist hoch und leicht komprimiert. Die Färbung ist variabel, aber im allgemeinen ist der Rücken olivbraun und die Flanken sind bleich gelbgrün, zum Bauch hin und in den Flossen gelblich werdend. Der Körper ist von grünen Flecken bedeckt.

Die Art errichtet in den ruhigen und fließenden Gewässern, in denen sie vorkommt, ein großes Revier und ernährt sich von kleinen Tieren. Der Rote Cichlide ist ein verhältnismäßig »intelligenter« Fisch mit einer interessanten Brutpflege, über die detailliert unter anderem von Konrad Lorenz berichtet wurde. Nach einer heftigen Balz werden die Eier auf einem flachen Stein abgelaicht, wo sie auch schlüpfen. Das Weibchen kann den Jungfischen mit der Rückenflosse ein Signal geben, wenn es diese unter seinen Schutz nehmen möchte, um sich mit ihnen in einer Grube für die Nacht zur Ruhe begeben. Währenddessen sucht das Männchen in der Umgebung nach Ausreißern, nimmt sie mit dem Maul auf, trägt sie zum Schwarm und spuckt sie in die Grube. In der Aquaristik war bisher noch eine besonders intensiv rot gefärbte Form des Roten Cichliden bekannt. Nach einer Neubearbeitung der Gattung durch Loiselle heißt diese Form nun *Hemichromis lifalili.*

Größe: 15 cm. *Verbreitung:* Tropisches Westafrika. *Verhalten:* lebhaft, als erwachsene Tiere aggressiv. *Wasser:* Süßwasser, 24–26 °C, die Wasserzusammensetzung ist nicht entscheidend.

Julidochromis ornatus (Gelber Schlankcichlide)
Beschreibung: Der Körper ist langgestreckt. Die Rückenflosse hat eine sehr lange Basis, die fast bis zur abgerundeten Schwanzflosse reicht. Die Grundfarbe ist orange, und der Fisch hat im Gegensatz zu der ähnlichen Art *J. marlieri* drei schwarze oder schwarzbraune horizontale Streifen, die von der Schnauze bis zum Schwanz verlaufen.

Die schlanke Körperform dieser Art ist eine Anpassung an den felsigen Lebensraum und ermöglicht ihr, besonders bei der Fortpflanzung und Nahrungssuche, leicht zwischen den Felsen hindurchzuschlüpfen. Sie lebt als Allesfresser von kleinen Tieren und Algen, die auf den Felsen wachsen. Das Männchen ist etwas schlanker und kleiner als das Weibchen. Wenn das Männchen sein Revier ausgesucht hat, meistens einen Felsen, untergräbt es diesen, um eine Höhle zu graben. Es schwimmt mit dem Weibchen hinein, bis sie sich schließlich herumdreht und mit dem Kopf nach unten auf der Unterseite des Höhlendaches die Eier anheftet, meistens sind es bis 100. Anschließend befruchtet das Männchen die Eier. Innerhalb von fünf Tagen schlüpfen die Jungfische und schwimmen frei.
Größe: 11 cm. *Verbreitung:* Tanganjikasee. *Verhalten:* revierbildend. *Wasser:* Süßwasser, 22–25 °C, mittelhart.

Papiliochromis ramirezi (Schmetterlingsbuntbarsch)
Beschreibung: D. XIV-XV, 9; A. III, 8; L 1. 26–29. Der Körper ist hoch und seitlich stark zusammengedrückt, mit einer großen Rückenflosse, bei der einige der vorderen Strahlen ausgezogen sind. Auf der Wange verläuft ein senkrechter schwarzer Streifen, auf der Körpermitte befindet sich ein schwarzer Fleck. Wie in ähnlichen Gattungen ändert sich die Färbung des Fisches je nach Stimmung und Alter.

Dieser schöne Cichlide ist eine offenbrütende Art, die runde Steine oder Gruben im Bodengrund dazu benutzt, um dort die Eier abzulaichen. Die Elterntiere ziehen die Jungfische in der Regel in einem gemeinsamen Revier auf. Normalerweise legen sie 140–400 Eier, und die Jungfische schlüpfen nach zwei Tagen. Die Brut wird von einem der Eltern in eine Grube getragen, die zuvor ausgehoben wurde, und dort zehren die Larven den Dottersack innerhalb von sechs Tagen auf. Wenn die Jungtiere in der Lage sind freizuschwimmen, folgen sie den Eltern, die sie weiterhin bewachen und beschützen, bis sie schon recht groß sind.
Größe: 6 cm. *Verbreitung:* Venezuela. *Verhalten:* friedlich. *Wasser:* Süßwasser, 22–26°C, weich, mit Torfzusatz.

Pelvicachromis pulcher (Königscichlide)
Beschreibung: Der Körper ist seitlich komprimiert und langgestreckt mit einer langen Rückenflossenbasis. Die Färbung ist sehr variabel und ändert sich sowohl mit zunehmendem Alter und auch je nach dem Verhalten, zum Beispiel bei aggressivem Verhalten, bei Unterwerfung, während des Sexualverhaltens und bei der Brutpflege.

Dieser Fisch lebt in Bodennähe von schnellfließenden Flüssen und sucht den Boden nach kleinen Tieren ab, die als Nahrung dienen. Er bevorzugt die Flußabschnitte, in denen durch dichte Vegetation eine geringere Strömung herrscht. Dort bildet er unter einem Stein eine Höhle, in der abgelaicht wird. Dies geschieht ähnlich wie bei *Julidochromis,* es werden 200–300 Eier abgelaicht, die vom Weibchen gepflegt werden. Wenn die Jungen schlüpfen (etwa nach einer Woche) hilft das Männchen bei der Brutpflege. In etwa sieben bis acht Monaten werden die Jungfische bereits geschlechtsreif. Das Männchen unterscheidet sich in der Regel vom Weibchen dadurch, daß es größer ist und längere und ausgezogene After- und Rückenflossen aufweist.
Größe: 9 cm. *Verbreitung:* Westafrika, insbesondere das Nigerdelta und Kamerun. *Verhalten:* lebhaft, friedlich. *Wasser:* Süßwasser, 23–27 °C, die Wasserzusammensetzung ist nicht entscheidend.

Pseudotropheus zebra (Blauer Malawibuntbarsch)
Beschreibung: Der Körper ist hoch und komprimiert, die Strahlen von Rücken- und Afterflosse sind verhältnismäßig lang. Die Färbung ist variabel, aber gewöhnlich sind sechs bis acht senkrechte Streifen auf den graublauen Körperseiten und zwei vollständige Streifen auf dem Kopf vorhanden. Die Afterflosse trägt mehrere runde Flecken. Von beiden Geschlechtern gibt es eine blaue Farbform sowie gescheckte Varianten.

Dieser große und aggressive Fisch lebt in den mittleren und unteren Wasserschichten des Uferbereichs des Malawisees. Obgleich die Art in großen Schwärmen gefunden wurde, neigt sie dazu, ein Revier zu bilden, besonders zur Fortpflanzung und als Nahrungsrevier. Der Blaue Malawibuntbarsch ist ein Allesfresser und ebenso wie die anderen Arten der Gattung ein Maulbrüter. Das Ablaichen geschieht wie bei den meisten Maulbrütern, vom Zeitpunkt der Befruchtung an trägt das Weibchen die Eier im Maul, bis die Brut selbständig schwimmen kann.
Größe: 15 cm. *Verbreitung:* Malawisee. *Verhalten:* lebhaft, aggressiv. *Wasser:* Süßwasser, 22–25 °C, hart, neutral.

Pterophyllum scalare (Segelflosser oder Skalar)
Beschreibung: A. mehr als III und Weichstrahlen. Ein weiteres Merkmal der Arten dieser Gattung ist ein seitlich komprimierter scheibenförmiger Körper, der bei *P. scalare* etwas länger als hoch ist, außerdem ist die Schnauze leicht ausgezogen. Rücken- und Afterflosse sind stark verlängert. Die Färbung besteht aus vier senkrechten, dunklen Streifen, von denen meist nur einer vollständig ist und hervorsticht. Dieser Streifen reicht von der Mitte der Rückenflosse abwärts bis zur Mitte der Afterflosse. Durch Hybridisierung und Zuchtwahl gibt es heute viele Farbformen.

Dieser elegante und sich als Allesfresser ernährende Fisch ist bei den Aquarianern sehr beliebt. In der Natur soll das Ablaichen im Januar erfolgen, wenn der Wasserstand des Amazonas zu steigen beginnt. Die Fische sammeln sich in großer Zahl in den Überschwemmungsgebieten und bereiten sich darauf vor, an den Pflanzen abzulaichen. Beide Geschlechter haben Legeröhren: Die des Männchens ist kleiner und zeigt leicht vorwärts, während die des Weibchens dicker ist. Nachdem der Ablaichplatz gereinigt wurde, laicht das Paar zwischen 300 und 400 Eier ab. Manchmal finden mehrere Laichabgaben im Jahr statt. Die Eltern pflegen die Eier und Larven sorgsam und betten sie oft um, bevor sie groß genug sind, um freizuschwimmen.

66 *Hemichromis lifalili* (Roter Cichlide)

66 *Julidochromis ornatus* (Gelber Schlankcichlide)

66 *»Haplochromis« venustus* (Pfauenmaulbrüter)

66 *Pseudotropheus zebra* (Blauer Malawicichlide)

66 *Pelvicachromis pulcher* (Königscichlide)

Größe: 15 cm. *Verbreitung:* Amazonasbecken. *Verhalten:* friedlich. *Wasser:* Süßwasser, 22–30 °C, mittelhart, doch sind die Wasserwerte nicht so entscheidend.

Symphysodon aequifasciata (Diskus- oder Pompadurfisch)
Beschreibung: L 1. 52–61. Wie bei der zweiten Art dieser Gattung, *S. discus*, ist der Körper sehr hoch und seitlich zusammengedrückt, auf diese Weise eine Scheibe bildend. Es sind kleine Ctenoidschuppen vorhanden, die die Wangen und die Kiemendeckel bedecken, und ein kleines endständiges Maul. Die Art ist etwas kürzer als die ähnliche Art *S. discus*. Die Färbung variiert von einem Tier zum anderen und zwischen den Unterarten.

Diese Art umfaßt eine Anzahl von Formen, die als Anpassung an ihren jeweiligen Lebensraum anzusehen sind. Entsprechend den Untersuchungen von L. P. Schultz zeigen sie den Beginn der Artenbildung an, und man kann sie in mehrere Unterarten gliedern. Dieses sind *S. a. aequifasciata* (Grüner Diskus), *S. a. haraldi* (Blauer Diskus) und *S. a. axelrodi* (Brauner Diskus), wobei der letztere wahrscheinlich die im Aquarium am häufigsten gepflegte Form ist. Kürzlich wurden weitere Formen natürlich vorkommender Stämme bekannt, und andere Stämme wurden in Gefangenschaft gezüchtet. Diskusfische findet man in langsam fließenden Gewässern, oft in den Flußschleifen, und dort, wo das Wasser verhältnismäßig warm ist. Sie ernähren sich von verschiedenen Kleinlebewesen und pflanzlicher Kost. Das Ablaichen erfolgt im Winter oder im zeitigen Frühjahr und ist für Cichliden typisch. Dabei wird, wie bei vielen anderen Arten auch, ein ausgewählter Ablaichplatz sorgfältig gereinigt, meist ein Stein oder ein großes Blatt. Die Jungfische schlüpfen nach etwa zwei Tagen und werden dann von den Eltern auf Blätter getragen, von wo sie an kurzen Fäden herabhängen, während die Eltern sie befächeln. Wenn die Jungtiere ihre Dottersäcke aufgezehrt haben und freischwimmen können, schwimmen sie zu den Elterntieren. Dort fressen sie in den ersten Tagen von einem milchigen Drusensekret, das von den Elternfischen abgegeben wird. Die Eltern lösen sich bei der Ernährung der Jungtiere ab. Sie sind beide sehr wachsam, und wenn sich einer der Jungfische aus dem Schwarm löst, wird er von einem Elternteil schnell wieder eingefangen und in den Schwarm zurückgebracht. Nach ein paar Tagen werden die Jungfische vom Hautsekret der Eltern unabhängig, und nach etwa drei Monaten entwickelt sich die typische Scheibenform. Die Geschlechtsreife setzt allerdings erst nach über zwei Jahren ein.
Größe: 18 cm. *Verbreitung:* Amazonas und seine Zuflüsse. *Verhalten:* friedlich, manchmal schwarmbildend. *Wasser:* Süßwasser, 26–30 °C, sehr weich, leicht sauer mit Torfzusatz.

67 Pomacentridae (Riffbarsche)

Beschreibung: D. IX–XIV, 11–18; A II–III und Weichstrahlen. Der Körper ist hoch und komprimiert und das Maul ist klein. Die Rückenflosse ist durchgehend und die Seitenlinie ist entweder unterbrochen oder unvollständig. *Verbreitung:* alle tropischen Meere.

Diese Familie umfaßt vier Unterfamilien und ist weitgehend marin, aber es kommen auch einige Vertreter im

66 *Symphysodon aequifasciata* (Diskus)

66 *Pterophyllum scalare* (Segelflosser, Skalar)

Brackwasser vor. Bei einigen Arten gibt es zahlreiche Varietäten, so daß Bestimmungsprobleme entstehen. Eine Unterfamilie, die Premninae, enthält *Premnas biaculeatus*, den Samtkorallenfisch, der hinter dem Auge einen spitzen Dorn hat und zwischen den Armen einer Seeanemone lebt. In der zweiten Unterfamilie finden wir *Amphiprion ocellaris*, den Orangeringelfisch, der mit Seeanemonen ein Verhältnis des Kommensalismus eingeht, d. h. beide leben in enger Beziehung miteinander. Die Unterfamilie Pomacentinae umfaßt Gattungen wie *Pomacentrus* und *Eupomacentrus* sowie *Abudefduf* (Riffbarsche). Schließlich weist die Unterfamilie Chrominae die Gattung *Chromis* (Chromisartige und Demoisellen) und *Dascyllus*, die Preußenfische, auf, die ebenfalls oft mit Seeanemonen und Korallen zusammenleben.

Amphiprion ocellaris (Orangeringelfisch, Clownfisch)
Beschreibung: D. XI, 14–15; A. II, 11–13; L 1. 29–38. Diese Art ist dem weniger häufigen *A. percula* sehr ähnlich, der zum Unterschied D. IX–X und die Weichstrahlen aufweist und der in der Rückenflosse und zwischen dem ersten und zweiten weißen Körperband mehr Schwarz zeigt.

Dieser Fisch ist wegen seiner Beziehung zu Seeanemonen gut bekannt. Er schwimmt meist in kleinen Trupps und entfernt sich nie weit von einer Anemone, in der er Zuflucht sucht, sobald eine Gefahr droht. Andererseits bringt er aber auch der Anemone Vorteile, indem er Nahrung herbeitransportiert und Parasiten aus den Tentakeln der Anemone entfernt. Um zu vermeiden, daß er genesselt oder sogar gefressen wird, nimmt der Fisch vorsichtig Anemonenschleim auf und kann auf diese Weise von der Anemone nicht als körperfremd erkannt werden. Wenn der Fisch für längere Zeit von der Anemone entfernt wurde, wird er zunächst genesselt, bis er wieder eine Schutzschicht erworben hat. Der weibliche Fisch ist größer als das Männchen und auch während der Paarung aggressiver. Ein ausgewählter Laichplatz wird sorgfältig von Algen gereinigt und die Eier werden mit kurzen Haftstielen in der Nähe des Fußes einer Anemone abgelaicht. Das Männchen übernimmt die meisten Pflichten der Brutpflege, beispielsweise das Befächeln und Reinigen der Eier, und stößt gelegentlich die Anemone an, um sie dazu zu veranlassen, den Ablaichplatz von ihren Tentakeln freizugeben. Es werden etwa 200 Eier abgelegt, die Larven schlüpfen nach etwa 9–11 Tagen. Sobald die Larven geschlüpft sind, steigen sie an die Wasseroberfläche und leben planktisch. Diese Fische lassen sich auch in einem Aquarium ohne Anemone pflegen, aber man hält es allgemein für besser, wenn beide Tiere gemeinsam gehalten werden.
Größe: 8 cm. *Verbreitung:* Indopazifischer Raum von Indien bis Nordaustralien. *Verhalten:* Sie bilden kleine Trupps. *Wasser:* Seewasser, 24–26 °C.

Dascyllus aruanus (Preußenfisch)
Beschreibung: D. XII, 12–13; A II, 12–13; L 1. 16–18. Diese Art hat eine weiße Schwanzflosse, der erste breite senkrechte, schwarze Streifen verläuft vor der Rückenflosse. Ansonsten ist die Art im Aussehen dem Philippinen-Preußenfisch *D. melanurus* ähnlich.

Dies ist eine im ganzen Indopazifischen Raum häufige Art und sie wird meist in kleinen Trupps über bestimmten Korallenarten gefunden. Man hat auch beobachtet, wie die Fische zwischen den Tentakeln einiger Aktinienarten »badeten« und nimmt an, daß die Anemone die

Tiere von Parasiten befreit. Sie leben von kleinen Crustaceen zwischen den Korallen.
Größe: 8 cm. *Verbreitung:* Indopazifischer Ozean einschließlich Hawaii. *Verhalten:* friedlich. *Wasser:* Seewasser, 24–26 °C.

68 Labridae (Lippfische)

Beschreibung: D. VIII–XXI und Weichstrahlen; A. III, 7–18. Die einzelnen Arten dieser Familie sind in der Körperform und Größe sehr unterschiedlich. Das Maul ist vorstülpbar, besitzt dicke, fleischige Lippen, und in der Regel sind Zähne vorhanden, mit denen sogar Krebstiere und Schalentiere aufgeknackt werden können. Die Schuppen sind cycloid, die Seitenlinie ist bei vielen Arten unterbrochen.
Verbreitung: Atlantischer Ozean und Indopazifischer Raum.

Diese Familie umfaßt 58 Gattungen mit etwa 500 Arten, die vor allem in tropischen Gebieten mit starkem Pflanzenwuchs und flachen Korallenriffen vorkommen. Sie leben entweder einzeln oder paarweise und sind tagaktiv. Die meisten Arten sichern sich ab, bevor sie sich zur Nachtruhe begeben: Einige Arten graben sich ganz oder halb in den Sand ein, andere klemmen sich in Felsspalten fest. Eine Art schützt sich auf die gleiche Weise wie einige Papageienfische (Scaridae) und bildet eine Schleimhülle, in der sie die Nacht verbringt. Einige der kleineren Arten und die Jungtiere anderer Arten betätigen sich als Putzerfische und fressen die Außenparasiten und Pilze, die auf anderen Fischen leben. Viele Arten sind leuchtend bunt gefärbt und gemustert, und bei einigen findet mit zunehmendem Alter oder während einer Geschlechtsumwandlung ein auffälliger Farbwechsel statt. Die Vielfalt der Farbgebung, auch als Polychromatismus bezeichnet, hat bei einigen Arten zu großen Schwierigkeiten geführt, um sie richtig einzuordnen und mit Namen zu versehen. Von mehreren Arten weiß man, daß die Weibchen zu Männchen werden oder werden können, und man nimmt an, daß viele Arten einen Geschlechtswechsel durchmachen.

Coris gaimard (Clownjunker)
Beschreibung: D. IX, 12–13; A. III, 12–13; L 1. 70–80 und abrupt gebogen. Der erste und zweite Rückenflossenstrahl sind länger als die anderen und biegsam. Der ausgewachsene Fisch ist auf dem Körper dunkeloliv bis braun und reich blau gefleckt, ansonsten sind die Rükken- und Afterflosse rot mit zwei oder drei waagerechten blauen Linien. Die Jungtiere sind rot mit weißen schwarzgerandeten Flecken auf dem Rücken und der Rückenflossenbasis. Innerhalb des Verbreitungsgebietes findet man eine große Zahl von Farbmustern und Zeichnungen.

Diese Art kommt hauptsächlich in Küstengewässern und über oder um Korallenriffe herum vor. Die Jungfische kann man oft in flachen Lagunen finden. Sie behalten ihr Jugendkleid, bis sie eine Länge von 6 cm erreichen, und nehmen dann bis zu einer Länge von 10 cm ein Zwischenkleid ein. Die Fische haben eine ungewöhnliche, sich windende Schwimmweise und liegen auf der Seite auf dem Bodengrund, wenn sie ruhen oder in der Nacht schlafen.
Größe: 30 cm. *Verbreitung:* Zentrale und östliche Bereiche des Indopazifik bis nach Hawaii. *Verhalten:* einzelgängerisch. *Wasser:* Seewasser, 24–26 °C.

Gomphosus varius (Schnabellippfisch)
Beschreibung: D. VIII, 13; A. III, 10–12; L 1. 26–30. Die Schnauze ist röhrenförmig. Die Schwanzflosse ist bei den Jungfischen abgerundet und wird später abgestumpft mit leicht ausgezogenen äußeren Strahlen. Die Färbung ist bei erwachsenen Männchen vorwiegend grünlich und bei den Weibchen braun.

Dieser Fisch ist ein Allesfresser und kommt in den küstennahen Gewässern um Riffe herum vor, wo er seine spitze Schnauze dazu benutzt, um zwischen den Felsen und in Korallenspalten nach Nahrung zu suchen.
Größe: 25 cm. *Verbreitung:* Indopazifischer Raum von Hawaii bis Südafrika. *Verhalten:* friedlich. *Wasser:* Seewasser, 24–26 °C.

Labroides dimidiatus (Putzerfisch)
Beschreibung: D. IX, 10–11; A. III, 10; L 1. 47–53. Die Färbung verändert sich mit zunehmendem Alter und je nach Stimmung des Fisches. Bei kleinen Exemplaren ist der waagerechte, schwarze Streifen breiter und der blaue Streifen leuchtender.

L. dimidiatus bewohnt Korallenriffe und Gezeitentümpel. Von größeren Fischen wird er als Putzerfisch geschätzt, der sie von Parasiten und Pilzen befreit, die sich auf ihrem Körper angesiedelt haben. Er reinigt auch ihr Maul und die Kiemen, indem er Nahrungspartikel und andere sich zersetzende Stoffe zwischen ihren Zähnen entfernt. Sogar große und freßgierige Fische öffnen für die Tätigkeit dieser Putzer ihr Maul. Einige Fische nutzen das Verhalten des Putzerfisches aus, indem sie die Färbung nachahmen, aber damit einen ganz anderen Zweck verfolgen. Ein Beispiel ist *Aspidontus taeniatus*, der Falsche Putzerfisch, der aus seinem arglosen Gegenüber ein Stück herausreißt, statt ihm Gutes zu tun. Man hat beobachtet, daß diese Lippfische das Geschlecht ändern können, wenn in der Umgebung zu wenige Männchen oder Weibchen vorkommen.
Größe: 10 cm. *Verbreitung:* Indopazifik, mit Ausnahme von Hawaii. *Verhalten:* friedlich. *Wasser:* Seewasser, 24–26 °C.

Crenilabrus mediterraneus (Mittelmeerlippfisch)
Beschreibung: Der Körper ist langgestreckt und seitlich komprimiert mit einer hohen Schwanzflosse. Auf der Wange sind drei oder vier Schuppenreihen und auf dem Unterkiefer zwei große Zähne. Die Basis der Brustflosse hat einen deutlichen schwarzen Fleck, der sich auf die Flosse erstreckt, und ein dunkles Zeichen befindet sich auf der Schwanzflossenbasis. Das Männchen ist braungrün mit blauem Körper und Kehle. Die Wangen sind rot, und über ihnen und auf dem Rücken befinden sich helle waagerechte Streifen. Die Weibchen und noch nicht geschlechtsreife Männchen haben diese Streifen nicht und sind rosa-fleischfarben oder hellbraun mit einer schwarzen Genitalpapille.

Dieser Fisch schwimmt meist alleine, manchmal sieht man ihn jedoch zusammen mit anderen *Crenilabrus*-Arten Nahrung aufnehmen, beispielsweise Wirbellose, vor allem Seeigel. Im Frühsommer bereiten sich die Männchen auf das Ablaichen vor, indem sie aus Seegrashaufen, die mit Sand überschüttet sind, Nester bauen, meist auf dem Bodengrund zwischen sandigen und felsigen Bereichen. Wenn die Eier in das Nest abgelaicht sind, wird es vom Männchen aggressiv verteidigt.
Größe: 17 cm. *Verbreitung:* Mittelmeer. *Verhalten:* lebhaft, territorial. *Wasser:* 18–23 °C.

67 *Chromis cyanea* (Blaues Schwalbenschwänzchen)

67 *Amphiprion ocellaris* (Clownfisch)

67 *Dascyllus aruanus* (Preußenfisch)

68 *Labroides dimidiatus* (Putzerfisch) an einem *Amphiprion frenatus*

69 Scaridae (Papageienfische)

Beschreibung: D. IX, 9–10; A. III, 9; Pel. I, 5. Der Körper ist gestreckt bis oval und seitlich komprimiert. Das Maul ist nicht vorstülpbar und hat verwachsene Zähne, die einem Papageienschnabel ähneln. Die Schuppen sind groß und ctenoid, und gewöhnlich sind 22 bis 24 Schuppen in einer Seitenlinie, die unter dem Ende der Rückenflosse unterbrochen ist.
Verbreitung: Atlantischer Ozean und Indopazifischer Raum.

Diese Familie kommt hauptsächlich in tropischen Gewässern vor. Sie besteht aus zwei Unterfamilien mit etwa 68 Arten. Die erste Unterfamilie unterscheidet sich von der zweiten dadurch, daß sie unter dem Auge und auf den Wangen zwei bis vier Schuppenreihen besitzt und nicht nur eine Reihe. Alle diese Fische sind bunt und meist sind die Geschlechter dichromatisch, haben also eine unterschiedliche Färbung. Weil ihre meristischen Werte sehr ähnlich sind, hat man die Färbung zur Identifizierung der Arten herangezogen, doch hat das in die Taxonomie dieser Fische große Verwirrung gebracht. Die nahe Verwandtschaft der Papageienfische mit den Lippfischen läßt sich auch an ihrem Verhalten erkennen. Sie sind tagaktiv und schlafen in der Nacht und verbergen sich dann in Pflanzen oder vergraben sich im Sand, einige Arten umgeben sich mit einem lockeren Schleimkokon. In vielen Ländern schätzt man sie als ausgezeichnete Speisefische, sie sind aber zu gewissen Jahreszeiten und in bestimmten Gegenden giftig. Papageienfische ernähren sich von pflanzlicher Kost, kleinen Mollusken, Krebstieren und Korallen, an die ihre Zähne hervorragend angepaßt sind. Sie machen ein beträchtliches Geräusch, wenn sie Korallen abraspeln, und ihre Zahnspuren lassen sich an den Korallen deutlich erkennen. Wenn sie ablaichen, findet die Paarung entweder zwischen einem Männchen und einem Weibchen paarweise statt oder zwischen drei oder mehr Tieren in einer Gruppe.

Bolbometopon bicolor (Zweifarbiger Papageienfisch)
Beschreibung: D. IX, 9–10; A. III, 9. Als Jungtier hat der Fisch eine cremeweiße Farbe mit einem breiten senkrechten, orangen Streifen auf dem Kopf, einen orangen Schwanz und einen schwarzen Fleck mit orangerotem Saum auf dem hartstrahligen Teil der Rückenflosse. Wenn er halb ausgewachsen ist, ist er hellgrau mit orangem Kopf und schwarzen Flossen, ganz anders als die erwachsenen Fische.

Diese Art ist für die Familie typisch, als Jungfische kommen sie gewöhnlich in kleinen Trupps vor, ältere Exemplare leben hingegen solitär. Am Tage sind sie sehr lebhaft und suchen meist an Korallenriffen nach Nahrung.
Größe: 120 cm. *Verbreitung:* Rotes Meer, Indopazifik mit Ausnahme von Hawaii. *Verhalten:* Als Jungtiere schwarmbildend. *Wasser:* Seewasser, 24–26 °C.

70 Opisthognathidae (Kieferfische)

Beschreibung: Der Körper ist gestreckt und mäßig zusammengedrückt. Kopf und Maul sind groß und kleine Rundschuppen bedecken den Körper. Die Rückenflosse setzt unmittelbar hinter dem Kopf an, die Bauchflossen befinden sich vor den Brustflossen. Die Seitenlinie sitzt hoch und endet in der Nähe der Rückenflossenmitte.

68 *Coris gaimard* (Clownjunker)

68 *Gomphosus varius* (Schnabellippfisch)

68 *Halichoeres biocellatus*

70 *Opisthognathus aurifrons* (Brunnenbauer)

69 *Bolbometopon bicolor* (Zweifarbiger Papageienfisch)

Verbreitung: westlicher und zentraler Atlantik, Indischer Ozean, Golf von Kalifornien.

Diese Seewasserfamilie besteht aus etwa 30 Arten von bodenlebenden Fischen. Man findet sie gewöhnlich über sandigem oder aus Korallenbruch bestehendem Boden, wo einige Arten Wurmlöcher bewohnen. Andere graben sich mit ihren Kiefern eine eigene Höhle und grenzen den Eingang durch kleine Steine oder Muschelschalen ab. Hier verharrt der Fisch in senkrechter Lage und wartet darauf, daß sich eine geeignete Beute nähert, wie etwa kleine Krebse und Fische. Kieferfische sind scheu und ziehen sich beim ersten Anzeichen einer Gefahr sofort in ihre Höhle zurück. Einige Arten leben einzeln oder kommen in kleinen Gruppen vor, wie etwa in der Gattung *Lonchopisthus*, während andere Arten, wie beispielsweise *Opisthognatus aurifrons*, der Brunnenbauer, sehr sozial sind und in Kolonien bis zu 70 Tieren zusammenleben. Bei vielen Arten ist es schwierig, die Männchen von den Weibchen zu unterscheiden, bei anderen hingegen sind die Geschlechter dichromatisch. Man hat beobachtet, daß die Männchen vieler Arten Maulbrutpflege betreiben.

Opisthognathus aurifrons (Brunnenbauer)
Beschreibung: D. XI, 15–17; A. III, 14–16. Dieser Fisch ist langgestreckt und seitlich komprimiert und hat langgestreckte Flossen. Die Färbung ist variabel, aber sie ist meist hellgelb mit blau getönten Flossen. Exemplare aus Florida haben einen leuchtend gelben Kopf mit schwarzen Pupillen, umgeben von einer blauen Iris. Um die Bahamas herum ist der Kopf der Fische weiß mit einem dunkelgrauen Ring.

Dieser Fisch ist als der attraktivste der ganzen Gattung anzusehen. Gewöhnlich lebt er in Tiefen von über 30 m und schwebt senkrecht etwa 1 m über dem Bodengrund und unmittelbar über seinem Bau. Er sucht mit seinen großen Augen das umgebende Wasser nach Plankton und anderen kleinen Tieren ab, um sie zu fressen. Weil sie in Kolonien von drei bis zu 70 Exemplaren leben, können die Brunnenbauer einen imposanten Eindruck bieten, wenn sie auf diese Weise nach Nahrung suchen. Der einzige äußere Geschlechtsunterschied ist der Oberkieferknochen, der beim Männchen weit hinter das Auge reicht, beim Weibchen hingegen zum Vorderrand des Auges. Das Ablaichen geschieht in der Regel in der Morgen- oder Abenddämmerung. Das Männchen macht den Weibchen heftig den Hof, indem es seinen Rücken krümmt und über dem Boden schwebt. Dann lockt er sie entweder in seinen eigenen Bau oder einen »neutralen« Bau, indem er sie ermuntert einzudringen, um ihr dann nachzufolgen. Weil sich der eigentliche Laichakt in der Höhle abspielt, wurde er bisher noch nicht beobachtet. Kurz nachdem das Weibchen den Bau verlassen hat, erscheint das Männchen mit einem Laichklumpen im Maul, der dort während der gesamten Entwicklungszeit bleibt.
Größe: 10 cm. *Verbreitung:* Bahamas, Westindien und Florida. *Verhalten:* friedlich. *Wasser:* Seewasser, 24–26 °C.

71 Blenniidae (Schleimfische)

Beschreibung: D. III–XVII, 9–119; Pect.: 10–18; Pel.: I, 2–4. Diese Fische sind klein und haben entweder keine oder nur rudimentäre Schuppen. Der Kopf ist abgestumpft, oft mit pinsel- oder federförmigen Auswüchsen, die wichtige Merkmale zur Identifizierung der Arten darstellen. Die Zähne sind kammförmig, einige sind recht groß und nagezahnartig.
Verbreitung: Tropische und gemäßigte Gewässer.

Diese Familie umfaßt 46 Gattungen mit über 276 Arten. Die meisten von ihnen kommen im Meer vor, aber ein paar werden auch im Süß- und Brackwasser gefunden. Sie sind carnivor und neigen dazu, im flachen Wasser, über Felsen- oder Korallenformationen oder in felsigen Gezeitentümpeln verborgen zu leben. Ihre Färbung ist gewöhnlich dunkel und dient als Tarnkleid. In ihrem Verbreitungsgebiet kommen sie im allgemeinen häufig vor. Wenn sie ablaichen, verstecken sie den Laich meist gut, und einer der beiden Elterntiere bewacht ihn. Im Jugendstadium leben sie planktisch, bei einigen Arten sind die Jungfische pelagisch.

Aspidontus taeniatus (Falscher Putzerfisch oder Säbelzahn-Schleimfisch)
Beschreibung: D. XI, 26; A. 26. Der Körper ist langgestreckt und komprimiert. Das Maul ist unterständig und trägt zwei große vorwärtszeigende Zähne. Die Grundfarbe der Jungtiere ist blau, sie bleicht aus, wenn die Tiere heranwachsen. Ein breiter dunkler Streifen verläuft von der Schnauze bis zur Schwanzflosse.

Dieser Fisch ist für seine Ähnlichkeit in Form, Farbe und Schwimmverhalten mit *Labroides dimidiatus* bekannt, dem Putzerfisch. Da er sich wie diese Art verhält, kann er sich größeren Fischen ungefährdet nähern, und reißt ihnen, wenn er nahe genug herangekommen ist, Stücke der Flossen, Schuppen oder Haut heraus. Wenn er nicht frißt, ist er sehr scheu und versteckt sich in Korallenspalten. Er kommt stets weniger häufig vor als der Putzerfisch, weil sein Verhalten nur dann erfolgreich funktioniert, wenn die nachahmende Art weniger häufig als das »Original« ist. Der geputzte Fisch würde sonst zu oft schlechte Erfahrungen sammeln, und beide, den Putzerfisch und seinen Nachahmer, bald zu meiden suchen, obgleich er von ersterem ja nicht angegriffen wird. Wie von J. E. Randall gezeigt werden konnte, schmarotzt der Nachahmer hauptsächlich an jungen Fischen, während ältere Tiere ihn zu meiden scheinen. Da der Falsche Putzerfisch einer der am meisten bekannten Nachahmer ist, ergibt sich hier die Frage, ob und wie die Opfer zwischen dem Nachahmer und dem echten Putzerfisch zu unterscheiden lernen. Eine Antwort daraus ergibt sich wahrscheinlich vom Verhalten her, da der Falsche Putzerfisch territorial ist und sich einem Fisch anders als sein Vorbild nähert. Der echte Putzer nähert sich einem Gast von jeder beliebigen Seite, auch von vorne, und der Gast gewöhnt sich daran, dem Putzer seinen Kopf darzubieten. Der Nachahmer nähert sich jedoch von hinten und beißt meist in den Schwanz des Gastes, zieht sich dann zurück und wartet auf eine weitere Gelegenheit, wenn sich das Opfer ihm zuwendet. Diese Gewohnheit läßt einen erfahrenen Fisch dem Nachahmer gegenüber vorsichtig werden.
Größe: 12 cm. *Verbreitung:* Indopazifik. *Verhalten:* aggressiv, einzeln lebend. *Wasser:* Seewasser, 24–26 °C.

Ophioblennius atlanticus (Atlantischer Schleimfisch oder Rotlippenschleimfisch
Beschreibung: D. III, 19–21; A. II, 20–21; Pect. 14–16; Pel. I, 4. Die Seitenlinie ist etwa in der Körpermitte unterbrochen. Der Kopf hat ein sehr steiles Profil, eine Gruppe von Fortsätzen auf dem Rand der oberen Nasenlöcher und ein meist unverzweigtes Tentakel über jedem Auge. Die Hauptfarbe des Körpers variiert von braun bis oliv oder hellgrau.

Dies ist eine der häufigsten Arten der Küstenriffe der Westindischen Inseln, wo sie bis in eine Tiefe von 8 m vorkommt. Sie ist pflanzenfressend und ernährt sich hauptsächlich von Fadenalgen. Das Ablaichen geschieht über Korallen, und die Eier werden in Spalten abgelegt, wo sie vom Männchen bewacht werden, bis die Jungen schlüpfen. Die Larven sind pelagisch und haben im Gegensatz zu den Elterntieren eine bleiche Farbe und lange kaninchenförmige Zähne.
Größe: 12 cm. *Verbreitung:* Westatlantik und im Golf von Mexiko. *Verhalten:* scheu. *Wasser:* Seewasser, 24–26 °C.

72 Gobiidae (Grundeln)

Beschreibung: 1. D. II–VIII. Diese Fische haben eine Saugscheibe, die aus den verwachsenen Seitenrändern der Brustflossen gebildet wird. Sie besitzen weiterhin zwei Rückenflossen, die bei einigen Arten zusammenhängen.
Verbreitung: Gemäßigte, subtropische und tropische Gewässer.

Dies ist eine der größten Fischfamilien, sie umfaßt etwa 800 Arten. Meistens leben sie marin, kommen aber auch in Brack- und Süßwasser vor. Einige der im Brack- und Süßwasser lebenden Arten gehören zu den katadromen Fischen, die im Seewasser ablaichen. Auf den Philippinen werden die Larven »ipon« genannt und messen nur 1,25 cm. Wenn sie in die Flußmündungen wandern, werden sie von den Fischern in riesiger Anzahl gefangen. Die Vorkommensdichte mariner Arten in tropischen Riffgewässern ist ein wichtiger Gesichtspunkt der Gesamtökologie jener Bereiche. Viele Arten leben in loser Gemeinschaft mit anderen Tieren: Beispielsweise werden die der Gattung *Smilogobius* als »Wachhunde« für bestimmte Garnelen tätig. Während die Garnele eine Höhle gräbt und bewohnt, halten die Grundeln Wache, meist paarweise. Wenn Gefahr droht, schlagen sie Alarm, indem sie in die Höhle hinabtauchen, von der Garnele gefolgt, die nicht wieder zum Vorschein kommt bis die Grundeln ihren Posten wieder eingenommen haben. Eine weitere lose Verbindung zeigen Neongrundeln, die von größeren Fischen Außenparasiten entfernen. Einige der außergewöhnlichsten Grundeln sind die Schlammspringer, zu denen auch *Periophthalmus barbarus* gehört. Der kleinste Fisch soll *Pandaka pygmaea* sein, eine Süßwassergrundel von den Philippinen, im erwachsenen Zustand ist sie höchstens 1,25 cm lang; sie soll das kleinste Wirbeltier überhaupt sein. Die meisten Grundeln legen längliche Eier ab, die mit einem kurzen Stiel an die Unterlage geheftet werden, etwa Korallenäste oder Pflanzen, und oft von den Eltern bewacht werden.

Brachygobius xanthozona (Goldringelgrundel)
Beschreibung: 2. D. I, 7; A. I, 7. Diese Art hat einen zylindrischen Querschnitt, der nach hinten zu seitlich komprimiert ist. Sie ist von ähnlichen Arten dadurch zu unterscheiden, daß sie vier senkrechte dunkle Streifen hat, die ebenso breit wie die dazwischenliegenden gelben Streifen sind. Die Rücken- und Afterflosse sind schwarz.

Dieser Fisch lebt in Flußmündungen, aber ebenso

72 *Elacatinus oceanops* (Neongrundel)

71 *Ophioblennius atlanticus* (Atlantischer Schleimfisch)

auch weiter stromauf. Er ist bodenlebend, ernährt sich von verschiedenen Kleinstlebewesen und versteckt sich bei Anzeichen von Gefahr unter Steinen. Zur Laichzeit lassen sich die Weibchen zumeist an ihren runderen Körperproportionen und der weniger intensiven Färbung erkennen. Die Eier sind groß und werden unter einem Stein abgelaicht, wo das Männchen sie bewacht bis sie nach etwa fünf Tagen schlüpfen. Schon bald zeigen die Jungfische die charakteristische Zeichnung. Solange sie noch jung sind, schwimmen sie auch in mittleren Wasserschichten, doch wenn sie größer werden, gehen sie zunehmend zum Bodenleben über.
Größe: 5 cm. *Verbreitung:* Sumatra, Borneo und Java. *Verhalten:* friedlich. *Wasser:* Süß- bis Brackwasser, 24–30 °C.

Elacatinus oceanops (Neongrundel)
Beschreibung: Noch vor den Augen beginnt ein breiter stahlblauer Streifen, der sich entlang der Seiten des schwarzen Körpers bis zur Schwanzflossenbasis zieht. Die Körperfarbe überzieht das Maul, ein Merkmal, das zur Kennzeichnung der Art wesentlich ist.

Diese Art betätigt sich als Putzerfisch, sie frißt Krebstierchen und andere Außenparasiten von der Haut anderer Fische. Sie frißt aber auch Kleinkrebschen, die sie auf Felsen und Korallen findet, und ebenso planktische Tiere. Gewöhnlich bleibt sie in der Nähe ihres Versteckes, das aus einer Wohnröhre oder einer Spalte in einer flachen Höhle bestehen kann, und auch dazu benutzt wird, um die Eier abzulegen und zu schützen. Man sieht die Neongrundeln meist paarweise, sie laichen im Alter von sechs bis acht Monaten ab. Mit Beginn der Balz wird das Männchen dunkler. Es verankert sich mit seiner Saugscheibe am Substrat und bewegt seinen Körper als ob es schwimmt. Wenn das Weibchen paarungswillig ist, teilt es für einige Zeit seine Aktivitäten mit dem Männchen, und nach ein paar Stunden zieht sich das Paar in die vom Männchen vorher ausgesuchte Ablaichhöhle zurück. Es werden auf die Höhlenwand mehrere hundert Eier abgelaicht, die das Männchen bewacht, bis sie nach sieben bis zwölf Tagen schlüpfen. Die Brut ist transparent und hat einen großen Dottersack, der nach etwa zwölf Stunden aufgezehrt ist. Dann werden die Jungtiere planktisch und fressen winzige Organismen. Nach etwa 20 Tagen haben sie sich normalerweise an das Bodenleben angepaßt und einen dunklen Seitenstreifen entwickelt. Nach drei oder vier Monaten sind sie fast ausgewachsen, und innerhalb von wenigen Monaten bereiten sie sich auf das Ablaichen vor.
Größe: 3,8 cm. *Verbreitung:* Florida bis Westindische Inseln. *Verhalten:* lebhaft, friedlich. *Wasser:* Seewasser, 25–26 °C.

Periophthalmus barbarus (Schlammspringer)
Beschreibung: Der Körper ist langgestreckt und hinten komprimiert. Die Rückenlinie ist von den Augen bis zur Schwanzflosse fast gerade. Der Kopf ist groß, mit hervorstehenden und auf dem Rücken liegenden Augen. Die beiden Rückenflossen sind getrennt und die Brustflossen sind sehr kräftig und werden zur Fortbewegung auf dem Land benutzt. Im Gegensatz zu anderen Arten der Gattung hat der Schlammspringer Bauchflossen, die an der vorderen Basis nur mit einer schmalen Hautfalte unvollständig verwachsen sind.

Diese Art verbringt ihre Zeit meist außerhalb des Wassers auf Schlammbänken, wo sie atmen kann, solange Haut und Kiemen feucht gehalten werden. Der normale Lebensraum sind seichte Brackwassertümpel und -gräben, die rasch austrocknen und während der Ebbe isoliert werden. Sie kann sich dann auf ihre Brustflossen stützen, um die Umgebung mit ihren auf dem Rücken liegenden Augen zu betrachten. Mit den Brustflossen kann diese Art auch über eine gewisse Entfernung über Land wandern. Sie ist auch ein besonders guter Springer und kann bis zu zwei Meter weit springen. Geschlechtsunterschiede sind nicht bekannt. Das Ablaichen geschieht in Schlammlöchern, und vermutlich treibt das Weibchen Brutpflege. Es ist wichtig darauf hinzuweisen, daß dieser Fisch in einem Vivarium gepflegt werden muß und nicht in einem herkömmlichen Aquarium.
Größe: 15 cm. *Verbreitung:* Ostafrika und Madagaskar, das Rote Meer und Ostindien. *Verhalten:* territorial. *Wasser:* Brackwasser, 24–30 °C.

73 Acanthuridae (Doktorfische oder Seebader)

Beschreibung: Der Körper ist hoch und seitlich zusammengedrückt, mit einem kleinen Maul und einem verlängerten Nasenknochen, der das hohe Kopfprofil verursacht. Es ist nur eine Rückenflosse mit Hart- und Weichstrahlen vorhanden.
Verbreitung: Alle tropischen Meere.

Diese Familie besteht aus marinen Pflanzenfressern, die hauptsächlich Algen fressen. Die Fische durchlaufen ein ungewöhnliches planktisches Larvenstadium, »Acronurus«-Stadium genannt, in dem die Larven durchsichtige Körper mit senkrechten wulstigen Rippen haben. Es gibt in den beiden Unterfamilien 12 Gattungen. Die eine Unterfamilie sind die Acanthurinae, die Seebader, die zu beiden Seiten der Schwanzwurzel einen oder zwei Dornen haben, die aufgerichtet werden können und wie scharfe Messer oder Skalpelle funktionieren und als Waffen eingesetzt werden. Die zweite sind die Zanclinae (Halfterfische), die nur aus einer Gattung und einer Art bestehen, die keine Dornen auf der Schwanzwurzel hat.

Acanthurus leucosternon (Weißbrust-Doktorfisch)
Beschreibung: D. VII–IX, 26–29; A. III, 25–26. Diese Art läßt sich leicht anhand ihrer herrlichen Färbung erkennen.

Der Weißbrust-Doktorfisch schwimmt entweder alleine oder in kleinen Trupps über die Korallenriffe und frißt Pflanzen und manchmal kleine Tiere. Seine Färbung dient augenscheinlich dazu, die Aufmerksamkeit auf den Dorn auf seiner Schwanzflossenbasis zu lenken, der meist bei Territorialkämpfen zwischen Tieren der gleichen Art eingesetzt wird, gelegentlich aber auch zur Verteidigung gegenüber Raubfischen. Das Ablaichen scheint bevorzugt in den frühen Abendstunden zu erfolgen, und es werden pelagische Eier abgegeben, von denen jedes einen kleinen Öltropfen enthält, um schwimmfähig zu sein. Die Larven schlüpfen nach etwa einem Tag, sie sind seitlich zusammengedrückt, rhombusförmig und haben große Augen und Brustflossen. Die Rückenflossen entwickeln sich schon bald, und die Schwanzflosse wächst von einem schmalen Hautlappen zu einem richtigen Schwanz aus. Die Schuppen entwickeln sich, aber die Schwanzwurzeldornen sind nicht zu sehen, bevor die Larven nicht auf etwa 1,5 cm herangewachsen sind. Während dieses sogenannten Acranurus-Stadiums werden die Larven an den Uferbereich getrieben und vervollständigen dort ihre Entwicklung. Man glaubt, daß die Geschlechtsreife mit etwa einem Jahr erreicht wird, aber

72 *Periophthalmus barbarus* (Schlammspringer)

73 *Zanclus cornutus* (Halfterfisch)

73 *Acanthurus leucosternon* (Weißbrust-Doktorfisch)

wahrscheinlich pflanzen sie sich erst im darauffolgenden Jahr fort.
Größe: 30 cm. *Verbreitung:* Indopazifischer Raum. *Verhalten:* gegenüber der gleichen Art aggressiv, revierbildend. *Wasser:* Seewasser, 24–26 °C.

Zanclus cornutus (Halfterfisch)
Beschreibung: D. VII, 38–41; A. III, 32–35. Der dritte Rückenflossenstrahl ist zu einem langen herrlichen Filament ausgezogen, das doppelt so lang sein kann wie der Körper. Sowohl die Körperform als auch die Färbung sind sehr charakteristisch.

Die Jungfische wurden früher für eine eigene Art gehalten, *Z. canescans*, weil sie an jeder Maulecke einen Dorn haben. Wenn der Fisch heranwächst, verliert er diese Dornen und entwickelt einen knöchernen Fortsatz oder ein Horn vor jedem Auge und hat sich damit deutlich verändert. Geschlechtsunterschiede sind bisher nicht bekannt und man weiß kaum etwas über das Fortpflanzungsverhalten.
Größe: 24 cm. *Verbreitung:* Indopazifischer Raum. *Verhalten:* schwarmbildend. *Wasser:* Seewasser, 24–26 °C.

74 Siganidae (Kaninchenfische)

Beschreibung: A. VII und Weichstrahlen; Pel. II, 3. Der Körper ist oval und komprimiert, mit sehr kleinen Schuppen. Der Rückenflosse geht ein einzelner schräg nach vorne gerichteter Stachel voraus. Die Hartstrahlen der Flosse sind giftig. Die Seitenlinie ist vollständig.
Verbreitung: Östliches Mittelmeer und Indopazifischer Raum.

Das kaninchenähnliche Aussehen des Maules und die abgerundete Nase gaben den Fischen ihren Populärnamen. Sie sind Pflanzenfresser und schwimmen meist in flachem Wasser in kleinen Trupps über den Wasserpflanzen. Die Stacheln der Rücken-, After- und Bauchflossen sind sehr spitz und haben an den Seiten Gruben, die Giftdrüsen enthalten und schmerzhafte Wunden verursachen können. Die meisten dieser Fische ähneln sich im Aussehen und haben Flecken oder Netzmuster auf dem Körper, mit Ausnahme von *Lo vulpinus*, dem Fuchsgesicht, der auffallende Zeichnungen sowie eine röhrenförmige Schnauze trägt und in eine eigene Gattung gestellt wurde. In einigen Gebieten sind die Kaninchenfische wichtige Speisefische, während sie andernorts als unerwünscht und giftig gelten. Obgleich die meisten Arten marin sind, wandern andere, wie etwa *Siganus vermiculatus*, gelegentlich in Brackwasser und auch flußaufwärts.

Lo vulpinus (Fuchsgesicht)
Beschreibung: D. VIII, 10; A. VII, 9. Diese Art hat eine besondere röhrenförmige Schnauze und zeigt eine charakteristische Färbung.

Dies ist ein scheuer Fisch, der sich gerne in der Nähe von Spalten und kleinen Höhlen in Korallenriffen aufhält, in die er sich bei Gefahr zurückziehen kann. Er richtet auch seine Flossenstrahlen auf, wenn er sich bedroht fühlt, und man sollte sehr vorsichtig im Umgang mit diesem Fisch sein. Er frißt Algen ab.
Größe: 25 cm. *Verbreitung:* südwestlicher Pazifik. *Verhalten:* friedlich. *Wasser:* Seewasser, 24–26 °C.

75 Anabantidae (Kletterfische oder Labyrinthfische)

Beschreibung: Das oberständige Maul ist verhältnismäßig groß. Ein Atmungsorgan liegt im Kopf hinter den Augen und wird als Labyrinth bezeichnet. Meist sind Bauchflossen mit kräftigen Flossenstrahlen und eine abgerundete Schwanzflosse vorhanden.
Verbreitung: Afrika und Indien bis zu den Philippinen.

Diese Fische leben hauptsächlich im Süßwasser und dringen nur selten bis in Brackwasser vor. Die drei Gattungen sind *Anabas*, *Ctenopoma* und *Sandelia*. Das Hauptmerkmal, das sowohl die afrikanischen als auch die asiatischen Arten dieser Familie gemeinsam haben, ist das Atmungsorgan im Kopf hinter den Augen. Es besteht aus vielen dünnen Gewebefalten in den oberen Kiemenhöhlen, die stark von Blutgefäßen durchzogen sind. Seine Ähnlichkeit mit einem Labyrinth erklärt den Populärnamen dieser Fische. Das Labyrinthorgan wird dazu benutzt, um Sauerstoff aus der Luft aufzunehmen, die an diese Lamellen gelangt, wenn der Fisch an der Wasseroberfläche atmosphärische Luft aufnimmt. Aufgrund dieser Fähigkeit kann der Fisch in Gewässern leben, die nur sehr wenig gelösten Sauerstoff enthalten.

Auf den kräftigen Brustflossen stützen sich die Tiere oft nur auf, wenn sie im Wasser gelegentlich auf dem Boden ruhen, und zumindest *Anabas testudineus* benutzt sie auch, wenn er hin und wieder das Wasser verläßt, um neue Wohngewässer aufzusuchen. Die afrikanische Gattung *Sandelia* leitet sich vermutlich von *Ctenopoma* ab, sie hat ein weniger gut entwickeltes Labyrinth als die anderen Gattungen.

Anabas testudineus (Kletterfisch)
Beschreibung: D. XVI–XIX, 7–10; A. IX–XI, 8–11; L 1. 26–31. Der Körper ist hoch, hinten zusammengedrückt und langgestreckt. Die Rücken- und Afterflosse sind sehr lang und das Maul ist schräg und oberständig. Die Körperfärbung ist olivbraun, jüngere Exemplare haben auf Kopf und Schwanzflosse dunklere Flecken und auf dem Körper senkrechte Streifen.

Von dieser Art heißt es, daß sie die einzige der Familie sei, die das Wasser verlassen könne und die auch ein sehr guter Springer ist. Die Fische wandern gelegentlich von ihren Wohngewässern mehrere hundert Meter weit über Land, um entweder bessere neue Gewässer oder vielleicht auch Nahrung zu suchen. Meist tun sie das während eines Regens. Zur Tockenzeit können sie sich in den Schlamm eingraben und wie Lungenfische atmosphärische Luft aufnehmen. Das Ablaichen erfolgt in flachen Strömen oder Reisfeldern, wo bis zu 1000 Eier abgelaicht und befruchtet werden und dann zur Wasseroberfläche treiben. Die Jungfische schlüpfen nach 24 bis 36 Stunden und können sofort frei schwimmen.
Größe: 25 cm. *Verbreitung:* Indien, Sri Lanka, Malayische Halbinsel, Philippinen, Südchina. *Verhalten:* aggressiv. *Wasser:* Süßwasser, 15–30 °C, die Wasserwerte sind nicht entscheidend.

76 Belontiidae (Kampffischartige)

Beschreibung: D. weniger als 10. Viele Arten haben verlängerte Flossen. Die Seitenlinie ist verkümmert oder fehlt und ein Labyrinthorgan ist als zusätzliches Atmungsorgan vorhanden.
Verbreitung: Indien bis Malaysia und Korea.

Dies ist eine Süßwasserfamilie, die viele bekannte Aquarienfische umfaßt. Sie ist in mehrere Unterfamilien aufgegliedert. Die Belontiinae sind die Kammschwanz-Makropoden, bei denen die Männchen lang ausgezogene

76 *Betta splendens* (Siamesischer Kampffisch)

Flossen haben; hier ragen einzelne Strahlen über die Schwanzflossenmembran hinaus. Die bekannteste Art ist *Belontia signata* von Sri Lanka. Die Macropodinae umfassen beispielsweise die Kampffischarten und den Paradiesfisch *Macropodus opercularis*. Die Trichogasterinae umfassen die Fadenfische. Einige Autoren erkennen darüber hinaus noch die Unterfamilien der Sphaerichthyinae und Ctenopinae an, doch ist dies umstritten, insbesondere die letztere Gruppe.

Betta splendens (Siamesischer Kampffisch)
Beschreibung: D. I, 8–9; A. II–IV, 21–24; L 1. 30–32. Der Körper ist langgestreckt und leicht komprimiert. Die Afterflosse hat eine sehr lange Basis, die von hinter der Kehle bis zum Schwanz reicht, die Rückenflosse ist weit zurückgesetzt. Die Färbung variiert je nach Herkunft und Zuchtstamm sehr stark und kann alle Farben umfassen.

In der Natur bewohnt die Art klare fließende Gewässer und Bewässerungsgräben und ernährt sich dort vor allem von Insekten und deren Larven. Jahrhunderte hindurch wurde die Art in Thailand für Schaukämpfe benutzt, bei denen auf den Sieger auch hohe Wetten abgeschlossen wurden, aber dennoch wurde sie erst 1909 von Regan beschrieben. Zur Vorbereitung auf das Ablaichen baut das Männchen ein Schaumnest und spuckt dazu mit Sekret überzogene Luftblasen an die Wasseroberfläche. Dann lockt er ein laichreifes Weibchen unter sein Nest und umschlingt es, wobei er es auf den Rücken dreht. Nachdem die Partnerin zehn bis zwanzig Eier ausgestoßen hat, löst er sich von ihr, und während sie bewegungslos bleibt, als ob sie gelähmt sei, sammelt er die herabfallenden Eier mit dem Maul auf und bringt sie sorgsam in das Schaumnest. Dieser Vorgang wird mehrere Male wiederholt, und nachdem das Weibchen seinen Laichvorrat abgegeben hat, wird es vom Männchen fortgejagt. Das Männchen kümmert sich noch einige Zeit um die Eier und die schlüpfenden Jungfische, aber wenn diese freischwimmen und das Nest verlassen, erlöscht der Brutpflegetrieb und die Jungfische müssen für sich selbst sorgen.
Größe: 6 cm. *Verbreitung:* Südostasien, Thailand. *Verhalten:* aggressiv. *Wasser:* Süßwasser, 26–30 °C, die Wasserwerte sind nicht sehr entscheidend.

Macropodus opercularis (Paradiesfisch)
Beschreibung: D. XIII–XVII, 6–8; A. XVII–XX, 11–15; L 1. 28–31. Der Körper ist gestreckt und komprimiert. Die Rücken-, After-, Schwanz- und Brustflossen sind sehr lang ausgezogen. Die Körpergrundfarbe ist braun bis grün, mit einer dunklen Marmorierung auf dem Rücken. Die Flanken haben blaugrüne und rote senkrechte Streifen. Ein großer dunkelbrauner Fleck befindet sich auf den Kiemendeckeln. Die Flossen sind rot bis braun, die Schwanzflosse und die Bauchflossen vorwiegend rot.

Der Fisch ist gegenüber Tieren der eigenen Art und manchmal auch gegenüber anderen Arten oft recht aggressiv. Er kommt in vielen Gewässertypen vor und ernährt sich als Allesfresser von Kleintieren und Pflanzenkost. Das Ablaichen ähnelt dem der vorigen Art, obgleich das Schaumnest oft unter einem Pflanzenblatt gebaut wird. Das Männchen kann vom Weibchen an der kräftigeren Färbung unterschieden werden sowie an den sehr stark ausgezogenen Weichstrahlen der Rücken- und der Afterflosse. Auch die äußeren Strahlen der Schwanzflosse sind stark verlängert, so daß der Schwanz eine leierförmige Form enthält. Der Fisch wurde in China Jahrhunderte hindurch als Zierfisch gehalten und wurde 1869 erstmals nach Europa importiert, möglicherweise auch schon erheblich früher, obgleich darüber keine Nachweise vorliegen.
Größe: 9 cm. *Verbreitung:* Korea, China, Südvietnam. *Verhalten:* aggressiv. *Wasser:* Süßwasser, 15–24 °C, die Wasserwerte sind von untergeordneter Bedeutung.

Trichogaster leeri (Mosaikfadenfisch)
Beschreibung: D. V–VII, 8–10; A. XII, 25–30; Pect. 9; L 1. 44–50. Der Körper ist langgestreckt und seitlich zusammengedrückt. Die Rückenflossenbasis ist kurz, die Brustflossen sind fadenartig und sehr lang ausgezogen. Sie lassen sich unabhängig voneinander bewegen und werden als Tast- und Geschmacksorgane benutzt. Die Färbung ist variabel, doch überziehen viele kleine helle Flecken den Körper. Ein dunkler Streifen verläuft von der Schnauze durch das Auge und fast bis zum Schwanz, und ein dunkler Fleck befindet sich auf der Schwanzflossenwurzel.

Dieser hübsche Fisch wird in kleinen Gewässern gefunden, wo er sich von Kleinlebewesen ernährt. Das Männchen baut ein großes Schaumnest, das Ablaichen ist dem von *Betta splendens* ähnlich.
Größe: 11 cm. *Verbreitung:* Thailand, Malayische Halbinsel, Sumatra und Kalimantan. *Verhalten:* friedlich. *Wasser:* Süßwasser, 23–30 °C, die Wasserwerte spielen eine untergeordnete Rolle.

77 Helostomatidae (Buckelmäuler)

Diese Familie umfaßt nur eine Art.

Helostoma temmincki (Küssender Gurami)
Beschreibung: Die Seitenlinie ist unter dem ersten Weichstrahl der Rückenflosse geteilt. Der Körper ist gestreckt und seitlich sehr zusammengedrückt. Die Färbung ist variabel, meist entweder gelbbraun mit vielen runden weißlichen Flecken auf den Körperseiten und den Flossen oder einfarben hellrosa. Ein Labyrinthorgan ist vorhanden.

Dieser etwas scheue Fisch lebt in beschatteten Gewässern und ist in erster Linie ein Pflanzenfresser. Seine Lippen tragen Hornzähnchen, um damit Algen von Steinen und anderen Flächen abzuschaben. Der Populärname leitet sich von der Art und Weise her, in der die Tiere ihre Lippen aneinanderpressen, als ob sie sich küssen wollten, doch scheint dies eher ein Drohverhalten zu sein, auch wenn die gleiche Verhaltensweise im Verlauf der Balz gezeigt wird. Beim Ablaichen umschlingen sich die Fische, die Eier treiben wie bei den Anabantidae an

74 *Lo vulpinus* (Fuchsgesicht)

76 *Macropodus opercularis* (Makropode, Paradiesfisch)

die Wasseroberfläche. Die Jungfische schlüpfen innerhalb von 48 Stunden und werden nicht von den Eltern gepflegt.
Größe: 11 cm. *Verbreitung:* Malayische Halbinsel, Thailand, Sumatra, Borneo. *Verhalten:* friedlich. *Wasser:* Süßwasser, 22–28 °C, die Wasserwerte sind nicht von Bedeutung.

78 Osphronemidae (Guramis)

Auch diese Familie hat nur eine Art.

Osphronemus goramy (Riesengurami)
Beschreibung: D. XII–XIII, 11–13; A. IX–XI, 19–21; L l. 30–33. Die Seitenlinie ist durchgehend. Der Körper ist komprimiert mit verhältnismäßig kleinem Kopf, die Brustflossen sind zu feinen Fäden ausgezogen. Die Färbung ist bräunlich mit hellerem Bauch, Kopf und Körper sind von kleinen schwarzen Flecken überzogen. Die Bauchflossen sind orange und die übrigen Flossen blaugrün. Ein Labyrinthorgan ist vorhanden.

Dieser Fisch lebt in Gewässern mit starkem Pflanzenwuchs. Er frißt Insekten und andere Kleinlebewesen wie auch Pflanzen. Für die einheimische Bevölkerung ist er ein bevorzugter Speisefisch und wurde intensiv von französischen Wissenschaftlern untersucht, die vergeblich einen Versuch unternahmen, ihn in Frankreich und Amerika zu akklimatisieren. Vor dem Ablaichen baut das Männchen aus Pflanzenteilen, vor allem Binsen, ein korbartiges Nest, das mit Gras und Zweigen sowie einigen Sekretblasen verstärkt wird. Die Fortpflanzungszeit ist lang, sie erreicht jedoch zwischen März und Mai einen Höhepunkt. Bis zu 1000 Eier können in Vertiefungen in dem Nest abgelaicht werden. Die Eier sind nicht klebrig, aber sie haben das gleiche spezifische Gewicht wie Wasser und bleiben so im Nest. Nest, Eier und Jungfische werden hauptsächlich durch das Männchen bewacht.
Größe: 60 cm. *Verbreitung:* Thailand bis zur Malayischen Halbinsel. *Verhalten:* friedlich, schwarmbildend. *Wasser:* Süßwasser, 20–26 °C, die Wasserwerte sind von untergeordneter Bedeutung.

79 Mastacembelidae (Stachelaale)

Beschreibung: D. meist XIV–XXXV und Weichstrahlen; A. II–III, 30–130. Diese Fische haben einen langgestreckten Kopf und Körper ohne Bauchflossen. Der Rückenflosse geht eine Anzahl isolierter Hartstrahlen voraus. Die Schwanzflosse geht meistens in die Rücken- und Afterflosse über wie bei den afrikanischen Arten, doch ist sie bei einigen asiatischen Arten getrennt und abgerundet. Die Schnauze trägt einen rüsselförmigen Fortsatz, und die den Körper bedeckenden Schuppen sind klein.
Verbreitung: Tropisches Afrika über Syrien bis zum Malayischen Archipel und Südchina.

Diese Familie besteht aus zwei Gattungen, *Macrognathus* und *Mastacembelus*, mit etwa fünfzig Arten im Süß- und Brackwasser. Alle Arten sind attraktiv gefärbt und haben eine von Knorpel gestützte und verlängerte Schnauze. An ihrer Spitze befindet sich ein Paar röhrenförmiger Nasenlöcher, zusätzlich zu einem Paar Nasenlöchern vor den Augen, die einen dreilappigen Fortsatz bilden, der dazu benutzt wird, um Beute zu finden und aufzunehmen. Diese besteht aus kleinen Insekten und ihren Larven sowie Krebstieren, die nach Eintritt der Dämmerung aufgespürt werden. Diese Fische bevorzugen pflanzenreiche Gewässer über schlammigem oder sandigem Bodengrund, in dem sie sich am Tage verstecken können. Dabei graben sie sich mit schlängelnden Bewegungen ein und nur ihre Augen und die Schnauze kann man noch an der Sandoberfläche entdecken. Viele Arten können über längere Zeiträume hinweg in Gewässern mit sehr wenig gelöstem Sauerstoff überleben. Es wurde jedoch berichtet, daß einige Arten ersticken, wenn sie von der Wasseroberfläche keine atmosphärische Luft aufnehmen können.

Wenn sie von Fischern gefangen werden, winden sie sich heftig und richten ihre Rückenflossenstrahlen auf, die schmerzhafte Wunden verursachen. Gewöhnlich schwimmen sie mit eleganten schlangenförmigen Bewegungen des Körpers und wellenförmigen Bewegungen der After- und Schwanzflosse durch das Wasser. Die meisten Untersuchungen zum Fortpflanzungsverhalten dieser Familie wurden an *Mastacembelus pancalus* durchgeführt. Diese Art lebt in den großen Flüssen und Küstengewässern Indiens und soll zu Beginn des Monsuns in der Nähe von Kalkutta ablaichen. Die Fische bauen zwar kein Nest, doch suchten sie in geeigneter Lage unter der Wasseroberfläche ein Algenbüschel, an dem das Weibchen etwa zehn bis zwanzig Eier gleichzeitig ablaichte, die vom Männchen sogleich befruchtet wurden. Die Eier wurden nicht bewacht und schlüpften nach etwa 36 Stunden.

Macrognathus aculeatus (Augenfleck-Stachelaal)
Beschreibung: D. XIV–XV, 50–55; A. II, 49–53. Der Körper ist langgestreckt und bei älteren Fischen relativ hoch. Die Fische haben einen langen und beweglichen Rüssel am Maul, der an der Unterseite gerunzelt ist. Die braune Rückenflosse hat an der Basis Augenflecke, die Schwanzflosse hat verschiedene senkrechte Streifen.

Diese Art lebt in unterschiedlichen Lebensräumen, von der Küste bis in Flußmündungen und ebenso in Süßwasserseen des Binnenlandes, in Gräben und trüben Sümpfen. Sie ist für die Familie recht typisch, bis auf die ungewöhnlich stark verlängerte Schnauze. Zur Laichzeit ist das Weibchen wesentlich kräftiger und rundlicher als das Männchen. Man nimmt an, daß sie sich im Prinzip wie *Mastacembelus pancalus* fortpflanzen, doch sind die Eier grün und etwa 1,25 mm im Durchmesser.
Größe: 35 cm. *Verbreitung:* Südasien, Malayischer Archipel, die Molukken. *Verhalten:* scheu. *Wasser:* Süß- und Brackwasser, 22–28 °C, die Wasserwerte sind nicht von Bedeutung.

77 *Helostoma temmincki* (Küssender Gurami)

79 *Macrognathus aculeatus* (Augenfleck-Stachelaal)

82 *Pervagor spilosoma* (Feilenfisch)

80 *Synchiropus picturatus* (Mandarinfisch)

76 *Trichogaster leeri* (Mosaikfadenfisch)

80 Callionymidae (Leierfische)

Beschreibung: D, meist IV, 2. D. 6–11; A. 4–10. Der Körper ist langgestreckt und manchmal leicht zusammengedrückt. Die Kiemenöffnung ist bis auf ein kleines porenartiges Loch oder einen Spalt auf der Oberseite des Kopfes reduziert. Auf dem Vorderkiemendeckel befindet sich ein Dorn, das Maul ist end- oder leicht unterständig.
Verbreitung: Indopazifischer Raum und tropische und gemäßigte Meere.

Diese Familie umfaßt etwa vierzig Arten kleiner bodenlebender mariner Fische. Gewöhnlich leben sie im Küstenbereich an flachen Riffen oder in Gezeitentümpeln, aber einige Arten bewohnen auch tiefere Gewässer. Bei einigen Arten tritt ein deutlicher Geschlechtsdimorphismus auf, das Fortpflanzungsverhalten ist sehr kompliziert. Die Eier sind pelagisch.

Synchiropus picturatus (Leierfisch)
Beschreibung: 2. D. 9; Pect. 30–32. Die Färbung ist charakteristisch, besonders die schwarzen Augenflecken auf dem Rücken und den Seiten, die von blauen, schwarzen und orangen Kreisen umgeben sind. Der Dorn auf dem Vorderkiemendeckel hat zwei endständige Stacheln, ein weiterer befindet sich auf der Mitte des oberen Randes.

Sowohl diese Art als auch der Mandarinfisch *S. splendidus* sind wegen ihrer auffallenden Farben und Zeichnungsmuster sehr geschätzt. Diese Art ist von beiden die seltenere. Sie frißt kleine Würmer und andere Wirbellose vom Bodengrund.
Größe: 10 cm. *Verbreitung:* Philippinen und Melanesien. *Verhalten:* friedlich, aggressiv gegen die gleiche Art. *Wasser:* Seewasser, 24–26 °C.

81 Soleidae (Zungen)

Beschreibung: Ausgewachsene Fische sind stark abgeplattet und zweiseitig-asymmetrisch. Sie schwimmen auf einer Seite (links), die Augen sind auf der rechten Seite.
Verbreitung: Gemäßigte und tropische Zonen.

Diese Plattfische leben in See-, Brack- und Süßwasser. Sie sind in zwei Unterfamilien gegliedert. Die Achirinae leben beiderseits von Amerika und umfassen die Gattung *Achirus*. Ihre Rücken- und Afterflosse ist mit der Schwanzflosse nicht verwachsen. Die Soleinae kommen hauptsächlich in Europa, Australien und Japan vor, ihre Rücken- und Afterflossen sind mit der Schwanzflosse verbunden.

Achirus fasciatus (Zwergzunge)
Beschreibung: D. 50–56; A. 36–42. Dieser Fisch hat in der Aufsicht eine tropfenförmige-rundliche Gestalt. Die rechte, also die farbige Oberseite, ist dunkelbraun mit sieben oder acht schwarzen vertikalen Streifen. Die linke oder blinde Seite ist weiß oder häufiger noch braun.

Die Hauptnahrung der Zwergscholle besteht aus Anneliden, kleinen Crustaceen und Algen. Das Ablaichen erfolgt während des Spätfrühlings und Sommers und die Eier sind klein und zahlreich. Das Larvenstadium hat noch auf jeder Seite des Kopfes ein Auge, aber wenn der Fisch heranwächst, wandern die Augen, bis beide sich endgültig auf der rechten Körperseite befinden.
Größe: 15 cm. *Verbreitung:* Atlantische Küste Nordamerikas von Massachusetts bis Panama. *Verhalten:* als Jungtiere friedlich, als ausgewachsene Tiere aggressiv. *Wasser:* Süß-, Brack- und Seewasser, 5–25 °C.

82 Balistidae (Drücker- und Feilenfische)

Beschreibung: D. I–III und Weichstrahlen. Der Körper ist hoch komprimiert und hat keine Brustflossen, oft aber einen Brustdorn. In einer Unterfamilie können die Rückenflossenstrahlen aufgestellt und in dieser Lage fixiert werden, wobei der zweite Strahl für den ersten einen Schließmechanismus darstellt. Die Augen können unabhängig voneinander bewegt werden.
Verbreitung: Atlantischer Ozean und indopazifischer Raum.

Dies ist eine gänzlich marine Fischfamilie, die aus zwei Unterfamilien besteht. Die Balistinae (Drückerfische) können ihre Rückenflossenstrahlen feststellen oder festdrücken, was der Familie zu ihrem Namen verholfen hat. Sie umfassen viele farbige Arten, und viele davon werden von den Aquarianern gerne gepflegt. Die Monocanthinae (Feilenfische) haben nur zwei Rückenflossenstacheln, und manchmal ist der zweite Stachel stark reduziert oder fehlt.

Pervagor spilosoma
Beschreibung: D. I, 38; A. 35–36. Der Brustflossenstachel ist beweglich. Dieser Fisch läßt sich anhand seiner Färbung leicht erkennen.

Feilenfische tragen ihren Namen nicht aufgrund ihrer dornigen Rückenflosse, sondern wegen der Struktur ihrer Haut, die sehr rauh ist. Sie weisen viele kleine Schuppen auf, und an einigen Stellen, besonders in Schwanznähe, trägt jede Schuppe einen kleinen Dorn. Wenn der Fisch schwimmt, wird die Schwanzflosse abwechselnd wie ein Fächer geöffnet und geschlossen. Diese Fische bewohnen flache Gewässer über Korallenriffen und ernähren sich als Allesfresser von kleinen Tieren und Algen. Über ihr Fortpflanzungsverhalten ist wenig bekannt, aber die Eier und Larven treiben in der Nähe der Wasseroberfläche.
Größe: 13 cm. *Verbreitung:* tropischer Pazifik, Hinterindien und Hawaii. *Verhalten:* friedlich. *Wasser:* Seewasser, 24–26 °C.

Rhinecanthus aculeatus (Picassofisch)
Beschreibung: D. III, 24–25; A. 21–23. Auf der Schwanzwurzel finden sich drei Reihen waagerechter Dornen. Die Färbung ist sehr charakteristisch.

Diese Art ist in ihrem Verbreitungsgebiet sehr häufig. Manchmal kommt sie in flachen Gezeitentümpeln oder über Korallenriffen vor, wo sie sich, wenn sie bedroht wird, fest in eine Spalte klemmt, indem sie den Rückenflossenstachel aufrichtet und feststellt. Aus dieser Lage kann sie nur schwer entfernt werden und kann empfindlich beißen, wenn sie nicht vorsichtig behandelt wird. Wie andere Arten der Familie auch, ernährt sie sich von verschiedenen kleinen Tieren und Algen. In Hawaii ist der einheimische Name für diesen schönen Fisch humuhumu-nukunuku-a-puas.
Größe: 30 cm. *Verbreitung:* Indopazifischer Raum. *Verhalten:* als Jungtier friedlich, als ausgewachsene Tiere aggressiv. *Wasser:* Seewasser, 24–26 °C.

83 Ostraciontidae (Kofferfische)

Beschreibung: Der Körper ist in einen Panzer gehüllt, der aus zahlreichen Knochenplatten besteht. Die Rückenflosse hat oft keine Flossenstrahlen, das Maul ist nicht vorstülpbar.
Verbreitung: Atlantischer Ozean und indopazifischer Raum.

Diese Familie ist in zwei Unterfamilien gegliedert. Die Aracaninae, die neun Arten umfassen, haben einen Panzer, der hinter der Rücken- und Afterflosse offen ist. Bei den Ostraciontinae ist der Panzer geschlossen, ihre fünfzehn Arten schließen folgende Gattungen bzw. Arten ein: *Ostracion meleagris, Acanthostracion quadricornis* (Kuhfisch) und *Lactoria cornuta*, den gehörnten Kofferfisch. Alle Mitglieder dieser Familie sind Pflanzenfresser und leben in den Flachwassern der Korallenriffe. Bei einigen Gattungen produzieren die Arten ein giftiges, schäumendes Sekret, wenn sie geängstigt werden. Wenn daher unter den beschränkten räumlichen Verhältnissen eines Aquariums solch ein Fisch von einer anderen Art angegriffen wird und mit der Abgabe seines Giftes antwortet, werden vermutlich alle Fische sterben, einschließlich des Kofferfisches selbst. Hier ist also größte Vorsicht geboten.

Lactoria cornuta (Gehörnter Kofferfisch)
Beschreibung: D. 9; A. 8–9. Über den Augen und auf jeder Seite des Afterflossenansatzes finden sich lange Hörner. Die Länge des Schwanzes nimmt proportional mit dem Alter zu.

Dieser seltsam aussehende Fisch lebt an tropischen Riffen zwischen Meeresvegetation und ernährt sich von Algen und Mikroorganismen. Nachdem das Weibchen die Eier abgelaicht hat und sie vom Männchen befruchtet wurden, treiben sie an die Wasseroberfläche, wo die Larven in etwa fünf Tagen schlüpfen und sich von Plankton ernähren.
Größe: 50 cm. *Verbreitung:* Indopazifischer Raum. *Verhalten:* friedlich. *Wasser:* Seewasser, 24–26 °C.

84 Tetraodontidae (Kugelfische)

Beschreibung: D. 7–12; A. gewöhnlich 7–12. Der Körper ist rund, aufblasbar und entweder nackt oder mit kleinen Stacheln versehen. Die Zähne sind verwachsen und bilden Reibeflächen. Bauchflossen sind nicht vorhanden.
Verbreitung: Atlantischer Ozean und Indopazifischer Raum.

Diese Fische kommen vorwiegend in warmen Meeren vor, obgleich einige in Brack- und Süßwasser zu finden sind. Der Name der Familie kommt von ihren vier Zahnplatten her, die dazu benutzt werden Mollusken, zum Beispiel Schnecken, zu zermahlen und zu fressen. Das Fleisch einiger Kugelfische enthält ein tödliches Nervengift, das Tetraodotoxin. Dieses kommt vor allem in den Gonaden, der Leber und dem Darm vor, und seine Konzentration variiert augenscheinlich mit dem Fortpflanzungszyklus, vor dem Ablaichen ist sie am größten. Die Japaner essen diese Fische in Restaurants, in denen spezielle »Fugu«-Köche den Fisch zubereiten und die giftigen Teile entfernen, aber die unsachgemäße Zubereitung verursacht dort dennoch jährlich etwa zwanzig Tote, das sind etwas über drei Fünftel der durch Kugelfische verursachten Vergiftungen.

Zwei Unterfamilien werden anerkannt, die Tetraodontinae mit neun Gattungen, einschließlich *Tetraodon*, und die Canthigasterinae (Spitzschnäuzige Kugelfische), die einen höheren Körper haben und Arten umfassen, die im Aquarium wegen ihrer geringeren Größe beliebt sind.

Tetraodon fluviatilis (Grüner Kugelfisch)
Beschreibung: D. 14–16; A. 12–15. Es sind zwei gegabelte Nasententakeln vorhanden, der Körper ist von kleinen

Stacheln bedeckt. Die Färbung ist variabel, doch ist allgemein der Rücken grün, mit großen schwarzen Flecken, die helle Ränder haben. Die Unterseite ist meist weiß oder grau. Dieser Fisch schwimmt, indem er seine mächtigen Brustflossen propellerartig bewegt und die Schwanz- und Afterflosse als Steuer benutzt. Wenn er angegriffen wird, bläst er sich auf, indem er sackartige Erweiterungen des Magens mit Luft oder Wasser füllt. Dies vergrößert nicht nur den Umfang des Fisches, sondern es werden auch die Stacheln aufgerichtet, die sich auf dem Körper befinden und als Verteidigungsmechanismus dienen. Äußere Geschlechtsunterschiede sind nicht bekannt. Bei der Balz kreisen Männchen und Weibchen in der Nähe des Bodengrundes umeinander und legen dann 200–300 Eier auf einem Stein ab und befruchten sie. Das Männchen bewacht die Eier und legt sich manchmal auch darauf, um sie vor Räubern zu verbergen. Die Larven schlüpfen etwa zwischen sechs bis neun Tagen, und das Männchen trägt die Jungfische zu einer Grube im Sand, wo es sie weiterhin bewacht, während sie ihren Dottersack aufzehren. Diese Fische sind sehr intelligent und können in Gefangenschaft recht zutraulich werden.
Größe: 18 cm. *Verbreitung:* Südostasien. *Verhalten:* lebhaft, aggressiv. *Wasser:* Süß- und Brackwasser, 22–26 °C, die Wasserwerte sind nicht entscheidend.

85 Diodontidae (Igelfische)

Beschreibung: Der Körper ist rund und von spitzen Stacheln bedeckt, eine Seitenlinie ist nicht vorhanden. Es finden sich zwei Zahnplatten, die aus verwachsenen Zähnen bestehen.
Verbreitung: Atlantischer Ozean und indopazifischer Raum.

Mitglieder dieser Fischfamilie sind dafür bekannt, daß sie sich mit Luft oder Wasser aufblasen können, wenn sie gestört werden. Dann richten sie ihre Stacheln auf, und jeder Räuber schreckt vor ihnen zurück. Die Familie umfaßt fünfzehn Arten, die Küstengewässer bewohnen und meist über Pflanzenfeldern oder zwischen Korallen vorkommen. Oft findet man sie ruhenderweise in Höhlen und unter Korallenriffen oder sie suchen in Pflanzenfeldern nach Nahrung. Man weiß nur wenig über ihr Fortpflanzungsverhalten, aber man nimmt an, daß sie nichtklebrige Sinkeier ablaichen.

Diodon hystrix (Gefleckter Igelfisch)
Beschreibung: D. 12; A. 12. Die Kopfstacheln sind kürzer als die auf dem Körper. Die Augen stehen hervor und können nach allen Richtungen blicken.

Dies ist der häufigste und größte Fisch der Familie. Er hat kräftige Kiefer, die ihn in die Lage versetzen, kleine Schnecken und Seeigel zu fressen. Leider zeigt sich oft nach dem Aufblasen, daß er die Luft oder das Wasser nur schwer wieder ablassen kann. Das führt häufig zu seinem Tod, und er wird deshalb oft an den Küsten angespült. Das Fleisch ist hochgiftig und hat wie bei manchen Arten der nahe verwandten Familie Tetraodontidae schon viele Vergiftungen hervorgerufen. *Diodon hystrix* weist das am tödlichsten wirkende Gift auf, das in Fischfleisch zu finden ist.
Größe: 90 cm. *Verbreitung:* Atlantik und Indopazifik. *Verhalten:* friedlich. *Wasser:* Seewasser, 24–26 °C.

82 *Rhinecanthus aculeatus* (Picassofisch)

82 *Amanses sandwichiensis* (Leopard-Feilenfisch)

83 *Lactoria cornuta* (Gehörnter Kofferfisch)

85 *Diodon hystrix* (Gemeiner Igelfisch)

84 *Tetraodon fluviatilis* (Grüner Kugelfisch)

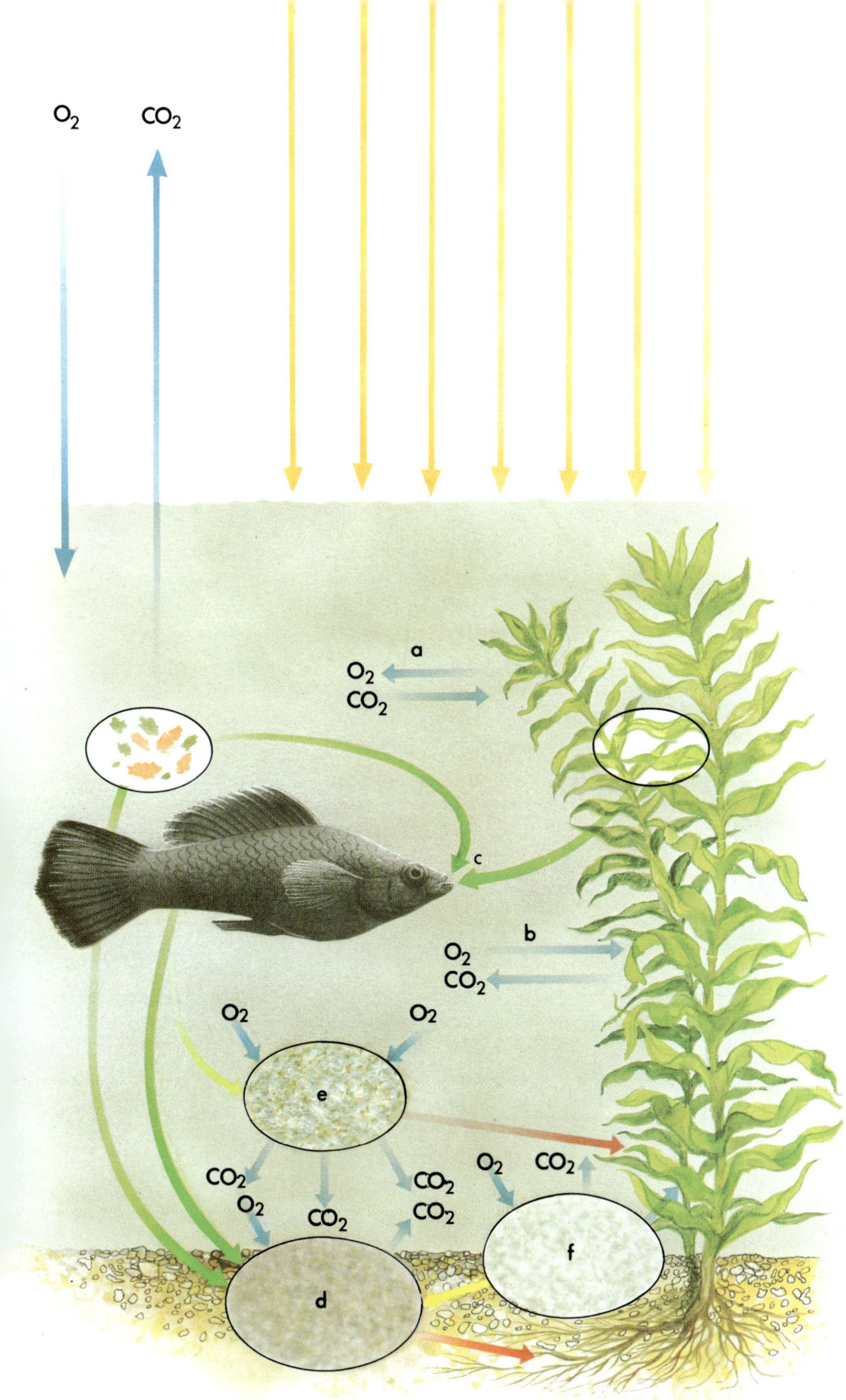

Das Leben in einem Aquarium umfaßt auch den ständigen Energiefluß und Stoffkreislauf. Die Pfeile bedeuten in der Graphik: grün = abgestorbenes organisches Material, blau = Sauerstoff (O_2) und Kohlendioxid (CO_2), gelb = Stickstoffverbindungen, rot = anorganische Nährstoffe. Verschiedene Vorgänge müssen ineinandergreifen, um im Aquarium ein ausgeglichenes Verhältnis zu schaffen. a) Während der Photosynthese der Pflanzen wird unter dem Einfluß von Licht CO_2 aufgenommen und O_2 abgegeben. b) Bei der Atmung geschehen die umgekehrten Vorgänge, und sie liefert dabei für Pflanzen und Fische Wärmeenergie. c) Wenn der Fisch frißt, nimmt er organisches Pflanzenmaterial und auch zusätzlich gegebenes Futter auf. d) Exkremente und nicht gefressenes Futter sammeln sich im Bodengrund an und werden von Bakterien abgebaut. e) Ammoniak und Harnsäure, die von den Fischen ausgeschieden werden, und f) abgestorbene Pflanzen werden auf ähnliche Weise zersetzt. Für diese Aktivitäten der Bakterien wird O_2 gebraucht und CO_2 und andere Nährstoffe werden wieder abgegeben.

4 Das Aquarium als Lebensraum

Aquatische Lebensräume und ihre einzelnen Gemeinschaften lebender Organismen wurden in den vorangehenden Kapiteln näher untersucht. Leben und Wohlbefinden in einem solchen Lebensraum hängen von besonderen physikalischen und chemischen Grundbedingungen ab, beispielsweise wird organisches Material durch das Sonnenlicht produziert, das die grünen Pflanzen erreicht, oder es wird aus der Umgebung zugeführt. Das Aquarium ist ein räumlich begrenztes System, das im Prinzip in der gleichen Weise funktioniert. Es muß im Einzelnen so aufeinander abgestimmt sein, daß es den verschiedenen Bewohnern entsprechende Lebensbedingungen bieten kann. Deshalb besteht der erste Schritt zur erfolgreichen Einrichtung und Pflege eines Aquariums darin, die damit verbundenen Probleme und Möglichkeiten verstehen zu lernen.

Das gesunde Aquarium

Das erste Ziel des Aquarianers muß darin liegen, die Wasserlebewesen in Gefangenschaft am Leben zu erhalten. Diese Tiere und Pflanzen können aus allen möglichen Gewässern unserer Erde stammen und können dort entweder als Einzellebewesen, in Kolonien einer einzigen Art oder in einer gemischten Lebensgemeinschaft vorkommen. Zunächst muß auf ihre jeweiligen, ganz speziellen Umweltbedürfnisse Rücksicht genommen werden. Dabei müssen bei der Einrichtung des Aquariums verschiedene Voraussetzungen beachtet werden: Der verfügbare Raum, die Einflüsse von Temperatur und Licht und die Wasserzusammensetzung. Auch für die weitere Pflege nach der Eingewöhnung müssen diese Bedingungen beachtet werden, obgleich viele fremde Einflüsse unweigerlich auf die Pfleglinge zusätzlich einwirken, ein Teil davon möglicherweise sogar durch die Aktivitäten und Lebensprozesse der gepflegten Tiere und Pflanzen selbst. Die Aufgabe des Pflegers besteht darin, die Geschehnisse im Aquarium zu überwachen und regelnd einzugreifen, wenn unerwünschte Änderungen auftreten sollten.

Der Lebensraum

Der Grundfaktor für das Leben in einem Aquarium ist das verfügbare Wasservolumen. Größe und Form des Aquariums sind für die gefangenen Organismen ebenso wichtig wie für den Aquarienbesitzer. Von beiden Gesichtspunkten her können dabei durchaus unterschiedliche Präferenzen auftreten. Beispielsweise lassen sich stabile Wasserbedingungen am leichtesten in einem großen Wasserkörper aufrechterhalten, während praktische und ästhetische Gründe oft zugunsten eines kleineren Aquariums sprechen. Auf die beiden letzteren Kriterien wird später eingegangen, die Bedürfnisse der Lebewesen betreffen zunächst drei Aspekte dieses Lebensraumes: Die Wasseroberfläche, die Aquarienwände und das Bodensubstrat, dann den biologischen Inhalt dieses Lebensraumes, die Besatzdichte, und schließlich die Wasserbewegung.

Die Wasseroberfläche, die Aquarienwände und der Bodengrund
Ein wesentlicher Faktor, der bei der Auswahl der Aquarienform beachtet werden muß, ist die Größe der Wasseroberfläche im Verhältnis zum Wasservolumen. Sie

hat wesentlichen Einfluß auf den direkten Lichteinfall ins Wasser und auf den Austausch von Gasen und Wärme zwischen Wasser und Luft. Ein Aquarium muß flach genug sein, damit das Licht in entsprechender Stärke alle Bereiche erreichen kann, aber es sollte auch genügend tief sein um den Tieren die jeweils für sie notwendige Bewegungsfreiheit zu bieten und den Pflanzen ein entsprechendes Längenwachstum zu ermöglichen. Dies wiederum hängt von den einzelnen Pflanzen und Tieren, von ihrer Größe und ihren Lebensgewohnheiten, ab.

Die Einrichtung des Aquariums läßt sich durch das Bodensubstrat und die Rückwand unterschiedlich gestalten, ebenso durch große Pflanzen oder festsitzende Tiere, außerdem durch die Wasserströmung und die Durchlüftung. All diese Elemente sind wichtig, weil sie den Organismen einen Untergrund liefern, auf dem sie sich festsetzen, eine Oberfläche, über die sie kriechen können, ein Medium, in dem sie wurzeln oder graben, oder einen Bereich, in dem sie sich verstecken oder Schutz suchen können. Solche Substrate umfassen die Aquarienrückwände und -scheiben, alle Felsen, Muschel- oder Schneckenschalen, Korallen, Holz oder Plastikgegenstände und Sand- oder Kiespartikel und auch den Schlamm. Auch die Pflanzen und Tiere selbst können Oberflächen, Höhlungen und Zellschichten liefern, auf denen sich wiederum andere Lebewesen festsetzen können. Die einzelnen Materialien unterscheiden sich in der Form, Struktur, Farbgebung, Dichte und in weiteren Merkmalen, und dies muß bei der Gestaltung des Aquariums berücksichtigt werden.

Im Aquarium sind, wie in der Natur auch, Böden aus Sand, Muschelgrus oder Kies besonders geeignet, weil sie durchlässig sind und von vielen Organismen durchdrungen werden können. Solche Sedimente können den Wurzeln höherer Pflanzen Halt geben, Tiere können darin graben und Mikroorganismen können darin ausgezeichnet siedeln, und schließlich werden durch diese Sedimente feine Schlamm- oder Sandpartikel aus dem Wasser herausgefiltert, das durch sie hindurchsickert. Derartige Sedimente gibt es einerseits von grobem Kies bis zu feinstem Sand, Schlick und Schlamm. Die Größe, Körnung und Mischung der Bestandteile bestimmt die Brauchbarkeit des Bodengrundes für das Aquarium, seine Dichte, die Durchlässigkeit und die Beweglichkeit.

Für ein gegebenes Bodengrundvolumen nimmt die Gesamtoberfläche der Partikel zu, je feiner diese sind. Ebenso nimmt dann jedoch auch der Widerstand für das durchfließende Wasser zu und es kann eine Stagnation eintreten, weil die sogenannten Interstitialräume, also die Zwischenräume zwischen den einzelnen Bodenpartikeln, sich leicht mit Schlamm zusetzen. Ein brauchbarer Kompromiß zwischen einem hohen Durchsickervermögen und einer möglichst großen Oberfläche der Bodenpartikel wird durch eine Sand- bzw. Kieskörnung von 2–6 mm Durchmesser erzielt. Dies ist auch der optimale Wert für ein Bakterienfilter. Im Aquarium wird der Bodengrund oft als ein solches Filtermaterial genutzt, etwa durch Bodenfilterung. Große Bakterienpopulationen, die organische und anorganische Bestandteile zersetzen, die durch das Wasser in den Bodengrund verfrachtet werden, gedeihen auf den kantigen Oberflächen des Kieses und anderer Bodenpartikel.

Auch bewurzelte Pflanzen können in diesem Bodentyp gut gedeihen. Sie müssen nämlich in der Lage sein, ihre Wurzeln in ein verhältnismäßig sauberes Medium zu entsenden, in dem Sauerstoff zur Verfügung steht, damit die Bakterien organisches Material auf aerobem Wege zersetzen und den höheren Pflanzen verfügbar machen können.

Grabende Tiere haben andere Erfordernisse. Viele Fische und Krebstiere können in einer groben Mischung von Steinen, Kies und Muschelgrus am leichtesten graben. Polychaete Würmer, die ständig graben, wie zum Beispiel *Arenicola marina,* benötigen einen feinen Sandboden, so daß ihre Wohnröhren nicht hinter ihnen zusammenfallen. Und wie die Muscheln müssen sie durch den Bodengrund kriechen können, der deshalb etwas fließend sein muß; der Bodenwiderstand darf nicht zu groß sein.

Die Besatzdichte

Jedes Tier oder jede Pflanze benötigt einen Lebensraum, in dem sie Nahrung, Licht, Sauerstoff, Geschlechtspartner und soziale oder Berührungsreize finden und in den hinein sie ihre Stoffwechselprodukte, Sekrete und auch die Nachkommenschaft entlassen können. Weil das Volumen eines Aquariums im Vergleich zu den weitaus meisten natürlichen Gewässern winzig ist, besteht notwendigerweise eine Beschränkung für die Größe und Zahl der Organismen, die in diesem künstlichen Biotop gesunderhalten werden können.

Für Tiere ist diese Einschränkung gewöhnlich durch den Sauerstoffvorrat gegeben, oder durch die Abbaurate giftiger Stoffwechselprodukte, meistens Ammonium. Eine Überbesetzung des Aquariums, die Sauerstoffmangel oder einen zu hohen Ammoniumgehalt verursacht, führt zu Streß, Krankheit und Tod. Das Pflanzenwachstum wird allgemein durch das zur Verfügung stehende Licht begrenzt oder durch das verfügbare Kohlendioxid, Stickstoff oder Phosphate.

Wenn er diese Faktoren berücksichtigt, kann der Aquarianer eine verhältnismäßig hohe Besatzdichte erreichen, wobei dies allerdings auch von der technischen Ausrüstung und der Pflege wesentlich abhängt. Sauerstoff kann rasch durch künstliche Belüftung eingebracht werden, Stoffwechselprodukte können durch Wasserwechsel, Filterung oder anderweitige Wasserbehandlung entfernt werden. Das Pflanzenleben kann durch Erhöhung der Stärke und Dauer der Beleuchtung gefördert werden, oder dadurch, daß bestimmte Nährstoffe zugegeben werden.

Obgleich man also mit diesen Manipulationen ein solches System stark beeinflussen kann, sollten Extreme vermieden werden. In den meisten Aquarien besteht das Ziel darin, eine Gruppe von Lebewesen unter bestmöglichen Bedingungen auszustellen. Streß sollte für sie daher möglichst gering gehalten und eine Überbesetzung des Beckens gänzlich vermieden werden. Es empfiehlt sich daher, praktische Erfahrungen zu sammeln, indem man mit gerade sovielen Lebewesen beginnt, daß sie eine Gemeinschaft bilden. Dann kann man über den Zeitraum von einigen Monaten hinweg die Zahl der Pfleglinge langsam erhöhen, solange sich nicht Anzeichen einer Überbevölkerung bemerkbar machen.

Die Wasserbewegung

Der Lebensraum in einem Aquarium wird durch die Wasserbewegung in gewisser Weise vergrößert. Ein Fisch kann gegen die Strömung kilometerweit anschwimmen, ohne daß er die Länge des Aquariums überhaupt durchmessen hätte. Das Wasser kann in einem runden oder ringförmigen Aquarium im Kreise geleitet werden, so daß für aktiv schwimmende Tiere eine Art »Unterwassertretmühle« geschaffen wird. Man richtet solche Aquarien beispielsweise gelegentlich für pelagisch lebende Fische ein, die in der Natur keine Begrenzung ihres Lebensraumes kennen.

Ein kräftiger Wasserfluß und die Wasserumwälzung im Aquarium sind lebenswichtig. Sie sorgen für den gleichmäßigen Wärmeaustausch, für die Durchmischung von Nährstoffen, Nahrungspartikeln und Stoffwechselprodukten, sowie für den bestmöglichen Austausch von Gasen zwischen Luft und Wasser. Die Wasserbewegung trägt mehr an gelösten oder suspendierten Substanzen an einen Organismus heran, und das ist dann von Bedeutung, wenn diese Substanzen nur in geringer Konzentration zur Verfügung stehen.

Über die banale Tatsache hinaus, daß Wasser für das Aquarium und seine Bewohner das wesentliche Medium ist, spielt es auch bei verschiedenen biochemischen Reaktionen eine wichtige Rolle. Die Wassermoleküle werden durch die Lichtenergie gespalten – in der Pflanzenzelle geschieht dies während der Photosynthese – und es wird Sauerstoff freigesetzt und außerdem Wasserstoff, der Kohlendioxid und Kohlenhydrate reduziert. Andererseits wird Wasser unter anderem bei der Zellatmung durch die Verbindung von Wasserstoff und Sauerstoff auch wieder gebildet.

Wenn man in einem Aquarium eine ausreichende Wasserumwälzung erreichen möchte, so muß man die unmittelbaren Wasserein- und -ausläufe entsprechend plazieren, muß dafür sorgen, daß Wasser vom Grund des Aquariums nach oben gelangt und gegebenfalls Luft über die Wasseroberfläche geleitet oder der gesamte Wasserkörper umgewälzt wird. Solche Methoden der Wasserumwälzung und ihre Anwendung unter Aquarienbedingungen werden im einzelnen später noch behandelt.

Die Temperatur

Die Umgebungstemperatur stellt einen der wichtigsten Einflüsse auf biologische Vorgänge und auf die Verbreitung der Arten dar. Jeder lebende Organismus, der sich an einem bestimmten Ort entwickelt hat, ist genetisch an die Variationsbreite der dort auftretenden Temperaturen angepaßt, an den jeweiligen Wärmebereich und den Umfang, in dem sich die Temperaturen in einem gewissen Zeitraum ändern. In den meisten natürlichen Gewässern ändert sich die Temperatur in Abhängigkeit von der großen Flüssigkeitsmenge und der großen spezifischen Wärme des Wassers (s. Seite 11) nur langsam und innerhalb enger Grenzen.

Die Mehrheit der Wasserorganismen kann aus diesem Grund nur langsame Temperaturänderungen, die in engen Grenzen auftreten, tolerieren. Marine und tropische Lebensräume sind verhältnismäßig stabil, und Arten aus diesen Bereichen sind nur an einen schmalen Temperaturbereich angepaßt, verglichen mit Arten aus Süßgewässern gemäßigter Zonen. Man bezeichnet solche Lebewesen als stenotherm. Ein solcher enger Temperaturbereich bewegt sich um ein bestimmtes Optimum herum, das der Aquarianer einhalten sollte.

Die Auswirkungen von Hitze und Kälte

Mit Ausnahme der Vögel und Säugetiere sind alle Tiere – Wirbellose, Fische, Amphibien und Reptilien – poikilotherm oder wechselwarm: Sie können von sich aus ihre Körpertemperatur nicht oder nur in engen Grenzen beeinflussen, diese steigt oder fällt vielmehr im gleichen Maße mit der Umgebungstemperatur. Die Wassertemperatur beeinflußt ein poikilothermes Lebewesen in zweifacher Hinsicht, einmal direkt, indem die Geschwindigkeit aller seiner biochemischer Reaktionen von ihr abhängt, und zum zweiten indirekt, indem lebenswichtige Faktoren, wie beispielsweise die Löslichkeit der Gase und das Verhalten in Wechselwirkung stehender Organismen von ihr gesteuert wird.

Mit dem Absinken der Umgebungstemperatur sinkt auch die Stoffwechselrate eines Tieres und seine Aktivität läßt im allgemeinen nach. Unterhalb einer bestimmten Minimaltemperatur laufen wesentliche biochemische Reaktionen zu langsam ab und das Tier stirbt. Bei ansteigender Temperatur steigt auch die Geschwindigkeit des Stoffwechselgeschehens und verdoppelt sich – natürlich innerhalb gewisser Grenzen – bei einem Temperaturanstieg von jeweils 10 °C. Diese Erscheinung wird als sogenannte RGT-Regel bezeichnet (**R**eaktions-**G**eschwindigkeits-**T**emperatur-Regel). Dabei wird gleichzeitig der Energiebedarf erhöht und, als Folge, mehr organisches Material für den Atmungsprozeß benötigt. Wenn der Bedarf höher ist als Energie geliefert werden kann, ist das andere Extrem des Temperaturbereiches erreicht und auch diese Situation führt zum Tod des Tieres. Oberhalb des normalen Temperaturbereiches beginnen Atmungsprobleme. Der Sauerstoffverbrauch steigt an, aber das Hämoglobin in einem Organismus kann nur eine begrenzte Sauerstoffmenge binden, so daß die Außenkonzentration an Sauerstoff noch höher liegen müßte, um dieses Mißverhältnis auszugleichen. Der Sauerstoffgehalt warmen Wassers ist jedoch im Gegenteil geringer, so daß unter diesen Bedingungen das Tier ersticken kann. Bei einer extremen oberen Temperaturgrenze können aufgrund dieses Mißverhältnisses von Sauerstoffangebot und -bedarf lebenswichtige organische Moleküle geschädigt und so der Tod herbeigeführt werden.

Die Anpassung bereits an geringfügige Änderungen der Wassertemperatur bewirkt zugleich Veränderungen bei vielen Körperproteinen und -fetten und besonders bei Enzymen, organischen Proteinen, die bestimmte Stoffwechselreaktionen katalysieren. Aus diesem Grunde muß die Anpassung an eine abweichende Temperatur langsam geschehen. Es kann Tage oder Wochen dauern, bevor das Stoffwechselgeschehen wieder vollständig ausbalanciert ist, und während dieser Zeit steht das Tier unter Streß. Wenn die äußeren Bedingungen über einen langen Zeitraum hinweg instabil bleiben, kann dieser dauernde Streß Krankheit und Tod verursachen. Daher ist die Stabilität der Temperatur nicht hoch genug einzuschätzen.

Die Temperaturverhältnisse im Aquarium

Ein wichtiger Gesichtspunkt der Aquarienpflege besteht darin, für die zu pflegende

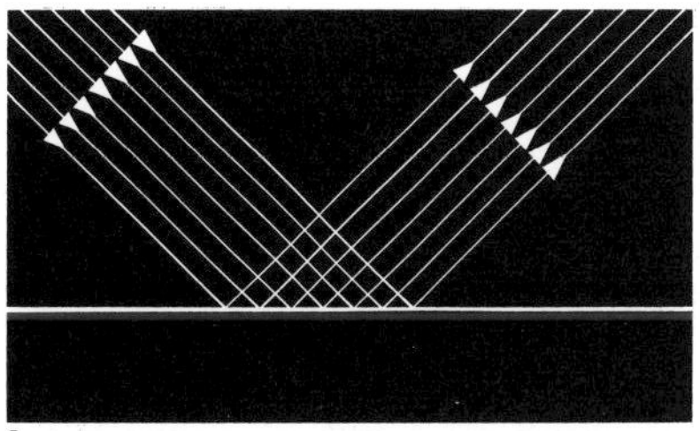

1

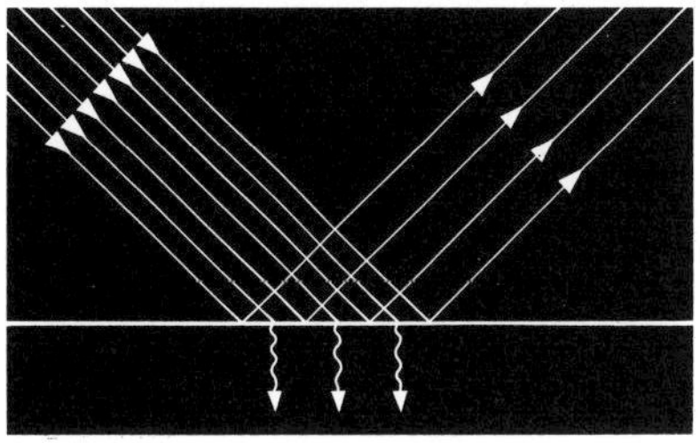

2

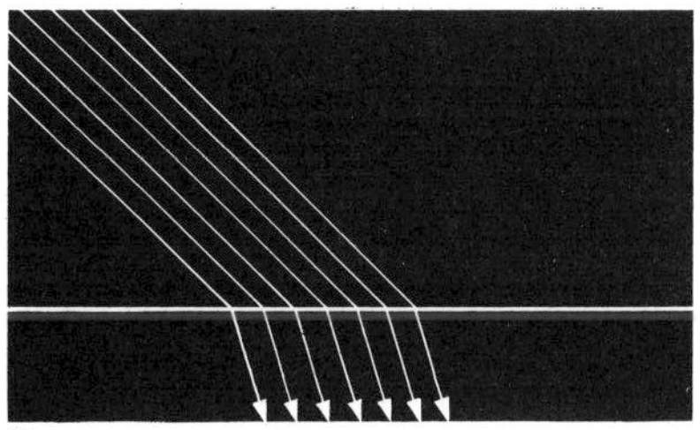

3

Licht, das auf eine Oberfläche wie die Aquarienscheiben trifft, wird 1) durch Reflexion, 2) durch Absorption und 3) durch Brechung beeinflußt. Die für uns wahrnehmbare Farbe einer Oberfläche hängt in der Regel davon ab, wie das Licht reflektiert wird.

4

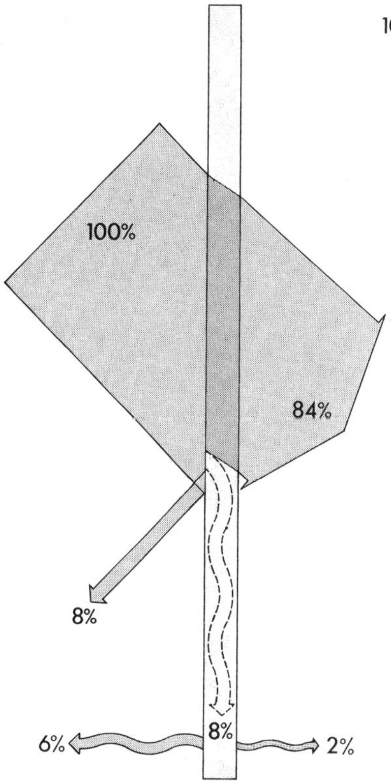

5

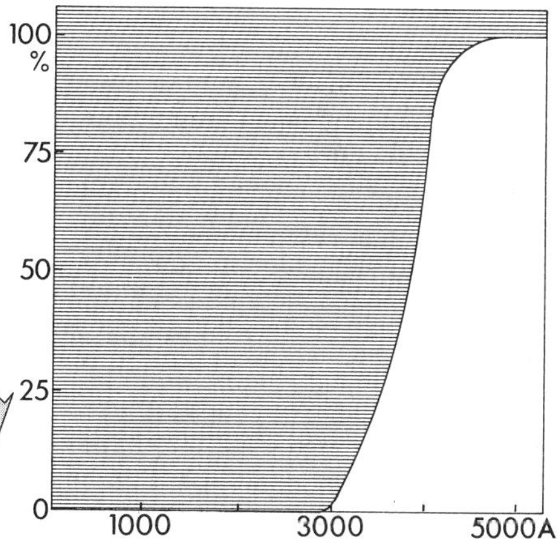

6

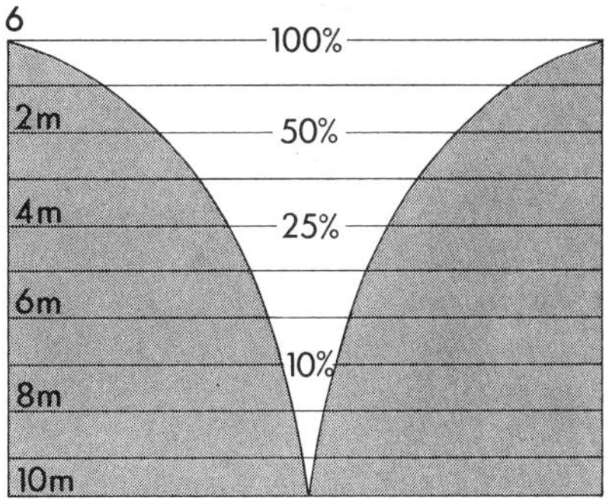

4) Licht, das durch eine Scheibe fällt, wird teilweise reflektiert und teilweise absorbiert, der größte Teil wird jedoch mit einer kleinen Brechung durchgelassen. Das absorbierte Licht wird in Wärme umgesetzt, die im Glas abgeführt und an den Kanten abgestrahlt wird. Das Schaubild zeigt, was mit dem Licht geschieht, das auf eine dünne Aquarienscheibe auftrifft: 84 % gehen hindurch, 2 % werden als Wärme nach innen und 6 % nach außen abgestrahlt, 8 % werden reflektiert.

Der Prozentsatz an Licht, der durch eine Scheibe hindurchdringt, hängt von der Lichtfarbe ab und von der Art und Dichte des Glases. 5) Die Graphik zeigt, daß wenig oder gar kein ultraviolettes Licht von Wellenlängen unter 3900 Angström durch gewöhnliches Glas hindurchgeht. 6) Das Licht wird im Wasser zunehmend absorbiert. Die Trübung läßt die Absorptionsrate noch zusätzlich stark ansteigen.

Ein Süßwasseraquarium, das einen Lebensraum aus einem Teich oder einem ruhigen Nebenarm im Unterlauf eines Flusses gemäßigter Breiten darstellt. Das Bekken sollte den Eindruck eines ruhigen klaren Gewässers vermitteln, das seinen Bewohnern viele Versteckmöglichkeiten bietet und das stark bepflanzt ist, so daß nur gedämpftes Licht auf den Bodengrund fällt. Die zahlreichen Lebewesen sind an unterschiedliche Lebensräume angepaßt, wie festen oder weichen Bodengrund, an Schwimmpflanzen oder große bewurzelte Pflanzen. Die Einrichtung besteht teilweise aus dunklem Flußsand, teilweise aus Kies. Mit kleineren Steinen lassen sich die Pflanzen am Boden festhalten. Eine Heizung ist nicht notwendig, eher sollte darauf geachtet werden, daß die Temperatur nicht zu sehr ansteigt. In nicht zu großen Abständen sollte ein Teilwasserwechsel durchgeführt werden. Zur Filterung genügt ein Innenfilter, bei größeren Becken und nicht zu starkem Besatz kann dieser möglicherweise sogar entfallen. Die Wasserzirkulation und die Belüftung läßt sich mit einer Membranpumpe und Ausströmern sicherstellen. Das Aquarium sollte an einem hellen Platz aufgestellt werden und braucht dann möglicherweise keine künstliche Beleuchtung. Mittelhartes Wasser (10–20°dH) mit einem pH-Wert von 6,5–7,0 ist als Richtwert zu empfehlen.

Die Fische in dem hier gezeigten Aquarium sind: a) Aal *(Anguilla anguilla)*, b) Rotfeder *(Scardinius erythrophtalmus)*, c) Plötze *(Rutilus rutilus)*, d) Dreistachliger Stichling *(Gasterosteus aculeatus)* und e) Goldfisch *(Carassius auratus)*. Von den zahlreichen Pflanzen die sich hier verwen-

den ließen, wurden die folgenden ausgewählt: f) Tausendblatt *(Myriophyllum-*Art), g) Seerose *(Nymphaea alba)*, kleine Exemplare, h) Quellmoos *(Fontinalis antipyretica)*, i) Entengrütze *(Lemna minor)*, j) Froschbiß *(Hydrocharis morsusranae)*, k) Kanadische Wasserpest *(Elodea canadensis)* und l) Laichkraut *(Potamogeton densus)*. Die gezeigten Wirbellosen sind: m) Wasserspinne *(Argyroneta aquatica)*, n) Kolbenwasserkäfer *(Hydrophilus piceus)*, o) Spitzhornschnecke *(Lymnaea stagnalis)*, p) Wasserassel *(Asellus aquaticus)*, q) Malermuschel *(Unio pictorum)*, r) Weiße Posthornschnecke *(Planorbis albus)* und s) Pferdeegel *(Haemopis sanguisuga)*. Die Amphibien sind: t) Bergmolch *(Triturus vulgaris)*, u) Kammolch *(Triturus cristatus)* und Teichfrosch *(Rana temporaria)*.

Lebensgemeinschaft einen geeigneten Temperaturbereich zu ermitteln und diesen beizubehalten. Weil sich die Tiere aus genetischen Gründen an die künstliche Umgebung nicht so schnell anpassen können, muß der zu wählende Temperaturbereich dem in der Natur bevorzugten Bereich der betreffenden Arten entsprechen.

Aus diesem Grund muß ein Aquarium eine Temperatur aufweisen, die meist ober- oder unterhalb der jeweiligen Raumtemperatur liegt. Die Temperaturerhöhung oder -absenkung muß entsprechend geregelt werden. Eine Methode, um eine gleichbleibende Temperatur zu erhalten, besteht darin, in einem offenen System Wasser der entsprechenden Temperatur dauernd einzuleiten. Dies ist jedoch meist nicht möglich, und so wurden Verfahren entwickelt, um auch in einem geschlossenen System das Aquarium aufzuheizen oder abzukühlen, diese sollen später beschrieben werden.

Die Regulierung der Wassertemperatur eines Aquariums wird im Vergleich zu natürlichen Gewässern aufgrund seiner verhältnismäßig geringen Größe und durch den raschen Wärmeaustausch mit der Luft erschwert. Wichtig ist daher die Isolierung, und daß der Temperaturregler empfindlich genug ist, um noch geringe Abweichungen von ± 1 °C zu ermitteln und auszugleichen, zumindest dann, wenn empfindliche Arten oder beispielsweise Wildfangtiere gepflegt werden sollen. Auf jeden Fall ist außerdem eine wirksame Wasserumwälzung notwendig, weil die Verteilung der Wärme im Aquarium von der Wasserbewegung abhängig ist.

Die verschiedenen Lebewesen können sich in ganz unterschiedlicher Schnelligkeit an Temperaturänderungen anpassen. Als eine allgemeine Richtlinie, um Streß für die Tiere zu vermeiden, gilt für den Aquarianer, daß er in 24 Stunden Temperaturerhöhungen um nicht mehr als 2 °C und Temperaturabsenkungen um nicht mehr als 1 °C vornehmen sollte. Am natürlichsten und auch am wirtschaftlichsten hat sich ein täglicher oder jahreszeitlicher Rhythmus erwiesen, bei dem die Temperatur jeweils in der Nacht oder entsprechend der Jahreszeit abgesenkt wird.

Die Wärmeenergie

Wärme ist eine bestimmte Form der Energiemenge, die in einem Stoff enthalten ist und durch seine Temperatur gemessen wird. Sie ist proportional der Bewegung der Atome oder Moleküle, die sich frei bewegen oder in bestimmten Positionen schwingen. Ein Stoff kann auf verschiedenen Wegen Wärme aufnehmen oder verlieren, die für die Aquarienpflege wichtig sind: Durch Abstrahlung, Wärmeleitung, Konvektion, Verdunstung oder Kondensation.

Abstrahlung ist meist mit der Aussendung elektromagnetischer Wellen verbunden. Sie schließt auch das sichtbare Licht mit ein, das einen kleinen Bereich des Spektrums aller Wellenlängen umfaßt. Bei etwas größeren Wellenlängen, im infraroten Bereich, wird die Abstrahlung als Wärme abgegeben. Abgestrahlte Wärme vermag durch einen Stoff wie Luft oder Glas hindurchzugehen, nicht aber durch Wasser. Wasser absorbiert die Strahlungsenergie und seine Temperatur erhöht sich. Die Oberflächenschichten natürlicher Gewässer werden hauptsächlich durch Strahlung aufgeheizt. Dies geschieht ebenso mit der Wasseroberfläche des Aquariums, über der sich eine Lampe oder eine andere Heizquelle befindet.

Wärmeleitung ist die Wärmeübertragung durch direkten Kontakt zwischen den Bestandteilen eines Stoffes. Sie ist der Kontaktfläche direkt proportional und ebenso dem Temperaturunterschied beider Stoffe, die sich miteinander in Kontakt befinden. Einige Materialien, wie beispielsweise Luft und Wasser, sind sehr schlechte Wärmeleiter. Die Kenntnis der unterschiedlichen Wärmeleitfähigkeiten wird dazu benötigt, um zu errechnen, wie stark man ein Aquarium heizen oder kühlen muß, wie wir später noch sehen werden. Dies gilt besonders für die festen Materialien, aus denen Aquarien gebaut werden, da sie zugleich meist gute Wärmeleiter sind.

Konvektion ist der Wärmeaustausch, der durch die Bewegung eines Gases oder einer Flüssigkeit zustande kommt. Wenn ein Stoff wärmer oder kälter wird, kann er sein Volumen vergrößern oder verringern und bewegt sich so infolge seines Eigendruckes und überträgt Energie. Das geschieht in der Luft oder im Wasser, wenn die Temperatur nicht völlig gleichmäßig ist oder wenn sie mit einem verhältnismäßig heißen oder kalten Körper in Kontakt stehen, ständig. Der weitaus größte Wärmeaustausch findet im Wasser durch Konvektionsströme statt, und dies hat außerordentlich wichtige Auswirkungen auf die lebenden Organismen.

Verdunstung ist der Übergang eines Stoffes in seine Gasform, so zum Beispiel Wasser, das in Wasserdampf übergeht wenn es gekocht wird. Moleküle oder Atome können aus einer Substanz bei jeder beliebigen Temperatur verdampfen, sie verbrauchen dabei jedoch Wärmeenergie. Auf diese Weise entstehen auch die größten Wärmeverluste im Wasser, und meist wird nur wenig Wärme durch den gegenteiligen Vorgang der Kondensation wieder zurückgewonnen. Der Wärmebetrag, der notwendig ist, um kochendes Wasser in Meereshöhe verdunsten zu lassen, ist beispielsweise mehr als fünfmal so hoch wie derjenige Betrag, der notwendig ist, um das Wasser vom Gefrier- auf den Siedepunkt zu erwärmen. Erhebliche Wassermengen können von der offenen Oberfläche eines Aquariums verdunsten und benötigen dazu eine beträchtliche Wärme, die ständig wieder zugeführt werden muß.

Wärmeenergie wird oft in der Einheit Kalorie gemessen. Darunter versteht man den Betrag an Energie, der notwendig ist, um die Temperatur eines Gramms Wasser um 1 °C zu erhöhen. Etwa 0,24 Kalorien pro Sekunde werden durch eine Energiequelle von einem Watt geliefert, das entspricht 1/746 Pferdestärken.

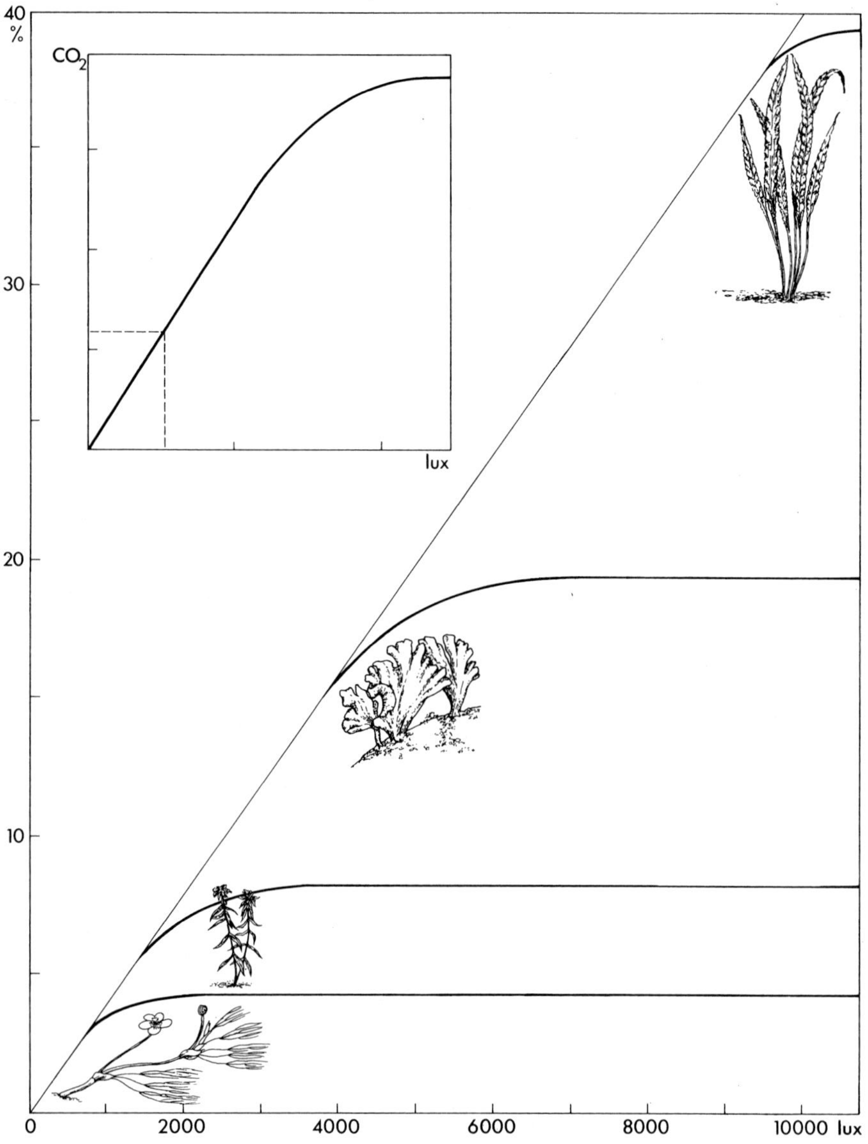

Die große Kurve gibt an, in welchem Maße die Wachstumsrate einer Pfanze (auf der senkrechten Achse in relativen Prozenten angegeben) von der Lichtintensität (auf der waagerechten Achse in Lux angegeben) abhängt, die auf die Pflanze trifft. Diese Wachstumsrate hängt von der Geschwindigkeit der chemischen Reaktionen innerhalb der Pflanze ab, also der Photosyntheserate durch das Chlorophyll. Bei schwachem Licht reagieren die Pflanzen sofort auf eine Verstärkung der Beleuchtung mit schnellerem Wachstum. In hellem Licht reagieren die Pflanzen auf eine noch stärkere Beleuchtung nicht mehr, sie wachsen auch weiterhin gleichmäßig mit ihrer größtmöglichen Wachstumsrate. Dieser Sättigungswert ist für vier Pflanzen dargestellt, die als Beispiel für die vier Lichtstärkenstufen dienen, auf die in Kapitel 2 hingewiesen wurde. Die gewählten Arten sind (von unten nach oben) *Ranunculus fluitans, Callitriche palustris, Ulva lactuca* und *Aponogeton crispus.*
Pflanzen benötigen ein Minimum nutzbaren Lichtes, sie kommen aber auch mit einem artenspezifischen Maximum aus. Um aufgrund der Photosynthese wachsen zu können, müssen sie aus der Umgebung mehr Kohlendioxid aufnehmen, als sie bei der Atmung abgeben. Die Graphik zeigt, wie die CO_2-Aufnahme sich mit der Lichtintensität ändert. Unterhalb eines Kompensationspunktes, bei dem das Licht so schwach ist, daß nur genauso viel CO_2 aufgenommen wie veratmet wird, kann die Pflanze nicht mehr wachsen. Dies ist im Meer unterhalb der euphotischen Zone der Fall.

Die Beleuchtung

Ein Aquarium benötigt Licht, damit man seinen Inhalt betrachten kann, für die Photosynthese der Pflanzen, sowie für die Gesundheit der tierischen Aquarienbewohner. Stärke, Farbgebung und Dauer der Beleuchtung müssen so beschaffen sein, daß eine Lebensgemeinschaft jeweils über die geeigneten Lichtbedingungen verfügt.

Licht im Aquarium

Licht kann von oben durch die Wasseroberfläche ins Aquarium scheinen oder von vorne oder seitlich durch die Glasscheiben. Es kann auch im Aquarium selbst durch Unterwasserstrahler erzeugt werden, und sogar leuchtende Tiere können etwas Licht liefern. Wenn das Licht jedoch in das Aquarienwasser eindringt, wird es in seiner Stärke und Farbtemperatur durch verschiedene optische Vorgänge verändert, die nun im einzelnen erläutert werden.

Licht wird im Wasser absorbiert und gestreut, zum größten Teil durch schwebende feste Partikel und Mikroorganismen und zu einem kleineren Teil durch gelöste Stoffe und die Wassermoleküle selbst. Die verschiedenen Wellenlängen des Lichtes werden hiervon unterschiedlich betroffen, so daß sich die Farbe des Lichtes ändert, sobald es das Wasser durchdringt. Um diese Farbveränderungen im Aquarium möglichst gering zu halten, muß das Wasser vor allem möglichst klar gehalten werden, das kommt den Tieren wie dem Betrachter zugute. Dazu ist es nötig, daß sich das Wasser im Aquarium nur wenig trübt, was sich mit verschiedenen Methoden erreichen läßt, beispielsweise durch entsprechende Filterung.

Auch die Oberfläche des Aquariums beeinflußt das Licht. Jede Oberfläche reflektiert einen gewissen Anteil der Strahlung, die auf sie auftrifft und bricht die Strahlung, die schräg durch sie hindurchfällt, und ebenso wird ein Rest der Strahlungsenergie absorbiert. Reflexion umfaßt einerseits die bildhafte Wiedergabe in einem Spiegel bis hin zur diffusen Lichtstreuung auf einer rauhen Oberfläche. Die Lichtbrechung wird meistens überhaupt nicht bemerkt, so beispielsweise wenn das Licht durch eine dünne Fensterscheibe scheint, oder sie kann ganz extrem sein, etwa bei einer verzerrenden Linse. Auch hier wird wieder jede Wellenlänge des Lichtes in unterschiedlicher Weise beeinflußt, wodurch sich die Farben ändern. Auf diese Weise kann ein Aquarium, das als Oberflächen sowohl Luft, Wasser, Glas, Plastik und andere Materialien aufweist, optisch sehr viel anders wirken als sich dies der Erbauer vorgestellt hat. Im allgemeinen lassen sich solche Effekte jedoch meist vorhersehen und sollten bei der Planung der Einrichtung mit berücksichtigt werden.

Licht ist die grundlegende Energiequelle für die Pflanzen und gleichzeitig auch für alle anderen lebenden Organismen. Es regt nicht nur die Synthese organischer Moleküle aus einfachen chemischen Komponenten an, sondern es beeinflußt auch die Bewegungen wachsender Pflanzenblätter und anderer Pflanzenteile (Phototropismus) und ist für viele Arten wichtig, um die Blüten- und Samenbildung anzuregen (Photoperiodismus).

Damit ein gesundes Pflanzenwachstum stattfinden kann, muß das Licht die empfindlichen Chlorophyllmoleküle mit entsprechender Stärke und Dauer erreichen. Der von uns gewählte Ausschnitt aus einem bestimmten Lebensbereich sollte nach Möglichkeit die gleichen Lichtbedingungen aufweisen, an die die gepflegten Arten angepaßt sind, hierauf wurde bereits hingewiesen. Arten aus flachem und besonntem Wasser benötigen etwa 5000–10000 Lux, während Pflanzen aus tiefen Gewässern oder dicht beschatteten Biotopen nur 1000 Lux benötigen.

Eine ungenügende »Tageslänge« ist vermutlich ein Hauptgrund dafür, daß viele Aquarienpflanzen nicht richtig gedeihen. Für ein normales Aquarium sind zwischen acht und fünfzehn Stunden Beleuchtungsdauer pro Tag erforderlich. Tropische Biotope benötigen das ganze Jahr hindurch täglich zwölf Stunden Licht. Jahreszeitliche Anpassungen können für Arten aus Biotopen gemäßigter Breiten besonders vorteilhaft sein, indem man die Tageslänge je nach Winter- oder Sommerzeit entsprechend variiert. Um Pflanzen unter maximaler Assimilation und Produktion zu halten, zum Beispiel auch als eine Methode zur Wasseraufbereitung, wird oft eine ununterbrochene Beleuchtung empfohlen, wahrscheinlich dürfte jedoch eine kurze Dunkelpause innerhalb von 24 Stunden vorteilhafter sein.

Eine Kombination verschiedener künstlicher Lichtquellen, möglicherweise zusammen mit natürlichem Licht, liefert die beste Beleuchtung und ist auch am günstigsten zu beeinflussen. Um möglichst effektiv zu sein, muß das Licht solche Farben umfassen, die die größte Wirkung auf das Chlorophyll ausüben: blaugrün (zwischen 3800 und 4800 Angström Wellenlänge) und orangerot (zwischen 6000 und 7000 Angström). Pflanzen reagieren auf das Licht nur langsam und in dem Maße wie ihre Photosyntheseprozesse ablaufen.

Die Bedeutung des Lichtes für die Tiere

Wenn auch nicht so offensichtlich wie bei den Pflanzen, so ist das Licht doch auch für die Existenz der meisten wasserlebenden Tiere ein wichtiger Faktor. Man fand heraus, daß das Orientierungsvermögen bei vielen Arten von einer ausreichenden Helligkeit abhängig ist, ebenso brauchen sie dieses Licht, um sich fortbewegen zu können, um Farbe zu zeigen, zu fressen und Verfolgern ausweichen zu können und für soziale Kontakte untereinander. Verschiedene physiologische Funktionen, einschließlich der Vitaminsynthese, erfordern ebenfalls eine bestimmte Lichtmenge. Bei Fischen hängen die Reifung der Gonaden und der gesamte Fortpflanzungszyklus von der Stärke des natürlichen Lichtes und der Tageslänge ab, während viele tropische Süßwasserfische im Frühjahr eine gesteigerte Fortpflanzungsaktivität aufweisen, also einen endogenen (inneren) Rhythmus zeigen.

Tiere reagieren viel unmittelbarer auf Lichtänderungen als Pflanzen. Ein unerwartetes Anstrahlen mit einer Lampe kann Fische in Panik versetzen und sie zu Fluchtversuchen veranlassen und ein größerer Lichtschock kann tödlich wirken. Ähnliche Reaktionen kann auch ein plötzlicher Schatteneinfall auslösen, wenn längere Zeit eine starke Beleuchtung herrschte. Versuche haben auch gezeigt, daß übermäßig starkes Licht bei Fischen zur Erblindung führte. Dennoch gibt es in dieser Hinsicht bisher nur wenige systematische Untersuchungen, daher sollte der Aquarianer hier vielleicht von sich aus gezielte Beobachtungen und Untersuchungen anstellen.

Die allgemeine Richtschnur für ein Aquarium lautet, daß man sich die Natur als Vorbild nehmen sollte. In der Natur laufen Morgen- und Abenddämmerung bekanntlich nur langsam ab. Bei künstlicher Beleuchtung können Dimmer und Schaltuhr benutzt werden, um ähnliche Effekte zu erzielen. In der Natur ist auch in der Nacht immer ein wenig Licht vorhanden, und es ist daher oft vorteilhaft, über einem Aquarium eine Beleuchtung für die Nacht anzubringen, um es dann ganz gering zu beleuchten, so daß sich nachtaktive Tiere nicht an den Einrichtungsgegenständen verletzen.

Geräusche im Aquarium

Die Natur ist auch unter Wasser keineswegs stumm. Druckwellen, die von einem Objekt von außerhalb des Wassers herrühren, können auch unter Wasser geortet oder als Geräusch empfangen werden. Geräuschwellen breiten sich im Wasser sehr leicht aus und werden dabei weniger stark abgelenkt und abgeschwächt als in der Luft. Das Knirschen, Grunzen und Stöhnen der Fische, das Zirpen der Krebse, das Schnappen und Krächzen verschiedener Garnelenarten und viele andere Geräusche verbinden sich unter Wasser zu einem ständigen Konzert. Sogar Schnecken geben ein raspelndes Geräusch von sich, wenn sie ständig Algen von den Felsen abweiden.

Viele dieser Geräusche sind unbedeutend, beispielsweise wenn ein Fisch frißt und dabei Futter zermalmt oder seine Zähne aneinanderwetzt, besonders bei den Arten die Schlundzähne haben und Muskeln in Schwimmblasennähe, so daß diese als Verstärker wirkt. In einem Fischschwarm jedoch verursacht das rhythmische Schlagen der Schwänze ein leises Geräusch, das die Formation zusammenhalten kann, möglicherweise aber auch einen Räuber anlockt. Viele andere Geräusche werden von Unterwassertieren ganz gezielt verursacht, häufig zur Kommunikation und Navigation. Allerdings wurden bisher die meisten Arten in dieser Hinsicht noch nicht untersucht, aber auch im Aquarium lassen sich in dieser Beziehung gezielte Beobachtungen anstellen.

Das Wasser in einem Aquarium überträgt alle Geräusche oder Druckwellen, die seine Oberfläche oder seine Wände erreichen, und verstärkt sie sogar. Fische reagieren auf alle regelmäßigen Geräusche, beispielsweise solche, die zu Fütterungszeiten auftreten. Der Aquarianer faßt dies dann oft als reines Routineverhalten seiner Pfleglinge auf. Allgemein sind die Auswirkungen starken Lärms aber noch weitestgehend unbekannt. Störungen und Streß dürften jedoch auch bei Unterwasserlebewesen mit empfindlichen Organismen die Folge sein, besonders bei plötzlich auftretendem, lautem Lärm.

Die Aquarienchemie

Im Wasser lebende Pflanzen und Tiere hängen noch weitaus stärker von der Qualität ihrer Umgebung ab als landlebende Organismen. Sie wurden durch die Evolution an eine ganz bestimmte chemische Umwelt angepaßt und sie erhalten einerseits Rohstoffe aus dem Wasser und andererseits Stoffwechselprodukte, die darin gelöst sind. Die chemischen Bedingungen in einem Aquarium müssen so geregelt werden, daß sie denen im natürlichen Biotop einer bestimmten Art entsprechen, und man muß es zu verhindern suchen, daß einerseits lebenswichtige Bestandteile fehlen und sich andererseits Giftstoffe anreichern.

Die Grundstoffe

Die Chemie befaßt sich mit den Verbindungen von über einhundert Grundelementen, die von Bedeutung sind. Das Aquarium enthält eine bestimmte Menge solcher Substanzen und ist von außen verhältnismäßig unabhängig, es ist ein dynamisches System, das klein genug ist um manipuliert zu werden, mit begrenzten Zugängen, Wechselwirkungen und Abgängen von Stoffen. Seine Hauptbestandteile sind Wasserstoff- und Sauerstoffverbindungen (einschließlich Wasser), Kohlenstoffverbindungen (organische Verbindungen), Stickstoffverbindungen und verschiedene Metallverbindungen. Letztere gehören weitgehend zu den gelösten Salzen, und der Salzgehalt ist der Hauptfaktor, der unterschiedliche aquatische Lebensräume charakterisiert: Salz- oder Süßwasser, hartes oder weiches Wasser.

Der Salzgehalt des Wassers

Ein Salz besteht aus Bestandteilen, die eine Metall- und eine Nichtmetallkomponente enthalten. Der Salzgehalt eines Gewässers umfaßt seine Gesamtkonzentration an gelösten Salzen, seine Menge pro Einheit Wasservolumen. Diese Salze können in ihrer relativen Zusammensetzung variieren und ebenso in ihrer Gesamtmenge. Seewasser hat einen verhältnismäßig hohen und gleichmäßigen Salzgehalt, es besteht hauptsächlich aus Kochsalz (Natriumchlorid). Binnengewässer unterscheiden sich weitaus stärker, aber sie weisen im allgemeinen einen niedrigeren Salzgehalt auf. Zwischen beiden Extremen liegt das Brackwasser, bei dem es sich meist um Seewasser handelt, das durch Süßwasser verdünnt wurde, und das deshalb in der Zusammensetzung seiner Salze dem Seewasser am nächsten kommt. Einige Brackwässer sind ebenso wie hypersaline Inlandseen durch starke Verdunstung entstanden, so daß jeweils ganz bestimmte abweichende Salzkonzentrationen auftreten können.

Ein gesundes Wasserlebewesen hält ein Gleichgewicht zwischen seiner Körperflüssigkeit und dem umgebenden Medium aufrecht, indem es beispielsweise Wasser aufnimmt und Salze ausscheidet oder Wasser ausscheidet und bestimmte Salze aufnimmt. Wenn ein Organismus in eine ihm fremdartige Lösung gebracht wird, an deren Salzgehalt er nicht physiologisch angepaßt ist, brechen diese Reaktionsmechanismen zusammen. Die Arten unterscheiden sich sehr stark in den jeweiligen Toleranzbereichen: Einige können unbehelligt sowohl in Süß- als auch in Seewasser leben, während andere auf eine ganz bestimmte Salzkonzentration angewiesen sind. Die große Vielfalt der natürlichen Biotope für Tiere und Pflanzen, die in den vorigen Kapiteln vorgestellt wurde, bestätigt dies. Hier geht es nun darum, daß die entsprechenden Verhältnisse für die verschiedenen Lebensgemeinschaften in Aquarien geschaffen werden müssen.

Der durchschnittliche Salzgehalt des Meerwassers liegt bei 35 Promille (Gramm pro Liter). In einem abgeschlossenen Aquariensystem nimmt der Salzgehalt des Meerwassers mit der Zeit zu, weil Wasser von der Oberfläche verdunstet und das Salz in Lösung bleibt. Auf die Lebensgemeinschaft im Aquarium hat dies erheblichen Einfluß und muß dadurch ausgeglichen werden, daß in regelmäßigen Zeitabständen Süßwasser zugegeben wird, um den Wasserverlust zu ersetzen. Keinesfalls darf man das verdunstete Wasser durch Meerwasser ersetzen, dadurch würde im Gegenteil der Salzgehalt noch stärker ansteigen.

Binnengewässer sind etwa hundertmal weniger salzhaltig als Meerwasser, wenn man von den hypersalinen Seen oder Sodaseen absieht. Von den verschiedenen gelösten Bestandteilen gelangen achtzig Prozent durch die Verwitterung und aufgrund von Lösungen aus Gesteinen und Bodengrund in das Süßwasser, während andere, vor allem Natrium und Chloride, durch Wind und Regen vom Meer herangetragen werden. Die häufigsten Verbindungen in einem derartigen Wasser sind Bicarbonate, was auf die Menge des verfügbaren Kohlendioxids und seine Auswirkungen auf Kalkgesteine zurückzuführen ist. Ebenfalls wichtig sind Chloride, Sulfate und Nitrate in Verbindung mit metallischem Calcium, Natrium, Kalium und Eisen.

Hartes und weiches Wasser

Einige Salze lagern in sehr heißem Wasser unlösliche Bestandteile ab oder enthalten Seifen. Sie kommen vor allem im Süßwasser vor, obgleich sie im Regenwasser nicht vorhanden sind, und machen das Wasser in unterschiedlichem Maße hart. Vor allem die Calcium- und Magnesiumbicarbonate und Sulfate sind hierfür verantwortlich, aber auch Chloride und Nitrate. Die Bicarbonate verursachen die temporäre Härte, sie können entfernt werden, indem das Wasser erhitzt wird, und bilden dann unlösliche Ablagerungen. Andere Härtebildner sind demgegenüber permanent, solange das Wasser nicht destilliert oder chemisch behandelt wird. Die Härte wird entweder aus der Konzentration des Calciumcarbonats bestimmt, »weiches« Wasser kann bis zu 50 ppm (parts per million = Teile pro Million) enthalten, oder dadurch, daß das gesamte in Lösung befindliche Calcium und Magnesium gemessen wird.

Die Härte hat auf das Leben im Wasser verschiedene biologische Auswirkungen. Bicarbonate neigen dazu, dafür zu sorgen, daß eine Lösung nicht zu schnell in saure Bereiche abgleitet. Weiches Wasser, dem diese Pufferwirkung fehlt, kann sehr sauer werden, vor allem wenn viel Kohlendioxid vorhanden ist. Solche Änderungen bedeuten für die Lebewesen Streß; die Bedeutung des Säuregehaltes wird weiter unten aufgezeigt werden. Das gute Wachstum verschiedener Pflanzen, bei-

Ein Aquarium, das einen Lebensraum für Cichliden des Tanganjikasees darstellt, einen der großen Seen des Afrikanischen Grabenbruchs, sollte, wie im Bild gezeigt, mit großen Steinaufbauten dekoriert sein, die Höhlen, Spalten und Überhänge bilden. Man sollte ein recht großes Aquarium verwenden, weil einige der Fische verhältnismäßig groß werden und viele Arten territorial sind. Die Felsen bieten Schutz, und die Cichliden finden zwischen und unter den Steinen auch Nahrung, zum Beispiel Algen und anderen Aufwuchs. Viele Arten laichen über Felsen oder in Spalten. Höhere Vegetation ist im Tanganjikasee nur sehr spärlich vertreten, die

Pflanzen wachsen meist in isolierten Gruppen in Sand und Kies. Deshalb sollte Sand von etwa 2 mm Körnung den hauptsächlichen Bodengrund liefern und solche Stellen auffüllen wo Pflanzen eingesetzt werden können. Zwei Tauchkreiselpumpen werden hier benutzt, um das Wasser richtig zirkulieren zu lassen und die Oberfläche in Bewegung zu setzen. Eine starke Beleuchtung ist notwendig (Lichtstärke 4 und darüber) und Strahler können zusätzlich eingesetzt werden, um durch die Wellen tanzende Lichtflecken zu erzeugen. Das Wasser sollte sehr hart sein (über 15°dH) mit einem pH-Wert von 8,0–9,0 und einer Temperatur von 23–26 °C. Ein mechanischer und biologischer Außenfilter, gegebenenfalls mit Aktivkohle und Diatomeenerde beschickt, hält das Wasser sauber und klar. Die hier gezeigten Cichliden sind: a) *Tropheus duboisi,* b) *Tropheus moorii,* c) *Astatotilapia burtoni,* d) *Julidochromis ornatus,* e) *Limnochromis auritus* und f) *Julidochromis regani.* Die eingesetzten Pflanzen sind Laichkraut *(Potamogeton natans)* und Tausendblatt (*Myriophyllum* spec.).

spielsweise der Armleuchteralgen (*Chara*-Arten) ist ein weiteres Ergebnis harten Wassers, das reich an Calcium ist.

Andererseits hat ein Organismus bei außergewöhnlicher Wasserhärte Schwierigkeiten, bestimmte Stoffe durch seine Membranen aufzunehmen. Das ist besonders bedeutsam für die empfindlichen Zellen der Eier und Spermien, so daß weiches Wasser für die erfolgreiche Nachzucht vieler Süßwasserfische eine wichtige Rolle spielt. Aus diesen Gründen ist zumindest zur Zucht ein weiches Wasser wünschenswert.

In einem Süßwasseraquarium ist allgemein ein Wasser mittlerer Härte am geeignetsten. Dabei muß man natürlich, wo sie bekannt sind, den besonderen Bedürfnissen von Tieren und Pflanzen Rechnung tragen, wie in den vorigen Kapiteln dargestellt wurde. Um weiches Wasser zu erhalten, dürfen sich im Aquarium keine Calciumcarbonat-Erzeuger mehr befinden, wie zum Beispiel kalkhaltiges Gestein, Kies, Muschelbruch und Algen. Außerdem wird anfangs weiches Wasser eingefüllt und man darf auch später für den Wasserwechsel oder zum Auffüllen verdunsteten Wassers nur weiches Wasser verwenden. Umgekehrt kann man durch die Verwendung der genannten Härtebildner das Wasser aufhärten oder seine Härte erhalten.

Lebenswichtige Elemente

Wasserpflanzen und einige Mikroorganismen, die anorganische Elemente in lebensnotwendige komplexere Baustoffe umsetzen, müssen ihre Lebensbedürfnisse ebenfalls durch das Aquarienwasser decken können. Pflanzen nehmen beträchtliche Mengen an Stickstoff, Kohlenstoff, Wasserstoff und Sauerstoff und geringere Mengen vieler anderer Elemente auf. Tiere benötigen eine ähnliche Zusammensetzung der Stoffe, sie nehmen diese mit der Nahrung auf, absorbieren sie aber teilweise auch unmittelbar aus dem Wasser. Insgesamt wurden bisher 25 Elemente als wesentlich für das Leben nachgewiesen. Diese werden nachfolgend aufgelistet und zusätzlich ihre Hauptaufgaben genannt. Ausgenommen sind die oben bereits angegebenen Elemente und ebenso Bor und Vanadium, deren Wirkungsweise noch nicht hinreichend erforscht ist.

Phosphor	Knochen, Moleküle für den Energietransport und Nukleotide
Calcium	Knochen, Enzyme, Zellwände, Körperflüssigkeiten
Kalium	Nerven, Osmotische Reaktionen der Zellen
Schwefel	Proteine, Vitamine
Natrium	Blut, Gewebe, Prozesse außerhalb der Zellen
Magnesium	Knochen, Enzyme, Chlorophyll
Chlor	Osmotische Reaktionen
Fluor	Knochen, Zähne
Silicium	Knochen, Nadeln der Schwämme, Hüllen der Diatomeen
Chrom	Insulin
Mangan	Enzyme, Exkretion
Eisen	Enzyme, Hämoglobin, Energietransfer
Kobalt	Enzyme, Vitamine
Kupfer	Enzyme, Photosynthese, Blut der Wirbellosen
Zink	Enzyme, Proteinsynthese, Atmung
Selen	Enzyme, beispielsweise in der Leber
Molybdän	Enzyme, Nitratzyklus
Zinn	Hormone
Jod	Hormone

Das Aquarienwasser muß nicht unbedingt mit einer Mischung dieser lebenswichtigen Elemente angereichert werden, es genügt, wenn davon ständig etwas freigesetzt oder im Stoffkreislauf wieder verfügbar gemacht wird, wenn Abfallstoffe von Bakterien zersetzt werden und wenn regelmäßig ein Teilwasserwechsel durchgeführt wird. In einigen Fällen kann es jedoch möglicherweise notwendig sein, anorganische Mangelstoffe oder geringe Dosen von Spurenelementen zuzugeben. Obgleich darin verhältnismäßig hohe Konzentrationen vieler Elemente enthalten sind, können sogar dem Seewasser gelegentlich bestimmte Elemente fehlen, die für die Aquarienbewohner wichtig sind.

Wenn Pflanzen intensiv kultiviert werden, können Hauptnährstoffe, wie beispielsweise Stickstoff oder Phosphor, verbraucht werden und so den Pflanzenwuchs begrenzen. Andererseits kann es aber auch sein, daß Elemente, die in geringen Mengen benötigt werden, chemisch an organischen Detritus gebunden sind und daher bei der Reinigung des Aquariums mit entfernt werden. Auch bei der Wasserbehandlung ergeben sich in dieser Hinsicht oft negative Auswirkungen, beispielsweise durch einen Abschäumer oder durch Filterung über Aktivkohle oder Ionenaustauscher, die schädliche Bestandteile aus dem Aquarium entfernen sollen. Die Spurenelemente, die oft an die gelösten organischen Bestandteile gebunden sind, werden dann ebenfalls mit entfernt. Wenn man ein vollwertiges Aquarienwasser bieten will, muß man diesen Vorgängen entgegenwirken.

Die biologischen Prozesse

In einem Aquarium ergeben sich durch Atmung, Photosynthese, Nahrungsaufnahme, Ausscheidungen, durch Sekretion, Tod und Zersetzung in der Lebensgemeinschaft ständig Veränderungen, aus denen vier Hauptprobleme entstehen. Zunächst wird der Sauerstoff, dessen Löslichkeit in Wasser ohnehin recht begrenzt ist, durch die Atmung aus dem Aquarienwasser entfernt. Zweitens wird von allen Organismen Kohlendioxid abgegeben, das im Wasser gut löslich ist. Es beeinflußt zahlreiche biochemische Reaktionen, entweder unmittelbar oder dadurch, daß es den pH-Wert der Lösung beeinflußt. Drittens sind die primären Stoffwechselprodukte der Tiere, vor allem Ammoniak, da sie unmittelbar ins Aquarienwasser abgegeben werden, für die meisten Tiere giftig und sollen möglichst gering gehalten werden. Und schließlich sammelt sich in einem Aquarium totes organisches Material an, das eine reiche Nahrungsquelle für Bakterien ist, deren Atmung ebenfalls dem Wasser viel Sauerstoff entzieht.

Die Sauerstoffbedürfnisse

Die Sauerstoffmenge, die ein Wasserlebewesen benötigt, hängt davon ab, um welche Art es sich handelt, weiterhin von seiner Aktivität, ob es sich möglicherweise im Streß befindet, sowie von der Wassertemperatur. Erhöhte Aktivität oder Streß eines Tieres erhöhen auch den Sauerstoffbedarf, bedingt durch den vermehrten Stoffwechsel. Höhere Temperaturen lassen ebenfalls die Stoffwechselrate sowie den Sauerstoffverbrauch eines poikilothermen Tieres ansteigen. In einem Aquarium dürften die Bakterien ebensoviel Sauerstoff verbrauchen wie die ausgestellten Tiere, so daß sich damit der Gesamtbedarf verdoppelt. Unter extremen Umständen kann trotz offensichtlich hoher Mengen gelösten Sauerstoffs ein Mangel auftreten.

Die am höchsten entwickelten Tiere sind am wenigsten widerstandsfähig gegen einen niedrigen Sauerstoffgehalt. Während viele Crustaceen und Mollusken einen vorübergehend geringen Sauerstoffgehalt, der unter 2 oder 3 ppm liegt, schadlos überstehen, können nur einige wenige Fischarten Konzentrationen von weniger als 5 ppm überleben. Wenn jedoch alle anderen Bedingungen günstig sind, ist für die Mehrheit der Wasserlebewesen ein Sauerstoffgehalt von über 5 ppm gerade noch ausreichend.

Verglichen mit Organismen, die Luft atmen, ist für ein Lebewesen, das im Wasser atmet, der Sauerstoffgehalt des Wassers kritisch niedrig. Um die gleiche Menge Sauerstoff aufzunehmen, muß etwa zwanzig- bis dreißigmal mehr Wasser als Luft aufgenommen werden, selbst dann, wenn die Lösung sauerstoffgesättigt ist. Außerdem ist es viel anstrengender im Wasser zu atmen, weil Wasser etwa fünfzigmal dichter ist und achthundertmal zäher als Luft.

Sauerstoffquellen im Aquarium

Die Löslichkeit von Sauerstoff in Wasser variiert mit der Temperatur, dem Salzgehalt und dem Druck. Der Höchstwert ist die Konzentration, die die Lösung zu 100 % sättigt. Beispielsweise liegt dieser Wert bei normalem Luftdruck in Meereshöhe und bei 27 °C bei 6,5 Teilen Sauerstoff auf eine Million Teile Seewasser (6,5 ppm), oder bei 8 ppm im Süßwasser. Ein Aquarium wird jeweils bei einer bestimmten Temperatur und bei einem bestimmten Salzgehalt gepflegt, so daß sich für den maximalen Sauerstoffgehalt ein entsprechender Grenzwert ergibt. Die Lebensgemeinschaft des Aquariums entnimmt nun dem Wasser entsprechend der Masse und Zahl seiner Bewohner Sauerstoff. Dieser Verlust muß dadurch ausgeglichen oder noch übertroffen werden, indem der verbrauchte Sauerstoff ständig wieder ersetzt wird.

Sauerstoff gelangt auf zwei natürlichen Wegen in das Wasser: durch die Atmosphäre und durch die Photosynthese der Wasserpflanzen. Jeder dieser Vorgänge kann künstlich beeinflußt werden. Mechanische Belüftung des Wassers, besonders durch Umwälzung, erweitert den Übergangsbereich zwischen Luft und Wasser. Die Belichtung der Wasserpflanzen setzt große Mengen von Sauerstoff ins Wasser frei, so daß zeitweise sogar die Sättigung überschritten wird und der überschüssige Sauerstoff langsam in die Atmosphäre entweicht. Wirksame Methoden der Belüftung und der Behandlung von Pflanzen zu diesem Zweck werden in den folgenden Kapiteln beschrieben.

Kohlenstoffverbindungen

Kohlenstoff hat eine einzigartige Fähigkeit große Moleküle zu bilden, die als Atomketten oder -ringe auftreten können. Hierdurch werden tausende verschiedener organischer Verbindungen geschaffen, einschließlich der drei Hauptbestandteile lebenden Materials: Kohlenhydraten, Fetten und Eiweißen. Ihr Aufbau, ihre Wirkungsweise und ihr Abbau gehören zu den lebenswichtigen Prozessen des Kohlenstoffkreislaufs.

Der Kreislauf beginnt damit, daß Kohlendioxid durch die Energie des Sonnenlichtes, das Pflanzen zur Photosynthese anregt, in organischen Molekülen festgelegt wird. Pflanzenmaterial, das die Tiere fressen, wird zu neuen lebensnotwendigen Kohlenstoffverbindungen umgebaut: Körperstrukturen entstehen während des Wachstums, ebenso werden Hormone, Enzyme und genetisch wirksame Stoffe – Kern- oder Nucleinsäuren – zur Kontrolle und Koordinierung aller Vorgänge aufgebaut, außerdem Bestandteile, die bei der Atmung oxidiert werden, um Energie zu liefern. Wenn der Organismus atmet und wenn er sich einmal später zersetzt, wird Kohlendioxid wieder freigesetzt, um den Kreislauf zu schließen.

Aus diesen Gründen ist Kohlendioxid eine der wichtigsten chemischen Komponenten des Lebens. Meist ein unbeachtetes Gas, stellt es einen kleinen Bestandteil der Atmosphäre dar, doch löst es sich leicht in Wasser und beeinflußt verschiedene Prozesse, vom Sauerstofftransport durch das Blut bis hin zur Bildung von Blüten und Samen. Kohlendioxid und Wasser verbinden sich zu Hydrogencarbonat und Bicarbonat, die den Säuregehalt einer Lösung stark bestimmen.

Säuregehalt und Alkalität

Reines Wasser ist eine Mischung elektrisch geladener Teilchen oder Ionen von einerseits Wasserstoff, der eine positive Ladung hat, und andererseits Hydroxylionen (Wasserstoff mit einem Sauerstoffatom), die negativ geladen sind. Der Gehalt an Wasserstoffionen charakterisiert eine neutrale Lösung, wenn er dem der Hydroxylionen entspricht. Jede chemische Verbindung, die in wäßrigen Lösungen Wasserstoffionen abspaltet, wird als Säure bezeichnet. Eine Verbindung, deren gelöste Ionen eine Säure neutralisieren oder ganz allgemein die Konzentration an Wasserstoffionen herabsetzen, bezeichnet man als alkalisch oder als Lauge. Daher sind saure und alkalische Lösungen einander chemisch entgegengesetzt.

Kohlendioxid bildet im Wasser eine schwache Säure, die Kohlensäure. Sie hat den Puffereffekt, einen weiteren Anstieg in saure Bereiche zu verhindern. Wenn nämlich Wasserstoffionen hinzugefügt werden, neigen sie dazu, mit den Bicarbonationen zu reagieren, wodurch freies Kohlendioxid und Wasser freigesetzt werden. Eine ähnliche Reaktion wird durch mineralische Carbonate erzielt, so daß Gesteine wie Kreide (Calciumcarbonat) im Aquarium eine neutrale oder alkalische Lösung verursachen. Diese Carbonate sind besonders wichtig, da durch die Atmung der Tiere, Bakterien und Pflanzen im Aquarium oft erhöhte Kohlendioxidmengen freigesetzt werden, die wiederum die Konzentration an Wasserstoffionen erhöhen. Deshalb sind Mineralien notwendig, um eine ständig zunehmende Ansäuerung zu verhindern.

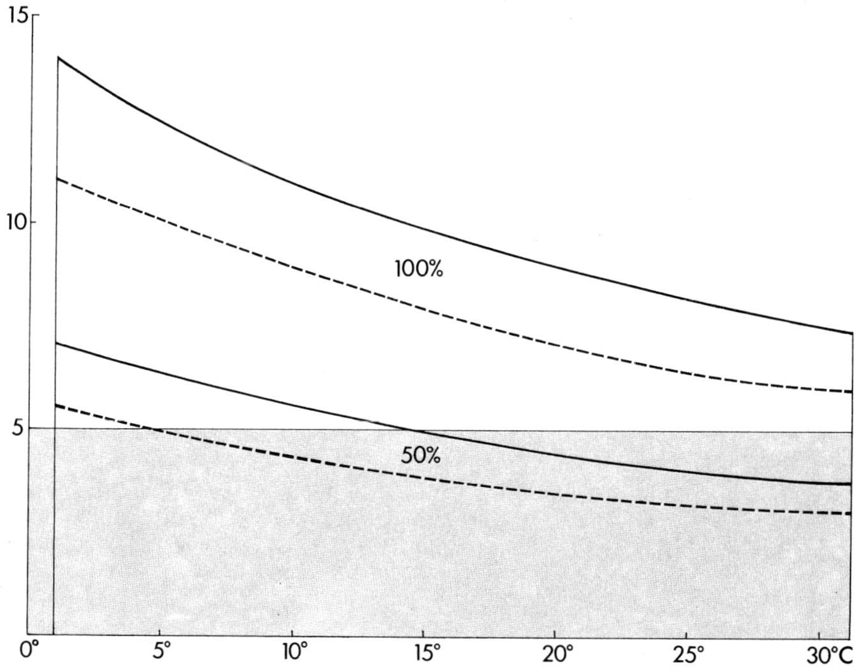

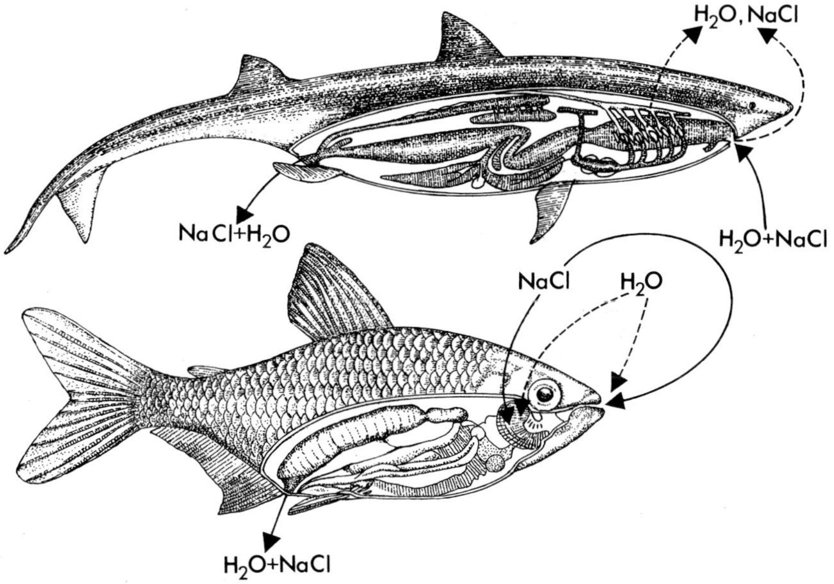

Im Wasser gelöste Salze beeinflussen lebende Organismen sehr stark. Die obere Graphik zeigt, in welchem Maße die Konzentration gelösten Sauerstoffes von der Temperatur abhängig ist. Die Werte wurden für Süßwasser (durchgezogene Linien) und Seewasser (gestrichelte Linien) dargestellt, wobei das Wasser bei normalem Luftdruck einmal zu 50 % und zum anderen zu 100 % sauerstoffgesättigt ist. 5ppm Sauerstoff stellen für die meisten Wasserlebewesen den minimalen Sauerstoffbedarf dar. Im Körper eines Fisches ist die Salzkonzentration (beispielsweise von NaCl) größer als im Süßwasser, jedoch geringer als in Seewasser. Wasser dringt aufgrund der Osmose jedoch in Räume mit höherer Konzentration, also auch durch die Schleimhäute der Kiemen und des Maules. Daher verliert ein Seewasserfisch (oben) normalerweise Wasser und muß deshalb Seewasser trinken. Das überschüssige Salz wird durch Drüsen wieder ausgeschieden. Ein Süßwasserfisch (unten) nimmt im Gegensatz dazu ständig Wasser durch die Schleimhäute auf und muß daher das überschüssige Wasser mit einigen gelösten Salzen wieder ausscheiden. Dafür muß er Salze aktiv aufnehmen, um diesen Verlust auszugleichen.

Die Bergbäche Südostasiens sind der natürliche Lebensraum, nach dem dieses Aquarium eingerichtet wurde: Der Bodengrund besteht aus grobem Kies (6 mm) mit Sandbereichen, in denen die Pflanzen wachsen. Vom Wasser geformte Steine nehmen einen Teil des Bodens ein, als ob sie in den Fluß gefallen seien, und bieten den Fischen Versteckmöglichkeiten. Im Hintergrund ist ein Bereich hellerer Steine aufgebaut, die aber keinen Kalk enthalten dürfen. Das Wasser muß klar, sauber und bewegt sein, und danach muß auch das technische Zubehör ausgewählt werden. Es wurde ein luftgetriebener Bodengrundfilter als Innenfilter eingesetzt, der das Wasser bis über die Wasseroberfläche pumpt. Dadurch wird es nicht nur gefiltert, sondern auch eine Wasserumwälzung geschaffen. Man könnte auch einen Außenfilter verwenden, der als Pflanzenfilter eingerichtet ist und durch den das Wasser hindurchsickert. Das Wasser wird durch einen Eiweißabschäumer klar gehalten. Die weitere technische Einrichtung ist nicht im Bild dargestellt, um jedoch optimale Wasserbedingungen zu erreichen, sollten ein Durchlüfter, ein starker Motorfilter und eine Turbelle eingesetzt werden. Das Aquarium ist kräftig zu beleuchten (Lichtstärke 3–4). Das Wasser sollte weich sein (5–10° dH), eine Temperatur von 24–28 °C und einen pH-Wert von 6,5–7,0 aufweisen.

Die für diese Gemeinschaft ausgewählten Fische sind a) Feuerschwanz *(Labeo bicolor)*, b) Prachtbarbe *(Barbus conchonius)*, c) Schillerbärbling *(Brachydanio albolineatus)*, d) Grüner Kugelfisch *(Tetraodon fluviatilis)*, e) Prachtschmerle *(Botia macracantha)*, f) Celebes-Sonnenstrahlfisch *(Telmatherina ladigesi)*, g) Saugschmerle *(Gyrinocheilus aymonieri)*, h) Dornauge *(Acanthophtalmus kuhlii)*, und i) Zebrabarbe *(Brachydanio rerio)*. Die eingezeichnete Pflanzenauswahl besteht aus j) *Cryptocoryne balansae*, k) Javafarn *(Microsorium pteropus)*, Tausendblatt (*Myriophyllum* spec.) und m) *Aponogeton undulatus*.

Andererseits entfernt die Photosynthese der Pflanzen Kohlendioxid aus dem Wasser und erhöht so den relativen Anteil der Hydroxylionen und führt deshalb zur Alkalität. Hydroxyl- und Bicarbonationen reagieren jedoch miteinander und bilden unlösliche Substanzen wie zum Beispiel Calciumcarbonat. Daher liefert auch in diesem Fall die Anwesenheit von Mineralien eine gewisse Pufferwirkung, um konstante Bedingungen zu erhalten. Dennoch kann intensive Photosynthese über einen langen Zeitraum hinweg in einem dichtbepflanzten Aquarium alkalisches Wasser zur Folge haben.

Sowohl in natürlichen Gewässern als auch im Aquarium ergibt sich, wenn organisches Leben vorhanden ist und am Tage genügend Licht einfällt, ein Tageszyklus des Gehaltes an Kohlendioxid und Säuren. In der Dunkelheit wird nur Kohlendioxid aus den Atmungsvorgängen ins Wasser abgegeben; der Säuregehalt steigt etwas, wobei die gelösten Carbonate dem etwas entgegenwirken. Am Tage wird dem Wasser Kohlendioxid durch die Photosynthese entzogen, doch wird ein Anstieg der Alkalität durch die Ablagerung von Carbonaten verhindert.

Der Säuregehalt oder die Alkalität einer Lösung werden in pH-Werten gemessen, die von 0 bis 14 reichen und den negativen Logarithmus der Wasserstoffionenkonzentration darstellen. Eine neutrale Lösung enthält ein zehnmillionstel Gramm pro Liter und hat den pH-Wert 7. Säuren enthalten eine größere Menge Wasserstoffionen und haben niedrigere pH-Werte, während das Gegenteil für Basen zutrifft. Jede Änderung um eine Einheit der Skala, beispielsweise von pH 6,5 auf 5,5 bedeutet eine zehnfache Änderung der Wasserstoffionenkonzentration. Die meisten natürlichen Gewässer liegen zwischen pH 6 und 9, nur wenige sind so sauer, daß sie bis pH 2–3 hinabreichen oder so alkalisch, daß sie pH 12 aufweisen. Der pH-Wert des Meerwassers beträgt recht einheitlich 7,5–8,3.

Der pH-Wert einer Lösung spielt für die Wasserlebewesen eine außerordentliche Rolle. Er hat einen großen Einfluß auf ihre biochemischen Reaktionen und besonders auf Gewebe, die in unmittelbarem Kontakt mit dem Wasser stehen. Das gilt besonders für mikroskopische Einzeller und Plattwürmer, und weiterhin für Kiemengewebe und Ei- oder Spermienzellen, die im Verhältnis zu ihrem Volumen eine große ungeschützte Oberfläche haben.

Die Stoffwechselprodukte

Während seines ganzen Lebens nimmt ein Tier organisches Material als Nahrung auf. Nach der Verdauung und Absorption werden die organischen Moleküle beim Atmungsprozeß in Energie umgewandelt. Danach wird Kohlendioxid als ein Stoffwechselprodukt freigesetzt und Proteinbestandteile, die nicht mehr verwendet werden können, werden abgebaut, um als Ammoniak, als Harnstoff oder als Harnsäure ausgeschieden zu werden.

Ammoniak ist das giftigste dieser Abbauprodukte. Es bildet sich im Aquarium ständig in relativ großen Mengen, und seine Konzentration muß man genau kontrollieren. Die Toleranz gegenüber Ammoniak variiert von Art zu Art beträchtlich. Fische scheinen viel weniger tolerant als Wirbellose zu sein: Setzt man sie längere Zeit auch nur einem recht geringen Ammoniakanteil im Wasser aus, dann kann dies schlechtes Wachstum und eine herabgesetzte Widerstandsfähigkeit gegenüber Krankheiten zur Folge haben. Die Kiemen- und Leberzellen werden vom Ammoniak rasch angegriffen, so daß die Fähigkeit des Blutes Sauerstoff zu transportieren stark herabgesetzt ist.

Ammoniak ist eine Verbindung von Stickstoff und Wasserstoff (NH_3), normalerweise ein farbloses Gas. Es ist im Wasser jedoch stark löslich und reagiert als

eine schwache Base, indem es sich mit Wasserstoffionen verbindet, um verhältnismäßig harmlose Ammoniumionen zu bilden. Doch wird dieser Vorgang in dem Maße verhindert wie die Temperatur oder der pH-Wert ansteigen, so daß wiederum der Anteil giftigen Ammoniaks steigt. Daher ist das Ammoniak im Seewasseraquarium, in dem meist ein pH-Wert um 8 vorhanden ist, ein größeres Problem als in Süßwasseraquarien, in denen der pH-Wert meist um 7 oder niedriger liegt.

In allen Aquarien sollte der Gehalt an reinem Ammoniak stets unter 0,01 ppm gehalten werden. Das läßt sich dadurch erreichen, daß man die Gesamtkonzentration an Ammoniak mißt und darauf achtet, daß sie nicht einen Höchstwert, der von der jeweiligen Temperatur und dem pH-Wert abhängig ist, überschreitet.

Die Kontrolle des Ammoniakgehaltes

Man kann den Ammoniakgehalt gering halten, indem man einen zu starken Besatz mit Tieren vermeidet oder das Wasser behandelt, beispielsweise mit Ozon, durch Ionenaustauscher, Eiweißabschäumer oder durch teilweisen Wasserwechsel. Man kann ein Aquarium auch so einrichten und pflegen, daß die natürlichen Vorgänge, die Ammoniak abbauen, gefördert werden. Dies ist bei der Nitrifikation durch Bakterien und bei der Assimilation durch die Pflanzen der Fall.

Unter Nitrifikation versteht man den Abbau gelösten Ammoniaks durch spezielle Bakterien, die ihn zu Nitrit und dann zu Nitrat oxidieren. Dieser Prozeß läßt sich im Aquarium fördern, indem eine große Kies- oder Sandoberfläche geschaffen wird, auf der sich die Bakterien ansiedeln und vermehren können, wobei genügend Sauerstoff zur Verfügung gestellt und günstige Verhältnisse in bezug auf die Temperatur, den pH-Wert und den Salzgehalt geschaffen werden müssen. Die Hauptgattungen der nitrifizierenden Bakterien sind *Nitrosomonas* und *Nitrosococcus*, die Ammoniak zu Nitrit umsetzen, und *Nitrobacter* und *Nitrocystis*, die anschließend das Nitrit zu Nitrat abbauen und sich dadurch ihre Nahrungsenergie verschaffen.

Nitrit ist wie Ammoniak giftig, besonders für Süßwasserorganismen, bei denen es Streß verursacht und in Konzentrationen von 0,2 ppm sogar zum Tod führt. Demgegenüber können einige Seewasser-Arten mehrere hundert ppm an Nitrit tolerieren. Der Maximalgehalt an Nitrit, der eben noch erträglich ist, liegt im Aquarium bei 0,10 bis 0,15 ppm, und eine wirksame Nitrifikation hält den Grenzwert meist darunter.

Nitrationen, das Endprodukt der Nitrifikation, neigen dazu, sich in einem geschlossenen Aquariensystem anzusammeln und können mehrere hundert ppm erreichen, wenn das Wasser nicht gewechselt wird. Die Nitratkurve zeigt während der ersten Monate nach der Einrichtung eines Aquariums einen typischen Anstieg. Obgleich Nitrat für die meisten Arten nicht giftig ist, sind manche Tiere gegenüber hohen Werten dennoch empfindlich, und es empfiehlt sich, den Höchstwert unter 20 bis 40 ppm zu halten. Der einfachste Weg den Nitratgehalt herabzusetzen, besteht darin, altes durch neues Wasser zu ersetzen. In einem offenen Aquariensystem geschieht dies ständig, in einem geschlossenen System dagegen sollte man von Zeit zu Zeit einen Wasserwechsel vornehmen. Zwei natürliche Vorgänge beseitigen ebenfalls Nitrationen: die Assimilation durch photosynthesetreibende Pflanzen und die Dissimilation durch anaerobe Bakterien.

Bei der Assimilation erfolgt die Absorption von Nitraten oder von Ammoniak, bei einigen Arten auch von Harnstoff, durch Pflanzen bei der Proteinsynthese. Dies ist eine der vorteilhaften Auswirkungen von Pflanzen im Aquarium und ist das Grundprinzip eines Pflanzenfilters. Dort werden Pflanzen dadurch rasch zum Wachstum gebracht, daß sie reichlich mit Licht und Kohlendioxid versorgt werden, wobei sich bei ihnen dann ein maximaler Bedarf an gelösten Nährstoffen ergibt.

Bei der Dissimilation verwenden heterotrophe Bakterien unter anaeroben Bedingungen Nitrate als eine Sauerstoffquelle, wobei organische Bestandteile verbraucht werden. Bei diesem Vorgang der »Nitratatmung« wird je nach der betreffenden Bakterienart Nitrat zu Nitrit, Ammoniak oder Nitrogen reduziert. Dieser Vorgang findet auch im Aquarium trotz seines vor allem aeroben Zustands statt. Anaerobe Bedingungen entwickeln sich in kleinen Räumen im Kies und Schlamm. Dabei stabilisiert sich dann in altem Aquarienwasser der Nitratgehalt langsam, doch sollte man solche Bedingungen gar nicht erst entstehen lassen, denn ein geringer Sauerstoffgehalt ist für die Aquarienlebewesen nachteiliger als ein hoher Nitratgehalt.

Totes organisches Material

Aquatische Lebensräume enthalten organische Verbindungen, die eher frei in Lösung oder in Ablagerungen als in lebenden Pflanzen oder Tieren enthalten sind. Diese Verbindungen rühren von den Lebewesen her und kommen in gelöster Form oder als Detrituspartikel vor.

Gelöstes organisches Material wird ins Wasser freigesetzt wenn Zellen absterben und zerfallen und ebenso durch Sekretion oder wenn Zellmembranen verletzt werden. Die Konzentration dieses Materials kann derart ansteigen, daß sich das Wasser verfärbt und sogar die Wirkung der Wasserbehandlung durch Ozon oder UV-Strahler negativ beeinflußt wird. Die gelösten Moleküle verbinden sich an der Grenzschicht zwischen Wasser und Luft und bilden kleine Partikel. Wenn man diese Grenzschicht vergrößert, zum Beispiel durch Luftblasen, so bilden sich auf diese Weise Schaum oder feine Ablagerungen, die entfernt werden können. Hierin liegt das Prinzip der Wasseraufbereitung durch Eiweißabschäumung. Eine weitere Möglichkeit solche Bestandteile zu entfernen, ist die Filterung über absorbierende Aktivkohle.

Detritus ist zerstörtes und nahezu amorphes organisches Material und besteht aus toten Geweben, Zellen und abgestorbenen Körpern von Plankton und größeren Organismen, außerdem aus Exkrementen und unverdautem Futter. Diese Bestandteile fallen als feine Ablagerung oder Mulm aus und bewegen sich bereits bei leichter Wasserbewegung durch das Aquarium. In erster Linie verursacht schwebender Detritus die Wassertrübung, darum muß man bei einem Schauaquarium über Möglichkeiten verfügen, diese Trübstoffe zu entfernen. Die Filterung über einen Bakterienfilter oder über Diatomeenerde ist eine solche gute Möglichkeit. Detritusablagerungen dienen den Bakterien sogar als Nahrungsquelle und Siedlungsfläche. Zu starke Ablagerungen können jedoch zu enormen Bakterienpopulationen führen, die den Sauerstoffgehalt im Aquarium herabsetzen und höhere Lebensformen dadurch gefährden.

Detritus als Nährstoff

Andererseits werden anorganische Bestandteile, wie zum Beispiel Phosphat und Metalle – einschließlich Kupfer, das als Medikament benutzt wird – von Detritus gebunden. Diese Stoffe werden dem Aquarienwasser jedoch zum Großteil wieder zugeführt, wenn der Detritus beim Durchgang durch ein Bakterienfilter zersetzt wird. Sie gehen dagegen verloren, wenn der Detritus einfach entfernt wird. Außerdem ernähren sich viele wasserlebende Tiere von Detritus, nicht zuletzt verschiedene Fischarten, Würmer, Schnecken, Muscheln, Insektenlarven, Krabben, Garnelen, Schlangensterne und Seegurken. Etwa zehn Prozent aller Fische ernähren sich von Bodenablagerungen, die reich an Detritus sind, etwa bestimmte Karpfenfische (aus der Familie Cyprinidae), Saugwelse (Catostomidae), Plattfische (Pleuronectidae), Meeräschen (Mugilidae) und Grundeln (Gobiidae).

Aquarieneinrichtungstypen und ihre Lebensgemeinschaften

Es gibt praktisch unbegrenzt viele Möglichkeiten Aquarieneinrichtungen zu gestalten und dazu eine Vielfalt an Bewohnern, die darin gepflegt werden können. Fast alle Wasserlebewesen lassen sich ohne Nachteile in Gefangenschaft halten, obgleich dabei in der Praxis zahlreiche Probleme auftreten können. Die erste Voraussetzung besteht darin, für den betreffenden Organismus in physikalischer, chemischer und biologischer Hinsicht einwandfreie äußere Bedingungen zu schaffen. Hier lassen sich die natürlichen Ökosysteme als Modelle heranziehen, wie sie beispielsweise in Kapitel 1 beschrieben wurden. An dieser Stelle soll nun eine Auswahl von fünf solcher Aquarien im Bild und mit detaillierter Auflistung des Besatzes vorgestellt werden. Diese Beispiele umfassen einen weiten Bereich natürlicher Lebensräume, sowohl in bezug auf die jeweilige Klimazone, die Wasserchemie, Wasserturbulenz oder die Bodensubstrate, als auch auf die betreffenden Lebensgemeinschaften.

Jeder dieser Aquarientypen stellt einen bestimmten Lebensraum aus der Natur dar, dem auch jeweils die Ausstattung, Beleuchtung und Wasserzusammensetzung entspricht. Die physikalischen und chemischen Bedingungen sind auf die betreffenden Tiere und Pflanzen zugeschnitten. Die aufgeführten Arten passen nicht nur geographisch zusammen, sondern sind auch in ihrer Lebensweise aufeinander abgestimmt und deshalb für den jeweiligen Aquarientyp besonders geeignet, das bezieht sich auch auf ihre Größe, die Lebensweise und ihre Empfindlichkeit.

Arten eines bestimmten Biotops, die jedoch aus verschiedenen geographischen Gebieten stammen, können im gleichen Aquarium ohne negative Auswirkungen gemeinsam gepflegt werden. So kann der Aquarianer aufgrund dieser Informationen Lebensgemeinschaften zusammenstellen, die einen Querschnitt durch eine bestimmte Region darstellen, er kann aber auch andere Gestaltungen ausprobieren, ohne deswegen von den natürlichen Gegebenheiten grundsätzlich abzugehen. Beispielsweise wurde der Steilküstentümpel mit nordwesteuropäischen Arten vorgestellt, ein Aquarianer in einer vergleichbaren klimatischen Zone, etwa in Nordamerika, Japan oder Neuseeland findet jedoch an den dortigen Küsten Tiere und Pflanzen mit ökologisch ähnlichen Ansprüchen, die sich ebenso als Besatz für einen ähnlichen Gezeitentümpel zusammenfinden.

Der Anfänger sollte mit einfachen Mitteln beginnen

Wenn jemand zum ersten Male plant ein Aquarium einzurichten und ihm dabei kein erfahrener Aquarianer mit Rat und Tat zur Verfügung steht, sollte er zunächst ein verhältnismäßig einfaches System wählen, um die verschiedenen auftretenden Probleme möglichst gering zu halten. Der Neuling steht vor der Frage, die Größe des Aquariums so zu wählen, daß es dem beabsichtigten Zweck am besten entspricht. Das heißt, es muß eine vernünftige Lebensdauer aufweisen, tragbare Anschaffungs- und Pflegekosten verursachen, und einer Lebensgemeinschaft entsprechenden Raum bieten. Die Ausrüstung darf nicht zu kompliziert sein und das Aquarium ist von der Größe her so zu bemessen, daß unvorhergesehene Ereignisse oder Störungen nicht eine rasche Änderung der Wasserqualität und vor allem auch der Temperatur nach sich ziehen. Zu Beginn ist für das Wohnzimmeraquarium ein Becken mit 100–150 Liter Fassungsvermögen zu empfehlen, während man für eine größere Präsentation mit einer Gruppe von Behältern beginnen sollte, die leicht aufzustellen und zu handhaben sind.

Weiterhin ist es ratsam, mit einer Artengemeinschaft zu beginnen, die man leicht erhält und die sich in einem Aquarium wohlfühlt, das unkompliziert ist und leicht gepflegt werden kann. Das läßt sich am leichtesten mit Arten aus einem Lebensraum aus unserer Umgebung erreichen, und auf diese Weise kann man sich mit der einheimischen Wasserflora und -fauna befassen. Ein Vorteil ist es auch, daß man das Wasser gleich diesem Lebensraum entnehmen kann. Für einfachere Aquarien genügt hier vielleicht bereits die Zimmertemperatur und das natürliche Licht. Der Kaltwassertümpel und der Felsentümpel der Steilküste sind gute Beispiele für einen solchen Auqarientyp und sie sind gleichzeitig auch als Schauobjekte für ein Klassenzimmer oder ein kleines naturwissenschaftliches Museum sehr zu empfehlen.

Andererseits steht leider ein Aquarium mit einheimischen Tieren und Pflanzen

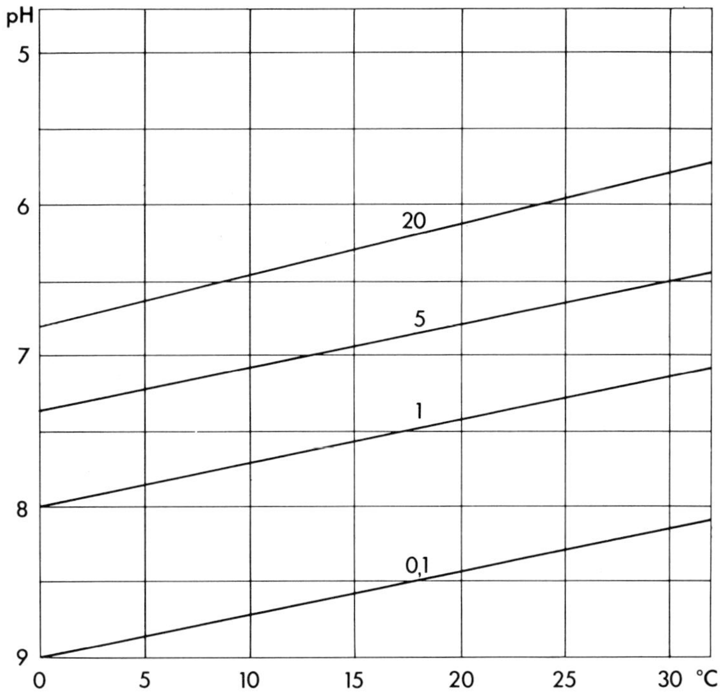

Ammoniak, das sich im Aquarium in Lösung befindet, darf nicht über eine gewisse Gesamtkonzentration ansteigen. Dies ist nebenstehend für die Mengen von 0,1; 1; 5; und 20 ppm (tausendstel Gramm pro Liter) dargestellt. Der noch zuträgliche Wert kann aus der Graphik entnommen werden, indem man den pH-Wert (auf der senkrechten Achse eingetragen) und die Temperatur (auf der waagerechten Achse in Grad Celsius eingetragen) mißt. Dann ergibt sich beispielsweise, daß bei pH 7,5 und bei 20°C ein Ammoniakgehalt von bis zu 1 ppm zulässig ist. Eine Gefahr für die Aquarienbewohner tritt bei einem höheren pH-Wert ein, wodurch im Aquarium ein geringerer Prozentsatz an Wasserstoffionen verursacht wird, oder bei einer höheren Temperatur, wodurch die Giftigkeit des Ammoniaks nicht mehr genügend reduziert werden kann. Der Ammoniakgehalt muß dann herabgesetzt werden, entweder kurzfristig durch Wasserwechsel, oder es muß längerfristig eine genügende Nitrifikation erreicht werden, zum Beispiel durch biologische Filterung über ein Bakterienfilter.

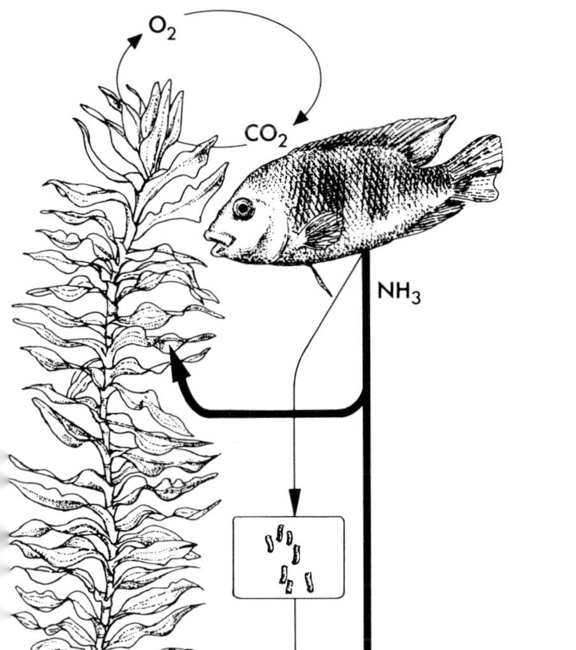
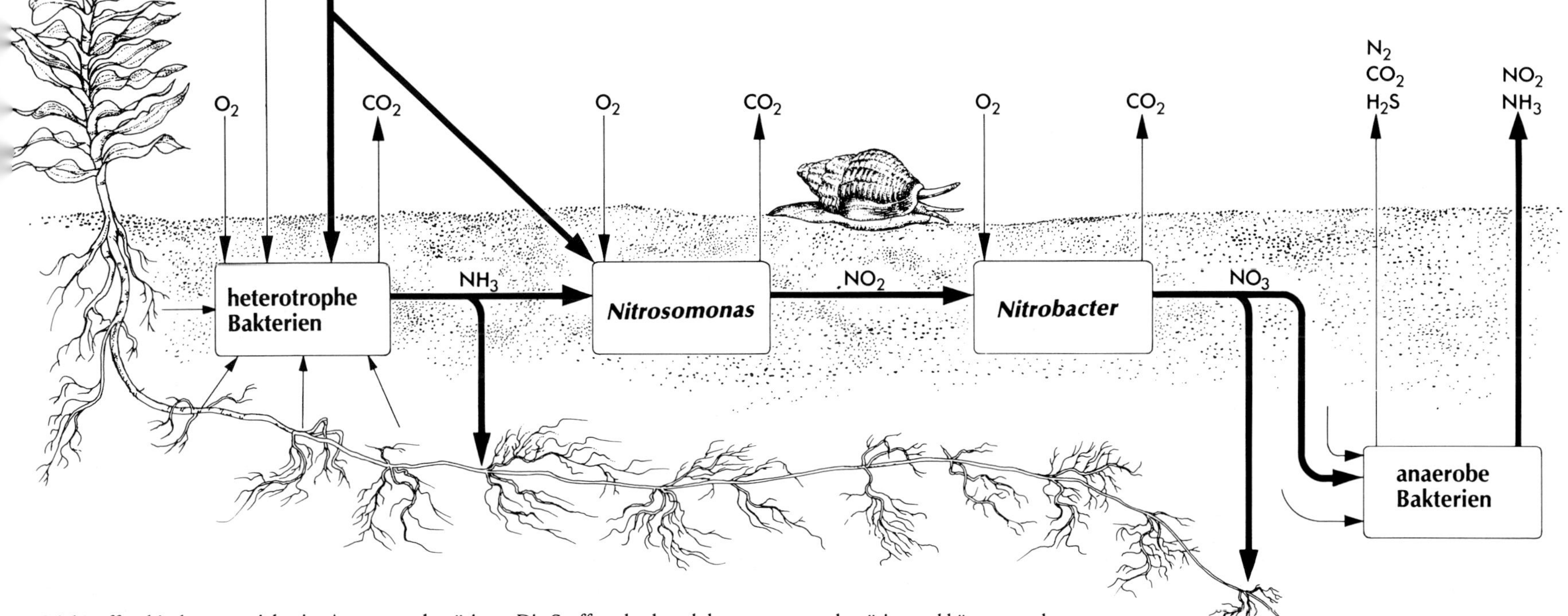

Stickstoffverbindungen spielen im Aquarium eine sehr komplexe Rolle. Einige von ihnen werden von Tieren in der Nahrung benötigt, sie werden von diesen jedoch durch den Stoffwechsel in andere Verbindungen umgewandelt, die ausgeschieden werden und giftig sein können. Ammoniak (NH_3) und verwandte Abbauprodukte, wie etwa Harnstoff, die vor allem die Fische abgeben, lösen sich im Wasser und dringen in den Boden, wo sie teilweise von den Pflanzen aufgenommen werden, die den Stickstoff zur Bildung von Proteinen benötigen. Die Stoffwechselprodukte werden jedoch hauptsächlich von den Bakterien umgesetzt, die auf und im Bodengrund siedeln. Heterotrophe Bakterien sind solche, die Harnstoff, Kot und anderen Detritus zersetzen und zusammen mit Sulfaten und Phosphaten noch mehr Ammoniak produzieren. Ammoniak wird von Bakterien wie *Nitrosomonas* aufgenommen und in Nitrit (NO_2) umgewandelt. Damit werden dann Bakterien wie *Nitrobacter* versorgt, die Nitrate (NO_3) freisetzen. Letztere werden teilweise von Pflanzen benötigt und können auch von anaeroben Bakterien gespalten werden, wobei freier Stickstoff (N_2) und Hydrogensulfat (H_2S) entstehen. Alle Bakterien geben Kohlendioxid ab und nehmen Sauerstoff (O_2) auf, bis auf die letzte Gruppe, die Sauerstoffmangel anzeigt. Auf diese Weise ergänzen sich die Bakterien mit der Tier- und Pflanzenatmung und unterstreichen wiederum ihren Wert als Abfallbeseitiger der anfallenden Abbauprodukte.

Ein Brackwasseraquarium, das einen Lebensraum nachahmt wie man ihn in Florida oder in der Karibik finden könnte. Der Effekt, den man erzielen sollte, ist der eines dichtbesiedelten Lebensraumes mit einer ständigen Wasserströmung durch das Aquarium, doch sollte die Wasseroberfläche ruhig bleiben. An notwendigen Gerätschaften ist ein Außen-Motorfilter erforderlich, sowie eine Außenfilterkammer, in der die Belüftung, Heizung und Eiweißabschäumung erfolgen. Mangrovewurzeln und Vallisnerien beherrschen die Einrichtung, gelegentlich liegt ein flacher Stein auf dem dunklen Sand, der 1–2 mm Korngröße besitzt. Das Wasser sollte einen Salzgehalt von 1‰, einen pH-Wert von 7,2–7,4 und eine Temperatur von ca. 25 °C aufweisen. Die Beleuchtung sollte mäßig aber gleichmäßig sein (Lichtstärke 2–3) und zwischen den Mangrovewurzeln Schatten bieten.

Die Arten, die dieses Aquarium bevölkern könnten, sind: a) Gambuse oder Texaskärpfling *(Gambusia affinis),* b) Floridakärpfling *(Jordanella floridae),* c) Zwergkärpfling *(Heterandria formosa),* d)Segelkärpfling *(Poecilia latipinna),* e) Blauer Sonnenbarsch *(Lepomis macrochirus),* f) Goldohr oder Goldauge *(Fundulus chrysotus),* g) Grundel *(Bathygobius soporator),* h) Winkerkrabbe (*Uca*-Art), i) gefleckter Schlangenaal *(Ophichthys ophis).*

oft in geringerem Ansehen als ein Becken mit tropischen Pfleglingen. Dies ist nicht ganz verständlich, zumal viele Lebensgemeinschaften der gemäßigten Breiten auf Dauer schwieriger zu pflegen sind als solche aus den Tropen, beispielsweise benötigen sie eine Winterruhe, eventuell eine Kühlung und andere technische Zusatzeinrichtungen, an die man zunächst nicht denkt.

Bei der anschließenden Beschreibung von fünf Lebensräumen, die sich im Aquarium zur Darstellung empfehlen, wird auch auf die Lichtbedürfnisse Bezug genommen, wie sie in den vorhergehenden Kapiteln im einzelnen behandelt wurden, sowie auf die Ausrüstung, die in den folgenden Kapiteln vorgestellt werden soll. Die Verträglichkeit der Fischarten in den einzelnen Lebensräumen hängt teilweise von ihrem Temperament ab, man sollte sich vor der Anschaffung darüber in Kapitel 3 informieren. Außerdem sollen die angegebenen Arten nur eine Auswahl darstellen, aus der man sich jeweils den geeigneten Besatz auswählen kann.

Ein europäischer Bergbach

Allgemeine Charakterisierung: kühles, sehr klares Wasser; turbulente, sprudelnde und glitzernde Effekte; erodierte, abgerundete Steine, um die sich Stillwasserzonen bilden.

Bodengrund und Einrichtung: abgerundete Steine und Kiesel; zahlreiche Uferlöcher und -höhlen; Kiesmuster mit unterschiedlicher Färbung, die Rückwand aus Steinen sollte bis zur Wasseroberfläche reichen.

Wasserbeschaffenheit und Licht: Süßwasser, pH 7,0–7,5; 10–15 °C; mittlere Härte (etwa 200 ppm oder 15° DH) und mäßiges Licht (Stärke 2).

Wasserbewegung: lebhafte Oberflächenbewegung durch Mammutpumpen, die hinter Steinen verborgen werden können, starke Wasserumwälzung durch das gesamte Aquarium, starke Belüftung.

Empfohlene technische Ausrüstung: mehrere Mammutpumpen mit unmittelbarer Ausströmung; Bodengrundfilter; starker Eiweißabschäumer; zusätzliche Wasserumwälzung durch eine Turbelle; gegebenenfalls ein Kühlaggregat.

Artenbeispiele:

FISCHE:	*Thymallus thymallus*	Äsche
	Phoxinus phoxinus	Elritze
	Leuciscus leuciscus	Hasel
	Cottus gobio	Groppe
	Noemacheilus barbatulus	Schmerle
WIRBELLOSE:	*Astacus fluviatilis*	Flußkrebs
PFLANZEN:	*Ranunculus fluitans*	Flutender Hahnenfuß
	Callitriche platycarpa	Wasserstern

Das Amazonasufer

Allgemeine Charakterisierung: sehr klares Wasser; Lichtkringel und Schattenbereiche; ein dichtbewachsener Teich mit schattigen Stellen und ruhigem Gesamteindruck.

Bodengrund und Einrichtung: dunkler Flußsand (2–4 mm Korngröße); Bepflanzung in kaschierten Torftöpfen; dichte Bodengrundbepflanzung; gut gewässerte Wurzeln und Zweige.

Wasserbeschaffenheit und Licht: Süßwasser, pH-Wert 6,0–6,5 (kein kalkhaltiges Dekorationsmaterial verwenden!), 25–28 °C, sehr weich (weniger als 50 ppm oder etwa 5° DH); überall leicht schattig (Lichtstärke 2–3), wobei einige Lichtkringel auf den Boden reichen.

Wasserbewegung: gute aber nicht zu starke allgemeine Wasserumwälzung, Durchlüftung mittels eines versteckt angeordneten Sprudelsteins.

Empfohlene technische Ausrüstung: luftgetriebener Bodengrundfilter, falls erforderlich ein Außenfilter, der mit verschiedenem Filtermaterial beschickt ist.

Artenbeispiele:

FISCHE:	*Abramites hypselonotus*	Kopfsteher
	Anostomus anostomus	Prachtkopfsteher
	Nannobrycon unifasciatus	Einbinden-Ziersalmler
	Hemigrammus erythrozonus	Glühlichtsalmler
	Hyphessobrycon ornatus	Schmucksalmler
	Hyphessobrycon pulchripinnis	Zitronensalmler
	Thayeria obliqua	Pinguinsalmler
	Corydoras arcuatus	Stromlinien-Panzerwels
	Corydoras julii	Leopard-Panzerwels
	Cichlasoma severum	Augenfleckbuntbarsch
	Astronotus ocellatus	Pfauenaugenbuntbarsch
	Pterophyllum scalare	Segelflosser, Skalar
	Symphysodon discus	Diskus, Pompadurfisch
PFLANZEN:	*Echinodorus amazonicus*	Amazonasschwertpflanze
	Echinodorus parviflorus	Schwarze Amazonaspflanze
	Echinodorus tenellus	Grasartige Schwertpflanze
	Echinodorus quadricostatus	Amazonas-Zwergschwertpflanze
	Pistia stratiotes	Wassersalat, Muschelblume
	Azolla filiculoides	Farn
	Cabomba aquatica	Wasserhaarnixe
	Cabomba piauhyensis	Rote Haarnixe
	Eleocharis minima	Kleine Nadelsimse
	Heteranthera zosterifolia	Seegrasblättriges Trugkölbchen

Ein Felsentümpel des Steilufers

Allgemeine Charakterisierung: grobe, wassergeformte Felsen; turbulentes Wasser; unterschiedliches Licht mit sehr hellen Bereichen und kontrastierendem Schatten.

Bodengrund und Einrichtung: Bodengrund aus Muschelbruch und Kies von 6 mm Stärke; abgerundete hellere Kiesel; im Hintergrund große Felsen mit Löchern, Vorsprüngen und Überhängen.

Wasserbeschaffenheit und Licht: reines Seewasser, etwa pH 8,0; 8–15 °C; helles Licht (Lichtstärke 4).

Wasserbewegung: starke Oberflächenbewegung mit kräftiger Durchlüftung durch große Luftblasen; rasche Wasserumwälzung durch das ganze Aquarium mit direkter Einströmung, sofern ein Außenfilter benutzt wird; luftgetriebene Filter.

Empfohlene technische Ausrüstung: Luftgetriebener Bodengrundfilter. Artenbeispiele:

FISCHE:	*Blennius pholis*	Schleimfisch
	Gobius flavescens	Grundel
	Gobius paganellus	Felsengrundel
	Taurulus bubalis	Seeskorpion
	Nerophis lumbricoformis	Schlangennadel
	Pholis gunnelus	Butterfisch
WIRBELLOSE:	*Actinia equina*	Purpurrose, Pferdeaktinie
	Anemonia sulcata	Wachsrose
	Littorina littorea	Strandschnecke
	Gibbula cineraria	Kreiselschnecke
	Patella aspera	Napfschnecke
	Mytilus edulis	Miesmuschel
	Eupagurus bernhardus	Einsiedlerkrebs
PFLANZEN:	*Enteromorpha* spec.	Grünalge
	Ulva lactuca	Meeressalat
	Cladophora spec.	Grünalge

a
b
d
k
j
e
h
c
i
n
m
f
o

Wenn man den Flachwasserbereich des Mittelmeeres als Modell für eine Aquariengestaltung heranzieht, sollte der zu schaffende Eindruck die Lebensvielfalt wiederzugeben versuchen, vor allem an Wirbellosen. Verwitterte Brocken weichen Kalkgesteins oder Sandsteins bilden kleinere Höhlen und Spalten und grober bis mittelgrober heller Kies oder Sand (4–6 mm) liefert den Bodengrund. Helles Licht (Lichtstärke 3–4) bildet durch die bewegte Oberfläche tanzende Lichtflekken. Das Meerwasser sollte einen pH-Wert von 8,0–8,3 und eine Temperatur von 18–21 °C haben.

Die für diesen Lebensraum notwendige technische Ausrüstung besteht aus luftgetriebenen Filtern (Mammutpumpen), einem Eiweißabschäumer und einem Außenfilter mit mechanischer und biologischer Filterung mit großem Durchflußvermögen. Die Bewegung der Wasseroberfläche kann durch die luftgetriebenen Mammutpumpen und durch einen Ausströmerstein erreicht werden, gegebenenfalls durch eine Turbelle.

Es gibt eine vielfältige Auswahl von Bewohnern eines solchen Mittelmeeraquariums. Die hier gewählten Fische sind: a) Gemeines Seepferdchen *(Hippocampus guttulatus)*, b) Mittelmeerlippfisch *(Crenilabrus mediterraneus)*, c) Mönchsfisch *(Chromis chromis)*, d) Meerpfau *(Thalassoma pavo)*, e) Roter Fahnenbarsch *(Anthias anthias)*, f) Schwarzgrundel *(Gobius niger)*, g) Schleimfisch *(Blennius gattorugine)*.

Aus der großen Vielfalt der Wirbellosen, die im Mittelmeer vorkommen, werden die folgenden Arten gezeigt: h) Mittelmeer-Zylinderrose *(Cerianthus membranaceus)*, i) Steckmuschel *(Pinna nobilis)*, j) Seeigel *(Cidaris cidaris)*, k) Miesmuschel *(Mytilus edulis)*, l) Wachsrose *(Anemonia sulcata)*, m) Pilgermuschel *(Pecten jacobens)*, n) Koralle *(Cladocora cespitosa)*, o) Gelbe Krustenanemone *(Parazoanthus axinellae)*, p) Röhrenwurm *(Spirographis spallanzani)*, q) Weichkoralle *(Alcyonium palmatum)* und r) Schwamm *(Axinella verrucosa)*.

Ein Korallenriff des Indischen Ozeans

Allgemeine Charakterisierung: farbige, vielfältige und lebendige Gemeinschaft von Meereslebewesen, unterschiedliche Gestaltungsweisen möglich, viele Arten stehen zur Verfügung.

Bodengrund und Einrichtung: Muschel- und Schneckenschalen, ganz oder als Muschelbruch; reiner Korallensand und Kies von 2–4 mm Durchmesser; Kalkgestein und Korallenskelette.

Wasserbeschaffenheit und Licht: reines Seewasser, pH 8,2–8,4; 24–28 °C; kräftige Beleuchtung (Lichtstärke 4).

Wasserbewegung: starke Oberflächenbewegung und Turbulenz durch Ausströmersteine; wirksame Filterung und Wasserumwälzung.

Empfohlene technische Ausrüstung: Motor-Außenfilter; Eiweißabschäumer; UV-Strahler.

Artenbeispiele:

FISCHE:	*Dasyatis kuhlii*	Blaugefleckter Rochen
	Caranx speciosus	Königsmakrele
	Heniochus acuminatus	Wimpelfisch
	Odonus niger	Blauer Drückerfisch
	Holocentrus ruber	Streifen-Husar
	Pterois volitans	Rotfeuerfisch
	Lutjanus spec.	Schnapper-Arten
	Plectorhynchus spec.	Süßlippen-Arten
	Chaetodon spec.	Falterfische
	Pomacanthus spec.	Kaiserfische
	Amphiprion spec.	Anemonenfische
	Abudefduf spec.	Riffbarsche
WIRBELLOSE:	*Stoichactis* spec.	Seeanemonen
	Stichopus spec.	Seegurken
	Tubastrea aurea	Steinkoralle
	Fungia fungites	Pilzkoralle
	Palythoa tuberculosa	Steinkoralle
	Acropora spec.	Baumkoralle
	Porites spec.	Lochkoralle
	Cypraea tigrina	Tigerkauri
	Diadema setosum	Diademseeigel
	Pentaceraster mammillatus	Seestern
	Fromia spec.	Seestern-Art
	Aniculus maximus	Einsiedlerkrebs
	Scyllarides spec.	Bärenkrebse

Der Nordatlantik

Allgemeine Charakterisierung: tief, dunkel und geheimnisvoll; flächiger dunkler Bodengrund mit Lichtflecken.

Bodengrund und Einrichtung: Bodengrund aus Kies oder Sand, mit Steinen vermischt; im Hintergrund Felsenriffe mit großen Löchern für Crustaceen und Vorsprüngen für Seeanemonen und Muscheln; die Höhlungen und Überhänge sollten bis an die Wasseroberfläche reichen.

Wasserbeschaffenheit und Licht: reines Seewasser, pH 8,0–8,4; 6–10 °C; schwache und diffuse Beleuchtung des Hintergrundes (Lichtstärke 1–2), mit Strahlern für bestimmte Nischen und den Vordergrund.

Empfohlene technische Ausrüstung: bakterieller und mechanischer Außenfilter einschließlich eines Kühlaggregates; Belüftung; Eiweißabschäumung und eventuell ein UV-Strahler.

Artenbeispiele:

FISCHE:	*Scyliorhinus canicula*	Kleingefleckter Katzenhai
	Raja clavata	Nagelrochen
	Platichthys flesus	Flunder
	Lophius piscatorius	Seeteufel
	Cyclopterus lumpus	Seehase
	Trigla lucerna	Knurrhahn
	Labrus mixtus	Lippfisch
	Trisopterus minutus	Zwergdorsch
	Pollachius pollachius	Pollack
	Conger conger	Meeraal
	Dicentrarchus labra	Brasse
WIRBELLOSE:	*Arctica islandica*	Kammuschel
	Pecten maximus	Große Kammuschel
	Modiolus modiolus	Große Miesmuschel
	Tealia felina	Dickhörnige Seerose
	Calliostoma zizyphinum	Gemalte Kegelschnecke
	Cancer pagurus	Taschenkrebs
	Palinurus elephas	Hummer
	Eupagurus bernhardus	Einsiedlerkrebs
	Galathea spec.	Hummer-Art
	Psammechinus miliaris	Strandigel
	Echinus esculentus	Eßbarer Seeigel
	Holothuria forskali	Seewalze
	Ciona intestinalis	Seescheide
	Metridium senile	Seenelke

5 Das technische Zubehör

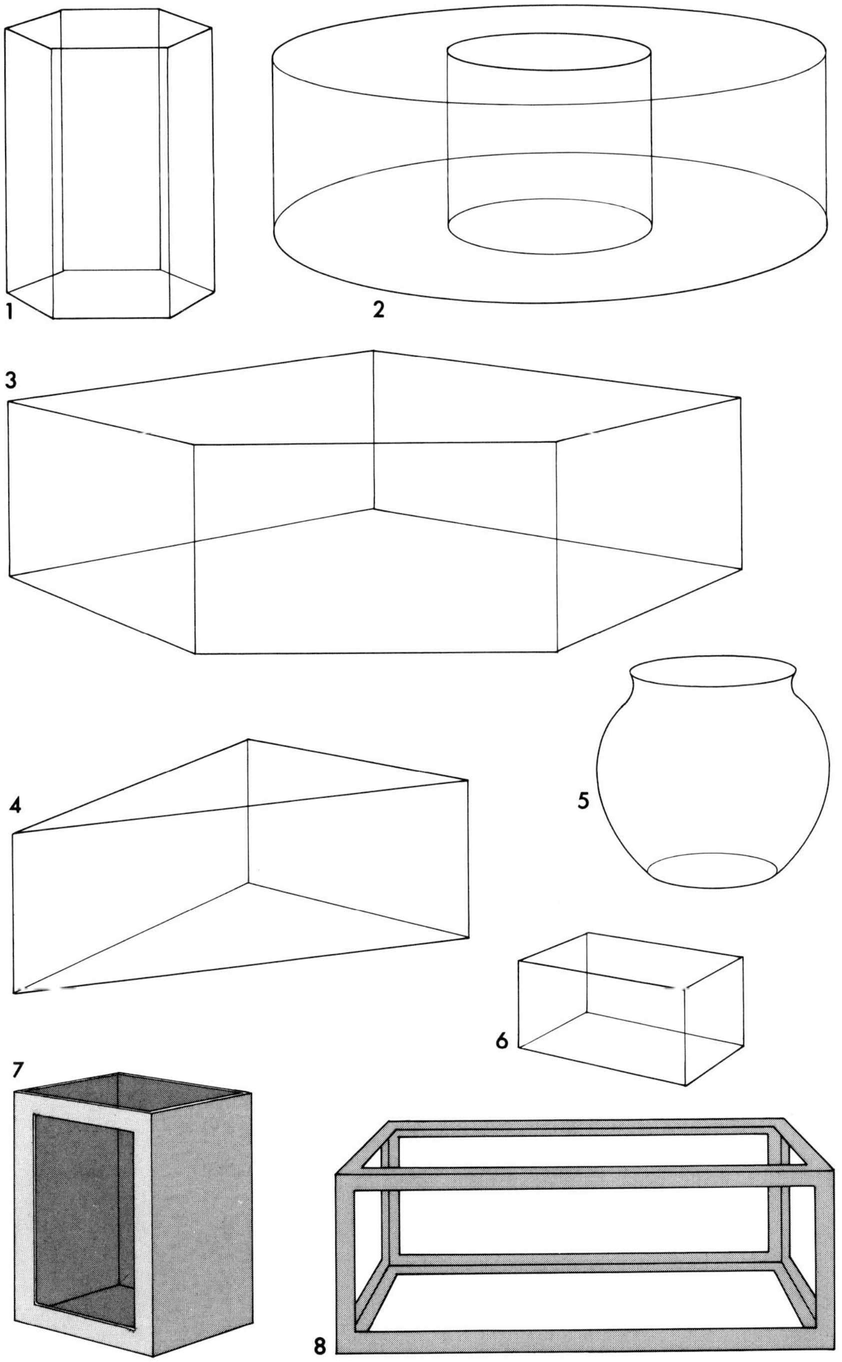

Aquarienbehälter können aus Glas, Kunststoff, Holz, Eisen oder Beton in allen Formen und Größen gefertigt werden. Eine Auswahl davon ist oben dargestellt. Das Aussehen des eingerichteten Aquariums und das Verhältnis zwischen Behälter und Wohnungseinrichtung hängen in starkem Maße von dem Material ab, aus dem das Becken hergestellt ist.
1) Hexagonales Glas- oder Acrylbecken.
2) Ringförmiges Glas- oder Acrylbecken.
3) Eckaquarium mit drei Sichtscheiben.
4) Dreieckiges Ganzglasbecken. 5) Goldfischglocke, die leider im Zoofachhandel immer noch angeboten wird. 6) Herkömmliches Ganzglas-Aquarium. 7) Holzaquarium (es kann auch ein großer Metallbehälter sein) mit einer Sichtscheibe.
8) Rahmenaquarium mit Aluminium-, Eisen- oder Kunststoffrahmen.

Um wasserlebende Tiere halten zu können, gehört zu einem funktionierenden Aquarium nicht nur der Behälter allein, sondern zahlreiches technisches Zubehör, je nach den Ansprüchen der Pfleglinge. Hierzu zählen Geräte mit denen man die Belüftung, die Wasserbewegung, die Temperatur, die Beleuchtung, sowie die Konzentration gelöster und schwebender Stoffe überwachen und beeinflussen kann. Für jeden Aquarientyp gibt es eine Vielzahl an technischem Zubehör, das in diesem Kapitel vorgestellt werden soll. Dabei wird jeweils das Material aus dem es besteht, die Bau- und die Arbeitsweise erläutert und es wird beschrieben, wie diese Geräte zu einem wirkungsvollen System zusammengestellt werden können.

Der Aquarienbehälter

Ein Aquarium kann man aus allen möglichen Materialien bauen, die wasserundurchlässig sein müssen, ungiftig für die Lebewesen und genügend stark um das Gewicht des Wassers zu tragen, und außerdem muß man an ihnen die Zubehörteile anbringen können. Ein solches Becken muß eine ausreichend große Menge Wasser fassen und eine für die Lebewesen geeignete Form aufweisen. Man sollte das Innere des Aquariums beobachten können, in der Regel durch transparente Wände aus Glas oder Plastikmaterial, gegebenenfalls auch durch die Wasseroberfläche, und bei einigen wenigen wissenschaftlichen Versuchen werden sogar in großen Becken ferngesteuerte Kameras eingesetzt. Im allgemeinen besitzt ein Aquarium mindestens eine Sichtscheibe.

Form und Material

Es gibt viele Aquarienformen, vom herkömmlichen rechteckigen Becken bis hin zu außergewöhnlichen Behältern und Spezialbecken in L-Form, als Dreieckbecken, mit gebogener Frontscheibe, mehreckige Behälter, eingebaute Aquarien mit nur einer Vorderscheibe aus Glas, und Formen die in Kitsch übergehen, wie etwa ein riesiges Champagnerglas als Aquarium. Auch derartiges gibt es. Aquarien können spezialgefertigt werden, um jedem Geschmack entsprechen zu können und sich an jede vorhandene Wohnungseinrichtung anzupassen. Andererseits können auch entsprechende Behälter, die eigentlich für andere Zwecke gedacht waren, mitunter leicht zu Aquarien umgebaut werden, wie etwa Industriebehälter und Kanister. Es gibt sogar Leute, die sich zunächst ein Schwimmbecken in ihr Haus einbauten und dieses dann später zu einem Riesenaquarium umfunktionierten.

Die häufigsten und gebräuchlichsten Größen reichen von 50 bis 1500 Liter. Aber das Fassungsvermögen kann einerseits ¼ Liter betragen, wie etwa beim Marmeladenglas eines Kindes, mit dem viele Aquarianer begonnen haben, bis andererseits zu Schaubecken von einer Million oder mehr Litern in großen öffentlichen Aquarien. Die Größe wird wie die Form in erster Linie durch praktische und ästhetische Überlegungen bestimmt, je nach Wohnungseinrichtung, Material und Kosten. Der Aquarianer muß dabei die Erfordernisse der zu pflegenden Lebewesen mit in Betracht ziehen, weiterhin, welche Aufgabe das Aquarium erfüllen soll, und auch auf die bereits vorhandene praktische Erfahrung und die für die Pflege verfügbare Zeit Rücksicht nehmen.

Und so baut man ein Ganzglas-Aquarium, in diesem Fall ein Eck-Aquarium. Die gleiche Verfahrensweise kann auch für den Bau anderer Aquarienformen und -größen eingesetzt werden, auch für solche, wie sie im Haupttext erwähnt sind. Das Glas sollte man fertig zugeschnitten vom Glaser kaufen. Es kann hilfreich sein, wenn man bei der Planung des Aquariums aus Pappkarton ein Modell anfertigt. Auf diese Weise kann man die Plazierung und die Wirkung des Aquariums im Zimmer testen und die endgültige Größe genauer festlegen.

Außer Glas und transparentem Kunststoff, die besonders für die Sichtscheiben immer noch die wesentlichen Werkstoffe sind, werden Aquarien heute auch aus Glasfiber, Holz, Zement, Asbest oder Metall hergestellt. Alle diese Materialien sind für Aquarien kräftig und stabil genug.

Glasaquarien

Mit der Erfindung des Silikonkautschuk-Klebstoffes in den 60er Jahren wurde es möglich, zwei Glasscheiben sehr fest und wasserdicht miteinander zu verbinden und so ein rahmenloses Glasaquarium zu bauen. Solche Ganzglasbecken (unter »Vollglasbecken« versteht man eigentlich die früher üblichen rahmenlos gegossenen Glasbecken) lassen sich leicht und recht billig in verschiedenen Größen und Formen herstellen und erlauben aus allen Richtungen einen guten Einblick in den Behälter. Sie rosten nicht, weisen keine giftigen Metalle auf, der Kitt trocknet nicht aus, so daß das lästige Neuverkitten der Rahmenaquarien entfällt.

Silikongeklebtes Glas muß etwas dicker als die Glasscheiben eines Rahmenaquariums sein. Ein Ganzglasbecken sollte auch fest auf einer Unterlage stehen, die nicht wackelt. Dazu ist ein stabiler Unterbau erforderlich, und der Behälter sollte außerdem zur Isolierung und Polsterung auf einer Styroporplatte stehen. Wenn das Aquarium an einem festen Standort plaziert ist, wie auch besonders während des Transportes, muß vor allem darauf geachtet werden, daß die ungeschützten Glasecken nicht beschädigt werden und man sollte das Becken auch nur anheben, wenn es leer oder fast leer ist.

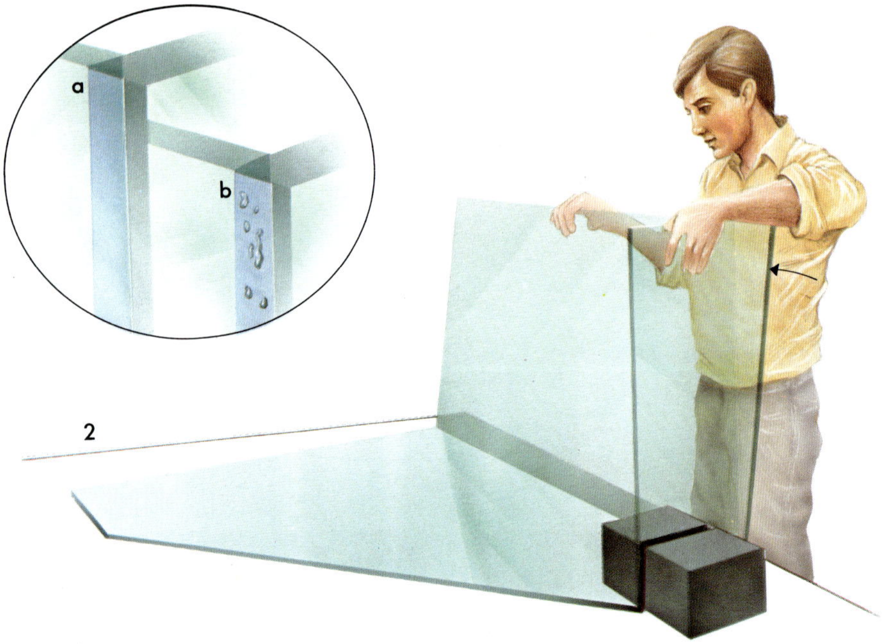

1 Vor dem Verkleben werden alle Kanten und Klebeflächen mit Aceton entfettet und gereinigt. Die saubere und trockene Bodenscheibe wird auf eine ebene Arbeitsfläche gelegt und ein dicker Wulst aus Silikonkleber mit Ausnahme der Frontscheibe entlang aller Kanten aufgetragen.
2 Die erste Seitenscheibe wird aufgesetzt und in den Klebewulst auf der Bodenscheibe gedrückt. Falls notwendig kann man Stützblöcke, etwa Holzblöcke, verwenden. Als nächstes wird die benachbarte Rückscheibe an ihren Platz gebracht und sowohl in den Klebewulst der Bodenscheibe als auch gegen die Kante der Seitenscheibe gedrückt, die vorher ebenfalls einen Klebstoffwulst erhielt. Die Scheiben werden von außen mit Klebeband in ihrer Lage fixiert.

Detailzeichnung: Der Kleber muß als durchgehender und gleichmäßiger Wulst aufgetragen werden, so daß eine blasenfreie Klebung erfolgt (a). Wenn die Klebekante nicht blasenfrei ist (b), können undichte Stellen die Folge sein.
3 Die zweite Rückscheibe und die zweite Seitenscheibe werden an ihre Plätze gebracht und auch hier die Außenkanten mit Klebeband fixiert.

4 Alle Innenkanten werden mit Kleber ausgefüllt (a) und der Klebstoff wird mit einem Finger angedrückt und geglättet (b). Man läßt das Aquarium mindestens einen Tag stehen damit der Kleber aushärten kann. Dann wird die Vorderscheibe eingesetzt und verklebt.

7 Die für Aquarienscheiben notwendige Glasstärke steigt mit der Beckenhöhe und der Scheibenlänge. Die Graphik zeigt sechs Kurven (a–f) für unterschiedliche Glasstärken. Abgetragen sind die Scheibenhöhe (vertikale Achse) gegen die Scheibenlänge (horizontale Achse) in Zentimetern. Der Schlüssel für die Scheibenstärken lautet wie folgt:

	senkrechte Scheiben	Bodenscheiben
a	4 mm	6 mm
b	5 mm	6 mm
c	6 mm	10 mm
d	10 mm	12 mm
e	12 mm	15 mm
f	15 mm	20 mm

Um ein Beispiel zu nennen: Für eine Scheibe von 70 cm Höhe und 75 cm Länge gibt die Graphik für die notwendige Glasstärke die Kurve d an. Diese Kurve bedeutet, daß entsprechend der obigen Tabelle 10 mm starke Scheiben für Front-, Seiten- und Rückwände und eine 12 mm starke Bodenscheibe gewählt werden müssen.

7

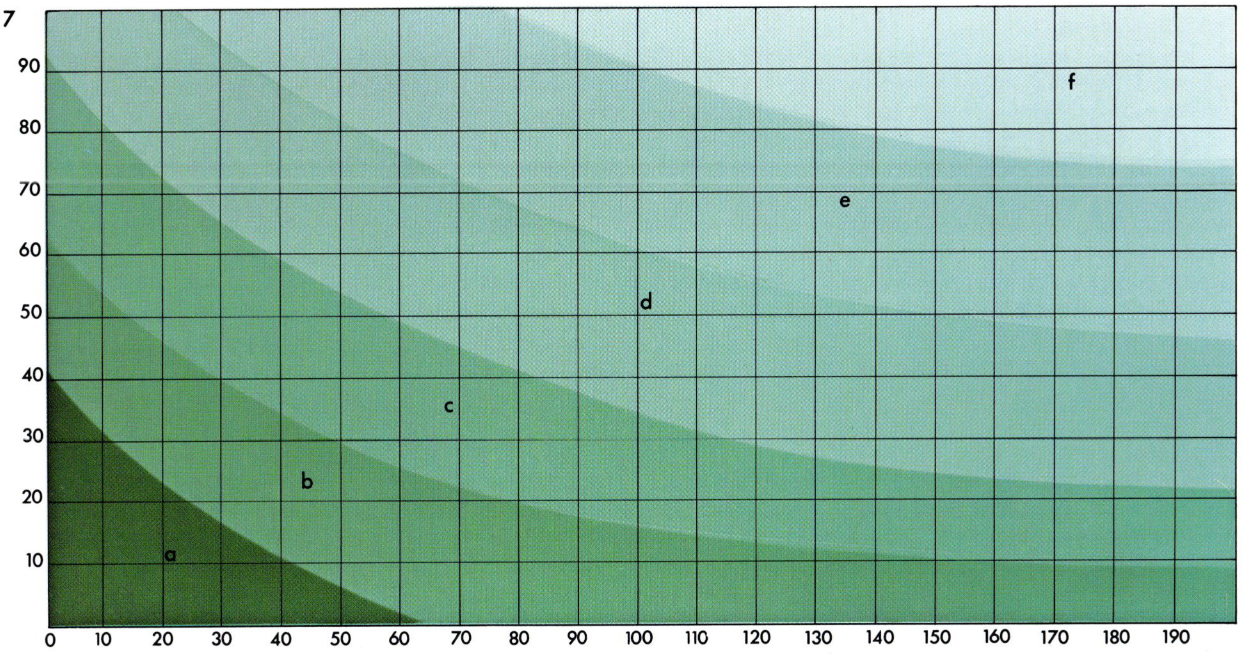

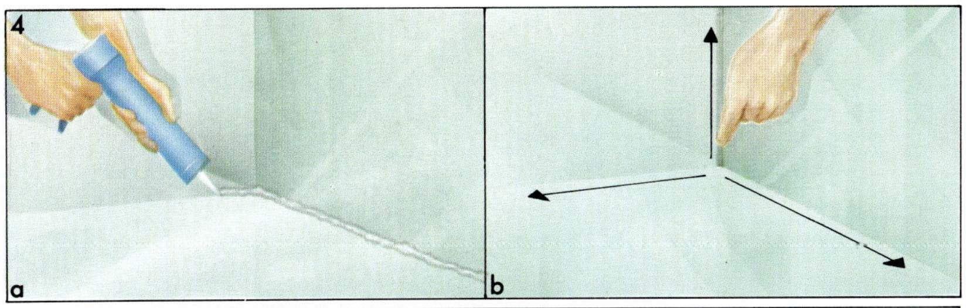

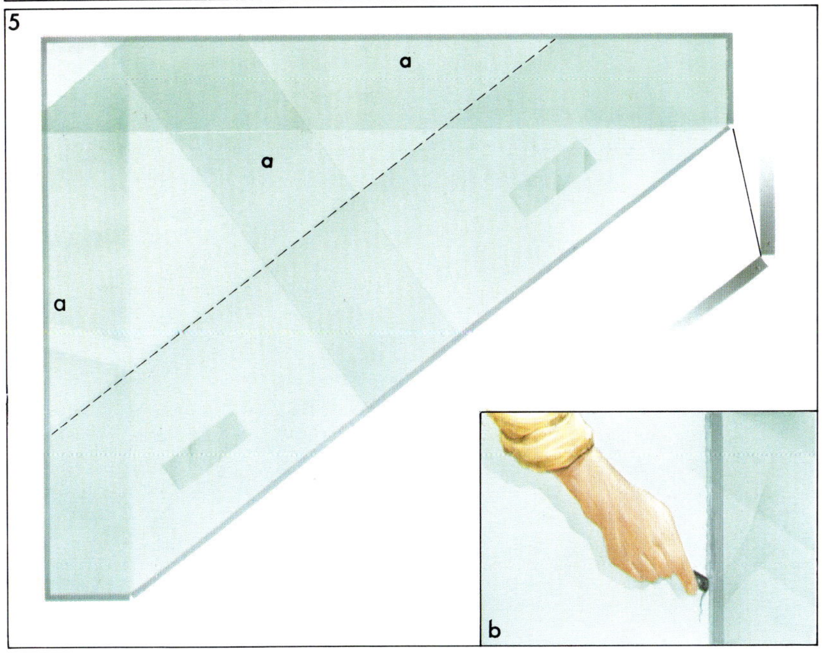

6

5 Der Blick von oben zeigt wie die verschiedenen Scheiben miteinander verbunden werden und wo Querstreben (a) eingesetzt werden müssen. Die Teilung der Deckscheibe ist durch die gestrichelte Linie angegeben. Die Detailzeichnung zeigt, wie die Kanten der Vorderscheibe mit den Kanten der Seitenscheiben eine V-förmige Lücke bilden. Dieser Zwischenraum muß mit Kleber ausgefüllt werden. Auch die Innenkanten müssen wie dargestellt verklebt werden. b) Mit einer Rasierklinge läßt sich herausquellender Klebstoff an den Außenseiten entfernen.

6 Das fertiggestellte Aquarium mit aufgesetztem Deckel. Die Glaskanten, an denen die Querbrücken verklebt sind, wurden mit dargestellt (a). Diese Brücken sind ebenfalls mit Kleber verleimt, wobei sie vor dem Aushärten von unten mit Brettchen oder ähnlichem gestützt werden müssen.

Rahmenaquarien
Viele Aquarien geringer bis mittlerer Größe bestehen aus Glasscheiben, die in einen Rahmen aus geschweißtem Winkeleisen oder – weniger häufig – auch in Rahmen aus Aluminium oder Plastik eingelassen sind. Diese Aquarien sind sehr haltbar und bieten gute Sichtbedingungen. Eisenrahmen sind jedoch rostanfällig, besonders wenn man sie für Seewasseraquarien verwendet. Man kann sie mit einem Schutzüberzug versehen, beispielsweise das Metall galvanisieren lassen oder anstreichen, etwa mit Zink, Chrom, Emaille oder aber auch mit Plastik wie beispielsweise Nylon. Diese Werkstoffe unterscheiden sich in ihrer Haltbarkeit, aber auch die Kosten variieren entsprechend. Ein rostfreier Stahlrahmen, z. B. aus V_2A-Stahl, wird häufig verwendet, aber er ist recht teuer, und auch dieses Material rostet in warmem salzigem Wasser. Plastikrahmen werden für kleinere Aquarien bis etwa 20 Liter Inhalt verwendet. Sie sehen gut aus und rosten nicht, Plastik ist aber nicht stabil genug für größere Becken.

Glastypen
Für Klarglasscheiben wird ein Glas benutzt, das aus Silikat, Soda und Kalk hergestellt wird. Der gebräuchlichste Typ für Scheiben bis 25 mm Stärke ist am Band hergestelltes Industrieglas.

Für sehr dicke Glasscheiben aus Kristallspiegelglas wird jede Scheibe einzeln gegossen und glattpoliert. Dieses Glas ist teuer, doch ist seine optische Qualität erheblich besser. Schichtglas wird dadurch hergestellt, daß abwechselnd Glasscheiben und dünne Plastikfolien, beispielsweise Polyvinyl, miteinander verbunden werden. Auf diese Weise lassen sich außergewöhnlich haltbare Scheiben bis zu einer Stärke von 200 mm herstellen, sogar schußsicheres Glas.

Glas läßt sich durch rasche Abkühlung härten, damit es eine feste Oberfläche mit hoher Schlagfestigkeit gewinnt. Derartiges Glas ist für ein Aquarium im allgemeinen unbrauchbar, weil seine starke innere Spannung es sofort zerbrechen läßt, wenn es nur leicht beschädigt wird. Drahteinlagen erhöhen die Stärke einer Glasscheibe nicht, sie halten das Glas nur zusammen wenn es brechen sollte.

Verglasungstechniken
Die erfolgreiche Verglasung hängt von der Wahl des Materials und von seiner richtigen Behandlung ab. Silikonkautschuk und einige Acrylklebstoffe bleiben elastisch wenn sie ausgehärtet sind. Sie sind vor allem dann nützlich, wenn Glasscheiben in einen Rahmen eingeglast werden, der sich je nach Temperatur ausdehnen oder kontrahieren kann. Die meisten Klebstoffe sind transparent und fallen deshalb bei rahmenlosen Aquarien zwischen Glas- oder Plastikscheiben kaum auf. Leinölkitt und andere zur Verglasung benutzte Glaskitte neigen dazu mit der Zeit auszutrocknen und zu brechen, man sollte sie mit einem Schutzanstrich versehen. Einige Kitte enthalten auch Gifte, wie etwa Arsenverbindungen, daher ist es notwendig, sich vor Gebrauch über den Kitt entsprechend zu orientieren.

Zunächst müssen metallene und hölzerne Rahmen geglättet und grundiert werden. Plastikmaterial wird sorgfältig entfettet. Bei Zement- oder Glasfaseraquarien müssen die Oberflächen der eingelassenen Fugen vollständig eben sein. Auch dort kann eine Grundierung oder Versiegelung erforderlich sein. Das Glas sollte fachmännisch zugeschnitten und geschliffen oder entgratet sein, damit keine Sprünge entstehen. Vor dem Einbau müssen die Scheiben mit Wasser und einem Reinigungsmittel gereinigt werden, das dann mit klarem Wasser wieder abgespült wird, oder mit einem nichtkratzenden Mittel wie Methylalkohol. Die Oberflächen sollten gut trocknen und die übrigen Kanten oder Flächen dürfen nicht mehr berührt werden.

Nach diesen Vorbereitungen kommt es bei der Verglasung eines Aquariums vor allem darauf an, den Klebstoff mit größter Vorsicht aufzutragen, so daß ein gleichmäßiger Wulst oder eine gleichmäßige Schicht entsteht, in der keine Luftblasen auftreten. Die Glas- oder Plastikscheibe wird dann mit gleichmäßigem Druck gegen ihre Oberfläche oder gegen die Kanten eingesetzt und solange in dieser Stellung fixiert, bis der Kleber vollständig ausgehärtet ist. Wenn ein Aquarium fertig verglast ist, besonders dann wenn das Becken tief ist, sollten größere Druckschwankungen vermieden werden, etwa beim Füllen und Leeren des Behälters. Vor allem bei Aquarien, die aus Holz, Eternit oder anderen Werkstoffen gefertigt sind und in die nur eine Frontscheibe eingelassen ist, kann die Scheibe sonst herausfallen oder sich verschieben. Wenn man ein derartiges Aquarium leert, sollte man die Scheiben gegebenenfalls abstützen.

Die Herstellung eines Ganzglas-Aquariums
Die folgende Zusammenstellung gilt für ein relativ kleines Aquarium von 90 Litern Fassungsvermögen, das entsprechend der Bauanleitung auf den Seiten 150–151 anzufertigen ist. Nach dem gleichen Schema lassen sich auch Aquarien in anderer Form oder Größe zusammenbauen, aber man sollte dabei auf die sorgfältige Berechnung der Stärke der Scheiben achten. Die erforderliche Scheibendicke muß mit der Wasserhöhe und der Scheibenlänge zunehmen und läßt sich nach der Grafik auf Seite 151 bestimmen. Für die Bodenscheibe des Aquariums kann man etwas dickeres aber dennoch billigeres Rohglas verwenden, das erhöht die Stabilität und senkt die Kosten.

Die Außenabmessungen betragen 75 × 30 × 40 cm. Folgendes Material ist erforderlich:

Glasscheiben von 6 mm Stärke in folgenden Abmessungen:

Bodenscheibe:	1 Scheibe	750 × 300 mm
Front- und Rückscheibe:	2 Scheiben	750 × 394 mm
Seitenscheiben:	2 Scheiben	288 + 394 mm
obere Stege:	2 Scheiben	750 × 50 mm

Klebstoff: Silikonkautschuk, 1 Patrone mit 350 cm^3 Inhalt.
Klebeband: 1 Rolle mit bis zu 5 cm Bandbreite.

Kunststoffaquarien

Kunststoff ist ein Material, das durch Polymerisation verschiedener organischer Verbindungen oder aus Kohlenstoffverbindungen entsteht, von denen die meisten aus Erdöl hergestellt werden. Unter Polymerisation versteht man die Bildung langer Atomketten zu Riesenmolekülen. Zu den modernen Kunststoffen gehören Epoxidharze und Polyesterverbindungen, Acryl, Nylon, Polyäthylen, Polyvenylacetat und Polyvenylchlorid (PVC), Polystyrol, Polypropylen, Butyl und Neopren.

Im allgemeinen ist Kunststoffmaterial fest. Das Wort Kunst«harz» erinnert an flüssige Polymere, aber einige Kunstharze härten sehr stark aus, wenn sie unter Druck mit einem Katalysator oder Härter erhitzt werden. Andere Kunstharze erhärten selbst bei Zimmertemperatur und normalem Luftdruck mit zusätzlichen Beschleunigern sehr rasch. Viele häufig gebrauchte Kunstharze sind kalthärtende Polyester, die auf diese Weise fest werden. Bestimmte Polymere können durch verschiedene Zusatzstoffe zäher oder härter gemacht werden. Beispielsweise enthalten glasfiber- und kohlenstoffverstärkte Kunststoffmaterialien sehr feine Fasern aus Glas oder Kohlenstoff. Papier-, Baumwoll- oder Holzstaub kann mit Kunststoff zu dauerhaften Platten oder festen Füllmaterialien verarbeitet werden. Andere Zusätze erhöhen die Flexibilität des Endproduktes, beispielsweise von PVC-Vorhängen und Hochdruckröhren.

Kunststoff im Aquarium
Kunststoffmaterialien sind besonders fest, von Chemikalien im allgemeinen schwer anzugreifen und deshalb im Wasser ungiftig. Einige Kunststoffe sind so transparent wie Glas. Eine weitere Eigenschaft von Kunststoff, die eine besondere Bedeutung für die Herstellung von Aquarienzubehör hat, ist seine Fähigkeit zu Kästen, Röhren, großen Scheiben, Zylindern, Verbindungsstücken und in alle möglichen Formen gepreßt oder gezogen werden zu können. Viele Haushalts- und Industriegegenstände aus Kunststoff lassen sich im Aquarium bestens verwenden, entweder sofort, oder nachdem sie etwas bearbeitet wurden, beispielsweise Siebe, Eisschrankbehälter, Trichter, Schalen usw.

Acrylscheiben, besonders Plexiglas und Perspex, werden zunehmend als Glas-

1

Die Herstellung eines glasfaserverstärkten Kunststoffaquariums. Zunächst muß die Form gebaut werden. Der Boden dieser Negativform sollte etwas kleiner als die Oberkante werden, damit man die Form leichter aus dem Becken entfernen kann nachdem das Polyester ausgehärtet ist. Die Oberfläche der Form muß sorgsam geglättet und alle Nägel und Schrauben müssen versenkt werden, die Löcher spachtelt man aus und glättet mit Sandpapier nach.

1 Die Form wird mit einem Trennmittel eingestrichen, so daß sie hinterher leichter vom fertigen Aquarium zu entfernen ist.

2 Geeignete Stücke aus Glasfasermatte werden zurechtgeschnitten und über die Form gelegt. Der Stoff wird mit Polyesterlösung getränkt, und die Lösung mit einer steifen Bürste (a) oder einer Metallrolle eingearbeitet. Dabei dürfen zwischen den Stoffbahnen keine Luftblasen zurückbleiben. Die verschiedenen Glasfasermatten werden entsprechend der Zeichnung (b, c) angeordnet.

3 Wenn die Lösung ausgehärtet ist, wird die Form entfernt und die Ecken der geplanten Sichtscheibe werden durch Bohrlöcher markiert. Mit einer Stichelsäge wird dann die Öffnung für die Sichtscheibe ausgeschnitten und die Kanten glattgefeilt und geschliffen.

4 Das Becken wird mit der Öffnung für die Sichtscheibe nach unten auf die Seite gelegt und ein durchgehender Silikonwulst gleichmäßig um diese herumgelegt.

5 Das Aquarium wird halb über die Kante der Werkbank gezogen und die Scheibe wird wie angegeben eingesetzt.

2

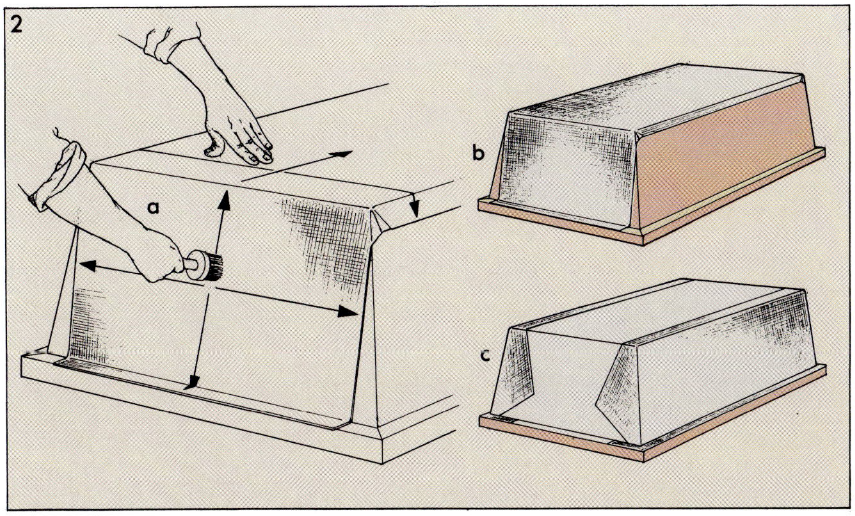

3

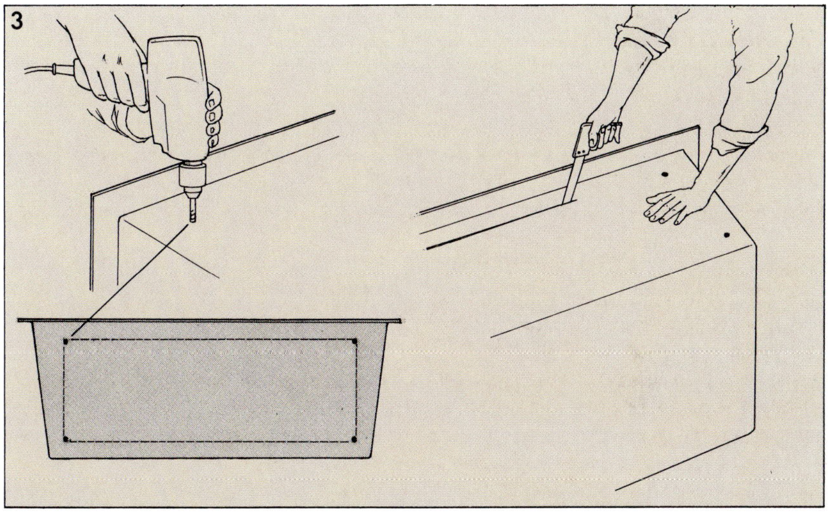

4

5

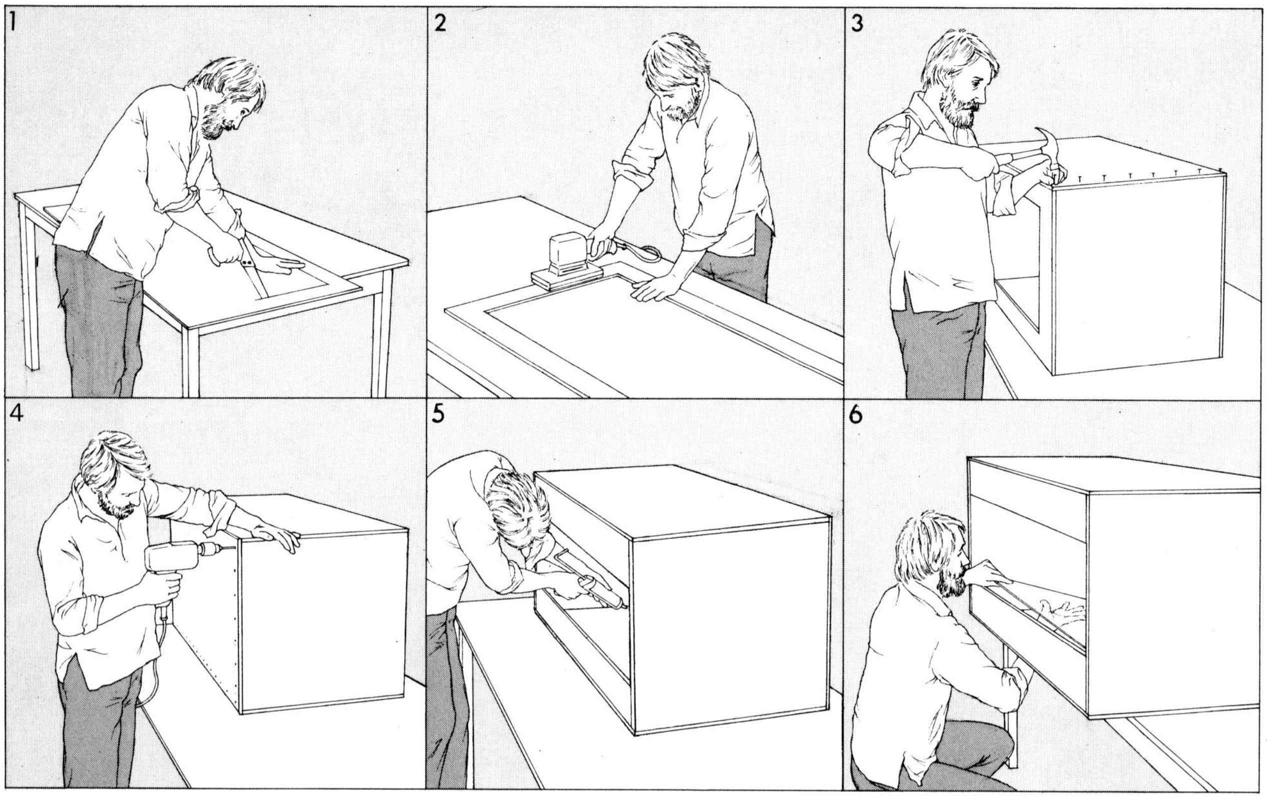

Der Bau eines Holzaquariums mit einer Sichtscheibe.

1 Die Sichtöffnung wird aus der Vorderfront herausgesägt, so daß ringsum ein Rand von mindestens 7 cm Breite bleibt.

2 Die Sägekanten werden glatt geschliffen.

3 Die Seitenbretter, das Bodenbrett und die Rückfront werden zurechtgesägt, mit wasserfestem Holzleim verleimt und mit Haftnägeln in ihrer Lage fixiert. Die Seitenwände werden dabei zwischen die Front- und Rückwand eingepaßt, alle Wände sitzen auf der Bodenplatte.

4 Wenn der Leim ausgehärtet ist, werden die Heftnägel entfernt und im 10 cm-Abstand entlang der Seiten und der Oberkante der Vorderwand, der Rückwand und der Bodenplatte Löcher gebohrt. Dann wird das Becken mit Senkschrauben verschraubt. Löcher werden für Ein- und Ausleitung des Filters und die Luftzufuhr gebohrt und die Innenseite des Beckens wird mit zwei Lagen Kunstharzlack oder Zweikomponenten-Kunstharz gestrichen.

5 Wenn die zweite Schicht trocken ist, wird entlang der Innenkanten ein Wulst Silikonkleber aufgetragen und wenn dieser nach einem Tag ausgehärtet ist, wird eine dritte Schicht Kunstharz aufgetragen. Diese Schicht kann gegebenenfalls eingefärbt werden.

6 Ein Silikonwulst wird entlang der Innenkanten der Vorderscheibe aufgetragen und das Glas eingesetzt.

7 Kurze Holzstege werden dazu verwandt um auf die Scheibe einen gleichmäßigen Druck auszuüben während der Kleber aushärtet. Falls gewünscht, kann man die Front furnieren, um die Schrauben zu verdecken. Die Detailskizze zeigt, wie die Bodenplatte mit einer Seitenwand verschraubt und wo das Holz verklebt (a) und der Silikonkleber aufgetragen wird (b).

7

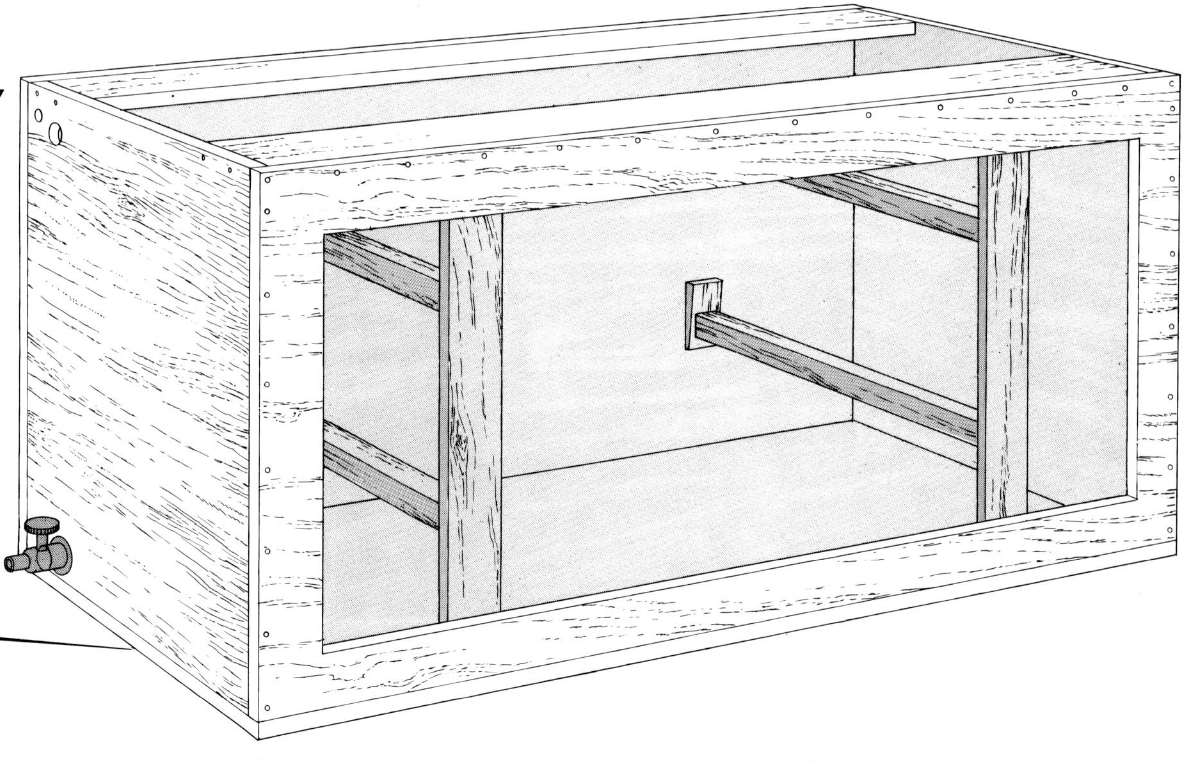

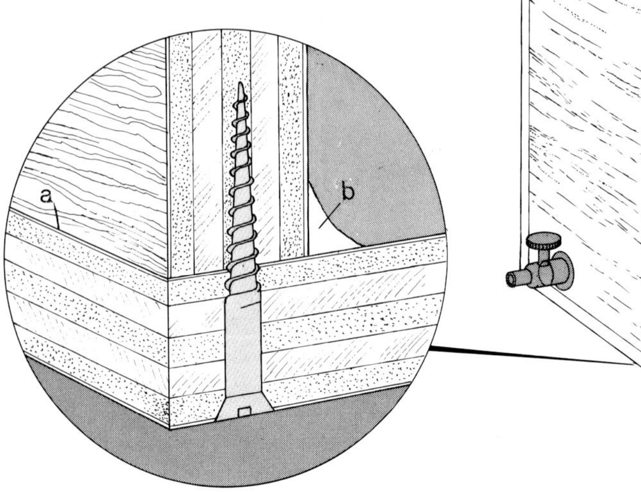

Wenn man die auf dieser und den vorangegangenen Seiten dargestellten Methoden benutzt, lassen sich Holz- und Glasaquarien in allen Formen und Größen herstellen. Hier wird beispielsweise ein Aquarium vorgestellt, das aus Holz und Glas geklebt wurde. Es wurde für eine rechtwinklige Zimmerecke geplant. Die zur Zimmerwand zeigenden Aquarienwände und der Boden sind aus Holz, während die drei anderen Seiten aus Glas sind. Ein Holzrahmen läuft entlang der Seitenkanten und der Ober- und Unterseiten. Die Aufsicht zeigt, wie zusätzliche Querstreben angebracht werden. Die Ausschnittzeichnungen verdeutlichen (a) die Silikonkleberverbindungen zwischen den Glaskanten und (b) wie die Rahmen, die die Scheiben halten, an der Bodenplatte befestigt wurden und wie der Silikonkleber die Ecke zwischen Scheibe und Bodenplatte ausfüllt.

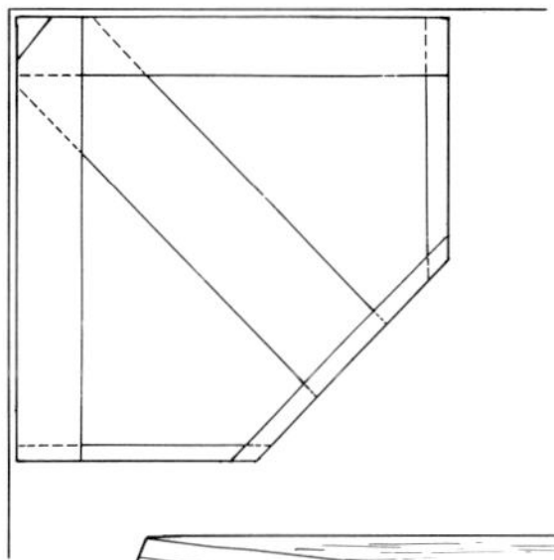

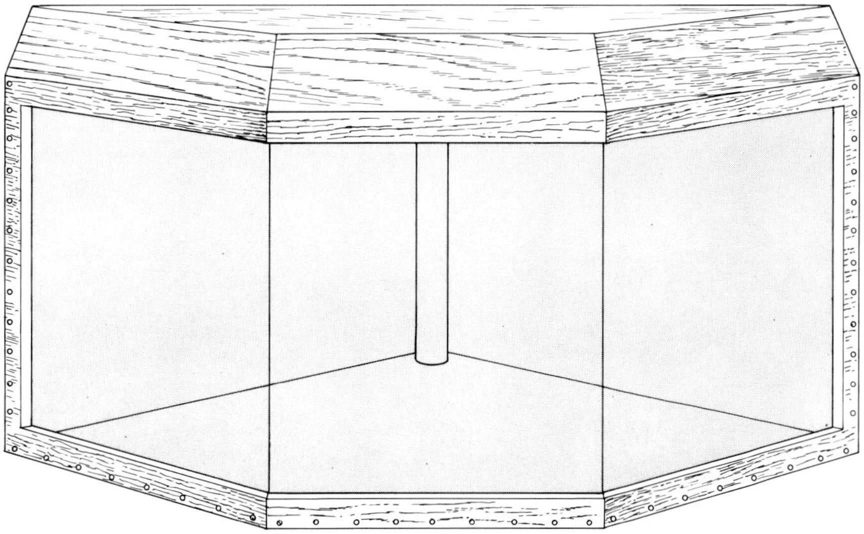

a

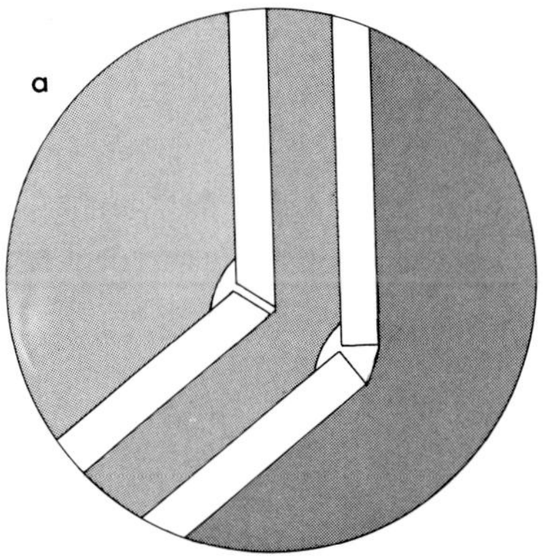

b

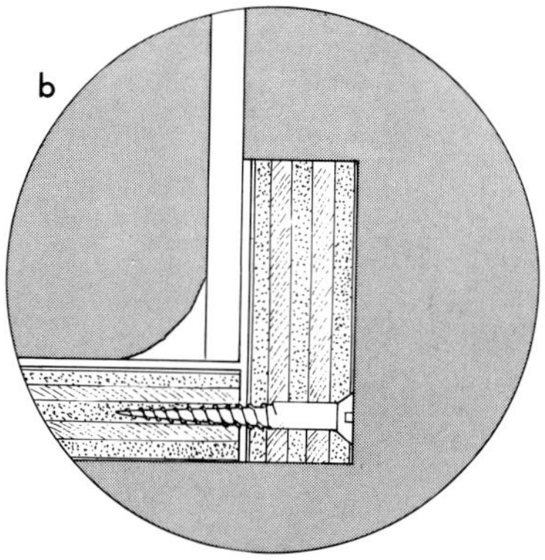

ersatz verwendet. Sie sind haltbar und können in beliebiger Form gepreßt werden. Sie lassen sich auch einfärben, andere Sorten sind lichtdurchlässig und wieder andere zeigen sehr gute optische Transparenz. Viele öffentliche Schauaquarien wurden schon mit Acrylscheiben verglast: riesige Scheiben von 20 m oder mehr Länge und über 5 m Höhe wurden bereits in mehreren Ländern in Aquarien eingebaut. Kleine Aquarien, meist bis etwa 60 Liter Fassungsvermögen, werden als Massenware durch Vakuumformung in einem Stück produziert. Diese vollständig transparenten Becken sind sehr leicht, steril und recht billig. Weil es ihnen jedoch an Festigkeit fehlt, ist ihre Größe begrenzt und man muß vorsichtig sein wenn man solche Aquarien in gefülltem Zustand anheben will. Einige Acrylstoffe sind nicht ganz so transparent wie Glas und vergilben manchmal wenn sie älter werden. Die Oberflächen von Acryl verkratzen überdies leichter als die von Glas, und Algenrasen lassen sich oft schwierig entfernen.

Glasfaserverstärkter Kunststoff

Glasfaserverstärkter Kunststoff vereinigt die Zähigkeit von Glasfasern mit der Festigkeit und anderen Qualitäten eines ausgehärteten Polymers. Auch das verhältnismäßig geringe Gewicht läßt es zu einem ausgezeichneten Material für vielerlei Zwecke werden. Seine Festigkeit variiert je nach dem Verhältnis des Anteils von Glasfasern zu Plastik, der Dicke des Materials und dem Typ der benutzten Glasfaserverstärkung, ob diese fest gewebt ist oder aus einer lockeren Matte besteht.

Glasfaserverstärkter Kunststoff ist sehr leicht zu handhaben: Abwechselnd werden Schichten von Glasfasermatten über eine entsprechende Form gelegt und mit flüssigem Polyester und zugemischtem Härter getränkt. Die Mischung läßt sich leicht formen und wird ohne Hitze- oder Druckbehandlung hart. Mit etwas Geschick und Sorgfalt lassen sich alle möglichen Aquarienzubehörteile aus glasfaserverstärktem Kunststoff herstellen. Dazu beginnt man am besten mit einfacheren Objekten, wie etwa mit einem Gefäß für Lebendfutter, bei denen man etwas Erfahrung sammelt, um dann zu schwierigeren Dingen überzugehen, wie Filterkästen oder Felsimitationen für die Dekoration.

Füllstoffe sind ein Puder, das mit dem Harz gemischt wird, um seine Masse zu vergrößern, so daß ein formbares Material entsteht, oder sie dienen dazu, um das Harz einzufärben. Talkum, Glimmer und oberflächenbehandeltes kristallines Calciumcarbonat sind die gebräuchlichsten Füllstoffe. Andere enthalten Metall- oder Vinylpuder oder -flocken, um Metalliceffekte oder eine opalisierende Wirkung zu erzielen, oder auch Sägemehl, durch das die Mischung ein Aussehen wie solides Holz erhält. Farbpigmente kann man ebenfalls hinzufügen, meist jedoch nur der ersten oder letzten Schicht, die die Oberfläche bildet. Der Gebrauch von Farbstoffen ist für den Aquarianer von besonderer Bedeutung wenn er eine attraktive und realistische Dekoration für sein Aquarium bauen möchte.

Der Bau eines glasfaserverstärkten Kunststoffaquariums

Praktisch alle Aquarienformen und -größen lassen sich mit glasfaserverstärktem Kunststoff herstellen. Wesentlich dabei ist, daß man die Stärke der Wände, des Bodens und der tragenden Elemente entsprechend ändert, wenn ein größeres Volumen gewählt wird. Ränder, die nicht mit Verstärkungen versehen sind, sind besonders empfindlich und sollten daher an der Oberkante verstärkt werden. Das fertige Aquarium ist leicht, gut zu transportieren, einfach zu bearbeiten und gegebenenfalls zu reparieren.

Der erste Arbeitsgang besteht darin, eine Form zu bauen. Durch diese Innenform erhält der Behälter eine glatte Innenfäche. Die Außenfläche unseres Aquariums wird später etwas rauh sein. Sperrholz ist für den Bau der Innenform gut geeignet. Um entsprechend der auf Seite 153 gegebenen Bauanleitung ein Becken von 900 Litern Inhalt herzustellen, ist folgendes Material notwendig:

Glasfaserstoff: 1 Rolle von etwa 17 m × 10 m.

Locker gewebte Glasfasermatte: 1 Rolle von etwa 20 m × 90 cm.

Polyesterharz: etwa 12 kg. Die Harzmenge entspricht etwa 2,5mal dem Gesamtgewicht der Glasfasermatte, die in diesem Beispiel etwa 5 kg wiegt. Dabei werden drei Schichten benötigt, von denen jede 5 Gramm pro Quadratdezimeter wiegt. Dieses Gewicht der Glasfasermatte pro Flächeneinheit bestimmt die Stärke des glasfaserverstärkten Kunststoffs im fertigen Zustand.

Härter.

Lösungsmittel. Dies ist ein besonderes Wachs oder ein Spray aus Cellulose-Acetat, mit dem die Negativform vorbehandelt wird, damit sie sich nach dem Aushärten vom Kunstharz wieder trennen läßt.

1 Roller zum Einarbeiten des Polyesterharzes.

Holzaquarien

Holz ist ein sehr geeignetes Material, um damit stabile und optisch ansprechende Aquarien unterschiedlicher Form und Größe zu bauen. Große Behälter bis zu 2 m Länge und Behälter für besondere Zwecke, etwa zum Transport lebender Tiere, lassen sich daraus mit einfachen Werkzeugen und ohne große Fachkenntnis bauen. Holz ist leicht erhältlich, dauerhaft, ungiftig und hat gute Isoliereigenschaften, außerdem ist es im Verhältnis zu seinem Gewicht recht elastisch und belastbar. Holzaquarien lassen sich ohne weiteres mit Ein- und Auslaßöffnungen, zum Beispiel für die Geräte, ausstatten, sie lassen sich innen aufteilen oder anderweitig verändern und nicht zuletzt schnell reparieren.

Allerdings muß man das Holz für ein Aquarium innen und außen sorgfältig imprägnieren und versiegeln, damit es wasserfest wird und nicht quillt und auch nicht fault oder von den Wasserlebewesen angegriffen wird. Am häufigsten werden Sperrholzplatten verwendet, sie bestehen aus mehreren Lagen dünner Holzschichten, die mit ihrer Maserung jeweils senkrecht zueinander unter Druck verleimt wurden. Für den Bau von Aquarien empfiehlt sich die Verwendung von seewasserfest verleimtem Sperrholz, das allerdings etwas teurer ist.

Die Herstellung eines Holzaquariums

Das folgende Material ist für den Bau eines Sperrholzaquariums von ca. 400 Litern nach der auf Seite 154 gegebenen Anleitung notwendig:

Seewasserfest verleimtes Sperrholz von 2 cm Stärke:

Boden:	1 Platte	120 × 55 cm
Vorder- und Rückseite:	2 Platten	120 × 58 cm
Seiten:	2 Platten	58 × 51 cm
Oberkanten:	2 Platten	116 × 7 cm

1 Glasscheibe, 6 mm stark, von 115 × 55,5 cm.

Silikonkleber: 2 Kartuschen, jede zu 350 cm^3.

Holzschrauben, Senkschrauben, 4 cm lang.

Holzleim, wasserfest.

Epoxyd- oder Polyesterharz, um das Becken innen wasserfest zu streichen.

Zementaquarien

Beton ist eine Mischung aus Zement, Sand, Kies und Wasser. Diese nasse Mischung härtet während des Abbindens aus und wird steinartig. Beton ist dauerhaft, vielseitig, wasserfest und ungiftig wenn er ausgehärtet und gewässert ist. Er läßt sich mit verschiedenen Materialien verstärken. Für den Aquarienbau wird meist ein Rahmen aus Stahldraht oder ein Drahtnetz in die erforderliche Form gebogen und verdrahtet. Glasfaser läßt sich ebenfalls verwenden.

Stahlbetonaquarien können in praktisch jeder Form und Größe gebaut werden,

Bei diesem biotechnischen System werden die natürlichen Prozesse lebender Organismen genutzt, um eine gute Wasserqualität zu erzielen. Das System besteht aus dem normal beleuchteten Schaubecken und einem Pflanzenfilter mit sehr starker Beleuchtung. Nährstoffreiches Wasser wird vom Schaubecken durch den Pflanzenfilter geleitet, wo die kräftig Photosynthese betreibenden Pflanzen die anorganischen Verunreinigungen und Kohlendioxid aufnehmen und organisches Material bilden. Sie geben Sauerstoff wieder ins Wasser ab, das über einen Überfluß wieder in das Schaubecken zurückgeleitet wird.

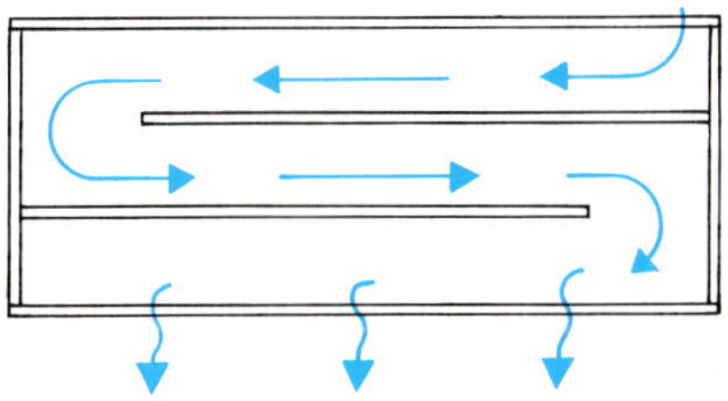

Der Wasserdurchfluß ist so gestaltet, daß das nährstoffreiche Wasser zunächst über kleine Steine fließt, auf denen Algen wachsen, dann über höhere Pflanzen, wie *Vallisneria*- und *Elodea*-Arten, die in sandgefüllten Behältern kultiviert werden, bevor es über herabhängende Pflanzen in das Schaubecken zurückläuft. Wenn die intensive Beleuchtung über dem Pflanzenfilter ausgeschaltet ist, sollte auch kein Wasser durch den Filter laufen.

Die Detailzeichnung (oben) zeigt die Anordnung von Trennscheiben, um das Wasser durch den Pflanzenfilter zu leiten. Der Wasserdurchfluß wird durch luftgetriebene Mammutpumpen erzielt. Die Luftpumpe (a) sollte in der Regel oberhalb des Wasserspiegels des Aquariums angebracht werden. Sollte das nicht möglich sein, so ist es ratsam, ein Rückschlagventil einzubauen (b), so daß es bei Ausfall der Pumpe nicht zu einer Rückleitung des Wassers und damit zu einer Überschwemmung des Wohnzimmers kommen kann.

Die Wasserzirkulation erfolgt folgendermaßen: Nährstoffreiches Wasser wird aus dem Bodenfilter durch ein Rohr geleitet (c), in dem ein Ausströmerstein (d) den Auftrieb des Wassers verursacht und dieses in den Pflanzenfilter leitet. Die Wasserumwälzung im Schaubecken wird durch zwei luftgetriebene Mammutpumpen erzielt (e), die ebenfalls mit Ausströmersteinen bestückt sind. Die Temperatur wird durch einen Regelheizer auf dem entsprechenden Stand gehalten (f).

Die meisten Aquarien haben ein geschlossenes System. Ein elektrischer Regelheizer (a) regelt die Temperatur und heizt zugleich. Mittels einer Luftpumpe (b) wird Wasser durch einen Filter geleitet (d) und für die Umwälzung und Belüftung gesorgt. Ausströmersteine belüften zusätzlich. Die Beleuchtung erfolgt durch Leuchtstoffröhren (f), die in einem Reflektor angebracht sind (g).

Bei dem rechts dargestellten System, das mit wenig Technik auskommt, wird das natürliche Licht etwa eines Fensters (a) und eines Oberlichtes (b) ausgenutzt. Ein Reflektor (c) leitet das Licht auf die Wasseroberfläche (die Aquarienabdeckung besteht aus Glasscheiben). Wände und Boden des Aquariums sind gut isoliert, um die Temperaturschwankungen gering zu halten, auf die sorgfältig geachtet werden muß. Der Innenfilter (d) wird durch eine kleine elektrisch betriebene Luftpumpe mit einem Ausströmerstein betrieben.

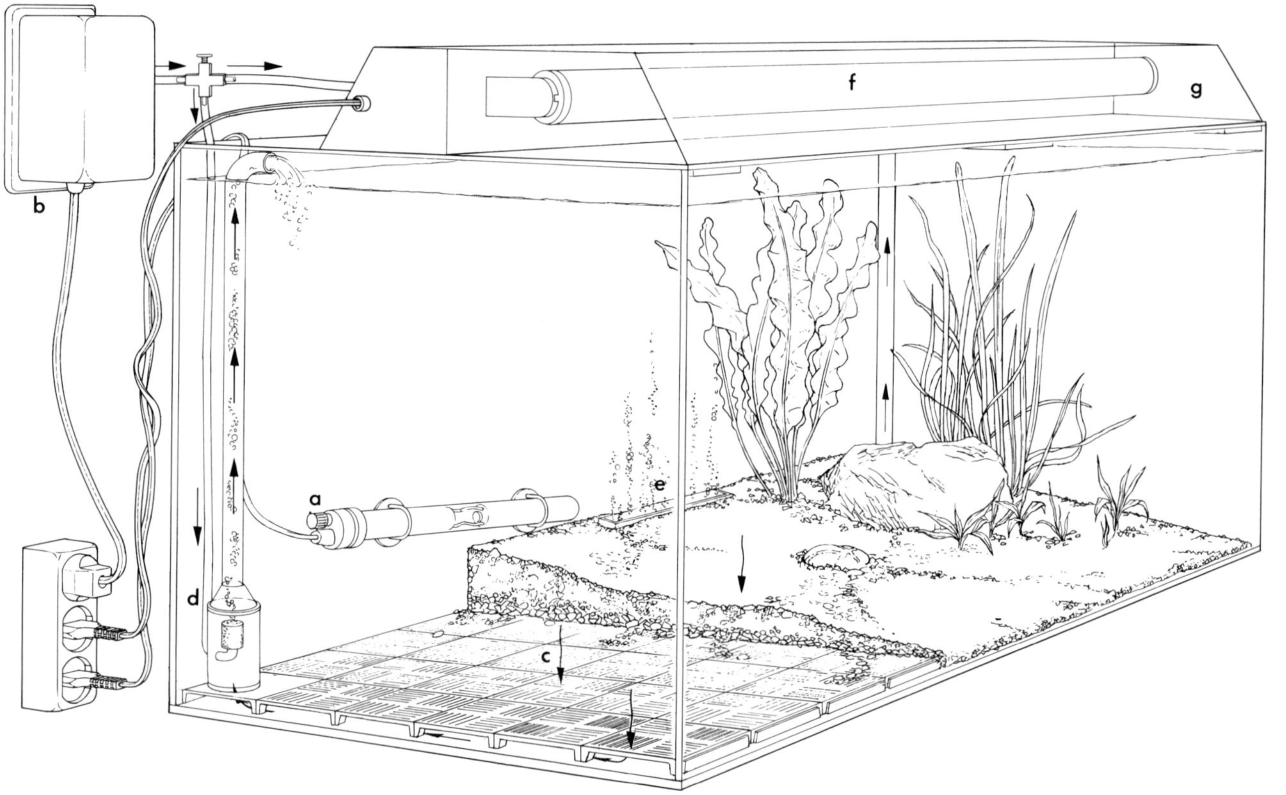

sie sind allerdings schwer und haben sehr dicke Wände. Im Grunde sind sie daher nur als Einbauaquarien verwendbar, besonders auch für öffentliche Schauaquarien.

Für den Bau eines Stahlbetonaquariums wird um die Armierung aus Stahldraht, die zur Verstärkung dient, eine Außenform gebaut, meist aus Holzplatten. Diese Form liefert als Negativ gleichzeitig die Außenstruktur des fertigen Aquariums. Wenn sie ein bestimmtes Muster aufweisen soll, muß man die innere Oberfläche der Form entsprechend präparieren. Entsprechendes gilt für die Innenverschalung des geplanten Aquariums. Man kann für die Rückwandgestaltung gegebenenfalls Steine oder andere Materialien einplanen, die dann gleich in den Beton mit eingegossen werden.

Frischer Beton wird in die Form gegossen und kräftig gerührt, um Lufteinschlüsse zu beseitigen, damit der Beton später keine Hohlräume aufweist und auch eine glatte Außenfläche zeigt. Einbauten in das Aquarium, wie Filterkammern für Innenfilter oder Durchlässe für Filter- oder Luftschläuche, müssen rechtzeitig geplant und vor der Betonierung in die Form eingebaut werden. Betonbecken, die verglast werden sollen, sind mit einer Mulde für die Scheibe zu versehen, die sehr exakt sein muß, auch das ist bei der Verschalung mit einzuplanen.

Es ist empfehlenswert, ein Betonbecken mit einem wasserfesten Anstrich zu versehen oder es auszukleiden wie dies anschließend beschrieben wird. Das ist besonders für die Innenflächen eines Seewasseraquariums wichtig, damit die Stahlarmierung des Betons nicht angegriffen und die Haltbarkeit des Beckens nicht verkürzt wird. Wenn das Stahlbetonbecken innen nicht gestrichen oder anderweitig versiegelt wird, muß man es vorbehandeln ehe es für Wasserorganismen benutzt werden kann, das heißt alkalische Bestandteile, die sonst in das Aquarienwasser abgegeben würden, müssen zunächst entfernt werden. Dazu füllt man das Becken mit Leitungswasser und gibt soviel Säure, beispielsweise Salzsäure oder Phosphorsäure hinzu, bis sich blaues Lackmuspapier eben rot färbt. Wenn das Lackmuspapier nach 24 Stunden wieder blau wird, ist weitere Säure zuzufügen und Salzablagerungen sind zu entfernen. Anschließend wird gut gewässert. Dieser Vorgang muß solange wiederholt werden, bis das Wasser leicht sauer bleibt.

Blechaquarien

Vielerlei Arten von Blechfässern, Kanistern und ähnlichen Behältern für den Industrie- und Hausgebrauch sind fast überall erhältlich und lassen sich zu Aquarien umbauen. Das Rosten ist dabei das Hauptproblem und man muß es zu verhindern suchen, wenn das Aquarium eine vernünftige Lebensdauer aufweisen soll. Weil der Rost sich in Salzwasser schneller entwickelt, ist Blech für ein Seewasser- oder Brackwasseraquarium nicht zu verwenden.

Ein geeigneter Behälter für ein Süßwasseraquarium ist sorgsam auszuwählen und gut zu reinigen. An einer Seite kann man einen derartigen Kanister mit einer Öffnung für die Scheibe versehen, wobei rings um die Scheibe mindestens 5 cm Blech als Rand überstehen, der vollständig glatt und flach sein muß. Nachdem eine Scheibe in der üblichen Weise eingepaßt wurde und der Kleber ausgehärtet ist, muß man den Behälter innen und außen, am besten mit Epoxydharz, streichen. Man läßt die Farbe antrocknen und überprüft dann genau ob alles dicht ist.

Beckenauskleidungen

Die zahlreichen Materialien, die man zur Herstellung der Aquarienrohformen verwenden kann, ergeben nicht immer eine geeignete Oberfläche. Besondere Beachtung sollte man der Undurchlässigkeit der Oberflächen gegenüber Wasser und Lösungen schenken, sie dürfen außerdem keine Giftstoffe abgeben, sollten gegenüber Beschädigungen durch die Aquarienbewohner und durch Pflegetätigkeiten widerstandsfähig sein und bezüglich Färbung und Struktur ansprechend aussehen. Schließlich müssen sie leicht zu reinigen sein und dürfen die genannten Eigenschaften nicht verlieren wenn das Aquarium altert.

Von den in diesem Kapitel genannten Aquarien müssen Beton-, Holz- und Blechaquarien ausgekleidet werden. Geeignete Materialien sind dafür beispielsweise Fliesen aus Glas, Stein und Keramik, oder aber flexible Folien aus Gummi

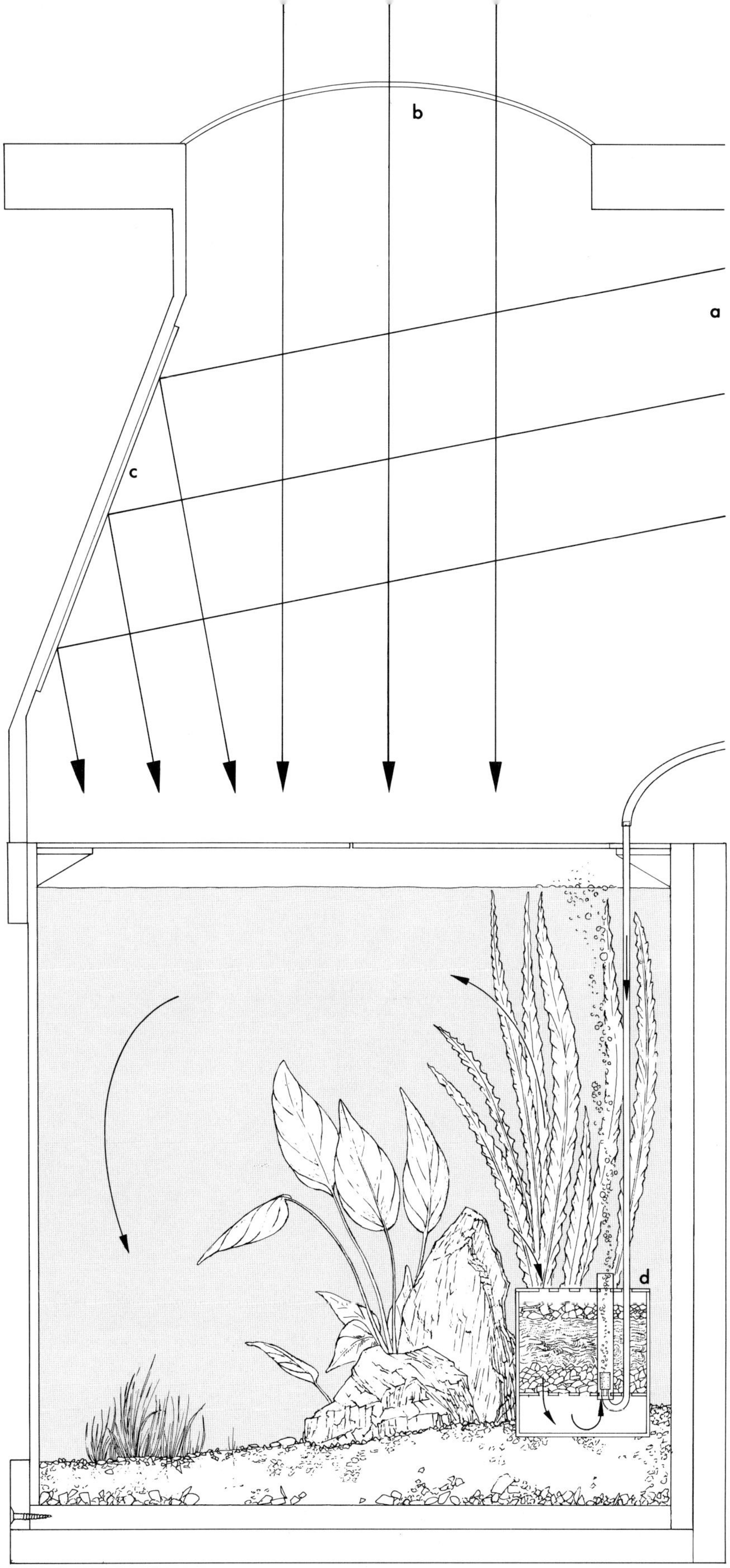

oder Kunststoff, die in das Becken als »Tank im Tank« eingebracht werden müssen.

Die Auskleidung muß so stabil sein, daß sie dem Wasserdruck widersteht, oder genügend flexibel, so daß sie nachgibt und sich den Innenwänden anschmiegt. Wenn eine Sichtscheibe vorhanden ist, muß die Auskleidung wasserdicht mit ihr verbunden werden, damit kein Wasser zwischen Aquarienwand und Auskleidung eindringen kann. Wie dies erreicht wird, hängt von der jeweiligen Situation und dem Material ab. Bei Kunststoffmaterialien empfiehlt sich meist wiederum Silikonklebstoff.

Aquarienzubehör

Zur Gesunderhaltung der Aquarienbewohner benötigt man geeignetes Aquarienzubehör. Die Lebensbedingungen wechseln in jedem Aquarium ständig: Die Wassertemperatur steigt oder sinkt, Verdunstung, Ablagerungen, Lösungen und Adsorption ändern die Konzentration gelöster oder schwebender Stoffe. Zusätzlich zu diesen abiotischen Vorgängen führen die lebenden Bewohner durch Atmung, Photosynthese, Nahrungsaufnahme, Sekretion oder Abgabe von Exkrementen dem Wasser ständig neue Stoffe zu und entziehen ihm andere.

In dem kleinen und verhältnismäßig abgeschlossenen Raum des Aquariums lassen sich dadurch ausgeglichene Verhältnisse schaffen, daß man den Auswirkungen dieser Vorgänge entgegenarbeitet. Es sind die Lebensbedürfnisse der Organismen sicherzustellen, während gleichzeitig Ansammlungen unerwünschter Stoffe entfernt werden müssen. Wenn man ein Aquarium auf lange Sicht erfolgreich pflegen will, sind eine gesunde Umgebung und ein gesunder Aquarienbesatz davon abhängig, daß alle Veränderungen automatisch kontrolliert und beeinflußt werden können.

Im Mittelpunkt steht das beleuchtete Schauaquarium, das mit einem ergänzenden System zur Wasserbehandlung verbunden ist. Wasserbehandlung bedeutet Wasserumwälzung, Belüftung, Temperaturregelung und Reinigung des Wassers. Hierfür sind technische Geräte notwendig, wie Pumpen, Heizer und Filter. Diese verschiedenen Geräte sind in vielerlei Typen und Größen erhältlich. In den folgenden Abschnitten wird das Grundprinzip ihres Baus und ihrer Funktionsweise erläutert. Geräte verschiedener Hersteller können im Bau und vor allem im Preis mehr oder weniger voneinander abweichen, in der Regel sind sie aber stets auf den jeweiligen Grundbauplan zurückzuführen.

Belüftung und Wasserumwälzung

Viele lebenswichtige Vorgänge im Aquarium hängen von einer ausreichenden Belüftung und Wasserumwälzung ab. Vor allem auf die letztere kommt es ganz entscheidend an. Durch eine gute Umwälzung wird eine Stagnation des Wassers und damit die Ausfällung wertvoller Substanzen sowie die Anreicherung mit Giftstoffen verhindert. Wird beispielsweise die Wasseroberfläche durch Luftblasen und Turbulenz in Bewegung versetzt, so fördert dies den Austausch von Sauerstoff und Kohlendioxid zwischen Wasser und Atmosphäre. Praktisch alle Methoden der Wasseraufbereitung sind nur dadurch wirksam, daß das Wasser über Materialien geleitet wird, die unerwünschte Stoffe zu entfernen vermögen oder wichtige Stoffe ergänzen. Dazu benötigt man meistens eine Wasser- oder eine Luftpumpe, die in zahlreichen Typen und Größen hergestellt werden. Die Wirksamkeit einer Pumpe ergibt sich aus ihrer Fördermenge, dies ist die Menge des pro Zeiteinheit gegen einen bestimmten Druck geförderten Wassers oder der Luft.

Luftpumpen

Luftpumpen sind für jedes Aquarium nützlich, sowohl um damit Luft in das Wasser zu blasen, als auch um das Wasser durch Turbulenz zu mischen, so daß die unteren Wasserschichten an die Oberfläche gebracht werden. Bestimmte Pumpentypen, wie beispielsweise Rotationspumpen oder Turbinen, fördern eine große Luftmenge, dies

Dies hochtechnisierte System nutzt alle vorteilhaften Gerätschaften, um einen gesunden und attraktiven Aquarienbesatz etwa für ein Korallenaquarium zu erzielen, wie es in Kapitel 4 vorgestellt wurde. Weil Korallenriffe über lange Zeiträume hinweg von intensivem Sonnenlicht beschienen werden, ist für das Korallenriffaquarium eine starke Beleuchtung erforderlich, so daß der Beleuchtungskasten (hier nicht dargestellt) sowohl mit Leuchtstoffröhren als auch mit Strahlern ausgestattet sein sollte. Wenn das Aquarium groß ist, sollten Reflektor und Aquarienabdeckung voneinander getrennt werden, damit man sie leichter handhaben kann. Das gezeigte System besteht aus einem Aquarium, das als Raumteiler dient und von den beiden Längsseiten und der rechten Stirnseite eingesehen werden kann. Die Gerätschaften sind hier offen dargestellt, sie befinden sich aber normalerweise in einem gesonderten Schrank neben dem Aquarium.

Unter dem Aquarium transportiert eine Leitung (a) das Brauchwasser zu einem Motorfilter (b). Das gefilterte Wasser wird zur Sterilisierung durch einen UV-Strahler geleitet (c). Von dort wird es über einen Eiweißabschäumer (d) ins Aquarium zurückgeführt. Der im Abschäumer entstehende Schaum wird in die Abwasserleitung unter dem Aquarium geleitet. Ein großer Heizstab mit Temperaturregler (f) regelt die Wassertemperatur und trägt zur Wasserzirkulation bei. Eine luftgetriebene Pumpe (g) ist so angebracht, daß die Öffnung mit dem Wasserstand des Aquariums in einer Ebene liegt. Dadurch wird ebenfalls eine Wasserumwälzung und Turbulenz geschaffen. Zur leichteren Entleerung des Aquariums sind Absperrhähne (h) eingebaut.

h

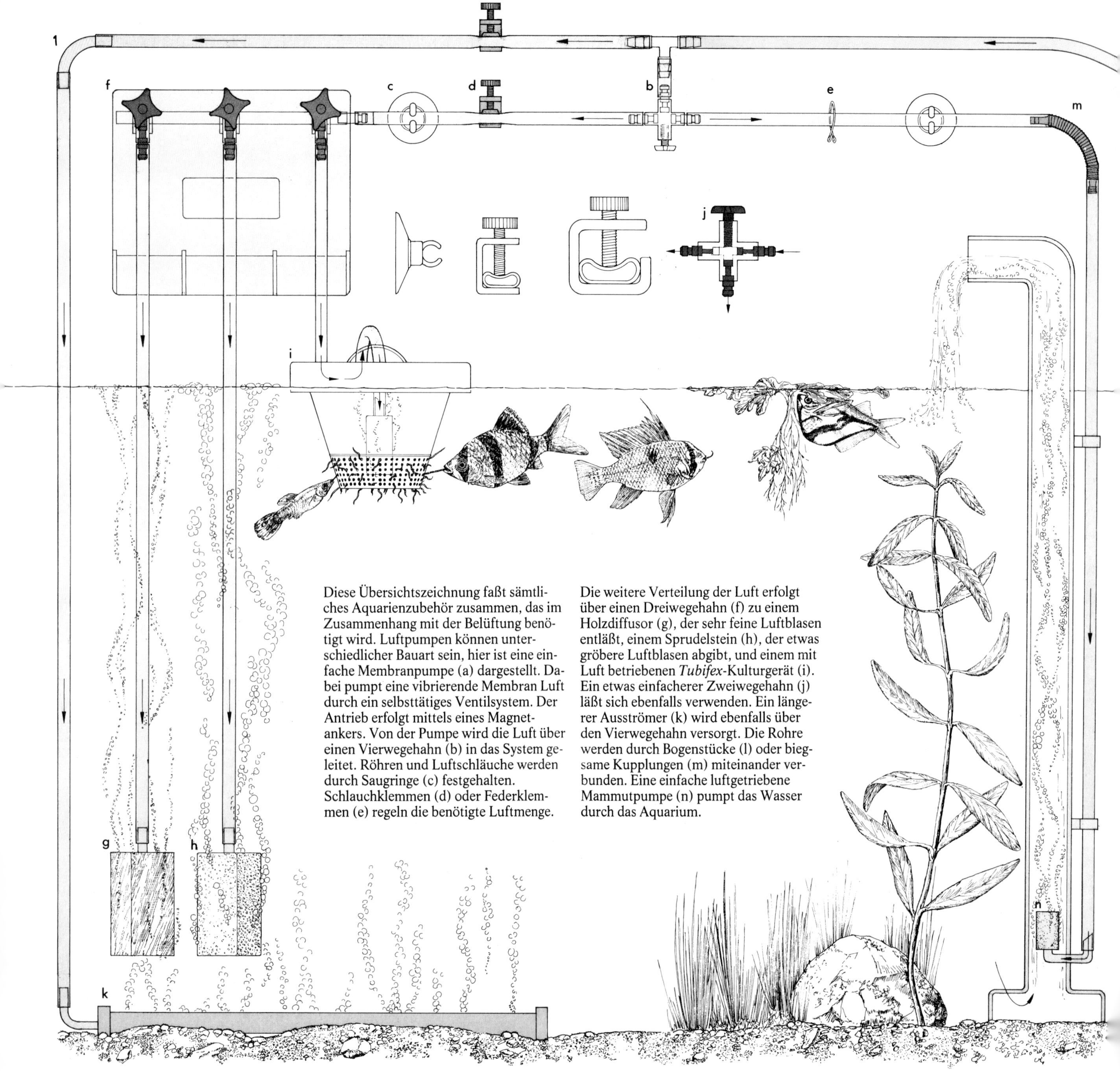

Diese Übersichtszeichnung faßt sämtliches Aquarienzubehör zusammen, das im Zusammenhang mit der Belüftung benötigt wird. Luftpumpen können unterschiedlicher Bauart sein, hier ist eine einfache Membranpumpe (a) dargestellt. Dabei pumpt eine vibrierende Membran Luft durch ein selbsttätiges Ventilsystem. Der Antrieb erfolgt mittels eines Magnetankers. Von der Pumpe wird die Luft über einen Vierwegehahn (b) in das System geleitet. Röhren und Luftschläuche werden durch Saugringe (c) festgehalten. Schlauchklemmen (d) oder Federklemmen (e) regeln die benötigte Luftmenge.

Die weitere Verteilung der Luft erfolgt über einen Dreiwegehahn (f) zu einem Holzdiffusor (g), der sehr feine Luftblasen entläßt, einem Sprudelstein (h), der etwas gröbere Luftblasen abgibt, und einem mit Luft betriebenen *Tubifex*-Kulturgerät (i). Ein etwas einfacherer Zweiwegehahn (j) läßt sich ebenfalls verwenden. Ein längerer Ausströmer (k) wird ebenfalls über den Vierwegehahn versorgt. Die Rohre werden durch Bogenstücke (l) oder biegsame Kupplungen (m) miteinander verbunden. Eine einfache luftgetriebene Mammutpumpe (n) pumpt das Wasser durch das Aquarium.

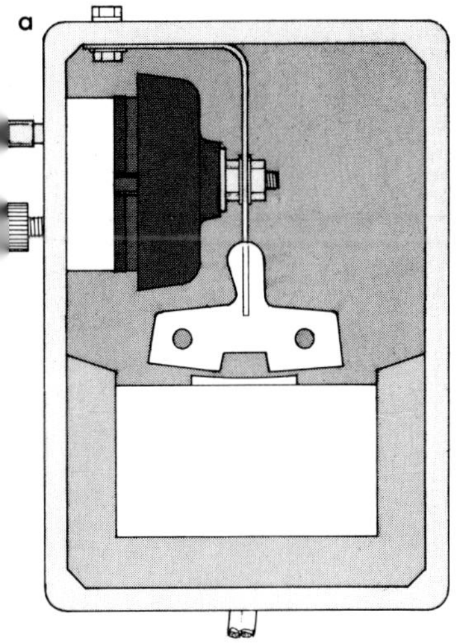

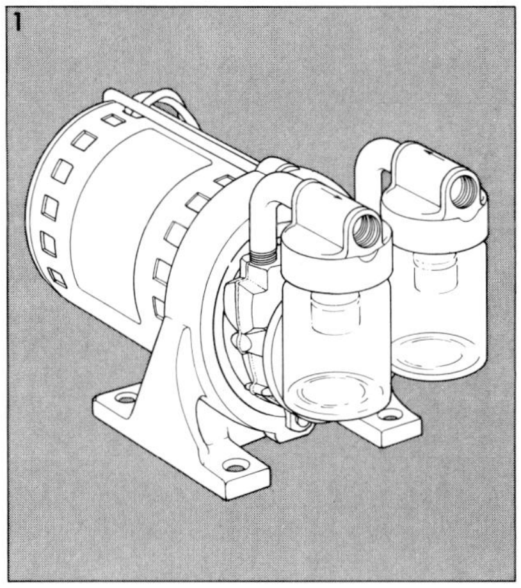

Die Membranpumpe empfiehlt sich für die meisten kleineren bis mittleren Aquarien. Für größere Systeme mit einem hohen oder mehreren Becken ist eine Rotationspumpe (1) oder eine Kolbenpumpe (2) günstiger, deren Funktionsweise hier dargestellt ist. Links wird der Kolben herabgedrückt. Die Luft der unteren Kammer wird in die obere gedrückt. Rechts pumpt der aufsteigende Kolben die Luft herauf und aus dem System heraus, während das Ventil am Ende der unteren Kammer geöffnet wird, um weitere Luft einzulassen.

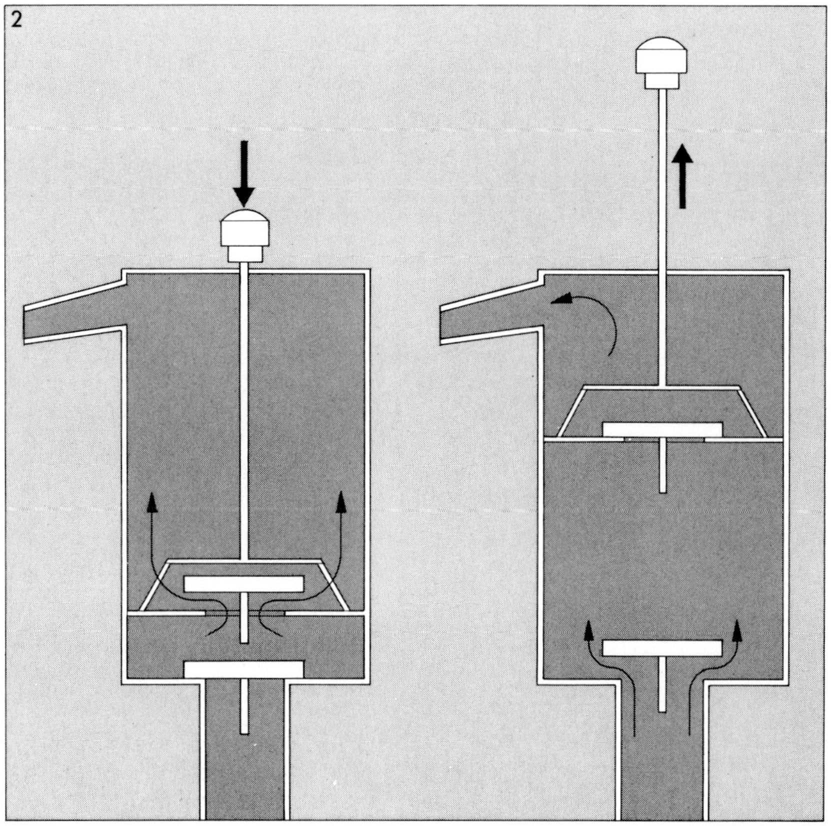

jedoch ohne größeren Druck: Beispielsweise 25 m³ pro Stunde bei 0,05 bar oder Atmosphären. Ein kleiner Kompressor dagegen kann einen Druck von bis zu 1 bar liefern und etwa 1 m³ Luft pro Stunde, während eine Membranpumpe 0,5 m³ pro Stunde bei einem Druck von 2 bar erzeugt. Ein kleiner Kolbenkompressor schließlich liefert bei über 5 bar Druck etwa 1,5 m³ Luft pro Stunde.

In dieser Reihenfolge – von der Rotationspumpe über die Membranpumpe zum Kolbenkompressor – nimmt der erzeugte Druck zu. Von jedem Gerätetyp gibt es mehrere Modelle, die jeder Anlagengröße gerecht werden. Eine Auswahl der Typen wird im Bild vorgestellt.

Wasserpumpen

Auch Wasserpumpen sind in den verschiedensten Ausführungen erhältlich. Der am weitesten verbreitete Typ sind kleinere Kreiselpumpen. Am häufigsten jedoch wird die Antriebskraft der Luft dazu benutzt, um Wasser zu fördern: dieser Typ wird als Mammutpumpe bezeichnet. Die Mammutpumpe hat verschiedene Vorteile: Sie hat keine beweglichen Teile, erfordert keine Schmierung, ist einfach herzustellen und belüftet das Wasser während es gefördert wird. Ihre Funktionsweise ist wie folgt:

Wenn man Luft in tiefem Wasser freigibt, steigt sie aufgrund des geringeren spezifischen Gewichts rasch zur Oberfläche auf und reißt dabei Wasser mit nach oben. In einer Mammutpumpe befindet sich das Wasser-Luft-Gemisch in einer im Wasser stehenden Röhre, die oben und unten offen ist und etwas über den Wasserspiegel hinausragt. Die Mischung ist leichter als Wasser und steigt dadurch in der Röhre bis über den Wasserspiegel. Dort trennen sich Wasser und Luft, und das Wasser läuft entweder in das Aquarium zurück oder kann in ein anderes Gefäß geleitet werden. Von unten strömt ständig Wasser in das Steigrohr nach.

Bis zu einem bestimmten Punkt steigt die Wasserförderung, je mehr Luft zugeführt wird. Wenn jedoch über zehn Prozent des Volumens im Steigrohr Luft sind, beginnt das Rohr zu spucken, das Wasser fließt ungleichmäßig, und die geförderte Menge nimmt nicht mehr weiter zu. Bei einer vorgegebenen Luftmenge kann der Wasserfluß jedoch dadurch erhöht werden, daß der im Wasser befindliche Teil der Mammutpumpe verlängert wird. Die Pumpe kann bis etwa zehn bis fünfzehn Prozent ihrer Gesamtlänge über den Wasserspiegel hinausreichen, um noch fördern zu können. Wenn man also Wasser in vernünftiger Menge 20 cm über den Wasserspiegel hinauspumpen will, muß das Steigrohr zwischen 150 und 200 cm tief eingetaucht sein. Demgegenüber kann eine Mammutpumpe in einem Aquarium von 50 cm Höhe das Wasser nur etwa 5 cm über die Wasseroberfläche heben.

Als Aquarieneinrichtung sind Mammutpumpen sehr nützlich. In vielen Aquarien wird das Wasser nur mit Mammutpumpen umgewälzt. Eine zentrale Luftpumpe kann zu diesem Zweck Luft in großen Mengen durch ein einfaches Verteilungssystem pumpen, so daß mehrere Mammutpumpen auf billigste Weise mit Luft versorgt werden. Nach dem Prinzip des Mammutfilters arbeitet manches wichtige Zubehör für das Aquarium, wie beispielsweise Bodenfilter, Innenfilter, Reinigungsglocken, Eiweißabschäumer und andere Geräte mehr.

Installation und Anschluß einer Luftpumpe

Von der Pumpe aus wird die Luft normalerweise durch Schläuche, Verbindungsstücke und Ventile in ein Verteilungssystem gedrückt, an das ein oder mehrere Geräte angeschlossen sind. In großen Systemen kann der Reibungsverlust beträchtlich sein, alle Hindernisse erhöhen den Gegendruck. Die Struktur des Verteilernetzes und die Fließgeschwindigkeit der Luft, oder auch des Wassers bei Wasserpumpen, sind besonders wichtig. Allgemein sollten Bohrlöcher so groß wie möglich sein und einen glatten Rand haben, die Länge der Zuführungen und die Zahl der Bogenstücke sollte gering gehalten werden. Der Druck, der das zu betreibende Gerät erreicht, muß genügend groß sein damit es auch richtig arbeitet, selbst ein kleiner Ausströmer übt einen beträchtlichen Gegendruck aus. Außerdem muß die Pumpe kräftig genug sein, um den Wasserdruck zu überwinden, der bei einer bestimmten Becken- bzw. Wasserhöhe auftritt. Aus allen diesen Gründen muß man eine Luftpumpe daher so auswählen, daß sie allen genannten Erfordernissen im speziellen Fall gerecht wird und bei entsprechendem Gegendruck Luft liefert.

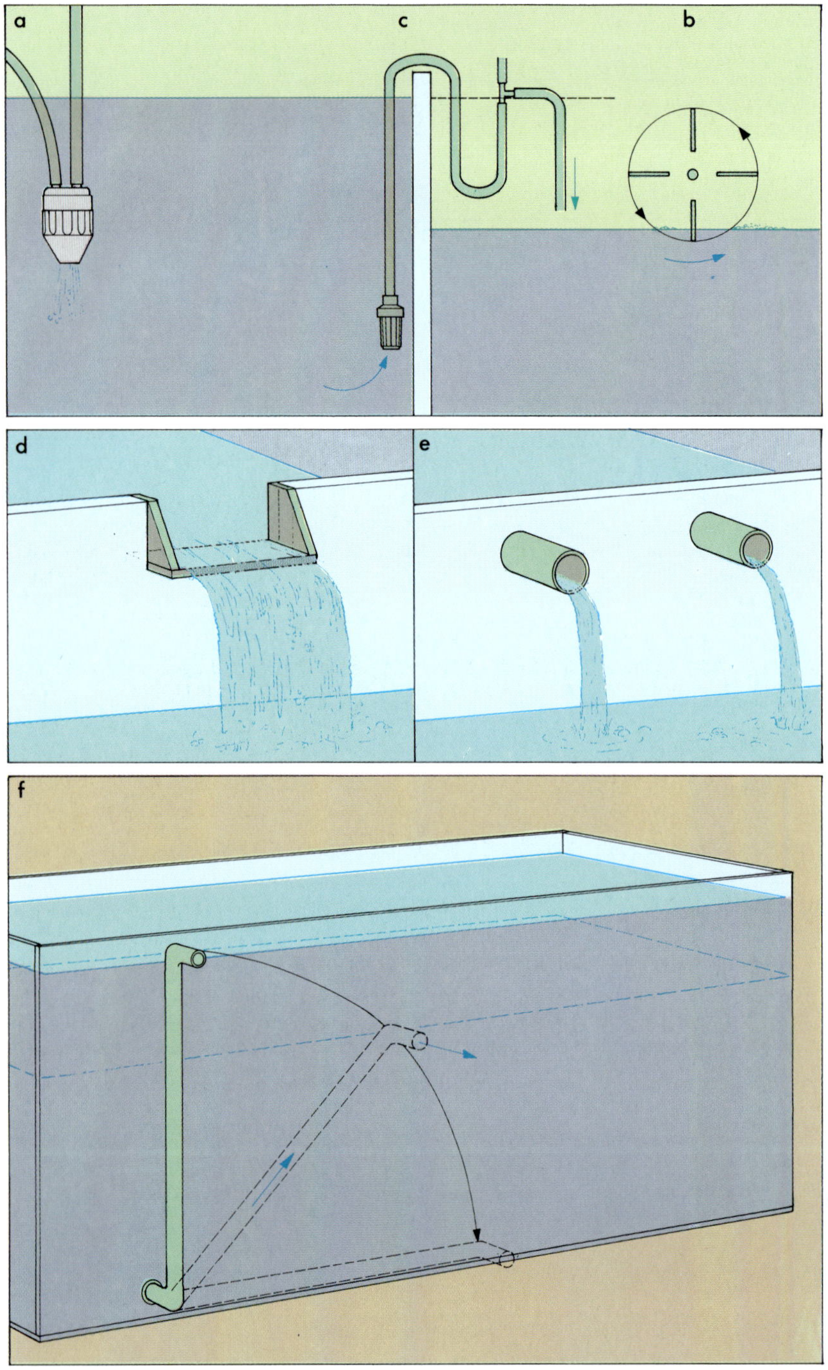

Möglichkeiten der Wasserumwälzung und wie man den Kontakt zwischen Wasser und Luft erhöhen kann, sind auf dieser Seite dargestellt. Die Wasserumwälzung dient besonders der Belüftung, um den Sauerstoffgehalt im Aquarienwasser zu erhöhen. Beispiele dazu sind (a) die Einleitung von Luft zusammen mit dem Wasser (Injektion), (b) Oberflächenbewegung durch ein Schaufelrad, das von einem kleinen Elektromotor angetrieben wird, und der Wasserfluß auf ein tieferes Niveau (c) durch einen Siphon und einen Wasserfall, (d) ein flaches Wehr, oder (e) durch Röhrenüberläufe. Dieser Überlauf (f) läßt Wasser hindurch, wenn der Wasserstand in Höhe des Auslaufes steht. Auf diese Weise kann man das Aquarium auch sehr einfach entleeren, wenn man nämlich den Überlauf, wie hier dargestellt, an einer Seite des Aquariums mit einer tiefliegenden Öffnung drehbar verbindet. Allerdings müssen die Verbindungen haltbar sein und dürfen sich nicht selbsttätig verdrehen, sonst gibt es eine Überschwemmung. Eine Rotationspumpe (g) ist sehr hilfreich, wenn man verschiedene Gerätschaften mit Luft zu versorgen hat, die keinen großen Druck benötigen. Die Pumpe bläst die Luft durch einen Geräuschdämpfer und kann über 100 m^3 pro Stunde liefern, allerdings bei weniger als ¼ Atmosphäre Druck, und sie benötigt bis zu 1 Kilowatt Strom. Eine solche Pumpe kann die Luft auch noch in eine genügende Wassertiefe pumpen, weil 100 cm Wassertiefe einen Druckverlust von nur etwa jeweils ⅒ Atmosphäre verursachen.

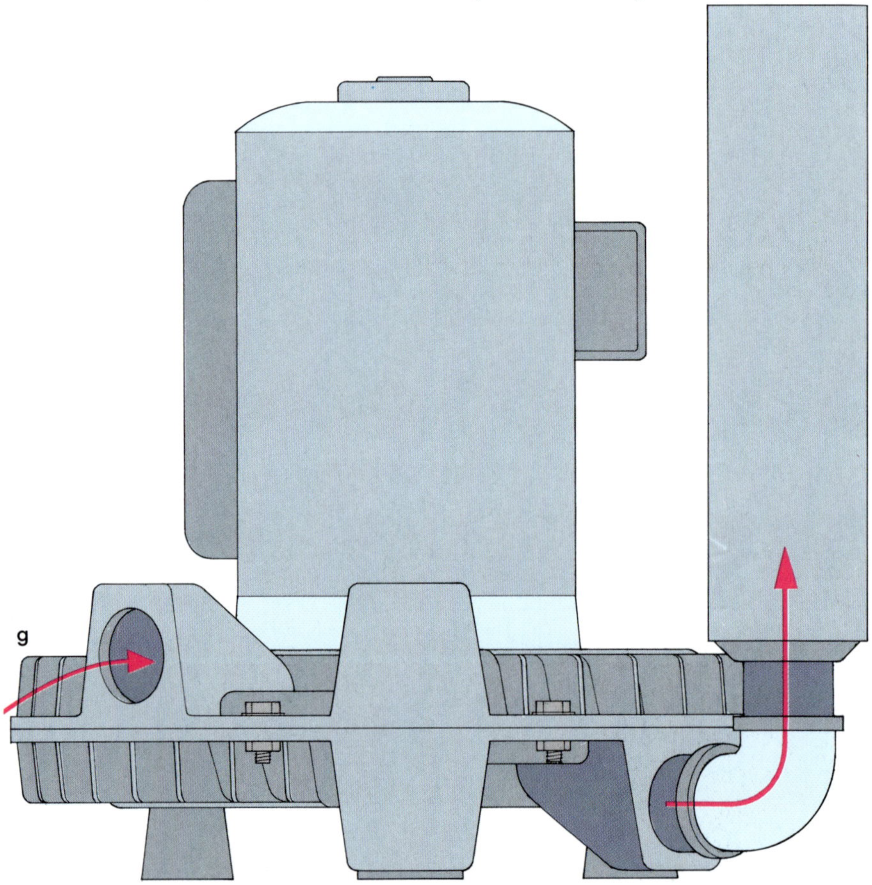

Wenn eine luftgetriebene Pumpe (Mammutpumpe) dazu benutzt wird, im Aquarium Wasser umzuwälzen oder es zu belüften, ist es wichtig, die Fördermenge an Wasser und Luft zu kennen, die durch das Steigrohr fließt. Dieses Verhältnis hängt von der Länge und dem Durchmesser des Rohres ab, sowie davon, wie weit der Ausfluß aus dem Wasser ragt, und schließlich von der eingeleiteten Luftmenge.
Die Graphiken rechts zeigen diesen Prozentsatz (auf der vertikalen Achse in Litern pro Minute angegeben) wenn die Luftmenge optimal eingestellt ist, wie es im Text erläutert wird. In der oberen Darstellung variiert die Fördermenge mit der Länge des Rohres (auf der waagerechten Achse in Zentimetern abgetragen) für vier unterschiedliche Röhrendurchmesser, und in jedem Fall ist das Steigrohr unterschiedlich tief eingetaucht (80 %, 90 % und 100 % der Rohrlänge).
In der unteren Graphik ist wiederum vertikal die Fördermenge abgetragen, horizontal der Röhrendurchmesser. Die Angaben erfolgen für vier unterschiedliche Röhrenlängen, die alle unterschiedlich tief eingetaucht sind. Zwischenwerte können geschätzt werden: Beispielsweise fördert ein Rohr von 100 cm Länge (blaue Linie) und 4 cm Stärke, das zu 85 % untergetaucht ist, 58 Liter pro Minute.

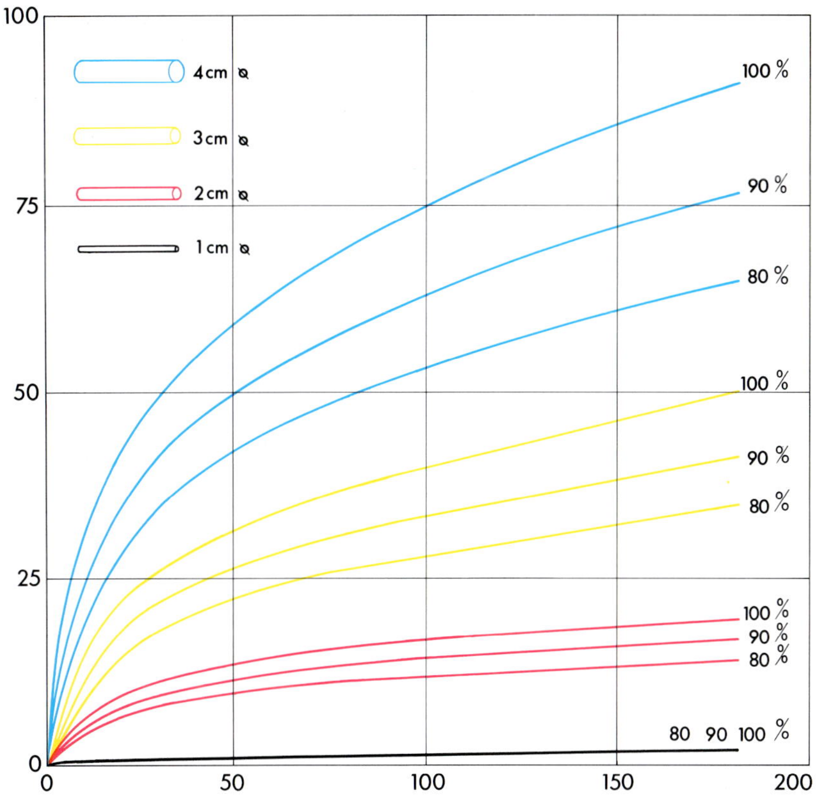

Wegen des auftretenden Gegendrucks müssen die verschiedenen Abzweigungen und Auslässe auch in ein richtiges Gleichgewicht gebracht werden. Das ist bei einem Belüftungssystem manchmal schwierig. Beispielsweise können zwei identische Ausströmer, die von derselben Pumpe versorgt werden, unterschiedliche Mengen Luft liefern wenn sie unterschiedlich lange Zuleitungen haben. In ähnlicher Weise kann ein Gerät, das zum Funktionieren hohen Druck benötigt, keine Luft erhalten, wenn es mit einem zweiten zusammengeschaltet wird, das bei geringem Druck arbeitet. Der Druck in der Leitung muß dann erhöht werden, indem vor das bei geringem Druck arbeitende Gerät ein Lufthahn gesetzt wird. Das System aus Lufthähnen oder Schlauchklemmen, mit dem der Druck in einer Leitung gleichmäßig verteilt wird, muß regelmäßig kontrolliert werden, weil sich der Gegendruck der Geräte mit der Zeit erhöhen kann, beispielsweise dadurch, daß sich ein Ausströmerstein langsam zusetzt.

Wasser- und Luftpumpen können mitunter störende Geräusche verursachen. Größere Geräte sollten deshalb auf einer festen Unterlage mit einer Schicht schallschluckenden Materials verschraubt sein, beispielsweise auf einer Gummischicht. Kleinere Apparate kann man manchmal aufhängen, um die Übertragung von Schwingungswellen zu verhindern. Die Pumpen müssen so angebracht sein, daß weder die Aquarienbewohner noch die Betrachter durch sie gestört werden.

Einige Luftpumpen fördern in umgekehrter Richtung nachdem sie abgeschaltet wurden. Andere saugen Wasser zwar nicht selbst an, aber das Wasser wird vom Aquarium durch den Luftschlauch angesaugt, wenn sich die Luft darin abkühlt und zusammenzieht. Eine Pumpe, die unterhalb des Wasserstandes des Aquariums steht, kann dabei soviel Wasser ansaugen, daß sie zunächst volläuft und dann den Fußboden überschwemmt. Um dies zu vermeiden sollte man die Pumpe stets oberhalb des Wasserspiegels anbringen. Wenn dieses nicht möglich ist, oder wenn man zusätzliche Sicherheit gewinnen möchte, kann man ein Rückschlagventil in die Luftleitung einbauen, so daß die Luft nur in einer Richtung fließen kann. Wasserpumpen, die sich nicht von selbst ansaugen, sollte man am besten unterhalb des Wasserspiegels anbringen, damit man sie leichter starten kann.

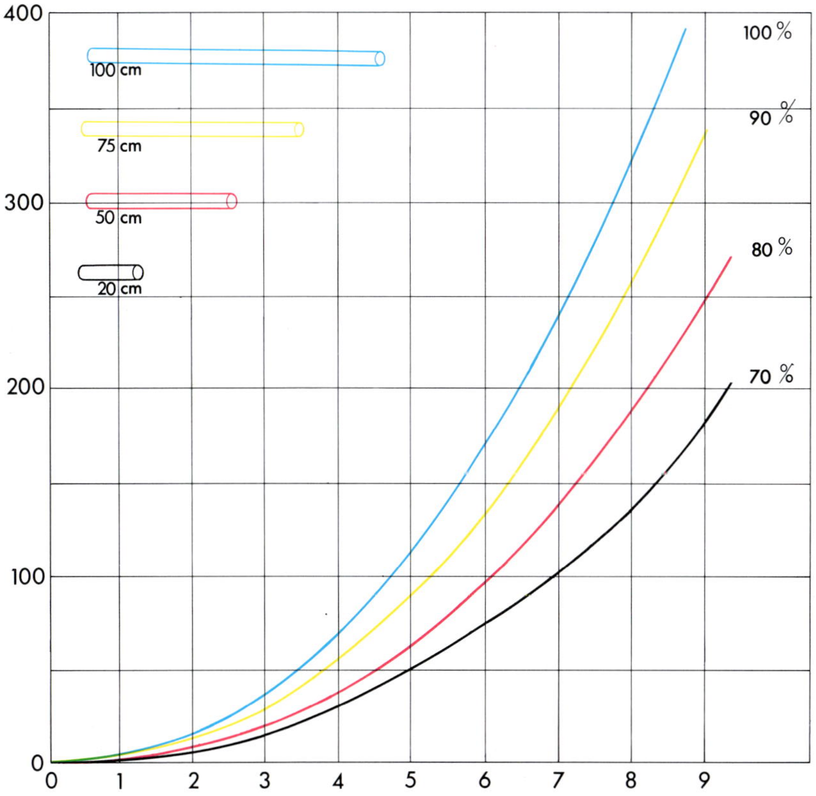

Die Wasserumwälzung

Bei den meisten Aquarien normaler Größe zirkuliert das Wasser ständig in einem gewissen Kreislauf, wie es die Beispiele darstellen. In einem offenen System läuft dagegen ständig ein bestimmter Prozentsatz neues Wasser zu, so daß die chemische Zusammensetzung gleichbleibt. Auf diese Weise werden die im Aquarium von den Bewohnern abgegebenen Stoffe einfach fortgeschwemmt, während die verbrauchten fortlaufend ersetzt werden. Eine Durchflußrate von 25 bis 100 Prozent pro Stunde ist dabei üblich.

Ein solches offenes System kann eine Vorbehandlung des Wassers notwendig machen, um sicherzustellen, daß das zufließende Wasser die geeignete Temperatur hat, einwandfrei ist, und einen genügend hohen Sauerstoffgehalt besitzt. Außerdem müssen je nach Herkunft des Wassers Krankheitskeime oder Schädlinge beseitigt werden. Im einlaufenden Wasser können sich auch Organismen befinden, die sich im Leitungsnetz festsetzen und möglicherweise in Fäulnis übergehen. Dennoch können derartige, meist planktische Organismen für die Aquarienbewohner sogar eine Nahrungsquelle darstellen.

Jedes offene System benötigt eine zuverlässige Quelle für gutes Wasser. Dabei kann es wegen einer Genehmigung Schwierigkeiten geben, wenn man größere Mengen an Quellwasser verwenden möchte. Ein weiterer wichtiger Faktor bei der Planung und Pflege der meisten offenen Systeme ist das Problem, wie man das Wasser in die erforderliche Höhe pumpen kann. Dazu sollte man nach Möglichkeit das Wasser nur einmal hochpumpen. So kann man es von der Wasserquelle zu einem hochgelegenen Wasserbehälter pumpen, aus dem es dann zu einem oder zu mehreren Aquarien hinabläuft. Die Wasserbehandlung im Aquarium selbst beschränkt sich meist auf die Belüftung und Wasserumwälzung. Besonders im Binnenland kann bei stark besetzten Systemen zusätzlich das Problem auftauchen, daß man das verbrauchte Wasser nur mit entsprechender Kontrolle auf Verschmutzung in natürliche Gewässer einleiten darf.

Eine gute Isolation verlangsamt den Wärmeaustausch in jede Richtung und senkt etwas die Energiekosten. Ein Aquarium verliert Wärme durch die Wasseroberfläche, die Scheiben, Wände und den Boden, ebenfalls durch nach außen geleitete Schlauchverbindungen und außerhalb des Aquariums betriebene Ausrüstungsgegenstände, wie etwa ein Außenfilter. Aus diesem Grunde sollte die Aquarienabdekkung dicht schließen, weil der Verlust an Verdampfungswärme sehr groß sein kann. Alle Röhren, die von oder zu äußeren Geräten führen, sollten isoliert werden (a) und die Wände mit Styropor oder Kork ummantelt sein (b). Doppelte Verglasung ist bei einem solchen System wichtig, hermetisch verklebte Scheiben sind in der entsprechenden Größe zu kaufen. Die Detailzeichnung (c) zeigt, wie der Aquarianer eine Doppelverglasung und Isolierung selbst vornehmen kann. Die Frontscheibe wird, wie auf Seite 154 dargestellt, eingeklebt, jedoch wird eine Abstandsleiste (e) zusätzlich angebracht. Der Innenboden (f) ist mit dieser Leiste und der Außenwand verschraubt und die zweite Scheibe (g) wird auf den Innenboden und die Abstandsleiste geklebt. Der Außenboden (h) wird nun mit der Vorderfront, der Rückwand und den Seiten verschraubt, nachdem die Bodenisolierung (i) zwischen die beiden Böden eingebracht wurde. Die beiden Glasscheiben müssen an der Oberseite verklebt werden, die Detailzeichnung (j) zeigt, wie ein gut passender Glasstreifen über die Oberkanten der Scheiben geklebt wird. Auch die Seiten und die Rückwand des Aquariums müssen oben versiegelt werden, damit keine Kondensationsfeuchtigkeit in die Isolierung gelangt. Der Ausschnitt (k) zeigt, wie diese Versiegelung mit einer Kunstharzmischung durchgeführt wird.

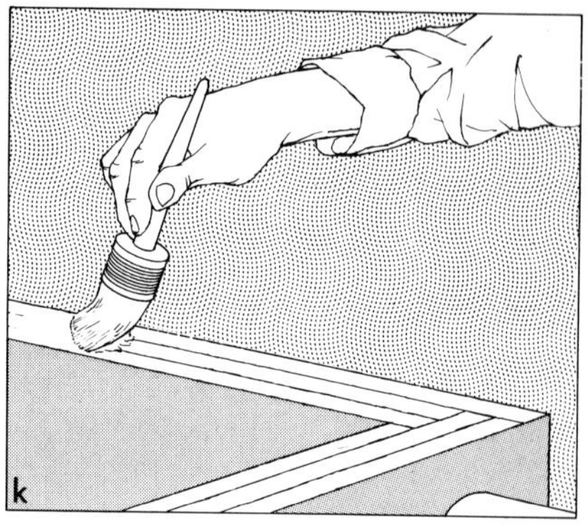

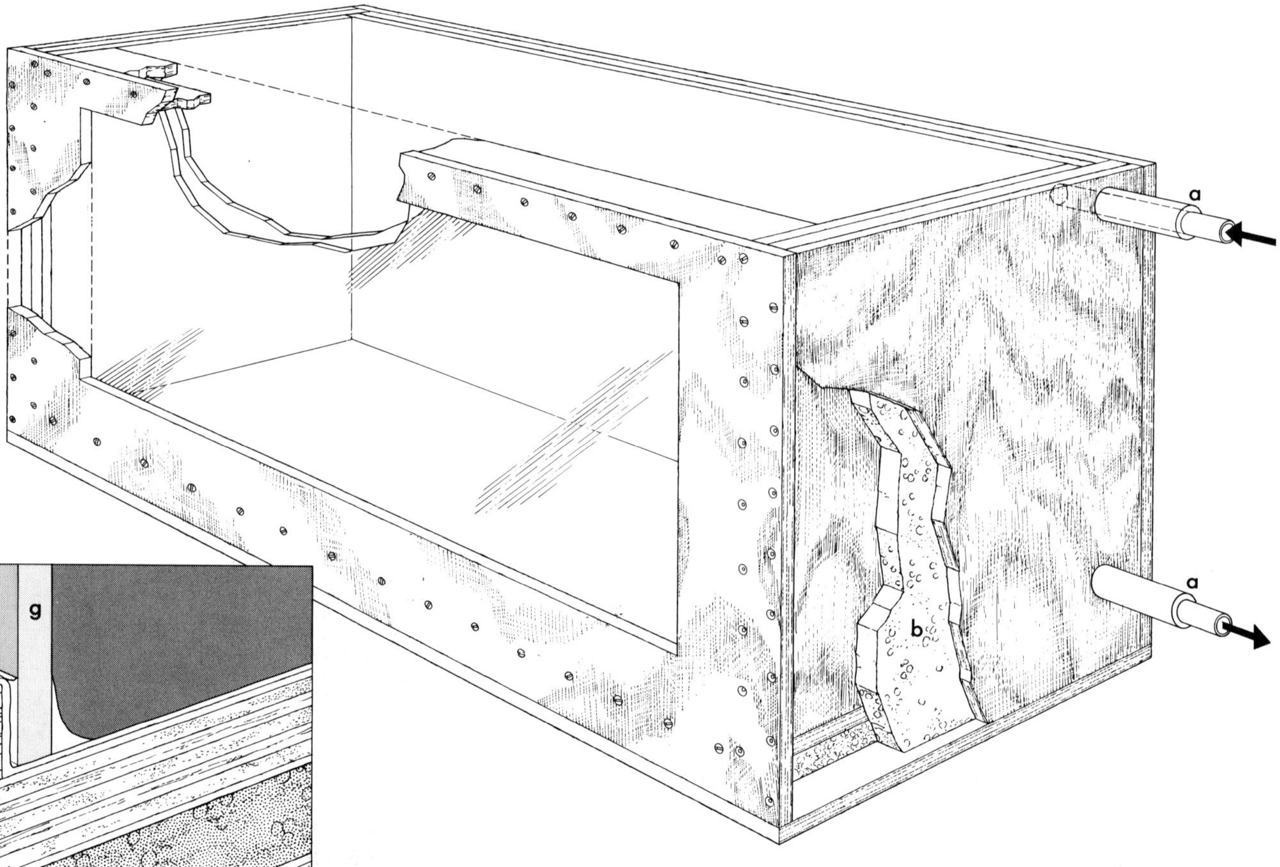

c

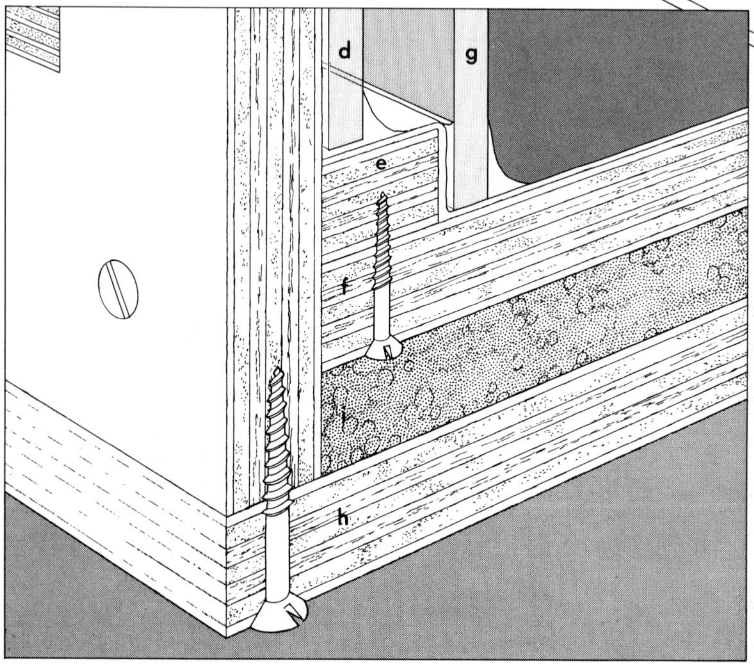

Die mechanische Belüftung
Eine Belüftung dient in erster Linie dazu, den im Aquarium gelösten Sauerstoff wenn er verbraucht ist wieder zu ersetzen. Dies hängt davon ab, wie intensiv der Kontakt zwischen Wasser und Luft ist, worüber bereits in Kapitel 4 berichtet wurde. Das Verhältnis der Wasseroberfläche zum Wasserinhalt des Aquariums ist dabei sehr wichtig, man kann es jedoch nicht unmittelbar beeinflussen und es ist bei vielen Aquarien sogar recht ungünstig. Darum kommt es sehr darauf an, die Kontaktfläche zwischen Wasser und Luft durch starke Oberflächenbewegung und Wasserturbulenz zu erhöhen. Dies kann wie bei den dargestellten Aquarien auf verschiedene Weise geschehen: durch einen Wasserfall, einen flachen Überlauf, durch Luftblasen, durch die Erzeugung von Wellen, eine Mammutpumpe, einen Eiweißabschäumer oder durch eine Injektionsdüse.

Die Temperaturregelung

Zwei Gesichtspunkte sind für die Temperaturregelung in einem Aquarium wichtig: Die Wassertemperatur muß in einem für die Aquarienbewohner optimalen Bereich gehalten werden und jede Temperaturänderung innerhalb dieses Bereiches muß so langsam wie möglich geschehen. Wenn sich die Temperaturen außerhalb des Aquariums stark ändern oder von der erforderlichen Wassertemperatur erheblich abweichen, muß eine Heizung oder Kühlung (etwa für Nordseebecken) installiert werden, außerdem eine genügend empfindliche Temperaturregelung, und zusätzlich möglicherweise eine wirksame Isolierung, um kurzzeitige Temperaturschwankungen zu verhindern. Dies trifft vor allem für geschlossene Systeme mit Wasserfilterung zu, aber ebenso für offene Systeme, bei denen die Wassertemperatur des eingeleiteten Wassers von der des Wassers im Aquarium abweicht.

Heizung und Isolierung
Wenn man in dem Raum in dem das Aquarium steht die geeignete Temperatur zur Verfügung hat, braucht man das Becken selbst nicht zu beheizen oder zu kühlen. Raum oder Gebäude (bei Aquarienanlagen) sollten in diesem Fall isoliert sein und die Belüftung sollte man dazu benützen, um die Wärme zu verteilen; auf diese Weise läßt sich Energie sparen. Ein ähnliches System wird bei intensiver Aquakultur benutzt, bei der eine geeignete Temperatur zur Produktion von Wasserlebewesen wichtig ist. Bei einer großen Zahl einzelner Aquarien läßt sich die Temperatur leicht konstant halten, wenn man sie in einem isolierten und zentralbeheizten oder -gekühlten Raum oder Gebäude unterbringt.

Wenn die Raumtemperatur niedriger oder höher ist als die Aquarientemperatur, oder stärker schwankt, sollte man das Aquarium gut isolieren. Eine gute Isolierung setzt den Temperaturaustausch herab und verringert damit die Schwankungen der Wassertemperatur. Auch die Energie- und Wartungskosten für die Heizung oder das Kühlaggregat werden dadurch niedrig gehalten. Außerdem ist das Aquarium bei einem plötzlichen Ausfall der Geräte oder des Stromes besser geschützt.

Der Wärmeverlust durch Verdampfen kann sehr hoch sein und sollte dadurch verringert werden, daß man das Aquarium oben vollständig abdeckt. Eine Doppelverglasung kann den Wärmeverlust durch die Aquarienscheiben zu rund 40% herabsetzen, wobei die Scheiben etwa 12 bis 20 mm voneinander entfernt sein sollten. Wenn die Beckenwände nicht aus Glas sind, können sie von außen mit Kork, Styropor, Holz oder Glaswolle isoliert werden, allerdings darf dieses Isoliermaterial nicht durch Spritzwasser naß werden. Auch alle anderen Teile des Wasserkreislaufs sollten isoliert werden, zum Beispiel Filter, Zuleitungen oder externe Wasserbehälter.

Die erforderliche Heizungsstärke
Heizung oder Kühlung sind erforderlich, um den Wärmeverlust des Aquariums auszugleichen. Wenn die Umgebungstemperaturen für die Aquarienbewohner zuträglich wären oder wenn die Isolierung absolut perfekt wäre, könnte in der Theorie eine Heizung oder Kühlung entfallen wenn die erforderliche Temperatur

1
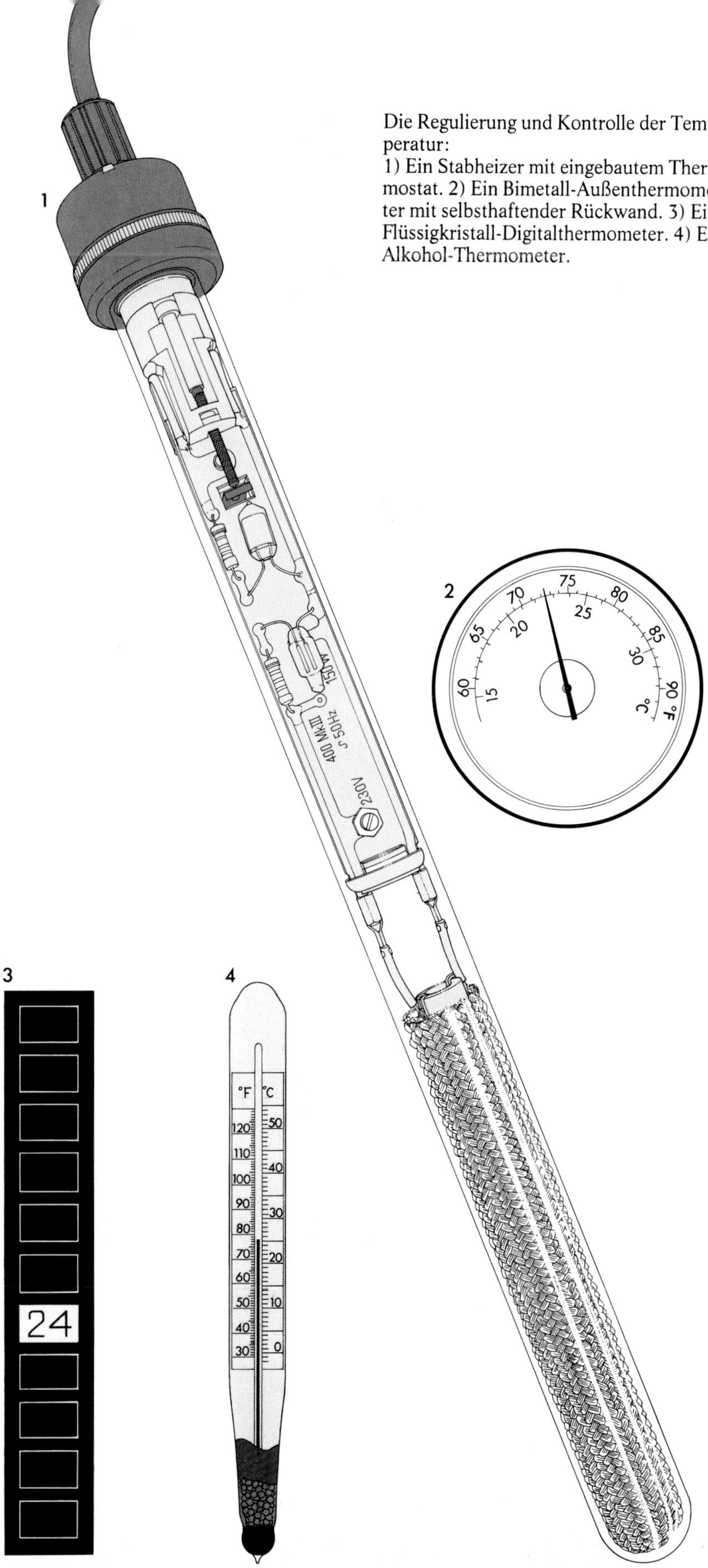

Die Regulierung und Kontrolle der Temperatur:
1) Ein Stabheizer mit eingebautem Thermostat. 2) Ein Bimetall-Außenthermometer mit selbsthaftender Rückwand. 3) Ein Flüssigkristall-Digitalthermometer. 4) Ein Alkohol-Thermometer.

1 So arbeitet ein Bimetallregler. Der Bimetallstreifen (a) biegt sich nach außen, wenn er über eine vorgewählte Temperatur hinaus erhitzt wird. Dadurch wird der Stromkreislauf unterbrochen und der Heizstab (b) ausgeschaltet. Die gestrichelte Linie zeigt die Lage des Bimetallstreifens, wenn der Heizer angeschaltet ist. Die erforderliche Temperatur wird durch eine Stellschraube (c) vorgewählt.

2
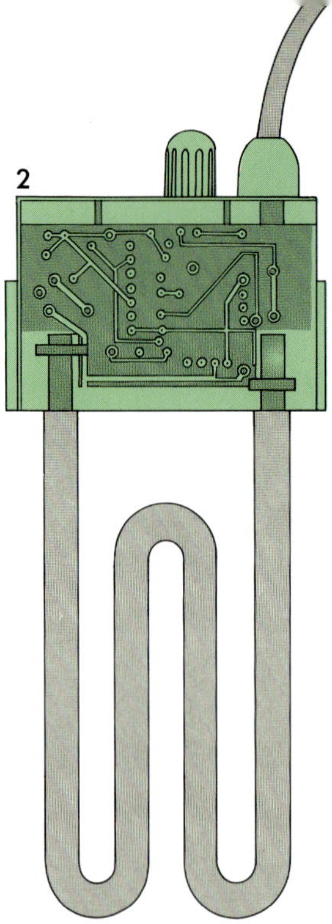

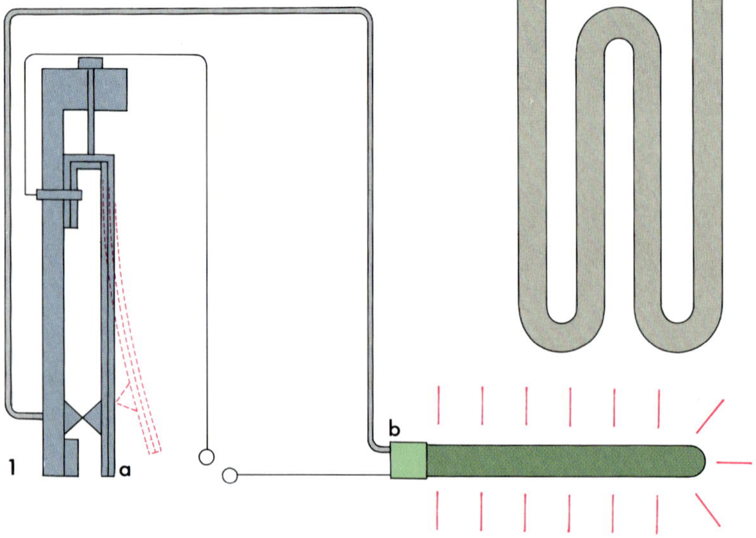

1

2 Detail eines Regelheizers, der das Wasser in einem Außenfilter erwärmt, bevor es wieder in das Schaubecken zurückläuft.
3 Der Stabheizer (a) sollte an der Rückwand des Aquariums waagerecht in Bodennähe angebracht werden, dort ist die Wasserzirkulation gut, und die Wärme kann somit wirksam verteilt werden. Der getrennte Thermostat (b) ist vom Heizer entfernt anzubringen, so daß er nicht durch dessen unmittelbare Strahlungswärme beeinflußt wird. Ein Thermometer (c) ermöglicht die Kontrolle von Heizstab und Regler.

3
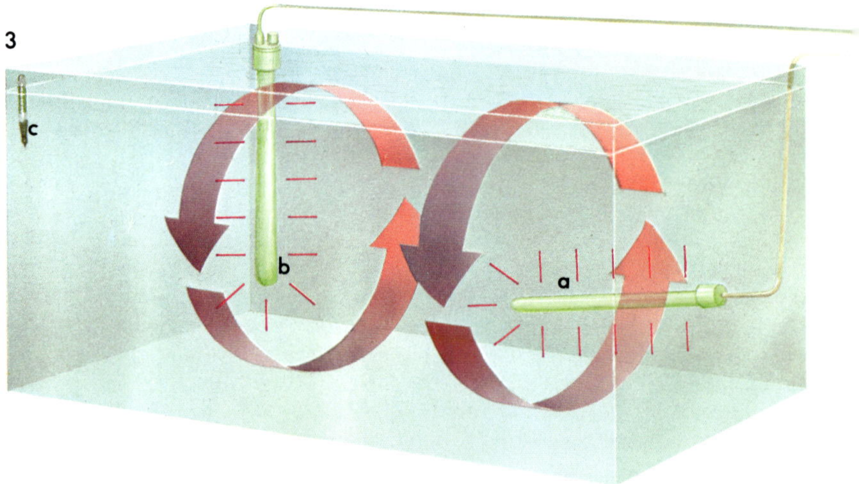

einmal erreicht ist. In der Praxis verliert ein Aquarium jedoch durch die Wasseroberfläche, die Scheiben, die Wände und den Boden Wärme oder nimmt sie auf, je nach der Größe der Oberflächen und dem Material aus dem das Aquarium besteht und entsprechend dem Temperaturgefälle zwischen Wasser und Luft und dem Grad der Wasserumwälzung und der Belüftung des Aquariums.

Zur Ermittlung der benötigten Energie, die ein Heizer oder ein Kühlaggregat für ein bestimmtes Aquarium liefern müssen, kann man eine einfache Überschlagsrechnung durchführen. Diese beruht auf der folgenden Formel:

Erforderliche Wärme = verlorene oder aufgenommene Wärme =
$(F_1 \times t_1 + F_2 \times t_2 + F_3 \times t_3 \ldots) \times$ Temperaturdifferenz;
$F_{1,\,2,\,3}\ldots$ sind die Oberflächen von Wasser, Glasscheiben, Wänden und Boden;
$t_{1,\,2,\,3}\ldots$ ist die Wärmeleitfähigkeit dieser Flächen.

Die Wärmeleitfähigkeit kann in Watt pro Quadratzentimeter pro Grad Celsius angegeben werden. Hier ist für eine Anzahl von Materialien die Wärmeleitfähigkeit aufgelistet:

Glasscheibe, 4 mm stark	6,5/ 10000
Doppelglasscheibe mit Luftzwischenraum	4/ 10000
Sperrholz, 2 cm stark mit Kunstharzanstrich	3,5/ 10000
Glasfaserverstärkter Kunststoff, 1 cm stark	2/ 10000
Beton, 10 cm stark	3/ 10000
Wasseroberfläche	9,5/ 10000

Diese Werte wurden für die Wärmeleitfähigkeit von Material, das auf einer Seite Wasser und auf der anderen Seite Luft aufweist, etwas abgeändert. Wenn der Aquarienboden isoliert ist oder auf einer soliden Fläche steht oder wenn die Seiten mit 1 cm dicker Isolierung, etwa aus Kork oder Styropor, verkleidet sind, können die Werte durch drei geteilt werden.

Betrachten wir beispielsweise ein Aquarium von 380 Litern, das aus 2 cm starkem Sperrholz gefertigt ist und auf einem soliden Unterbau steht. Seine Innenabmessungen (Länge × Höhe × Tiefe) betragen 115 × 60 × 60 cm, der Wasserstand beträgt 55 cm. In der Mitte der Vorderfront befindet sich eine Sichtscheibe von 100 × 45 cm. Die Lufttemperatur weist 20 °C auf und soll im Wasser bei 28 °C gehalten werden. Dann ergeben sich folgende Werte:

Fläche	Größe	Wärmeleitwert
Wasser	115 × 60	9,5/ 10000
Glasscheibe	100 × 45	6,5/ 10000
Sperrholz: Rückfront	115 × 55	3,5/ 10000
Seiten	2 × (60 × 55)	3,5/ 10000
Vorderrand	(15 × 55) + (100 × 10)	3,5/ 10000
Sperrholzboden auf festem Untergrund	115 × 60	1/ 10000

Wenn wir die Wärmeleitwerte mit den errechneten Flächengrößen multiplizieren, die Resultate addieren und schließlich alles mit der Temperaturdifferenz von 8 °C multiplizieren, finden wir, daß der erforderliche Wärmebedarf zur Aufrechterhaltung der angegebenen Wassertemperatur 123 Watt beträgt. In der Praxis sollte der Heizer den dreifachen Wert aufweisen, so daß er nicht ständig in Betrieb sein muß. Somit wären für das oben angeführte Beispiel 2 Heizer mit 150 und 200 Watt angebracht.

Der Regler

Ein Regler oder Thermostat ist ein temperaturempfindlicher Schalter, der meistens von einem Bimetallstreifen gesteuert wird. Bei einer bestimmten Temperatur schließt er den Stromkreislauf oder öffnet ihn, je nachdem ob es wärmer oder kälter werden soll. Es gibt auch durch einen Thermostaten geregelte Ventile, die den Durchfluß in beheizten oder gekühlten Rohrsystemen regeln, durch die das Wasser in einem Kreislauf befördert wird. Der Regler für ein Aquarium muß verhältnismäßig empfindlich reagieren können: Er sollte die Temperatur im Aquarium um nicht mehr als 1 °C ansteigen oder sinken lassen.

Für den speziellen Gebrauch im Aquarium gibt es eine große Vielzahl unterschiedlicher Modelle, von 100 bis 2000 Watt Schaltkapazität. Einige hängen völlig, andere nur teilweise im Wasser, wieder andere werden außen angebracht und messen die Wassertemperatur durch die Aquarienwand oder vermittels einer Sonde. Einige haben einen fest eingestellten Temperaturbereich, wieder andere sind verstellbar. Bei vielen zeigt eine Lampe an wenn der Kontakt geschlossen ist und das Gerät heizt. Mehrere Aquarien gleicher Größe können durch einen einzigen Thermostaten geregelt werden, wenn sie mit Heizern der gleichen Wattstärke versehen sind, die in Serie geschaltet wurden.

Heizer

Aquarienheizer bestehen in der Regel aus einem elektrischen Heizelement, beispielsweise einer Nickelchrom-Drahtspirale, die um ein Keramikelement gewickelt ist. Dieses befindet sich in einer versiegelten Röhre aus hitzeresistentem Glas oder Plastik oder aus rostfreiem Stahl oder Aluminium. Von 10 bis 300 Watt ist eine Vielzahl von Heizstärken und Größen und Formen von Heizern erhältlich.

Der vollständig untergetauchte Heizstab gibt an das umgebende Wasser Wärme ab, die durch Konvektion oder durch den normalen Wasserkreislauf im Aquarium verteilt wird. Lange und dünne Ausführungen liefern eine bessere Wärmeverteilung als kurze und dicke Versionen, sie sind andererseits aber zerbrechlicher. Um ein Überhitzen und Ausglühen zu verhindern, darf ein Stabheizer nur eingeschaltet werden, wenn er sich im Wasser befindet. Einige Heizer mit höherer Wattzahl bestehen aus zwei Heizelementen, womit sich eine gewisse Sicherheit gegen zu starken Temperaturabfall ergibt, wenn bei einem Defekt ein Element einmal ausfallen sollte.

Viele Modelle, die sowohl einen Heizer als auch einen Thermostat enthalten, sind leicht und sicher zu installieren und haben weniger Kabel als getrennte Einheiten. Heizstäbe sollte man an der Rückwand oder an den Seiten des Aquariums anbringen, in der Nähe des Bodengrundes, aber oberhalb des Substrates, dort, wo eine gute Wasserzirkulation vorhanden ist und andererseits wenig Gefahr besteht, daß die Geräte durch Aquarienbewohner oder beim Hantieren im Aquarium beschädigt werden. Man kann sie mit Saugern an der Aquarienscheibe befestigen, aber so, daß sie mit dem Glas keinen unmittelbaren Kontakt haben, und außerdem sollten sie waagerecht angebracht werden, weil diese Position die beste Wärmeverteilung garantiert. Besser ist es, wenn der Heizer statt im Aquarium selbst im Außenfilter oder einem Außentank untergebracht wird. Dadurch entfallen die unansehnlichen Kabel aus dem Schaubecken und empfindliche Tiere können nicht mehr an die heißen Geräte herankommen.

Als Alternative für den Stabheizer gibt es heute Kabelheizer, sogar solche in Niederspannungsausführung, die elektrisch besonders sicher sind. Diese Kabelheizer werden in oder unter den Kiesboden des Aquariums verlegt; es gibt auch Varianten, die unter dem Aquarium angebracht werden. Solche Heizelemente können starr oder flexibel sein, gelegentlich sind sie in Kunststoff, Kunstharz oder Gummi verschweißt.

Die Lampenwärme

Elektrische Lampen strahlen außer Licht auch Wärme ab. Glühbirnen geben zweibis dreimal soviel Wärme ab wie Leuchtstoffröhren. Wo die Wassertemperatur über der Raumtemperatur liegen muß, kann man diesen Effekt gleich ausnützen, indem man die Beleuchtungswärme in das Heizsystem mit einbezieht. Es gibt speziell abgedichtete Unterwasserlampen und -strahler, die sich dafür besonders eignen, man kann beispielsweise aber auch die Wärme abgebenden Drosseln der Leuchtstofflampen unter dem Boden des Aquariums anbringen, allerdings nicht in direktem Kontakt mit der Bodenscheibe, da diese bei den entstehenden Wärmedifferenzen sonst platzen könnte. Wenn durch die Beleuchtung eine zu hohe Wärme auftritt, ergeben sich vor allem im Sommer oft besondere Probleme. Man kann dann eventuell den Lampenkasten mit einer Belüftung versehen, eine Doppelglasscheibe als Isolation zwischen Lampenkasten und Aquarium anbringen, oder die Lampen in einiger Entfernung über dem Becken installieren, wie dies bei den Quecksilberdampf-Hochdrucklampen gehandhabt wird.

1
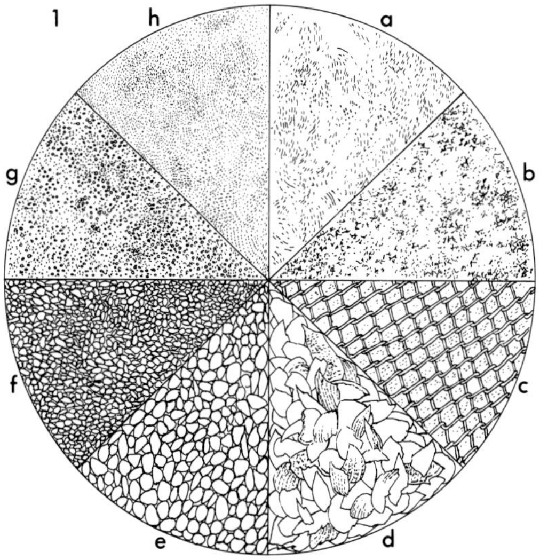

2
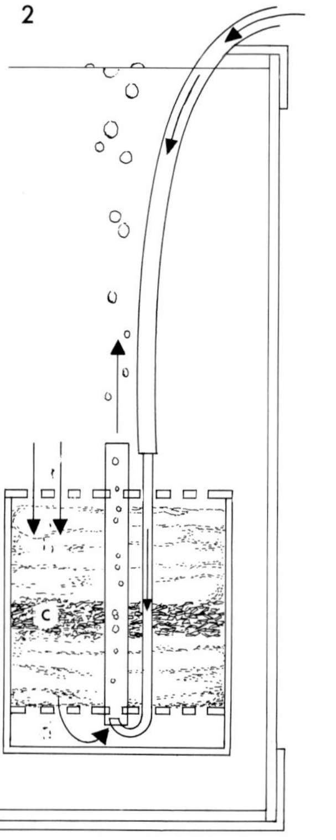

1 Filtermittel für eine mechanische Filterung: a) Kunststoffwolle; b) Diatomeenerde; c) feines Nylongewebe; d) Muschelbruch; e) Blähton; f) Kies; g) Sand; h) Schaumstoff;
2 Ein Innenfilter. Das Wasser wird durch den Deckel (a) gesaugt und gelangt dann durch Kunststoffwatte (b) über Aktivkohle (c) und eine weitere Schicht Kunststoffwatte in die Klarwasserkammer (d), von wo es durch Luft wieder in das Aquarium zurückbefördert wird.
3 Ein Außenfilter: a) Einsaugstutzen mit Filterkorb; b) Bodenplatte; c) Filtermaterial; d) luftgetriebenes Steigrohr; e) Ausströmerstein.

3
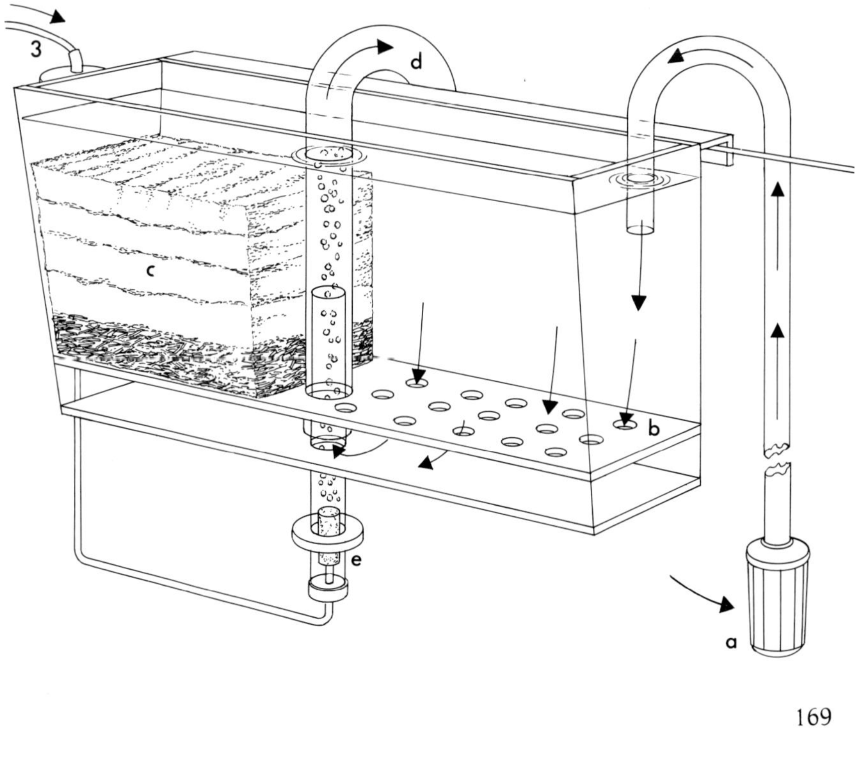

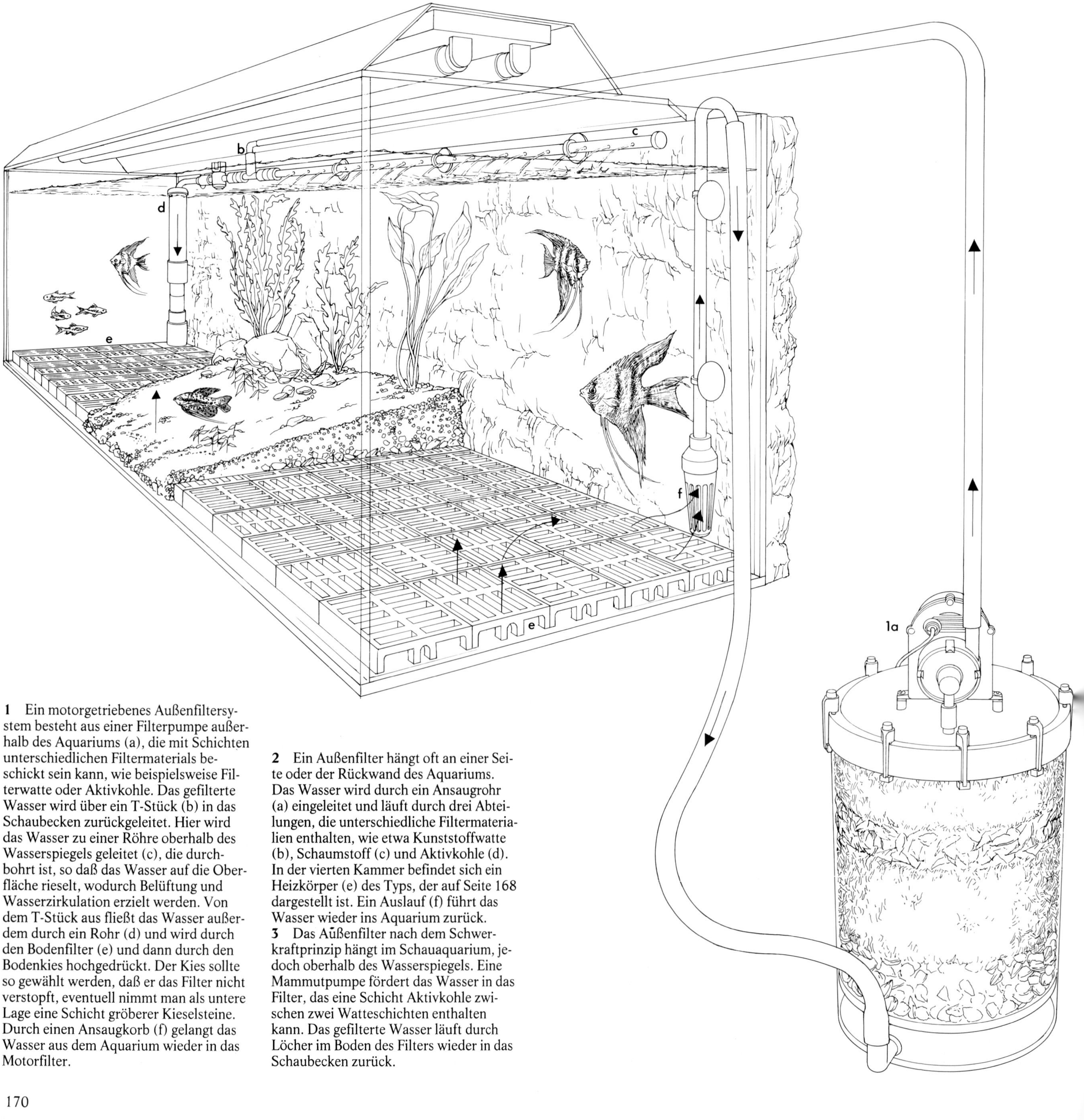

1 Ein motorgetriebenes Außenfiltersystem besteht aus einer Filterpumpe außerhalb des Aquariums (a), die mit Schichten unterschiedlichen Filtermaterials beschickt sein kann, wie beispielsweise Filterwatte oder Aktivkohle. Das gefilterte Wasser wird über ein T-Stück (b) in das Schaubecken zurückgeleitet. Hier wird das Wasser zu einer Röhre oberhalb des Wasserspiegels geleitet (c), die durchbohrt ist, so daß das Wasser auf die Oberfläche rieselt, wodurch Belüftung und Wasserzirkulation erzielt werden. Von dem T-Stück aus fließt das Wasser außerdem durch ein Rohr (d) und wird durch den Bodenfilter (e) und dann durch den Bodenkies hochgedrückt. Der Kies sollte so gewählt werden, daß er das Filter nicht verstopft, eventuell nimmt man als untere Lage eine Schicht gröberer Kieselsteine. Durch einen Ansaugkorb (f) gelangt das Wasser aus dem Aquarium wieder in das Motorfilter.

2 Ein Außenfilter hängt oft an einer Seite oder der Rückwand des Aquariums. Das Wasser wird durch ein Ansaugrohr (a) eingeleitet und läuft durch drei Abteilungen, die unterschiedliche Filtermaterialien enthalten, wie etwa Kunststoffwatte (b), Schaumstoff (c) und Aktivkohle (d). In der vierten Kammer befindet sich ein Heizkörper (e) des Typs, der auf Seite 168 dargestellt ist. Ein Auslauf (f) führt das Wasser wieder ins Aquarium zurück.

3 Das Außenfilter nach dem Schwerkraftprinzip hängt im Schauaquarium, jedoch oberhalb des Wasserspiegels. Eine Mammutpumpe fördert das Wasser in das Filter, das eine Schicht Aktivkohle zwischen zwei Watteschichten enthalten kann. Das gefilterte Wasser läuft durch Löcher im Boden des Filters wieder in das Schaubecken zurück.

Die Unterbodenheizung
Bei einer anderen Methode werden heißes Wasser oder heiße Luft, Wasserdampf oder elektrische Heizelemente in Kanälen oder Rohren unter dem Aquarium entlanggeführt, um die Luft darunter und von den Seiten her zu erwärmen. Diese Form der Beheizung ist für größere Anlagen mit mehreren Becken angebracht und auch bei Anlagen am preiswertesten, bei denen die Temperatur gleichmäßig sein muß und nicht wesentlich über der Umgebungstemperatur zu liegen braucht. So verwenden beispielsweise Großhändler und Züchter diese Methode, bei der sich im Aquarium nur noch die Thermostate oder Thermometer befinden. Ein weiterer Vorteil ist, daß die Temperaturschwankungen nur gering sind. Allerdings sollten die Aquarienböden die Wärme gut leiten können und hitzeunempfindlich sein. Ein Bodengrund verhindert den Wärmeaustausch, sofern man nicht einen Bodenfilter benutzt. Durch die aufsteigende Wärme wird das Becken zwar im Grunde gleichmäßig erwärmt, aber dennoch empfiehlt sich eine gute Wasserumwälzung.

Der Wärme- und Kälteaustausch
In einem Wärmeaustauscher wird das Aquarienwasser in engen Kontakt mit einer zweiten Flüssigkeit oder mit Luft gebracht, die zuvor erwärmt oder gekühlt wurde. Röhrenspulen oder Röhrengitter leiten die warme oder kalte Flüssigkeit und bieten eine große Oberfläche für den Wärmeaustausch. Man kann sie entweder unmittelbar im Aquarium anbringen oder mit ihnen an anderer Stelle des Umwälzsystems heizen, beispielsweise in einem Außenfilter. Die Hitze wird durch die Wände der leitenden Rohre in das oder aus dem Aquarienwasser geleitet, und zwar um so wirksamer je schneller der Wasserdurchfluß ist.

Um das Aquarium aufzuheizen ist ein breites Angebot an Heizgeräten für den Wärmeaustausch vorhanden. Sogar Solarzellen lassen sich mit einem Wärmeaustauscher zusätzlich als Energielieferant verbinden. Vor allem für große Systeme mit einer zentralen Wasserumwälzung, mit der entweder sehr große oder viele Aquarien geheizt werden, lohnt sich eine solche Einrichtung. Für kleinere Aquarien läßt sich auch dadurch Energie für einen Wärmeaustauscher gewinnen, daß man das Wasser in der Heizschlange durch ein Elektrogerät aufheizt: Man kann das Wasser zum Beispiel durch die Wasserkühlung einer Pumpe leiten und so Energie sparen.

Auch die meisten Aquarienkühlgeräte enthalten einen Wärmeaustauscher. Als sehr einfaches System kann man zur vorübergehenden Kühlung eines Aquariums einen Plastikschlauch als Kühlschlange durch das Aquarium leiten, wobei das eine Ende an die Wasserleitung angeschlossen ist und das andere zu einem Abfluß führt, und kaltes Leitungswasser hindurchschicken. Bei einigen Kühlgeräten für kleinere Becken läuft das Wasser durch einen kleinen Verdampfer. Für größere Anlagen können normale Kühlaggregate oder Kühler von Klimaanlagen recht einfach eingesetzt werden, wenn man sie mit Wärmeaustauschern verbindet, die an den Wasserkreislauf des Aquariums angeschlossen sind.

Die meisten Kühlaggregate und Klimaanlagen arbeiten, indem Flüssigkeiten in einem Kreislaufsystem komprimiert oder verdampft werden. Wenn sie komprimiert werden, steigt die Temperatur an und die Gefriermittel werden verflüssigt. Druckverminderung läßt das Gefriermittel verdampfen, wobei der umgebenden Luft oder dem Wasser Wärme entzogen wird. Die Verdampferseite des Gerätes ist in einzelne Röhren verzweigt, um damit einen möglichst wirksamen Wärmeaustausch zu erreichen. Man findet dieses Prinzip bei jedem Kühlschrank verwirklicht, dort befindet sich der Verdampfer im Gerät, der wärmeabgebende Kompressor meist dahinter.

Die Reinigung des Wassers

Die Aufbereitung des Aquarienwassers umfaßt in der Regel auch die Filterung. Das bedeutet ganz allgemein die Entfernung unerwünschter Stoffe als Filtrat, indem das Aquarienwasser durch ein entsprechendes Filtermaterial geleitet wird. Die hauptsächlichen unerwünschten Stoffe, die entfernt werden müssen, sind anorganische und organische Partikel, die als Schwebstoffe auftreten, gelöste organische Verbindungen und in Lösung befindliche stickstoffhaltige Stoffwechselprodukte der

2
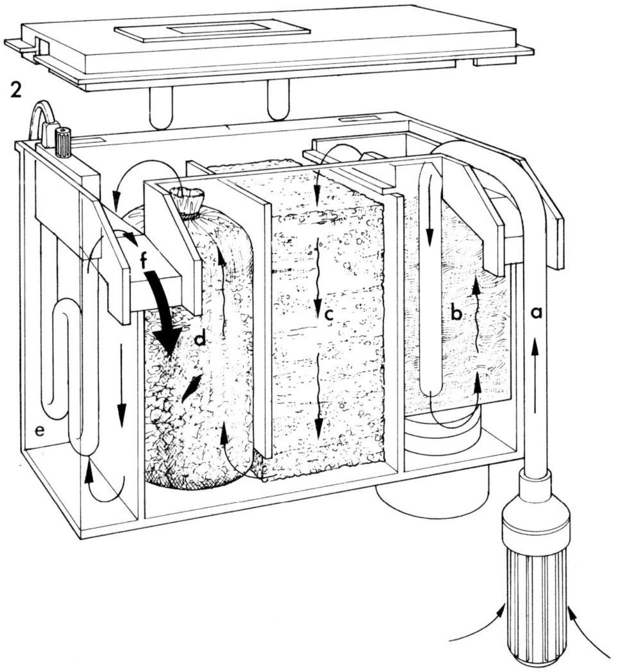

3
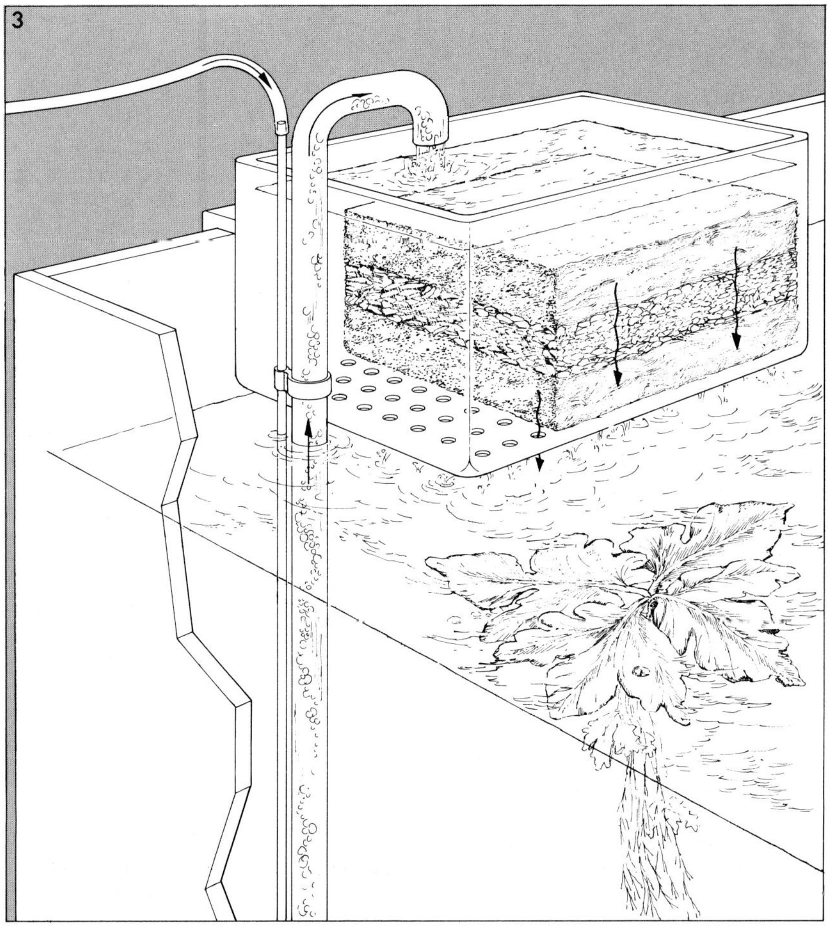

1 Das Prinzip des Ionenaustauschers, der dazu benutzt wird, Leitungswasser oder Wasser im geschlossenen Filtersystem zu behandeln, wobei Ionen gegen Ionen ähnlicher Gesamtladung ausgetauscht werden. In unserem Beispiel wurde ein Kationen-Austauscher (s) mit einem Anionenaustauscher (b) gekoppelt. Nach dieser Behandlung enthält das Wasser praktisch keine biologisch wichtigen Elemente mehr und sollte daher mit Wasser gemischt werden, das diese notwendigen Spurenelemente aufweist. Andernfalls müssen diese fehlenden Elemente zusätzlich beigegeben werden.

H^+ und Na^+ □
NH_4^+, Cu^+, Zn^+, Ca^+ und Mg^+ △
OH^- und Cl^- ○
NO_3^-, NO_2^-, PO_4^-, SO_4^- und HCO_3^- ✳

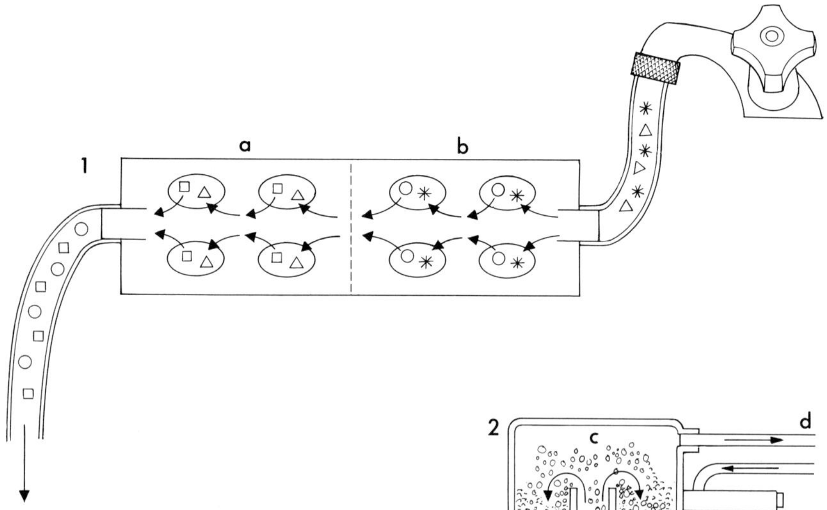

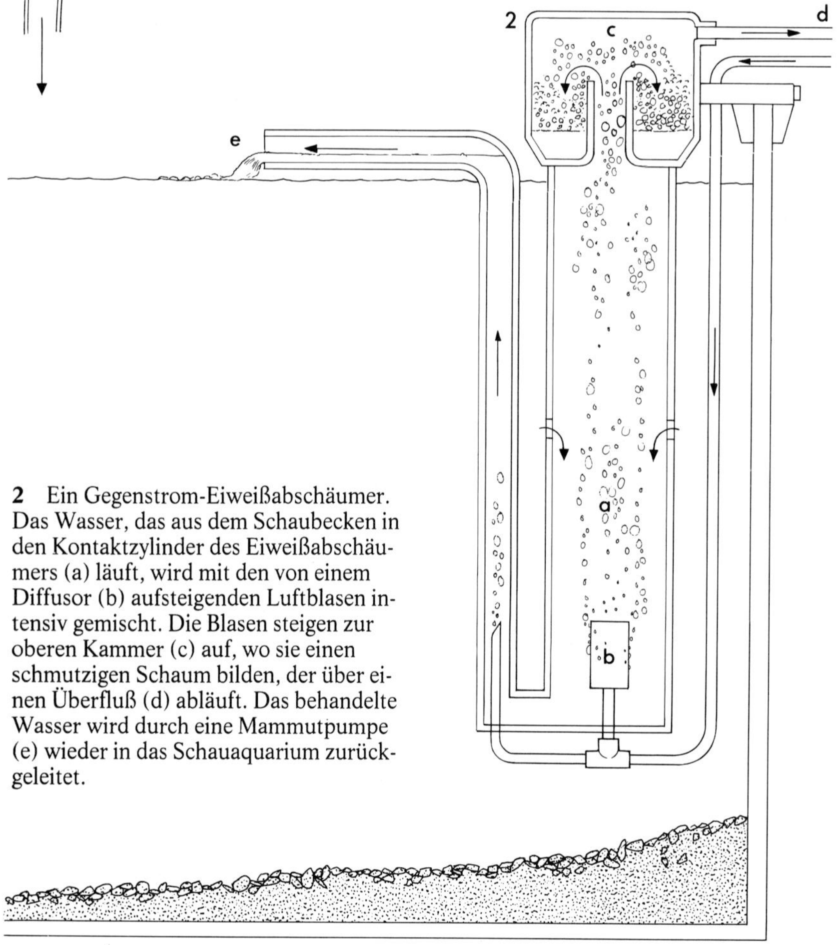

2 Ein Gegenstrom-Eiweißabschäumer. Das Wasser, das aus dem Schaubecken in den Kontaktzylinder des Eiweißabschäumers (a) läuft, wird mit den von einem Diffusor (b) aufsteigenden Luftblasen intensiv gemischt. Die Blasen steigen zur oberen Kammer (c) auf, wo sie einen schmutzigen Schaum bilden, der über einen Überfluß (d) abläuft. Das behandelte Wasser wird durch eine Mammutpumpe (e) wieder in das Schauaquarium zurückgeleitet.

lebenden Organismen. Diese Stoffe lassen sich mit Hilfe einer oder mehrerer der hauptsächlich angewendeten Filterprozesse entfernen: Auf mechanischem, biologischem (durch Bakterien oder grüne Pflanzen) und physikalisch-chemischem Wege.

Die mechanische Filterung

Im Wasser schwebende Partikel lassen sich mechanisch entfernen, indem das Wasser durch ein Sieb oder ein entsprechendes Filtermaterial gedrückt wird. Partikel von feinem Lehm bis zu grobem Sand, organischer Detritus und lebende Mikroorganismen können dadurch ausgefiltert werden, daß man das entsprechende Filtermaterial und eine entsprechende Durchflußgeschwindigkeit wählt. Solche Filtermaterialien für mechanische Aquarienfilter sind Sand und Kies entsprechender Körnung, Diatomeenerde, Ton- und Porzellanprodukte wie Blähton oder Porzellanröhrchen, oder synthetische Materialien wie Schaumstoff oder Filterwatte.

Auch auf die Lagerung des Filtermaterials im Filtergehäuse kommt es ganz wesentlich an, es muß gleichmäßig dicht gepackt sein, damit das Wasser überall hindurchfließen kann und nicht stellenweise stagniert. Die Porengröße des Filtermaterials hängt von seiner Struktur ab und nimmt mit der Korngröße zu. Bei gröberer Körnung und in Druckfiltern ist die Durchflußgeschwindigkeit des Wassers groß. Verunreinigungen werden dann tief in das Filterbett hineingeschwemmt, das deswegen entsprechend dick sein muß. Um hohe Durchflußraten beizubehalten, muß das Filterbett regelmäßig rückgespült oder ganz oder teilweise erneuert und ausgewaschen werden.

Wo das Filtermaterial fein oder der Druck gering ist, ergeben sich langsamere Durchflußgeschwindigkeiten, so in Filtern, durch die das Wasser aufgrund seiner Schwerkraft läuft, in Sandfiltern und Bodengrundfiltern, die vermittels einer Mammutpumpe arbeiten, und in Tropfkörpern. Bei feinem Filtermaterial wird der größte Teil des Filtrates in den oberen Zentimetern abgelagert. Durch die sich immer stärker zusetzenden Filterporen wird eine Oberflächenschicht gebildet, durch die zunehmend feineres Material ausgefiltert wird.

Durch einen mechanischen Filter können sogar Partikel entfernt werden, die kleiner als die Filterporen sind, ebenso wie kolloides Material. Dies geschieht aufgrund von bestimmten Wechselwirkungen zwischen dem Substrat des Filterkörpers und den in Lösung befindlichen einzelnen Substanzen. Sowohl physikalische als auch chemische Prozesse treten dabei auf, deren Wirkungsweise man noch nicht in allen Einzelheiten kennt, und die die auf den ersten Blick einfache Wirkungsweise der mechanischen Filterung erheblich komplizieren. So trägt beispielsweise ein ungestörter mechanischer Filter auf der Oberfläche seines Substrates eine reichhaltige Bakterienkolonie und filtert deshalb im Grunde nicht nur mechanisch sondern auch biologisch. Wenn nun das Filtermaterial gereinigt wird, entfernt man einen Großteil der Bakterien, so daß bei einem gründlich oder häufig gewaschenen Filter die Bakterienwirkung nur gering ist.

Diatomeenerde wird vor allem dann als Filtermaterial benutzt, wenn das Wasser sehr klar sein muß oder wenn der Bakteriengehalt im Wasser herabgesetzt werden soll. Eine derartige Erde besteht aus fossilen Gehäusen von Diatomeen – einer Algengruppe – und ist im Handel in verschiedenen Gradationen erhältlich. Weil sie sehr fein ist und eine starke Filterwirkung aufweist, sollte man sie nur dann verwenden, wenn man Wasser behandeln möchte, das bereits weitgehend klar ist, denn sie setzt sich sehr schnell zu und kann nicht regeneriert werden. Diatomeenerde als Filtermaterial entfernt nicht nur mikroskopisch kleine Partikel und Parasiten, sondern auch nitrifizierende Bakterien. Um die Durchlässigkeit zu erhalten, sollte das Filtermaterial ab und zu durchgespült und rückgewaschen oder von Zeit zu Zeit erneuert werden.

Die biologische Filterung

Ein biologischer Filter entfernt unerwünschte Stoffe durch die Tätigkeit lebender Organismen oder setzt sie um. Dies erfolgt dadurch, daß über einen Bakterienrasen oder über photosynthesetreibende Pflanzen gefiltert wird.

Verschiedene Arten im Filtersystem lebender Bakterien entfernen anorganische oder organische Stoffe aus dem Wasser. Deshalb muß für eine große und funktionstüchtige Bakterienkolonie gesorgt werden, durch die man das Wasser hindurch filtert. Man kann dazu als Substrat jedes Material benutzen, das eine große Filteroberfläche bietet, auf dem die Bakterien wachsen können, und das einen vernünftigen Wasserdurchfluß ermöglicht. Daher entwickeln sich auch mechanische Filter und verbrauchte Aktivkohlefilter oder Ionenaustauscher zu Bakterienfiltern, wenn man den Bakterien Zeit zur Vermehrung läßt und der Wasserdurchfluß ausreichend ist. Ein gesunder Bakterienrasen bildet sich im Grunde unter den gleichen Voraussetzungen, die auch für die anderen Aquarienbewohner gelten: Sie benötigen auf dem Filtermaterial einen geeigneten Lebensraum, genügend Sauerstoff und regelmäßig Nährstoffe. Gifte oder Abbauprodukte müssen entfernt werden und das Wasser muß günstige Temperaturen, eine geeignete Härte und den richtigen Salzgehalt aufweisen.

Die bakteriologischen Vorgänge, durch die bestimmte Stoffe aus dem Wasserkreislauf entfernt und andere hinzugefügt werden, laufen wie folgt ab. Die Ausscheidungen, Sekrete und Verwesungsprodukte der Organismen setzen sich aus entsprechenden Detrituspartikeln, gelösten organischen Molekülen (Kohlenhydrat-, Eiweiß- und Fettpartikeln) und im Wasser gelöstem Ammoniak zusammen. Die nitrifizierenden Bakterien erhalten ihre Energie durch die Oxidation von Ammoniak zu Nitriten und dann zu Nitraten (siehe Kapitel 4). Zudem nehmen verschiedene heterotrophe Organismen das organische Material als energiereichen Nährstoff auf. Die Energie wird durch Atmung freigesetzt, wobei Kohlendioxid und Wasser als Nebenprodukte auftreten. Außerdem fällt Ammoniak an, wenn das organische Material proteinhaltig ist.

Für diese Vorgänge ist im Bakterienfilter ein entsprechender Sauerstoffgehalt erforderlich, den man durch Belüftung erzielen kann. Andernfalls können die Oxidations- und Atmungsprozesse nicht aufrecht erhalten werden. Wenn der Sauerstoffgehalt sinkt und die Bedingungen stagnieren, benutzen viele heterotrophe Bakterien stattdessen Nitrat und Sulfat, um das organische Material zu oxidieren. Sulfat wird zu giftigem Hydrogensulfit reduziert, während Nitrat zu ebenfalls giftigem Nitrit reduziert wird und zu molekularem Nitrogen, das in die Atmosphäre entweicht.

Pflanzenfilter

Im Licht assimilieren Pflanzen anorganische Verbindungen, um daraus organische Verbindungen aufzubauen: Kohlenhydrate, Proteine und Fette. Auf diesem Prozeß der Photosynthese beruht die Wirkung des Pflanzenfilters. Dazu läßt man Algen- oder höhere Pflanzen unter Bedingungen wachsen, die eine maximale Assimilation ermöglichen. Zu diesem Zweck sorgt man für eine hohe Lichtstärke und eine ausreichende Tageslänge (etwa sechzehn oder mehr Stunden) und für eine gute Wasserzirkulation, um die Nährstoffe zu verteilen und eine optimale Aufnahme durch die Pflanzenblätter zu erzielen. Der Wasserstand sollte so niedrig wie möglich sein, um den Lichtverlust gering und den Kontakt zwischen Pflanze und Wasser groß zu halten. Die Pflanzen sollten in kleinen Töpfen mit sauberem, grobem Sand wachsen, oder ganz ohne Bodengrund, wie es beispielsweise bei Algen möglich ist, die auf Steinen festsitzen.

Das Aquarienwasser wird über dieses Pflanzenbett geleitet. Das aus dem Schaubecken eingepumpte Wasser ist reich an Kohlendioxid, Ammoniak, Nitrat und Phosphat, das die Filterpflanzen aufnehmen. Daraus werden unter Sauerstoffabgabe dann organische Verbindungen produziert, der Sauerstoff wird in das Wasser freigesetzt und die Pflanzen wachsen. Von Zeit zu Zeit muß man die Pflanzen auslichten, um eine optimale Dichte zu erzielen. Während der Dunkelzeiten oder wenn der Strom ausfällt und kein natürliches Licht vorhanden ist, sollte das Aquarienwasser nicht durch das Pflanzenfilter geleitet werden, weil keine Photosynthese stattfindet und aufgrund der Atmung der Pflanzen der Sauerstoffgehalt absinkt und der Kohlendioxidgehalt steigt.

Alle Pflanzen, die unter Wasser rasch wachsen können, lassen sich verwenden. Die Arten variieren natürlich je nach Salzgehalt und Temperatur. In Seewassersystemen können Grünalgenarten benutzt werden, wie etwa *Caulerpa, Ulva, Enteromorpha* und *Cladophora.* Im Süßwasser lassen sich höhere Pflanzenarten verwenden, wie *Elodea-, Hygrophila-, Ceratophyllum-* und *Vallisneria-*Arten.

Die physikalisch-chemische Filterung

Einige Substanzen, besonders organische Moleküle, lassen sich aus der Lösung ziehen und bilden zwischen Wasser und Luft oder Wasser und einem festen Material eine Schicht. Wenn ein Stoff auf diese Weise absorbiert wird, kann dies sowohl durch physikalische als auch durch chemische Vorgänge geschehen. Dies ist das Grundprinzip physikalisch-chemischer Filtermethoden, beispielsweise der Filterung über Aktivkohle und Ionenaustauscher, oder der Eiweißabschäumung.

Aktivkohle

Aktivkohle wird als spezielles Filtermaterial benutzt, um bestimmte Stoffe vor allem durch Adsorption zu entfernen. Ihre Wirkung beruht auf der äußerst porösen Struktur der Aktivkohle und der damit verbundenen großen Gesamtoberfläche. Ein Gramm Aktivkohle umfaßt mehrere hundert Quadratmeter Oberfläche und bietet so eine erheblich vergrößerte Kontaktfläche zwischen Wasser und fester Substanz. Durch eine Filterung über Aktivkohle werden gelöste organische Moleküle entfernt, einschließlich Torfsäuren und Proteinabbauprodukten, Farbstoffen, Phenolen, Medikamenten und Chlor.

Es gibt unterschiedliche Aktivkohlen, die nach Teilchengröße und Adsorptionswirkung differieren. Aktivkohle wird hergestellt, indem Holz oder Knochen unter Sauerstoffabschluß bis zum Glühen erhitzt werden und die so entstandene Kohle dann noch einmal im Sauerstoff auf 900 °C erhitzt wird. Holzkohle ist billiger, sie hat jedoch eine geringere Adsorptionswirkung. Es sind Granulate von über 0,1 mm Korngröße oder Staub erhältlich, wobei die Granulate häufiger angeboten werden, weniger leicht verklumpen und einfacher zu handhaben sind.

Nach einiger Zeit erschöpft sich die Filtermasse aus Aktivkohle. In einer Säule geschieht dies langsam in voller Länge bis die gesamte Oberfläche mit adsorbiertem Material überzogen ist. Die Zeit bis zur Erschöpfung einer Säule, die sich in dauerndem Gebrauch befindet, hängt von der Konzentration der im Wasser vorhandenen Substanzen ab, die zu entfernen sind, und kann eine Angelegenheit von Tagen oder Monaten sein. Um den Erschöpfungsgrad zu ermitteln, kann man dem zulaufenden Wasser ein paar Tropfen Methylenblau zufügen. Wenn der Filter die Farbe nicht mehr aufnimmt, sollte die Kohle erneuert oder reaktiviert werden. Die Reaktivierung findet durch Erhitzen auf 500 °C unter Sauerstoffabschluß statt, doch ist fraglich, ob sich dies lohnt oder vom Aquarianer selbst durchführen läßt.

Der Aktivkohle sollte in einem Mehrkammerfilter eine mechanische und biologische Filterung vorgeschaltet sein, um die Hauptmenge des gelösten mineralischen Materials und des Detritus zu entfernen. Sie sollte bei einer Desinfizierung von Tieren, also etwa im Quarantäneaquarium, eingesetzt werden, weil diese weniger wirksam ist, wenn gelöste organische Stoffe vorhanden sind.

Ionenaustauscher

Verschiedene natürliche und auch synthetisch präparierte Materialien wirken dadurch, daß sie sowohl vermittels ihrer Oberfläche als auch aufgrund ihrer inneren Struktur in der Lage sind, Ionen aus dem Wasser aufzunehmen. Diese Ionen tauschen sie gegen solche ähnlicher elektrischer Gesamtladung aus, die von dem Austauschermaterial abgegeben werden. Ton und Zeolith sind ein natürliches Austauschermaterial. Heute bestehen Ionenaustauscher hingegen meist aus einer unlöslichen Matrix aus einem Polymer, wie etwa Polystyren, an die bestimmte Ionengruppen locker gebunden sind.

Harze für Kationen- oder Säureaustauscher sind mit Natrium-(Na^+) oder Wasserstoff-(H^+)Ionen geladen. Sie lassen sich in Aquarien dazu verwenden, um Kationen aus dem Wasser zu entfernen, vor allem Ammoniak-(NH_4^+) und Metallionen, wie Kupfer (Cu^+) und Zink (Zn^+), die giftig sein können, und Calcium-(Ca^+) und Magnesium-(Mg^+)Ionen, die für die Wasserhärte verantwortlich sind.

Anionenaustauscherharze werden weniger häufig benutzt. Besondere Harze können Nitrat-(NO_3^-), Nitrit-(NO_2^-), Phosphat-(PO_4^-), Sulfat-(SO_4^-) und Bicarbonat-(HCO_3^-)Ionen gegen Hydroxid-(OH^-) oder Chlorid-(Cl^-)Ionen austauschen.

Heute kann man sehr spezielle Harze herstellen, die beispielsweise Ammoniak aus dem Seewasser entfernen. Allgemein jedoch lassen sich Ionenaustauscher besser für Süßwasseraquarien verwenden, wo weniger Wechselwirkungen mit ungeladenen Ionen auftreten.

Das Harz wird in eine Säule gepackt (heute wird bereits die Konfektionierung in Patronen angeboten) und entweder zwischen Hauptanschluß und Wassereinlaß ins Aquarium geschaltet, um weiches Wasser zu erhalten, oder im Anschluß an die biologische Filterung in den Aquarienkreislauf unmittelbar eingefügt, um den Gehalt an gelösten organischen Stoffen herabzusetzen. Als weitere Möglichkeit gibt es heute Matten, die mit Austauscherharzen versehen sind und in ein Kiesfilter eingebracht werden. Ein solches Harz ist erschöpft, wenn die zum Austausch fähige Oberfläche vollständig mit organischen Molekülen besetzt ist. Je nach Art des Harzes kann dieses dann mit einer stärker konzentrierten Lösung der verdrängten Ionen regeneriert werden, beispielsweise mit Salzsäure oder Phosphorsäure, um das Harz wieder mit H^+-Ionen anzureichern oder mit Natriumchlorid oder Hydroxid um Na^+-, Cl^-- oder OH^--Ionen zu ergänzen. Mehrere Harze sind heute mit Farbindikatoren versehen, deren Farbumschlag die Erschöpfung des Harzes deutlich macht.

Eiweißabschäumer

Die Oberfläche von im Wasser befindlichen Luftblasen zieht gelöste Moleküle und gelöste Partikel an. Die Eiweißabschäumung nutzt diese Tatsache aus. Dabei werden aufsteigende Luftblasen intensiv mit dem Aquarienwasser gemischt, am besten in einem senkrechten Rohr mit abwärts führendem Wasserstrom (das Gegenstromprinzip). Weil die Luftblasen an der Wasseroberfläche zerplatzen, bleiben die oberflächengebundenen Stoffe an der Oberfläche und bilden dort in Form eines schmutzigen Schaumes eine angereicherte Schicht. Durch einen Überfluß läßt sich der Schaum leicht entfernen.

Diese elegante Methode ist besonders dazu geeignet, um organische Moleküle zu konzentrieren und dann entfernen zu können, beispielsweise Farbstoffe und Humus- oder Torfsäuren, von Pflanzen abgegebene Proteine und Fette und so weiter. Organische Moleküle sind polarisiert: Ein Ende wird vom Wasser angezogen, das andere abgestoßen. Die Moleküle haften an der Oberfläche zwischen Wasser und Luft. Damit der Prozeß wirksamer wird, läßt sich diese Fläche vergrößern, indem man sehr feine Luftblasen in das Wasser schickt. Feinere Luftblasen vergrößern wiederum die gesamte Oberfläche und erhöhen die Kontaktzeit zwischen Luft und Wasser, da ihre Geschwindigkeit beim Aufsteigen geringer ist.

Mittels der Eiweißabschäumung werden auch andere gelöste Chemikalien aus dem Wasser entfernt. Anorganische Phosphate und Metallionen, beispielsweise Cu^+, Mg^{++}, Mn^{++} und Ca^{++}, werden an die in Lösung befindlichen organischen Moleküle angelagert und mit ihnen im Schaum entfernt. Auch bestimmte organische Bestandteile lassen sich beseitigen: Kleine Detrituspartikel und sogar mikroskopische Algenzellen sammeln sich an der Luft-Wasser-Grenzschicht der Luftblasen und dann an der Abschäumer-Oberfläche. Dort verklumpen sie wenn die Blasen zerplatzen und sinken entweder auf den Boden oder werden mit den Schaum entfernt.

Die Eiweißabschäumung ist besonders in dichtbesetzten geschlossenen Systemen hilfreich, um ohne ständigen Wasserwechsel die gelösten organischen Bestandteile auf einem erträglichen Niveau zu halten. Dennoch gibt es auch hier bei der Anwendung einige Probleme. Beispielsweise werden auch zahlreiche Medikamente mit entfernt, daher muß man den Eiweißabschäumer bei einer medikamentösen Behandlung im Aquarium abschalten. Außerdem können in seltenen Fällen die sehr feinen Blasen in das Aquarium gelangen und die Gasblasenkrankheit verursachen.

Die Filterung der Luft

Es ist sehr wichtig, daß die in das Aquarium eingeblasene Luft sauber ist, hieran wird immer viel zu wenig gedacht. Zigarettenqualm, Staub, giftige Dämpfe, Sprühgase und andere Verunreinigungen können sich im Wasser lösen und anreichern bis ihr Gehalt für die Bewohner gefährlich wird. Einige Pumpentypen sind ölgekühlt, eine weitere mögliche Verschmutzungsquelle.

Wo solche Verunreinigungen befürchtet werden müssen, sollte ein Luftfilter benutzt werden. Lüfter guter Qualität sind sowohl beim Ein- als auch beim Auslaß mit kleinen Filtern ausgestattet, um einerseits die Pumpe und andererseits den Aquarieninhalt zu schützen. Wenn man die Luft durch eine Waschflasche bläst, werden atmosphärische Verunreinigungen entfernt. Aktivkohle beseitigt Öldämpfe und andere giftige Gase oder Dämpfe. Silikagel ist ein geeignetes Filtermaterial, um in einem Trockenfilter Wasserdämpfe zu entfernen, wenn darin Giftstoffe enthalten sein könnten.

Desinfektionsmethoden

Normalerweise erfordert ein nicht zu stark besetztes Aquarium mit entsprechender Filterung und Belüftung und mit einem gesunden Besatz keine Desinfektion. Unter gewissen Bedingungen kann es jedoch ratsam sein, in den Wasserkreislauf eine Desinfektionsmöglichkeit einzubauen: Beispielsweise wenn der Besatz hoch ist, wenn infizierte Tiere oder nicht einwandfreies Wasser eingesetzt bzw. eingelassen wurden oder wenn eine intensive Wiederverwendung des gleichen Wassers erfolgt, schließlich auch, wenn ein Hälterungsfehler zu ungesunden Bedingungen geführt hat.

Durch die Desinfektion werden Bakterien, Viren und andere im Wasser befindliche Mikroorganismen abgetötet. Sie kann besonders für Zuchtanlagen, für Intensivkulturen oder bei besonders empfindlichen Arten nützlich sein. Die gebräuchlichsten Desinfektionsmethoden für das Aquarienwasser sind Erhitzen, Ultraviolettbestrahlung und Ozonisierung. Jede dieser Methoden zerstört unselektiert lebende Zellen. Mit einer entsprechenden Behandlung kann man einen Großteil aller vorhandenen wasserlebenden Mikroorganismen abtöten. Aber man muß bedenken, daß eine direkte Anwendung einiger Behandlungsmethoden im besetzten Aquarium auch die Aquarienbewohner abtöten oder schädigen kann, und daß alle diese Anwendungsformen außer potentiellen Krankheitserregern auch nützliche Bakterien abtöten, wie beispielsweise Nitrifikationsbakterien.

Hitze

Wenn man Wasser über eine bestimmte Zeit hoher Temperatur aussetzt, wird es desinfiziert. Eine Behandlung über 30 Minuten bei 60 °C oder 30 Sekunden bei 70 °C tötet die meisten Bakterien, Viren, Pilze und Protozoen ab. Eine Hitzebehandlung ist empfehlenswert, um kleine Mengen Wasser oder das Wasser eines Quarantänebeckens zu sterilisieren. Um große Wassermengen auf diese Weise zu behandeln, sind die Kosten für das Aufheizen meist zu hoch.

UV-Bestrahlung

Ultraviolette Lichtstrahlen (UV) von Wellenlängen zwischen 200 und 280 nm (Nannometer) zerstören Nukleinsäuremoleküle in den Zellkernen und verursachen so einen raschen Tod. Viele Bakterien, Viren und andere Mikroorganismen können durch UV-Strahlen schnell abgetötet werden, so daß die Desinfektion des Wassers durch UV-Strahlen bei Fischzüchtereien, in der Aquakultur und auch im Aquarium weit verbreitet ist.

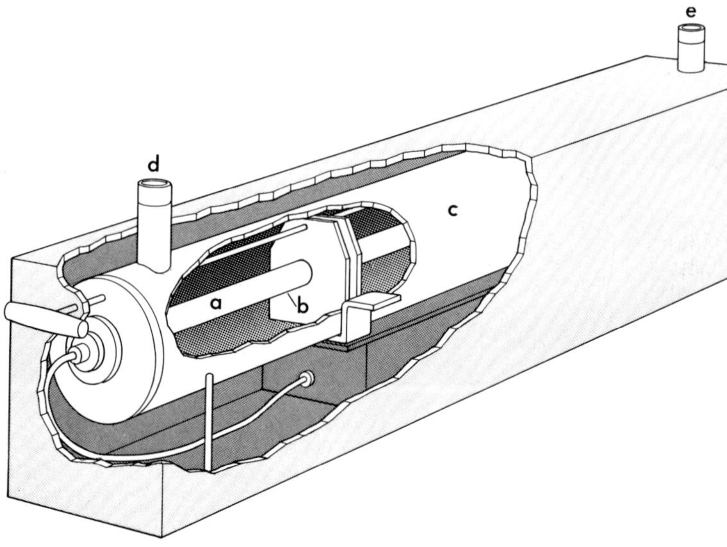

2

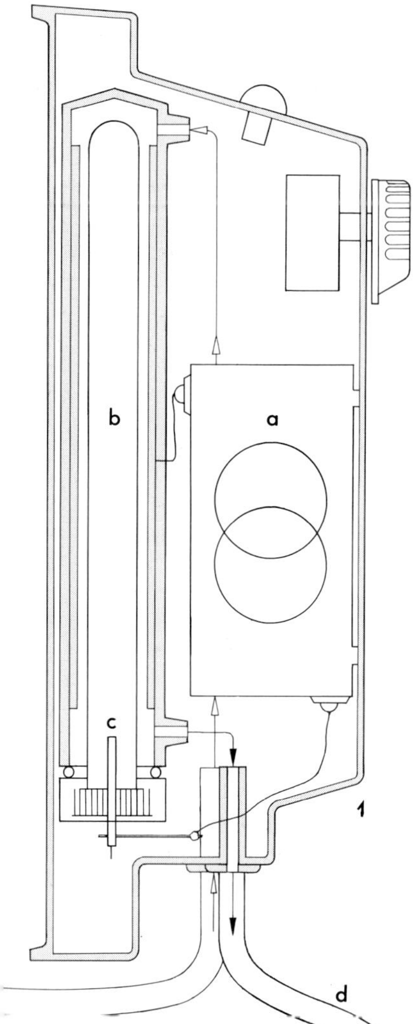

1 Der Ozonisator besteht aus einem Hochspannungstransformator (a) und einer metallummantelten Ozonröhre (b) mit einer Glaselektrode (c). Vorgetrocknete Luft oder Sauerstoff wird hineingepumpt und streicht durch ein Hochspannungsfeld zwischen Elektrode und Metallmantel, wodurch Ozon produziert wird, das über einen Schlauch (d) zum Schaubecken geleitet wird. Die mit Ozon angereicherte Luft wird zunächst durch einen Gegenstrom-Eiweißabschäumer (e) geleitet. Dadurch wird die Geschwindigkeit des Aufstiegs der Luftblasen herabgesetzt, weil sie im Wasser verwirbelt werden, und sich so die Kontaktzeit zwischen Ozon und eventuellen Mikroorganismen erhöht.

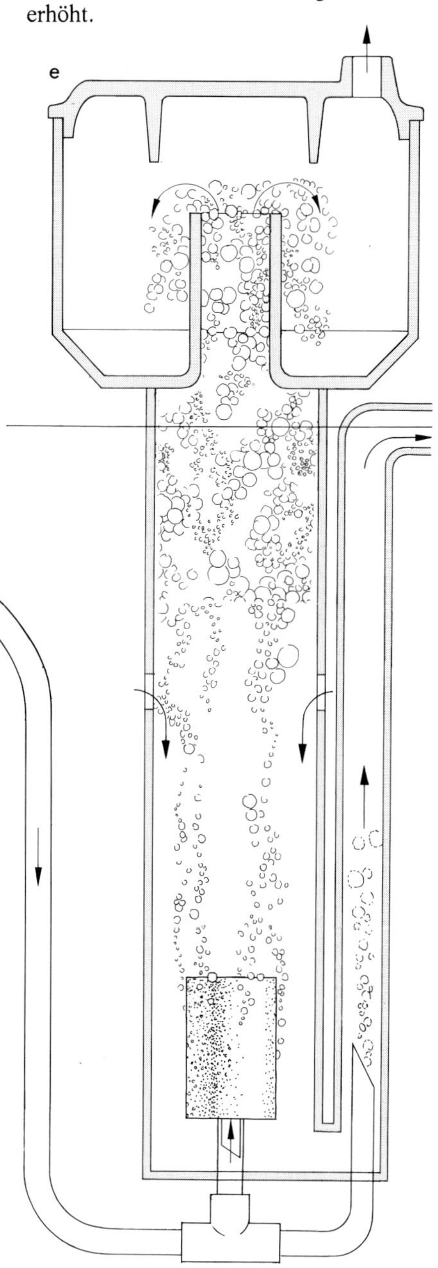

2 Ein UV-Sterilisator. Eine Ultraviolettlampe (a) befindet sich in einer UV-durchlässigen Quarz- oder Glasröhre (b) in der Mitte einer zylindrischen Kammer (c). Die Glasröhre hält das Wasser von der UV-Lampe ab, läßt jedoch die UV-Strahlen durch, so daß sie vom Wasser und von den darin lebenden Mikroorganismen absorbiert werden können. Das Wasser läuft durch die Einlaßöffnung (d) ein, wird behandelt, und verläßt das Gerät durch den Auslaß (e).

Das Aquarienwasser kann bestrahlt werden, indem man eine UV-Lampe über dem Becken anbringt oder das Wasser in einem geschlossenen Kontaktrohr an einer UV-Lampe vorbeileitet. Die zweite Methode ist der ersteren auf jeden Fall vorzuziehen, denn sie ist wirksamer und leichter zu kontrollieren. Die Wirksamkeit der Desinfektion durch UV-Licht hängt von der Wassertrübung, der Größe der betreffenden Organismen, der Bestrahlungsintensität und der Kontaktzeit ab. Die Durchlässigkeit des Wassers für UV-Strahlen wird in trübem Wasser durch Absorption beträchtlich herabgesetzt, außerdem besonders dann, wenn es mit organischen Säuren eingefärbt ist, und dies trifft auch in gewissem Maße für Seewasser zu. Vor der UV-Behandlung muß das Wasser deshalb gefiltert werden, am besten auf mechanischem und biologischem Wege.

Um die Bestrahlungsdosis anzugeben, werden die Intensität (oder Wattzahl) und die Dauer der UV-Bestrahlung multipliziert. Als Faustregel gilt, daß die kleinste tödliche Dosis mit der Größe der Organismen zunimmt. Allerdings sind einige Arten und Stämme resistenter als andere. Beispielsweise werden große Einzeller, wenn man eine Wellenlänge von etwa 250 nm benutzt, mit einer Dosis von etwa einem Watt pro Sekunde abgetötet. Dieser Wert kann für kleine Protozoen und widerstandsfähige Pilze durch 10, für Bakterien und andere Pilze durch 70 und für Viren durch 300 geteilt werden. Wenn man von einer bestimmten erforderlichen Dosis ausgeht, kann der Wasserdurchfluß vor dem UV-Gerät jeweils entsprechend eingestellt werden. Weil das Gerät seine Strahlung mit einer vorgegebenen Intensität abgibt, erhöht oder vermindert sich mit der Durchflußgeschwindigkeit die Zeit, in der jeder Organismus bestrahlt wird und bestimmt so die gesamte Menge an UV-Strahlung, die er empfängt.

Die Wirksamkeit der unmittelbaren Bestrahlung des Aquariums wird durch die starke Absorption der UV-Strahlen im Wasser sehr herabgesetzt. Andererseits sorgt gerade diese Tatsache dafür, daß die Hauptmenge der »nützlichen« Bakterien, die sich im Bodengrund befindet, nicht bestrahlt und getötet wird, und daß die Aquarienbewohner nur eine geringe Strahlungsdosis erhalten. Es wird heute eine rege Diskussion darüber geführt, ob UV-Strahlung größeren Organismen mehr Vor- oder Nachteile bringt. Einerseits schließt man die Möglichkeit nicht aus, daß Fische dadurch erblinden können, andererseits hält man es für möglich, daß Hautparasiten abgetötet und Abschürfungen oder Wunden gereinigt werden, in denen sich Bakterien angesiedelt haben. Solange die Unwägbarkeiten jedoch noch nicht hinreichend geklärt sind, sollte deshalb vor allem im Liebhaberaquarium die UV-Bestrahlung nur in einem Zusatzgerät außerhalb des Schaubeckens erfolgen.

Ständig in Gebrauch befindliche UV-Geräte müssen etwa einmal im Monat gereinigt werden, um die Ablagerungen mineralischer Salze zu entfernen. Dazu wird das Gerät abgeschaltet und eine Stunde lang mit einer Salzsäurelösung gefüllt.

Ozon

Ozon (O_3) ist ein instabiles Gas und ist ebenso wie viele Desinfektionsmittel ein wirksames Oxidationsmittel. Es ist für lebende Organismen einschließlich des Menschen schädlich. Im Aquarium kann man kleine Mengen, die durch das Wasser geblasen werden, dazu verwenden, um die meistens in Suspension befindlichen Mikroorganismen abzutöten. Ozon wirkt bei unmittelbarem Kontakt giftig, und die Desinfektionswirkung erhöht sich daher in Abhängigkeit von der Konzentration und der Kontaktzeit. Die O_3-Moleküle zerfallen rasch wieder zu Sauerstoff (O_2), daher muß das Ozon dort erzeugt werden wo man es benötigt.

Für kleinere Aquarien sind UV-Geräte am günstigsten: UV spaltet O_2-Moleküle, und einige Atome finden sich zu O_3 zusammen. Wenn Luft über die UV-Lampe streicht, wird pro Stunde etwa ein halbes Gramm O_3 in einer Konzentration von etwa 1 bis 10 ppm produziert. Für größere Mengen bis zu 5 Prozent Ozon kann man einen elektrischen Ozonisator benutzen. In beiden Fällen sollte das einströmende Gas (Luft oder reiner Sauerstoff) sorgfältig durch einen Vorfilter getrocknet werden und man sollte es auch vorkühlen.

Die Kontaktzeit zwischen der ozonhaltigen Luft, die durch das Wasser geleitet wird, und allen in Suspension befindlichen Mikroorganismen kann man erhöhen, indem man den Wasserfluß über eingebrachte Hindernisplatten oder in ein Gegenstromsystem leitet und die Luftblasen fein reguliert, um die Aufstiegsgeschwindigkeit der Blasen herabzusetzen. Die Desinfektionswirkung des Ozons ist in stark getrübtem Wasser oder solchem mit vielen gelösten organischen Bestandteilen weniger groß, weil ein erheblicher Teil der Oxidationswirkung für diese Verunreinigungen verlorengeht. Aus diesem Grund sollte der Ozonbehandlung eine Wasserbehandlung durch mechanische und biologische oder physikalisch-chemische Filterung vorgeschaltet werden.

Die Aquarienbeleuchtung

Die Gesunderhaltung der Lebensgemeinschaft und der optische Eindruck des Schaubeckens hängen von einer geeigneten Beleuchtung ab. Die Quantität und die Qualität des Lichtes, das die absorbierenden oder reflektierenden Oberflächen, wie Blätter, Haut, Augen oder auch den unbelebten Hintergrund, erreicht, sind gleichermaßen wichtig.

Die Quantität des Lichtes hängt von der Beleuchtungsstärke und der Beleuchtungsdauer ab. Die Lichtintensität nimmt in dem Maße ab wie das Licht durch das Wasser fällt, denn es wird, hauptsächlich durch mineralische oder durch Detrituspartikel, absorbiert. Diese Trübung muß durch Filterung möglichst gering gehalten werden. Die Lichtstärke läßt sich künstlich durch den Einsatz von Lampen und Reflektoren erhöhen, ebenso ist die Beleuchtungsdauer leicht zu regeln.

Die Lichtqualität umfaßt die Lichtfarbe oder die spektrale Zusammensetzung (Wellenlängen) des Lichtes. Einmal hängt die Farbwirkung der Gegenstände – diese wird durch den Anteil des auffallenden Lichtes bestimmt, das nicht absorbiert, sondern reflektiert wird – von der Farbe des zur Beleuchtung verwendeten Lichtes ab, zum anderen erfolgen die Photosynthese der Pflanzen und das Sehvermögen der Tiere und auch des Menschen bei ganz bestimmten Wellenlängen am besten. Die Zusammensetzung des zur Beleuchtung des Aquariums verwendeten Lichtes kann beeinflußt werden, indem man verschiedene Lampentypen benutzt. Sowohl natürliches als auch künstliches Licht werden leicht verändert, wenn sie durch die Aquarienscheiben, durch Kunststoff und Wasser fallen: Überall werden bestimmte Wellenlängen stärker als andere herausgefiltert.

Die Lichtbedingungen, an die Wasserpflanzen und Tiere angepaßt sind, und die Variationsbreite des für Aquarienzwecke geeigneten Lichtes, wurden in Kapitel 2, 3 und 4 diskutiert. Die folgenden Abschnitte behandeln die verschiedenen Lampentypen, die für die Aquarienbeleuchtung geeignet sind, und die richtige Wahl des Beleuchtungssystems.

Natürliches Licht

Für viele Aquarien wäre es eigentlich verhältnismäßig einfach, eine Beleuchtungseinrichtung zu bauen, die das einfallende Tageslicht nutzt. Ein derartiges System müßte das verfügbare natürliche Licht im richtigen Winkel durch die Wasseroberfläche ins Aquarium leiten. Man kann dazu reflektierendes Material benutzen, um das Licht zu sammeln und das Becken zu beleuchten, wie etwa Spiegel oder reflektierende Folien. Diese Einrichtung, die sich preiswert zusammenbauen läßt, praktisch wartungsfrei ist und Licht liefert, dessen spektrale Zusammensetzung dem des Tageslichtes nahekommt, eignet sich grundsätzlich für die meisten Aquarien und besonders für solche, die die einheimische Flora und Fauna zeigen. Auf Seite 159 ist ein derartiges System dargestellt.

Allerdings muß der Aquarianer im Sommer bei diesem System darauf achten, daß keine zu starke Aufheizung des Beckens entsteht, und im Winter, wenn nicht genügend Licht vorhanden ist, muß er sich mit einem recht unbefriedigenden Gesamtbild seines Aquariums zufriedengeben. Am günstigsten ist es daher, wenn man das natürliche Licht mit einer zusätzlichen künstlichen Beleuchtung verbindet. Wenn zur Beleuchtung genügend natürliches Licht vorhanden ist, spart man zwar Strom, doch garantiert eine künstliche Beleuchtung das ganze Jahr über ein gesundes Pflanzenwachstum und zu jeder Zeit einen günstigen Gesamteindruck.

Lampen für ein Aquarium sind hinsichtlich ihres praktischen Wertes als auch ihrer Lichtqualität (auf die auf der gegenüberliegenden Seite eingegangen wird) sorgfältig auszuwählen. Man kann einerseits zwischen einer Glühlampe mit einem Wolframdraht des normalen Typs (F) oder einer Halogenlampe (G), oder aber andererseits einer Leuchtstoffröhre (A–E) oder Quecksilberdampflampe (H) wählen. Von der letzteren Version ist hier eine Hochdruck-Ausführung dargestellt. In dieser Reihenfolge steigt auch der Preis für die Lampen, und nimmt die Kompliziertheit der Installation, die Größe (von 3 bis 250 cm Länge), die Lebensdauer (500 bis 8000 Stunden), die Unempfindlichkeit gegenüber Beschädigungen und die Lichtausbeute zu. Außerdem nimmt die Wärmeabstrahlung ab und die Vielfalt der Anwendungsmöglichkeiten, besonders gegenüber wachsenden Pflanzen, erhöht sich. Die genannten Lampen sind bis auf die Leuchtstoffröhren (bis 125 Watt) alle bis zu einer Stärke von mindestens 1000 Watt erhältlich. Oft bringt eine Kombination mehrerer unterschiedlicher Lampentypen die beste Wirkung.

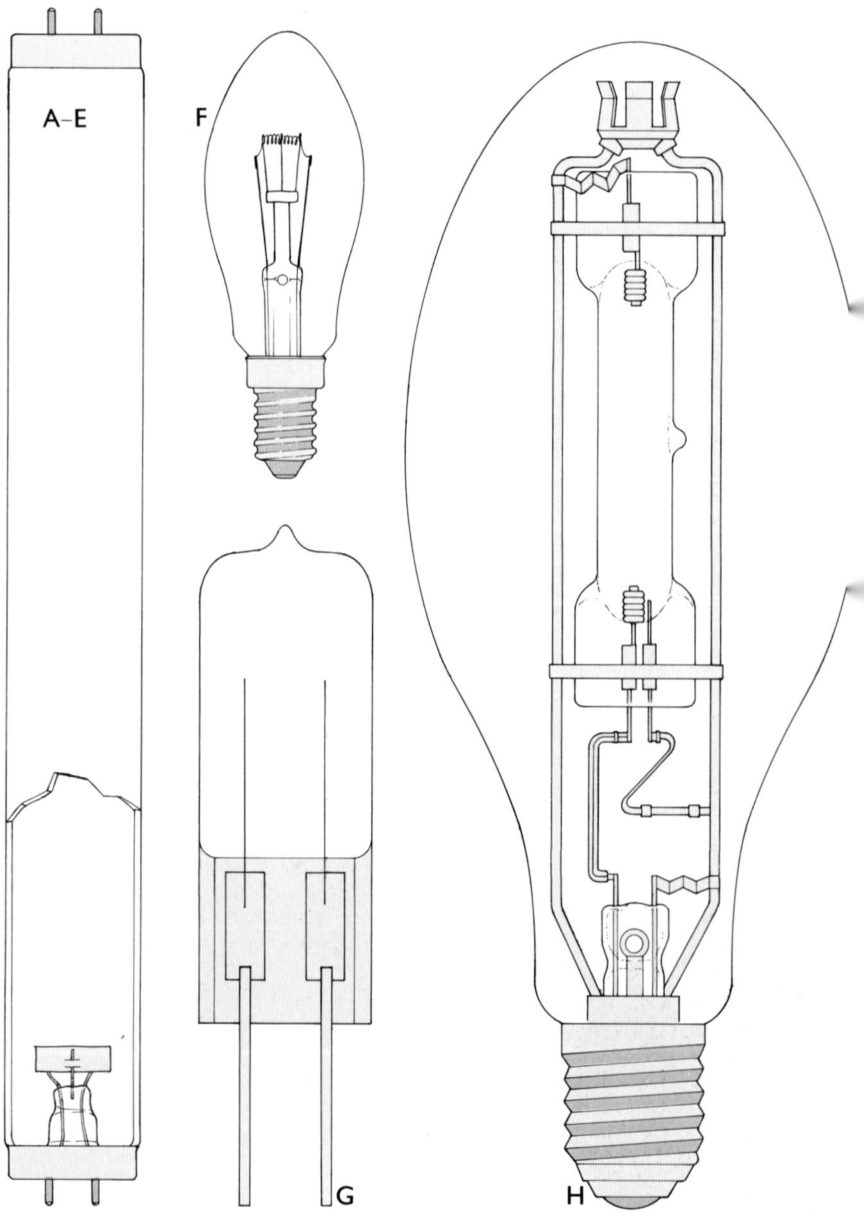

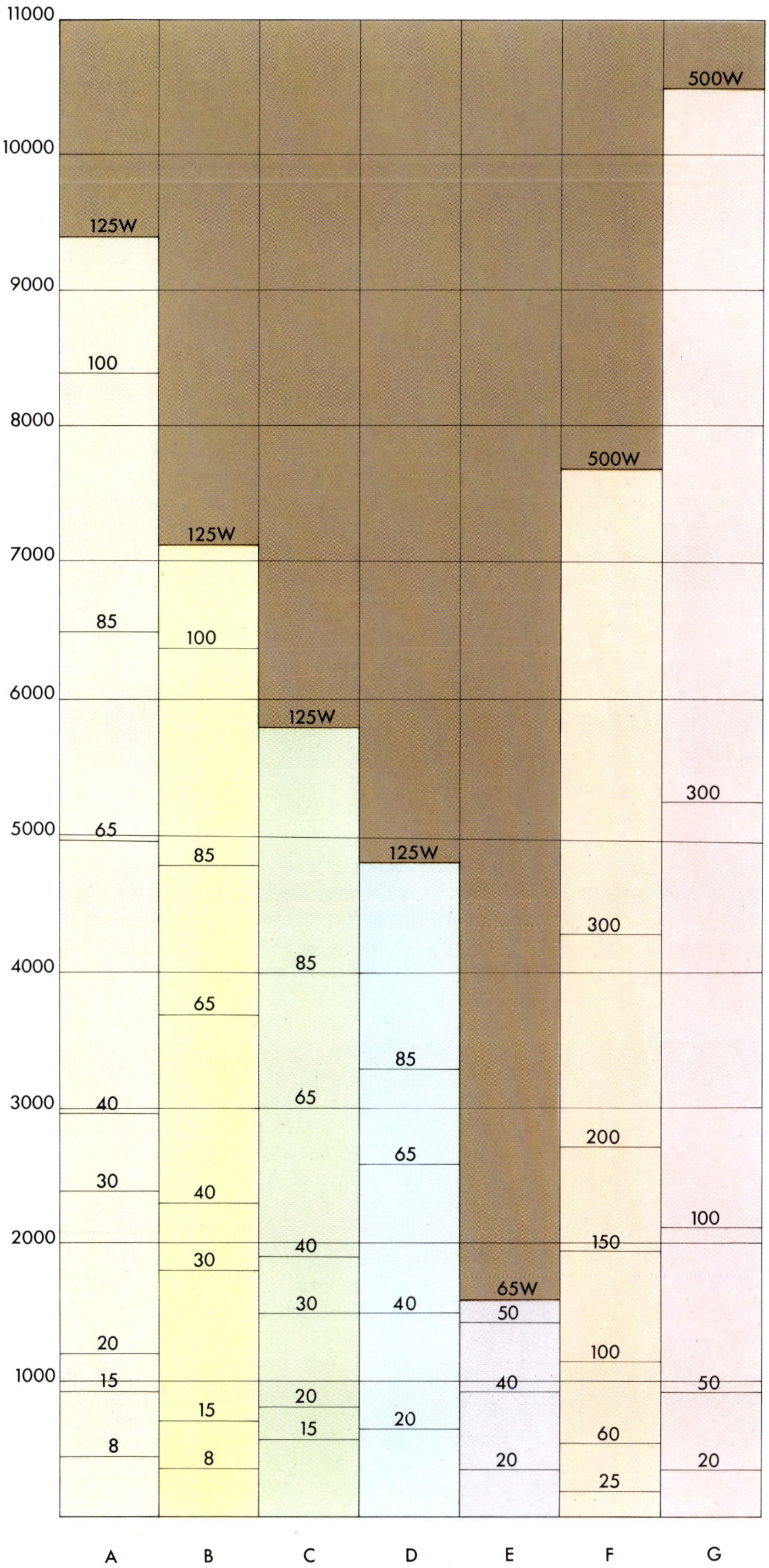

Eine Lampe gibt Licht eines bestimmten Farbspektrums oder mit bestimmten Wellenlängen ab, von denen jede Wellenlänge einen definierten Anteil der gesamten Abstrahlung umfaßt, je nach den benutzten lichtabstrahlenden Elementen. Das jeweilige Abstrahlungspektrum ist oben für verschiedene Lampentypen dargestellt: Leuchtstoffröhren des Typus (A) Warm White, (B) Natural, (C) Nordlicht, (D) Tageslicht und (E) Grolux; Glühlampen (F) des normalen Haushalttyps und (G) als Wolfram-Halogenlampe, (H) Quecksilberdampf-Hochdrucklampe. Kurve (I) zeigt das Spektrum des natürlichen Tageslichtes und (J) stellt die für die Photosynthese höherer Pflanzen nutzbaren Wellenlängen dar. Die Wellenlängen sind auf der horizontalen Achse in Ångström oder zehnbillionstel Meter angegeben und die jeweilige relative Menge Licht des sichtbaren Bereichs auf der vertikalen Achse.

Die Säulen rechts zeigen für jeden Lampentyp die Gesamtmenge abgestrahlten Lichtes (in Lumen auf der vertikalen Achse angegeben) bei verschiedenen Lampenstärken (in Watt innerhalb jeder Säule angegeben). Wenn man die Lumenzahl durch die Wattzahl dividiert, ergibt das die effektive Wirksamkeit der Lampe. Dies ist eine Hilfe wenn man die relativen Kosten berechnen will, die bei der jeweiligen Beleuchtung entstehen. Bei den am wenigsten wirksamen Lampentypen (F und G) werden bis zu 75 % des Stroms in Wärme umgesetzt. Diese Wärme ist auch ein wichtiger Faktor, der bei der Planung eines Aquariums hinsichtlich der Temperaturreglung mit in Betracht gezogen werden muß.

Künstliche Beleuchtung

Um die Bedürfnisse der in Gefangenschaft befindlichen Tiere und Pflanzen zu erfüllen, sind für die meisten Aquarien Lichtbedingungen notwendig, die unser natürliches Tageslicht nicht bieten kann. Daher bleibt nur die künstliche Beleuchtung als Ausweg. Durch die Verwendung von Kunstlicht läßt sich die Beleuchtung in allen Einzelheiten steuern.

Die Wahl der Lampen

Es gibt zwei grundsätzliche Lampentypen. Bei einer Glühlampe befindet sich eine Drahtwendel (in der Regel eine Spirale aus Wolframdraht) in einem Glaskolben, der innen ein Vakuum oder ein Gas, beispielsweise Argon, enthält. Der Strom wird durch die Drahtwendel geleitet und erhitzt sie, so daß Licht abgegeben wird. Eine bestimmte Temperatur des Glühdrahtes, auch als thermodynamische Temperatur bezeichnet, wird in Grad Kelvin gemessen und beginnt mit dem absoluten Nullpunkt = −273,16 °C. Sie beträgt für Haushaltslampen etwa 2700 °Kelvin und etwa 3000 °K für Photolampen oder Halogenlampen hoher Wattzahlen, während das natürliche Tageslicht 6500 °K entspricht. Derartige Lampen geben dauernd ein bestimmtes Spektrum von Wellenlängen in einer stets gleichmäßigen Intensität ab bis sie verglühen und ersetzt werden müssen. Sie können durch gebräuchliche Dimmer in ihrer Lichtstärke geregelt werden.

Eine Leuchtstofflampe besteht normalerweise aus einer Glasröhre, die ein leitfähiges Gas bei Unterdruck enthält. Strom ionisiert das Gas, wodurch Licht bestimmter Wellenlängen entsteht, das ein diskontinuierliches oder Linienspektrum bildet. Die Intensität dieser Lampen nimmt mit dem Gebrauch ab und sie müssen nach einer gewissen Zeit ersetzt werden. Dies sollte man aber in der Weise machen, daß die einzelnen Leuchtstoffröhren nicht auf einmal ausgetauscht werden, sondern in gewissen Abständen. Sonst könnten die Pflanzen (und auch Tiere) einen regelrechten Lichtschock erleiden. Zur Dimmung benötigt man besondere Geräte. Bei den sehr beliebten fluoreszierenden Lampen strahlt Licht, das durch Quecksilberdampf erzeugt wird, auf eine Phosphorschicht auf der Innenseite der Röhre, wodurch ein gleichmäßiges, sichtbares Licht abgegeben wird. In der Grundfarbe kann dieses Licht dem von Glühlampen ähneln, doch kann das besondere Spektrum an Wellenlängen Gegenstände verfärbt erscheinen lassen.

Die Auswahl einer Aquarienlampe oder einer Lampenkombination erfolgt entsprechend den gewünschten Wellenlängen. Nebenstehend die Spektren einiger Glühlampen und Leuchtstofflampen. Für das Wachstum höherer Pflanzen und Algen müssen sowohl die blaugrünen als auch die orangeroten Wellenlängen vorhanden sein. Groluxröhren oder einen Tageslichttyp kann man zusammen mit Glühlampen verwenden. Einige Pflanzenarten bevorzugen mehr als andere eine zusätzliche orangerote Beleuchtung.

Fluoreszierendes Licht, das einen starken Grün- oder Blauanteil besitzt, steigert die Färbung der zur Schau gestellten Arten, doch es ist etwas hart oder kalt in seiner Wirkung. Um ein natürliches Licht zu erhalten, benötigt man Lampen von einer Lichtfärbung, die dem Tageslicht möglichst ähnlich ist, oder eine Kombination von Lampen einer Spektralfarbe, die sich jeweils ergänzt, beispielsweise blaugrün mit warm white.

Ein weiterer wesentlicher Faktor für die Lampenwahl ist der gewünschte optische Effekt auf das Schaubecken. Lange Leuchtstoffröhren, die parallel angebracht sind, ergeben ein gleichmäßiges Licht mit wenig Schatten. Zusätzliche Glühbirnen können zur Erzielung besonderer Effekte angebracht werden, um beispielsweise einen größeren Kontrast zwischen Licht und Schatten hervorzurufen oder bestimmte Gegenstände im Aquarium optisch hervorzuheben. Dazu gibt es heute Speziallampen, die die Wärme in eine andere Richtung als das Licht abführen und so einer Überhitzung des Wassers vorbeugen.

Unterwasserlampen und UV-Licht

Außergewöhnliche und beinahe unwirkliche Effekte lassen sich erzielen, wenn man eine Lichtquelle unter Wasser einsetzt. Dazu kann man besondere Unterwasserlampen benutzen, die in wasserdichte Kammern in die Beckenwand eingelassen sind oder die selbständige, wasserdicht versiegelte Einheiten darstellen und mit einem wasserdichten Kabel von außerhalb des Beckens versorgt werden. Die Verwendung von Niederspannung ist dabei eine ausgezeichnete und wichtige Sicherheitsvorkehrung. Glasfaserkabel können auch benutzt werden, um unter Wasser Lichtpunkte zu erhalten. Dabei wird Licht in feinen Acrylfasern weitergeleitet.

Ultraviolette Strahlung ist unsichtbar, daher bezeichnet man sie auch als »Schwarzes Licht«. Auch das infrarote Licht oder Wärmestrahlung zählt zu den für unsere Augen nicht sichtbaren Wellenbereichen. Wenn es auch nicht unmittelbar sichtbar ist, so hat das UV-Licht in der Aquaristik dennoch eine wesentliche Bedeutung. Es ist nicht nur zur Desinfektion wichtig, wie bereits erwähnt, sondern es ergeben sich mit ihm auch interessante Aspekte, wenn man es zur Beleuchtung des Schaubeckens einsetzt. Wenn man zusätzlich UV-Licht verwendet, sind die Farben der Tiere und Pflanzen leuchtender.

Dennoch ist bei der Beleuchtung eines Aquariums mit UV-Licht aber Vorsicht geboten, es sollte nicht als Dauerlicht benutzt werden, man kann mit ihm aber interessante Versuche unternehmen.

Schalter

Die Aquarienbeleuchtung sollte einen eigenen Schalter besitzen, mit dem sich zum Beispiel während der Nacht auf eine geringere Beleuchtung umschalten läßt. Dies ist für viele aktive Fische von besonderer Bedeutung, da sie sonst in vollständiger Dunkelheit gegen die Aquarienwände oder andere Hindernisse schwimmen könnten. Auch für wissenschaftliche Untersuchungen oder für einen ruhelosen Aquarianer, der die nächtlichen Aktivitäten seiner Pfleglinge beobachten möchte ohne sie dabei zu stören, ist eine solche Schaltmöglichkeit wichtig. Allgemein sollten die Lichtschalter leicht erreichbar und zu betätigen sein, ohne daß die übrigen Geräte oder gar das Aquarium selber davon beeinflußt werden.

Wie bereits in Kapitel 4 festgestellt wurde, kann ein Dimmer (ein Widerstand oder ein ähnliches Gerät) dazu benutzt werden, um während der Morgen- oder Abenddämmerung das Licht langsam abzuschalten. Wenn die Aquarienbeleuchtung aus mehreren Lampen besteht, hat man auch die Möglichkeit, jeweils immer nur einzelne Lampen im Abstand von zehn bis dreißig Minuten abzuschalten.

Wenn nur eine minimale Pflege möglich ist, zum Beispiel während der Ferienzeit, läßt sich die Lichtschaltung automatisieren: Ein automatischer Schalter schaltet einige der Lampen früher aus und später an als ein zweiter, der die übrigen Lampen steuert.

Die Anzahl der erforderlichen Lampen

Die Anzahl der Lampen, die man zur jeweiligen Beleuchtung eines Aquariums benötigt, läßt sich aus dem Licht, das von einer Lampe abgegeben wird, weiterhin aus der zu beleuchtenden Fläche und der über dieser Fläche gewünschten Lichtstärke ermitteln. Die Leistung einer Lampe wird in Lumen gemessen und entspricht der aufgenommenen elektrischen Energie (in Watt). Die Lumenmenge, die pro Watt aufgenommener Energie abgegeben wird, und damit die Wirksamkeit der Lampe angibt, variiert sehr stark, von etwa 10 bis 150 Einheiten. Eine Graphik zeigt die Wirksamkeit verschiedener Lampentypen.

Die Intensität des Lichtes, das auf eine gegebene Fläche trifft, wird in Lux oder Lumen pro Quadratmeter gemessen. In Kapitel 4 wurde dargestellt, welche Lichtintensität zur Beleuchtung eines Aquariums notwendig ist. Am schwierigsten sind dabei die Erfordernisse der photosynthesetreibenden Pflanzen zu ermitteln. Ein tragbarer Durchschnittswert für ein gesundes und gut bepflanztes Aquarium liegt etwa bei 5000 Lux, obgleich verschiedene Arten Lichtstärken von 1000 bis 10000 Lux benötigen, gegebenenfalls muß man entsprechend ausprobieren.

Unsere Kalkulation läßt sich somit durch eine einfache Gleichung darstellen:

$$(n_1 \times e_1 + n_2 \times e_2 \ldots) = \text{gewünschte Lichtintensität (Lux)} \times \text{zu beleuchtende Fläche (Quadratmeter)} \times \text{Korrekturfaktor};$$

$n_{1,2,\ldots}$ ist die benötigte Zahl der Lampen unterschiedlicher Typen;
$e_{1,2,\ldots}$ ist die Abstrahlung (in Lumen) dieser Lampentypen.

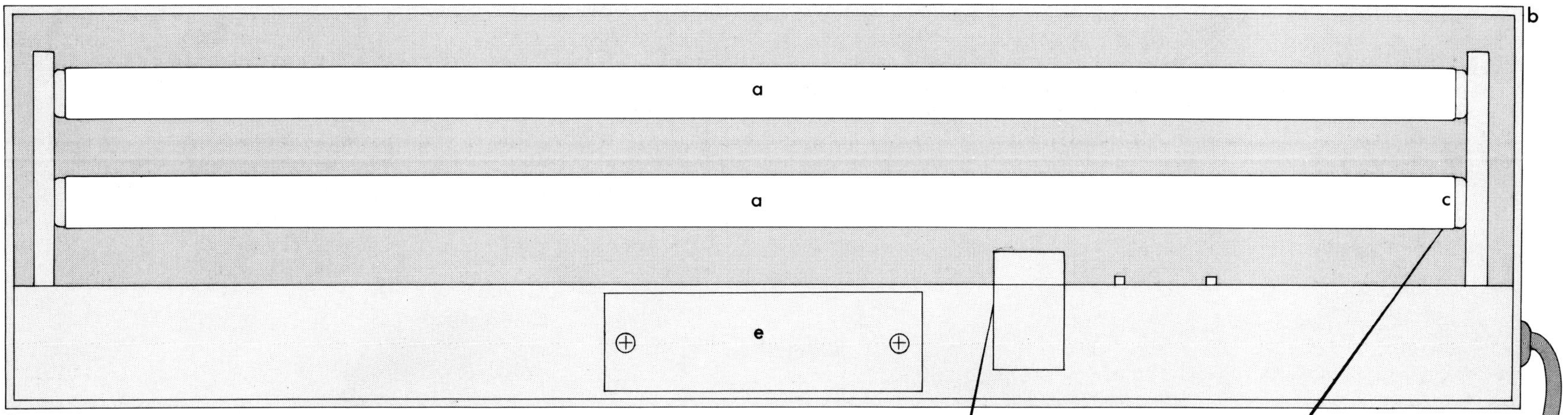

1

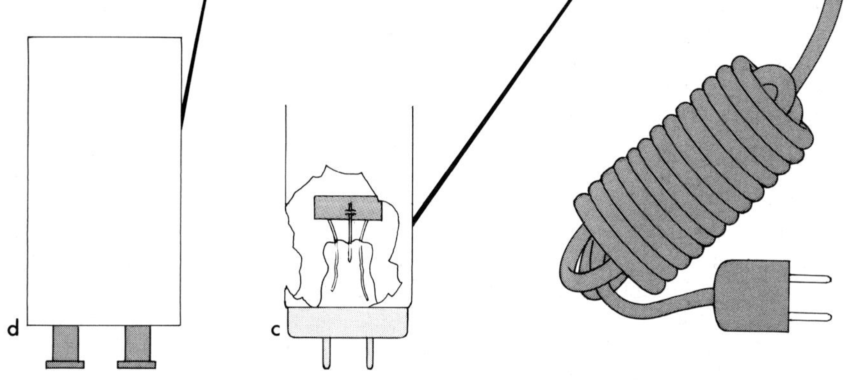

2

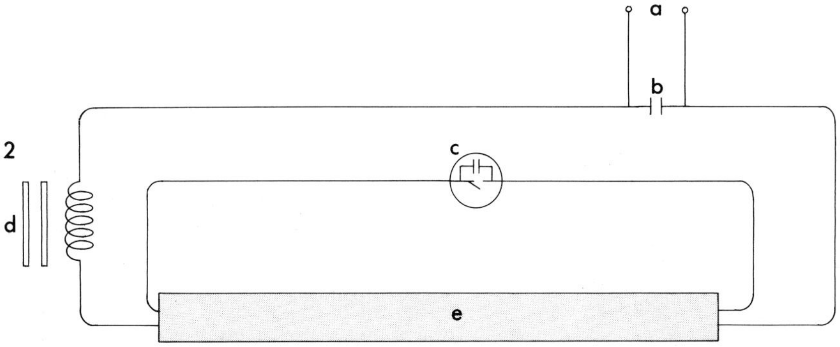

3

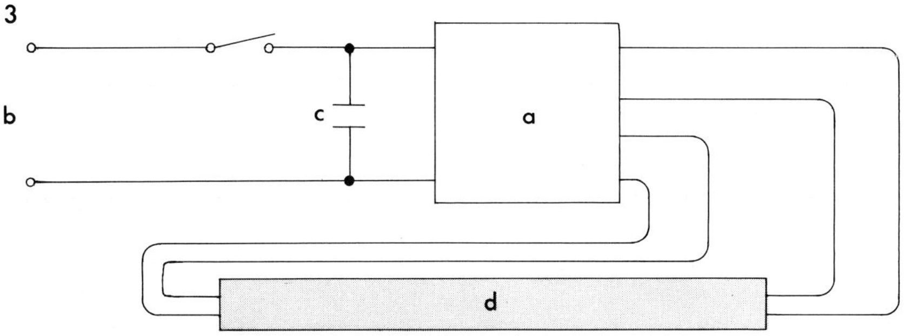

4

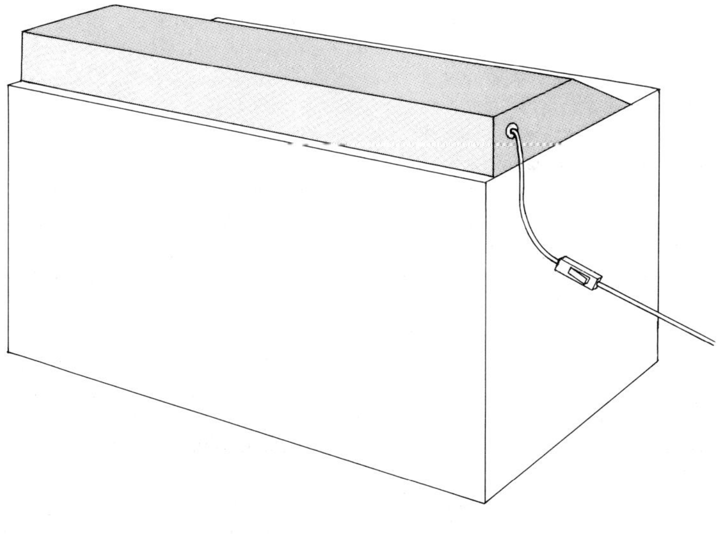

1 Eine typische Aquarienbeleuchtung mit Leuchtstoffröhren für ein kleineres Aquarium. Die Leuchtstoffröhren (a) sind in einem Reflektor (b) eingebaut. Die Röhren sind mit Quecksilber und etwas Argon bei Unterdruck gefüllt. An ihrem Ende sind Fassungen (c) mit einer Fadenelektrode, die mit einem Material umgeben ist, das nach Erhitzen Elektronen abgibt. Wenn der Strom eingeschaltet wird, erhitzen sich die Fäden und der Starter (d) unterbricht automatisch den Stromkreislauf, wodurch die Drossel (e) eine Hochspannung abgibt. Dadurch entzündet sich zuerst das Argon und anschließend das Quecksilber. Die ultraviolette Strahlung des ionisierten Dampfes schlägt sich auf der Innenseite der Glasröhre nieder, die mit einem fluoreszierenden Stoff beschichtet ist. Dieser glüht auf, wenn er die ultraviolette Strahlung absorbiert, und das Glühen wird als Licht wahrgenommen.
2 Ein Schaltbild für eine Leuchtstoffröhre. a) Netzanschluß, b) Entstörkondensator, c) Starter, d) Drossel, e) Leuchtstoffröhre.
3 Ein Schaltbild für eine Leuchtstoffröhre mit automatischer Drossel (a), wobei ein Starter nicht notwendig ist. b) Netzanschluß, c) Entstörkondensator, d) Leuchtstoffröhre.
4 Das Aquarium mit aufgesetztem Beleuchtungskasten.

Der Korrekturfaktor ergibt sich wie folgt: Licht, das von einer Lampe abgegeben wird, muß in das Aquarium geleitet werden, in der Regel durch einen Reflektor, dabei ergeben sich Strahlungsverluste. Außerdem wird ein Teil des Lichtes, das in das Wasser fällt, von in Suspension und in Lösung befindlichen Teilchen oder Stoffen absorbiert. Diese Effekte reduzieren die Lichtmenge, die die zu beleuchtende Fläche erreicht, und um diesen Betrag muß man zum Ausgleich die Menge des verfügbaren Lichtes erhöhen. Dieser Korrekturfaktor wird mit wachsender Tiefe und Trübung des Wassers noch größer. Die Trübung sollte deshalb durch Filterung auf einem Minimum gehalten werden, hierauf wurde auch aus anderen Gründen schon hingewiesen. Für klares und farbloses Wasser muß ein Korrekturfaktor von 2 eingesetzt werden, der auf 3 oder mehr anwächst, wenn die Tiefe 1 m überschreitet.

Nehmen wir beispielsweise ein bepflanztes Aquarium von 200 × 70 × 60 cm an. Die Maßzahlen für die Grundfläche von 1,4 m^2, die erforderliche Lichtintensität von 4500 Lux und der Korrekturfaktor 2 werden miteinander multipliziert, daraus errechnet sich eine Gesamtlumenzahl von 12600. Die zu wählenden Lampentypen könnten beispielsweise Glühlampen (jeweils 60 Watt geben 600 Lumen ab), Leuchtstoffröhren der Farbe »Natural« (40 Watt geben jeweils 2300 Lumen ab) und »Gro-Lux«-Röhren (40 Watt geben jeweils 900 Lumen ab) sein. Eine für unser Aquarium geeignete Anordnung würde dann aus jeweils 5 Glühlampen, 3 »Natural«-Röhren und 3 »Gro-Lux«-Röhren bestehen, was genau den Gesamtbedarf des erforderlichen Lichtes ergibt.

Ein kleineres Becken mit den Ausmaßen 75 × 30 × 40 cm mit einer Grundfläche von 0,225 m^2, einer erforderlichen Lichtintensität von 2000 Lux und dem Korrekturfaktor 2 benötigt dann nur 900 Lumen Licht. Wenn die gewählten Lampen eine Glühlampe von 40 Watt (= 350 Lumen) und eine Leuchtstoffröhre des Typs »Artificial Daylight« von 20 Watt (= 650 Lumen) umfassen, wäre mehr als genügend Licht vorhanden.

Reflektoren, Lampenabdeckungen und das Anbringen der Lampen

Um soviel Licht wie eben möglich auf die Wasseroberfläche zu leiten, sollte man einen guten Reflektor verwenden. Geeignete Materialien dazu wären poliertes Aluminium, rostfreier Stahl, Spiegelglas oder Plastik. Die Form des Reflektors richtet das Licht in verschiedene Winkel, wodurch besondere Lichteffekte erzielt werden können.

Für eine gleichmäßige Lichtverteilung sollte der Reflektor groß sein. Bei kleineren Aquarien kann er in die Abdeckung mit eingebaut sein, die den größten Teil der Aquarienoberfläche abdeckt. Glühlampen können, besonders wenn sie erhitzt sind, empfindlich sein und platzen. Deshalb sollte man einen Teil der Reflektorhaube anheben können, ohne die Lampe zu beeinflussen, beispielsweise für die Fütterung oder zu ähnlichen Zwecken. Eine Abdeckung schützt einerseits die Umgebung des Aquariums vor dem grellen Licht der Beleuchtungseinrichtung, andererseits auch das Aquarium vor dem Einfluß von Fremdlicht.

Damit möglichst viel Licht das Wasser erreicht, sollten die Lampen möglichst nahe an der Wasseroberfläche montiert werden. Dadurch wird allerdings gleichzeitig das Wasser stärker erwärmt, was oft im Sinne der Energieersparnis ein Vorteil ist, im Sommer jedoch allerdings auch ein Nachteil sein kann. Hier gilt es den bestmöglichen Kompromiß zu finden. Damit die gesamte Aquarienoberfläche zugänglich ist, was sich bei pflegerischen Maßnahmen gelegentlich als notwendig erweist, muß der Lampenkasten so installiert sein, daß man ihn vollständig abnehmen oder aus dem Wege räumen kann. Bei schweren Lampeninstallationen über großen Aquarien wird dazu ein Hebezug oder ähnliches installiert werden müssen.

Die Aquarienabdeckung

Wasserfeste Lampen lassen sich zwischen Wasseroberfläche und Abdeckung montieren, in der Regel benutzt man aber eine transparente Scheibe aus Glas oder Acryl, die unterhalb der Lampen angebracht wird. Da auch sie das Licht, das ins Aquarium einfällt, etwas verändert, muß die Scheibe regelmäßig von Salzablagerungen, Kalkresten, Algen und anderen Ablagerungen sorgfältig gereinigt werden.

1

1 Reflektoren für ein Aquarium. Beide gezeigten Reflektoren haben nur eine Leuchtstoffröhre, aber der rechte Reflektor ist so gestaltet, daß das direkte oder reflektierte Licht die gesamte Oberfläche des Aquariums trifft.

2a b

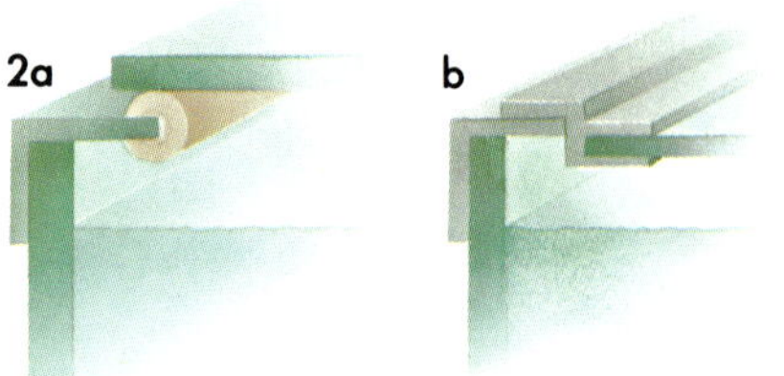

c

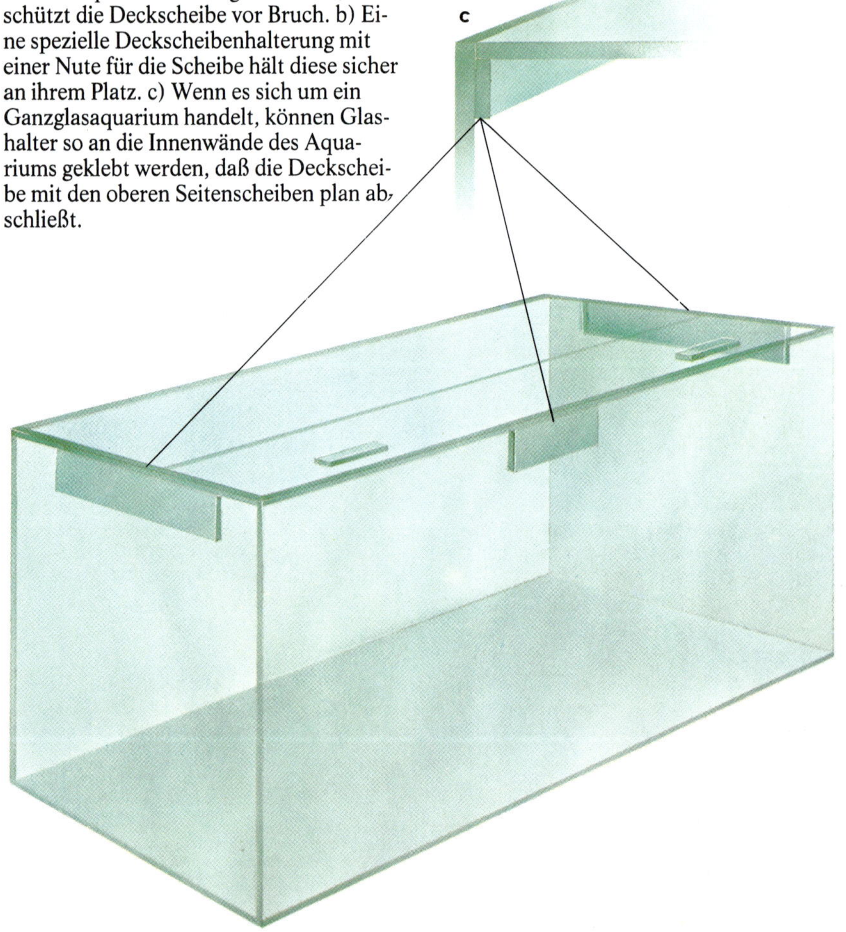

2 Aquarienabdeckungen sollten dicht schließen, um Temperaturverluste durch Verdampfen zu verhindern. Die Deckscheiben können auf verschiedene Weise angebracht werden. a) Ein Gummiüberzug, der an einem L-förmigen Träger am oberen Aquarienrand angebracht ist, schützt die Deckscheibe vor Bruch. b) Eine spezielle Deckscheibenhalterung mit einer Nute für die Scheibe hält diese sicher an ihrem Platz. c) Wenn es sich um ein Ganzglasaquarium handelt, können Glashalter so an die Innenwände des Aquariums geklebt werden, daß die Deckscheibe mit den oberen Seitenscheiben plan abschließt.

6 Die Einrichtung des Aquariums

Wenn man eine so attraktive Aquarieneinrichtung wie die hier abgebildete gestalten möchte, erfordert das eine Menge Vorausplanungen. Man muß die Form, Größe, Verträglichkeit und Farbe der verschiedenen Pflanzen und Tiere berücksichtigen, die man pflegen möchte, und der Aquarianer sollte sich auch von Anfang an überlegen, wie er das Schaubecken beleuchten möchte. Im hier gezeigten Beispiel bilden die Pflanzen für das Blau und Rot der Roten Neons einen kräftigen Hintergrund, während die wärmeren Farben der Sumatrabarbe zu dem Grün einen ruhigeren Kontrast liefern.

Die beiden wesentlichen Punkte, die bei der Einrichtung eines Aquariums eine Rolle spielen, sind die Wünsche des Gestalters und die Bedürfnisse der Lebewesen, der Tiere und Pflanzen. Oft ist das Aquarium schließlich ein Kompromiß zwischen dem, was der Aquarianer ursprünglich wollte, und dem, was die Aquarienbewohner benötigen. Wenn man ein Aquarium einrichtet, müssen diese beiden Punkte sorgfältig gegeneinander abgewogen werden.

Aquarien werden aus den verschiedensten Gründen eingerichtet, beispielsweise einfach zur Unterhaltung, zu Erziehungszwecken oder zur Darstellung eines bestimmten biologischen Sachverhaltes. Bei der Einrichtung müssen entsprechend jeweils der vorhandene Platz, die Materialien, die Erfahrung des Pflegers und die zur Verfügung stehende Zeit mit in Betracht gezogen werden, weiterhin, woher das benötigte Wasser kommt, welche Arten zusammengestellt werden sollen, aber auch die Kosten des Beckens, der Ausrüstung, des Besatzes und der laufenden Pflege. Man sollte sich schon sehr früh bei der Planung entscheiden, welche Tiere man pflegen will, weil ihre jeweiligen Bedürfnisse die Einrichtung entscheidend beeinflussen. Während der Lebensdauer eines Aquariums möchte man gerne öfter einmal den Besatz wechseln, und auch eine solche Möglichkeit sollte man von Anfang an mit berücksichtigen.

Alle diese Punkte müssen zuerst sorgsam durchdacht werden, noch bevor irgendetwas gekauft oder gesammelt wird, insbesondere im Hinblick auf den Gesamteindruck, die Bedienungsmöglichkeit und die zur Verfügung stehenden Hilfsmittel des fertig eingerichteten Aquariums. Wenn man sich vorher einen genauen Plan macht, kann man zügig arbeiten und Probleme vorhersehen und dadurch Irrtümer und Enttäuschungen vermeiden.

Die Aquariengestaltung

Es gibt eine so große Vielfalt an Aquarien und so viele Möglichkeiten der Gestaltung und Einrichtung und so unterschiedliche Systeme, daß sich praktisch für jeden Zweck ein entsprechendes Aquarium einrichten und planen läßt. Der Aquarianer geht meist von den Raumverhältnissen in seiner Wohnung aus, in der ein oder mehrere Aquarien unterzubringen sind, oder er möchte ein einzelnes größeres Aquarium, möglicherweise auch eine biologische Schausammlung irgendwo einrichten und ausstellen.

Der Standort des Aquariums

Wenn man ein Aquarium aufstellen möchte, dann muß zunächst der Platz zur Verfügung stehen, den das Becken und die Gerätschaften wie Filter usw. einnehmen und den man zur Pflege benötigt. Außerdem sollte man das Aquarium in Ruhe betrachten können, auch hierzu ist ein entsprechender Raum notwendig. Um Platz zu sparen kann man das Aquarium in eine Wand einlassen und von der Front- oder der Rückseite her bedienen. Ideal ist es, wenn hinter dem Becken ein kleines Zimmer zur Verfügung steht, etwa eine Abstellkammer oder ähnliches, wo solche Geräte wie Filter oder Pumpen untergebracht werden können. Man braucht auch keine besondere Stellfläche, wenn man vorhandene Möbel nutzen kann, wie einen

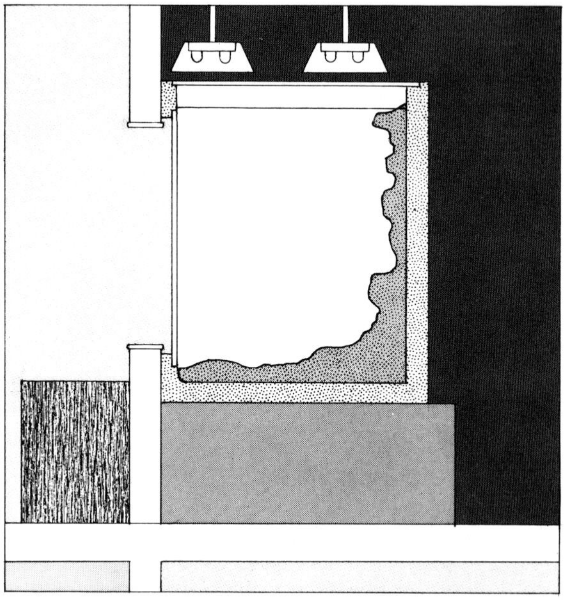

Das im Bild oben dargestellte große Zementaquarium ist in eine Wand eingelassen und wird von einem Nebenraum aus gewartet. Das hat den Vorteil der Platzersparnis, das Aquarium ist besser geschützt, den Betrachter stören keine Ausrüstungsgegenstände wie Lampen usw., und es zieht dennoch den Blick auf sich.

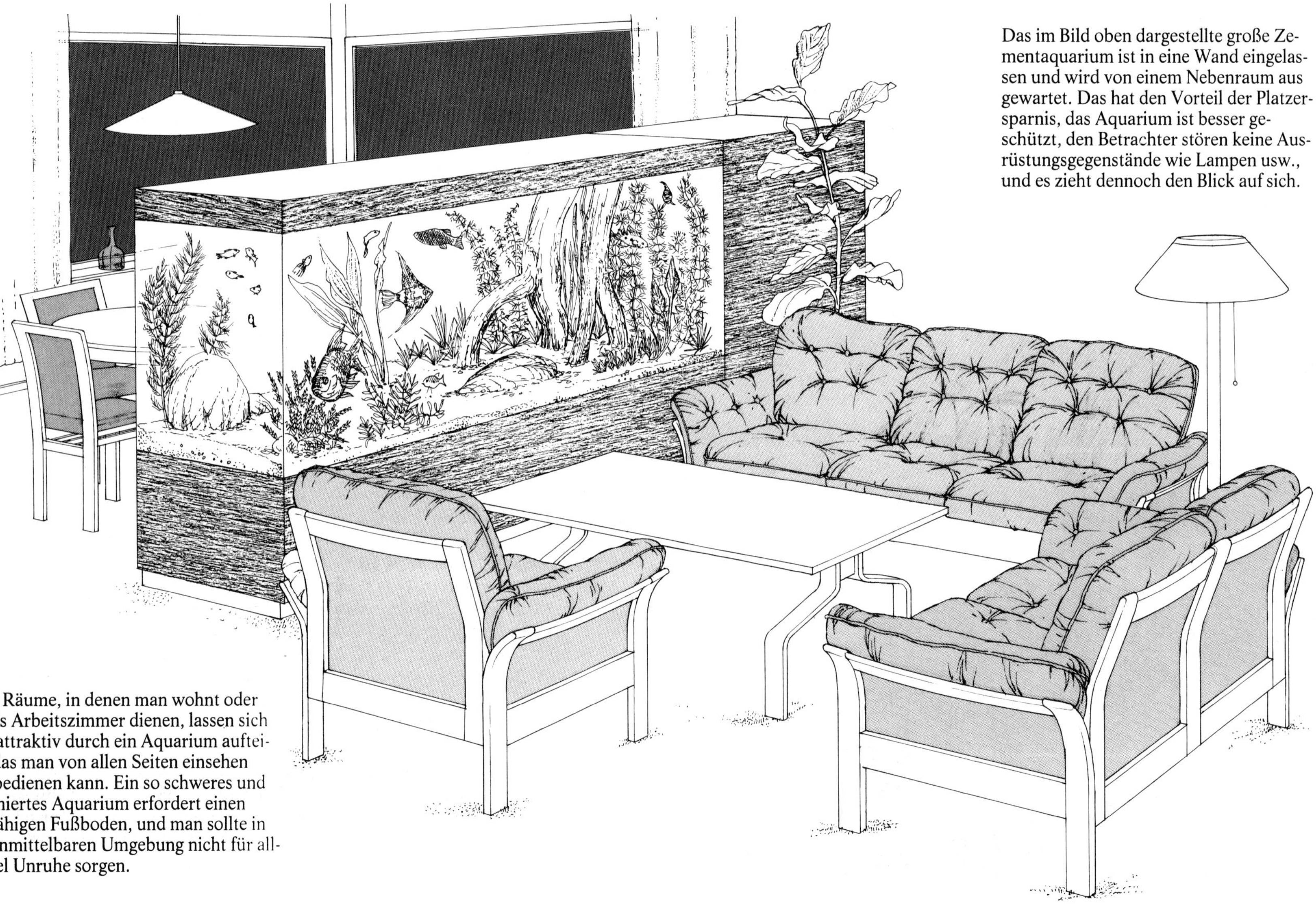

Viele Räume, in denen man wohnt oder die als Arbeitszimmer dienen, lassen sich sehr attraktiv durch ein Aquarium aufteilen, das man von allen Seiten einsehen und bedienen kann. Ein so schweres und exponiertes Aquarium erfordert einen tragfähigen Fußboden, und man sollte in der unmittelbaren Umgebung nicht für allzu viel Unruhe sorgen.

Wie im Beispiel oben kann man zwei oder mehrere Aquarien im rechten Winkel zueinander aufstellen, um den Eindruck zu vermitteln, der Betrachter sei von der Natur umgeben und befinde sich mitten darin. Die Aquarien können ganz unterschiedlich eingerichtet sein oder Tierarten beherbergen, die man nur einzeln pflegen kann. Der Eckraum zwischen den Becken kann die Ausrüstung aufnehmen, wie beispielsweise Filter, mit denen beide Aquarien versorgt werden.
Unten ist ein zylindrisches Aquarium ohne störende Rahmen dargestellt, das groß genug ist, um die optischen Verzerrungen möglichst gering zu halten, die durch die Scheibenkrümmung entstehen. Ein solches freistehendes Becken läßt sich durch Abnehmen der oberen Abdeckung bedienen. Das Unterteil nimmt die hauptsächliche Ausrüstung auf.

wenig benutzten Tisch, ein Regal, oder auch eine freie Stellfläche an der Wand. Auch einen ungenutzten Teil des Zimmers kann man verwenden, um dort ein Aquarium unterzubringen, zum Beispiel neben einem Kamin oder in einem früheren Türdurchgang oder in einem ähnlichen Winkel. Gegebenenfalls kann man eine Gruppe mehrerer Aquarien als eine kompakte Einheit anordnen, wobei die Wasseraufbereitung in der herkömmlichen Weise geschieht und möglicherweise ebenso wie die Heizung in den Becken parallel erfolgt.

Ein attraktives Aquarium ist in einer sonst wenig genutzten Raumecke ein guter Blickfang. Dort kann man ein dreieckiges Becken aufstellen, oder zwei Becken, die im rechten Winkel zueinander stehen und deren Zubehör und Technik im dabei entstehenden Zwischenraum unterbringen. Mit einem Aquarium lassen sich auch bestimmte innenarchitektonische Akzente setzen. Eine längere Wand kann man mit einem langgestreckten Aquarium noch betonen oder umgekehrt einen höheren Raum mit demselben Becken niedriger erscheinen lassen. In einem großen offenen Raum ergibt sich ein Blickfang durch ein freistehendes zylindrisches Aquarium, wobei die Technik im Sockel untergebracht wird. Man kann ein Aquarium auch senkrecht von einer Wand aus in den Raum vorspringen lassen, damit es als Raumteiler dient, der auch als »lebendige Wand« von beiden Seiten betrachtet werden kann.

Dabei spielt besonders das Gewicht eines Aquariums eine wichtige Rolle. Der Fußboden muß stabil genug sein, um das volle Aquarium samt der Ausrüstung, der Dekoration, dem Untergestell und sonstigen Dingen und natürlich auch den Betrachter zu tragen. Die Belastbarkeit eines Bodens ist oft sehr unterschiedlich. In jedem Fall sollte seine Tragfähigkeit überprüft und mit dem Gesamtgewicht des Aquariums verglichen werden. Wenn der Boden etwas schwach ist, sollte man das Aquarium an einer tragenden Wand aufstellen. Das Gewicht sollte dann quer und nicht parallel zu den Deckenträgern verteilt werden und für die Aquarieneinrichtung sollte man leichtere Materialien verwenden, eine geringere Wasserhöhe einplanen oder ganz allgemein ein kleineres Becken aufstellen.

Bedienung und Zugang

Der für die Heizung und Beleuchtung erforderliche Stromanschluß und die Leitungswasser- und Abwasseranschlüsse, die man für den Wasserwechsel und die regelmäßige Reinigung benötigt, sind bei der Planung mit zu berücksichtigen. Diese Anschlüsse müssen an der Stellwand liegen.

Praktisch jedes Aquarium benötigt elektrischen Strom, von der Heizung über die Belüftung bis zur Beleuchtung und verschiedensten anderen Dingen wird alles mit Strom betrieben. Der entsprechende Anschluß muß also genügend stark und abgesichert sein. Ein Aquarium sollte einen eigenen Stromkreislauf haben und eine eigene Sicherung, damit ist die erforderliche Sicherheit am ehesten gewährleistet.

Die meisten Aquarien haben einen geschlossenen Wasserkreislauf und benötigen einen regelmäßigen Teilwasserwechsel. Hierfür ist in der Regel ein Eimer und ein Schlauch ausreichend. Größere Anlagen haben möglicherweise getrennte Einrichtungen zur Wasseraufbereitung oder sind an eine zentrale Wasserversorgung und -filterung angeschlossen, die eine ganze Anzahl von Aquarien versorgt. Für die gesamte Versorgung muß das Aquarium leicht zugänglich sein. So kann es während des Aufstellens und Einrichtens eines Aquariums auch einmal notwendig werden, daß größere Behälter mit Sand, Steinen oder Wasser ans Becken gebracht werden müssen. Dies läßt sich leichter bewältigen, wenn Doppeltüren vorhanden sind und man mit Brettern Stufen zu einer Rampe umfunktionieren kann oder für Lasten ein Brett auf Rollen zur Verfügung hat. Auch ein Flaschenzug kann arbeitserleichternd eingesetzt werden.

Wenn man das Innere des Aquariums regelmäßig reinigen und pflegen will, zum Beispiel die Scheiben, die Wände, den Bodengrund und die Einrichtungsgegenstände, dann muß man bequem von oben an das Aquarium herankommen können. Auch an die Pfleglinge, wenn man sie beispielsweise fangen muß, kommt man von oben besser heran. Verletzungen und unnötiger Streß sind kaum zu vermeiden,

1

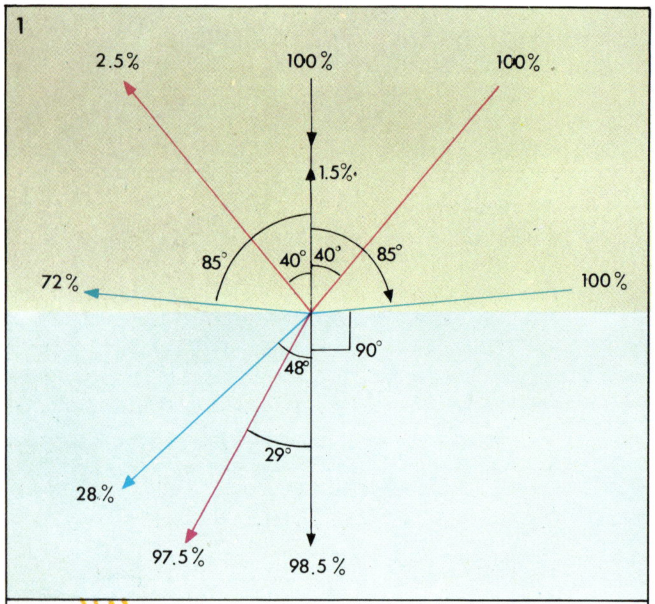

2

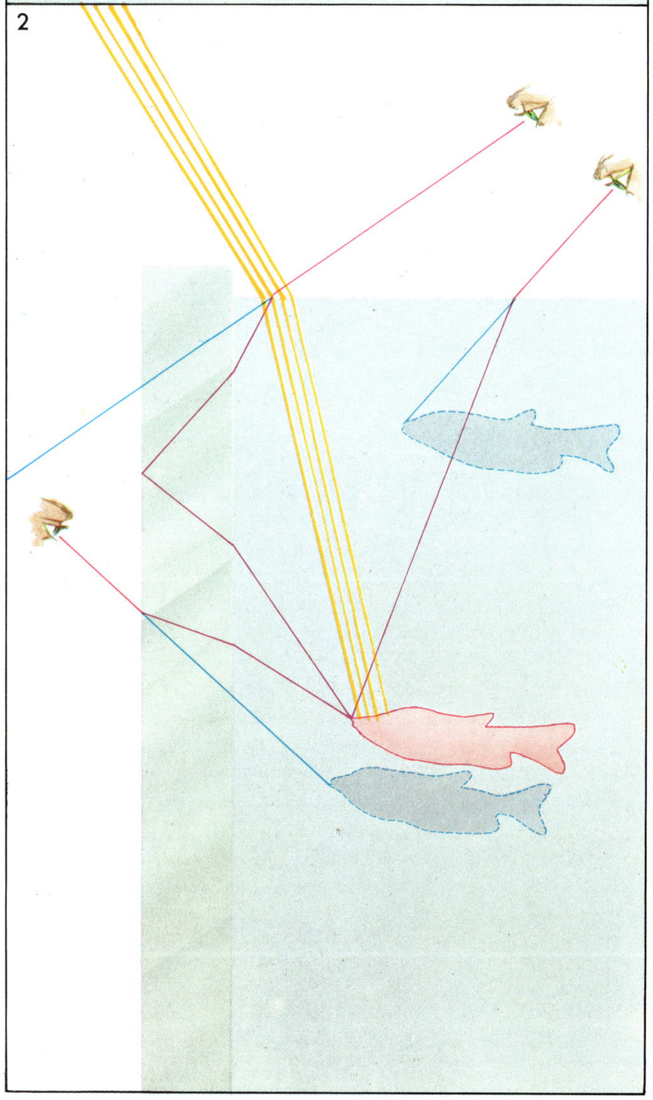

4

3

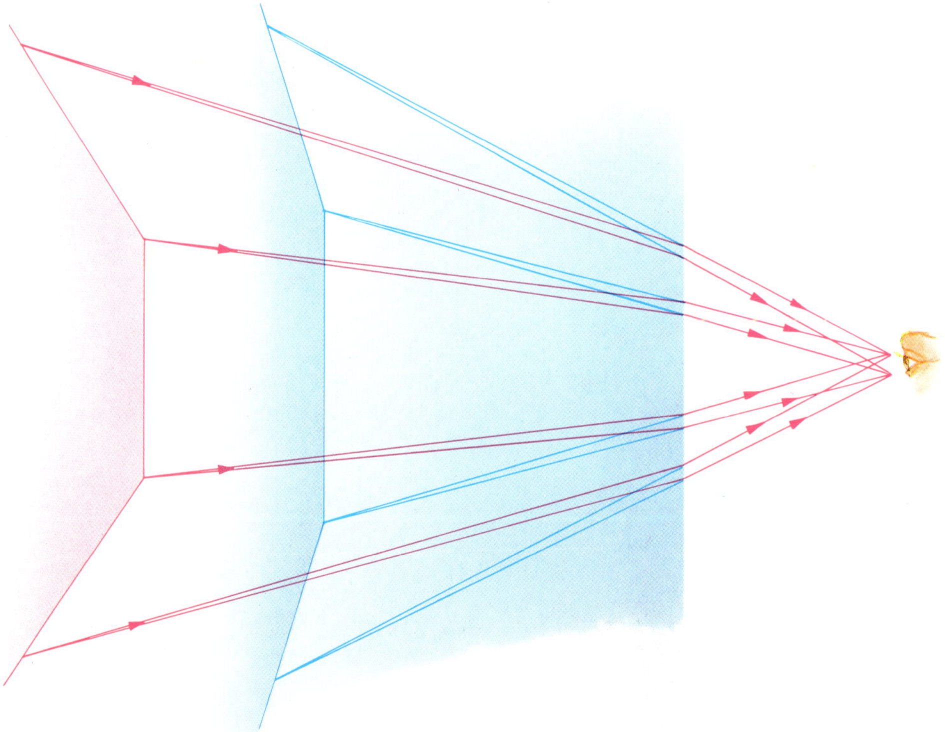

Die Diagramme der Lichtstrahlen auf diesen Seiten verdeutlichen die optischen Verhältnisse, die beim Aquarium auftreten.

1 Drei Strahlen treffen in unterschiedlichem Winkel auf die Oberfläche auf. Jeder Lichtstrahl teilt sich in einen reflektierten und einen gebrochenen Strahl, wobei der erstere schwächer und der letztere kräftiger wird, wenn der Winkel abnimmt. Die Brechungswinkel lassen sich nach dem im Text beschriebenen Gesetz genau berechnen (siehe Seite 187).

2 Ein Fisch erscheint bei Betrachtung durch die Wasseroberfläche und die Glasscheiben aufgrund der Lichtbrechung – und in einem Fall aufgrund totaler innerer Reflexion – etwas größer, näher, und an einer anderen Stelle zu stehen, als es tatsächlich der Fall ist, wie es hier bei Betrachtung aus unterschiedlichen Blickwinkeln dargestellt wird.

3 Ähnliche Effekte zeigen sich für den

5

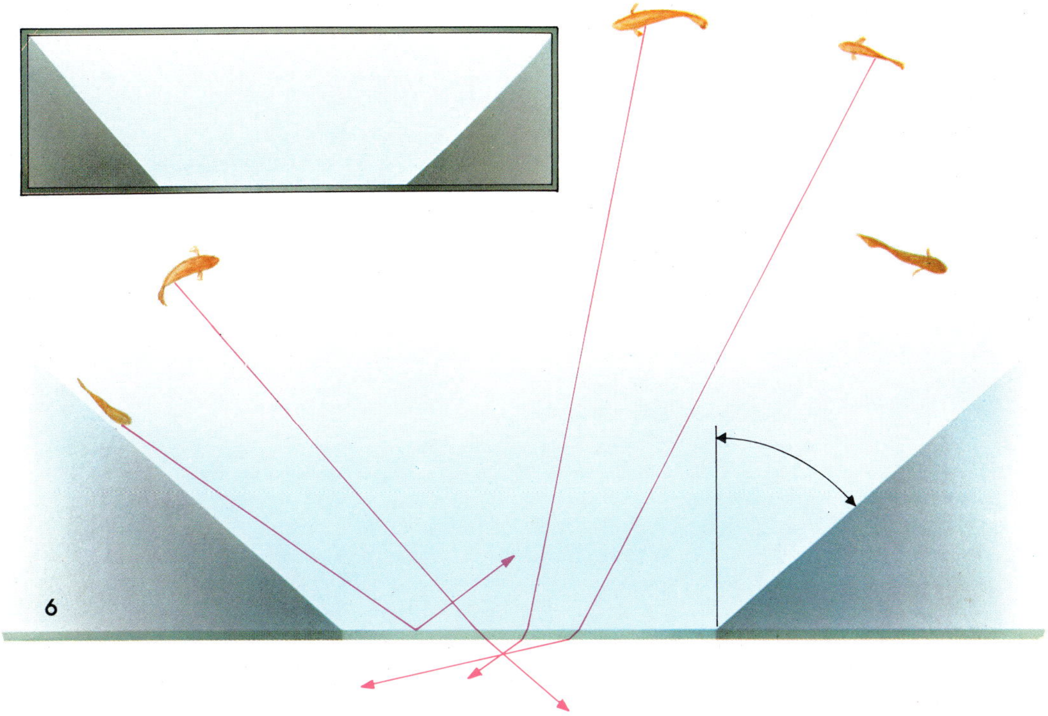

6

7

Hintergrund des Aquariums, der außerdem flacher und weniger räumlich wirkt. Weil die Lichtbrechung den Inhalt eines Aquariums größer wirken läßt und die Tiefenwirkung verringert, sind einige Tricks zur Vergrößerung der optischen Tiefenwirkung recht nützlich. Einige werden hier gezeigt.

4 Die Rückwand des Aquariums ist hinter Felsenaufbauten hell gefärbt oder durchscheinend, so daß durch den Kontrast eine Tiefenwirkung auftritt. Ähnliche Effekte kann man erhalten, indem Pflanzen und Tiere eingesetzt werden, die teilweise durchscheinend sind.

5 Dieses Aquarium weist eine variationsreiche Felsenlandschaft mit Höhlen und Spalten auf, so daß der Blick des Betrachters in die Tiefe gelenkt wird.

6 Hier können die Innenwände durch die Sichtscheibe nicht wahrgenommen werden, weil sie mit einem Winkel von 50° darauf zulaufen, der größer ist als der »Kritische Winkel«. Das Licht, das auf diese Scheiben und ihnen nahegelegene Objekte fällt, wird aufgrund totaler Reflexion nur in das Aquarium zurückgeworfen, während das Licht von anderen Objekten ganz normal aus dem Aquarium herausfällt.

7 Die Rückwand eines Aquariums scheint weiter zurückzuliegen, wenn der Bodengrund bis zu ihr leicht ansteigt. Dadurch wird die Lichtbrechung verringert. Das Aquarium kann auch durch eine dünne Glasscheibe getrennt und das hintere Abteil mit verhältnismäßig kleinen Tieren und Pflanzen besetzt werden. Dadurch erscheinen diese weiter weg als die großen Lebewesen im Vorderteil des Aquariums. Zu dem gleichen Zweck kann eine Anzahl selbständiger Aquarien hintereinander aufgestellt werden. Weitere Methoden bestehen darin, farbige Rückwände oder Strahler zu benutzen, eine künstliche Hintergrundbeleuchtung oder einen Spiegel in der Rückwand, so daß der Eindruck eines größeren Raumes unter Wasser entsteht.

wenn man in einer ungünstigen Position ein Tier fangen will und Netz oder Fangglocke nicht richtig einsetzen kann.

Aquarien, die so schmal sind, daß man quer hindurchlangen kann – die durchschnittliche Armlänge beträgt etwa 70 cm – können entweder von der Rückfront, der Vorderfront oder den Seiten her bedient werden, vorausgesetzt, daß darüber ein genügender Freiraum besteht. Wenn ein Aquarium sehr groß ist, also breiter als etwa 1,50 m, muß es von oben bedient werden. Man benötigt dann einen Bewegungsraum von 2 m Höhe über einer Bedienungsplattform, die entweder um das Becken herum oder quer darüber verläuft.

Oft kann es notwendig sein, daß man Lampen und andere Ausrüstungsgegenstände, die über der Wasseroberfläche herabhängen, beweglich befestigt, damit sie entweder mit einem Flaschenzug oder mit einem Hebelarm weggeschwenkt werden können, um ein unbehindertes Arbeiten zu ermöglichen. Die häufigsten Handreichungen am Aquarium – Füttern, Kontrollieren des Filters und der Wassertemperatur – sollten möglichst leicht durchzuführen sein. Wenn ein Aquarium vollständig abgedeckt ist, sollte eine besondere Fütterungsklappe vorhanden sein, durch die man füttern kann, ohne jedesmal die gesamte Abdeckung entfernen zu müssen. Schalter, Thermometer und Anzeigelampen müssen dort angebracht sein, wo sie am leichtesten zu erreichen und abzulesen sind. Besonders wenn das Aquarium in eine Wand eingelassen ist, sollte man Vorkehrungen treffen, um den äußeren Zustand des Aquariums vor allem im Hinblick auf Rost oder undichte Stellen regelmäßig untersuchen zu können.

Äußere Einflüsse

Zwischen dem Aquarium und seiner Umgebung gibt es verschiedene Wechselwirkungen. Beispielsweise wird Licht, das in das Aquarium fällt, teilweise absorbiert und teilweise mit einem geänderten Spektrum nach außen reflektiert. Wärme geht von der Luft in das Wasser über oder umgekehrt, je nach dem Temperaturgefälle. Die Höhe des Wärmeaustausches wird dabei vom Material bestimmt, aus dem das Aquarium besteht oder mit dem es isoliert ist. Das Aquarium sollte nicht kalten oder warmen Luftströmungen ausgesetzt werden, die stellenweise Abkühlung oder Erhitzung verursachen. Deshalb muß bei der Aufstellung auf Heizungskörper, Lüftungsöffnungen oder ähnliches geachtet werden.

Das Aquarium darf nicht in der Reichweite von Türen und Durchgängen stehen, um zu verhindern, daß Türen oder Gegenstände gegen die Scheiben schlagen oder daß jemand versehentlich gegen das Becken stößt. Vibrationen und Erschütterungen kann man durch eine sorgfältige Aufstellung möglichst gering halten, gegebenenfalls muß die Stellfläche für das Aquarium verstärkt oder isoliert werden. Jede Maschine, vom Geschirrspüler bis zum draußen vorüberfahrenden Zug, kann eine Störungsquelle darstellen. Andererseits können auch die Aquariengeräte Geräusche verursachen und sind daher zu dämpfen oder aus der unmittelbaren Nachbarschaft des Aquariums zu entfernen. Auch sollte man zu verhindern suchen, daß das Aquarienwasser oder die Luftzufuhr durch Rauch, Dünste, Schmutzstoffe, Abwässer oder andere Flüssigkeiten verschmutzt werden, das ist besonders auch für öffentliche Schauaquarien wichtig. Man glaubt gar nicht, was vermeintliche Tierfreunde schon alles in offen zugängliche und nicht sorgfältig abgedeckte Aquarien geworfen haben.

Andererseits kann aber auch durch ein Aquarium im Raum eine sehr hohe Luftfeuchtigkeit entstehen, besonders dann, wenn seine Temperaturen über denen der Umgebung liegen und das Becken nicht abgedeckt ist. Außerdem kann eine niedrige Wassertemperatur im Aquarium und eine hohe Luftfeuchtigkeit in der Umgebung zu Wasserdampfniederschlägen an den Aquarienscheiben und den Zuleitungen führen. Daher sollte das Aquarium in solchen Fällen abgedeckt, und, sofern notwendig, isoliert und mit einer Doppelglasscheibe versehen werden. Teilweise läßt sich dies auch dadurch lösen, daß man den Betrachtungsraum vom Bedienungsraum trennt, beispielsweise dadurch, daß das Aquarium in eine Wand eingelassen wird.

Das Betrachten des Aquariums

Die Einrichtung des Aquariums muß so geplant werden, daß man auch den Betrachter mit einbezieht. Die Höhe des Aquariums und der waagerechte Abstand zwischen Schaubecken und Betrachter sind wichtig. Dazu sind einige Überlegungen anzustellen. Wird der Betrachter beispielsweise stehen oder sitzen, ist er klein oder groß, oder sind mehrere Betrachter gleichzeitig zu erwarten? Muß man an Betrachter denken, die am Becken vorübergehen? Ist der Raum groß genug, damit ein Betrachter vom Aquarium zurücktreten und den Gesamteffekt des Aquariums auf sich wirken lassen kann?

Auch die Beleuchtung des umgebenden Raumes ist wichtig. Die Sichtscheibe des Aquariums sollte von direktem oder starkem, von außen auffallendem Licht abgeschirmt sein, weil sonst die Sicht ins Aquarium durch Reflexion behindert wird. Dies kann zu einem besonderen Problem werden, wenn Licht aus der Umgebung einfällt, beispielsweise im Freien. Wenn man im Betrachterraum das Licht dämpfen kann, ist dies ein wesentlicher Vorteil, weil damit die Wirkung des beleuchteten Aquariums besser zur Geltung kommt.

Die Dekoration und die Einrichtung des Raumes sowie die Gestaltung des Aquariums lassen sich gut aufeinander abstimmen. Formen, Farben, Strukturen, Materialien und Beleuchtung sollten sich so ergänzen, daß ein geschlossener Eindruck entsteht. Eine gute Aquariengestaltung zeichnet sich dadurch aus, daß die Dekoration, die Beleuchtung und die Lebewesen optimal zur Wirkung gebracht werden.

Das Anbringen der Beleuchtung

Die Lampen und ihre Reflektoren sollten so gestaltet und angebracht sein, daß möglichst viel Licht in das Aquarium fällt. Wenn Licht eine Wasser- oder Glasoberfläche senkrecht durchdringt, ist der durch Oberflächenreflexion verursachte Verlust am geringsten. Das Licht sollte also nahezu senkrecht nach unten, etwas von der Sichtscheibe nach hinten gerichtet, einfallen, um die Schattenbildung schwimmender Arten möglichst gering zu halten. Die Durchsichtigkeit einiger Tiere und Pflanzen, wie etwa von Anemonen, Ascidien, Quallen, Rotalgen und der Eihüllen einiger Mollusken- und Fischarten, läßt sich am wirkungsvollsten bei einer Hintergrundbeleuchtung wahrnehmen. Die irisierende und silbrig-blaue Färbung vieler Fische des offenen Wassers entsteht durch Lichtbrechung verschiedener Wellenlängen, die durch besondere Kristalle (Guanineinlagerungen) in den Schuppen hervorgerufen wird. Eine solche Farbgebung kommt am besten bei gleichförmig gerichteter Beleuchtung von oben zur Geltung.

Die Strukturen der Hintergrundgestaltung des Aquariums und des Bodengrundes treten erst durch die entsprechende Beleuchtung deutlich hervor und lassen so den Eindruck von Schatten, dunklen Höhlen, hellen Bereichen oder Lichtflecken und ausgeprägten Oberflächenstrukturen entstehen. Die Wasserbewegung und besonders die Bewegung der Oberfläche verursachen tanzende Lichtreflexe, weil die abwechselnd konvexen und dann wieder konkaven Wellenoberflächen das Licht einmal bündeln und anschließend wieder streuen. Spiegel und Strahler lassen sich einsetzen, um weitere Effekte zu verursachen. Ungewöhnliche Eindrücke kann man auch durch die Verwendung einer Beleuchtung von der Seite her erzielen, weiterhin durch Unterwasserlampen, Farblampen oder Farbfilter und Glasfaseroptiken, doch geht hier leicht etwas, das als besonderer Effekt gedacht war, in Kitsch über.

Die optischen Gesetze

Das Verhalten des Lichtes in einem Aquarium wird von zwei physikalisch-optischen Gesetzen bestimmt. Zum einen gilt das Gesetz: Einfallswinkel und Ausfallswinkel des auf eine Wasser- oder Glasoberfläche auftreffenden und von ihr reflektierten Lichtstrahls sind einander gleich. Ein solcher Winkel wird stets zwischen dem Lichtstrahl und dem auf die Oberfläche fallenden Lot, also der Senkrechten, gemessen. Wenn Licht auf eine Oberfläche trifft, wird einiges davon zurückgeworfen und der Rest beim Durchtritt durch diese Oberfläche gebrochen. Die jeweiligen Anteile des reflektierten und des gebrochenen Lichtes hängen von dem Einfallswinkel ab und vom Material, aus dem die Oberfläche besteht.

Entsprechend dem Reflexionsgesetz entsprechen sich also, wie wir erfahren haben, Einfalls- und Ausfallswinkel. Wenn sich nun der Einfallswinkel vergrößert, wird ein zunehmender Anteil des Lichtes reflektiert. Wenn das Licht von einem weniger dichten in einen dichteren Stoff übertritt, beispielsweise von Luft in Wasser oder Glas, so wird fast das gesamte Licht reflektiert, wenn es fast parallel zur Oberfläche scheint, der Einfallswinkel also besonders groß ist. Dieser Spiegeleffekt hat zur Folge, daß von außen kommendes Licht für die Beleuchtung des Aquarieninneren weitgehend nutzlos ist.

Bei der Lichtbrechung sind entsprechend dem Brechungsgesetz, der zweiten für uns in diesem Zusammenhang wichtigen optischen Gesetzmäßigkeit, die Winkel des einfallenden Lichtes und des gebrochenen Lichtes unterschiedlich, es sei denn, das Licht trifft die Oberfläche senkrecht und beide Winkel sind gleich Null. Daher wird das Licht »gebeugt«, wenn es schräg durch die Oberfläche fällt. Der Winkel im weniger dichten Material ist größer als der im dichteren Stoff. Wenn also Licht aus der Luft in Wasser oder Glas fällt, oder von Wasser in Glas, wird es zum Lot hin gebrochen, fällt es dagegen in die entgegengesetzte Richtung, so erfolgt auch die Brechung entgegengesetzt. Die dabei auftretenden Winkel können nach folgender Gleichung exakt berechnet werden:

$n_1 \times \text{Sinus Winkel}_1 = n_2 \times \text{Sinus Winkel}_2$

$n_{1,2}$ sind die Brechungsindices der beiden Materialien, in der Regel werden sie durch Werte zwischen 1 und 2 ausgedrückt, beispielsweise beträgt der Brechungsindex für Luft 1,0 für Wasser 1,33 und für Glas 1,5;

der Sinus eines Winkels ist ein Wert zwischen 0 und 1 und ist einer Tabelle trigonometrischer Funktionen zu entnehmen.

Je größer diese Winkel werden, um so weniger wird das einfallende Licht gebrochen. Licht, das auf ein dichteres Material trifft, wird, selbst wenn der Lichteinfall in einem großen Winkel erfolgt, stets zu einem gewissen Teil gebrochen. Trifft das Licht jedoch auf ein weniger dichtes Material, so wird es überhaupt nicht gebrochen wenn der Einfallswinkel einen bestimmten Wert überschreitet. Jenseits dieses Winkels, dem sogenannten kritischen Winkel, würde alles gebrochene Licht parallel zur Oberfläche gebündelt. Daher erfährt das Licht bei diesem und allen größeren Winkeln eine vollständige innere Reflexion zurück in das dichtere Material. Für Licht, das aus dem Wasser oder aus Glas auf eine Luftschicht trifft, zeigt die oben genannte Gleichung, daß der kritische Winkel bei etwa 45° liegt.

Optische Täuschungen im Aquarium

Wenn man ein Aquarium betrachtet, ergeben sich durch die genannten optischen Gesetze besondere Effekte. Beispielsweise läßt die Lichtbrechung ein Objekt im Wasser näher und größer erscheinen als es in Wirklichkeit ist. Auch die Tiefe des Aquariums oder jedenfalls die Sichttiefe erscheinen geringer. Diesem Eindruck kann man bei der Gestaltung der Aquarieneinrichtung entgegenwirken. So kann man beispielsweise hinter dem Aquarium eine hell erleuchtete Rückwand anbringen, die zwischen Felsen hindurch sichtbar wird. Dadurch ergibt sich optisch eine größere Tiefenwirkung. Man kann auch kleinere Fische oder Pflanzen durch eine Glasscheibe getrennt hinten im Aquarium pflegen, dies ergibt die gleiche Wirkung. Ein getrenntes Becken oder ein trockener »Diorama«-Teil kann hinter der Rückwand eines Ganzglasaquariums installiert werden. Das Ergebnis zielt dahin, Objekte hervorzuheben, die vom Betrachter weiter entfernt sind, um auf diese Weise optisch eine räumliche Tiefe zu erreichen. Wenn man allerdings zwischen Sichtscheibe und Hintergrund eine oder mehrere Trennscheiben einbaut, müssen sie immer besonders sauber sein, sonst sind die Scheiben für den Betrachter durch Algen oder andere Verunreinigungen erkennbar und der erwünschte optische Effekt ist verlorengegangen.

Eine totale Innenreflexion begrenzt den von außen einsehbaren Bereich des Aquariums. Wenn man durch einen bestimmten Punkt der Scheibe oder der Wasseroberfläche blickt, kann man nur Objekte innerhalb eines konischen Bereichs wahrnehmen, dessen Grenzen von der Oberfläche in einem kleineren Winkel als jenem kritischen Winkel von etwa 45° (gemessen vom Lot auf die Oberfläche) ausgehen. Auch die Innenflächen des Aquariums liegen außerhalb des Gesichtsfeldes, wenn sie außerhalb dieses konischen Bereiches liegen, wodurch die Illusion einer bis ins Unendliche reichenden Unterwasserwelt geschaffen wird. So können die Seitenwände optisch zum Verschwinden gebracht werden, wenn sie entweder in einem großen Winkel zur Sichtscheibe angebracht sind, oder wenn die Frontscheibe nicht ganz bis zu den Seitenscheiben reicht, so daß letztere außerhalb des kritischen Winkels liegen. In einem gleichseitig achteckigen Becken treffen die Scheiben in einem Winkel von 135° aufeinander, 45° mehr als das Lot auf die Scheibe, und liegen somit gerade außerhalb des sichtbaren Bereiches, wenn man durch eine Scheibe zur gegenüberliegenden Wand blickt. In ähnlicher Weise läßt sich die Wasseroberfläche verbergen, indem die ganze Scheibe weit darunter angebracht wird. So läßt sich der Eindruck eines Tiefsee-Lebensraumes schaffen. Meist lassen sich allerdings solche Effekte nur bei großen Schauaquarien einsetzen.

Wenn die Seitenwände des Aquariums, durch die Frontscheibe betrachtet, sichtbar bleiben, wirken sie wie Spiegel, auch dann, wenn sie in Wirklichkeit durchsichtig sind. Dies ist der Fall, wenn sie in einem Winkel von 90° (also im Lot) oder mehr zur Sichtscheibe stehen; es kann dann kein Licht, das von außerhalb des Aquariums durch diese Seitenscheiben gebrochen wird, in einem geringeren als dem kritischen Winkel hindurchfallen. Als Folge davon nimmt man bei einem Blick durch die Frontscheibe auf die Seitenscheiben nur die innere Reflexion wahr, was hinter den Scheiben liegt, ist nicht zu erkennen. Dies ist für den Aquarianer ein Vorteil: Wenn man durch senkrechte Scheiben blickt erscheinen die Wasseroberfläche und die Seitenscheiben undurchsichtig und das typische Gewirr von Kabeln, Lampen oder Röhren darüber oder daneben bleibt verborgen. In Aquarien der gebräuchlichsten Formen, wie etwa im einfachen rechteckigen Becken, kann man also nur durch die einander gegenüberliegenden Scheiben in das Innere des Behälters blicken.

Die Inneneinrichtung

Die Inneneinrichtung ist wahrscheinlich das wichtigste Element der Aquariengestaltung. Es ist nicht nur die sichtbare biotopgemäße Gestaltung, die bedeutsam ist und entsprechend geplant werden muß, sondern auch die physikalische Umgebung, in der die gefangenen Tiere und Pflanzen ihr Leben verbringen. Die Mehrheit der Wasserlebewesen ist an ihre Umgebung sehr eng angepaßt. Ein genügend großer Schwimmraum ist beispielsweise für die meisten freischwimmenden und schwarmbildenden Fische notwendig, während andererseits Amphibien und gewisse Fische, Krebstiere und Gastropoden einen Landteil benötigen, besonders dann, wenn sie gelegentlich das Wasser verlassen.

Viele Algen, Bakterien und Wirbellose brauchen einen festen Untergrund um sich dort anheften zu können. Einige Pflanzen- und Tierarten bevorzugen ein bestimmtes Bodensediment, in dem sie wühlen oder in das sie sich sogar eingraben können. Fische der Felsen- oder Korallenzonen erleiden Streß, wenn sie von der spaltenreichen und zerklüfteten Umgebung ihres Lebensraumes getrennt werden und sich plötzlich nicht mehr verbergen können. Süß- und Seewassertiere benötigen oft ganz besondere, dunkle Schlupfwinkel, Wohnhöhlen oder Bereiche zwischen Pflanzen oder Steinen und auch spezielle Ablaichplätze unter Blättern, Steinen oder in Muschel- oder Schneckenschalen. All dies muß man gegebenenfalls den zu pflegenden Lebewesen zu ihrem Wohlbefinden bieten.

Die wesentlichen Punkte der Inneneinrichtung des Aquariums sind Fels- oder Holzaufbauten, der Bodengrund und die Pflanzen. Anschließend werden auch künstliche Einrichtungen behandelt, die entweder im Aquarium oder außerhalb desselben gestaltet werden können. Allgemein gilt, daß die Einrichtung möglichst einfach und übersichtlich und die Aquarienlandschaft sorgfältig durchdacht sein sollte. Unübersichtliches Wirrwarr sollte man vermeiden. Abgelegene Ecken oder Spalten können nicht gereinigt werden, dort sammelt sich Schlamm an, das Wasser stagniert, sie sehen schlecht aus, nehmen Raum fort oder wirken auf andere Weise im Rahmen des Gesamtbildes negativ. Alles Material, das im Aquarium verwendet

Die Einrichtung eines Aquariums wird durch die Art und Weise und die Anordnung der verwendeten Beleuchtung sehr stark beeinflußt, wie man es auf dieser und der folgenden Seite erkennen kann. Alle Ansichten zeigen das gleiche Aquarium von 200 Litern Inhalt, mit einer Tiefe von der Vorder- zur Rückscheibe von 35 cm und einem Hintergrund, der aus Zierkork besteht und in einem Kasten hinter dem Aquarium angebracht ist. Die wichtigsten Pflanzen sind von links nach rechts *Limnophila-, Ludwigia-, Myriophyllum-, Echinodorus-* und wieder *Limnophila*-Arten. Die kleineren Pflanzen im Vordergrund sind Cryptocorynen, *Anubias barteri* forma *nana, Micranthemum* und *Nymphoides aquatica.*

1

2

1 Die einfachste Anordnung ist die direkte Beleuchtung von oben bei verhältnismäßig starker Beleuchtung durch vier Leuchtstofflampen von jeweils 40 Watt. Es treten viele Schatten auf und die Wirkung der Rückwand ist verhältnismäßig gering.
2 Der Vordergrund wird hier durch eine kräftige Leuchtstofflampe betont, während der übrige Teil des Aquariums oben abgedeckt ist und ein Abschnitt des Hintergrundes rechts von einem Punktstrahler von 100 Watt angestrahlt wird.

werden soll, muß natürlich ungiftig sein und vor der Einrichtung sorgfältig gereinigt werden.

Wenn man für ein bestimmtes Aquarium die Inneneinrichtung plant, sollte man sich entweder in der Natur oder aus Büchern über den natürlichen Lebensraum informieren, den man nachbilden möchte. Man sollte sich einen für seine zukünftigen Pfleglinge entsprechenden Biotop auswählen und sorgfältig überprüfen, welche Felsen, welcher Bodengrund, welche Vegetation und Fauna dort vorhanden sind und welcher Gesamteindruck vorherrscht. Wenn möglich orientiert man sich nach Fotos oder Zeichnungen eines entsprechenden Lebensraumes. Flußufer und Meeresküsten kann man ohne weiteres selbst besuchen, und eine Schnorchelausrüstung ist hilfreich, um sich gegebenenfalls Lebensräume unter Wasser anzusehen.

Natürliche Materialien

Eindrucksvolle Aquarienlandschaften lassen sich mit Steinen, Korallen, Wurzeln oder ähnlichen Materialien gestalten. Sie dienen als Blickfang und markieren den Grundcharakter der Einrichtung. Dominierende Gruppen dieser Materialien lassen sich auch dazu verwenden, um die Dreidimensionalität zu betonen und der Einrichtung Tiefe zu geben. Es wurde schon erläutert, daß durch die Lichtbrechung die optische Tiefenwirkung geringer und das Gesichtsfeld beim Einblick in das Aquarium eingeschränkt wird und daß man durch einige Kunstgriffe dem entgegenwirken kann. Dazu gehört etwa, daß man in ein Felsenriff, das im Beckenhintergrund bis zur Wasseroberfläche reicht, eine Höhle einplant oder daß man einen Baumstumpf so arrangiert, daß er nach vorne ragt. In zylindrischen, runden oder polygonalen Aquarien, die rundherum einsehbar sind, kann ein senkrechter Felsen, ein Riff oder ein Baumstumpf in der Nähe des Zentrums frei emporragen und einen Blickfang bilden. Darin läßt sich in einer Röhre auch die Technik verbergen, beispielsweise die Lüftungsschläuche, Filter- oder Wasser- und Stromleitungen.

Steinaufbauten

Steine, die sich für die Gestaltung eines Aquariums eignen, sind praktisch überall zu bekommen. Die drei Hauptgesteinstypen unterscheiden sich in ihren chemischen

3 Die starke Beleuchtung des vorderen Viertels des Aquariums wurde beibehalten und der Punktstrahler im Hintergrund scheint von links. Ein weiterer Punktstrahler ist auf das *Myriophyllum* gerichtet, und dieser Kontrast steigert die Tiefenwirkung innerhalb des Aquariums.

3

4

4 Die Aquarienabdeckung ist geöffnet und schräggestellt, so daß ihre Lampen auf die Rückwand scheinen. Um die Pflanzen im Vordergrund deutlich herauszustellen, sind die Punktstrahler auf die *Limnophila* links und das *Myriophyllum* gerichtet, während die *Ludwigia* etwas weicher durch eine gewöhnliche Glühlampe von 40 Watt beleuchtet wird. Eine ähnliche 60 Watt Glühbirne wurde im Hintergrundkasten installiert, um diesen zusätzlich zu beleuchten.

und physikalischen Eigenschaften. Es sind dies Sedimentgesteine, Eruptivgesteine und metamorphe Gesteine.

Sedimentgesteine sind ursprünglich Sedimentablagerungen gewesen, die durch Druck oder chemische Verfestigung gehärtet wurden. Aus Sand-, Schlamm- und Kiesablagerungen entstanden so Sandstein, Schiefer und Konglomerate. Meist sind Sedimentgesteine die weichsten und am raschesten erodierenden Gesteinsarten. Organische Kreide ist beispielsweise ebenfalls ein Sedimentgestein, sie besteht aus gehärteten Ablagerungen aus Kalkskeletten und Kalkhüllen von Tieren und Pflanzen.

Eruptivgesteine bestehen aus verfestigter, geschmolzener Lava aus dem Erdinneren. Es sind Mischungen von Kristallen verschiedener Mineralien, die miteinander verbacken sind. Eruptivgesteine sind die härtesten und widerstandsfähigsten Gesteine. Metamorphe Gesteine waren ursprünglich Eruptivgesteine oder Sedimentgesteine, die durch erhöhten Druck oder Temperatur umgewandelt wurden. Beispielsweise ist Marmor ein Kalkgestein, das sich durch große Hitze umgebildet hat. Diese Gesteine sind gegen Witterungseinflüsse meist sehr widerstandsfähig.

Steinaufbauten sind für viele Aquarien ein wichtiges Gestaltungselement. Ihre physikalische Zusammensetzung, die Struktur und der allgemeine optische Eindruck stehen für den Aquarianer meist an erster Stelle, aber darüber darf man die chemische Zusammensetzung nicht außer acht lassen. Man sollte sich die verschiedenen Gesteine in der Natur einmal ansehen, um zu erfahren, wie sie gelagert sind, wie sie durch Wind und Wasser erodiert wurden und welche Farbe und Struktur sie aufweisen.

Im Aquarium sollte man grelle und unrealistische Kombinationen verschiedener bunter Gesteinsarten vermeiden und nur ein oder zwei Gesteinstypen verwenden. Bevor man mit dem Einbau beginnt, sollte in einem »Trockentest« genügend Material für den geplanten Steinaufbau zusammengetragen werden, wobei man nach Fotos aus der Natur oder nach Zeichnungen vorgehen kann, oder seiner Phantasie freien Lauf läßt. In kleinen Aquarien können bereits einzelne natürliche Steinplatten oder Gesteinsbrocken genügend groß sein, um die gesamte Dekoration zu liefern. Gespaltene Gesteinsplatten kann man hochkant aufstellen und notfalls mit Hilfe eines kleinen Zementsockels stabilisieren, die Gestaltung von Felsformatio-

Wenn man Steine verwenden möchte, um eine attraktive und praktische Aquariendekoration zu schaffen, so erfordert das einige Vorbereitungen, die auf dieser und der nächsten Seite dargestellt werden.

1 Wichtig ist es, alles aus Steinen bestehende Material gründlich zu reinigen, also auch Sand und Kies, die als Bodengrund benutzt werden sollen. Dadurch werden unerwünschte Stoffe entfernt, die sich an oder zwischen den Steinen befinden können. Man sollte auch schon sehr früh entscheiden welches Wasser das Aquarium enthalten soll, weil davon die Art des auszuwählenden Materials abhängt, besonders was den Kalkgehalt betrifft. Kalkhaltiges Gestein, wie viele Sandsteine, Dolomit, Kalkstein oder Marmor, kann dazu benutzt werden, um eine helle Aquarieneinrichtung zu erreichen, aber es ist im höchsten Maße fehl am Platze, wenn man ein weiches Süßwasser verwenden möchte, das gegen Schwankungen des Säuregehaltes nicht gepuffert ist.

2 Ein geeigneter Bodengrund wird auf den Aquarienboden gebracht und nach hinten leicht ansteigend angedrückt, so daß ein guter optischer Eindruck entsteht und sich Schlamm vorne ansammeln kann, wo er leichter zu entfernen ist.

3 Wenn man schwere Felsbrocken aufbaut, kann eine Steinplatte auf anderen Steinen so angeordnet werden, als ob sie daraufgefallen sei. Dann sieht es natürlicher aus und es bietet sich Schutz für Tiere, die diesen benötigen.

4 Eine Felsenlandschaft kann nicht nur eindrucksvoll aussehen und dem natürlichen Lebensraum der Tiere entsprechen, sondern sie verbirgt auch Ausrüstungsgegenstände wie Schläuche und Filter. Alle großen Steine sollten unmittelbar auf dem Aquarienboden aufliegen, und nicht völlig stabile Aufbauten müssen durch weitere Steine gesichert oder festgeklebt werden. Andernfalls könnten sie durch die Aktivität der Tiere zum Einsturz gebracht werden und Verletzungen verursachen.

5 Einige Gesteine, die häufig vorkommen und sich leicht finden lassen, sind a) Sedimentgesteine, b) Basalt, c) Granit und d) metamorpher Schiefer, den man in einen Zementsockel steckt.

1

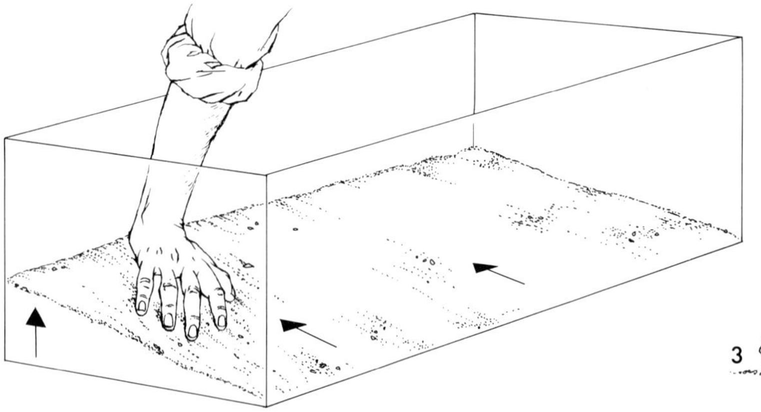

2

3

nen erfordert dagegen einige Geschicklichkeit. Gesteinsplatten und größere Blöcke können entweder vorsichtig aufeinandergestapelt oder mit Hilfe von Polyester oder Zement fest miteinander verbunden werden. Feste Steinaufbauten oder zementierte Aufbauten dürfen nicht zu groß geraten, damit man sie ohne Schwierigkeiten einbauen kann. Wichtig ist, daß Gesteinsaufbauten so angelegt werden, daß sie fest stehen und nicht durch Unterwühlen zum Einsturz gebracht werden können. Abgesehen davon, daß auch die Pfleglinge durch zusammenstürzende Felsaufbauten gefährdet sind, kann auch eine Scheibe eingeschlagen werden, was für den Wohnzimmerteppich weniger schöne Folgen haben kann.

Die chemischen Auswirkungen der Gesteine

Wenn sie nicht eigens wegen der an der Oberfläche festsitzenden Lebewesen gesammelt wurden, sollten alle für das Aquarium zu verwendenden Gesteine gereinigt und gegebenenfalls sterilisiert werden. Schmutz und Schlamm müssen abgebürstet werden. Dick verkrustete Stücke kann man danach für ein oder zwei Tage in eine 30%ige Bleichlösung legen und hinterher in Leitungswasser gut wässern oder sogar kochen. Gesteine, die sehr porös, krümelig oder von möglicherweise schädlichen Metalloxiden durchzogen sind, gehören nicht ins Aquarium. Gegebenenfalls kann man sie sorgfältig reinigen, trocknen und dann mit zwei oder mehr Schichten transparenten Kunstharzes versiegeln.

Es ist wichtig zu wissen, ob ein bestimmtes Gestein kalkhaltig ist. Danach richtet es sich, ob man dieses Gestein für ein Aquarium mit hartem Wasser oder Seewasser verwenden kann oder für ein verhältnismäßig ungepuffertes, weiches Wasser. Kalkmaterial ist im Gestein oft als weiße oder bleiche Schicht zu erkennen, aber dies ist ein unsicheres Kennzeichen, das häufig täuscht. Eine einfache Methode, um mit Sicherheit festzustellen, ob ein Gestein kalkhaltig ist, besteht darin, ein paar Tropfen Salzsäure oder Essigsäure daraufzugießen. Schäumt es auf, so zeigt dies das Vorhandensein von Kalk an, weil CO_2 freigesetzt wird und in Blasen entweicht.

Lebewesen, die auf Steinen sitzen

Auf Steinen, die man in Süß- oder Seewasser unter Wasser oder am unteren Strandbereich sammelt, sitzen oft Lebewesen. In porösen Gesteinsbrocken befinden sich außerdem oft auch Tiere. Einige Kalkgesteine werden sogar von den Bewohnern selbst gebildet, man nennt sie biogene oder »lebende« Steine. Man kann gerade solche Gesteinsbrocken gezielt suchen, um ihre Bewohner im Aquarium zu pflegen. Sie können krustenbildende Algen enthalten, Bryozoen, Hydroidpolypen, polychaete Würmer, Schwämme, Muscheln und Tunicaten. Algen kann man auf diese Weise, auf einem Stein oder einer Muschelschale wachsend, am besten sammeln. Sehr beliebt sind bei Seewasseraquarianern auch die lebenden Steine, die kleine bunte Röhrenwürmer enthalten.

Die Menge an Lebewesen, die in und auf selbst recht kleinen Stücken porösen Gesteins sitzt, kann ganz beträchtlich sein. Solche Organismen sind oft aus einer Umgebung mit starker Turbulenz und einer guten Wasserbeschaffenheit entnommen worden, da dort die Lebensvielfalt besonders groß ist, wie wir bereits erfahren haben. Darin liegt allerdings auch zugleich die Schwierigkeit, solche lebenden Steine im Aquarium weiter am Leben zu erhalten, da man ihnen dort ebenso günstige Lebensbedingungen bieten muß. Jeder Fehler in der Haltung führt zu Sauerstoffmangel, Krankheit und Tod, und die ganzen Lebewesen können sich in einer schwarzen, stinkenden Masse auflösen.

Korallenskelette und Muschelschalen

Korallen, Mollusken und Bryozoen gehören zu den Organismen, die im lebenden Zustand feste Schalen und Skelette bilden, um ihr weiches Körpergewebe zu stützen und zu schützen. Einige von diesen wunderschön geformten Strukturen, die diese Lebewesen bilden, besonders die Kalk»skelette« der Steinkorallen, die Horn»skelette« der Hornkorallen und große Muschelschalen kann man im toten Zustand dazu verwenden, um eine interessante Unterwasserlandschaft im Aquarium zu gestalten.

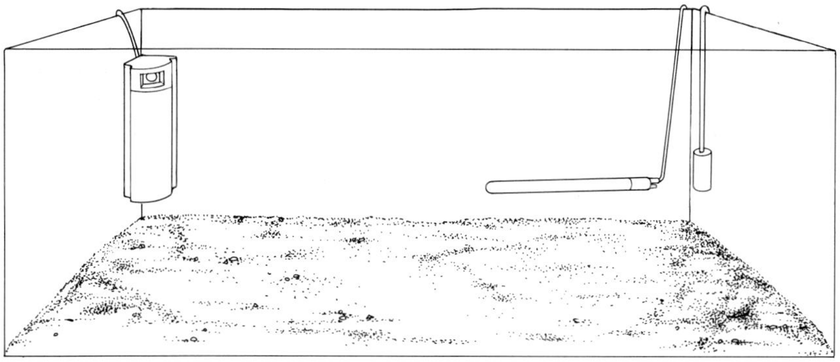

4

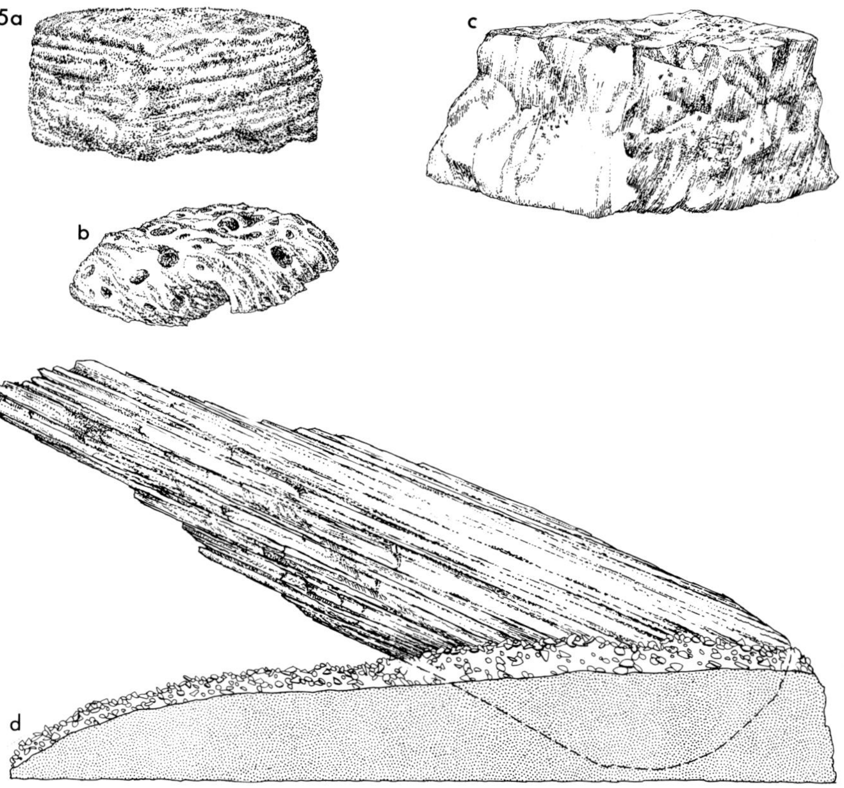

Viele dieser Stücke werden in der Natur als lebende Tiere gesammelt, abgetötet und dann gebleicht und verkauft, und das alles nur für den Bedarf des Aquarianers. Man sollte mit diesen von lebenden Tieren gebildeten Materialien nicht so sorglos umgehen und sie nicht gedankenlos zerstören. Die Strukturen sind zerbrechlich, und es wäre sicherlich besser, wenn man ein solches Stück als Form benutzt, um danach eine Reihe von Nachbildungen anzufertigen, die dauerhafter und leichter zu reinigen sind als das Original. Vor allem aber würde dadurch weiterer Raubbau an der Natur verhindert.

Der Bodengrund

Sehr wesentlich kommt es auch auf den Bodengrund des Aquariums an, sowohl vom optischen Eindruck her, als auch bezüglich seiner Bedeutung für die Tiere, Pflanzen und Bakterien im Aquarium. Als Teil der Einrichtung sollte der Bodengrund die anderen Einrichtungsgegenstände ergänzen und mit der gewählten Beleuchtung abgestimmt sein. Bodenlebende Tiere benötigen einen Bodengrund, der ihrem Tarnungsbedürfnis entgegenkommt, und auf dem sie sich entsprechend festsetzen oder in dem sie graben können. Höhere Pflanzen müssen sich im Bodengrund fest verwurzeln können und Bakterien sollten eine Lebensgrundlage finden, besonders dort, wo ihre Abbautätigkeit und ihre Fähigkeit zur Nitrifikation benötigt werden. Man verwendet dazu einen Bodengrund mit großer Oberfläche und mit großen Interstitialräumen (so wird der Raum zwischen den Bodenpartikeln bezeichnet), durch die das Wasser gut zirkulieren kann. Aus allen diesen Gründen muß man den Bodengrund für ein Aquarium sorgfältig auswählen, unter besonderer Berücksichtigung der Färbung, der Korngröße und Korngestalt, der Struktur und der Mischung.

Wenn man einen Bodengrundfilter verwendet, sollte der Boden aus ausgesiebtem Kies einer Korngröße von 2 bis 6 mm Durchmesser bestehen. Damit ergibt sich ein optimaler Kompromiß in bezug auf die Durchflußgeschwindigkeit des Wassers und die gesamte Oberfläche. Eine dünne Bodenschicht kleiner Steine oder groben Kieses ist leichter sauberzuhalten, indem man gelegentlich den Schlamm zwischen den Steinen absaugt, aber sie ist als Bodengrundfilter unbrauchbar. Andererseits stagniert das Wasser in feinem Sandboden, weil es in den minimalen Interstitialräumen nicht zirkulieren kann, und die kleinen Sandpartikel schweben leicht im Wasser und setzen sich anschließend auf Blättern, Steinen und Tieren ab, wenn die Wasserbewegung größer ist.

Sand und Kies sind verwitterte Felsen- oder Korallenbruchstücke. Viele Sorten bestehen hauptsächlich aus Quarz, andere aus Basalt oder Feldspat. Da sie alle keinen Kalk enthalten, eignen sie sich für Weichwasseraquarien. Für Seewasseraquarien und Aquarien mit hartem Wasser sollte man kalkhaltigen Bodengrund verwenden, um die Pufferkapazität des Wassers zu erhöhen. Kalkhaltiger Sand, Grus und Kies bestehen hauptsächlich aus Marmor, Dolomit, Korallenbruch und zerbrochenen Muschel- und Schneckenschalen. Kalkhaltige Sedimente sind meist hell gefärbt, und wenn es notwendig ist, kann man sie durch Beimengung von dunkler gefärbtem Silikatgestein dunkler tönen.

Jeder Sand oder Kies, den man entweder der Natur entnommen oder gekauft hat, muß vor dem Gebrauch kräftig gewaschen werden, um Schmutz und eventuelle giftige oder organische Beimengungen zu entfernen. Nachdem man den Kies gegebenenfalls vorher ausgesiebt und – bei stärkeren Verschmutzungen – eingeweicht hat, sollte man immer nur kleine Mengen unter fließendem Wasser auswaschen, bis das abfließende Wasser völlig klar ist.

Holz

Wenn man Aquarieneinrichtungen gestalten möchte, die Ausschnitte aus Flüssen, Strömen, Sümpfen und anderen baumbestandenen Gewässern darstellen, sind Nachbildungen von ins Wasser hängenden Zweigen, hineingefallenen Baumstümpfen, Baumwurzeln und ähnlichem sehr dekorativ. Dazu kann man jedes wasserfeste und gesunde Holz verwenden, beispielsweise Hartholz und Kernholz, knorrige Eichenwurzeln oder verzweigte Wurzelstrünke von Kiefern, Efeu, Weiden oder

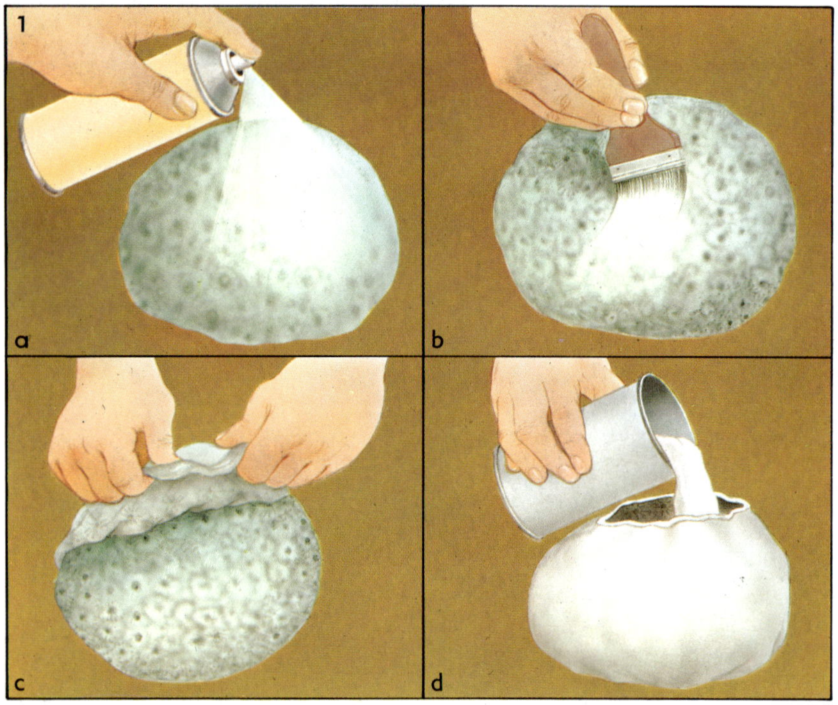

Viele Bestandteile der Dekoration des Aquariums, lassen sich nach Originalen nachbilden.
1 Hier wird eine einfache Methode gezeigt, um von einem natürlichen Korallenstock ein Duplikat anzufertigen: a) Das Stück wird mit einem Trennmittel, etwa Silikon, leicht eingesprüht; b) und dann mit einer Schicht flüssigen Gummis oder Plastik bedeckt, die die Oberflächenstrukturen ausfüllt. c) Wenn diese trocken ist, werden ringsum die Ränder des Gummis gelöst und der Überzug von der Koralle abgezogen. d) Der Gummiüberzug wird in der gleichen Weise nun als Form benutzt. Dazu wird die Innenfläche zunächst wieder mit dem Trennmittel eingesprüht und dann eine Harzmischung hineingegeben, die aushärtet. Anschließend wird die Negativform abgezogen.
2 Ein größerer Dekorationsgegenstand, wie die herabhängenden Wurzeln eines Baumes oder einer Mangrove sollte mit einem guten Klebstoff an die Aquarienwand geklebt werden, damit keine Wasseräume entstehen, in denen kein Wasserumlauf mehr stattfindet und dadurch Fäulnis auftreten kann.
3 Man kann verschiedene Objekte auch in einer Zementplatte fixieren, die gegen die Aquarienrückwand gestellt wird. Diese Platte kann man leicht in einen Holzrahmen gießen und darin auch Wasser- und Luftschläuche verbergen.

3

4

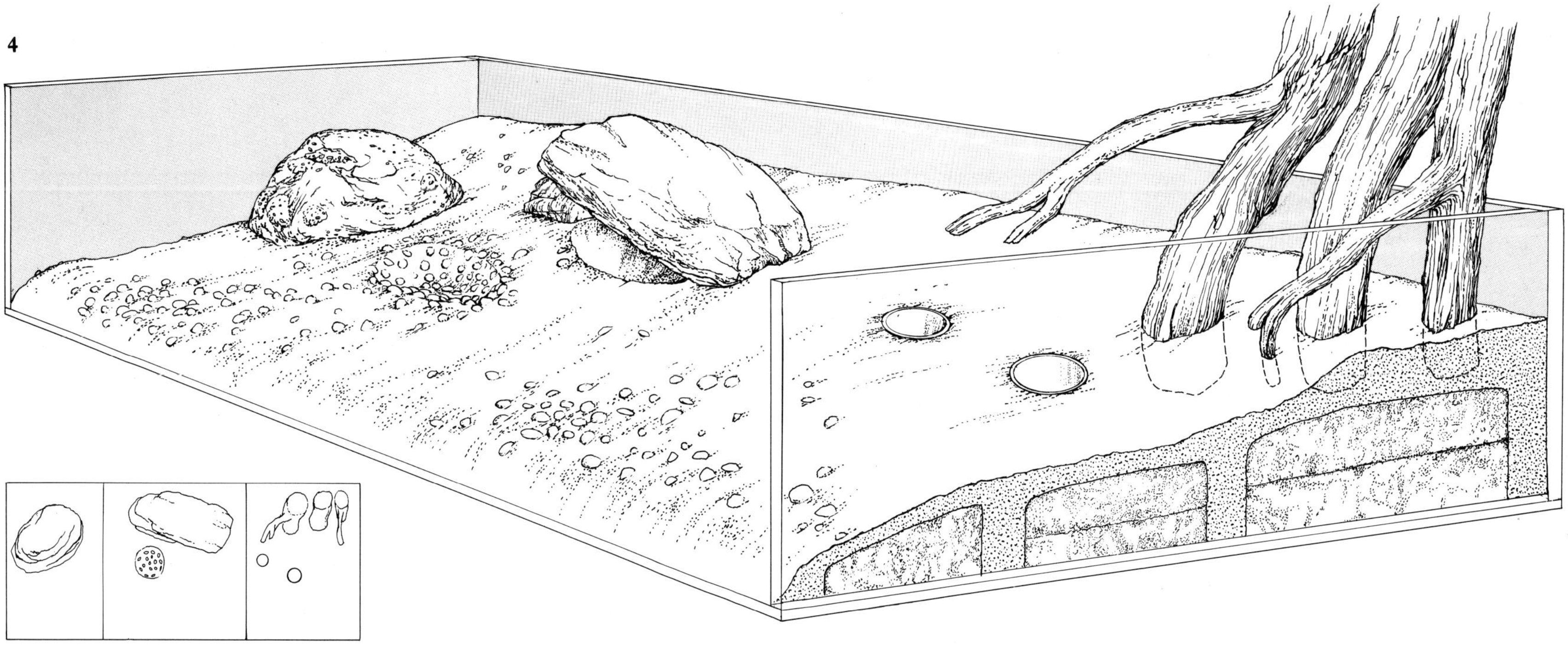

5

4 Auch für den Aquarienboden kann man eine Zementplatte gießen. Dazu wird Zement in einen Holz- oder Plastikrahmen gegossen. Um das Gewicht der Platte zu vermindern, bringt man in ihm Rahmenleisten an, so daß beim Guß Hohlräume entstehen. Man kann eine große Tafel aufteilen, indem verschiedene Abschnitte hergestellt werden, die innerhalb des Rahmens mit Papier getrennt werden, wie die Detailzeichnung zeigt, und dann unabhängig voneinander in das Aquarium eingebracht werden. Zement läßt man am besten einen Monat lang an der Luft abbinden. Will man die Platte schon nach einer Woche verwenden, dann können die Platten für einen Tag in eine Lösung von einem Teil Soda zu fünfzig Teilen Wasser gelegt, dann mit klarem Wasser abgespült und im Aquarium verwendet werden. Doch wird durch diese Schnellmethode das Material nicht sehr tiefgehend behandelt, und wenn eine solche Platte im Aquarium bricht, kann das Wasser stark alkalisch werden.

5 Hier wird ein Aquarium mit einem Bodengrundfilter von der Seite und von oben gezeigt. Das Filter ist mit einer Rückwand aus Zement verbunden, die die mit einer Mammutpumpe betriebenen Steigrohre verbirgt. Solch ein Bodengrundfilter muß dicht an Dekorationsgegenstände heranreichen und mit Kies bedeckt werden.

Dekorationen, die hinter dem Aquarium angebracht sind und die man durch das Becken hindurch sehen kann, können den räumlichen Eindruck vergrößern und das optische Bild verbessern. Rechts wurde eine Hintergrundwand aus Styropor gestaltet und an der Rückwand angebracht, nachdem sie mit einem Lötkolben ausgehöhlt und wie eine Unterwasserlandschaft bemalt wurde. Unten wurde ein Diorama-Abteil mit Korallenstöcken gestaltet, um ein Seewasseraquarium optisch zu vergrößern. Dieser Raum sollte gut beleuchtet werden, und seine feste Rückwand ist gebogen, um so den Eindruck unterschiedlicher Tiefe zu geben.

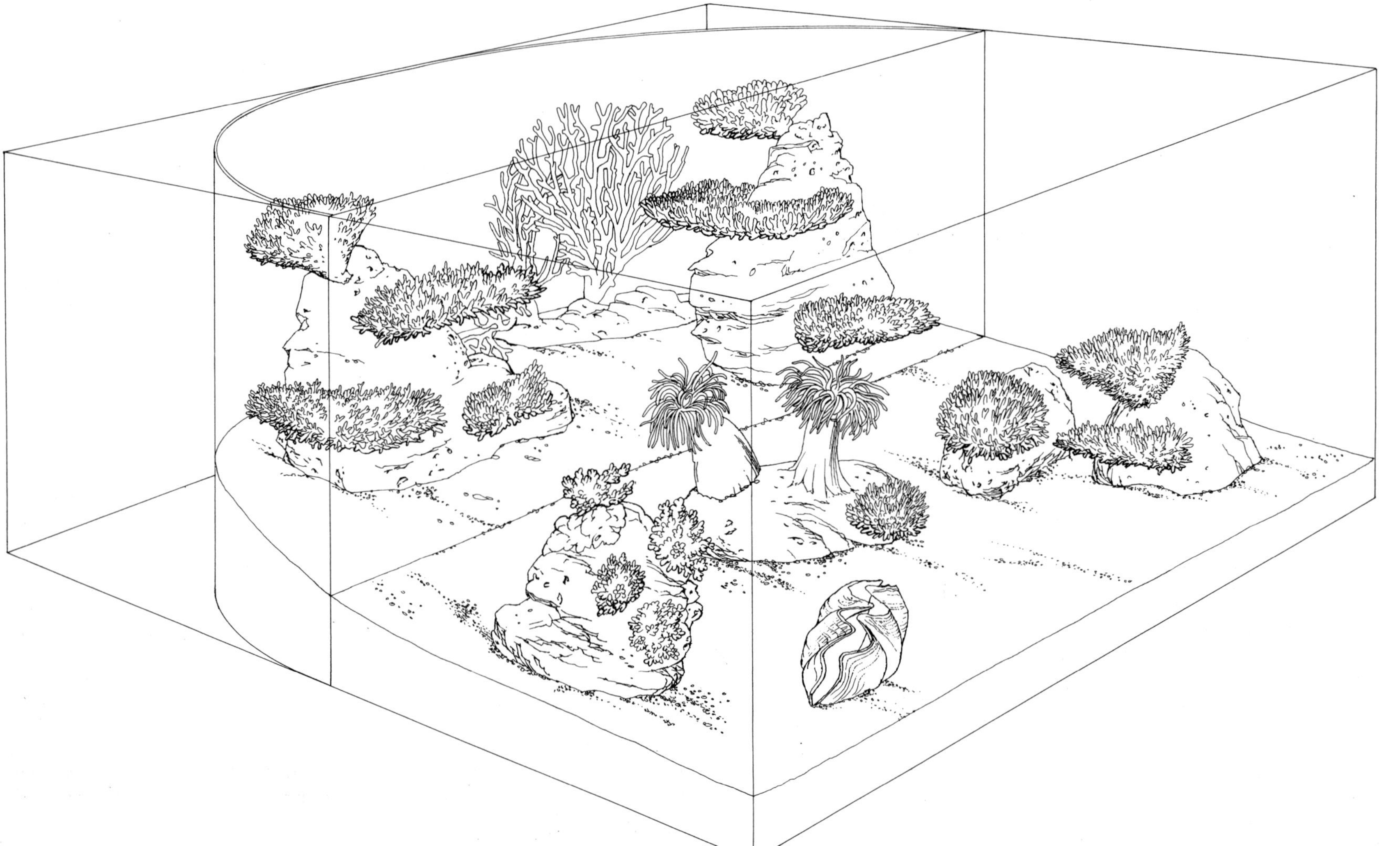

Erlen, insbesondere die beiden letzteren haben sich als sehr geeignet erwiesen. Manchmal kann man in einem Moor oder am Ufer eines Sees, Flusses oder des Meeres einen vollständig wassergetränkten oder sogar teilweise versteinerten Baumstumpf oder Ast finden. Vor allem phantasievoll gedrehte und verzweige Formen lassen sich für eine Unterwasserlandschaft hervorragend und wirkungsvoll verwenden.

Holz ist ein organisches Material und kann sich ohne entsprechende Konservierung im Aquarium zersetzen oder faulen. Man wählt zunächst für jedes auszustellende Stück die richtige Größe und Form aus. Um dann dieses Stück ins Aquarium einzusetzen, werden zuerst unerwünschte Seitenwurzeln oder -äste entfernt und die Form zurechtgeschnitten. Oberflächlicher Schmutz wird entfernt und das ganze Stück für einige Zeit in Wasser eingeweicht und, wenn möglich, ausgekocht, um lösliche Stoffe, wie zum Beispiel Huminsäuren, zu entfernen. Wenn man diese Behandlung durchgeführt hat, kann man das Holz entsprechend verwenden. Andernfalls sollte es zunächst sorgfältig getrocknet und dann mit Lack oder Kunstharz versiegelt oder imprägniert werden.

Das zurechtgeschnittene und vorbereitete Holz kann wie ein ins Wasser gefallener Baumstumpf oder Ast oder wie eine Wurzel, die aus einer ausgewaschenen Üferböschung herausragt, auf den Boden des Aquariums gelegt oder an einer Seiten- oder der Rückwand befestigt werden. Vor allem in einem tiefen Aquarium kann das besonders effektvoll wirken. Die Wurzel wird dazu auf einem flachen Träger aus Kunststoff oder Zement befestigt, der dann fest an der Wand verankert wird.

Die Rinde der Korkeiche hat eine sehr schön strukturierte Oberfläche und ist von Natur aus gegenüber der Zersetzung im Wasser sehr widerstandsfähig. Wenn man sie kräftig beschwert, läßt sie sich im Aquarium dazu verwenden, um einen untergetauchten Ast oder Baumstamm darzustellen, der vom Kiesboden emporragt. Weiterhin kann Zierkork auch außerhalb des Aquariums zur Gestaltung der Rückwand oder für ein Diorama benutzt werden.

Künstliche Materialien

Wie Steine und Korallen, so kann auch natürliches Holz als Vorlage für künstliche Holzstrukturen dienen, die man aus Zement, Ton, Gips oder Plastik anfertigen kann. Solche Materialien zersetzen sich nicht so leicht, es ist aber gar nicht so einfach, ihnen ein naturgetreues Aussehen zu verleihen, das nicht unecht oder kitschig wirkt.

Die Rückwandgestaltung

Für mittlere und große Aquarien kann man eine dekorative Tafel gestalten, welche die gesamte Rückwand des Aquariums oder den größten Teil davon bedeckt. Diese Tafel wird mit der Rückseite innen an die Aquarienwand geklebt, während die Vorderseite räumlich so dekoriert wird, daß sie das Aussehen eines natürlichen Riffs oder eines Ufers aus Steinen, Felsblöcken, festem Lehm, erodiertem Boden oder sonstigem Material erhält.

Eine solche Tafel läßt sich entweder ganz aus Zement, Ton oder Plastik herstellen oder als Matrix, in die man natürliches Dekorationsmaterial wie Steine und Wurzeln usw. hineinsteckt. Das Baumaterial für die Rückwand ist in halbfestem Zustand, bevor es ganz aushärtet, leicht zu formen, oder es wird erst nach seiner Verfestigung bearbeitet. Man kann eine solche Tafel außerhalb des Aquariums herstellen und sie dann nach dem Abbinden oder Trocknen an Ort und Stelle anbringen. Um eine große Aquarienrückwand abzudecken, können solche Tafeln entweder in einem Stück oder in mehreren miteinander verbundenen Teilen angebracht werden.

Man muß dabei natürlich ein besonderes Augenmerk darauf richten, daß die Wandgestaltung ansprechend wird. Dabei kommt es auf die Form insgesamt, die richtige Oberflächengestaltung und die Farbgebung wesentlich an. Wenn man eine Form benutzt, wird der flüssige Mörtel oder das Kunstharz bei der Herstellung einer solchen Rückwandtafel entweder in eine »weibliche« Form, also eine Hohlform, gegossen, oder – etwa mit einer Bürste – über die Oberfläche einer »männlichen« Form verteilt. Welche dieser Formen man benutzt, hängt davon ab, welche Seite der Tafel zur Wirkung kommen soll. Das ist in der Regel die Seite, die sich in direktem Kontakt mit der Form befand.

Bei der Herstellung einer solchen Rückwand bildet man zunächst meist aus natürlichem Felsengestein, aus Flußkieseln, Korallenstücken, Muschelschalen, Baumstümpfen oder künstlichen Strukturen einen Aufbau, nach dem man entweder eine Form herstellt oder den man unmittelbar selbst als Form verwendet. Gußformen können aus Polyester, Latex, Plastik, Sand, Schaumstoff oder Holz – beispielsweise Balsaholz –, aus Pappe, Mörtel oder Pappmachée erstellt werden. Die Herstellung der Form nimmt viel Zeit und größte Aufmerksamkeit in Anspruch. Bevor man die Form benutzt, müssen alle Spalten oder Lücken ausgefüllt sein, da sie sonst das Anbringen der fertigen Rückwandtafel im Aquarium behindern, oder sich Schlammablagerungen in ihnen bilden könnten. Die Gußform muß zuvor mit einem geeigneten Trennmittel überzogen werden, damit man nach dem Abbinden die Gußmasse von der Form trennen kann. Dann kann man die Vorderfront der Tafel mit Farben ausgestalten, doch darf man dazu nur ungiftige und wasserfeste Materialien benutzen.

Anstelle einer Aquarienrückwand, die man außerhalb des Aquariums herstellt, kann man auch gleich an Ort und Stelle eine Rückwand anbringen, indem man Schichten des Mörtels oder des Kunststoffmaterials mit einer Bürste, mit der Hand oder mit einer Spritzpistole unmittelbar auf die entsprechend vorbereitete Aquarienwand aufträgt. Mit einem Maschennetz lassen sich Steine oder Wurzeln vorübergehend auf der Wand in ihrer Lage fixieren, solange bis der Mörtel abgebunden ist. Auf diese Weise kann man Grate, Höhlen und Überhänge und andere Rückwandelemente gestalten.

Hintergrundwände und Dioramen

In Aquarien, in denen die hintere Scheibe transparent ist, kann man eine solche Rückwand auch hinter dieser Scheibe dekorieren, vielleicht sogar einfacher, als wenn sie sich im Aquarium befände. Da sie ja nicht im Wasser steht, können für sie Materialien wie Papier, Holz, Stoff, Zierkork oder Schaumstoff verwendet werden, ohne daß sie wasserfest sein müssen, und man kann dieses Material zerschneiden oder sonstwie bearbeiten und mit ihm eine Vielzahl dekorativer Hintergründe gestalten. Und ein weiterer Vorteil: Man braucht dann auch nicht darauf zu achten ob das benötigte Material, beispielsweise die Farben, giftig sind oder nicht. Die Farben kann man dabei auch unmittelbar auf die Außenwände des Glasaquariums auftragen.

Durch eine gute Hintergrundwand gewinnt die Aquarieneinrichtung an räumlicher Tiefe, ohne daß damit Raum in Anspruch genommen wird. Wenn hinter dem Aquarium genügend Platz zur Verfügung steht, kann man dort eine kleine, dreidimensionale Landschaft gestalten, die man als Diorama bezeichnet. Die Rückwand eines solchen Dioramas kann mit einer naturgetreuen Unterwasserlandschaft bemalt werden, doch gibt es heute auch entsprechende Fotos zu kaufen, die sich hinter dem Aquarium anbringen lassen. Mit Ton, Steinen, Papiermachée und Kunststoffmaterialien baut man auf einer Rückwand mit Hilfe von Sperrholz, Pappdeckeln oder Leinwand Strukturen auf, die sich dann mit Steinen, getrockneten Gräsern, Bambus oder Moorkienholz usw. naturgerecht dekorieren lassen. Auf diese Weise läßt sich ein Steilufer oder ein Flußufer darstellen, das wirklichkeitsgetreu hinter der Aquarieneinrichtung ansteigt. Man kann die Illusion, durch eine breite Wassersäule zu blicken, vergrößern, indem man in einem Steinaufbau verschiedene Lücken läßt, durch die der Betrachter auf einen entsprechend bemalten Hintergrund blickt.

Die Rückwand oder das Diorama müssen natürlich der Inneneinrichtung des Aquariums entsprechen und sollten auf den jeweiligen Besatz des Beckens abgestimmt sein. Diese Übereinstimmung sollte auch soweit gehen, daß für ein Diorama beispielsweise der gleiche Sand wie im Aquarium benutzt wird, wobei sich das Bodenniveau jeweils genau entsprechen muß.

1

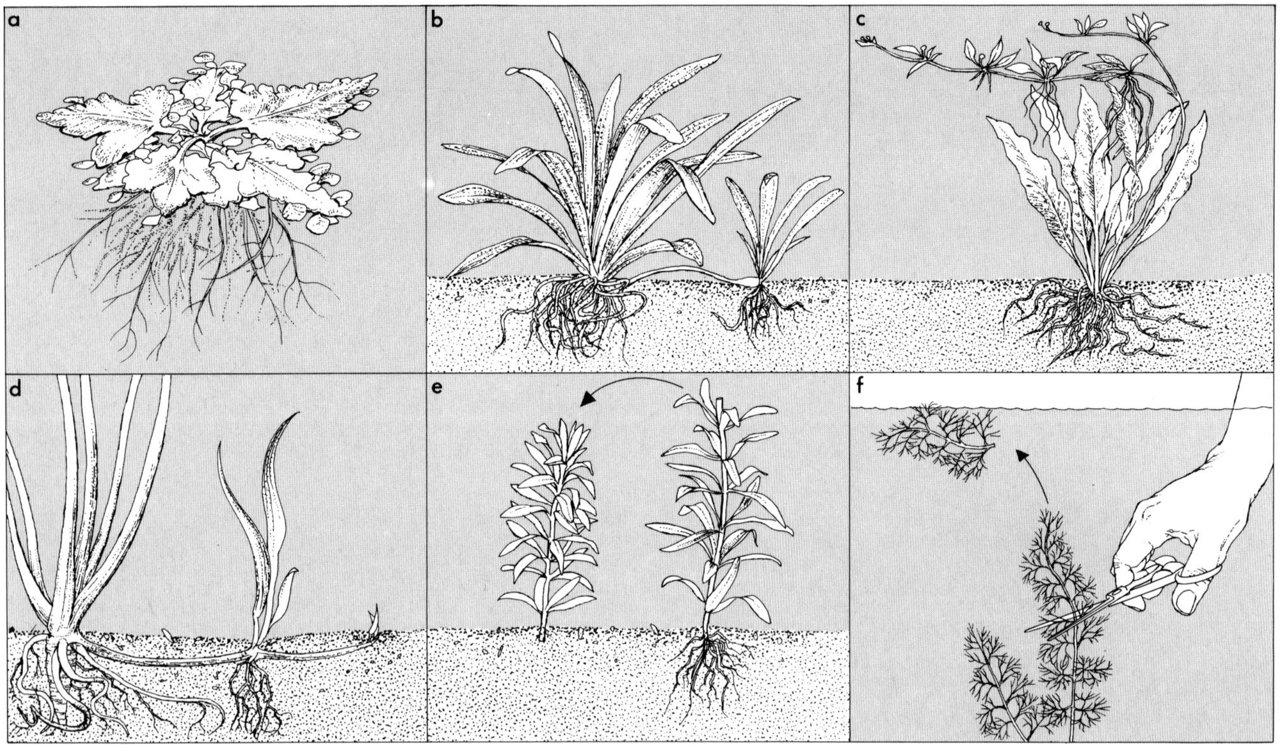

2

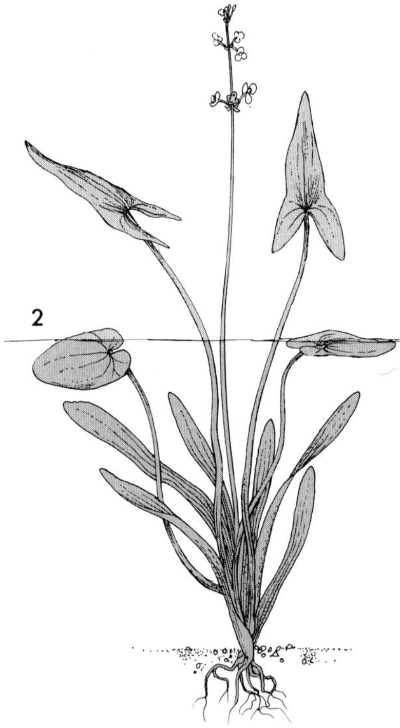

3

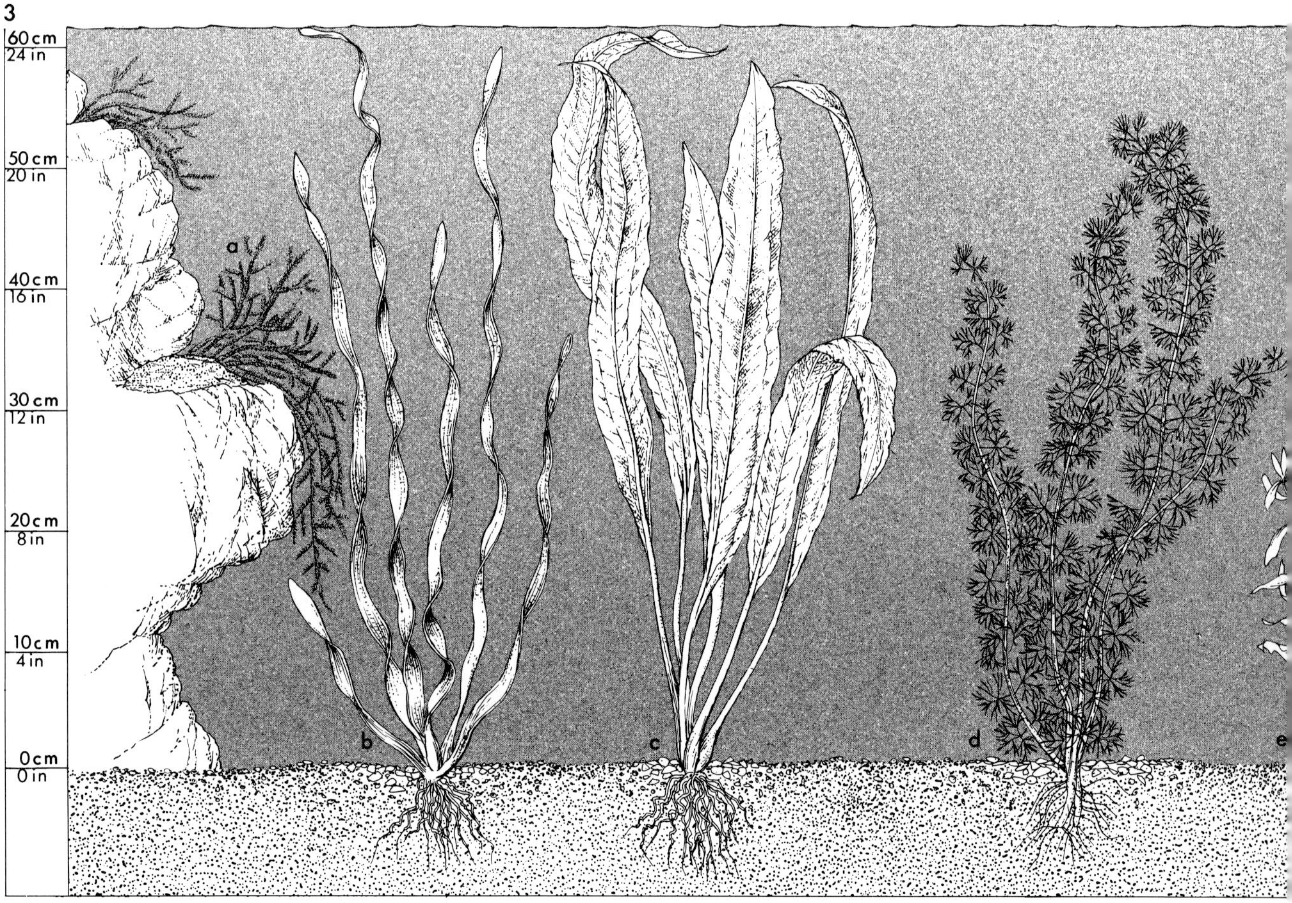

1 Die folgenden Vermehrungsmethoden werden bei Aquarienpflanzen häufig angewandt. a) Eine Adventivknospe bildet sich an einem älteren Blatt, es entwickeln sich Wurzeln und die Jungpflanze kann abgetrennt und eingepflanzt werden. Wenn es sich um eine Schwimmpflanze handelt, läßt man die junge Pflanze frei treiben. b) Ein Ausläufer wächst von der Mutterpflanze aus und es bildet und bewurzelt sich ein Ableger. c) Neue Ableger wachsen von der Mutterpflanze aus und können abgeschnitten und eingepflanzt werden. d) Ableger wachsen hier von einer Seitenwurzel oder einem seitlichen Rhizom aus. e) Eine Pflanzenspitze wird abgeschnitten und unmittelbar eingesetzt. f) Man kann eine abgeschnittene Pflanzenspitze auch solange treiben lassen bis sich Wurzeln gebildet haben.

2 Viele Aquarienpflanzen haben sehr unterschiedliche Blätter. *Sagittaria latifolia* hat bandartige Unterwasserblätter, rundliche Schwimmblätter und pfeilförmige Überwasserblätter.

3 Wenn der Aquarianer die Pflanzen auswählt, sollte er beachten, ob sie auch für tierische Mitbewohner geeignet sind, weiterhin ihre mögliche Größe und die Form berücksichtigen. Hier sind folgende Wasserpflanzen abgebildet:
a) *Vesicularia dubyana,* b) eine *Vallisneria*-Art, c) *Echinodorus bleheri,* d) eine *Cabomba*-Art, e) *Hygrophila polysperma,* f) *Cryptocoryne purpurea,* g) *C. balansae,*

h) *Microsorium pteropus,* i) *Cryptocoryne affinis,* i) *Echinodorus cordifolius,* k) *E. latifolius,* l) *Cryptocoryne willisii,* m) *Echinodorus tenellus,* n) *Riccia fluitans,* o) *Ceratopteris cornuta,* p) *Lemna minor,* und q) *Pistia stratiotes.*

4 Die Pflanzen setzt man am besten mit der Hand ein, weil ein Pflanzstock sie verletzen kann. a) Man behandelt die Pflanze vorsichtig, indem man den Sproß zwischen Daumen und Zeigefinger hält. b) Dann steckt man sie in ein Loch entsprechender Größe, so daß die Wurzeln Platz haben. Wenn die Pflanze eingesetzt wird, sollte der Sproß gerade über den Bodengrund hinausreichen. c) Bei terrassenförmig angeordneten Pflanzen erhält man den Eindruck eines Fluß- oder Teichufers mit reichlichem Pflanzenwuchs. d) Man erhält einen bemerkenswerten optischen Effekt, wenn man die Blätter einer Pflanze wie etwa *Vallisneria* in der Wasserströmung einer versteckt angebrachten Pumpe treiben läßt. e) Eine Pflanze, die besondere Nährstoffe aus dem Boden benötigt, sollte in ein Sand/Boden-Gemisch in einen Topf gepflanzt werden, der dann mit Steinen und Kies kaschiert werden kann.

4
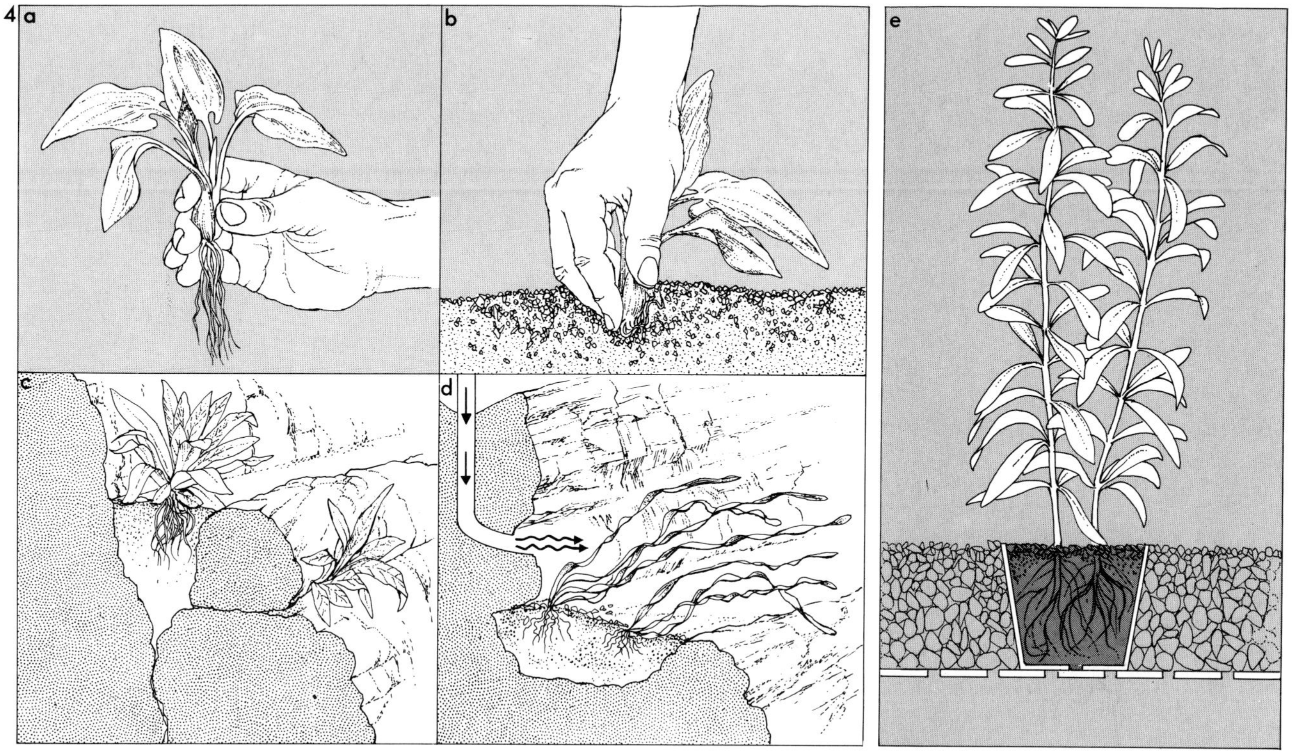

Die Lebewesen im Aquarium

Das Aquarium ist vor allen Dingen ein Biotop für lebende Organismen, um die man sich schon von Anfang an sorgfältig kümmern muß. Entsprechende Vorbereitungen sind vor allem im Hinblick auf das Wasser, auf Pflanzen und Tiere wie auch auf die nützlichen Bakterien, zu treffen.

Die Herkunft des Wassers

Das Aquarienwasser stammt hauptsächlich aus natürlichen Gewässern wie Seen, Flüssen, Quellen und dem Meer oder es entstammt dem aufbereiteten Leitungswasser zu Hause. Für größere offene Aquariensysteme, deren Wasser nicht wieder aufbereitet wird, muß ständig eine Wasserquelle zur Verfügung stehen und während des ganzes Jahres weitgehend konstantes Wasser zu einem möglichst günstigen Preis liefern, das außerdem leicht zu entnehmen ist. Möglicherweise werden größere Mengen Wasser benötigt, dann sind solche Quellen von Vorteil, bei denen das Wasser nur wenig vorbehandelt werden muß. Eine einfache Methode der ersten Wasserbehandlung besteht darin, das Wasser einer natürlichen Quelle durch ein Sandbett zu filtern.

Wenn die Wasserqualität schlecht ist oder schwankt, sollte man ein geschlossenes System mit einer Wiederaufbereitung des Wassers bevorzugen. Bei geschlossenen und halbgeschlossenen Wasserkreislaufsystemen braucht man weniger neues Wasser, nämlich nur dann, wenn ein teilweiser Wasserwechsel vorgenommen wird oder wenn der Wasserstand im Aquarium aufgefüllt werden muß. Dazu ist ein ständiger Vorrat guten Wassers wesentlich.

Natürliches Süßwasser
Die örtlichen Süßwasserquellen in der Natur müssen leicht erreichbar sein, zu allen Zeiten Wasser führen und eine gute Qualität aufweisen. Der letztere Faktor umfaßt die Temperatur, den Salzgehalt, die Härte, den Säuregehalt, die Trübung und die Verschmutzung. Die Verschmutzung durch industrielle Abfälle, durch städtische Abwässer oder durch Düngemittel von landwirtschaftlich genutzten Flächen kann eine gründliche Vorbehandlung notwendig machen, um Wasser geeigneter Qualität zu erhalten, und eine solche Aufbereitung ist meistens zu teuer. Kalkboden oder Kalkgestein im Wassereinzugsgebiet verursachen oft ein zu hartes und alkalisches Wasser, während Silikatgesteine das Wasser nicht so stark beeinflussen und man dann meist weiches und neutrales oder leicht saures Wasser zur Verfügung hat.

Regenwasser ist eine gute Quelle für ein derartiges weiches und neutrales oder leicht saures Wasser. Man sollte es allerdings nur dann verwenden, wenn es über eine vollständig saubere Fläche gelaufen ist und erst eine halbe Stunde nach Beginn des Regens, damit die in der Atmosphäre enthaltenen Schmutzstoffe weitgehend abgeregnet sind und die Verschmutzung durch mineralische Salze, Staub oder in der Luft befindliche Bakterien möglichst gering ist.

Leitungswasser
Das häusliche Leitungswasser ist eine bequeme Quelle für sauberes Süßwasser. Sein Salzgehalt, seine Härte und der Säuregehalt hängen von der jeweiligen Geologie des Einzugsgebietes ab. Leitungswasser ist in der Regel von Infektionsstoffen wie beispielsweise Bakterien frei, weil es mit Chlor oder Fluor vorbehandelt wurde. Bevor das Wasser in ein Aquarium eingeleitet werden kann, muß man diese Chemikalien jedoch entfernen. Dies läßt sich recht leicht durchführen, indem man das Wasser 24 Stunden lang kräftig belüftet und umwälzt, es über Aktivkohle filtert, oder indem man die Chemikalien durch Natriumthiosulfat neutralisiert. Für die letztere Behandlung gibt man ein Gramm Natriumthiosulfat zu jeweils 100 Litern Wasser, das dann umgerührt und fünf Minuten lang stehengelassen wird. Anschließend werden 5 cm^3 einer 15prozentigen Wasserstoffperoxidlösung zu jeweils dem gleichen Wasservolumen hinzugegeben und gut verrührt.

Außergewöhnlich hartes Wasser kann man entweder dadurch weicher bekommen, daß man es kocht, mit destilliertem Wasser mischt oder es durch einen Ionenaustauscher oder über Torf filtert. In neuen Wasserleitungen oder bei der Benutzung von Heißwassergeräten können Wasserverunreinigungen durch die Metallrohre auftreten, besonders durch Kupfer, die eine ernste Gefahr darstellen können. Daher sollte man sich vergewissern, ob in Heißwassergeräten Kupferrohre enthalten sind, und bei neuen Wasserleitungen sollte man vor Gebrauch das Wasser zehn Minuten lang ablaufen lassen.

Die Bepflanzung des Aquariums

Das vielfältige Pflanzenreich stellt die unterschiedlichsten Farne, Blatt- und Lebermoose, einfache und doch sehr verschiedenartige Algen, die hochentwickelten und wunderbar strukturierten Blütenpflanzen (Angiospermen) und die winzigen Euglenen, also Geißelalgen, und Diatomeen zur Verfügung. Ihre Formen, Größen und ihr Lebenszyklus im Wasser wurden bereits in Kapitel 2 erläutert.

Im Süßwasser sind die höheren Pflanzen die wichtigsten, das gilt für das Aquarium ebenso wie für natürliche Lebensräume. Es sind diejenigen Pflanzen, die hauptsächlich Photosynthese betreiben und unter Lichteinfluß anorganische Nährstoffe aufnehmen und Sauerstoff freisetzen. Sie kommen in den verschiedensten Formen vor und liefern Schatten sowie Nahrung für alle Tiere, die sich auf ihnen ansiedeln, zwischen ihnen Schutz suchen, auf ihnen ablaichen oder sie sogar fressen. Außerdem sind sie ein wesentlicher und attraktiver Bestandteil im Rahmen der Aquarieneinrichtung. Die verschiedenen Wuchsformen reichen von solchen Pflanzen, die ihre langen bandartigen Blätter in der Strömung treiben lassen, und solchen, die als lockere niedrige Pflanzenteppiche den Flußboden bedecken, bis zu kräftigen buschigen Pflanzen in ruhigeren Gewässern, hohen dichten Büschen, die das freie Wasser aufgliedern, und Schwimmpflanzen, deren feine Wurzeln in das Wasser herabhängen.

Auch für Seewasseraquarien gibt es geeignete höhere Pflanzen, besonders die Seegräser (Familie der Zosteraceae), doch stellen die Algen den größten Anteil mariner Pflanzen. Algen wachsen meist am Grund auf einer festen Fläche. Daher muß man sie zusammen mit dem Substrat, auf dem sie angewachsen sind, einsammeln, da man sie beim Abtrennen sonst verletzt. Algen gedeihen an einigermaßen geschützten Küstenabschnitten, wo sie sich auf Steinen oder auch auf Muschelschalen festsetzen. Einige Algen, wie beispielsweise der Meeressalat *Ulva lactuca*, können für eine gewisse Zeit losgelöst und an der Wasseroberfläche treibend leben, im allgemeinen wachsen sie aber nicht wieder an. Die Mittelmeeralge *Caulerpa* allerdings »kriecht« mit wurzelähnlichen Rhizoiden durch ein Substrat aus Muschelbruch, wobei abgebrochene Pflanzenteile bald wieder festwachsen.

Die Auswahl der Pflanzen
Zur Gestaltung eines Aquariums müssen für die jeweilige Aquarieneinrichtung und die Lebensgemeinschaft auch die entsprechenden Pflanzen ausgewählt werden. Dabei sollte man auch die Wuchsformen und die Fortpflanzungsweise jeder Pflanzenart mit berücksichtigen, denn beispielsweise kann sich eine schnellwüchsige Pflanze durch Ausläufer rasch über einen weiten Bereich ausbreiten. Wenn Tiere gepflegt werden sollen, die Pflanzen zerstören, sollte man Arten mit kräftigen Blättern, Wurzeln und Sproßachsen pflanzen, und außerdem vielleicht, um dem Bedürfnis der Tiere entgegenzukommen, auch einige weichere und saftigere Pflanzen, die möglicherweise öfter einmal ausgetauscht werden müssen.

Die Bepflanzung sollte einfach sein, jeweils nur wenige Pflanzengruppen von jeder Art. Stengelpflanzen sollte man in Gruppen pflanzen. Wichtig ist, daß man dabei je nach Struktur, Form und Farbe der Pflanzen für gute Kontraste sorgt. Wie man die Pflanzen im Aquarium anordnet, ist jeweils eine Sache des persönlichen Geschmacks. Als allgemeine Regel gilt, daß größere und dichtere Pflanzen an die Rückwand oder als optischer Blickfang an bevorzugte Stellen gesetzt werden sollten und niedrigere Arten nach vorne zu stehen kommen. Wenn man hinter dem

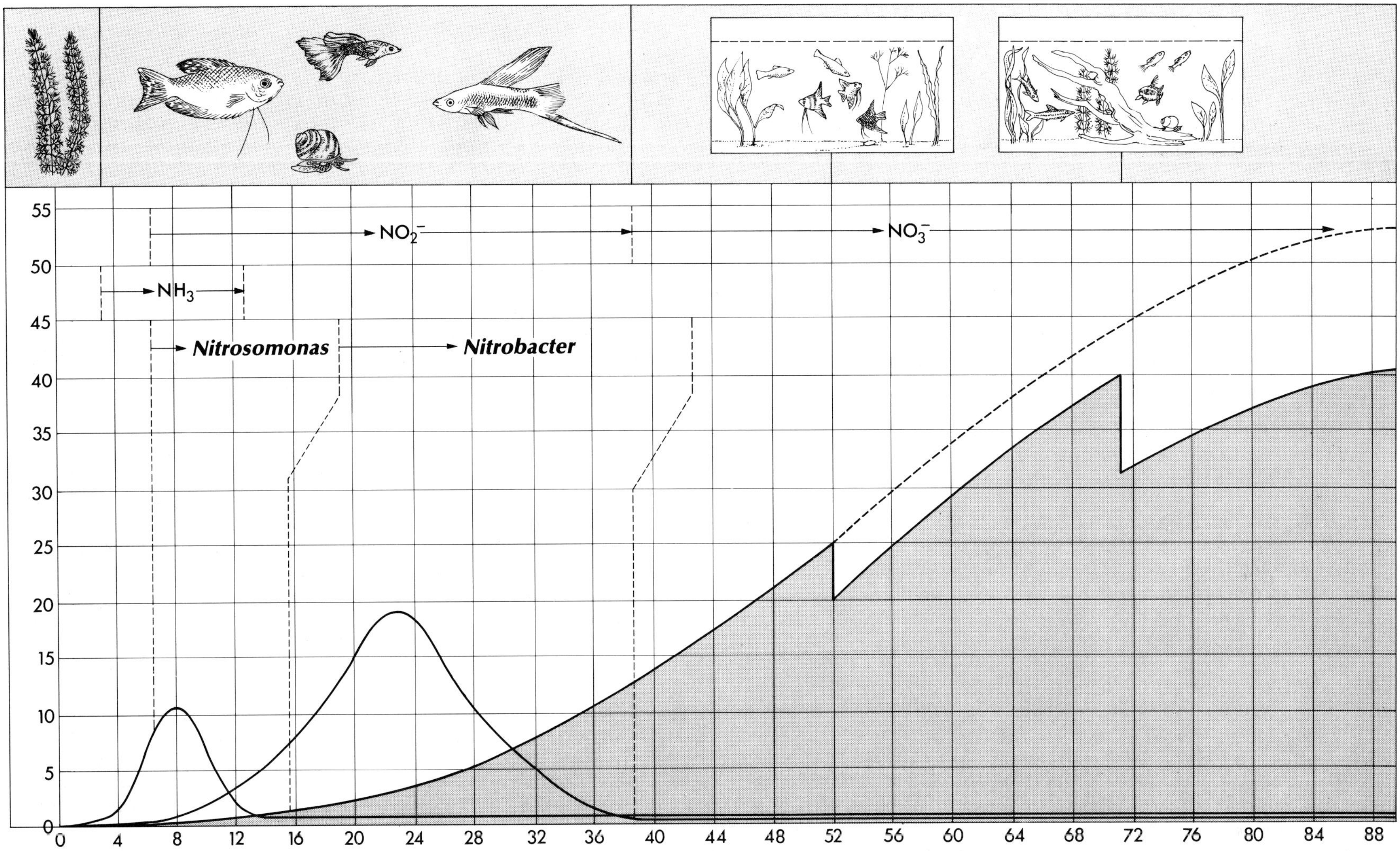

Oben werden die Anfangsschwankungen des Gehaltes an giftigen Stickstoffverbindungen in einem Aquarium gezeigt, die von der zunehmenden Aktivität der Bakterien abhängen, wie zum Beispiel von *Nitrosomonas* und *Nitrobacter.* Die Tage nach der Ersteinrichtung sind auf der horizontalen Achse dargestellt, und die Konzentrationen in Teilen pro Million (ppm) auf der senkrechten Achse. Zunächst werden Tiere eingesetzt, die ein Wasser ertragen können, das bezüglich seiner Wasserqualität nicht unbedingt extrem arm an Ammoniak oder Nitrit sein muß (siehe Kapitel 3). Die Ammoniak (NH_3)- und Nitrit (NO_2^-)-Konzentrationen werden durch die Tätigkeit der Bakterien geringer, und es können empfindlichere Tiere hinzugefügt werden. Der steigende Anteil an Nitrat (NO_3^-) kann dadurch unter Kontrolle gebracht werden, daß regelmäßig ein Teil des Wassers ersetzt wird, wobei man Schlammablagerungen mit einem Schlauch entfernt, wie es rechts gezeigt wird.

Aquarium einen lebenden Hintergrund angebracht hat, also Tiere oder Pflanzen in einem zweiten Becken, dann müssen in der Mitte und an der Rückwand Freiwasserzonen verbleiben.

In Lebensgemeinschaften in denen Algen vorherrschen, wird das Substrat, auf dem die Algen festsitzen, vom Typ und von der Form her den Spielraum bei der Aquariengestaltung einengen. Viele Arten lassen sich auch einfach an unterschiedlichen Stellen des Bodengrundes einsetzen. Etwas mühsamer, aber sehr wirkungsvoll kann es sein, wenn man in einer dekorativen Rückwand aus Steinen Taschen anbringt, in denen man dann das Steinsubstrat, auf dem die Algen sitzen, befestigen kann.

Besonders in Süßwasseraquarien kann man mit Pflanzen die gesamte verfügbare Höhe und die gesamte Tiefe des Aquariums erfassen. So läßt sich der Eindruck eines üppigen Pflanzenwuchses, wie am Rand eines Flusses oder Seeufers, erreichen, indem man ansteigende Terrassen bepflanzt oder die Pflanzen in Pflanztaschen oder in Töpfen an der Seitenwand des Aquariums anbringt, wobei man natürlich die Töpfe verkleidet. Besonders attraktiv ist es, wenn das Süßwasseraquarium nach oben durch einen Bereich über der Wasserfläche erweitert und so ein Pflanzensumpf dargestellt wird. Mit Torf und Lehm gefüllte Tröge lassen sich dazu mit einer Reihe von Sumpfpflanzen besetzen, die vom Rand des Beckens in das Wasser hineinwachsen können.

Richtlinien für die Bepflanzung

Einige Pflanzen, die man als Stecklinge erhält, können in den Bodengrund eingesetzt werden und bilden dort Wurzeln. Andere kann man an der Wasseroberfläche treiben lassen bis sich ausreichende Wurzeln gebildet haben und sie dann einpflanzen. Die meisten bewurzelten Aquarienpflanzen gedeihen in Kies von 2 bis 6 mm Korngröße. Die Höhe des Bodengrundes muß der Größe der verwendeten Pflanzen entsprechen, denn es sei nochmals daran erinnert, daß das Wurzelgeflecht so umfangreich wie die Sprosse sein kann.

Die robusteren Arten, besonders solche, die Wurzeln mit Rhizomen besitzen, wachsen meist ohne Schwierigkeiten in reinem Leitungswasser. Andere Arten benötigen die lebenswichtigen Nährstoffe aus dem Wasser und, sofern sie bewurzelt sind, aus dem Bodengrund, und können daher in einem neu eingerichteten Aquarium noch nicht sofort gedeihen. Doch bereits nach ein paar Monaten haben die Tiere und Bakterien dann mehr als genug Nährstoffe für einen guten Pflanzenwuchs produziert.

Wenn ein Aquarium neu eingerichtet wird, kann ein Pflanzengrund aus Torf oder lehmigem Boden das Wurzelwachstum fördern und Nährstoffe liefern. Später können dann jedoch vor allem organische Beimischungen die Wasserzirkulation im Kies behindern und eine beträchtliche Belastung für jede Wasserbehandlung darstellen. Wenn die Bewurzelung problematisch ist, kann man eine Pflanze in einen kleinen Einzeltopf mit Boden setzen, der dann in den Kies eingegraben wird. Immer wieder hochtreibende Pflanzen kann man mit kleinen Steinen, Blei oder mit Glasgewichten in der gewünschten Lage solange befestigen oder sie festbinden, bis sie festgewurzelt sind.

In einem neubepflanzten Becken sollte man das Licht bis zu 20 Stunden pro Tag brennen lassen, um ein rasches Wachstum anzuregen. Ungestüme oder zerstörerisch tätige Tiere sollte man nicht hinzugeben oder sie entfernen, bis die Pflanzen gesund wachsen.

Quarantäne und Desinfektion

Pflanzen aus der Natur oder anderer Herkunft, wo parasitäre, krankheitserregende oder anderweitig unerwünschte Organismen an den Pflanzen sitzen können, sollte man sorgfältig reinigen, und, bevor sie in das Aquarium gebracht werden, in Quarantäne halten oder desinfizieren. Süßwasserpflanzen kann man für 15 bis 30 Sekunden in eine Salzlösung tauchen und dann sorgfältig in sauberem Wasser spülen. Andere Möglichkeiten bestehen darin, die Pflanzen drei Wochen lang in einem Quarantänebecken zu halten, oder für zwei Tage in einem Kaliumpermanganatbad (einer Lösung von 3 ppm).

Tiere im Aquarium

Die Wahl der Tierarten, die gepflegt werden soll, muß, zumindest grundsätzlich, schon zu einem möglichst frühen Zeitpunkt der Planung einer Aquarieneinrichtung erfolgen. Die sichtbaren Tiere sind gewöhnlich das Hauptelement des Aquariums und auf sie muß bezüglich der Wasserqualität, der Einrichtung und der Wahl der Substrate sowie der geeigneten Pflanzentypen am stärksten Rücksicht genommen werden. Zu den wasserlebenden Tierarten gehören viele bemerkenswerte Wirbellose und eine Vielzahl von Fischen, von denen jede Art in ihrer typischen Größe, Form, Färbung, Bewegungs- und Ernährungsweise, der Wachstumsrate, der Lebensdauer, der Territorialität, der Verträglichkeit, in ihrem Fortpflanzungsverhalten und dem Verhalten der eigenen Nachkommenschaft gegenüber einzigartig ist. Selbst innerhalb einer Art verändern sich mit zunehmendem Alter und zunehmender Größe all diese Eigenschaften, ganz abgesehen von den individuellen Eigenarten der einzelnen Tiere.

Der Aquarianer beginnt die Einrichtung des Aquariums meist mit einem bestimmten Thema, nach dem die Gestaltung vorgenommen werden soll, und dem Wunsch, einen bestimmten Lebensbereich von Wassertieren darzustellen. Vielleicht ist er an einem bestimmten Lebensraum oder einem geographischen Raum interessiert oder an Fischen, die sich auf bestimmte Weise fortpflanzen oder merkwürdige Geräusche erzeugen, die er erforschen möchte, oder an Schnecken, oder auch an Tieren einer bestimmten Farbgebung.

Die ausgewählten Arten müssen alle unter den gleichen Bedingungen von Wassertemperatur, Salzgehalt oder Härte und in der gleichen Aquarieneinrichtung mit den entsprechenden Substraten, Pflanzen, entsprechender Beleuchtung, Wasservolumen und Wasserbewegung gepflegt werden können. Das Gemeinschaftsaquarium muß so eingerichtet werden, daß es einer Vielzahl von Arten mit unterschiedlichen Lebensbedürfnissen Raum bieten kann. Dazu gehören schwarmbildende oder solitär lebende Arten, Tiere die graben oder andere, die über Felsen kriechen, sehr lebhafte Fische und sessile Wirbellose, Fischfresser (Piscivore), Detritusfresser, Pflanzenfresser (Herbivore) und so weiter.

Die einzelnen Tiere müssen sich untereinander vertragen. Tiere sollten in Gefangenschaft nicht unter Streß gehalten werden, und der Streß, der zwischen den Tieren entsteht, kann ebenso unmittelbar und zerstörend wirken wie Sauerstoffmangel oder ein zu hoher Ammoniakgehalt. Vor allem sollte man räuberische Arten nicht mit Tieren, von denen sie leben, gemeinsam pflegen, es sei denn, letztere sind bereits so groß, daß sie nicht mehr beunruhigt werden. Das Wohlergehen aller empfindlicheren Tiere sollte sichergestellt sein, bevor man sie mit anderen Lebewesen gemeinsam in ein Aquarium setzt, und dabei sollte man besonders auf die Körperkraft oder Aggressivität einiger Arten und die Verletzlichkeit oder Empfindlichkeit anderer Arten achten.

Als eine allgemeine Regel kann gelten, daß Fischarten, die in der Natur ähnliche biologische Nischen einnehmen, die also die gleichen Nahrungsgewohnheiten aufweisen, die gleichen Bereiche zum Schutz aufsuchen und eine ähnliche Größe sowie ein ähnliches Aussehen haben, nicht in einem kleinen Aquarium gemeinsam gepflegt werden sollten. Wenn potentielle Gegner miteinander gepflegt werden, müssen Anzeichen aggressiven Revierverhaltens oder von Kämpfen sofort bemerkt und die Tiere notfalls getrennt werden. Ebenso wie die Größe des Aquariums ist auch die Vielfältigkeit der Aquarieneinrichtung wichtig. In einem Aquarium, in dem viele Trennungsbarrieren durch Steine, Wurzeln oder Pflanzen vorhanden sind, und das dadurch für die Bewohner etwas unübersichtlich wird, ist das Zusammenleben der Tiere wahrscheinlich harmonischer und die Folge davon ist ein gesünderer Besatz.

Die Vorbehandlung der Tiere

Wenn man Tiere für das Aquarium kauft oder erhält, oder wenn man sie sogar in der Natur sammelt, muß man einige grundsätzliche Punkte beachten. Die Herkunft

Der sorgfältige Transport der Fische zum Aquarium ist sehr wichtig. Links ist eine Standardmethode dargestellt, wie sie auch in Kapitel 7 beschrieben wird: Ein starker Styroporkarton, dessen Deckel mit Klebeband befestigt ist, enthält eine doppelte Plastiktüte ohne Ecken, in denen die Fische gequetscht werden könnten. Der Plastikbeutel muß sorgfältig verschlossen und zum Teil mit reinem Sauerstoff gefüllt werden, wenn der Transport über längere Strecken geht und wenn es sich nicht um Fische handelt, die atmosphärische Luft aufnehmen. Unten werden die Tiere aus solch einem Plastikbeutel langsam in ihr neues Heim entlassen.

1 Der noch verschlossene Beutel wird unmittelbar auf das Wasser des Aquariums gelegt und bleibt dort bis er die Temperatur des Aquarienwassers angenommen hat.
2 Mit einer Nadel werden kleine Löcher in den Plastikbeutel gestochen, so daß sich das Wasser langsam austauschen kann und schließlich dem entspricht, das sich auch im Aquarium befindet.
3 Schließlich kann ein großes Loch in den Beutel geschnitten werden, so daß die Fische in das Aquarium schwimmen können. Andere Tiere kann man unter Wasser aus der Tüte holen und auf einen festen Untergrund setzen.

eines jeden Tieres sollte soweit wie möglich zurückverfolgt werden, um den Fangort, die Fangzeit und die Fangmethode oder die entsprechenden Zuchtdaten und die Art und Weise des Transportes zu ermitteln. Viele Exemplare sind Jungtiere, und ihre Wachstumsrate und eventuelle Maximalgröße sollten festgestellt werden, um diese mit dem im Aquarium verfügbaren Raum abzustimmen. Immer wieder stellt man fest, daß beispielsweise *Platax*-Arten im Zoohandel angeboten werden, deren Jungtiere – beispielsweise die von *Platax teira* – sehr attraktiv gefärbt sind. Diese Tiere werden aber so groß, daß sie im Aquarium des Liebhabers nicht gepflegt werden können und praktisch zum Tode verurteilt sind. Ähnliches gilt für manche Korallenfische, beispielsweise *Holacanthus*-Arten.

Jedes Tier muß bei guter Gesundheit sein, oder wenigstens sollte sich der Aquarianer von dessen Gesundheitsstand überzeugen. Er sollte sorgfältig die Bedingungen feststellen, unter denen das Tier bisher in Gefangenschaft gepflegt wurde, sowohl hinsichtlich der Dauer, der Temperatur, des Salzgehaltes und der Härte des Wassers, als auch bezüglich des Aquariums, der anderen Mitbewohner und der Art und Weise der Wasserbehandlung. Er sollte fragen, ob das Tier schon einmal krank war oder ob es prophylaktisch oder anderweitig mit Medikamenten behandelt wurde. Allerdings wird man oft vergeblich nach diesen oder ähnlichen Angaben fragen, besonders wenn das Tier vom Zoohändler stammt, der darüber oft selbst nicht Bescheid weiß.

Ob ein Tier gesund ist, kann man häufig schon anhand seines Verhaltens beurteilen, das man mit dem anderer Exemplare derselben Art vergleicht, sowie mit dem, was man als normales Verhalten erwartet. Schnelles Atmen, Luftschnappen an der Oberfläche, allgemeine Lethargie, Gleichgewichtsstörungen, Ruhelosigkeit, unnormale hüpfende Fortbewegung und ungewöhnliche Orientierung oder Stellung im Aquarium, zum Beispiel in Schräglage, oder aber außergewöhnliche Unverträglichkeit mit den Mitbewohnern, sollten als Anzeichen schlechten Gesundheitszustandes oder von Streßbedingungen angesehen werden.

Alle neu erworbenen Tiere sollte man einige Zeit in Quarantäne halten. Wie man das durchführt wird in Kapitel 7 erläutert, doch sollen hier die beiden wichtigsten Ziele hervorgehoben werden: Die Gefahr des Einschleppens von Krankheiten in das Hauptaquarium sollte stets möglichst gering gehalten werden und dem Tier sollte man die bestmöglichen Chancen bieten, damit es sich von vorangegangener falscher Behandlung oder von Streß erholen und sich mit seiner neuen Umgebung vertraut machen kann. Während dieser wichtigen Zeit muß sich das Tier an die Wasserbeschaffenheit gewöhnen und zu einer befriedigenden Nahrungsaufnahme angeregt werden, so daß es bei der Fütterung im Kreis der Mitbewohner in seinem endgültigen Lebensraum nicht zu kurz kommt.

Das Einsetzen der Tiere im Aquarium

Die Tiere sollten von einem Hälterungsbecken oder vom Fangplatz in der Natur in isolierten Plastikbeuteln transportiert werden und wenn es sich um weitere oder gar sehr weite Entfernungen handelt, mit zusätzlichem Sauerstoff versehen sein und gegebenenfalls ein mildes Betäubungsmittel erhalten. Sie sollten dann in ein Quarantänebecken gesetzt weden, das soweit wie eben möglich an die Temperatur, den Salzgehalt und die Säurewerte des Hälterungsbecken oder des natürlichen Gewässers angepaßt ist. Das Wasser im Quarantänebecken muß natürlich völlig sauber und gut durchlüftet sein.

Während des Transports müssen die Temperatur und die Isolierung gelegentlich kontrolliert werden, um sicherzustellen, daß die Temperatur unterwegs nicht zu sehr steigt oder fällt. Der Transport sollte vorsichtig erfolgen, mit möglichst wenig Störungen für das Tier. Er sollte nach Möglichkeit nur bei geringem Lichteinfall stattfinden, und die Beleuchtung des Quarantänebeckens sollte mindestens zwölf Stunden lang, nachdem das Tier eingesetzt wurde, dämmerig gehalten werden.

Die gleichen Vorsichtsmaßnahmen sollte man einhalten wenn das Tier seine Quarantänezeit vollständig durchlaufen hat und in das Hauptaquarium eingesetzt wird. Andernfalls könnte beispielsweise ein neu eingesetzter Fisch nach dem Freilassen in dem für ihn ungewohnten Lebensraum, den er ja noch nicht kennt, umherschießen und dann von den alteingesessenen Fischen gejagt und möglicherweise sogar gefressen werden. Die Bedingungen des Quarantänebeckens und des Hauptaquariums müssen sorgfältig aufeinander abgestimmt sein und es ist selbstverständlich, daß das Hauptbecken eine optimale Wasserqualität aufweist. Das Tier wird jedoch nun in eine bereits eingewöhnte Gemeinschaft anderer Lebewesen entlassen und auch neuen Lebensbedingungen ausgesetzt. Dies erfordert weitere Vorsichtsmaßnahmen, um den Streß möglichst gering zu halten.

Die schon eingewöhnten Tiere können einen Neuankömmling auf verschiedene Weise belästigen oder angreifen. In Extremfällen kann das Tier gebissen oder sogar zu Tode gehetzt werden. Jeder Neuzugang im Aquarium gerät beträchtlich ins Hintertreffen, weil er durch das Umsetzen bereits beeinträchtigt ist und außerdem in eine ihm unbekannte Umgebung mit potentiellen Angreifern gelangt. Deshalb sollte das Einsetzen für das Tier so schonend wie möglich geschehen, indem man die Aquarienbewohner zuvor etwas füttert, so daß sie satt sind, das Licht dimmt und dann das Tier ruhig in das Aquarium entläßt. Wo Schwierigkeiten zu erwarten sind, sollte man einige Steine als Versteckmöglichkeiten zusätzlich einbauen und die Inneneinrichtung des Aquariums ein wenig verändern. Dies stellt den Neuankömmling auf eine ähnliche Stufe mit den älteren Bewohnern, die sich nun auch teilweise erst neu orientieren müssen.

Für die ersten ein oder zwei Wochen benötigen neu eingesetzte Tiere besondere Aufmerksamkeit, insbesondere während der Fütterung. Es gibt auch einige außergewöhnliche Fälle, wie beispielsweise bei großen Anemonen, die sich von ihrem Substrat lösen und umherwandern können. Solange sie sich nicht zufriedenstellend irgendwo niedergelassen haben, kann es nützlich sein, die Belüftung und Wasserzirkulation etwas herabzusetzen. Tiere, die sich in den Sand oder Kies eingraben, sind gegenüber Angriffen besonders empfindlich, solange sie noch nicht ein neues Loch oder eine neue Wohnröhre gegraben oder gefunden haben.

Der Bakterienfilter und das Einfahren eines Aquariums

Man muß auch ein besonderes Augenmerk auf die günstige Entwicklung der unsichtbaren Bakterien richten, die entscheidend dazu beitragen, das Wohlbefinden der Tiere im Aquarium zu erhalten. Die richtige Installation eines Bakterienfilters ist dazu der erste Schritt. Eine Bodenfilterplatte im Aquarium sorgt für einen gleichmäßigen Wasserraum zwischen dem Kies und dem Aquarienboden, um einen möglichst optimalen Wasserdurchfluß durch den Kies zu erreichen. Diese Bodenplatte sollte der Bodenfläche des Aquariums gut angepaßt sein, vor allem die Ecken ausfüllen, und sollte, falls notwendig, mit Kunststoffkleber seitlich abgedichtet werden. Sie kann den ganzen Beckenboden bedecken oder aber auch nur einen Teil.

Steinaufbauten im Aquarium sollten auf dem Boden festgeklebt sein, damit sie nicht umstürzen können, und die Filterplatte sollte bis an derartige Aufbauten heranreichen und mit ihnen verklebt werden. Die Aufbauten selbst sollten keine toten Bereiche oder Spalten aufweisen, in denen sich Schlamm ablagern und eine Wasserstagnation auftreten könnte. Die Mammutpumpe sollte fest an der Filterplatte angeklebt werden, wobei der Ausströmerstein und die Luftzuleitung richtig angebracht sein müssen. Weiterhin sollte der Bodenkies in der richtigen Körnung gemischt, sorgfältig gewaschen und dann gleichmäßig bis zur gewünschten Höhe über die Filterplatte aufgetragen werden.

Nun sollte man das Aquarium mit geeignetem Wasser auffüllen. Wurzeltragende Pflanzen lassen sich am besten einsetzen, wenn das Aquarium erst teilweise gefüllt ist. Die Aquarienheizung, die Belüftung und die Beleuchtung sollten nacheinander eingeschaltet werden. Dann beginnt die Wasserzirkulation durch den Kiesboden, und die Durchflußgeschwindigkeit von Luft und Wasser können eingestellt werden. Zu diesem Zeitpunkt befinden sich erst geringe Bakterienmengen im System, besonders wenn Vorsichtsmaßnahmen getroffen und das Wasser und die Materialien im Aquarium desinfiziert wurden, um die Einschleppung krankheitserregender Bakterien und anderer Parasiten zu verhindern.

Um größere und gesunde Populationen nitrifizierender und abbauender Bakterien im Filterbett des Aquariums zu erhalten, muß man allerdings etwas helfend eingreifen. Dazu kann man das Aquarium mit einer Kolonie dieser Bakterien »impfen«, indem man eine geringe Menge Kies und Wasser aus einem bereits eingefahrenen Becken überträgt, das schon einige Zeit arbeitet. Dieses eingefahrene Aquarium muß eine ähnliche Temperatur und einen entsprechenden Salzgehalt des Wassers aufweisen, wenn man vermeiden will, daß die übertragenen Bakterien sofort wieder abgetötet werden. Auch ohne eine Impfung mit einer Startkultur entwickeln sich mit der Zeit Bakterien, doch dauert dies dann erheblich länger.

Nitrifizierende Bakterien benötigen zu ihrer Existenz genügend Ammoniak oder Nitrit, sowie Sauerstoff, heterotrophe, zersetzende Bakterien brauchen ständig organisches Material zur Ernährung. Diese Stoffe beginnen sich anzusammeln, sobald lebende Tiere in das Aquarium eingesetzt werden. Nur ein paar Exemplare harter Arten sollten zu Beginn eingebracht werden, denn die Wasserbedingungen sind nicht stabil, und solange die Bakterienpopulationen noch nicht genügend stark sind, können sich Ammoniak- und Nitritgifte bis zu gefährlichen Mengen ansammeln.

Wenn die richtigen Verhältnisse erreicht sind, eine gute Belüftung, Wasserzirkulation und die richtige Temperatur herrscht, und wenn entsprechende Nährstoffmengen zur Verfügung stehen, werden die Bakterien gedeihen und sich rasch vermehren, um die gesamte Oberfläche des Filterbettes zu besiedeln. Während der ersten Monate nach der Einrichtung eines Aquariums finden ganz typische Veränderungen statt. Zunächst steigt der Gehalt an Ammoniak und dann von Nitrat an und sie fallen später wieder in dem Maße wie die spezifischen nitrifizierenden Bakterienpopulationen heranwachsen und diese Stoffwechselprodukte verbrauchen. Das Endprodukt, Nitrat, steigt zunächst an und stabilisiert sich dann bei einem bestimmten Wert. Solche Änderungen sollten täglich gemessen und aufgezeichnet werden, damit der Aquarianer weiß, wann er die Lebensgemeinschaft des neuen Aquariums am besten ergänzen kann. Dies sollte so langsam wie möglich geschehen, nachdem der Gehalt an Ammoniak und Nitrit sich jeweils bei geringen Werten stabilisiert haben.

7 Die Pflege des Aquariums

Zu einer modernen Aquarienausrüstung gehören auch verschiedene Geräte zur Reinigung des Aquariums. Oben wird ein Paar Magnete, die mit einem weichen Überzug versehen sind, von außen und innen an einer Scheibe entlanggezogen. Dabei dient der innere Magnet dazu, um die Algen zu entfernen. Bei dieser Methode muß man allerdings vorsichtig sein, daß keine Sandkörner zwischen Magneten und Scheibe gelangen, sonst wird diese rasch zerkratzt.

Die Pflege des Aquariums schließt alle notwendigen Arbeiten mit ein, die erforderlich sind, damit das gesamte Aquariensystem ständig funktioniert und sich in der bestmöglichen Weise entwickelt. Sie umfaßt sowohl alle Aspekte der Planung, weiterhin die Anschaffung neuer Arten, gegebenenfalls einschließlich ihres Fanges, das Fotografieren des Aquariums und seiner Bewohner, das Herrichten für Besucher, die Reparatur der Geräte, die Gestaltung und den Bau der Einrichtungsgegenstände, das Durchführen wissenschaftlicher Beobachtungen, den Bericht über außergewöhnliche Vorkommnisse und die Behandlung von Krankheiten ebenso wie routinemäßige Überprüfungen und die Durchführung wichtiger Wartungsarbeiten.

Regelmäßige Pflegemaßnahmen

Es ist recht nützlich, sich für das voll funktionierende Aquarium einen Arbeitsplan für die regelmäßig anfallenden Pflegearbeiten aufzustellen. Das Aquarium und sein Inhalt sowie die damit zusammenhängenden Hilfssysteme sind so kompliziert, daß man am besten nach diesem festliegenden Arbeitsplan vorgeht, der dafür sorgen sollte, daß man gleichermaßen dem Wasser, dem Besatz, der Technik und verschiedenen anderen Dingen ständig entsprechende Aufmerksamkeit schenkt.

Der Wartungsplan

Er läßt sich in zehn Hauptpunkte gliedern, die nachfolgend beschrieben werden. Die angegebenen regelmäßigen täglichen, monatlichen oder jährlichen Kontrollen und Pflegearbeiten müssen strikt eingehalten werden um den besonderen Erfordernissen jeden Aquariums und seines Zubehörs gerecht zu werden.

Die Tiere
Täglich: Füttern, drei bis sieben Mal pro Woche, je nach den speziellen Erfordernissen, wie weiter unten aufgeführt. Alle gepflegten Tiere müssen gezählt und ihr Zustand überprüft werden. Ungewöhnliches, aggressives oder träges Verhalten der Pfleglinge kann Maßnahmen wie eine medikamentöse Behandlung, auf die nachfolgend noch näher eingegangen wird, notwendig machen.
Monatlich: Vorräte, beispielsweise Futtervorräte – besonders Lebendfutter – und die Aquarieneinrichtung ergänzen, sowie andere Dinge, die möglicherweise verbraucht sind.
Jährlich: Zu stark herangewachsene Populationen aufteilen. Die Zahl der Exemplare schätzen und, falls gewünscht, Ergänzungen vornehmen; Möglichkeiten, zu diesem Zweck Fische zu sammeln und zu züchten, werden dieses Kapitel abschließen.

Die Pflanzen
Täglich: Der Zustand aller Exemplare ist zu überprüfen, gegebenenfalls müssen entwurzelte Pflanzen wieder eingesetzt werden. Abgerissene Blätter oder Sprosse sowie Algenüberzüge sind zu entfernen und ebenso ist auf bleiche Farben der Pflanzen zu achten.

Eine quantitative Analyse des Aquarienwassers trägt dazu bei, dieses gesund zu erhalten.

1 Die Ausrüstung zur Durchführung einer chemischen Titration besteht aus einem Stativ, an dem mit einer Stativklemme (a) eine Bürette (b) über einem Erlenmeyerkolben (c) oder einem Meßbecher befestigt ist. Auf den Glasgefäßen befinden sich genaue Einteilungen für die Testlösung und die Chemikalien, die ihr zugefügt werden. Letztere enthalten eine Flüssigkeit in einer bestimmten Konzentration, die mit der Testlösung reagiert, sowie einen Indikator, dessen Farbe sich durch die Reaktion ändert. Diese Färbung gibt die Konzentration der Testlösung an.

2 Durch Titration läßt sich der Säuregehalt oder die Alkalinität (pH-Wert) einer Testlösung bestimmen, indem eine bestimmte Menge davon (a) mit einer bestimmten Menge einer Mischung des Reagenz und eines Indikators versetzt (b) und geschüttelt wird, wodurch die Lösung eine gleichmäßige Färbung (c) erhält, die dann mit einer Skala (d) verglichen wird, um den entsprechenden pH-Wert zu finden. Die Färbung hängt vom pH-Wert ab, weil der Indikator anzeigt, wieviel des Reagenz durch die Reaktion verbraucht wurde, und dieser Anteil hängt wiederum von der Konzentration der Testlösung ab.

3 Durch Titration kann die Wasserhärte gemessen werden, indem eine bestimmte Menge der zu testenden Lösung mit Tropfen einer Mischung eines Reagenz mit einem Indikator versetzt wird, bis ein vollständiger Farbumschlag erfolgt. Die Anzahl der Tropfen zeigt den Härtegrad an, weil die Menge des benötigten Reagenz der Konzentration der zu testenden Lösung entspricht. Der Farbbereich unterscheidet sich nach a) der temporären Härte, die von Bicarbonaten abhängt, und b) der Gesamthärte, die die gesamte bleibende Härte umfaßt. Im typischen Fall entspricht jeder Tropfen etwa 50 millionstel Gramm Calciumoxid im Volumen der Testlösung.

4 Die Titration kann auch mehr als ein Reagenz notwendig machen, wie es bei der Messung des giftigen Nitritgehaltes der Fall ist. Zwei Mischungen werden getrennt hinzugegeben, die Reaktion ist nach einigen Minuten beendet, und die Testlösung kann dann mit einer Farbskala verglichen werden, die den Nitritgehalt in Teilen pro eine Million (ppm) anzeigt.

5 Die Spektrophotometrie ist eine komplizierte aber auch genauere Analysemethode. Das Licht einer bestimmten Wellenlänge (in Ångström gemessen) fällt durch die Testlösung, um zu ermitteln, wieviel davon durch deren Inhaltsstoffe absorbiert wird. Dies wird dann durch ein

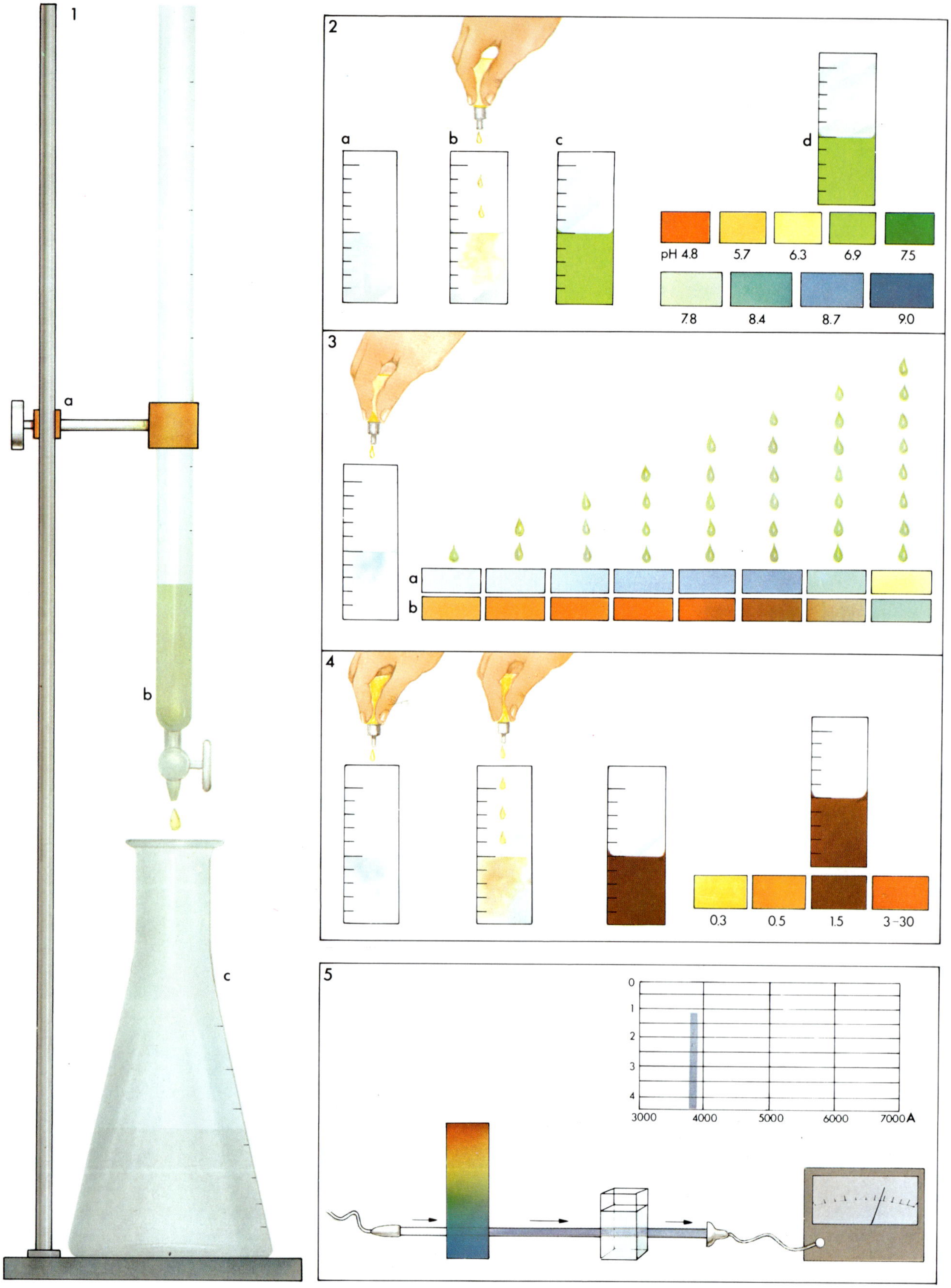

Monatlich: Der Bestand ist zu überprüfen und zu ergänzen oder nötigenfalls auszudünnen, das betrifft auch gegebenenfalls höhere Pflanzen oder Algen, die als Filter verwendet werden.
Jährlich: Pflanzen sind eventuell zu teilen und übermäßiger Pflanzenwuchs ist zu entfernen.

Die Aquarieneinrichtung
Täglich: Nicht gefressenes Futter wird entfernt. Gegebenenfalls müssen die Scheiben gereinigt werden, die Sichtscheiben möglicherweise täglich innen und außen; Sand kann sich an den Aquarienwänden und Scheiben festsetzen, mikroskopische Algen können dort wachsen und außen kann das Glas durch fettige Fingerabdrücke verschmiert sein. Zur Reinigung lassen sich Plastikkratzer, Gummiwischer, langstielige Halter mit Rasierklingen und Magnete verwenden. Dabei muß man sorgfältig darauf achten, daß die Scheiben nicht verkratzt werden; Plastikscheiben sind besonders empfindlich, aber auch Glasscheiben werden leicht durch Metalle, Glas, Kies oder Sand beschädigt.
Monatlich: Schlamm, der sich auf Steinen, Blättern und auf dem Bodengrund angesammelt hat, ist sorgfältig zu entfernen. Der Wasserstand ist zu überprüfen und gegebenenfalls auszugleichen. Die Deckscheibe muß gereinigt und nötigenfalls die Inneneinrichtung wieder in Ordnung gebracht werden.
Jährlich: Der Bodengrund sollte zu einem Teil aufgerührt und die feine Schlammschicht, die sich dort abgelagert hat, abgesaugt werden. Feiner Schlamm ist totes organisches Material und sollte von Zeit zu Zeit entfernt werden. Dafür kann man Techniken verwenden, die vom einfachen Absaugschlauch bis zu Schlammhebern reichen, wobei letztere durch eine Mammutpumpe oder eine kleine Wasserpumpe angetrieben werden können.

Die Wasserqualität
Täglich: Die Temperaturen von Wasser und Zimmerluft sind zu messen. Eventuelle üble Gerüche oder außergewöhnliche Wassertrübungen müssen erkannt werden. Die Wasseroberfläche ist danach zu untersuchen, ob sich dort ein Staub- oder Ölfilm befindet oder gar eine Bakterienschicht (Kahmhaut).
Monatlich: Die chemischen Werte sind zu messen und notfalls Korrekturmaßnahmen einzuleiten. Spätestens jetzt muß ein Teilwasserwechsel durchgeführt werden.

Die Qualität des Aquarienwassers ändert sich im Laufe der Zeit, weil bestimmte Stoffe durch verschiedenste anorganische Prozesse oder die Tätigkeit der Lebewesen entfernt werden oder sich bilden. Wichtige Faktoren die gemessen werden müssen, sind die Temperatur, der Säuregehalt (pH-Wert), der Salzgehalt (Leitfähigkeit), die Härte und die Konzentration von Sauerstoff, Ammoniak und Nitrat, und ebenso die relative Lichtintensität. Eine solche Analyse kann entweder qualitativ oder quantitativ erfolgen, indem man beispielsweise feststellt, ob eine bestimmte Substanz überhaupt vorhanden ist, oder indem man ihren tatsächlichen Anteil mißt. Quantitative Methoden sind am geeignetsten, doch unterscheiden sie sich in der Meßempfindlichkeit und oft sind die dafür notwendigen Ausrüstungsgegenstände sehr kompliziert. Dazu zählen beispielsweise die chemische Titration, die Spektrophotometrie, die Kalorimetrie und besondere Messungen vermittels Elektroden, die hier alle im Bild dargestellt sind.

Besonders in geschlossenen Systemen ohne biologische Filterung ist ein regelmäßiger Teilwasserwechsel mit sauberem Frischwasser in bestimmten Abständen notwendig, um die gleichbleibende Qualität des Aquarienwassers beizubehalten. Dieser Wasserwechsel dient dazu, um den Gehalt an angesammelten Stoffwechselprodukten wie Nitraten, Phosphaten, Ammoniak und Wasserstoffionen zu verdünnen und Spurenelemente, die die Organismen verbraucht haben, wieder zu ergän-

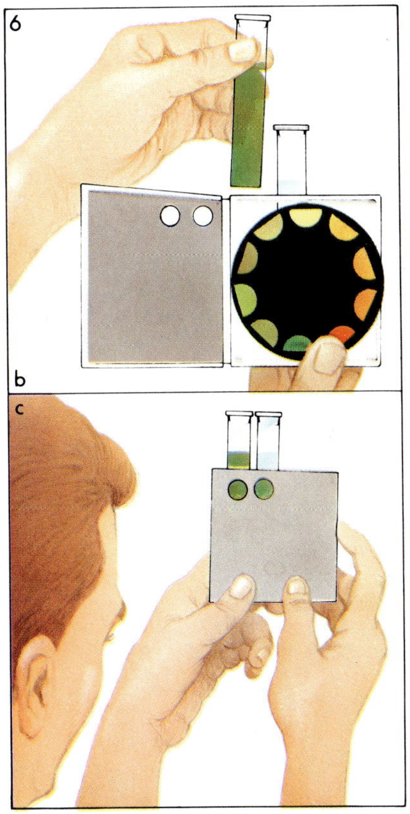

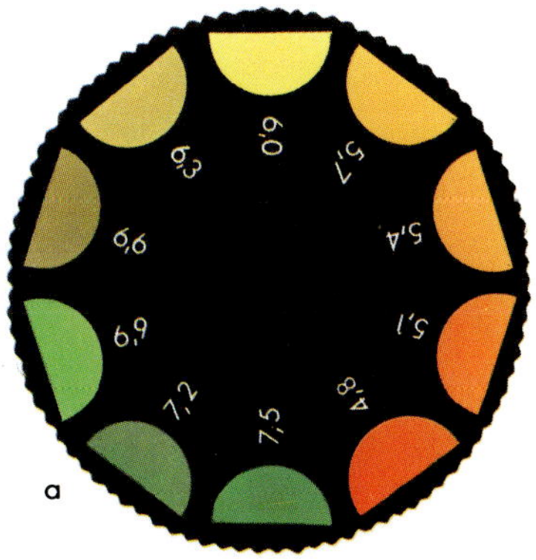

Lichtmeßgerät angezeigt. Das Spektrum gibt die chemischen Eigenschaften und die Konzentration der Testlösung wieder, wie es auf der vertikalen Achse des Diagramms dargestellt ist.

6 Die Kolorimetrie ist eine verbesserte Methode, um eine Testlösung zu prüfen, nachdem ein Indikator hinzugefügt wurde. Dazu wird eine transparente Plastikscheibe (a) vor einer Kuvette mit klarem Wasser, die sich neben einer Kuvette mit der Testlösung befindet (b), solange gedreht, bis das Wasser ebenso gefärbt ist wie die Testlösung (c). Deren Konzentration ist dann auf der Scheibe neben der entsprechenden Farbe angegeben.

7 Eine Elektrode, die auf eine bestimmte Chemikalie reagiert oder eine bestimmte Spannung anzeigt, kann in eine Lösung getaucht werden und übermittelt die entsprechenden Werte über ein elektrisches Kabel zu einem Meßgerät, wo sich dann die Konzentration unmittelbar auf einer Skala ablesen läßt.

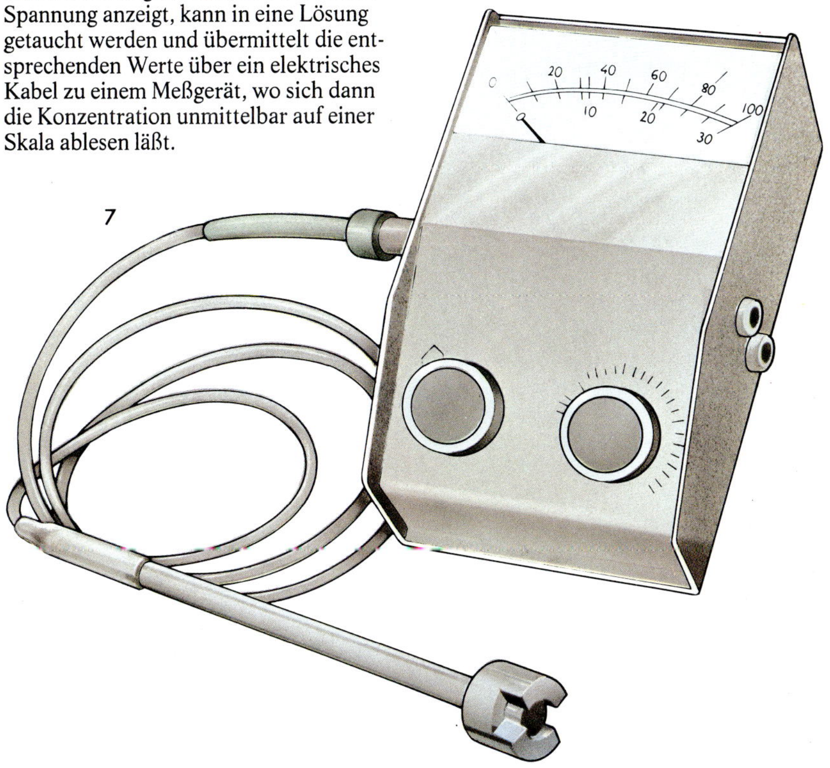

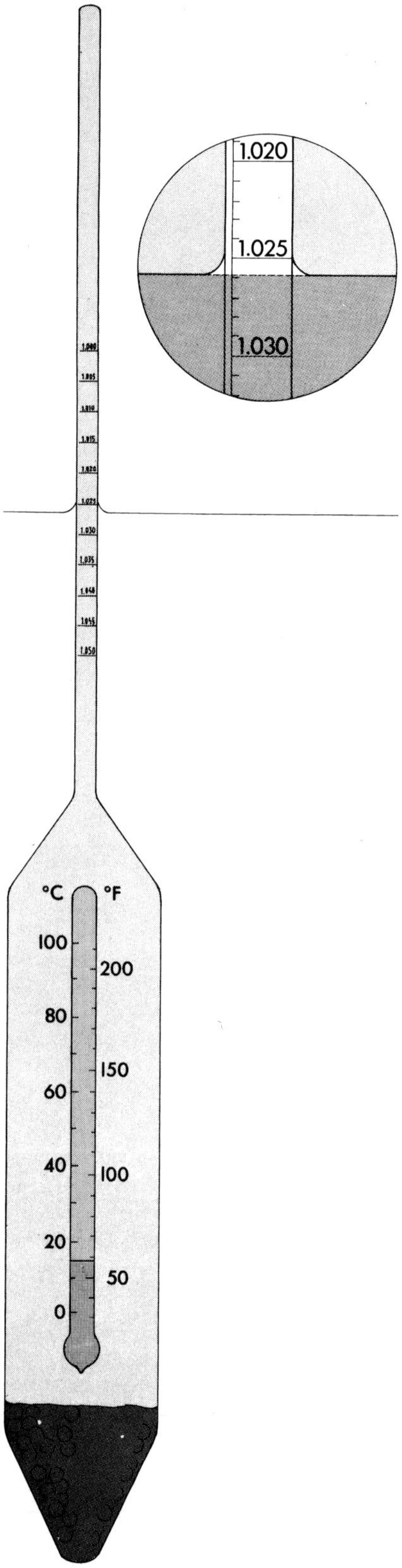

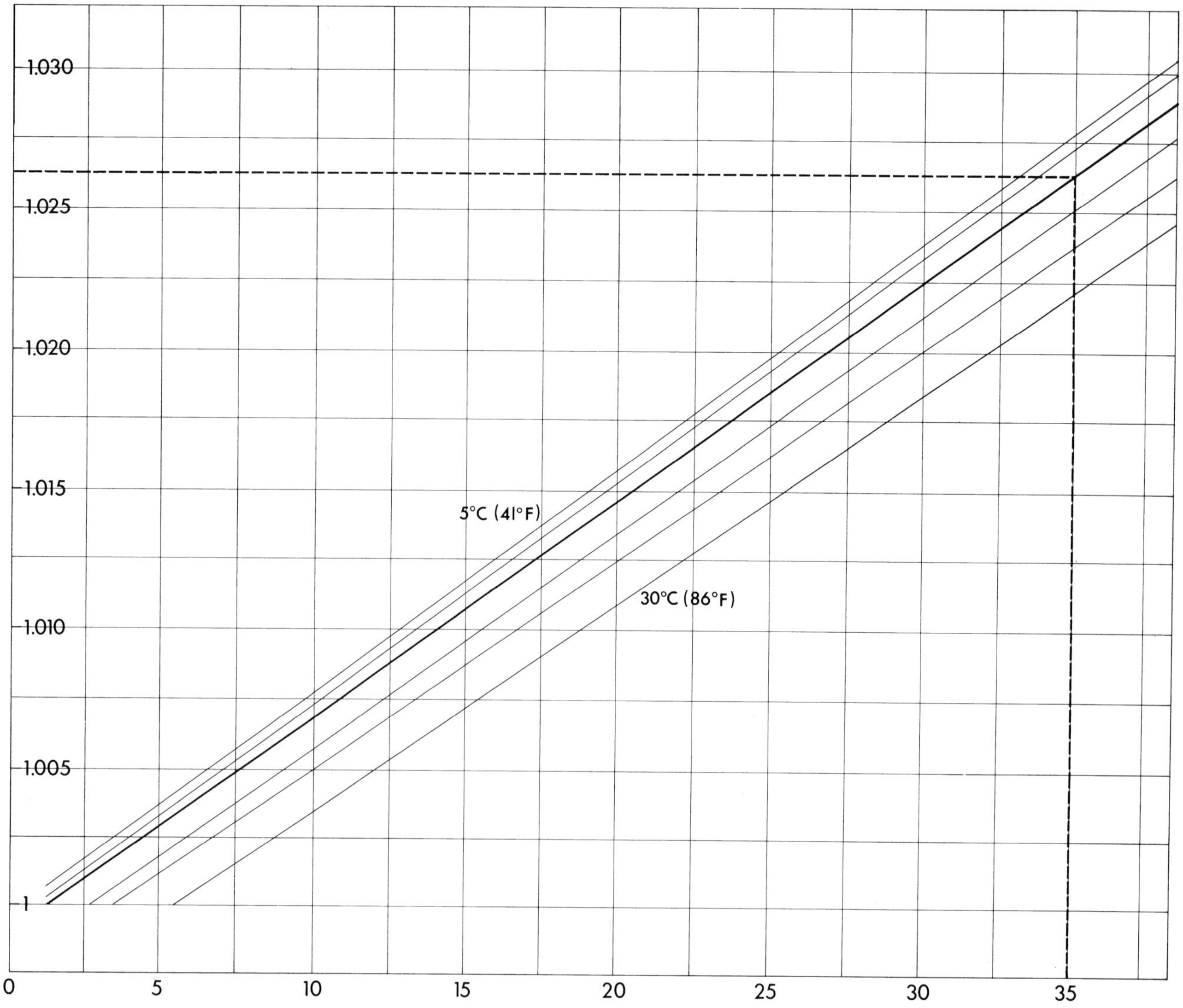

Das Hydrometer ist ein verbreitetes Gerät, um den Salzgehalt des Wassers in einem Aquarium zu ermitteln. Wie es links gezeigt ist, wird das Gerät ins Wasser gegeben und schwimmt, wobei ein Ende durch ein Gewicht im Glaskolben nach unten gezogen wird. Das schmale Röhrenende ragt aus dem Wasser und ist mit einer Skala versehen. Die Skalenablesung sollte in Höhe des umgebenden Wassers vorgenommen werden, nicht an der Spitze des gebogenen Meniskus, bis zu dem sich das Wasser aufgrund der Oberflächenspannung hochzieht. Eine solche Ablesung gibt den Wert für das spezifische Gewicht an. Dieses ist das Verhältnis der Dichte des untersuchten Wassers zu der Dichte von destilliertem Wasser. Die Dichte hängt vom Gehalt der gelösten Salze ab und von der Temperatur der Lösung. Daher kann man den Gesamtgehalt an Salzen ermitteln, wenn man die Dichte bei einer bestimmten Temperatur abliest. Zu diesem Zweck dient das oben dargestellte Diagramm, wobei die Werte für die spezifische Dichte auf der vertikalen Achse und der Salzgehalt auf der horizontalen Achse in Teilen pro tausend angegeben sind. Das Diagramm ist für Temperaturen zwischen 5°C und 30°C im Abstand von je 5°C gezeichnet. Ein Beispiel für reines Seewasser ist bei 15°C eingetragen. Das Hydrometer kann ein Thermometer enthalten, um die Temperatur zu ermitteln, oder es kann so geeicht sein, daß man den Salzgehalt bei einer ganz bestimmten Temperatur abliest. Hydrometer basieren auf dem Prinzip des Archimedes, daß ein Objekt in eine Flüssigkeit um so weniger tief eintaucht, je größer die Dichte der Flüssigkeit ist. Ein geringer Dichteunterschied ändert den untergetauchten Teil eines Objektes nicht sehr stark, doch wird dieser Anteil stärker deutlich, wenn das Objekt nahe der Oberfläche besonders schmal ist. Deshalb zeigt ein Hydrometer um so empfindlicher an, je schmaler der aus dem Wasser ragende Teil im Verhältnis zu dem unter Wasser befindlichen Glaskolben ist. Eine andere Methode den Salzgehalt einer Lösung zu bestimmen, ist die Messung der elektrischen Leitfähigkeit.

zen. Für ein bestimmtes System sollte man die Menge und Häufigkeit des notwendigen Wasserwechsels dadurch ermitteln, daß man die Wasserqualität insbesondere auf ihren Ammoniak- und Nitratgehalt hin regelmäßig überprüft und die Werte notiert. Als allgemeine Faustregel kann gelten, daß alle drei oder vier Wochen etwa 20 Prozent des Wassers ausgetauscht werden sollten, je kleiner das Aquarium ist, umso häufiger hat dies zu geschehen. Häufigere kleinere Wechsel sind besser als ein Totalwechsel, und das Aquarium und seine Bewohner werden dadurch am wenigsten gestört. Neues Wasser muß vor dem Einlaß gut durchlüftet und auf die erforderliche Temperatur, den entsprechenden Salzgehalt und die gleiche Reinheit gebracht werden. Das alte Wasser sollte vom Aquarienboden abgezogen werden, um gleichzeitig Schlammablagerungen zu entfernen, das neue Wasser füllt man dann wieder bis zum alten Wasserstand auf.

Heizer und Lampen
Täglich: Das Licht ist an- und auszuschalten und die Schalter und Fassungen sind zu überprüfen. Notfalls müssen die Temperaturen für Heizung oder Kühlung neu eingestellt werden.
Monatlich: Dimmer, Zeitschaltuhren, Regler und andere Schaltgeräte müssen überprüft werden, ob sie gut funktionieren. Die Position der Lampen und Heizer ist gegebenenfalls zu korrigieren. Die Geräte sind auf Überhitzung, Bruch, Korrosion, Schwärzung, Salzablagerungen und Veralgungen zu kontrollieren.
Jährlich: Die Lampen, besonders Leuchtstofflampen, müssen entsprechend ihrer jeweiligen Lebensdauer zum Teil oder insgesamt ersetzt werden.

Pumpen
Täglich: Die einwandfreie Funktion der Geräte ist zu überprüfen, sie dürfen nicht zu laut oder zu heiß werden, außerdem müssen sie die entsprechende Leistung an Wasser oder Luft erbringen.
Monatlich: Verschleißteile, wie beispielsweise Membranen in Luftpumpen, sind auf Abnutzung zu überprüfen. Pumpen müssen gegebenenfalls gereinigt und geölt werden, währenddessen kann es notwendig sein, Austauschgeräte an das Aquarium anzuschließen.
Jährlich: In einem Abstand von einem halben Jahr bis zu zwei Jahren muß man die Pumpen vollständig überprüfen, je nach Gerätetyp und Betriebsdauer.

Filtersysteme
Täglich: Die Funktionsfähigkeit und der Zustand von Wassereinläufen, Rohren, Schläuchen, Mammutpumpen, Diffusern und Abschäumern sind zu kontrollieren.
Monatlich: Mammutpumpen, Diffuser und alle Schläuche sind, soweit nötig, zu reinigen. Man überprüfe die Wasserumwälzung und die Luftzufuhr. Falls erforderlich sind die Filter zu reinigen und das Filtermaterial auszuwechseln, ausgenommen biologische Filter.
Jährlich: Filter, die nicht biologisch arbeiten, räumt man leer, reinigt sie sorgfälltig und füllt sie neu.

Schlauch- und Stromanschlüsse
Monatlich: Drähte, Rohre, Verbindungsstücke und Hähne sind auf Undichtigkeiten, Risse, Korrosion oder Überhitzung zu überprüfen. Im Wasser befindliche Teile müssen gereinigt und ihre Funktion muß kontrolliert werden.

Zubehörgeräte
Täglich: Alle gebrauchten Geräte, beispielsweise Futtergeräte, sind zu reinigen.
Monatlich: Falls notwendig, sollte man nun defekte Austauschgeräte reparieren.
Jährlich: Die am häufigsten benutzten Geräte sind instand zu setzen oder gegebenenfalls zu ersetzen.

Das Aquarium und seine unmittelbare Umgebung
Monatlich: Der Aquarienrahmen, das Untergestell, Klebestellen und Schweißnähte müssen auf Korrosion oder Undichtigkeiten überprüft werden und sind gegebenenfalls zu reparieren. Alle Gerätschaften und die Scheiben oder den Rahmen reinigt man mit Wasser.
Jährlich: Die gesamte Anlage ist zu überprüfen und alle erforderlichen Reparaturen, Abdichtungen und möglicherweise Neuanstriche sind durchzuführen.

Futter und Fütterung

Ein gutes Futter für Aquarientiere muß nicht nur bezüglich der darin enthaltenen Nährstoffe ausgewogen sein, sondern muß auch entsprechend portioniert und in der richtigen Weise verabreicht werden. Auf diese Weise wird jedes Tier ausreichend mit Energie versorgt und bleibt gesund. Andererseits sind oft noch Zusatzstoffe notwendig, wie beispielsweise Vitamine, Spurenelemente oder Farbpigmente, die entweder als Medikament benötigt werden oder die Färbung beeinflussen können.

Aus der Aquakultur lassen sich viele Forschungsergebnisse über die Ernährung der Fische für die Aquaristik übernehmen. Andererseits sind die Ziele der kommerziellen Aquakultur und der Aquaristik doch recht unterschiedlich. Aquarientiere benötigen eher ein Diätfutter, bei der Zucht von Nutzfischen dagegen soll im Verhältnis zu den Kosten von Nahrung und Energiezufuhr ein optimales Wachstum erzielt werden.

Die Nahrung
Das verabreichte Futter muß zur Energieversorgung Fette und Kohlenhydrate enthalten, aber ebenso Proteine und solche Fette, die für den Aufbau des Zellmaterials, für das normale Wachstum und für die Aufrechterhaltung der Stoffwechselvorgänge notwendig sind, und außerdem noch kleinere Mengen an Vitaminen und Mineralen.
Proteine
In der Fischnahrung sind Proteine von besonderer Bedeutung. Fischfleisch besteht hauptsächlich aus Proteinen, und die Gesundheit der Tiere hängt von einer ständigen, hohen Zufuhr von Proteinen in der Nahrung ab. Der Anteil an Proteinen im Futter sollte etwa 30–40 Prozent betragen und entsprechend der Art, dem Alter, der Größe, der Wasserqualität und der Temperatur variiert werden. Die Proteine müssen außerdem in verdaulicher Form verabreicht werden: tierische Proteine sind leichter verdaulich als Pflanzenproteine, die sich innerhalb der widerstandsfähigen Zellwände befinden; deshalb haben carnivore Tiere (Fleischfresser) auch kürzere Därme als herbivore Tiere (Pflanzenfresser).

Natürliche Proteine – gleichgültig ob pflanzlichen oder tierischen Ursprungs – sind Verbindungen aus Kohlenstoff, Stickstoff, Sauerstoff, Wasserstoff und einigen Spurenelementen. Sie enthalten unterschiedliche Anteile von etwa 25 verschiedenen Amionsäuren, von denen zehn nicht durch den Körper des Fisches aufgebaut werden können und mit der Nahrung zugeführt werden müssen. Wenn eine der sogenannten essentiellen Aminosäuren nicht vorhanden ist, kommt die Produktion der körpereigenen Proteine zum Stillstand. Wenn daher im Futter Proteine fehlen oder unausgewogen verabreicht werden, so kann dadurch das Wachstum, die Heilung verletzter Gewebe und die Widerstandsfähigkeit herabgesetzt werden. Ist nicht genügend Energie im Futter vorhanden, kann auch dies zu Proteinmangel führen, da Proteine dann zur Deckung des Energiebedarfs aus dem Körper abgebaut werden. Umgekehrt werden Proteine, die überschüssig sind, als giftiges Ammoniak oder als Harnstoff ausgeschieden.
Kohlenhydrate
Kohlenhydrate reichen von einfachen Zuckern, den Monosacchariden, wie beispielsweise der Glukose ($C_6H_{12}O_6$), dem Photosyntheseprodukt der Pflanzen, bis zu komplexen Polymeren, beispielsweise Stärke und Zellulose. Keines dieser Kohlenhydrate ist, für sich genommen, für Tiere lebenswichtig. Carnivore, also fleischfressende Fische, können größere Mengen an Kohlenhydraten nicht umsetzen und jeder Überschuß wird als Glykogen in der Leber und im Blut abgelagert, wo er zu Krankheit und Tod führen kann.

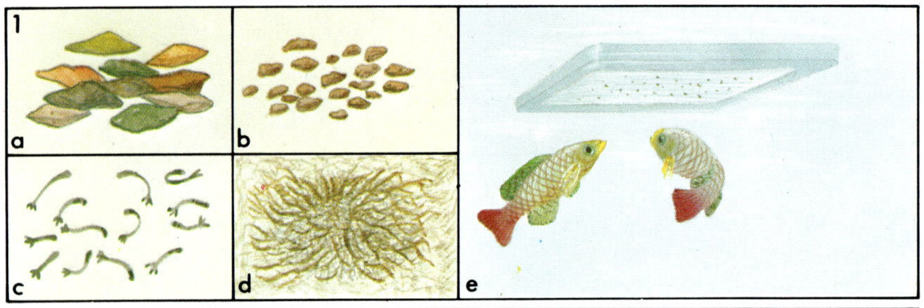

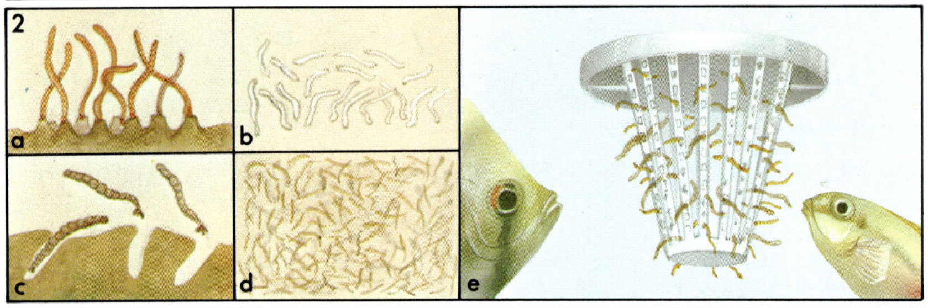

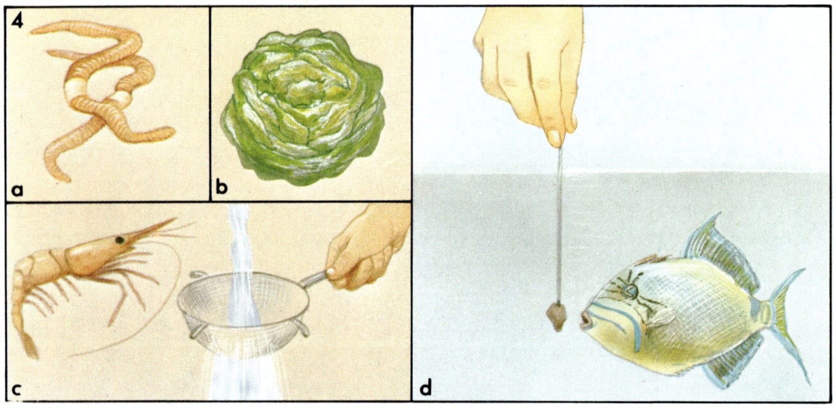

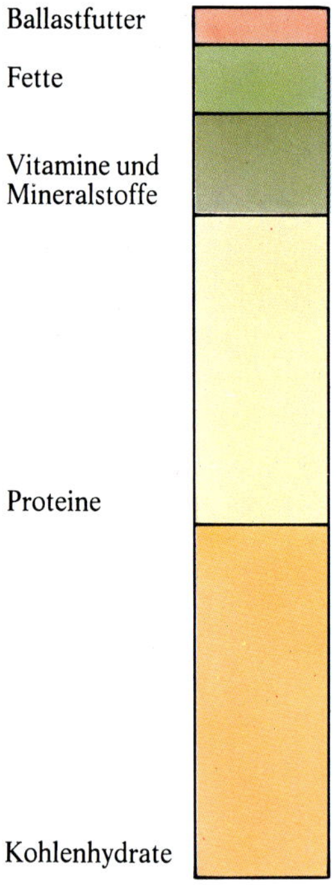

5

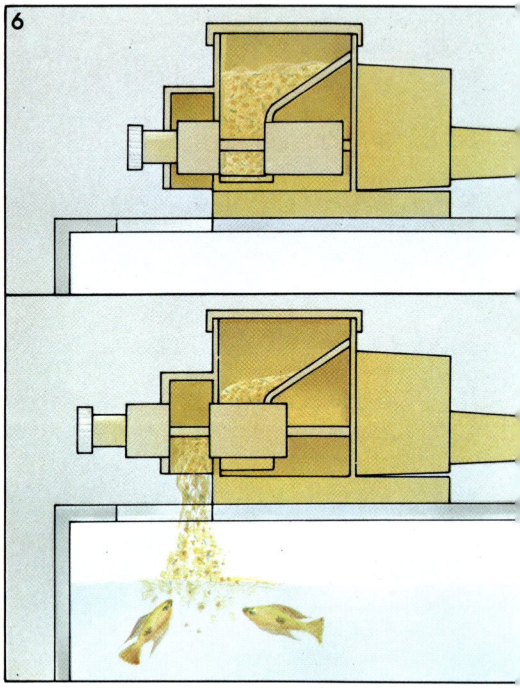

7

Hier werden die unterschiedlichen Möglichkeiten der Fischfütterung gezeigt.

1 Kunstfutter ist in (a) großen und (b) kleinen Flocken für Fische unterschiedlicher Größen erhältlich. Auch gefriergetrocknetes Futter kann man kaufen, wie beispielsweise getrocknete Mückenlarven (c) und keimfreie, gefriergetrocknete Tubifex (d). Viele Futtersorten treiben auf der Oberfläche und lassen sich durch einen schwimmenden Plastikring zusammenhalten bis sie gefressen werden.

2. Lebendfutter wie a) *Tubifex,* b) Enchyträen oder Grindalwürmer, c) Rote Mückenlarven und d) Mikro oder Essigälchen für kleine Fische werden gefressen, wenn sie durch Löcher in einem Futtersieb hindurchgekrochen sind (e), das zusätzlich belüftet werden kann um die Lebensdauer der Würmer zu erhöhen.

3 Um den unterschiedlichen Freßgewohnheiten entgegenzukommen, gibt es Futtertabletten und Pellets unterschiedlicher Größen.

4 Größere Nahrungsbrocken wie a) Regenwürmer, b) Gemüse und c) Garnelen können in Stücke zerschnitten und in einem Sieb mit sauberem Wasser abgewaschen werden. Wenn man einen Futterbrocken im Aquarium bewegt, kann das einen schlecht ans Futter gehenden Fisch dazu bringen, diesen zu fressen (d).

5 Ein ausgewogenes Futter für viele Arten von Aquarientieren zeigt etwa die folgende Zusammensetzung unterschiedlicher Anteile.

6 Man kann sich ein automatisches Fütterungsgerät anschaffen, um die regelmäßigen Fütterungszeiten genau einzuhalten. Der hier gezeigte Gerätetyp kann mindestens eine Woche lang Futterflocken durch ein Loch in der Aquarienabdeckung werfen. Er hat außerdem eine Schaltuhr, mit der die Belüftung, Filterung oder Beleuchtung während der Fütterung geregelt werden können.

7 Fischfutter läßt sich auch mit einem feinen Netz an einem Teich beschaffen, der besonders im Frühjahr Organismen enthält wie a) Rote Mückenlarven, b) Schwarze Mückenlarven, c) Daphnien, d) *Cyclops,* e) Eintagsfliegenlarven.

10

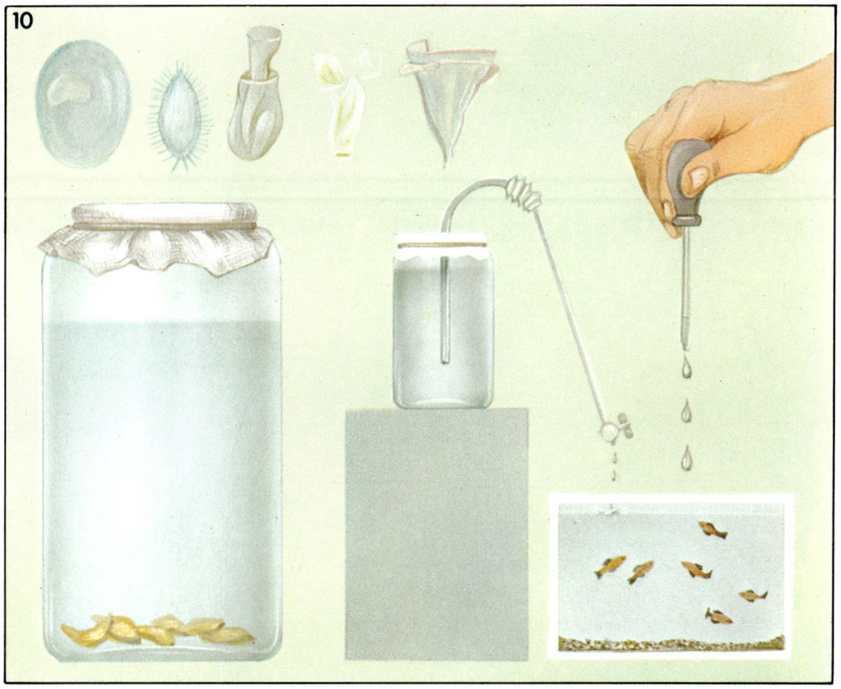

8

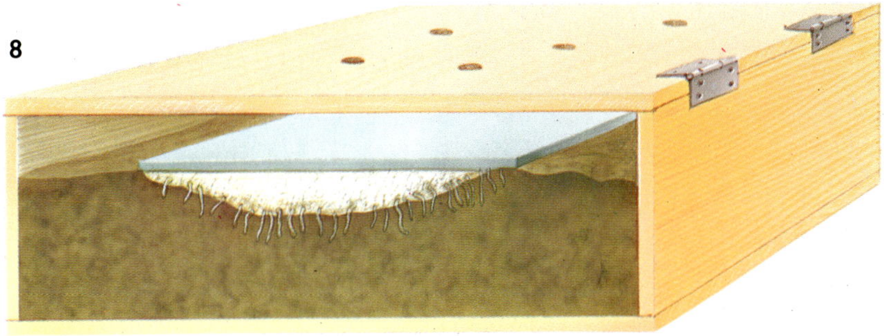

9

8 Der Aquarianer kann Enchyträen auch selber züchten, Zuchtansätze hierfür werden in Aquarienzeitschriften angeboten, man kann sie auch möglicherweise einem Blumentopf entnehmen. Ein solcher Ansatz wird in einem Holz- oder Styroporkasten auf einer Schicht Erde, die mit Torf gemischt ist, gezüchtet. Zur Fütterung gibt man in eine Mulde unter eine Glasplatte einen Haferflockenbrei, außerdem Gemüsestückchen. Der Zuchtansatz darf nicht austrocknen. Bei 20–24 °C vermehren sich die Würmer rasch, niedrigere Temperaturen sorgen jedoch dafür, daß der Ansatz länger hält.

9 Zum Ansatz einer Artemiakultur kauft man zunächst Eier (a). Diese werden in eine Flasche mit einer Kochsalzlösung von etwa 1,024 spezifischer Dichte gegeben (etwa 2 gehäufte Teelöffel billigstes Haushaltssalz pro ¾ Liter Wasser) und bei 24–27 °C gut belüftet. Die Eier schlüpfen nach 1–2 Tagen und ihre Hüllen treiben zur Oberfläche wenn man das Wasser für kurze Zeit ruhig stehen läßt. Die Nauplien können dann vom Boden über ein Netz abgezogen werden. Wenn man sie in ein größeres belüftetes Becken gibt und sie sparsam mit Algen, Eigelb oder Trockenhefe füttert, werden sie bis 1,5 cm lang.

10 Frischgeschlüpfte Jungfische fressen mikroskopische Infusorien wie etwa Protozoen und Rädertierchen. Diese kann man in einer geschlossenen Flasche mit Wasser züchten. Dorthinein gibt man getrocknete Steckrübenwürfel von ca. 1 cm Kantenlänge und bewahrt alles 10–14 Tage bei 18–21 °C und schwachem Licht auf. Die sich entwickelnden Einzeller werden über einen dünnen Schlauch mit einem Quetschhahn oder mit einer Pipette verfüttert.

Ein Nahrungsanteil von etwa 40 Prozent an Kohlenhydraten scheint am zuträglichsten zu sein. Grobe Nahrung kann in der Form unverdaulicher Zellulosebestandteile die Verdauung anregen, wie es beim Menschen der Fall ist, und sollte gut 4 Prozent der Nahrung ausmachen.

Fette

Fette sind die Hauptenergiequelle in der Nahrung des Fisches und stellen beispielsweise wesentliche Bestandteile der lebenden Zellmembranen dar. Die wichtigsten sind einfache ungesättigte Fette, die durch Veresterung mit Glyzerinalkoholen entstanden sind, wie beispielsweise Linolsäure. Sie sind flüssig oder halbflüssig, daher kann sie ein wasserlebendes poikilothermes Lebewesen bei seiner im allgemeinen niedrigen Körpertemperatur gut umsetzen.

Der Gesamtgehalt an Fetten in der Nahrung eines Tieres muß dem Energiebedarf entsprechen, damit dieser nicht durch den Abbau von Proteinen gedeckt werden muß. Man fand für verschiedene Fischgruppen heraus, daß ein Gehalt von 8 Prozent Fett in der Nahrung am günstigsten ist. Bei einem Mangel an energiereicher Nahrung bleibt das Wachstum zurück, aber auch ein Zuviel an Fetten ist von Nachteil, da der Überschuß in den Eingeweiden abgelagert wird und Leber-, Nieren- und Herzkrankheiten verursachen kann. Einige Fettsäuren müssen in geeigneter Menge mit der Nahrung zugeführt werden, weil sie vom Fisch nicht selber synthetisiert werden können. Ein Mangel an Fettsäuren führt nachweislich zu Flossenfäule und Herzkrankheiten und schließlich zum Tod.

Vitamine

Die verschiedenen organischen Stoffe, die man unter dem Begriff Vitamine zusammenfaßt, sind für den normalen Stoffwechsel der Tiere in geringen Mengen lebenswichtig. Viele von ihnen kann der Körper nicht selbst aufbauen, sie müssen mit der Nahrung zugeführt werden. Die notwendigen Mengen variieren von Art zu Art. Ein Fisch scheint einen höheren Vitaminbedarf als ein Säugetier zu haben, vielleicht weil er die Vitamine nicht so wirksam auswerten kann.

Vielen Futtermischungen, die für den Aquarianer erhältlich sind, werden Vitamine zugemischt. Lebendfutter dagegen bietet ganz generell einen natürlichen und ausgewogenen Gehalt an Vitaminen. Die nachfolgende Tabelle faßt die Aufgaben von 15 verschiedenen Vitaminen zusammen, die den Aquarienfischen mit der Nahrung verabreicht werden müssen. Davon sind die ersten vier Vitamine fettlöslich und können im Körper gelagert werden, während die anderen wasserlöslich sind.

Vitamin A	Sehvermögen, Bildung von Schleimhäuten, Ausbildung und Erhalt der Pigmentierung (Färbung)
Vitamin D	Regulation des Calcium- und Phosphorstoffwechsels, Knochenbildung bei Jungtieren
Vitamin E	Regulierung des Atemstoffwechsels.
Vitamin K	Blutgerinnung
Vitamin B_1 (Thiamin)	Enzymatischer Stoffwechsel
Vitamin B_2 (Riboflavin)	Sehvermögen, Kohlenhydratstoffwechsel
Vitamin B_6 (Pyridoxin)	Sehvermögen, Protein- und Fettstoffwechsel
Pantothensäure	Zellwachstum, enzymatische Stoffwechselvorgänge, Bildung des Zentralnervensystems
Nicotinsäure (Niacin)	Zellwachstum, enzymatische Stoffwechselvorgänge
Biotin	Fettsäure-Stoffwechsel
Folsäure	Enzymatischer Stoffwechsel, Bildung von Blutzellen und Regulierung des Glucose-Stoffwechsels
Vitamin B_{12} (Cobalamin)	Proteinstoffwechsel, Bildung der Roten Blutkörperchen
Vitamin C (Ascorbinsäure)	Bildung von Kollagen, Wachstum, Zellregeneration
Inositphosphatide	Bildung von Zellmembranen
Cholin	Nervensystem, Fettransport

Minerale und andere Spurenelemente

Zusätzlich zu den Hauptbestandteilen organischer Verbindungen – Kohlenstoff, Wasserstoff, Sauerstoff und Stickstoff – sind mindestens 20 weitere Elemente für die Lebensprozesse entscheidend, einige ihrer Aufgaben wurden in Kapitel 4 zusammengefaßt. Wasserpflanzen decken ihren gesamten Bedarf aus dem umgebenden Wasser oder dem Bodengrund. Wassertiere können einen Teil der notwendigen Spurenelemente auch aus diesen Quellen decken. Daher sind der Salzgehalt des Wassers und die Härte für den Mineralstoffwechsel jedes Organismus wichtig.

Ein Tier erhält allerdings diese Spurenelemente hauptsächlich über die Nahrung. Jedes dieser Elemente ist zu einem gewissen Prozentsatz in den verschiedensten Nahrungsbestandteilen enthalten, und viele Spurenelemente hat man ebenso wie die Vitamine dem Kunstfutter beigefügt. Mit wenigen Ausnahmen versorgt daher eine normale abwechslungsreiche Ernährung die Aquarienbewohner mit ausreichenden Mengen aller lebenswichtigen Spurenelemente.

Kunstfutter

Kommerziell hergestellte Kunstfutter werden als Pellets, Flocken und als Puder angeboten. Sie sind allseits bekannt und weithin erhältlich und so abgemischt, daß sie die Nahrungsbedürfnisse der Fische decken. Die meisten Wasserlebewesen nehmen Trockenfutter an und gedeihen damit. Kunstfutter hat aber auch durchaus unterschiedliche Qualität. Die billigeren Massenfutter basieren auf Getreide, Hülsenfrüchten oder Mehl und sollten nur zusätzlich zu anderer Nahrung verabreicht werden. Andere Futter werden unter Verwendung von Fleisch- oder Pflanzenproteinen hergestellt und decken entsprechend wissenschaftlichen Untersuchungen alle Nahrungsbedürfnisse.

Flockenfutter kann zu vielerlei Zwecken eingesetzt werden, beispielsweise für herbivore Lebewesen, vor der Ablaichperiode, für ein rasches Wachstum der Jungfische und so weiter. Die Flocken treiben an der Oberfläche solange sie noch trocken sind und sinken langsam nach unten wenn sie sich mit Wasser vollgesogen haben. Pellets werden als »mundgerechte« Partikel für große Fische hergestellt, vor allem für die Teichwirtschaft. Einige Pellets treiben für »Oberflächenfresser« an der Wasseroberfläche, während andere für Fische mit mittleren Wasserschichten und für Bodenfische herabsinken. Puderförmiges Futter ist für junge Fischbrut und Wirbellose sehr geeignet, die ihre Nahrung aus dem Wasser filtern.

Selbsthergestelltes Kunstfutter

Kunstfutter kann auch vom Aquarianer zubereitet werden, sofern er größere Futtermengen benötigt. Zumeist stellt man sich eine trockene Grundmischung in geeigneter Menge her, die gut lagerfähig ist. Eine solche Mischung kann proteinhaltiges Weizengetreide, Kleie, Sojabohnenmehl, Trockenmilch, Garnelen- und Fischmehl enthalten, die alle einen ausbalancierten Gehalt an Proteinen, Fetten und Kohlenhydraten aufweisen. Stärkehaltige Nahrungsbestandteile wie Zwieback, Brot und Kartoffeln sollte man nicht verwenden.

Wenn man eine bestimmte Menge an Futter herstellt, beispielsweise den Vorrat für zwei Wochen, der im Kühlschrank oder der Gefriertruhe aufbewahrt werden kann, wird diese Trockenmasse zu der gleichen oder einer etwas geringeren Menge an zerkleinertem Frischfutter hinzugefügt. Man kann dieses Frischfutter mit einer Küchenmaschine aus Frischfleisch, Fleisch – vor allem Rinderherz – oder Gemüse, wie etwa Spinat oder Luzerne, zubereiten. Der so entstandene Brei läßt sich in verschiedener Form verabreichen, je nach Art und Größe der zu fütternden Tiere. Er kann mit Agar gemischt werden, um eine feste Konsistenz zu erhalten, man kann ihn ausstreichen und zu Pellets trocknen oder auf kleine Stücke porösen Materials streichen und antrocknen lassen (beispielsweise auf Steine, Tonscherben oder Korallenstücke), um Spezialisten unter den Korallenfischen zur Nahrungsaufnahme zu bringen. Schließlich kann man den Brei auch zusammen mit Gips zu einem Block gießen, um beispielsweise Papageienfischen Nahrung zu bieten, die Korallen abbeißen und die in ihnen enthaltenen verdaulichen organischen Bestandteile verwerten.

Anschließend sind einige Futterbestandteile aufgelistet, die man für selbsthergestelltes Futter verwenden kann, und nach ihrer prozentualen Zusammensetzung aufgegliedert. Der Gesamtprozentsatz jedes Bestandteils im fertigen Futter muß so berechnet werden, daß der erforderliche ausgewogene Gehalt an Proteinen, Fetten und Kohlenhydraten erreicht wird.

Eine Vielzahl von Tieren, die im Aquarium als Lebendfutter verwendet werden können, ist hier dargestellt. Sie nehmen real von oben nach unten an Größe zu. a) Mikroskopische Infusorien, b) *Cyclops,* c) Daphnie oder Wasserfloh, d) Springschwanz, e) Fadenwurm, f) *Calanus* aus dem Plankton, g) Mückenlarve, h) Grindalwurm, i) *Artemia salina,* j) Eintagsfliegenlarve, k) Wasserassel, l) *Tubifex,* m) *Mysis,* n) Köcherfliege, o) Bachflohkrebs, p) mariner Ringelwurm, q) Stabheuschrecke, r) Muschel, s) Regenwurm, t) Gehäuseschnecke, u) Krebs. Man kann dieses Futter für Tiere jeweils entsprechender Größe verwenden, man kann daraus jedoch auch leicht Kunstfutter in verschiedenen Formen herstellen.

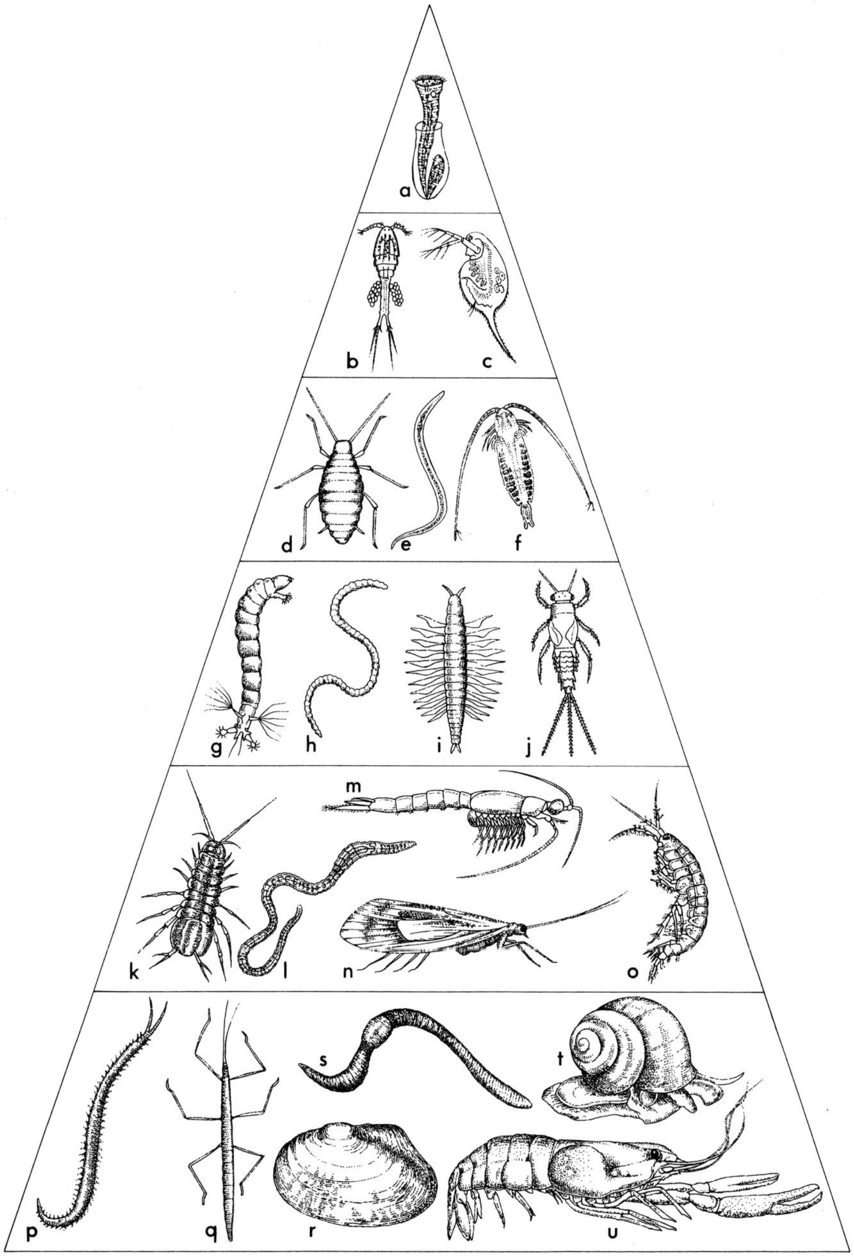

Futterbestandteil	Proteine	Fette	Kohlenhydrate	Ballaststoffe	Minerale	Vitamine
Fleisch und Knochenmehl	54	10	3	2	30	A,B,D
Fisch und Fischmehl	70	7	3	1	15	A,B,D
Krebstiere und Garnelenschrot	54	3	2	12	–	A,B,D,K
Trockenmilch	35	1	55	0,2	8	B,C,D
Kleie	18	4	60	10	6	B,E
Stark proteinhaltiges Getreide	20	4	57	15	3	B,E
Sojabohnenmehl	49	10	17	4	6	B_2, K
Trockenhefe	50	2	35	3	7	B,D
Grüngemüse	16	2,5	44	28	9	A,C,E,K

Lebendfutter

Viele Lebendfuttersorten – lebende Tiere oder lebende Pflanzen wie Algen oder höhere Pflanzen – eignen sich für die Ernährung der Aquarientiere. Sie enthalten für eine gesunde Ernährung ausgewogene Anteile an lebenswichtigen Bestandteilen und sind oft für ein schwierig zu ernährendes Tier attraktiver als Kunstfutter. Das Sammeln von Futtertieren, die meist nicht das ganze Jahr hindurch erhältlich sind, verbunden mit der Möglichkeit des Einschleppens von Krankheiten oder von unerwünschten Parasiten, stellt oft ein Problem dar.

Wenn man Futtertiere unter kontrollierten und hygienischen Bedingungen züchtet, kann man sich bequem, billig und gleichbleibend bei minimaler Gefahr des Einschleppens von Parasiten oder Krankheiten mit Lebendfutter versorgen. Verschiedene geeignete Lebendfuttertiere zeigt die Abbildung. Einige kann man als Eier oder Jungtiere kaufen, andere lassen sich recht gut züchten, die dazu verwendeten Geräte und Methoden sind ganz unterschiedlich.

Lebendfutter kann man aber auch in der freien Natur fangen. Bei Landtieren, wie beispielsweise Regenwürmern, Raupen, Springschwänzen und Landschnecken gibt es keine Krankheiten, die Wasserlebewesen gefährlich werden könnten. Wenn man jedoch aus Wasserstellen Futter entnimmt, muß man besonders vorsichtig sein, um keine Krankheiten ins Aquarium einzuschleppen. Nach Möglichkeiten sollte man Süßwasserlebewesen im Seewasser verfüttern und umgekehrt. Futtertiere aus Süßgewässern enthalten im allgemeinen weniger Fischparasiten, wenn sie aus fischfreien Gewässern entnommen wurden. Lebendfutter muß sorgfältig gereinigt werden und nach Möglichkeit eine Quarantäne durchlaufen, wozu es eine Weile isoliert gehältert wird. Die Parasiten werden dadurch abgetötet, daß ihnen auf diese Weise das Wirtstier vorenthalten wird. Pflanzen können vor dem Verfüttern in Kaliumpermanganat getaucht und dann gut gewaschen werden. Eine andere Möglichkeit der Behandlung von Lebendfutter, besonders von solchem zweifelhafter Herkunft, besteht darin, das Futter in Wasser zu kochen und erst dann zu verabreichen, wenn es desinfiziert ist.

Die Haltbarmachung von Lebendfutter

Lebendfutter, gleichgültig ob es gekauft, gefangen oder gezüchtet wurde, läßt sich erforderlichenfalls für eine längere Zeit durch Trocknen oder Einfrieren konservieren. Das Trocknen kann in einem Ofen, im Sonnenlicht, mit Luft oder durch Gefriertrocknung erfolgen. Beim Trocknen durch Hitze verringern sich das Futtervolumen, der Geschmack und die Struktur etwas, aber für kleinere Mengen kann diese Methode ganz nützlich sein. Zu starke oder zu lange Hitzeeinwirkung setzt den Nährwert herab, die Proteine und Vitamine werden dabei zerstört. Die Gefriertrocknung ist die schonendste Methode, allerdings sind dazu Spezialgeräte erforderlich. Das Futter wird dabei unter Vakuum so rasch gefriergetrocknet, daß nur wenige Veränderungen der Nährstoffe erfolgen. Die meisten käuflich erhältlichen, konservierten Lebendfuttersorten sind gefriergetrocknet und brauchen daher nicht im Kühlschrank oder der Gefriertruhe aufbewahrt zu werden.

Tiefgefrorenes Futter behält im allgemeinen seinen Nährwert, seine Farbe und Gestalt. Bei der kommerziellen Herstellung von Tiefkühlkost wird häufig auch das Futter für Aquarientiere mit Gammastrahlen bestrahlt, um frostresistente Bakterien

Die natürlichen Freßgewohnheiten der wasserlebenden Tiere:
1 Eine Seeanemone nesselt einen kleinen Fisch mit ihren Nesselzellen und verschlingt ihn dann.
2 Eine Muschel filtert suspendierte Nahrung aus dem Wasser, das durch ihre Kiemenöffnungen streicht.
3 Eine Seegurke nimmt im Sand enthaltenen Detritus zu sich, den sie mit ihren Freßarmen sammelt.
4 Ein Tintenfisch frißt mit seinem schnabelartigen Maul zwischen den starken Fangarmen einen Krebs.
5 Ein Kaninchenfisch knabbert im flachen Seewasser an den auf Steinen sitzenden Algen.
6 Der Papageifisch hat Raspelzähne um kleine Tiere, Pflanzen und Korallen fressen zu können.
7 Ein Falterfisch sucht mit seiner pinzettenartigen Schnauze und seinen bürstenartigen Zähnen in Spalten und Höhlen nach Nahrung.
8 Ein Schützenfisch schießt mit einem Wasserstrahl, den er mit dem Maul hochspuckt, Insekten auf die Wasseroberfläche herab.
9 Eine Meerbarbe sucht mit ihren empfindlichen Kinnbarteln nach Nahrung.

und Sporen abzutöten. Futtertiere aus der Natur oder auch gezüchtetes Futter sollten zuerst blanchiert (in kochendes Wasser getaucht) und dann rasch in einzelnen kleineren Portionen oder als Tafeln eingefroren werden. Alle so hergestellten und dann eingelagerten Futterpackungen sollten deutlich und feuchtigkeitsbeständig mit Angaben über ihren Inhalt und mit dem Herstellungsdatum versehen werden.

Die Fütterung

Das Futter muß den Aquarienbewohnern so dargeboten werden, daß es von jedem Tier aufgenommen werden kann. Die Art und Weise wie Tiere fressen, und auch ihre Nahrung ist in der Natur sehr vielfältig, wie sich auch an den unterschiedlichen Ernährungsgewohnheiten zeigt, die sich im Laufe der Evolution entwickelt haben. Der Aquarianer sollte dieser Vielfalt entgegenkommen, indem er das Futter und die Fütterungsmethode so wählt, daß möglichst viele Aquarienbewohner zufriedengestellt werden. In schwierigen Fällen muß er jedes Einzeltier individuell versorgen. Allgemein sollte er auch bei der Fütterung versuchen, die natürlichen Verhältnisse nachzuahmen.

Man kann Tiere, die nicht so rasch ans Futter gehen, oft dadurch überlisten, daß man das Futter auf bestimmte Art und Weise verabreicht. So kann die Bereitschaft zur Nahrungsaufnahme davon abhängen, ob das Futter schwimmt, und seine Struktur, Form und Größe sind oft ebenso wichtig wie sein Nährwert. Wenn man Futter an räuberisch lebende Tiere verabreicht, wird man so tun, als ob es noch lebend sei, indem man es im Wasser hin- und herbewegt, oder indem man Futterbrocken in eine Wasserströmung oder in einen Strom von Luftblasen gibt, so daß sie darin bewegt werden.

Sessile Tiere muß man im Aquarium einzeln füttern, oder die Nahrung muß ihnen durch die Wasserströmung zugetrieben werden. Freilebende Tiere suchen meist von sich aus nach Futter, knabbern an Pflanzen, weiden algenbedeckte Steine ab, verfolgen Futter, das an der Oberfläche treibt oder durch das Wasser herabsinkt, oder sie jagen im offenen Wasser oder zwischen der Aquarieneinrichtung nach lebender Beute.

Fütterungszeiten und Futtermenge

Die Fütterungszeiten und die Fütterungshäufigkeit müssen sowohl die Aquarienbewohner zufriedenstellen als auch die verfügbare Zeit des Aquarianers berücksichtigen. Den Fischen sollte man ein- oder zweimal täglich Futter geben, Wirbellosen jedoch etwa alle zwei bis vier Tage. Die Fütterungsdauer sollte dabei etwa zwischen zwei bis fünf Minuten liegen und am Schluß darf dabei kein ungefressenes Futter im Aquarium übrigbleiben. Kunstfutter ist oft konzentriert, man kann daher leicht einmal zuviel geben. Die Erfahrung und der vertraute Umgang mit den einzelnen Tieren lassen den Aquarianer erkennen, wann er die tägliche Nahrungsration erhöhen oder verringern muß. Aber auch jahreszeitliche Unterschiede müssen berücksichtigt werden. In vielen natürlichen Lebensräumen, aber auch in Aquarien, in denen die natürlichen Temperaturschwankungen nachgeahmt werden, sind die Tiere im Winter weniger aktiv und brauchen dann auch entsprechend weniger Futter als im Sommer und besonders vor der Laichzeit.

Die Fütterungszeit bietet übrigens die beste Gelegenheit, um die Aquarienbewohner regelmäßig zu überprüfen. Das Verhalten eines Tieres beim Füttern liefert einen nützlichen Hinweis auf seinen Gesundheitszustand und läßt ungewöhnliches oder lethargisches Verhalten deutlich erkennen. Besondere Aufmerksamkeit muß man auch solchen Tieren schenken, die in der sozialen Rangordnung unten stehen, oder die es nicht so leicht mitbekommen wenn die Fütterungszeit beginnt. Auch sie müssen genügend Nahrung erhalten.

Neu erworbene Arten, besonders frische Wildtänge aus der Natur, müssen erst sorgsam an das Ersatzfutter gewöhnt werden. Sie sind möglicherweise durch den Fang und den Transport noch gestreßt, so daß eine besonders vorsichtige und geduldige Behandlung erforderlich ist. Man sollte versuchen, sie dadurch zur Nahrungsaufnahme anzuregen, daß man verschiedenstes Futter auf sehr unterschiedliche Weise anbietet, beispielsweise Lebendfutter und in geeigneter Form und Größe vorbereitetes Kunstfutter.

Auch Fischbrut bedarf besonderer Aufmerksamkeit. Man sollte Jungfischen drei bis fünf Mal am Tag so viel Nahrung bieten, wie sie aufnehmen können. Meistens

10 Der Feuerfisch frißt kleine Fische und ist durch seine gespreizten Flossen zwischen Korallen gut getarnt.
11 Die Süßwasserfische, die hier an der Oberfläche nach Nahrung suchen, sind a) Beilbauchfische und b) ein Halbschnabelhecht.
12 Ein Wels frißt mit seinem Saugmaul und den Barteln Algen.

wachsen sie sehr rasch und brauchen daher die gesamte Bandbreite an Vitaminen, Amino- und Fettsäuren und Spurenelementen für eine normale Entwicklung. Die Nahrungsbrocken müssen entsprechend der Größe der Fische proportioniert sein: Jungfischbrut, die aus Eiern schlüpft, benötigt kleinere Partikel als Jungfische von Lebendgebärenden, und mit zunehmender Größe der Jungtiere kann auch die Futtergröße zunehmen. Für frischgeschlüpfte Jungfische sind lebende Rädertierchen und Pantoffeltierchen sowie andere Protozoen oder Infusorien geeignet, weiterhin eingeweichtes oder auch trockenes Kunstfutter in Staubform, Tropfen von zerkleinertem Lebendfutter, oder Eigelb von hartgekochten Eiern, das durch ein Haarnetz gestrichen wurde. In dem Maße wie die Jungfische heranwachsen, können sie nach und nach an das übliche Futter gewöhnt werden.

Krankheiten im Aquarium

Krankheiten im Aquarium umfassen ein sehr weites Feld, und man muß zahlreiche Medikamente, Symptome und Behandlungsmethoden kennen, ehe man sich damit wirklich ernsthaft auseinandersetzen sollte. Das wichtigste Ziel des Aquarianers sollte es sein, durch eine gesunde Hälterung die Gefahr des Ausbrechens von Krankheiten zu vermindern. Außerdem sollte er die häufigeren Krankheiten sowie deren Symptome kennen, unter denen Aquarienbewohner leiden können, so daß eine entsprechende Behandlung nicht hinausgezögert wird. Wenn dann eine Diagnose feststeht, sollte auch die richtige Ausrüstung und die entsprechende Kenntnis vorhanden sein, um eine geeignete Behandlung durchführen zu können.

Vorbeugende Maßnahmen

Es ist natürlich weitaus besser alle möglichen Maßnahmen zu treffen, um dafür zu sorgen, daß eine Krankheit im Aquarium erst gar nicht ausbricht, als sie nach dem Auftreten dann mühsam bekämpfen zu müssen. Man sollte Krankheiten in erster Linie dadurch vorbeugen, daß man streßfreie Lebensbedingungen bietet, allgemein gute hygienische Zustände schafft und routinemäßig Quarantänemaßnahmen durchführt, sowie die Tiere regelmäßig beobachtet.

Das Vermeiden von Streß
Tiere, die verstärkt Streß ausgesetzt sind, sind für Infektionen anfällig. Streß wird häufig durch schlechte Wasserqualität verursacht, wenn sich Gifte, wie etwa Ammoniak, angesammelt haben, wenn ein Kohlendioxidüberschuß vorhanden ist, die Temperatur zu stark schwankt, oder der Sauerstoffgehalt nicht ausreicht. Weitere Gründe sind physische Verletzungen, Angst oder Schock während des Transportes oder des Fanges, die gemeinsame Hälterung mit einem dominanten oder räuberischen Tier und Übervölkerung.

Diese Faktoren können in der Physiologie eines Organismus schwerwiegende Veränderungen verursachen. Das Gleichgewicht der inneren chemischen Vorgänge ändert sich und der Organismus kämpft damit, dies wieder auszugleichen, wodurch die natürliche Widerstandsfähigkeit gegenüber Infektionen herabgesetzt wird. Solche Änderungen können noch lange nachwirken, auch nachdem die Ursache für den Streß bereits entfallen ist. Wenn man beispielsweise einen Fisch mit dem Handnetz herausfängt, ihn aus dem Wasser hebt und sofort wieder zurücksetzt, sogar in das gleiche Aquarium, dauert es oft mehrere Tage, bis die physiologischen Auswirkungen ganz überwunden sind.

Die Körperoberfläche eines wasserlebenden Tieres ist sehr empfindlich und wird leicht durch den Kontakt mit Gegenständen verletzt oder trocknet außerhalb des Wassers schnell aus. Ein Fisch hat eine Schutzschicht, deren Schleim die Schuppen und Kiemen vollständig bedeckt. Diese Schleimschicht wird von besonderen Epidermiszellen sekretiert. Sie ist nicht nur für die osmotische Regulation der Körperflüssigkeiten von Bedeutung, sondern sie dient auch dazu, um die Haut gegen Bakterien- und Pilzinfektionen zu schützen. Eine übermäßige Schleimproduktion ist ein nützlicher Hinweis auf den Befall der Haut durch Parasiten.

Die Schleimschicht und die Haut können während des Transportes oder wenn ein Fisch in Panik versetzt wird und gegen einen Stein stößt, verletzt werden. In Fallen gefangene Fische verletzen sich oft das Maul und die Augen, indem sie ständig gegen die Wände stoßen. Im Aquarium schürfen sich die Fische die Haut manchmal von wichtigen Körperstellen ab, beispielsweise von den Kiemendeckeln, indem sie an den Aquarienscheiben entlangschwimmen. Körperverletzungen wie auch Streß können weiterhin auftreten, wenn die Tiere miteinander kämpfen, dies ist besonders bei territorial lebenden Arten der Fall, und einige Arten sind dafür berüchtigt, daß sie die Flossen anderer Mitbewohner anknabbern.

Die allgemeine Hygiene

Im gesamten Aquarium müssen gute hygienische Verhältnisse herrschen. Krankheitskeime und andere Krankheitsursachen, wie beispielsweise Gifte, können leicht durch die Geräte, die Hände, durch Nahrung, Tiere, Pflanzen, oder mit dem Wasser übertragen werden. Es ist nicht ratsam, Futter zu verwenden, das infiziert sein könnte, irgendwelche lebenden Organismen ohne Quarantäne einzusetzen, oder Aquarienwasser von einem Becken in ein anderes zu geben, es sei denn, man möchte ein Tier in ein Behandlungsbecken umsetzen.

Routinemäßig sollte man für jedes Aquarium das entsprechend gekennzeichnete Zubehör desinfizieren, beispielsweise Eimer, Netze, Reinigungsgeräte und andere Dinge, indem man sie nach jedem Gebrauch in einer Desinfektionslösung reinigt, mit klarem Wasser abspült und dann trocknet. Man muß auch Verunreinigungen des Aquarienwassers durch Zigarettenrauch, Insektizide, Reinigungsmittel, Sprühgase, Öl, sowie durch Industrie- oder Küchendünste und Abgase vermeiden. Falls notwendig, muß man entsprechende Aquarienabdeckungen, Deckscheiben, Abluftventilatoren oder auch Warnschilder anbringen. Die Wasseroberfläche sollte jeden Tag daraufhin überprüft werden, ob sich ein Öl- oder Staubfilm abgelagert hat; man kann ihn auf einfache Weise entfernen, indem man das Wasser überlaufen läßt, ihn absaugt, oder mit einem entsprechenden Material, zum Beispiel Fließpapier, absorbiert.

Die Quarantäne

Nach dem Erwerb müssen alle Tiere und Pflanzen eine strenge Quarantänezeit durchlaufen, während der sie an das Leben im Aquarium gewöhnt werden und – ohne sie zu stören – intensiv auf Anzeichen ungewöhnlichen Verhaltens sowie auf Krankheiten hin beobachtet werden. Manchmal empfiehlt sich eine ähnliche Vorsichtsmaßnahme, wenn man die Lebewesen von einem Aquarium in ein anderes in Quarantäne setzt. Man geht dabei von der Überlegung aus, ein Lebewesen solange zu isolieren, bis sich eine möglicherweise latent vorhandene oder sich entwickelnde Krankheit zeigt. Außerdem können Lebewesen, auch Pflanzen und Wirbellose, möglicherweise Krankheitskeime mit sich tragen, die sie nicht selbst krank werden lassen, die sich jedoch auf die Tiere in einem eingerichteten Aquarium übertragen und bei ihnen die Krankheit auslösen.

Oft ist daher während der Quarantänezeit eine prophylaktische Behandlung mit Medikamenten eine wertvolle Sicherheitsmaßnahme. In schwacher Lösung angewandt, setzt sie oft die Infektionsmöglichkeit anderer Tiere aufgrund von Streß und Verletzungen während des Fanges und Transportes herab. Wenn eine ganze Anzahl ähnlicher Fische in gleicher Weise behandelt werden sollen, probiert man die medikamentöse Behandlung am besten zuerst an einem oder zwei Tieren aus. Fische sollten während der Behandlungszeit beobachtet und sofort in gut belüftetes Wasser der gleichen Temperatur umgesetzt werden, wenn sie nach Luft zu schnappen beginnen oder andere Zeichen von Streß deutlich werden.

Nachstehend werden zwei Behandlungsmöglichkeiten dargestellt. Bei der ersten Methode (A) wird das Medikament Formalin empfohlen (eine Lösung von 80 ppm) oder für große Tiere Malachitgrün (2 ppm). Bei der zweiten Behandlungsmethode (B) wird Nitrofuran (Handelsform »Furanace«) (15 ppm) oder Kaliumdichromat (50 ppm) empfohlen. Eine Alternative für (A) bei kleineren Arten und für (B) wäre Methylenblau (2 ppm). Diese Behandlungsmethoden sind sowohl für See- als auch für Süßwasserfische geeignet.

Tag	Behandlung A	Behandlung B
1–3	Der Fisch wird in das Quarantänebecken gesetzt, um sich eingewöhnen zu können. Bei beiden Behandlungsmethoden setzt die Beobachtung des Tieres sofort ein und es wird gut gefüttert.	
4	Der Fisch wird 12 Stunden lang nicht gefüttert und dann eine Stunde in das Formalinbad gesetzt, jedoch sofort wieder in das Quarantänebecken zurückgesetzt wenn sich Streßerscheinungen bemerkbar machen sollten.	Das Medikament wird in das Becken gegeben (Nitrofuran in drei Portionen über drei Tage hinweg), der Fisch gefüttert und intensiv beobachtet.
5	Die Formalinbehandlung wird wiederholt.	
6–8	Der Fisch kann sich nun bei normaler Fütterung erholen.	
9	Der Fisch wird wiederum 12 Stunden lang nicht gefüttert, dann für eine Stunde in ein Malachitgrün- oder Methylenblau-Bad gesetzt, jedoch sofort wieder in das Quarantänebecken zurückgesetzt, wenn sich Streß bemerkbar macht.	Das Wasser im Becken wird erneuert und das Medikament wird wiederum wie vorher zugegeben. Mit dem Füttern und Beobachten fährt man fort.
10	Wie am 9. Tag	
11	Wie am 9. Tag	
12–21	Der Fisch wird weiterhin im Quarantänebecken beobachtet.	Am 14. Tag wird ein Wasserwechsel vorgenommen
21	Wenn keine Anzeichen für eine Krankheit oder kein abnormes Verhalten auftraten, kann der Fisch in das Hauptaquarium umgesetzt werden.	

Sofern man keine prophylaktische medikamentöse Behandlung durchführen kann oder will, sollten die Lebewesen wenigstens zwei Wochen lang im Quarantänebecken gehältert und gut gefüttert weden. Dies gilt für alle Wirbellose ebenso wie für Pflanzen und viele Fische. Wenn nötig, sollte man in dieser Zeit die Wassertemperatur langsam auf die Temperatur bringen, die im Hauptaquarium herrscht.

Während der Quarantänezeit sollte man über das Befinden und Verhalten eines jeden Tieres sorgfältig Buch führen und dabei auch den Zustand bei seinem Erwerb festhalten, seine Färbung, die Bewegungsweise und so weiter. Damit beginnt man eine »Fallstudie«, die man am besten während des gesamten Lebens dieses Tieres im Aquarium fortsetzt. Wenn man auf solche Aufzeichnungen zurückgreifen kann, hat der erfahrene Aquarianer dann später bei Neuzugängen der gleichen Art die Möglichkeit, sich nach Erfahrungen aus der Vergangenheit zu richten und bei bestimmten Problemen möglicherweise entsprechend zu handeln.

Die Untersuchung der Tiere

Die tägliche Überprüfung der Aquarienbewohner ist wichtig. Dabei sollte man über jedes Exemplar oder jede Art eine kurze Notiz über ungewöhnliches Verhalten, über die Futteraufnahme, Verletzungen, Färbung und so weiter anfertigen. Solche abweichenden Vorkommnisse sind oft die ersten Anzeichen einer Krankheit. Zu den häufigsten Anzeichen für Streß, Unwohlsein oder Krankheit gehören: Eine hüpfende Schwimmweise, ständiges Scheuern an Einrichtungsgegenständen, auffallende oder taumelnde Bewegungen, Zittern, Lethargie, Flossenklemmen, rasches Atmen und Luftschnappen, Appetit- oder Gewichtsverlust, Verlust der Farben oder Dunkelfärbung, verstärkte Schleimabsonderungen, ungewöhnliche Schwellungen, Flecken, Blutungen, offene Wunden, abgenutzte oder ausgefranste Flossen und sichtbare äußere Parasiten.

Bei den ersten verdächtigen Anzeichen sollte man das Aquarium und den Besatz sorgfältig untersuchen, von der Wasserqualität und der Einrichtung bis hin zum Verhalten der Tiere. Dabei sollte man auch alle Abweichungen von der normalen Haltung mit berücksichtigen, wenn man nach den Ursachen sucht, wie beispielsweise Fehler bei der regelmäßigen Pflege, Änderungen des Futters, eine fehlerhafte Beckenausstattung, die Verabreichung von Medikamenten oder eine Erweiterung des Bestandes um neue Tiere. Der Zweck liegt darin, alle in Frage kommenden Umstände mit zu berücksichtigen, um eine erste Diagnose zu ermöglichen. Wenn ein Ergebnis mit einiger Sicherheit feststeht, sollten ohne Verzögerung sofort die entsprechenden Gegenmaßnahmen eingeleitet werden.

Eine sorgfältige Diagnose erfordert oft eine genauere Untersuchung des kranken Fisches als dies im Aquarium möglich ist. Falls notwendig, kann man einen Fisch unter einem milden Betäubungsmittel (zum Beispiel MS 222 der Firma Sandoz, 0,05–0,1 g/l) auch außerhalb des Beckens untersuchen, er muß dabei jedoch warm und feucht gehalten werden. Eingegangene Fische sollte man sezieren, um ihre Todesursache herauszufinden.

Bei einer sorgfältigen äußeren Diagnose werden Verletzungen und offene Wunden nach Pilzinfektionen untersucht (die Pilzfäden sehen wie Baumwollfäden aus). Die Kiemen werden auf Blutungen hin überprüft, weißliche Stellen zeigen Nekrosen, Cysten, verklebte Kiemenplättchen und verletzte Kiemenränder an. Von infizierten Hautbereichen oder Kiemen kratzt man mit einer Rasierklinge vorsichtig ein wenig Schleim ab, der in einem Wassertropfen auf einem Objektträger unter dem Mikroskop nach Krankheitserregern untersucht wird. Im Maul, den Kiemen und Körperhöhlen wird – soweit möglich – nach größeren Parasiten nachgesehen. Skelettdeformationen müssen erkannt werden.

Nach dem Tode eines Tieres sollte eine Überprüfung der inneren Organe durch Sezieren sobald wie möglich durchgeführt werden. Oft gibt es keine andere Möglichkeit, eine Todesursache festzustellen, die Sektion dient jedoch außerdem dazu, die richtige Behandlungsmethode herauszufinden, falls bei weiteren Fischen die gleichen Krankheitssymptome auftreten sollten. In den Körperhöhlen können möglicherweise Parasiten, wie etwa Cestoden, gefunden werden, Cysten von Bakterien, Sporozoen, Trematoden, Flüssigkeits- oder Schleimansammlungen oder Tumore. Durch mikroskopische Untersuchungen von Schleimproben, Tropfen der Körperflüssigkeit, oder durch Quetschpräparate von Zellen kann man den Verursacher möglicherweise feststellen. Allerdings sind Laien in der Regel nur selten in der Lage solche Untersuchungen durchzuführen.

Nichtansteckende Krankheiten

Zu den Krankheiten von Wasserlebewesen, die nicht infektiös durch lebende Organismen übertragen werden, gehören chemisch, genetisch und durch Nahrungsmangel bedingte Krankheiten. Meistens sind diese Krankheiten jedoch auf Vergiftungen zurückzuführen.

Die Gasblasenkrankheit

Bei dieser Krankheit treten kleine Blasen, die äußerlich zu erkennen sind, im Körper oder unter der Haut auf, besonders im Kopfbereich und an den Augen, wobei im letzteren Fall die Augen hervorstehen (Exophthalmus, Glotzäugigkeit). Zu diesen Gasblasen kommt es nach einer Übersättigung des Wassers und des Blutes durch gelösten Stickstoff oder Sauerstoff. Die Übersättigung selbst kann dadurch entstehen, daß das Wasser überhitzt wurde, daß unter hohem Druck Luft in das Wasser gedrückt wurde, oder daß durch eine starke Photosyntheserate – besonders bei zusätzlicher starker Belüftung – eine Sauerstoffsättigung auftritt. Fällt nun die Konzentration des Gases im Wasser nach dieser Übersättigung plötzlich aus irgendwelchen Gründen rapide ab, so ist das Blut der Tiere noch übersättigt und das überschüssige Gas findet sich in der Körperflüssigkeit schneller zu Blasen zusammen als es durch langsame Diffusion abgebaut werden kann. Die Blasen können dann die Blutgefäße verstopfen, und der Fisch kann an einer Gasembolie sterben. Wenn ein an Gasblasen erkrankter Fisch in Frischwasser gesetzt wird, können sich die Gasblasen wieder lösen, und wenn die Schädigungen noch nicht zu weit fortgeschritten sind, kann sich der Fisch wieder erholen.

Genetische Abnormalitäten

Bei verschiedenen Arten wurden wiederholt genetisch bedingte Deformationen des Skeletts, der Muskeln, der Flossen und innerer Organe festgestellt; sie sind das Resultat entweder unmittelbarer Mutationen der Körperzellen oder ererbter Merkmale. Allerdings sind diese Vorgänge auch die Grundlage für die Hybridisierung und Selektion bei Fischen in Gefangenschaft, so entstehen neue Stämme und Zuchtformen, indem die »Abnormalitäten« ausgelesen und weitergezüchtet werden.

Krankheiten, die durch mangelhafte Ernährung bedingt sind

Eine unausgewogene Nahrung oder ein Futter, dem in irgendeiner Hinsicht etwas fehlt, verursacht Krankheiten anderer Art. Die Bedeutung der Vitamine wurde schon im Zusammenhang mit dem Futter und der Fütterung betont. Übermäßiges Fett in der Nahrung und ganz allgemein ein Überfüttern kann bei Tieren zur Degeneration oder zu Krankheiten der Leber führen und ebenso zu erhöhter Empfindlichkeit gegenüber Infektionskrankheiten. Zu wenig oder falsches Futter kann ebenfalls zu Problemen führen, wie etwa zu Abmagerung oder zu Verstopfungen.

Vergiftungen

Zu den giftigen Stoffen, die im Aquarium gefährlich werden können, gehören Metalle, wie etwa Kupfer, Zink und Blei, außerdem die herkömmlichen Verunreinigungen, wie Chlor oder Ammoniak. Mögliche Quellen für Kupfer und Blei sind Medikamente – Kupfersulfat – und Wasserleitungsrohre. Im Bereich des Aquariums sollte man keine Metallrohre verwenden, und man sollte das Wasser nicht aus einer Haushaltsleitung entnehmen, die Kupfer- oder Bleirohre aufweist. Bleigewichte, die man dazu benutzt, um Pflanzen zu beschweren bis sie festgewurzelt sind, sollte man nicht dauernd im Aquarium belassen, besonders nicht in saurem Süßwasser. Zinkvergiftungen lassen sich vermeiden, indem man verzinktes Eisen nicht mit dem Aquarienwasser in Berührung bringt, und auf zinkfreie Arzneimittel, besonders bei Malachitgrün, achtet. Alle Farben, Klebstoffe und ähnliche Materialien, die mit dem Wasser in Kontakt kommen könnten, müssen metallfrei sein, und um in dieser Hinsicht sicher zu gehen, kann es manchmal notwendig werden, sich beim Hersteller zu erkundigen oder auch sorgfältige Tests durchzuführen. Wenn Metall im Wasser benutzt wird, sollte es vollständig mit Plastik oder Gummi überzogen werden.

Schwermetallvergiftungen verursachen bei den Fischen schwere Störungen, insbesondere der Kiemengewebe. Die Kiemenplättchen kleben aneinander weil der sie umgebende Schleim verklumpt. Frühe Symptome äußern sich in einer gesteigerten Atmungstätigkeit, entzündeten Kiemen und in Luftschnappen an der Oberfläche, dabei besteht die Gefahr des Erstickungstodes. Als Gegenmaßnahme muß man den Fisch sofort in sauberes Wasser umsetzen, das Metall als Ursache der Vergiftung finden und entfernen, und das gesamte Wasser des Aquariums auswechseln.

Chlor wird meist dazu benutzt, um das Leitungswasser zu desinfizieren, also Bakterien, Gerüche und eventuellen Fremdgeschmack zu beseitigen. Das Chlor muß entfernt werden ehe das Wasser in ein Aquarium eingefüllt wird. Fische und Wirbellose werden durch Chlor gereizt, besonders an Kiemen und Schleimhäuten, und auch Pflanzen können darunter leiden. Bei den Fischen bestehen die Symptome in ruhelosem Hin- und Herschwimmen und in Gleichgewichtsstörungen. Das Chlor zerstört sowohl pflanzliche als auch tierische Enzyme, und die Organismen können sich manchmal selbst dann nicht mehr erholen, wenn sie sofort in klares Wasser umgesetzt wurden.

Ammoniak entsteht in Aquarien als das Hauptprodukt tierischer Ausscheidungen, sowie bei der bakteriellen Zersetzung organischen Materials. Es kann auch von außerhalb in das Aquarium gelangen, beispielsweise durch in der Nähe gepflegte Tiere (beispielsweise in einem Aquaterrarium), durch Dünste, verschmutztes Was-

1 Die Anatomie eines typischen Aquarienfisches weist mehrere Hauptbereiche auf, die von Krankheiten befallen werden können: a) Maul, b) Auge, c) Haut, d) Kiemen, e) Leber, f) Nieren, g) Magen, h) Skelett, i) Flossen, j) Schwanz, k) Schwimmblase, l) Darm, sowie außerdem ganz allgemein Blut und Gewebe.
2 Zwei Parasiten, die eine schleimige Haut verursachen, sind die Einzeller a) *Trichodina,* ein Wimperntierchen, und b) *Costia,* ein Geißeltierchen.
3 Parasiten auf der Haut sind a) der Saugwurm *Gyrodactylus* und die Crustaceen b) *Lernea* und c) die Karpfenlaus.
4 Die Dermatomycose auf der Oberfläche eines Fisches wird durch einen Pilz verursacht, der auch auf abgestorbenem Futter im Aquarium wächst.
5 Die Flossenfäule ist eine bakterielle Infektion, die oft durch schlechtes Wasser noch gefördert wird.
6 Lymphocystis ist die häufigste Virenerkrankung der Aquarienfische.
7 Auch eine pockenähnliche Erkrankung wird durch Viren übertragen, sie breitet sich ebenfalls über die Haut aus.
8 Ein vergrößerter Querschnitt durch die Haut eines Fisches zeigt a) die Epidermis, b) Schleimzellen, c) Zellkerne, d) Epithelzellen, e) Chromatophoren (Farbstoffzellen), f) die Cutis, g) Blutgefäße, h) Fettzellen.
9 Das Blut eines Fisches kann von Geißeltierchen der Gattung *Trypanosoma* befallen sein (a), die die Roten Blutkörperchen (b) befallen und durch Saugwürmer auf andere Fische übertragen werden können.
10 Die Augenlinse ist für Infektionen durch *Diplostomum*-Saugwürmer empfindlich, die sogar zur Erblindung führen können.
11 Mikroskopisch kleine Sporen von *Myxobolus* (a) können auf den Kiemen Cysten bilden (b) und ebenso auf der Haut.
12 Zu den auf den Kiemen parasitierenden Saugwürmern gehören a) *Dactylogyrus* und b) *Diplozoon.*
13 Ein Bandwurm kann im Darm eines Fisches parasitieren und dessen Nährstoffe nutzen.

Der Lebenszyklus eines digenen Trematoden umfaßt einen zweiten Wirt, wie beispielsweise eine Schnecke. Der Saugwurm lebt im Darm des Fisches und die Eier werden mit dem Kot abgegeben (a). Aus jedem Ei schlüpft eine bewimperte Larve, die als Miracidium (b) bezeichnet wird. Diese sucht sich eine Schnecke als Wirt, bohrt sich in deren Fleisch ein, verliert die Wimpern, und wird zur Sporocyste (c). Diese entwickelt sich zur Larve eines weiteren Typs, der Redie (d), aus der eine dritte Larvenform hervorgeht, die Cercarie (e). Diese verläßt die Schnecke und schwimmt fort. Im Fisch encystiert sie sich und erreicht so den Darm, wo wieder Eier abgegeben werden und der Kreislauf von neuem beginnt. Aus diesem Grund sollte man keine Schnecken aus der Natur in ein mit Fischen besetztes Aquarium einbringen, weil sie eine derartige Krankheit einschleppen könnten.

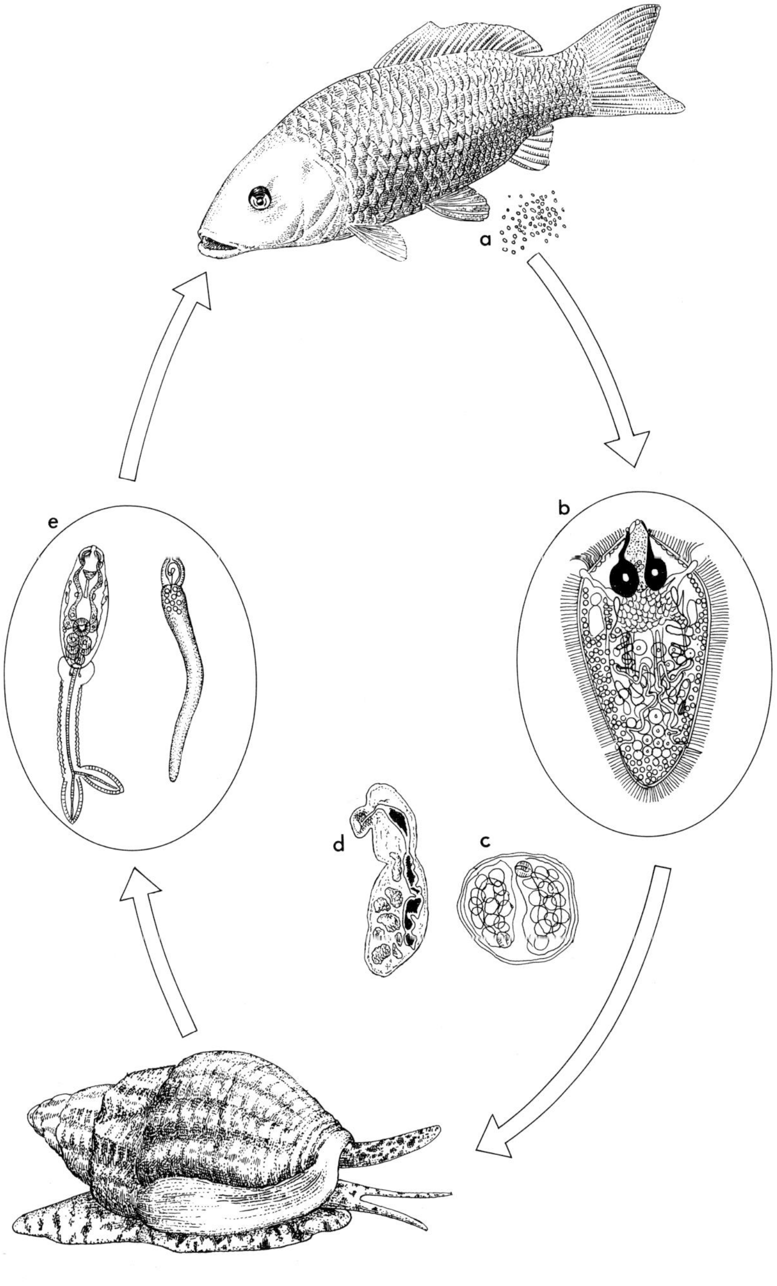

ser oder durch Reinigungsmittel auf Ammoniakbasis. Wie bereits früher erläutert wurde, ist Ammoniak sehr giftig. Es zerstört das Kiemengewebe, beeinträchtigt das Wachstum und setzt die Widerstandsfähigkeit gegenüber Infektionen herab. Bakterieller Befall der Kiemen, Flossen und Schwänze läßt sich häufig auf zu hohen Ammoniakgehalt im Wasser zurückführen. Zu den Symptomen der Ammoniakvergiftung gehört eine verstärkte Schleimproduktion, geschwollene und verklebte Kiemenblättchen und blutunterlaufene Flecke.

Krankheitserreger

Zu den Lebewesen, die im Aquarium aktiv Krankheiten verursachen können, gehören Protozoen, Viren, Bakterien, Pilze und weitere Parasiten. Ihre erfolgreiche Behandlung hängt von der wissenschaftlichen Erforschung ihrer Struktur und ihrer Lebenszyklen ab, die in vielen Fällen noch nicht sehr weit gediehen ist.

Protozoen

Mikroskopische Protozoen kommen in allen natürlichen Gewässern sehr zahlreich vor. Viele leben freischwimmend und ernähren sich von Bakterien und feinem Detritus, und einige davon können schädlich werden, sobald sie einen Fisch befallen. Wenn sie zahlreich auftreten, können sie dem Fisch sehr unangenehm werden und er reagiert darauf, indem er verstärkt Schleim absondert. Die meisten dieser Einzeller sind parasitär und ernähren sich von Fischen. Einige verursachen unmittelbar den Tod und andere indirekt, indem sie bewirken, daß sich Wunden erweitern, in denen dann durch Bakterien oder Pilze Sekundärinfektionen entstehen können.

Protozoen kommen meist als frei bewegliche Schwärmer vor, die sich rasch durch das ganze Aquarium bewegen, aber nur kurz leben, wenn sie nicht bald einen geeigneten Wirt finden. Im allgemeinen können Protozoen ein Ruhestadium bilden, in dem man sie nicht durch Medikamente angreifen kann, so daß die Behandlung oft wiederholt werden muß.

Ciliaten oder Wimperntierchen

Eine verbreitete Hautkrankheit bei den Fischen ist der »Ichthyo«, der im Süßwasser durch das Wimperntierchen *Ichthyophthirius multifiliis* und im Seewasser durch *Cryptocaryon irritans* verursacht wird. Man erkennt sie als kleine weiße oder weißliche Flecken oder weiche Zysten von etwa 1 mm Durchmesser, die sich dort bilden, wo der Ciliate die Epidermis des Fisches, also die obere Hautschicht, durchdrungen hat und von einer Zellschicht umgeben wurde. Wenn man etwas Schleim abkratzt und mikroskopisch untersucht, erkennt man den sich langsam drehenden Parasiten. Dieser ernährt sich von hauchdünnen Blutgefäßen und bricht, wenn er herangereift ist, durch die Haut des Fisches nach außen durch und sinkt auf den Bodengrund. In einer Schutzhülle teilt er sich in hunderte junger Nachkommen, die nach 36 Stunden alle in der Lage sind, neue Wirte zu befallen. Der vorher als Wirt dienende Fisch ist durch die Parasiten geschwächt und für Sekundärinfektionen anfällig. Die Krankheit kann in ein Aquarium durch Fische oder andere Tiere und durch Pflanzen übertragen werden.

Gegen diese Protozoen kann man, während sie sich im Fisch oder enzystiert auf dem Boden befinden, nicht wirksam angehen. Im freischwimmenden Stadium sind sie jedoch gegenüber verschiedenen Medikamenten empfindlich, so daß eine intensive medikamentöse Behandlung die meisten Parasiten abtötet. Dazu kann man Methylenblau, Malachitgrün, Acriflavin, Neguvon, Formalin oder Antibiotika wirksam einsetzen. Der von der Krankheit befallene Fisch sollte in einem Behandlungsbecken isoliert mit einem dieser Medikamente behandelt werden. Die Temperatur kann um mehrere Grad erhöht werden, um die Entwicklung der Parasiten zu beschleunigen. Bei 10 °C benötigt der Parasit einige Wochen bis er reif wird und den Fisch verläßt, bei über 20 °C hingegen vergleichsweise nur 3–4 Tage. Wenn alle Fische aus einem infizierten Aquarium entfernt werden, ist es nach drei Tagen wiederverwendbar, weil die jungen Parasiten in dieser Zeit keinen Wirt finden konnten und abgestorben sind.

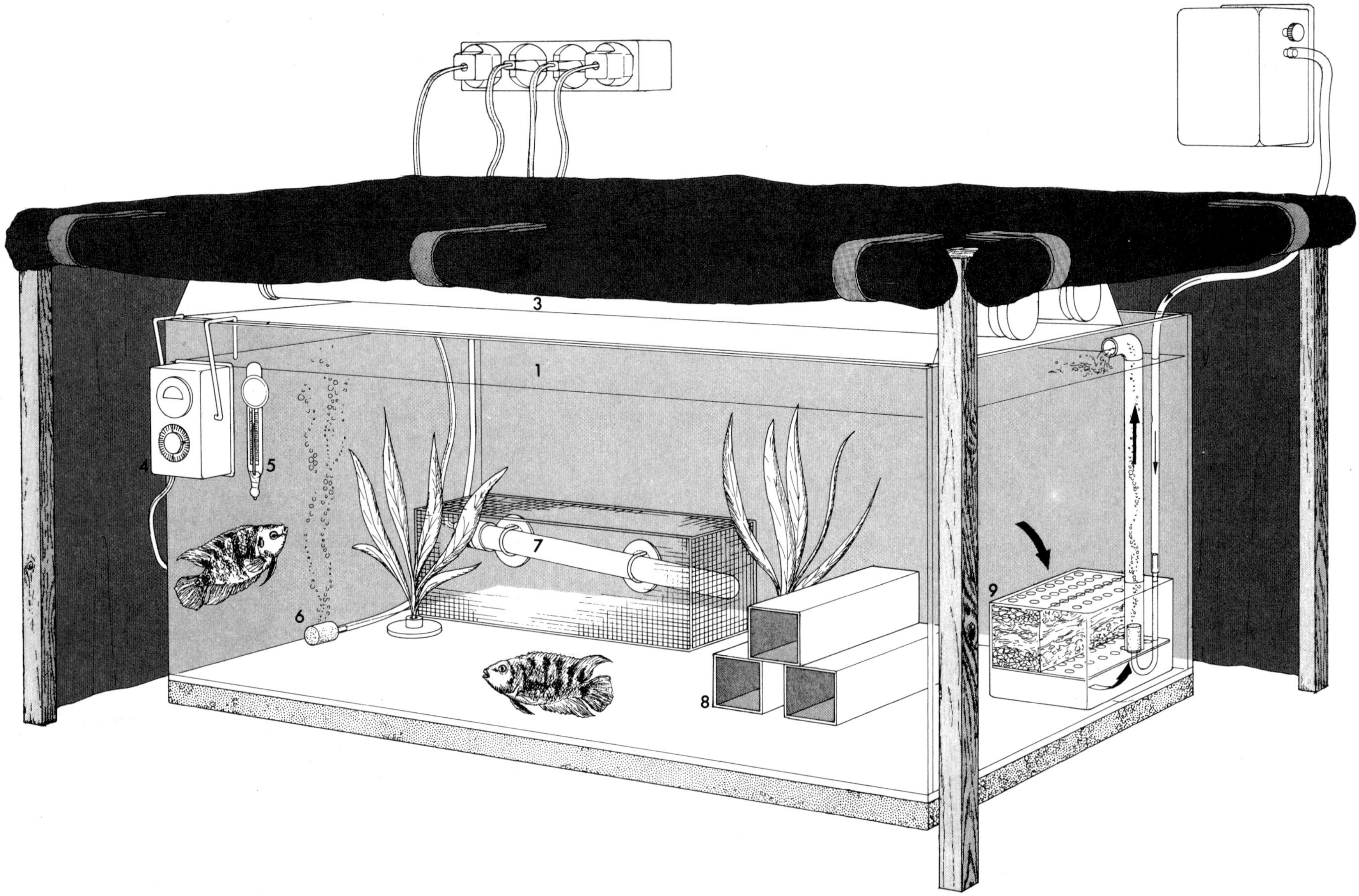

Ein Aquarium, das zur Quarantäne dient und dazu, kranke Aquarienbewohner zu behandeln, sollte wie folgt eingerichtet sein:

1 Das Becken kann ein Ganzglasaquarium oder ein Plastikbecken mit den Ausmaßen (Länge × Breite × Höhe) von etwa 45 × 25 × 30 cm und etwa 34 Litern Inhalt sein. Es steht auf einer Unterlage aus isolierendem Material, aber es enthält keinen Bodengrund, und alle Einrichtungsgegenstände müssen sterilisierbar sein.

2 Ein Vorhang aus schwarzem Material, zum Beispiel Kunststoff, kann über einen Holzrahmen herabgelassen werden und schirmt das Aquarium notfalls von äußeren Einflüssen ab.

3 Über dem Aquarium sind eine Leuchtstoffröhre und eine Ultraviolettlampe mit einem Reflektor zur Beleuchtung und gegebenenfalls zur Bestrahlung des Wassers angebracht.

4 Ein Thermostat zur Regelung der entsprechenden Wassertemperatur kann außerhalb des Beckens befestigt werden, man kann natürlich auch einen Typ benutzen, der innerhalb des Aquariums hängt.

5 Die Temperatur läßt sich sofort mit einem Schwimmthermometer im Aquarium kontrollieren.

6 Das Wasser wird durch einen Ausströmer, der von einer Luftpumpe betrieben wird, belüftet und umgewälzt.

7 Ein kleiner Stabheizer, der das Wasser anwärmen soll, ist mit Saughaltern in einer Ecke der Rückwand angebracht und wird durch ein Kunststoffsieb geschützt. Seine Anschlüsse sind mit dem Thermostat verbunden.

8 Mit Kunststoffgegenständen oder Materialien, die desinfizierbar sind, werden Unterschlupfmöglichkeiten und damit Schutz für die Tiere geschaffen. Dazu lassen sich Rohre, künstliche Riffe oder Blumentopfscherben verwenden, auch ein paar Kunststoffpflanzen.

9 Die mechanische Filterung des Wassers erfolgt in einem Filterkasten, der mit Schichten von Kies und Wasser gefüllt ist, durch die das Wasser mittels einer Mammutpumpe gezogen wird.

Flagellaten oder Geißeltierchen
Eine weitere Krankheit ist die Goldstaub-Krankheit, die durch das Geißeltierchen *Oodinium limneticum* vor allem auf der Haut verursacht wird. Besonders Warmwasserfische werden davon betroffen, insbesondere wenn sie noch jung sind. Wo sich der Parasit festgesetzt hat und in die Epidermis hineingewachsen ist, erscheint auf der Haut ein goldgelber Staub. Der Parasit, der sich in der Haut ernährt, sieht unter dem Mikroskop birnenförmig aus. Wenn er herangereift ist, enzystiert er sich im Fisch und teilt sich in 200 oder mehr Nachkommen, die die Zyste dann verlassen und sich wieder auf der Haut oder den Kiemen eines Fisches niederlassen.

Ähnlich ist die *Oodinium*- oder Samtkrankheit, die ebenfalls die Haut und gelegentlich die Kiemen befällt, vor allem bei tropischen Cyprinodontiden. Sie wird durch *Oodinium pillularis* verursacht. Die dadurch erzeugten kleinen Punkte oder staubartigen Erhebungen auf der Haut sind grau, und es können sich Teile der Haut ablösen. Der Parasit verläßt den Fisch, enzystiert und vermehrt sich auf dem Bodengrund. Tropische marine Fische leiden auch unter dem Parasiten *Oodinium ocellatum,* der die Korallenfischkrankheit verursacht, die vor allem die Kiemen, aber auch die Haut befällt. Frühe Warnzeichen hierfür sind das Luftschnappen an der Oberfläche, allgemeine Schwäche und Lethargie. Es bilden sich dabei blutunterlaufene Flecken, Zysten, Nekrosen und Entzündungen der Kiemen. Die Behandlung muß rasch erfolgen, um wirksam zu sein.

Verschiedene andere Protozoen, beispielsweise Arten der Gattungen *Chilodonella, Trichodina* und *Costia,* kriechen über die Haut und die Kiemen der Fische und leben von Epithelzellen und von Gewebe um Geschwüre oder Wunden herum. Das davon befallene Opfer sondert verstärkt Schleim ab, der in extremen Fällen zum Ersticken der Fische führen kann. Diese Parasiten kommen in Süß- und Seewasser gleichermaßen vor und sind in der Lage, unterschiedliche Fischarten zu befallen.

Wie bei den Ciliaten, so muß auch hier die medikamentöse Behandlung verlängert oder wiederholt werden, um alle Folgegenerationen der Flagellaten abzutöten. Für isoliert behandelte Fische sind Methylenblau, Malachitgrün, Acriflavin, Neguvon und Kupfersulfat als Bäder in unterschiedlicher Weise wirksam. Das Hauptaquarium muß nach einem Krankheitsbefall mindestens vierzehn Tage lang fischfrei bleiben.

Sporozoen oder Sporentierchen
Sporentierchen haben recht komplizierte Lebenszyklen und produzieren zahlreiche kleine, infektiöse Sporen. Viele Arten infizieren die inneren Organe der Fische, wie Nieren, Leber, Darm und Gonaden, ebenso das Blut, die Muskeln oder andere Gewebe. Ein gesunder Fisch vermag dem Wachstum und der Wirkung dieser Parasiten zu widerstehen, aber in einem geschwächten Tier, das eine herabgesetzte Widerstandsfähigkeit hat, können sie sich sehr rasch fortpflanzen und als große Geschwüre, Pickel, Knoten oder Zysten auftreten und Blutungen und eine Blockierung der Blutgefäße hervorrufen, wodurch eine Nekrose eintreten kann.

Die Coccidien oder Sporen sind häufige und gefährliche Parasiten des Verdauungstraktes, sowohl bei Süß- als auch bei Seewasserfischen. Sie leben an der Darmwand festgeheftet und ernähren sich dort bis sie herangereift sind, dann enzystieren sie sich. Die Zysten verlassen den Fisch mit dem Kot und bleiben im Ruhestadium bis sie von einem weiteren Fisch aufgenommen werden. Die jungen Sporozoen schlüpfen in den Eingeweiden des neuen Wirtes aus und heften sich wieder an die Wände. Zu den Krankheitsanzeichen gehören örtliche Schwellungen der Körperwand, lethargisches Verhalten, und, bei schweren Anzeichen, geringes Wachstum, dunkle Verfärbung und Abmagerung.

Im Süßwasser findet sich oft bei Salmlern und Karpfenfischen eine Sporozoenart der Gattung *Plistophora.* Das erste Anzeichen für die Krankheit besteht in der Regel aus einer bleichweißen Verfärbung der Flanken des Fisches, die dann langsam über den ganzen Körper fortschreitet. Die Farben verblassen und der Fisch kann abmagern und sein Verhalten sehr wechselhaft werden. In den Muskeln und inneren Organen bilden sich Zysten, und das Absterben des Gewebes führt schließlich zum Tod.

Eine erfolgreiche Behandlung einer durch Sporozoen verursachten Krankheit ist schwierig. Der Fisch muß sofort isoliert werden und Medikamente erhalten, dabei ist auf strenge Hygiene zu achten. Malachitgrün kann als Bad wirksam sein und kann dazu benutzt werden, um das Ausbrechen der Krankheit im Hauptaquarium zu verhindern. Nitrofuran kann bei isolierten Fischen, die Geschwüre und Knoten auf der Haut zeigen, dazu benutzt werden, um die befallenen Stellen damit abzutupfen. Große Geschwüre kann man aufschneiden und ausschaben bevor sie abgetupft werden. Man kann dieses Medikament auch als Dauerbad verwenden und dem Fisch mit der Nahrung verabreichen. Nach dem Ausbruch einer Krankheit, die sich auf Sporozoen zurückführen läßt, sollte das ganze Aquarium desinfiziert werden, um ein Wiederauftreten zu verhindern.

Viren
Viren sind kleinste Partikel, die in bestimmter Weise lebenden Organismen ähnlich sind und in den Zellen anderer Lebewesen vorkommen. Sie benutzen diese Zellen, um weitere Viruspartikel herzustellen, die aus der Zelle dann herausbrechen und sie abtöten. Das führt zu zahlreichen Viruserkrankungen bei Pflanzen und Tieren, auch bei Fischen. Es gibt für Viruserkrankungen bei Fischen, die meist ansteckend und sehr oft tödlich sind, keine wirksamen Hilfsmittel. Etwas Erfolg läßt sich allenfalls mit Acriflavin und verschiedenen Antibiotika erzielen, doch müssen befallene Tiere isoliert und notfalls sogar abgetötet werden. Das Aquarium sollte anschließend sorgfältig desinfiziert werden.

Die Bauchwassersucht ist eine Krankheit, die wahrscheinlich durch einen Virus verursacht wird. Sie wird offensichtlich durch bakterielle Sekundärinfektionen noch verschlimmert, meistens durch *Aeromonas*-Arten. Die Krankheit wird dadurch charakterisiert, daß in befallenen Organen und Geweben Flüssigkeitsansammlungen auftreten, wodurch ein stark aufgetriebener Bauch, Schuppensträube und hervorstehende Augen entstehen.

Eine Viruserkrankung bei Süßwasserfischen tritt verstärkt nach Fütterung mit verdorbener Nahrung oder nach Hautverletzungen auf. Diese Krankheit äußert sich in wolkigen, weißen Flecken oder Auswüchsen auf der Hautoberfläche, doch können diese abfallen und abheilen, wenn die Wasserqualität besser wird, oder sie entfärben sich wieder. Obgleich die Krankheit selten tödlich verläuft, kann sie zurückgebliebenes Wachstum und leichte Abmagerungen zur Folge haben.

Eine weitere Viruskrankheit, die vor allem bei Süßwasserfischen auftritt, ist die Lymphocystis. Dabei bilden sich große warzenähnliche Auswüchse auf der Haut und den Flossen, die sich langsam ausbreiten, was schließlich zur Abmagerung und sogar zum Tode führt. Größere Auswüchse kann man chirurgisch entfernen.

Bakterielle Erkrankungen
Bakterien sind mikroskopisch kleine Organismen von 0,5 bis 10 Mikrometer Größe. Viele Arten haben keine charakteristische Form und müssen zunächst im Labor gezüchtet werden, damit man sie überhaupt identifizieren kann. Bakterien kommen in großer Zahl praktisch überall vor. Weil sie oft als Saprophyten leben – sie ernähren sich von totem organischem Material – und in der Natur intensiv tätig sind, sorgen sie dafür, daß anorganische Nährstoffe wiederverwandt werden können. Im Aquarium sind nitrifizierende und zersetzende Bakterien für die Filtervorgänge wesentlich. Daher darf man in einem Aquarium, das mit einem Bakterienfilter arbeitet, keine Medikamente einsetzen.

Viele Arten sind pathogen und können auch ohne einen Wirt gedeihen bis sie durch eine Sekundärinfektion Wunden und Geschwüre befallen (besonders *Aeromonas*-Arten im Süßwasser und *Vibrio*-Arten im Seewasser), oder Tiere, die durch Streß oder eine weitere Infektion bereits geschwächt sind. Pathogene Bakterien verursachen oft ganz bestimmte Krankheitssymptome, und eine Diagnose läßt sich dann mit den entsprechenden Hilfsmitteln leicht durchführen. Antibiotika können sich mitunter als einziges Heilmittel erweisen, obgleich sich manchmal durch eine Behandlung mit Malachitgrün, Acriflavin, Kupfersulfat, Nitrofuran, Kaliumdichromat und Phenoxethol ein Erfolg erzielen läßt.

Die »Baumwollkrankheit« oder »Columnaris« wird durch Schleimbakterien der Gattungen *Chondrococcus* und *Cytophaga* sowohl im Süß- als auch im Seewasser

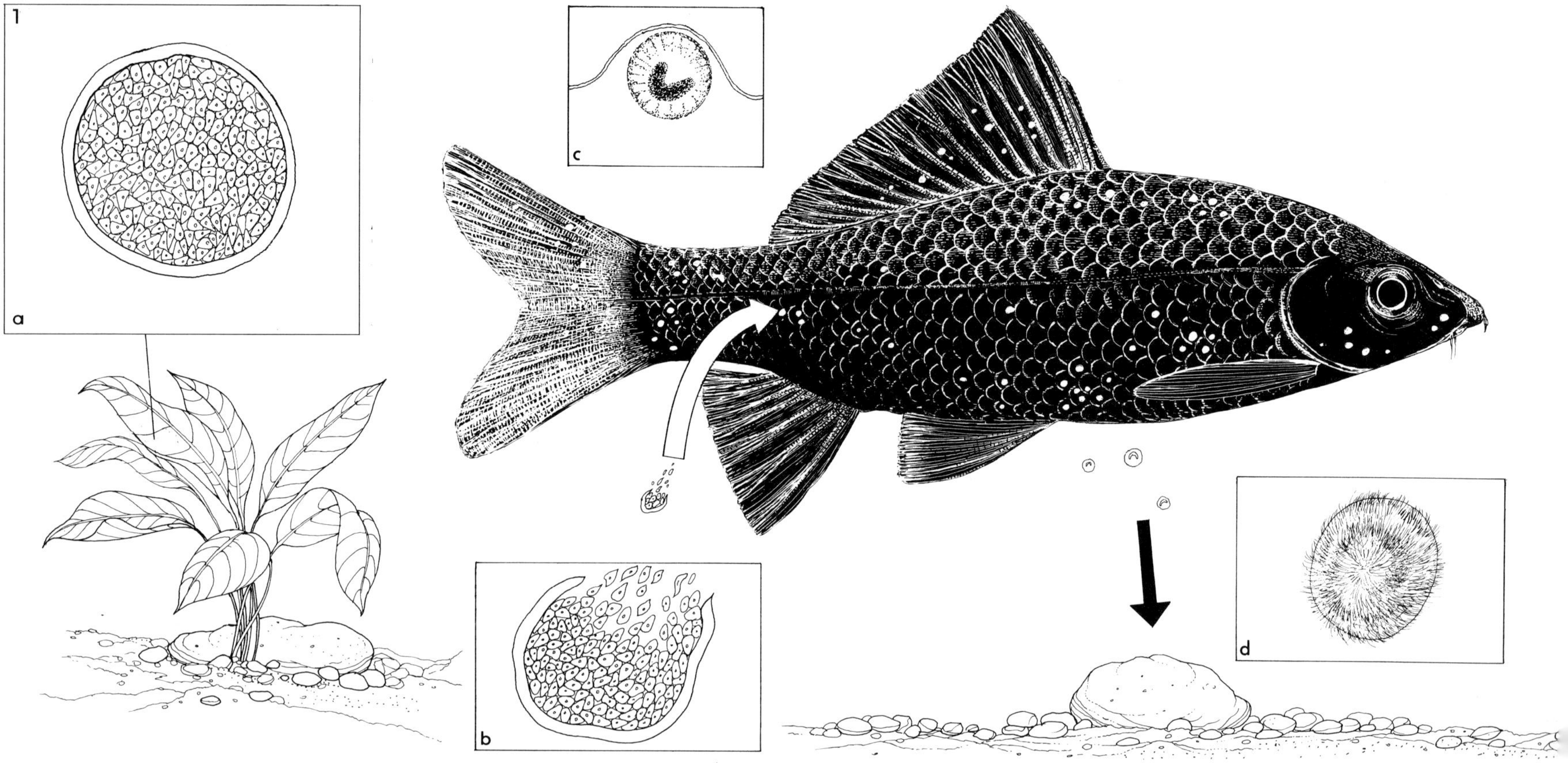

verursacht. Die befallenen Tiere werden lethargisch und zeigen vor allem am Maul wollige Auswüchse, Maul- und Wangenbereich fallen langsam ein, und auf Kopf, Flossen, Kiemen und Haut zeigen sich weiße Flecken. Die Krankheit ist ansteckend und oft tödlich. Eine als Flossenfäule bekannte Krankheit, die von verschiedenen Bakterienarten verursacht werden kann, kommt bei Süß- und Seewasserfischen häufig vor. Die Symptome bestehen in blutunterlaufenen Stellen an der Schwanzwurzel und den Flossenansätzen, wobei die Haut und das Fleisch offen daliegen können, so daß oft eine Sekundärinfektion durch Pilze auftritt.

Tuberkulose ist die häufigste bakterielle Erkrankung der inneren Organe, die vor allem Warmwasserfische befällt. Durch *Mycobacterium*-Arten verursacht, äußert sie sich in allgemeinen Anzeichen eines schlechten Gesundheitszustandes, wie etwa Trägheit und Verlust von Gewicht und Farbe. Anzeichen eines fortgeschrittenen Stadiums sind ausfallende Schuppen, geklemmte Flossen, blutige Flekken auf der Haut und Skelettmißbildungen. Eine positive Diagnose läßt sich erst durch eine Untersuchung nach dem Tode des Tieres bestätigen. Dabei lassen sich in den inneren Organen und im Haut- und Muskelgewebe oft kleine, knotige, graue Zysten finden. Fische, die Anzeichen von Tuberkulose zeigen, sind meist nicht mehr zu heilen und müssen isoliert oder sogar abgetötet werden.

Pilzerkrankungen

Parasitäre Pilze kommen in allen Süß- und Seegewässern vor. Sie bewirken bei Fischen oft Sekundärinfektionen, vor allem dort, wo mechanische Verletzungen, durch Protozoen verursachte Wunden oder bakteriell bedingte Geschwüre die Haut verletzt haben, außerdem wird die natürliche Widerstandsfähigkeit des Fisches herabgesetzt. Viele Arten haben außerordentlich widerstandsfähige Sporen, die ohne einen Wirt überleben können, und dies erschwert eine Behandlung.

Eine häufige Pilzerkrankung von Süßwasserfischen ist die Dermatomycose. Sie wird von verschiedenen Arten aus der Familie der Saprolegniaceae verursacht. Sie sieht häßlich aus, ist aber in der Regel alleine nicht tödlich. Die Infektion erscheint als grauweißer, wolliger Auswuchs von Pilzfäden auf Haut, Flossen und gelegentlich Kiemen. Diese Hyphen bilden ein Gerüst von Fäden, das in die Haut des Fisches und manchmal bis in die Muskeln hineinwächst und in seiner Gesamtheit als Mycel bezeichnet wird. Pilze befallen auch gelegentlich die Augen von Süß- und Seewasserfischen, normalerweise auch in diesem Fall nur nach Abschürfungen oder Verletzungen. Die Hyphen wachsen um das Auge herum und in dieses hinein, so daß eine rasche Behandlung erfolgen muß, damit das Mycel das Auge nicht verletzt und in das Gehirn eindringt.

Die Krankheit *Ichthyophonus* wird durch eine Pilzart gleichen Namens verursacht. Sie ist bei Süß- und Seewasserfischen weit verbreitet, aber sie ist ohne die Möglichkeiten einer Laborausstattung schwierig zu diagnostizieren, weil es keine charakteristischen äußeren Symptome gibt. Der Fisch kann lethargisch werden, die Haut dunkler werden, Abmagerung kann auftreten, die Augen können hervortreten und sich Geschwüre bilden. Der parasitäre Pilz durchdringt die Haut des Fisches und wächst langsam durch die Organe des Körpers, wobei er diese mehr und mehr zerstört. Meist ist eine Behandlung nur dann wirksam, wenn die Krankheit sich noch im Frühstadium befindet. Daher ist der Ablauf oft tödlich, vor allem, weil das Erkennen dieser Krankheit so schwierig ist.

Pilzinfektionen sollten dadurch behandelt werden, daß der Fisch isoliert und in ein Bad mit Methylenblau, Malachitgrün, Acriflavin, Kaliumdichromat oder Phenoxethol gesetzt wird. Als Alternative kann man auch kleinere befallene Hautbereiche unmittelbar mit Jod oder Kaliumdichromat betupfen. Auch eine Ozonbehandlung des Wassers während einer kurzen Zeitspanne, jeden Tag über zehn Tage hinweg, kann wirksam sein.

Krebstiere als Parasiten

Es gibt mehrere Crustaceen, die als Fischparasiten auftreten. Einer der häufigsten und größten ist die Karpfenlaus, ein Copepode, sie wird 5 bis 10 mm lang. Verschiedene Arten der Gattung *Argulus* kommen über die ganze Erde verbreitet in

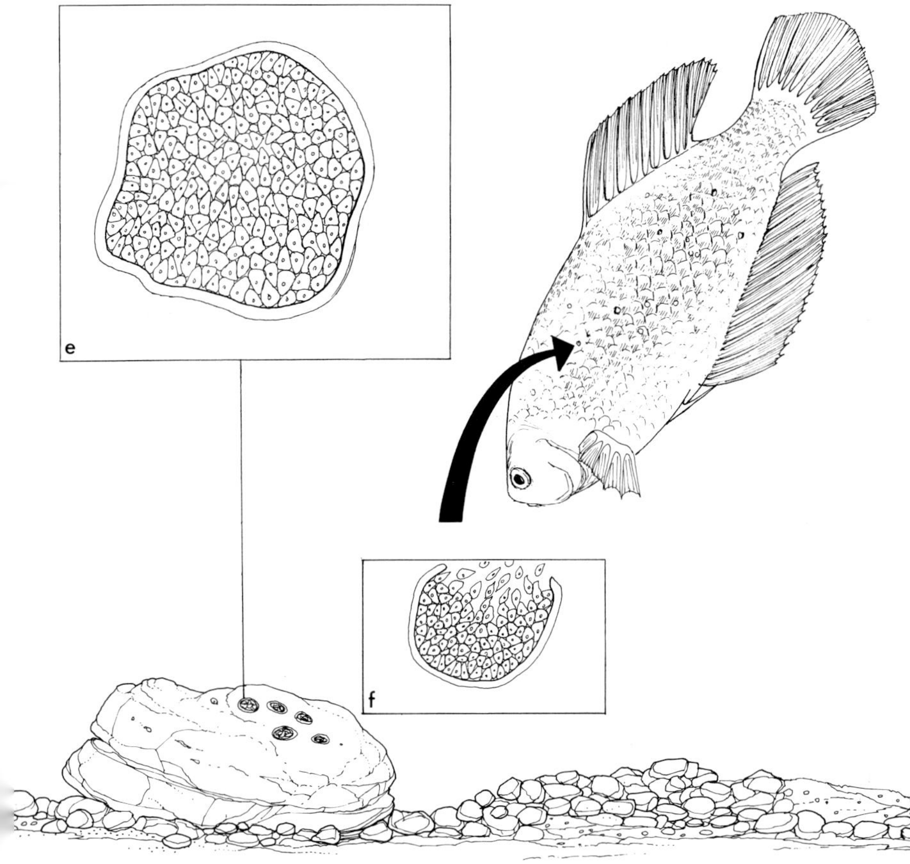

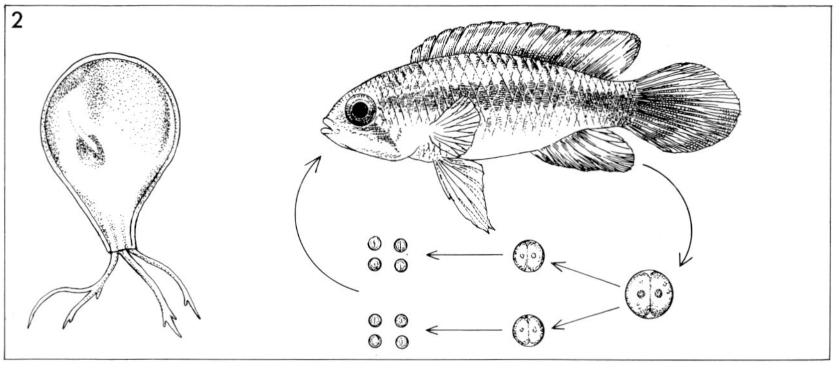

Ein Fisch kann durch einzellige Parasiten infiziert werden, die sich sehr rasch vermehren und keinen lebenden zweiten Wirt benötigen um ihren Lebenszyklus vollenden zu können.
1 Die »Ichthyo«-Krankheit kann mit einer freilebenden Zelle beginnen, die sich in zahlreiche weitere Zellen teilt (a). Diese schwimmen dann auseinander um Wirte zu finden (b). Jede Zelle wächst in einer Zyste auf der Haut eines Fisches heran (c) und fällt als reifer Ciliate (d) auf den Bodengrund. Dieser teilt sich dann wieder auf ähnliche Weise (e), um weitere Fische zu infizieren (f).
2 Einen vergleichbaren Zyklus weisen verschiedene Flagellaten aus der Gattung *Oodinium* auf, wie es bei der »Samtkrankheit« der Fall ist. Diese befallen die Haut oder die Kiemen, aber sie enzystieren sich nicht sehr tief. Durch eine unsaubere Umgebung werden die Parasiten in ihrer Entwicklung gefördert.

Süß- und Seewasser vor. Sie befallen die Haut und die Kiemen ihres Opfers und halten sich dort mit Saugwerkzeugen und Haken fest und senken ihren blutsaugenden Rüssel in die Blutgefäße der Haut.

Lernea-Arten sind weitere weit verbreitete parasitische Copepoden, die lebende Fische in warmem Süßwasser befallen. Sie leben wie *Argulus* auf der Hautoberfläche, doch nur solange, bis sie geschlechtsreif sind. Dann verliert das befruchtete Weibchen sein krebsähnliches Aussehen und gräbt sich tief in die Muskeln unter der Haut ein, während nur die Eier frei aus der Haut des Fisches heraushängen; so entstehen schmerzhafte Wunden. Mit diesem Typ und festsitzenden Arten der Gattung *Lernaeocera*, die hauptsächlich in Seewasser vorkommen, sind Copepoden-Arten nahe verwandt, die auf den Kiemen der Fische parasitieren. Hierzu gehören vor allem *Ergasilus*-Arten. Sie haben ein Paar großer Haken, mit denen sie sich in die Kiemenfilamente der Fische eingraben, und befallen vor allem größere Fische. Ein Befall läßt sich an der starken Schleimproduktion erkennen, und der Fisch führt scheuernde, hüpfende und vorwärtsschnellende Bewegungen aus, weil er den Störenfried loswerden möchte.

Wie auch andere Blutsauger, können Parasiten unter den Copepoden Viren- und Bakterienerkrankungen übertragen und Sekundärinfektionen auslösen, wenn sie tief in die Haut eindringen. Am ehesten werden sie mit Lebendfutter, mit Pflanzen oder Fischen eingeschleppt, die nicht ausreichend in Quarantäne waren. Was die Behandlung betrifft, so lassen sich große Karpfenläuse oft abreiben oder mit der Hand vom Fisch ablesen, oder man behupft sie unmittelbar mit etwas konzentriertem Kaliumpermanganat. Eine andere Möglichkeit besteht darin, die Fische in eine etwas kräftigere Lösung dieses Mittels zu tauchen oder sie darin zu baden, beispielsweise auch in Formalin oder Neguvon. Natriumchlorid (Kochsalz) kann als Bad gegen parasitäre Süßwassercopepoden wirksam sein.

Trematoden oder Saugwürmer

Viele Arten kleiner, unsegmentierter Plattwürmer leben als Parasiten von Süß- und Seewasserfischen. Die häufigsten – oft werden sie gemeinsam gefunden – sind auf den Kiemen sitzende *Dactylogyrus*-Arten, die etwa 1 mm lang sind, und *Gyrodactylus*-Arten, die sich eher auf der Haut festsetzen. Innerhalb der Gruppe der Plattwürmer gehören sie zu den Monogenea. Sie ernähren sich von Epithelzellen, von denen sie oft große Bereiche abfressen, so daß offene Wunden entstehen, die für Infektionen durch Bakterien und Pilze offenliegen. Die Würmer sind schwierig zu entdekken, weil sie sich in der Regel im Hautschleim der Fische verbergen. Zu den Symptomen des Befalls können der Verlust der Färbung gehören, blutende Stellen, geklemmte Flossen, verstärkte Schleimabsonderungen, scheuernde und hüpfende Bewegungen. Schließlich folgt eine Lethargie, Erschöpfung und der Tod, wenn keine Behandlung vorgenommen wird. Wenn sich die Würmer auf den Kiemen angesiedelt haben, steigt die Atmungsfrequenz des Fisches erheblich an. Bedingt durch die geschwollenen Kiemen kann der Kiemendeckel abgespreizt getragen werden und der Fisch schnappt an der Wasseroberfläche nach Luft.

Gegen solche Würmer sollte sobald wie möglich etwas unternommen werden, wobei man die Fische in ein gut beluftetes Bad mit Methylenblau, Formalin oder Acriflavin setzt, oder – bei Süßwasserarten – indem man sie in Neguvon- oder Salzlösung taucht. Die von den Würmern produzierten Eier sind widerstandsfähig, daher muß die Behandlung nach einiger Zeit wiederholt werden, um die Jungtiere nach dem Schlüpfen abzutöten. Das Aquarium selbst kann man mit Methylenblau säubern, oder man läßt es drei bis sieben Tage lang ohne Fischbesatz, so daß die ausschlüpfenden Würmer absterben, wenn sie keinen Wirt finden können.

Zu den Digenea unter den Trematoden gehören Arten, die Fischparasiten sind, aber noch einen zweiten Wirt benötigen, oft eine Schnecke oder eine Muschel, um ihren Lebenszyklus vollenden zu können. Daher werden sie nicht übertragen, wenn nicht auch der zweite Wirt vorhanden ist. Viele dieser Würmer befallen die Eingeweide und das Blut, so daß sie nicht wirksam bekämpft werden können ohne gleichzeitig den Fisch zu schädigen. Sie verursachen Abmagerung und Lethargie der befallenen Tiere. Eine andere Art, *Diplostomum*, befällt die Augenlinse: Das Auge

1

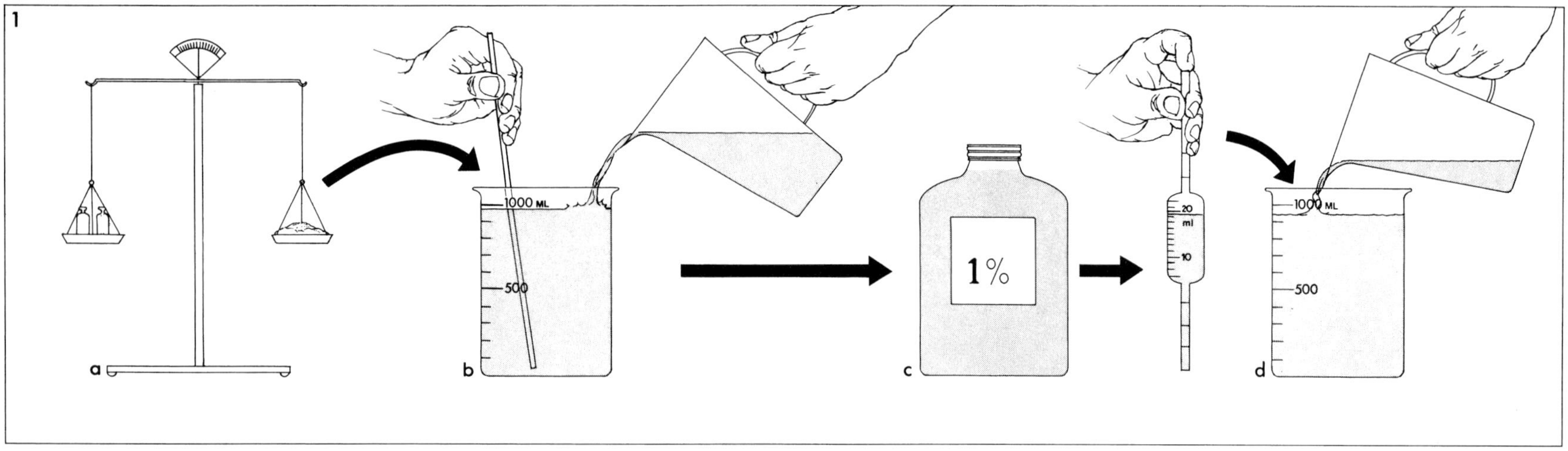

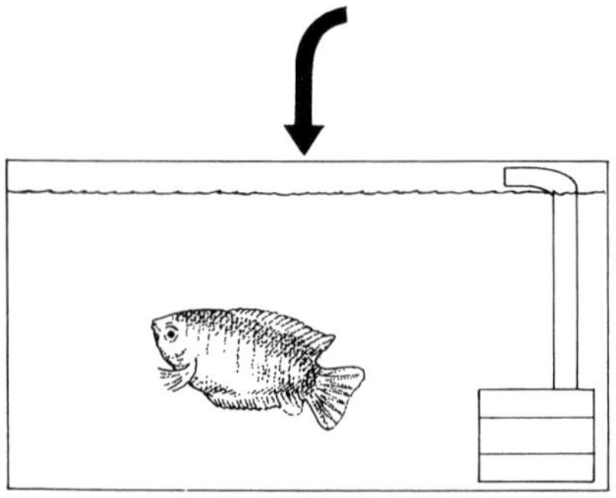

2

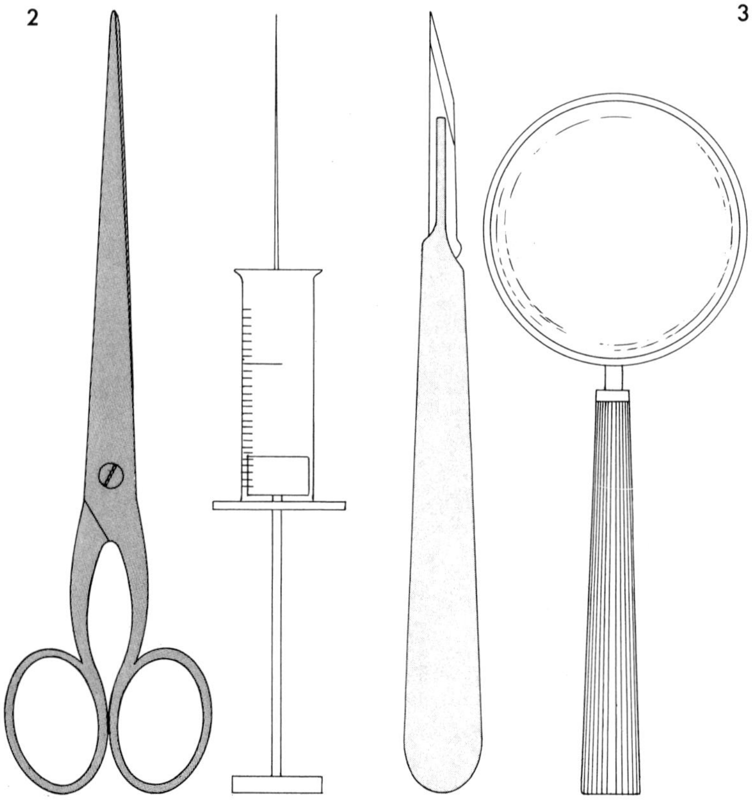

3

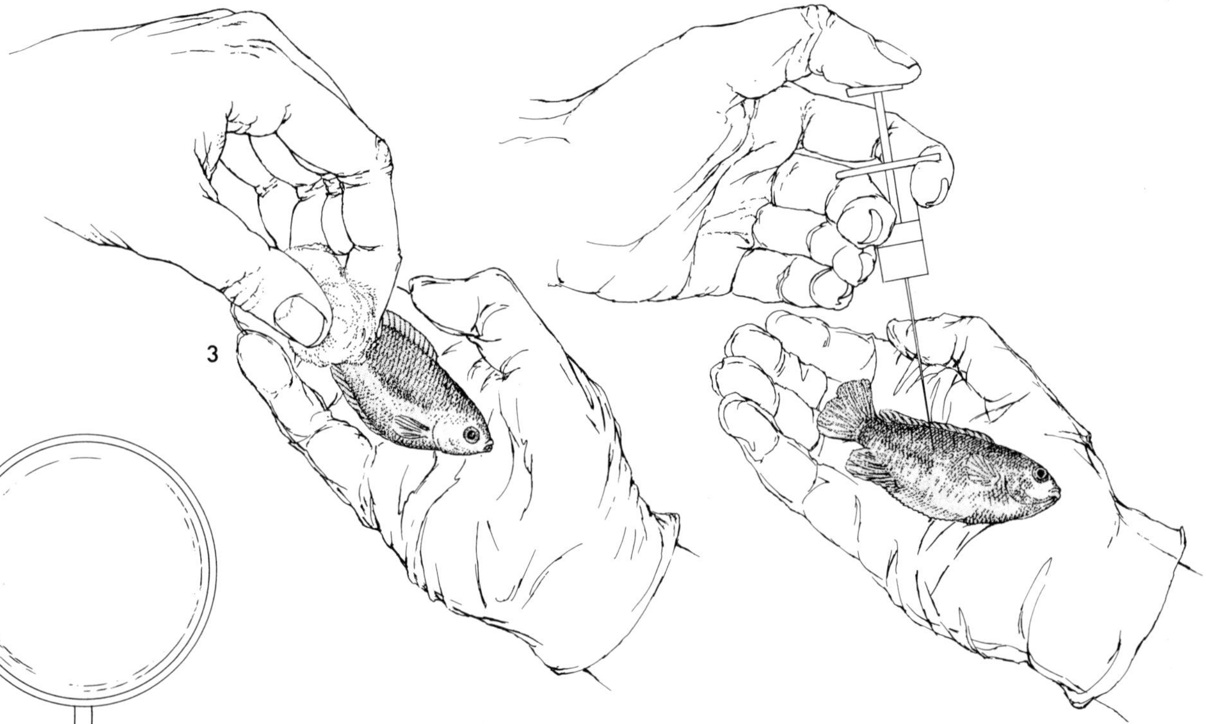

1 Um ein Medikament für den Gebrauch im Aquarium vorzubereiten, geht man wie folgt vor: a) Man wiegt die trockene Chemikalie sorgfältig ab, b) löst sie in reinem Wasser auf, um eine Stammlösung von bekannter Konzentration anzusetzen, und c) verwendet einen Teil davon, um eine Lösung der erforderlichen Konzentration herzustellen, mit der dann d) entweder ein Behandlungsbecken gefüllt wird, oder sie wird diesem zugefügt und damit weiter verdünnt. Wenn man X Gramm in einem Liter Wasser löst, erhält man eine Konzentration von $\frac{X}{10}$ Prozent oder 1000 · X Teile pro Million. Wenn Y Liter dieser Lösung mit Wasser auf Z Liter aufgefüllt werden, wird die Konzentration nur $\frac{Y}{Z}$ mal so stark. Im gezeigten Beispiel ist X = 10, $Y = \frac{20}{1000}$, Z = 1.

2 Um eine Krankheit außerhalb des Aquariums behandeln zu können, gehören zur Ausrüstung eine Schere, eine Spritze, ein Skalpell und ein Vergrößerungsglas. Man kann einen Fisch sezieren, indem man ihn auf einem Holzbrett feststeckt und zur Konservierung Formalin oder ähnliche Lösungen benutzt.

3 Man kann ein Medikament mit einem weichen Wattebausch direkt auftragen oder es vorsichtig injizieren (nur vom Fachmann!), wobei das Tier mit Gummihandschuhen festgehalten wird. Dann gibt man es mehrere Tage lang zur Beobachtung in das Behandlungsbecken zurück.

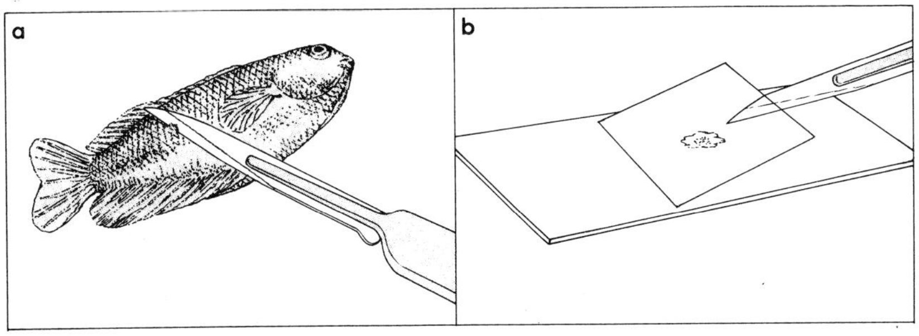

Alle Instrumente müssen vor dem Gebrauch gut sterilisiert werden. Im Aquarienwasser gelöste Medikamente können später durch Filterung über Aktivkohle oder Austauschen des Wassers entfernt werden.
4 Die Untersuchung mit dem Mikroskop ist die verläßlichste Methode, um eine Krankheit richtig zu identifizieren.
a) Um einen Hautabstrich herzustellen, wird mit der Rückseite eines Skalpells vorsichtig über die infizierte Stelle gekratzt.
b) Der Abstrich wird in einen Tropfen Wasser auf einen Objektträger gegeben, dann von schräg oben vorsichtig ein Deckglas daraufgelegt und das Präparat auf den Objekttisch unter das Mikroskop gebracht. Der Trieb des Mikroskops wird langsam solange bewegt, bis das Präparat scharf zu sehen ist, dabei überzeugt man sich vorher von der richtigen Drehrichtung, sonst stoßen die Objektive gegen das Präparat. Zur Analyse von Bakterien sind auch besondere Ausrüstungssätze erhältlich.

wird milchig, dann weiß, und hinter der Hornhaut sammelt sich Flüssigkeit an, so daß sie platzen kann. Dadurch kann eine Sekundärinfektion durch Bakterien oder Pilze entstehen, und oft verläuft der Befall tödlich, auch wenn eine entsprechende Behandlung mit Phenoxethol in der Nahrung und als Bad durchgeführt wird.

Egel
Egel sind segmentierte Ringelwürmer des Süß- und selten des Seewassers. Wenn sie parasitär an Fischen leben, fräsen sie sich durch die Haut und saugen Blut, wobei sie einen Gerinnungshemmstoff abgeben. Starker Befall kann schwere Blutarmut und große offene Wunden verursachen. Egel sind recht groß, durchschnittlich etwa 2 cm lang, und man sollte auf sie besonders dann achten, wenn man Pflanzen oder Fische in der Natur sammelt. Das symptomatische Verhalten der von Egeln befallenen Fische besteht in einer ruhelosen Schwimmweise, und die Tiere scheuern sich am Bodengrund oder den Einrichtungsgegenständen. Süßwasserfische werden dadurch behandelt, daß man sie etwa 5 bis 15 Minuten lang in eine Salzlösung oder in Neguvon taucht.

Die Behandlung von Krankheiten

In den meisten Fällen ist es am besten, das kranke Tier aus dem Aquarium in ein sorgfältig vorbereitetes, separates Becken umzusetzen, um es dort zu behandeln und beobachten zu können. Das erleichtert die Behandlung, und andere Aquarienbewohner kommen nicht mit der Hauptinfektionsquelle und auch nicht mit den benutzten Medikamenten in Berührung.

Die Anwendung von Medikamenten
Medikamente sind zugleich potentielle Gifte, und ein kleiner Irrtum in der Berechnung der Abmessung der Dosis kann den Patienten schädigen oder abtöten. Die Zubereitung und Anwendung sowie die Berechnung des Wasservolumens und der entsprechenden Konzentration muß mit großer Sorgfalt erfolgen. Am besten ist es, wenn man sich eine Stammlösung herstellt, die man vorrätig hält und dann erforderlichenfalls unmittelbar oder nach weiterer Verdünnung benutzt. Pulverförmige oder kristalline Medikamente werden für die Zubereitung der Stammlösung in Wasser aufgelöst. Pulver lassen sich etwas leichter abwiegen und lösen. Einige Chemikalien müssen in heißem Wasser zur Lösung gebracht werden. Vor und unmittelbar nach Gebrauch sollte man alle Gläser und Instrumente sorgfältig in sauberem Wasser reinigen.

Es gibt folgende Möglichkeiten, um ein Medikament zur Anwendung zu bringen: Erstens kann es dem Wasser des Behandlungsbeckens in einer Konzentration zugefügt werden, die das Tier einige Stunden oder Tage lang ertragen kann. Zweitens kann das Tier in einem separaten Behälter ein paar Sekunden bis zu einer Stunde lang in einer stärker konzentrierten Lösung in ein Kurzbad gesetzt werden. Drittens kann die etwas konzentriertere Lösung mittels eines kleinen Wattebauschs oder eines Pinsels unmittelbar auf eine infizierte Körperstelle oder einen größeren Außenparasiten aufgetragen werden. Viertens kann die Nahrung in besonderer Weise präpariert werden, indem das Medikament mit ihr gemischt oder von ihr aufgesaugt wird. Eine fünfte Methode, die Injektion von Medikamenten, sollte nur von erfahrenen Personen durchgeführt werden.

Einige weitere Punkte müssen noch beachtet werden. So hängt die Giftigkeit eines Mittels von der unterschiedlichen Empfindlichkeit der Arten gegenüber Chemikalien ab. Oft ist es nur ein kleiner Schritt vom Abtöten des Krankheitserregers bis zur Schädigung des Fisches. Wie schon erwähnt, sollte deshalb zunächst ein Behandlungsversuch mit nur ein oder zwei Exemplaren zur Probe durchgeführt werden, bei dem die behandelten Tiere sorgfältig beobachtet und sofort in sauberes Wasser umgesetzt werden müssen sobald Streß auftritt.

Präparate vieler Medikamente sind oft nicht unter ihrer richtigen chemischen Bezeichnung sondern unter einem Handelsnamen erhältlich. Bei der Anwendung solcher Medikamente sollte man daher stets den Anweisungen des Herstellers fol-

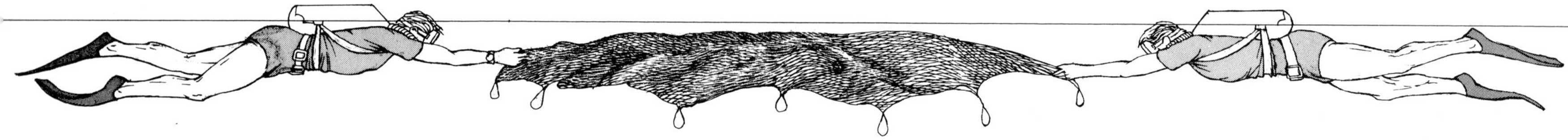

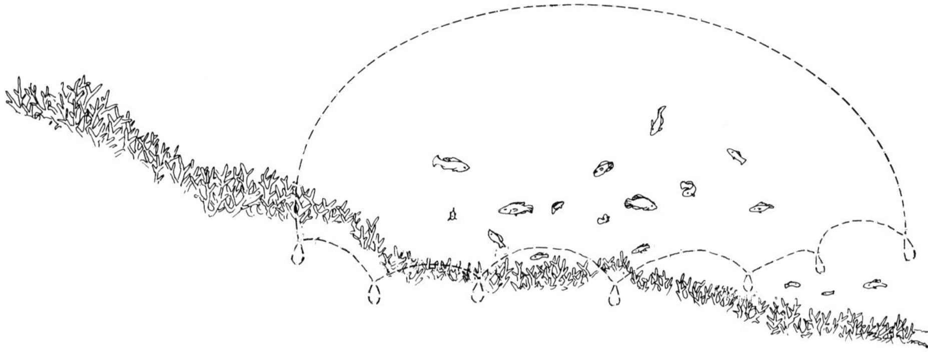

Für das Sammeln von Tieren unter Wasser gibt es verschiedene Techniken. Oben wird von Tauchern ein Netz in einer geringen Höhe über einem relativ ebenen Bodenbereich ausgebreitet und so fallengelassen, daß die Fische nicht verscheucht werden, und es gleichmäßig über sie herabsinkt. Unten wurde ein Stellnetz mit verhältnismäßig feinen Maschen vollständig um einen Riffbereich ausgelegt und die Riffbewohner werden nun von oben mit Handnetzen gefangen und in einen Plastikbeutel gegeben. Tiere, die sich zwischen Korallen verstecken, kann man einfangen, indem mit einer großen Pipette, an der vorne ein Plastikschlauch sitzt, ein mildes Betäubungsmittel in ihren Schlupfwinkel gespritzt wird, während ein Netz bereitgehalten wird, falls sie plötzlich aus ihrem Versteck schießen sollten.

gen, oder sich nach einem Experten richten. Außerdem dürfen manche Medikamente nicht in Kombination mit anderen angewandt werden, weil dadurch tödlich wirkende Bedingungen entstehen können. Einige Verbindungen, so etwa Malachitgrün und Acriflavine, sollten nur im Dunkeln aufbewahrt werden, weil sie lichtempfindlich sind und sich sonst schädlich verändern können. Verschiedene Medikamente werden in ihrer Wirkung auch durch die Wasserbedingungen beeinflußt, beispielsweise durch den Säuregehalt, die Temperatur und die Härte. Man muß das gegebenenfalls mit berücksichtigen, wenn man die Konzentration festsetzt. Organische Stoffe im Wasser setzen oft die Wirksamkeit vieler Medikamente stark herab, so beispielsweise bei Methylenblau, Malachitgrün, Calciumdichromat und Permanganat.

Auch der Lebenszyklus eines Krankheitserregers ist von Bedeutung. Viele Erreger können ihren gesamten Lebenszyklus im Aquarium vollziehen, vom Ei über die freischwimmende Larve bis zum parasitär lebenden Erwachsenenstadium, daher sind sie auch so ansteckend. Im ausgewachsenen Stadium sind die Erreger oft schwierig zu behandeln, weil sie im Wirt leben. Zahlreiche Arten durchlaufen wiederum Eistadien, in denen sie Medikamenten gegenüber unempfindlich sind. Anders ist es dagegen im freischwimmenden Stadium, in dem sie oft ohne einen geeigneten Wirt nicht sehr lange existieren können. Andere Arten, beispielsweise die digenen Trematoden, brauchen einen Zwischenwirt, um ihren Lebenszyklus durchlaufen zu können. In diesen Fällen entfernt man alle in Frage kommenden Wirte, im anderen Fall ist eine verlängerte oder wiederholte Behandlung notwendig, um die Larven abzutöten sobald sie aus den unempfindlichen Eiern ausgeschlüpft sind.

Medikamente müssen sorgfältig und sicher aufbewahrt werden. Einige, wie beispielsweise Formalin, bewahrt man am besten in dunklen Glasflaschen auf. Alle Medikamente sollten sich in luftdichten und korrosionsbeständigen Behältern befinden, die deutlich mit ihrem Inhalt, der Konzentration und dem Herstellungs- oder Erwerbsdatum gekennzeichnet sind. Verschiedene Chemikalien haben eine begrenzte Lebensdauer, über die hinaus sich ihre Eigenschaften, auch die Giftigkeit, verändern können, so daß keine überalterten Bestände benutzt werden sollten. Natürlich ist es außerordentlich wichtig, Medikamente so aufzubewahren, daß sie vor Kindern und sonstigem Mißbrauch sicher sind.

Wichtige Medikamente

Mit der folgenden Aufzählung von Medikamenten und Behandlungsmethoden sollten eigentlich die meisten im Aquarium auftretenden Krankheiten erfaßt sein. Jedes Medikament wird dabei durch seine Handelsform, den hauptsächlichen Anwendungsbereich, die Art und Weise der Anwendung, die Dosierung, die Konzentration und weitere Faktoren gekennzeichnet. Die Dosierung bezieht sich auf die für die Behandlung notwendige Konzentration des Medikamentes im Wasser. Sie wird in Prozent oder ppm (= parts per million bzw. Teile pro 1 Million) ausgedrückt. Beispielsweise erhält man, wenn man 10 Gramm eines Mittels in einem Liter Wasser löst, eine Konzentration von 1 %, wenn man hingegen nur $\frac{5}{1000}$ eines Gramms, 5 Milligramm, in dem gleichen Wasservolumen löst, erhält man eine Dosis von 5 ppm.

Formalin ist eine farblose Flüssigkeit, die allgemein prophylaktisch angewandt wird (Kurzbad: 3 Tage jeweils 1 Stunde täglich in einer Lösung von 80 ppm) oder gegen Außenparasiten wie Protozoen, Saugwürmer und einige Crustaceen mit Ausnahme von *Lernea* (Kurzbad: 1 Stunde in einer Lösung von 80 ppm). Es ist als eine 38 %ige Formaldehydlösung in der Apotheke erhältlich und muß methanolfrei und frisch sein und in einer dunklen Flasche aufbewahrt werden. Wenn es überaltert ist, wirkt es auf Fische außerordentlich giftig. Eine weiße Ausfällung von Paraformaldehyd zeigt an, daß die Lösung zu alt ist, um sie zu verwenden.

Malachitgrün besteht aus metallisch-grünen Kristallen. Eine herkömmliche Stammlösung ist 0,1 %ig. Malachitgrün wird für große Tiere prophylaktisch angewandt (Kurzbad: 1 ppm, 3 Tage lang täglich eine Stunde), gegen Protozoen und

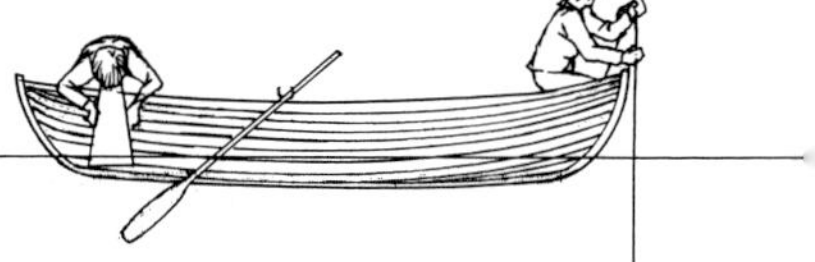

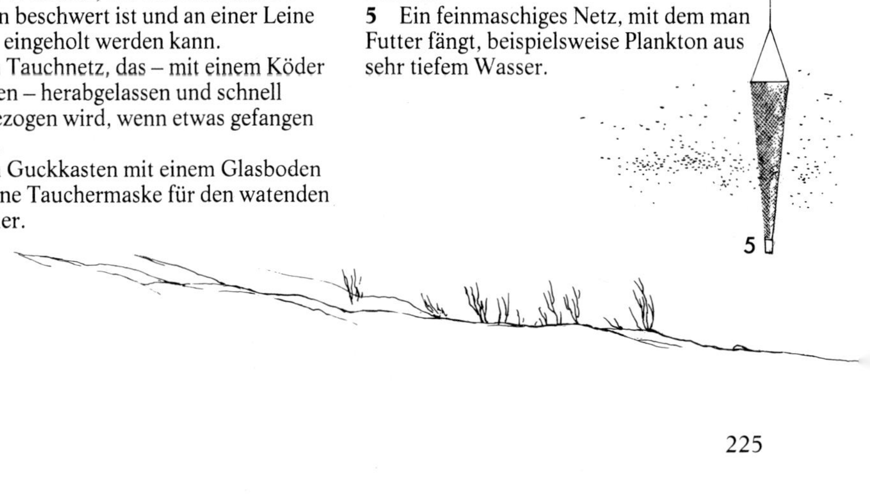

Für eine begrenztere Anwendung sind die folgenden Gegenstände sehr nützlich:
1 Ein Wurfnetz, das am Rand mit Gewichten beschwert ist und an einer Leine wieder eingeholt werden kann.
2 Ein Tauchnetz, das – mit einem Köder versehen – herabgelassen und schnell hochgezogen wird, wenn etwas gefangen wurde.
3 Ein Guckkasten mit einem Glasboden oder eine Tauchermaske für den watenden Sammler.
4 Eine wasserdichte Lampe, mit der ein Taucher in der Nacht mit einem Handnetz sammelt.
5 Ein feinmaschiges Netz, mit dem man Futter fängt, beispielsweise Plankton aus sehr tiefem Wasser.

Pilze (Kurzbad: 2 ppm, 3 Tage täglich 30 Minuten) oder Bakterien und äußerliche Pilze (Kurzbad: 10–50 ppm, 3 Tage täglich 10–30 Sekunden lang). Man muß eine zinkfreie medizinische Form verwenden. Es ist lichtempfindlich, wird von organischen Stoffen absorbiert, und ist für einige kleinere Fische zu stark.

Methylenblau ist ein blauer Farbstoff, dessen Stammlösung 1%ig ist. Es wird besonders für kleinere Fische zur prophylaktischen Behandlung benutzt (Kurzbad: 2–3 ppm, 3 Tage lang täglich 1 Stunde), gegen Protozoen und einige Pilze (Bad: 2 ppm, 5–10 Tage) und Saugwürmer (Bad: 7 ppm, 3 Tage). Die medizinische Form von Methylenblau ist zu verwenden, höhere Konzentrationen können pflanzenschädigend wirken.

Acriflavin (Trypaflavin) wird in Form von orangeroten Tabletten oder als Pulver angeboten, die Stammlösung beträgt 10 ppm. Es wird gegen Flagellaten, Bakterien, Pilze, Saugwürmer und einige Viruserkrankungen eingesetzt (Bad: 2–10 ppm, eine Woche lang jeden 2. Tag 12 Stunden, oder nach Bedarf). Man muß eine neutrale Lösung (pH-Wert 7) verwenden. Es ist lichtempfindlich, im Salzwasser unlöslich und nur in ganz geringer Verdünnung (leichte Grünfärbung des Wassers) für die Behandlung von Eiern oder Jungfischen zu empfehlen. Es kann vorübergehende Sterilität verursachen und Pflanzen können abgetötet werden.

Kupfersulfat ($CuSO_4$) besteht aus blauen Kristallen oder aus Pulver, die Stammlösung ist 0,1%ig. Es wird gegen einzellige Flagellaten eingesetzt (Bad: 0,1 ppm, 5 Tage lang, am dritten Tag eine zweite Dosis von 0,1 ppm). Es ist recht giftig und die Dosis muß sorgfältig abgewogen werden. Mit Kupfersulfat sollte man keine Crustaceen oder ähnliche Wirbellose behandeln, auch sollte man es nicht in sehr weichem Wasser benutzen. Stabilere Chelatverbindungen sind sicherer, doch benötigt man von ihnen eine höhere Dosis.

Natriumchlorid (NaCl, gewöhnliches Salz) wird nur bei Süßwasserorganismen, als Desinfektionsmittel für Pflanzen (Kurzbad: 1%, 15–30 Sekunden) oder gegen Flagellaten, Crustaceen, Egel und Saugwürmer angewandt (Kurzbad: 2–5%, 10–15 Minuten).

Phenoxethol ist eine ölige Flüssigkeit, deren Stammlösung 1%ig ist. Es wird gegen Bakterien, Pilze und digene Trematoden angewandt (Bad: 100 ppm, 5 Tage lang; oder 1%ig mit der Nahrung). Es ist allgemein als **»Liquitox«** erhältlich.

Kaliumdichromat ist als orangerotes Pulver oder in Kristallform erhältlich, die Stammlösung beträgt 1%. Es wird im allgemeinen prophylaktisch angewandt (Bad: 50 ppm, maximal für 5 Tage) oder gegen Pilze und Bakterien (Bad: 50 ppm, maximal für 5 Tage; oder Kurzbad: 100 ppm, für 30 Minuten; oder durch Abtupfen: 1%ig). Es wird von organischem Material absorbiert.

Kaliumpermanganat besteht aus purpurfarbenen Kristallen, die Stammlösung ist 0,1%ig. Es wird gegen Crustaceen angewandt (Kurzbad: 10 ppm, 30 Minuten; oder Abtupfen: 0,1%) oder zur Desinfektion des Aquariums, der Ausrüstung, der Pflanzen und des Lebendfutters (Bad: 3–5 ppm, 2–3 Tage). Es wird von organischem Material absorbiert. Bei alkalischem oder neutralem Wasser, auch bei Seewasser, muß das Aquarium gut belüftet werden, um die Bildung von Mangandioxid zu verhindern, das die Kiemen schädigen kann.

»Neguvon« oder seine etwas schwächere Handelsform **»Masoten«** wird gegen Geißeltierchen, Crustaceen und Saugwürmer eingesetzt (Neguvon-Kurzbad: 2–3% über 2–3 Minuten; Masoten-Bad: 0,4 ppm über 3 Tage).

Jod, eine dunkelbraune Lösung, wird gegen Pilze benutzt (Abtupfen: 10%ig).

Nitrofuran (Handelsform z. B. Furanace) ist ein Antibioticum und wird allgemein prophylaktisch eingesetzt (Bad: 15 ppm, die sich in 3 Tagen gelöst haben, Anwendung 5–8 Tage lang). Weitere Antibiotica sind **Chlortetracyclin** oder **Aureomycin, Oxytetracyclin** oder **Terramycin, Kanamycin** und **Chloramphenicol** oder **Chloromycetin.** Sie werden gegen Sporozoen, viele Bakterien und einige Viren und Pilze angewandt (als Bad, zum Abtupfen, in der Nahrung, durch Injektion, je nach den Angaben des Herstellers).

All diese Medikamente müssen mit großer Sorgfalt angewandt werden, und andere Medikamente müssen währenddessen nach Möglichkeit abgesetzt werden. Eine unzureichende Dosis tötet die Erreger nicht ab, sondern kann einen resistenten Stamm auslesen, der sich entwickeln und gefährlich verbreiten kann.

Der Fang in der Natur

Für den Aquarianer ist es besonders interessant, wenn er seine Pfleglinge selber in der Natur fängt. Jedes Tier oder jede Pflanze erhält einen persönlichen Charakter, wenn man die Herkunft aus der Natur unmittelbar kennt, und man hat deshalb ein größeres Verständnis für ihre jeweiligen Bedürfnisse. Wenn man mit den Besonderheiten des natürlichen Lebensraumes besser vertraut ist, lernt man auch mehr über die Lebewesen, und der Spaß am Aquarium wird größer. Wenn man an Ort und Stelle Beobachtungen anstellt, besonders auch unter Wasser, weiß man, wie die Lebewesen im Aquarium bestmöglich gepflegt werden müssen.

Die Feldarbeit

Eine Fangexpedition zum Sammeln von Tieren oder Pflanzen sollte sorgfältig durchgeführt werden. Die wesentlichen Schritte dabei sind die Vorbereitung, die Durchführung und der Transport des Fanges. Dazu braucht man Geduld, und selbst auf Details kommt es entscheidend an. Nur durch Erfahrung lernt der Sammler, wie er jede Situation am günstigsten meistern kann, wie er am besten arbeitet, um für die Tiere unbemerkt zu bleiben und sie beobachtet und seine Ausrüstung möglichst erfolgreich einsetzt.

Die Vorbereitungen

Der erste Schritt besteht darin, sich darüber klar zu werden, welche Arten und speziellen Lebewesen gefangen werden sollen. Wenn man sich mit der Biologie, der Botanik und Zoologie dieser Lebewesen beschäftigt, erfährt man, an welcher geeigneten Stelle und in welchem Lebensraum man sie jeweils sammeln sollte, und auch, welche besonderen Stellen in diesem Lebensraum am günstigsten sind. Man sollte auch die optimale Sammelzeit ermitteln (die Jahreszeit oder die Tageszeit), die besten Fangtechniken und Transportmöglichkeiten, die geeigneten Ausrüstungsgegenstände und Gefäße, die den Fang später aufnehmen sollen, wie beispielsweise Quarantänebecken. Oft ist es nützlich, verschiedene Möglichkeiten in Betracht zu ziehen und die Ausrüstung und die Fangtechniken und auch sich selber in einem »Trockendurchgang« zu testen, bevor man startet.

Auch an die eigene Sicherheit sollte man denken, wenn man sich im Felde befindet: Man sollte eine geeignete Erstehilfeausstattung mitnehmen, eine Werkzeugtasche und Ersatzteile sowie Schutzkleidung wie Handschuhe, Stiefel, wasserfeste Überzüge, Rettungswesten und Gummizeug. Über das zu erwartende Wetter und die Wasserverhältnisse wird man sich rechtzeitig vorher informieren. Eine verantwortungsbewußte Person ist vom Ziel, dem Abfahrts- und voraussichtlichen Rückkehrzeitpunkt und dem Ende der gelungenen Fangreise zu verständigen. Und selbstverständlich muß man sich vor Bissen, Stacheln oder anderen Gefahren in acht nehmen, wenn man gewisse Tiere sammelt.

Das Fangen und Einsammeln

Ziel ist es, eine möglichst geringe Anzahl von Exemplaren in ausgezeichneter Verfassung zu fangen, und nicht mehr als man optimal benötigt. Wenn man zu hastig oder gierig sammelt, wird man die Tiere und ihren Fundort verletzen und verwüsten oder zerstören. Bevor man ein Tier zu fangen versucht, muß sich der Sammler sicher sein, daß es so schonend wie nur möglich ausgesucht, beobachtet und erbeutet und dann transportiert und gepflegt werden kann.

Um den Streß herabzusetzen, unter dem die Tiere durch den Fang leiden, ist es wichtig, die Verfolgungs- und Fangzeiten, die Verweildauer in Fallen, Verzögerungen beim Transport und so weiter möglichst gering zu halten. Empfindliche Tiere sollten mit Schaumstoff geschützt und der Fang mit solchen Netzen, mit denen viel zerstört würde, vermieden werden. Man sollte die Tiere auch möglichst wenig anfassen, weil jeder Kontakt die Oberflächenepidermis verletzen kann, und Pflanzen werden bei unsanfter Behandlung leicht gequetscht oder brechen ab.

Wenn man die Tiere anfassen muß, so empfiehlt es sich, dünne Gummihandschuhe anzuziehen, weil sie helfen können, die dünne Haut der Tiere zu schützen. Der Fisch muß vorsichtig aber fest in einer Falte sehr weichen Materials (nicht in dem rauhen Gewebe des Netzes) gehalten werden, wobei nur geringer Druck auf den empfindlichen Fischkörper ausgeübt werden darf. Aber auch der Pfleger muß sich vorsehen, beispielsweise vor den scharfen und eventuell giftigen Stacheln einiger Fische und Stachelhäuter, den giftigen Ausscheidungen einiger Mollusken, den scharfen Zähnen oder den Scheren verschiedener Fische und Crustaceen und den starken Kiefern anderer Fische oder der Tintenfische. Tiere können auch Parasiten übertragen sowie andere krankheitserregende Stoffe, die den Menschen infizieren.

Man darf Fische nicht aus tiefem Wasser in einer Falle oder einem Behälter nach oben holen, ohne daß man ihnen Zeit läßt, sich physiologisch an den verminderten Druck anzupassen. Am besten bringt man einen Fisch in verschiedenen Etappen nach oben, auf denen man ihn jeweils so lange wie möglich beläßt, je nach Erfordernis einige Stunden oder Tage. Wenn er Anzeichen von Auftrieb oder Gleichgewichtsverlust zeigt, muß er wieder mehr Druck erhalten, indem man ihn erneut langsam tiefer herabläßt. Man sollte Gegenmaßnahmen ergreifen, um den Fisch nicht in Panik zu versetzen, wenn er den gewohnten Schutz nicht mehr zur Verfügung hat, den der Bodengrund ihm sonst liefert. Dazu kann man beispielsweise den Behälter oben abdecken. Für einige Arten ist es schonender, wenn man sie langsam aber stetig an die Oberfläche holt.

Fische sollten nicht aus dem Wasser gehoben werden. Man kann dies vermeiden, indem man sie unter Wasser in das Hälterungsgefäß gibt. Der Körper eines Wassertieres wird vor allem vom Wasser getragen und gestützt, außerhalb des Wassers ist das Körpergewicht daher erheblich größer, so daß sich dabei sogar Verletzungen ergeben können. Gewebe kann reißen und bluten, sowohl im Körper als auch an den Kiemen. Man sollte auch Änderungen in der Zusammensetzung des Wassers vermeiden, vor allem der Sauerstoffgehalt und die Temperatur des Wassers im Aufnahmegefäß sind entsprechend zu überprüfen.

Der Transport

Der während des Sammelns und während des Transportes benutzte Behälter vermittelt den gefangenen Tieren ihre erste Erfahrung vom Leben im Aquarium. Er sollte einerseits so handlich sein, daß es beim Transport zu keinen Verzögerungen kommt, die Streß auslösen, etwa beim Umladen, andererseits muß er aber auch für die Tiere genügend groß sein. Das Gewicht setzt hier meist die Grenzen: Ein Wasserwürfel von 60 cm Kantenlänge wiegt über 200 Kilogramm, und fünf solcher Würfel wiegen mehr als eine Tonne. Der Behälter sollte innen dunkel sein und vorsichtig gefüllt werden.

Wenn der Transport ohne einen verantwortlichen Begleiter erfolgt, muß der Behälter verschlossen werden. Doppelte Plastikbeutel sollten dann halb mit Wasser gefüllt und die Luft ganz oder teilweise durch reinen Sauerstoff ersetzt werden. Hierbei muß man jedoch auf Fische achten, die einen Teil ihres Sauerstoffbedarfs aus der Atmosphäre decken, beispielsweise Labyrinthfische. Die verschlossenen Plastiktüten sind in starke Kartons zu stellen, die man zur Isolierung mit doppelter Wellpappe oder mit Schaumstoff ausgekleidet und mit Aufklebern bezüglich des Inhaltes und mit Warnhinweisen versieht. Wenn ein Behälter unter der Aufsicht des Sammlers transportiert wird, beispielsweise per Boot oder Anhänger, braucht er nicht unbedingt verschlossen zu werden. Dazu eignen sich Plastikbehälter, Kästen oder Styroporkartons von 20 bis 50 Litern Inhalt. Während des Transportes muß man auf eine gute Wasserqualität achten. Man kann Lüfter anbringen, die von einer batteriegetriebenen Pumpe oder einer Druckluftflasche mit Reduzierventil versorgt werden. Wenn es möglich ist, sollte von Zeit zu Zeit ein Teilwasserwechsel durchgeführt werden. Das Wasser sollte während des Transportes möglichst nicht heftig durchgeschüttelt werden.

Während der Reise kann man Betäubungsmittel wie »MS 222« in einer geringen Dosis als Beruhigungsmittel einsetzen oder prophylaktische Medikamente zugeben. Durch den Einsatz dieser Mittel ist es vielen kommerziell tätigen Importeuren erst möglich geworden, den Prozentsatz verletzter und kranker Tiere in den Transporten deutlich herabzusetzen.

Techniken und Ausrüstung

Die beste Fangmethode und die geeignetsten Geräte dazu sind diejenigen, mit denen man ganz gezielt einzelne Arten erbeutet und die Fische so wenig wie möglich verletzt oder in Streß versetzt, wobei sich diese Fangtechnik auch an die örtlichen, persönlichen und transportmäßigen Gegebenheiten anpassen sollte. Nachstehend werden verschiedene Möglichkeiten beschrieben, mit denen eine Vielzahl von Arten und Situationen erfaßt werden. Jede Fangexpedition kann Änderungen und Improvisationen erforderlich machen, die die Geschicklichkeit und den Einfallsreichtum des Sammlers herausfordern.

Einfache Methoden

Pflanzen und die meisten Wirbellosen lassen sich ganz einfach von Hand auflesen. Handschuhe, ein kleines Handtuch und, falls notwendig, ein Messer, sind die beste Ausrüstung, um die Tiere, Pflanzen oder kleinen Steine mit darauf festsitzenden Algen in einen Sammelbehälter zu geben. Man kann auf diese Weise die flache Strandzone des Meeres, kleine Teiche, Sümpfe, Seen oder Flußufer sorgfältig absuchen, wobei man Stiefel trägt, die wasserdicht sind oder naß werden können. Es ist nicht ratsam barfuß zu sammeln. Eine Tauchermaske ist recht nützlich, weil man mit bloßem Auge meist nicht durch eine bewegte Wasseroberfläche blicken kann. Man kann auch Kästen mit einem Glasboden benutzen, sogar in trübem Wasser, um zu betrachten, was denn da so alles auf dem Bodengrund gedeiht.

Fische und einige Wirbellose mit Haken und Angelschnur zu fangen, mag in einzelnen Fällen und für manche Arten durchaus genügen. Kleine Angelhaken oder Haken ohne Widerhaken, die an einer kurzen Schnur befestigt sind, kann man dazu verwenden, um in Wohnröhren sitzende Fische zu fangen, wie beispielsweise Grundeln (Familie Gobiidae) und Kieferfische (Opisthognathidae).

Im allgemeinen leiden Fische, die an der Angel aus dem Wasser gezogen werden, sehr unter Streß, zappeln heftig, verletzten sich leicht und erfordern während der Quarantänezeit eine intensive Pflege. Um seine Überlebenchance zu erhöhen, sollte ein geangelter Fisch sehr vorsichtig an die Wasseroberfläche gebracht werden, noch besser ist es, wenn er auf dem Gewässerboden in einen Behälter gesetzt und durch einen Taucher nach oben gebracht werden kann.

Das Sammeln unter Wasser

Wenn man unter Wasser schwimmt, verspricht das an vielen Sammelorten den besten Erfolg. Der tauchende Aquarianer verbindet auf diese Weise zwei faszinierende Tätigkeiten miteinander, die sich gegenseitig gut ergänzen. Wenn man eine Tauchausrüstung mit der Flasche, dem Schnorchel oder einer Preßluftleitung von außerhalb des Wassers benutzt, kann man die Lebewesen in ihren verstecktesten natürlichen Lebensräumen beobachten und einige ihrer Verhaltensweisen miterleben. Ein Taucher, der es gelernt hat, sich unter Wasser zu bewegen und zu arbeiten, kann das Fangnetz oder seine Fangtätigkeit unter Wasser mit größerer Sicherheit einsetzen als dies von der Wasseroberfläche her möglich ist. Ein erfahrener Taucher kann dazu außer seinen Händen Haken, verschiedene Netze, Fallen und Betäubungsmittel benutzen, und er kann genau auswählen, was er sammeln möchte.

Eine ausgezeichnete Möglichkeit ist es, in der Nacht mit Netzen und Lampen zu tauchen. Viele Fische können dann im Schein der Taschenlampe verhältnismäßig einfach gefangen werden, weil sie in Höhlen oder auf dem Boden geblendet liegenbleiben. Viele Höhlen grabende Wirbellose schwärmen in der Dunkelheit aus, um zu fressen, und lassen sich dann fangen.

Betäubungsmittel

Ebenso wie Betäubungsmittel während des Transportes oder bei Untersuchungen von Fischen sehr nützlich sind, stellen sie oft die einzige Lösung dar, wenn es um schwierig zu fangende Tiere geht. Diese Methode funktioniert am besten in Bereichen, die räumlich begrenzt sind und in denen die Verdünnung durch Wasserbewegungen nur gering ist. Beispiele hierfür sind Gezeitentümpel, randliche Wasserlöcher oder Überflutungsteiche von Seen oder Flüssen und isolierte Korallenstöcke

Aus feinem Netzstoff, der über einen Drahtrahmen gezogen wird, kann man sich eine tragbare Falle von 1–2 m Länge für Fische herstellen. Der Eingang ist tunnelförmig, so daß die Fische hineingelangen, aber nicht wieder entkommen können. Rechts ist eine Falle für kleine Wirbellose dargestellt. Sie besteht aus durchsichtigem Kunststoff, auf jeder Seite etwa 30 cm hoch, mit einem tunnelförmigen Eingang, dessen Boden an jeder Seite nach innen zu ansteigt.

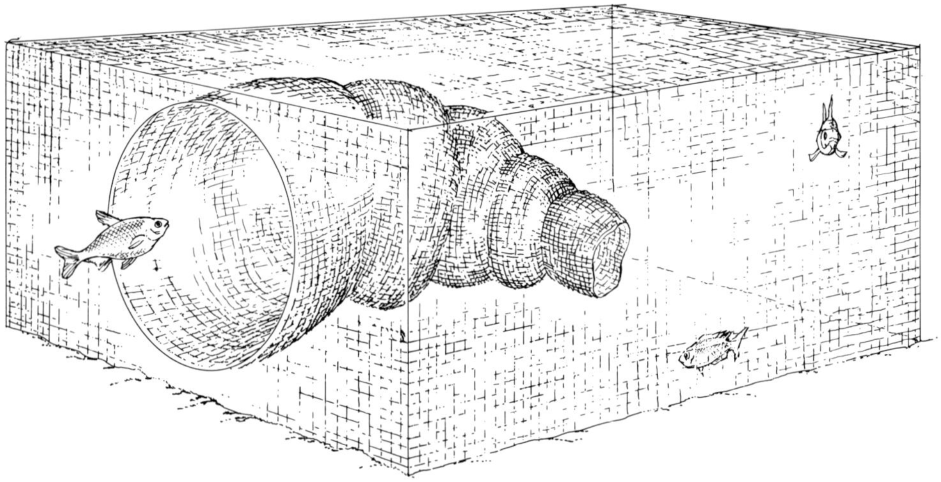

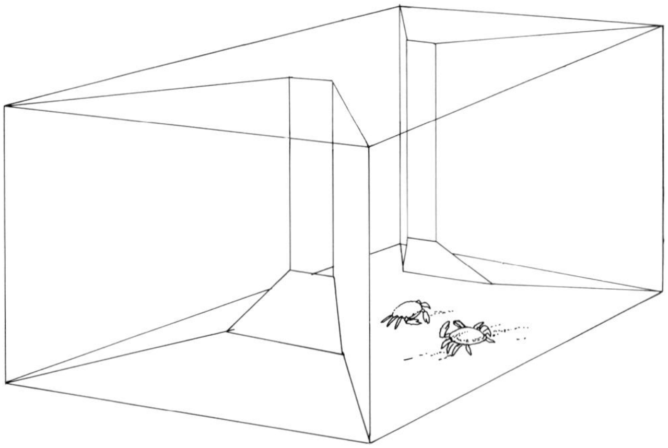

oder Felsvorsprünge. Dazu sollte ein Taucher unter Wasser zunächst um den entsprechenden Bereich herum ein Stellnetz anbringen, wobei darauf zu achten ist, daß die Fische möglichst wenig gestört werden. Plastikbeutel, Handnetze und Gummihandschuhe sind am besten dazu geeignet, um die Tiere vorsichtig in einem Behälter zu sammeln.

Die genaue Dosierung des Anästhetikums ist wichtig, der Fisch sollte nur leicht betäubt werden. Wenn man derartige Mittel in isolierten Wasserlöchern benutzt hat, sollte man das Wasser darin nach Beendigung der Sammeltätigkeit auswechseln, notfalls mit der Hand, weil die übrigen Tiere sonst dem Betäubungsmittel zu stark ausgesetzt sein könnten. Anästhetika sollten in natürlichen Gewässern nur mit größter Zurückhaltung eingesetzt werden, weil sie sich auch indirekt beträchtlich auswirken können. Tiere, die nach der Fangaktion noch betäubt zurückbleiben, sind noch lange Zeit eindringenden Räubern hilflos ausgeliefert.

Fallen

Der Fang mit Fallen ist die beste Möglichkeit, um Wirbellose zu erbeuten, beispielsweise Tintenfische, Kraken, Krabben und Hummer, aber ebenso eignen sie sich für den Fischfang. Tiere gehen aus den verschiedensten Gründen in eine Falle. Viele suchen nach einem Stück Nahrung oder werden durch einen glänzenden Gegenstand angelockt. Andere werden durch die Struktur der Falle selbst angezogen: einige lieben dunkle geschlossene Räume, andere ein offenes Netzgeflecht. Manche Fische geraten per Zufall in eine Falle, wobei es vorkommen kann, daß, wenn ein Fisch aus einer Gruppe hineingeschwommen ist, beispielsweise eine Makrele (Familie Carangidae), die übrigen die Falle so lange umrunden, bis sie alle in die Falle geraten sind. Wenn die Falle zu lange nicht entleert wird, werden die gefangenen Tiere ihrerseits oft von anderen Tieren gefressen: Die zu fangenden Tiere werden durch den Köder angelockt, Raubfische werden durch die Befreiungsbewegungen der gefangenen Beutetiere angezogen und schließlich finden sich noch große Räuber ein, die durch die Unruhe insgesamt aufmerksam werden. So ist es schon öfter vorgekommen, daß Delphine die Fallen nach den darin gefangenen Fischen durchstöberten und sie dabei zerstört haben.

Im Fischfang gibt es, jeweils auch landschaftsbezogen, unterschiedliche Arten und Größen von Fallen. Viele Fallen sind an den Fangplätzen fest angebracht, andere sind transportabel. Einige dieser Fallentypen lassen sich auch dazu verwenden, um Aquarientiere zu fangen. Fallen kann man auch für spezielle Aufgaben einrichten, indem man sie zwar nach den bewährten Prinzipien baut, sie jedoch so konstruiert, daß nur eine kleine Anzahl von Exemplaren bestimmter Arten und Größen hineingelangt. In der Praxis sollte man alle empfindlichen Tiere möglichst rasch aus der Falle holen, damit durch die Fallenwände keine Verletzungen an den Flossen, der Haut, am Maul oder an den Augen entstehen.

Stellnetze

Kleinere Netze können sowohl im Süß- als auch im Seewasser dazu benutzt werden, um Fische zwischen Vegetation, Felsen oder Korallenvorsprüngen und Felsenriffen oder Felsrändern sowie über Sand- oder Geröllflächen zu fangen. Transparentes oder blaues Netzgewebe von 12–20 mm Maschenweite schneidet man dazu in entsprechende Längen, die mit Schwimmern und Bleigewichten versehen werden. Eine geeignete Abmessung wäre für offene Bereiche 15 m Länge und 2 m Höhe, für räumlich beschränktes Arbeiten 3 m Länge und 1 m Höhe.

In flachem Wasser können drei Leute watend das Netz handhaben, wobei sich jeweils einer an jedem Ende befindet und einer in der Mitte, um die untere Zugleine freizumachen, wenn sie über den Boden gezogen wird. Das Netz sollte in einem Halbkreis gegen das Ufer oder ein anderes geeignetes Hindernis gezogen und langsam eingeholt werden bis alle im Netz befindlichen Fische erreichbar sind.

In klarem und tieferem Wasser läßt sich das Netz als nahezu unsichtbares Hindernis von Tauchern auslegen, in das Fische hineingelockt oder -getrieben werden. Der Fangplatz sollte entsprechend seiner Dichte an Fischen, entsprechend den möglichen Hindernissen und der Strömung ausgewählt werden. Die Taucher legen die gesamte Länge des Netzes aus, indem sie voneinander fort über den Boden schwimmen. Anschließend schwimmen sie über den gewählten Fangplatz, bringen die Enden und den unteren Rand des Netzes auf den Boden und plazieren sie richtig. Nachdem die Köder ausgelegt sind, entfernen sich die Taucher und treiben die Fische in das Netz. Einige Fische verwickeln sich dann im Netz, andere kann man mit einem Handnetz fangen, am besten an einem der gebogenen Enden des Stellnetzes. Die unverletzten Exemplare gibt man sorgfältig in den Sammelbehälter.

Leider werden die Fische beim Fang mit Netzen sehr leicht verletzt. Während der Quarantänezeit sollte man mit dem Netz gefangene Fische prophylaktisch behandeln und besonders auf Anzeichen einer Infektion achten.

Weitere Netze

Handnetze, die aus feinmaschigem Netzstoff hergestellt sind, können mit Geduld und Geschick dazu benutzt werden, um einzelne Fische oder frei bewegliche Crustaceen zu fangen. Der Fang mit dem Handnetz ist eine gute Methode, um Arten zu fangen, die vor dem Sammler wegtauchen und neben einem Stein oder in einem Büschel Seetang Schutz suchen. Zu diesem Versteck sollte man das Netz möglichst unbemerkt heranziehen und sehr ruhig in einer günstigen Position halten, um das fliehende Tier zu fangen, wenn der Stein oder sonstige Schutz weggenommen wird.

Ein kleines Netz kann von zwei oder drei Personen, die ein Boot oder ein Floß benutzen, über eine Ansammlung treibender Pflanzen oder abgestorbener Pflanzenteile gestülpt werden. Der untere Rand des Netzes läßt sich zusammenziehen und schließt so den Inhalt vollkommen ein. Die Pflanzen werden dann herausgelesen und nach Tieren durchgesehen, wobei man die Fische in Behältern sammeln kann.

Senk- und Wurfnetze sind ebenso gut einzusetzen, aber sie erfordern besondere Geduld, und man muß mit ihnen auch richtig umgehen können. Ein Kreis feinen Netzmaterials, das am Rand mit kleinen Bleigewichten versehen ist, kann vom Ufer oder aus einem Boot ausgeworfen oder von zwei oder drei Tauchern fallengelassen werden, um Fische am Boden festzuhalten.

Ein großes und leichtes Tauch- oder Schöpfnetz läßt sich herstellen, indem man feines Netzmaterial über einen Holz- oder Metallrahmen spannt. Es ist so gebaut, daß es entweder senkrecht an einem Seil oder sonst mittels eines Scharniers, welches die Netzflügel schließt, aus dem Wasser gehoben werden kann. Die auf dem Boden liegende Netzmitte sollte mit Ködern versehen werden, um die Fische anzulocken.

Auch Zugnetze, Dredschen, Schlagnetze und Schleppnetze empfehlen sich manchmal. Man hat die verschiedenartigsten Fischereigerätschaften konstruiert, um sie über einen einigermaßen flachen Bodengrund oder durch das Wasser ziehen oder schieben zu können. Die Zuggeschwindigkeit muß dabei jeweils größer als die Fluchtgeschwindigkeit der Fische sein, und meist benötigt man dazu die Zugkraft eines Bootes. Besonders an den Enden eines Zugnetzes, an denen auch Schlamm vom Bodengrund mit eingefangen wird, werden die Tiere jedoch häufig verletzt, so daß diese Methode für das Sammeln von Aquarienfischen im allgemeinen nicht geeignet ist, wohl jedoch, um Lebendfutter zu sammeln, vom Plankton bis hin zu Garnelen. Bei sehr kurzen Schleppzügen, bei denen allerdings nur verhältnismäßig wenige Arten zu erbeuten sind, können dennoch einige Tiere in brauchbarer Verfassung sein und sich wieder gut erholen, um fürs Aquarium in Frage zu kommen.

Und so sollte sich der Aquarianer in der Natur verhalten

Der Schutz der freilebenden Tiere und Pflanzen ist ein wichtiges Ziel, das alle Aquarianer und Sammler von Lebewesen beachten sollten. Dies läßt sich in den folgenden Regeln zusammenfassen:

Sorge stets dafür, daß das weitere Überleben der Art in der Natur gesichert ist, indem du dich über ihre Biologie, den Lebensraum und sowohl den regionalen als auch den globalen Schutz umfassend informierst. Sammele oder kaufe keine seltenen Arten, sofern sie nicht nachgezüchtet wurden. Sammele nur Einzelexemplare und setze die übrigen Tiere wieder in ihren Lebensraum zurück. Benutze geeignete Fangtechniken und wähle die Fangplätze sorgfältig aus, so daß ohne Zerstörung des Lebensraumes oder anderer Organismen gesammelt werden kann, und setze keine fremden Arten in heimischen Gewässern aus. Sammle nicht nur zur Identifizierung eines Lebewesens, wenn ein Foto oder eine Skizze ausreichen würden, und sammele dazu nur die kleinsten erforderlichen Pflanzenteile. Entnehme keine Arten aus geschützten oder besonders wertvollen oder interessanten Lebensräumen, und erst recht nicht ohne die Erlaubnis des Besitzers.

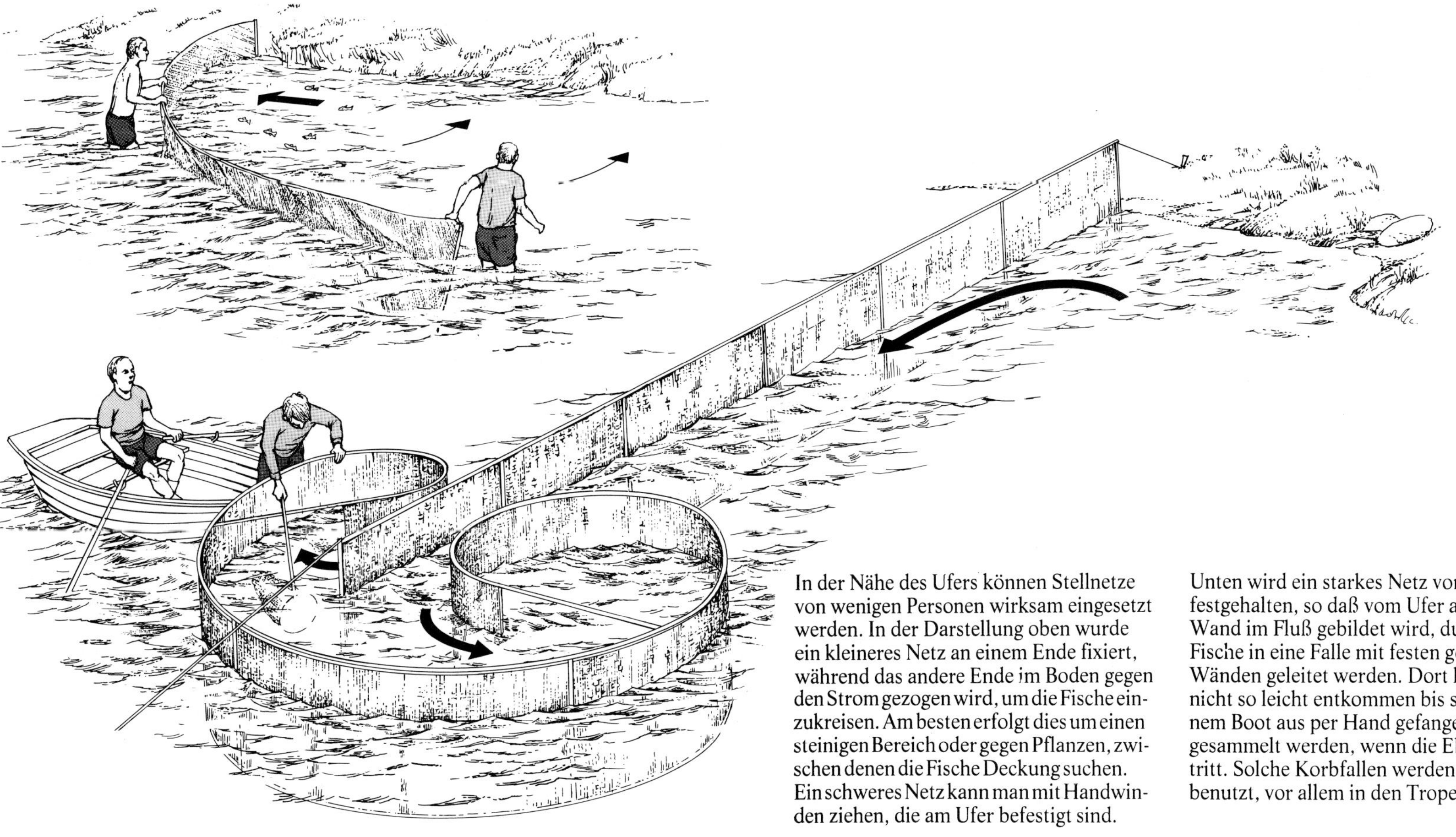

In der Nähe des Ufers können Stellnetze von wenigen Personen wirksam eingesetzt werden. In der Darstellung oben wurde ein kleineres Netz an einem Ende fixiert, während das andere Ende im Boden gegen den Strom gezogen wird, um die Fische einzukreisen. Am besten erfolgt dies um einen steinigen Bereich oder gegen Pflanzen, zwischen denen die Fische Deckung suchen. Ein schweres Netz kann man mit Handwinden ziehen, die am Ufer befestigt sind.

Unten wird ein starkes Netz von Pfählen festgehalten, so daß vom Ufer aus eine Wand im Fluß gebildet wird, durch die die Fische in eine Falle mit festen gebogenen Wänden geleitet werden. Dort können sie nicht so leicht entkommen bis sie von einem Boot aus per Hand gefangen oder eingesammelt werden, wenn die Ebbe eintritt. Solche Korbfallen werden sehr viel benutzt, vor allem in den Tropen.

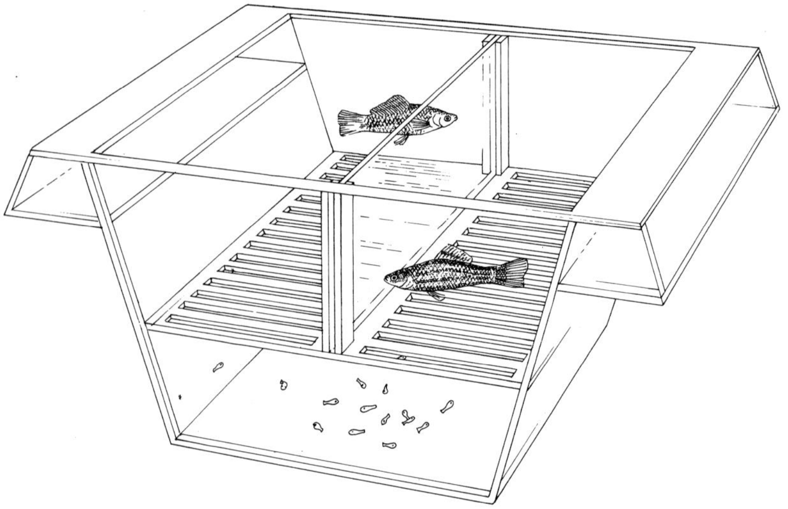

Im Hauptaquarium oder in einem Aufzuchtbecken kann man einen Ablaichkasten verwenden, um Eier oder Jungfische vor ihren Eltern oder anderen Tieren zu schützen. Der hier gezeigte Ablaichkasten besteht aus Kunststoff und besitzt oben Kammern für ein oder zwei Muttertiere, deren Jungtiere durch Schlitze im Boden in eine untere Kammer fallen, wo sie vor dem Gefressenwerden sicher sind. Die Muttertiere kann man nach dem Ablaichen wieder ins Schaubecken zurücksetzen, während man die Jungtiere im Ablaichkasten belassen kann, um sie dort aufzuziehen.
Solch ein Kasten ist auch ganz nützlich, wenn man neue oder aggressive Fische zeitweilig isolieren will.

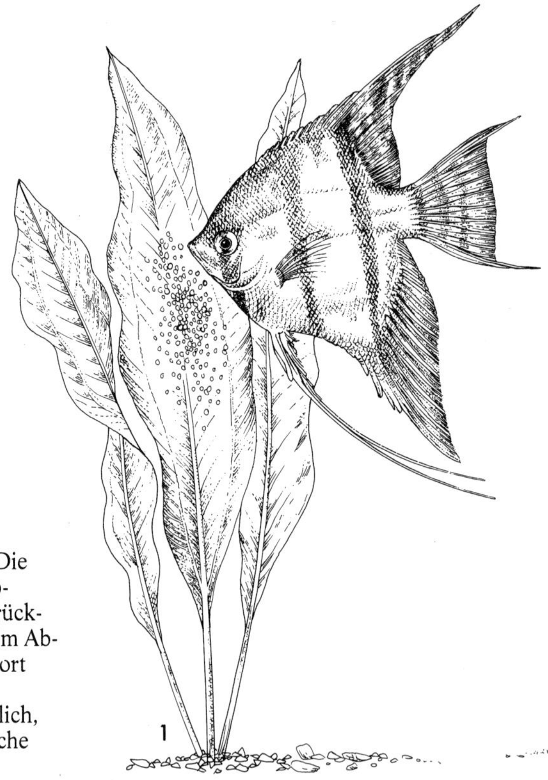

1

3

2

Der kommerzielle Handel mit Aquarientieren

Die gegenwärtige Zunahme des Handels mit Aquarientieren und besonders an Zierfischen ist erstaunlich. Es mag auf der ganzen Erde etwa über einhundert Millionen Aquarien geben, und man schätzt, daß der Einzelhandel jährlich zwei Milliarden Fische umsetzt mit einem Wert von über vier bis fünf Millarden Dollar. Diese Zahlen sind alarmierend, aber zugleich auch eindrucksvoll. Die meisten Tiere werden aus freilebenden Populationen entnommen, und man macht sich zunehmend darüber Gedanken, welche Folgen dies für die Tierwelt und die natürlichen Lebensräumen haben wird.

Ein wesentliches Problem ist die große Anzahl von Fischen, die bereits auf dem Transportweg, vom Fang über den Export bis zum Verkauf beim Einzelhändler, sterben. Um die Nachfrage des Marktes nach einer bestimmten Zahl von Tieren einer Art decken zu können, wird manchmal wenigstens die doppelte Anzahl von Exemplaren aus der Natur entnommen. Hinzu kommt die Zerstörung der natürlichen Lebensräume und Lebensgemeinschaften als Ergebnis dieses Eingriffs. Einige Fangmethoden zerstören die Lebensräume sehr stark, und viele Biotope sind sehr empfindlich. Die meisten Fischfangmethoden sind nicht selektiv, und viele verschiedene Arten, deren Beliebtheit und damit Handelswert sehr unterschiedlich ist, werden auf diese Weise gemeinsam gefangen. Die uninteressanten Fische werden dann oft einfach über Bord geworfen und müssen meist sterben.

Beispielsweise schlagen kommerzielle Sammler an Korallenriffen oft ganze Stücke lebender Korallen ab und stecken sie in einen Plastikbeutel oder in einen Behälter. Später brechen sie dann die Korallen auseinander, um an die Fische zu gelangen, die sich darin verborgen haben, und werfen die Reste fort. Eine weitere, häufig geübte Praxis an Korallen- oder Felsenriffen besteht darin, ein Gebiet mit Spalten und Höhlen durch Gifte wie Formalin, Chlor, Natriumcyanid oder Rotenone zu verseuchen, um die Tiere zu betäuben und sie dann leichter fangen zu können. Das Gift schädigt alle Lebensformen entlang ganzer Riffbereiche. Selbst »sichere« Anästhetika, wie MS 222, verursachen Schäden und beeinflussen das Gefüge der natürlichen Lebensgemeinschaft.

Wegen der Größe des Marktes, der bestimmten Modetrends folgt, entsteht durch die Hobbyaquaristik für manche Naturgebiete und freilebenden Populationen eine erhebliche Gefahr. In der Tat gibt es in bezug auf manche Wasserlebewesen viel mehr Aquarianer als Exemplare dieser Arten. Wenn sich beispielsweise nur die Hälfte aller Aquarianer auf der Erde dafür entscheiden würde, unbedingt ein Stück *Acropora*-Koralle im Aquarium zeigen zu wollen, würden wenigstens sechstausend Hektar Riff zerstört werden müssen. Einige Arten erfreuen sich außergewöhnlicher Beliebtheit, wie beispielsweise der Neonfisch *Paracheirodon innesi.* Er ist so stark gefragt, daß bis zu zwanzig Prozent aller Zierfische, die in die Vereinigten Staaten eingeführt werden, auf diese Art entfallen, so daß insgesamt jeden Monat mehr als eine Million Neonfische aus Südamerika eingeführt werden. Die Auswirkungen solcher Ausbeutung freilebender Populationen sollten auf keinen Fall unterschätzt werden.

Der Schutz der Natur

Obgleich in den meisten Ländern, aus denen lebende Wassertiere und Wasserpflanzen ausgeführt werden, kaum ökologische Untersuchungen durchgeführt werden, ist es eindeutig, daß aufgrund des Umfanges und der Art und Weise des kommerziellen Handels das Sammeln verschiedener Arten und die Zerstörung bestimmter Lebensräume und freilebender Populationen wahrscheinlich ganz erheblich ist.

Einige Arten sind in ihrer Verbreitung sehr begrenzt, und aus diesem Grunde ist auch ihre Gesamtzahl nicht groß. Viele Cichliden kommen nur in einzelnen Seen des Afrikanischen Rift Valley vor, und manche auch dort nur in bestimmten Bereichen eines einzigen Sees. Ein Beispiel dafür ist *Tropheus moorii,* eine Art, die in verschiedene Populationen aufgegliedert ist. Im europäischen Aquarienhandel erzielen die Tiere hohe Preise, doch kommen die Fische nur jeweils in ganz bestimmten Bereichen des Felsenufers des Tanganjikasees vor, oft umfaßt ein solcher Bereich nur wenige hundert Meter. Wie stark eine solche Population besammelt werden kann ohne auszusterben ist unbekannt. Die Blinden Höhlenfische

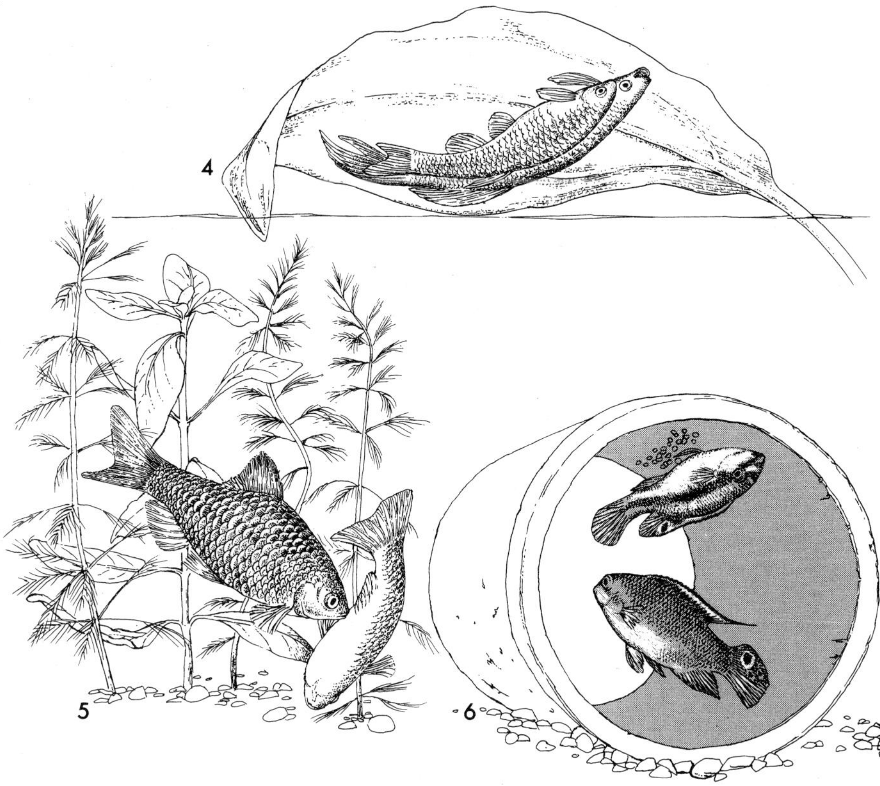

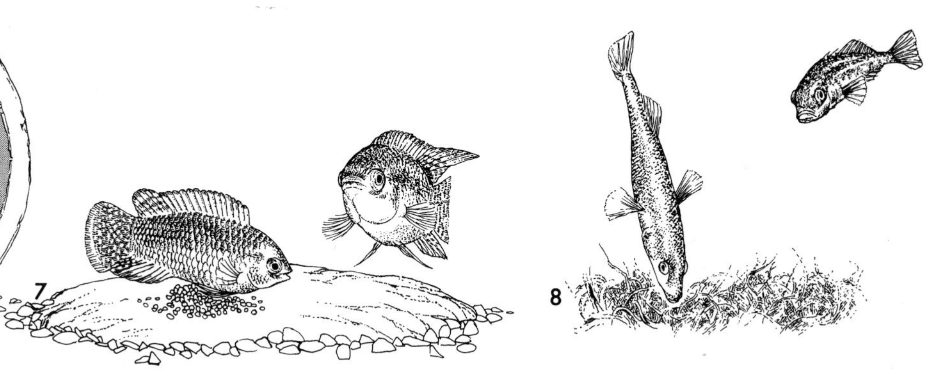

Einige Möglichkeiten wie Fische ihre Eier ablaichen sind hier dargestellt.
1 Ein Segelflosser wählt ein Blatt einer großen Pflanze als Ablaichplatz, reinigt es sorgfältig und laicht darauf festhaftende Eier ab, die er anschließend gegen Räuber bewacht.
2 Andere Cichliden graben ein flaches Nest in den Bodengrund, in dem die Eier abgelaicht und befruchtet werden. Dann werden diese von einem Elternteil ins Maul genommen und ausgebrütet und auch noch als Jungtiere beschützt (**3**).
4 Der Spritzsalmler laicht an einem Blatt unmittelbar über der Wasseroberfläche ab.
5 Viele Arten geben klebrige Eier ab, während sie in Bodennähe zwischen Pflanzen schwimmen, und überlassen diese bis zum Schlüpfen sich selbst, wie es die hier gezeigten Barben tun.
6 Einige Fische, wie diese Cichliden, laichen bevorzugt in einer Höhle ab, wo die Eier leichter bewacht werden können.
7 Die Eier können auch auf einem flachen Stein abgelaicht und dort bewacht werden, oder sie fallen zwischen Steine und schlüpfen dort sicher.
8 Der Stichling baut auf dem Bodengrund ein Nest aus Algen, und andere Fische tun dies in ähnlicher Weise, wobei sie Pflanzen oder Schlamm verwenden.

(Familie Amblyopsidae) weisen ähnliche Verhältnisse auf, und es scheint so, als ob bereits schon zu viele Tiere aus einigen ihrer natürlichen Lebensräume entnommen wurden, so daß das Fortbestehen der Populationen in Frage gestellt ist.

Es gibt Anzeichen dafür, daß viele Fischarten als unmittelbares Ergebnis der Nachfrage durch Aquarianer von der Ausrottung bedroht sind. Beispielsweise heißt es bezüglich *Arapaima gigas,* dem größten ständig im Süßwasser lebenden Fisch, offiziell, er sei in weiten Bereichen des Amazonasbeckens, besonders im Rio Negro, ausgerottet oder dezimiert worden. Als Begründung dafür wird der intensive Fang für den Aquarienhandel angegeben. Dazu werden, nachdem die Elterntiere aufgespürt und getötet wurden, die Jungtiere entnommen; dieser Fisch ist ein Maulbrüter. Ein Verbot des Handels von jungen Fischen dieser Art für aquaristische Zwecke wird deshalb vorgeschlagen.

Auch wenn es in diesem Fall möglicherweise nicht der Aquarienhandel ist, der die Tiere bedroht, weil sie dazu – zumindest in Europa – doch zu selten angeboten werden und der wahre Grund für ihren Rückgang hier wohl eher in dem zu großen Fischfang zu Ernährungszwecken zu suchen ist, so kennen wir doch viele Fälle, in denen die Aquarianer zumindest mitschuldig am Aussterben bestimmter Arten sind. In solchen Fällen sollte ein Handel mit diesen Arten durch die Aquarianer, Einzelhändler, Importeure und Exporteure wirksam boykottiert werden. Sie haben gegenüber den freilebenden Tieren, an denen sie ihre Freude haben oder mit denen sie ihr Geschäft machen, eine Verantwortung, die sich auch dahingehend äußern sollte, daß gefährdete Arten nicht mehr am Markt erscheinen und damit der Anreiz verschwindet, sie zu sammeln.

Man muß hier außerdem hinzufügen, daß der Aquarianer auch keine Exemplare sammeln oder kaufen sollte, von denen er genau weiß, daß sie nicht über einen angemessenen Zeitraum hinweg am Leben erhalten werden können. Beispielsweise gehört ein natürliches Korallenriff zu den schönsten, produktivsten und vielfältigsten Ökosystemen unserer Erde, aber die meisten Korallen sind im Aquarium kaum am Leben zu erhalten. Unter guten Bedingungen können ein paar harte Arten ein oder zwei Jahre leben, aber im Durchschnitt ist die Lebenserwartung eines Korallenstückes, das in ein übliches Seewasseraquarium gesetzt wird, gleich Null.

Die Aquakultur

Die Nachfrage nach vielen beliebten Zierfischen ist so groß, daß sie in kommerziellen Züchtereien nachgezogen werden. Die Aquakultur wird mittlerweile intensiv betrieben, besonders in Asien, wo etwa die Hälfte aller exportierten Süßwasserfische aus spezialisierten Züchtereien stammt. Auch in Europa und den Vereinigten Staaten werden tropische Arten für den Aquarienhandel nachgezogen. Etwa hundert Arten von Süßwasserfischen werden in Gefangenschaft kommerziell gezüchtet. Bei Seewasserfischen gelingt dies dagegen nur bei etwa einem halben Dutzend Arten, dazu gehören die Clownfische (*Amphiprion*-Arten), die Neongrundel *(Elacatinus oceanops),* der Graue Engelfisch *(Pomacanthus arcuatus)* und das Zwergseepferdchen *(Hippocampus rosterae).*

Das Züchten von Aquarienfischen

Jede Art von Lebewesen muß sich fortpflanzen, um überleben zu können. Einige niedere Tiere können sich vermehren, indem sie sich einfach in zwei oder mehrere Exemplare teilen oder neue kleine Individuen durch Knospung entstehen lassen. Die meisten höheren Tiere sind in männliche und weibliche Individuen getrennt, wobei die Männchen Spermien bilden, um die Eier der Weibchen zu befruchten, und auf diese Weise entsteht eine neue Generation.

Fast alle Fische pflanzen sich geschlechtlich fort. Bei den meisten Arten werden die Eier und Spermien koordiniert in das Wasser ausgestoßen, so daß eine äußere Befruchtung stattfindet. Bei vielen Arten bilden Männchen und Weibchen ein Paar, und oft finden vor dem eigentlichen Ablaichen Balzrituale statt. Es gibt auch Fische, die eine Begattung aufweisen, und am besten ist sie bei solchen Arten entwickelt, die eine innere Befruchtung ausgebildet haben. Nach der Befruchtung zeigen die verschiedenen Arten sehr unterschiedliche Weisen der Brutfürsorge, die die Elterntiere den Eiern und Jungfischen angedeihen lassen.

Viele Arten von Süßwasserfischen wurden in Aquarien erfolgreich zur Fortpflanzung gebracht, und dabei konnte man ihr Verhalten und ihre Lebensweise

Das Ablaichverhalten des Kampffisches *(Betta splendens)*, das oben dargestellt ist, ist besonders bemerkenswert. Diese Art laicht bei einer Temperatur von 27–30 °C und das Männchen baut dazu zunächst ein Schaumnest an der Wasseroberfläche. Während es dieses baut, verhält es sich gegenüber dem Weibchen recht aggressiv, wenn das Nest jedoch fertig ist, begleitet es die Partnerin unter dieses Schaumgebilde. Er windet seinen Körper um den ihren und dreht sie auf den Rücken. Dabei werden die Eier abgegeben und befruchtet. Das Weibchen bleibt nun zunächst bewegungslos, während das Männchen nach den Eiern taucht und sie mit dem Maul ins Nest befördert. Nach dem Ablaichen ist das Männchen wieder sehr aggressiv und jagt das Weibchen fort.
Die beiden Einzelbilder links in der Mitte zeigen zwei andere schaumnestbauende Arten während des Ablaichens. Links ist der Dicklippige Fadenfisch dargestellt *(Colisa labiosa)*, der zum Ablaichen eine Temperatur von 25–26 °C braucht und das Weibchen unter das Nest lockt. Dort dreht er sie auf den Rücken, wobei die Eier abgegeben und befruchtet werden und dann ins Nest aufsteigen. Rechts wurde der weibliche Paradiesfisch *(Macropodus opercularis)* vom Männchen auf den Rücken gedreht, bevor die Eier abgegeben und befruchtet wurden. Diese Art laicht bei einer Temperatur von 22–25 °C ab. Unten wird das Ablaichen der Schleierform des Zebrabärblings *(Brachydanio rerio)* gezeigt. Es findet am frühen Morgen statt, und die notwendige Temperatur liegt bei 24 °C. Das Männchen treibt das Weibchen und stößt es in der Afterflossengegend an. Er gelangt dann neben sie, drückt sich gegen sie und »umarmt« sie bis die Eier abgegeben und dann von ihm befruchtet werden. Anschließend fallen sie auf den Boden. Nach dem Ablaichen entfernt man das Paar am besten, weil es sonst die Eier fressen könnte.

sorgfältig untersuchen. Demgegenüber gelang es bisher zunächst nur einige wenige Seewasserarten nachzuzüchten, teilweise deshalb, weil bei vielen Arten ein planktisches Ei- oder Larvenstadium vorhanden ist, für das in Gefangenschaft nicht die erforderlichen Lebensbedingungen geboten werden können. Allgemein liegt ein Ziel der Zucht von Fischen im Aquarium darin, daß man soviel wie möglich darüber erfahren möchte, wie sich eine Art in der Natur fortpflanzt, und man versucht daher im Aquarium entsprechende Bedingungen zu bieten. Saisonverhalten, Laichreize, eine optimale Umgebung und das Verhalten der Elterntiere während der Balz, der Paarung, während des Ablaichens, der Eientwicklung und der Brutpflege, all dies sind wichtige Einzelheiten, über die man mehr erfahren möchte.

Die Planung und Vorbereitung des Zuchtansatzes

Nachfolgend einige entscheidende Voraussetzungen für die Zucht der meisten Arten. Man sollte zur Zucht beispielsweise ein separates Becken nehmen, da die Eier oder die Jungfische das Treiben in einem normalen Gesellschaftsbecken nicht überstehen werden. Dieses Zuchtaquarium sollte groß genug sein und eine geeignete Form aufweisen, um den zu züchtenden Tieren genügend Platz zu bieten. Die Einrichtung sollte aus dem Bodengrund bestehen und aus einem Unterschlupf, der so beschaffen ist, daß sich die Elterntiere und die Jungfische darunter verbergen und die Eier dort angeheftet werden können. Steinflächen, eine Bodenschicht aus Sand oder Kies, oder Pflanzen mit feinen oder breiteren Blättern, und schließlich auch in das Becken hängende Wurzeln ergeben für die verschiedensten Arten eine geeignete Einrichtung.

Die Beleuchtung muß möglicherweise reduziert werden, da viele eierlegende Fische schattige Stellen auswählen, um dort abzulaichen. Das Becken sollte nur Licht von der Wasseroberfläche erhalten, deshalb ist es wichtig, den Zuschauerbereich dunkel zu halten oder die Beckenwände abzudunkeln. Man muß die Temperatur öfter kontrollieren, und das Becken sollte gegenüber Störungen durch Klopfen oder durch Lärm abgesichert sein. Ein Gelege, das beispielsweise irgendwo auf einer Unterlage festgeheftet ist, muß mit großen Mengen Sauerstoff versorgt werden, daher ist eine wirksame Belüftung und Wasserzirkulation wichtig. Dies gilt jedoch nicht für Schaumnestbauer, denn ihre Bemühungen können durch zu starke Wasserbewegungen zunichte gemacht werden und ihr Nest kann in der Strömung zerfließen.

Das Aquarium, die Einrichtungsgegenstände und der Bodengrund sollten vor ihrer Verwendung sorgfältig gereinigt und sterilisiert werden, vor allem für die Zucht von empfindlichen Fischen. Die Wasserwerte müssen gemessen und das Zuchtwasser sorgfältig vorbereitet werden. Eier und Spermien sind gegenüber der Wasserbeschaffenheit besonders empfindlich, und viele eierlegende Fische des Süßwassers benötigen ein Wasser mit einer geringen Härte. Das Zuchtaquarium sollte mit sauberem Wasser gefüllt werden, das den von der jeweiligen Art benötigten Salzgehalt aufweist. Wenn alles eingerichtet ist, kann man das Zuchtbecken etwa einen Tag lang ultraviolett bestrahlen bevor die Tiere hineinkommen.

Bei der Haltung von Fischen im Aquarium ergibt sich zwangsläufig, daß sie nur auf einen relativ kleinen Wasserraum beschränkt ist, der mit anderen Gewässern nicht in Verbindung steht. In der Natur zerstreuen sich die Nachkommen in einem bestimmten Stadium vom Ablaichplatz aus in alle Richtungen. Das kann dadurch geschehen, daß die Eier zur Oberfläche steigen und dann forttreiben oder daß die junge Brut wegschwimmt. Im Aquarium können sich aber weder die Eltern noch die Jungtiere vom Ablaichplatz oder voneinander entfernen. Diese unnatürliche Situation kann zu abnormem Verhalten führen, auch zu Aggressivität zwischen den Elterntieren, oder dazu, daß die Jungtiere von den Eltern gefressen werden. Daher kann es für den Aquarianer notwendig werden, daß er die Eltern und Jungtiere voneinander trennt. In einigen Fällen kann das dadurch geschehen, daß man die frischgeschlüpften Exemplare in ein Aufzuchtbecken überführt, oder man verwendet ein Maschennetz, durch das nur die Jungfische schwimmen oder die Eier hindurchfallen können.

Man kann die Elterntiere auch auf andere Weise ganz einfach von der Brut fernhalten. Beispielsweise kann man kleine runde Steine oder Murmeln auf den sauberen Boden des Aquariums geben. Die Eier fallen dann dazwischen und sind davor geschützt, möglicherweise von den Eltern gefressen zu werden. Eine andere Methode besteht darin, in einem Teil des Aquariums in sehr flachem Wasser eine geeignete Ablaichgelegenheit vorzubereiten, beispielsweise eine seichte Mulde oder eine künstliche flache Stelle. Das laichwillige Paar wird dorthin schwimmen, um abzulaichen, kehrt aber gewöhnlich nicht wieder zurück, um die Eier zu fressen, wenn es erst einmal diesen Bereich verlassen hat, um in die tieferen Abschnitte des Aquariums zurückzuschwimmen.

Unter den Aquarienfischen finden sich eierlegende, maulbrütende und lebendgebärende Fische. Bei den beiden ersten Gruppen sollte man ein Paar oder eine Gruppe, mit der man züchten möchte, auswählen und die Männchen von den Weibchen trennen. Etwa eine Woche lang sollten sie reichlich gefüttert werden, bevor man sie im Zuchtbecken zusammensetzt und sie dort balzen und ablaichen. Wenn Maulbrüter im Gesellschaftsbecken ablaichen, ist es manchmal besser, die brütenden Elternteile nicht dadurch zu stören, daß sie in ein Aufzuchtbecken überführt werden, weil sie sonst den Laich ausspucken könnten. Besser ist es, man trennt einen Teil des Aquariums durch Maschengewebe oder eine Glasscheibe ab, um die anderen Fische, auch die nichtbrütenden Elternteile, von der Fischfamilie fortzuhalten. Bei Lebendgebärenden ist es hingegen solange nicht notwendig, den Fisch aus dem Gemeinschaftsbecken zu entfernen, als sich an der Aftergegend des Weibchens noch kein dunkler Fleck zeigt, der ein Trächtigkeitsmerkmal ist. Dann sollte man das Tier jedoch sofort vorsichtig in ein Zuchtbecken umsetzen, und bevor die Jungen zur Welt kommen, gibt man das Weibchen in einen Ablaichkasten, damit es die Jungtiere nicht fressen kann.

Wenn man die Zucht eines Fisches vorbereitet, muß man natürlich auch für die Fütterung der zu erwartenden Fischbrut Vorsorge treffen. Sobald die Jungfische von den Eltern unabhängig geworden sind oder der Dottervorrat aufgezehrt ist, muß ein geeignetes Futter zur Verfügung stehen. Obwohl man der Brut soviel Futter geben sollte wie sie aufzunehmen in der Lage ist, am besten mehrmals am Tage, ist es gefährlich, mehr Futter zu geben als gefressen werden kann, denn Futterreste geben sonst einen Nährboden für Bakterien ab. Wenn man dazu noch Lebendfutter reicht, wie beispielsweise Cyclops-Nauplien, so können Reste davon mitunter schneller als die Jungfische heranwachsen und sie dann ihrerseits angreifen.

Laichzeiten und Geschlechtsmerkmale

Jeweils zu ganz bestimmten Zeiten laichen die Fische und werden die Eier schlupfreif. Die Wassertemperatur ist dabei der Hauptfaktor. In Gewässern der gemäßigten Breiten laichen die meisten Arten im Frühjahr und Sommer ab, wenn das Wasser wärmer wird. In tropischen Gewässern ist der Temperaturbereich im Lauf des Jahres meist sehr viel enger, und die meisten Arten laichen dort über einen großen Zeitraum des Jahres hinweg. Auch das Licht hat einen großen Einfluß, und selbst bei Arten, die sich während des ganzen Jahres fortpflanzen können, steigert sich im Frühjahr, wenn die Tageslängen zunehmen, die Laichtätigkeit. Gelegentlich können auch wesentlich schwieriger zu erfassende Faktoren entscheidende Auslöser darstellen: Viele Fische reagieren auf die sich ändernde Wasserzusammensetzung, wenn die jährliche Regenzeit eintritt, während andere ablaichen, wenn ihre Saisongewässer auszutrocknen beginnen. Viele Bewohner der Gezeitenzone reagieren auf den Mond- bzw. den Gezeitenzyklus.

Bei vielen Fischarten gibt es erhebliche äußere Unterschiede zwischen Männchen und Weibchen, die besonders während der Laichzeit deutlich werden. Viele Geschlechtsmerkmale stehen in bezug zum Balz- und Ablaichverhalten, während andere mit der Brutpflege zusammenhängen. Bei Arten mit innerer Befruchtung sind Begattungsorgane ausgebildet. Alle Männchen der Elasmobranchier, also der Haie und Rochen, haben ein Paar Klammerorgane, die sich in Gruben befinden. Die Männchen der Lebendgebärenden, wie beispielsweise die der Familie Poeciliidae, haben äußere Geschlechtsorgane. Die Weibchen vieler Fische haben lange Legeröhren, um die Eier abzugeben und sie auf dem Substrat zu befestigen.

Weniger wichtige Unterschiede zwischen Männchen und Weibchen beziehen sich auf die Färbung, die unterschiedlich langen Flossenstrahlen und »Perlorgane«. Diese Perlorgane sind warzenähnliche Auswüchse auf der Körperoberfläche der Männchen, etwa bei Karpfenfischen, die wahrscheinlich dazu dienen, die Körper des Fischpaares während des Ablaichens beieinander zu halten. Oft sind die Partner unterschiedlich groß: Wenn die Weibchen größer sind, läßt dies auf große Bruten schließen, während bei Arten, bei denen die Männchen die Nachkommen bewachen, die Männchen oft größer als die Weibchen sind. Extrembeispiele stellen die Arten dar, bei denen Zwergmännchen vorkommen, die bei den Tiefseeanglern (Ceratoidea) auf Dauer mit dem Weibchen verwachsen und auf ihm parasitieren. Bei einigen *Apogon*-Arten hat das Männchen ein größeres Maul und einen vergrößerten Schlund, in denen es die Eier ausbrütet.

Die Fortpflanzungsweisen der Fische

Viele marine Fische geben Eier ab, die im Wasser treiben, und die Befruchtung erfolgt außerhalb des Körpers des Weibchens. Es wird eine große Zahl kleiner Eier ausgestoßen, die dann mit dem Oberflächenplankton treiben. Wenn die Larven schlüpfen, trägt jede einen Dottersack. Bei den meisten Arten sind die Larven zum Zeitpunkt des Schlüpfens nur ein paar Millimeter lang und in den ersten Lebensmonaten gegenüber Räubern und Krankheiten sehr anfällig, so daß die Sterberate sehr hoch ist. Man schätzt, daß bei der Makrele *Scomber scombrus* der Bestand einer Population an erwachsenen Tieren bereits gesichert ist, wenn nur ein Fisch aus jeweils 1 Million Eiern bis zur Geschlechtsreife gelangt. Wie jedoch anschließend deutlich gemacht werden soll, findet sich die größte Vielfalt an Fortpflanzungsmethoden vor allem bei Süßwasserfischen.

Eierlegende Fische ohne Brutfürsorge

Die meisten Süßwasserfische einschließlich der meisten Salmler und der Karpfenfische und ebenso vieler Arten aus Küstengewässern gehören zu einer Gruppe von Fischen, die klebrige oder nicht schwimmfähige Eier abgeben, die über dem Bodengrund abgelaicht werden, bei denen die Eltern jedoch keine Brutfürsorge treiben. Karpfenfische laichen häufig Eier mit Klebefäden ab, die damit zwischen der Bodenvegetation hängen bleiben. Der Barsch *(Perca fluviatilis)* aus Europa und Nordasien stößt Eier aus, die an Pflanzen, Wurzeln und Steinen klebenbleiben. Die geschlüpften Larven besitzen kleine Dottersäcke und schwimmen zur Wasseroberfläche, um dort Luft aufzunehmen. Dann verbreiten sie sich in alle Richtungen.

Sandaale (Familie Ammodytidae) verstreuen ihre Eier in Küstennähe über den Seeboden, wo die Eier an Sandkörnern klebenbleiben. Plattfische wie die Flundern (*Pleuronectes*-Arten) wandern in das Flachwasser und legen dort eine große Zahl von Eiern ab – bis zu einer Million –, die auf den Bodengrund sinken und dort in Trauben aneinanderkleben. Die Jungfische bleiben wahrscheinlich ebenfalls in Bodennähe, so daß nur wenige durch Meeresströmungen von den Nahrungsgründen fortgetrieben werden. Feilenfische, wie *Lepadogaster lepadogaster,* kleben Reihen von recht großen und dotterreichen Eiern auf die Unterseite von Steinen und zwischen die Verankerungen des Kelp auf den Grund der Uferzonen.

Obgleich die meisten Knorpelfische lebendgebärend sind, legen die etwa hundert Arten der Gattung *Raja* Eier ab, wie es auch einige Haie, z. B. der Katzenhai unserer Nordsee, tun. Dabei werden sehr große, dotterreiche Eier abgelaicht – die des Walhaies *Rhincodon* sind etwa 30 cm lang –, die eine hornige Hülle haben, die sich bildet, während das Ei den Eileiter durchwandert. Diese Eihülle ist meist rechteckig mit einem Fortsatz an jeder Ecke, der sich aufwickelt oder an einer Tangpflanze oder einem Stein am Meeresgrund verankert. Meist dauert die Entwicklung zwischen vier und fünfzehn Monate, je nach Art und Wassertemperatur. Dann öffnet sich die Hülle, läßt Wasser eindringen, und der Fisch schwimmt heraus. Die leere Hülle ist dann eine der berühmten »Geldbörsen einer Meerjungfrau«, die man am Strand finden kann.

Fische, die ihre Eier vergraben

Einige Fische graben ihre Eier in den Bodengrund ein. In langsam fließenden Gewässern gehören die Äsche (Thymallus), die Barbe *(Barbus)* und einige der nordamerikanischen Grundbarsche *(Etheostoma)* wie auch die Forelle und der Salm *(Salmo)* zu dieser Fischgruppe. In den Saisontümpeln und -flüssen der Tropen laichen die kleinen Killifische, besonders *Pterolebias*- und *Cynolebias*- sowie andere Arten (Familie Cyprinodontidae) im Bodengrund ab und vergraben dadurch ihre Eier im Schlamm, bevor das Wasser völlig austrocknet. Die Eier können das Eintrocknen im feuchten Schlamm überleben und schlüpfen, sobald der Tümpel durch Regen oder durch Überflutungen wieder gefüllt wird.

Fische, die Eier legen und diese pflegen

Bei vielen Fischen, besonders bei Süßwasserarten, werden die Eier sorgfältig auf einem Substrat abgelaicht und dann anschließend von einem Elternteil, meist dem Männchen, bewacht und gepflegt. Das bewachende Tier verteidigt die Eier gegen Feinde, die sie sonst fressen könnten, und es fächelt außerdem mit seinen Flossen Wasser über das Gelege, wodurch es mit Sauerstoff versorgt und Sand entfernt wird, außerdem entfernt es auch oft unbefruchtete oder verpilzte Eier. Diese Art des Ablaichens und der Brutfürsorge ist auch bei Seewasserfischen aus geringen Wassertiefen häufig, wie beispielsweise bei Blenniiden oder Schleimfischen (Familie Blenniidae), Grundeln (Gobiidae), Riffbarschen (Pomacentridae) und Drückerfischen (Balistidae).

Viele Grundelarten, sowohl aus Süß- als auch aus Küstengewässern, heften ihre Eier in den leeren Schalen von Schnecken oder Muscheln an oder an der Unterseite eines flachen Steines. Oft graben sie dazu eine Höhle und bereiten diese sorgfältig vor. Andere Arten heften die Eier an Pflanzenblätter und das Blattwerk von Tangen, während solche Fische, die normalerweise in Wohnhöhlen leben – oft gemeinsam mit Krabben oder Garnelen – ihre Eier an den Wänden dieser Röhren befestigen. In den meisten Fällen bewacht das Männchen den Laich bis die Jungfische schlüpfen. Die Groppe *(Cottus gobio),* ein Bewohner der kalten und klaren Süßwasserflüsse, ist hierfür ein typisches Beispiel. Das Männchen gräbt zwischen Steinen ein flaches Nest aus, in dem die Fische ablaichen. Dann bewacht es diesen Ort und befächelt von Zeit zu Zeit das Gelege bis die jungen Groppen schlüpfen.

Auch Cichliden und viele Salmler zeigen in dieser Hinsicht ein sehr interessantes und ausgeklügeltes Ablaichverhalten. Bei *Aequidens-*, *Etroplus-*, *Cichla-*, *Hemichromis-*, *Cichlasoma-* und anderen Arten laichen die Eltern sorgfältig die Eier auf einem Stein oder einer Wurzel ab und befruchten sie, dann bewachen und befächeln sie den Laich ständig bis die Jungtiere schlüpfen. Der Laichplatz wird vor dem Ablaichen ausgewählt und intensiv gereinigt, und zur gleichen Zeit werden in der Nähe ein oder mehrere Gruben angelegt, wobei der Sand oder Kies dort durch Fächeln oder mit dem Maul entfernt wird. Nach dem Schlupf werden die Larven mit dem Maul vom Laichplatz in die vorbereiteten Gruben transportiert, wo sie bewacht werden. Gelegentlich werden sie von einer Grube in eine andere umgebettet. Schon bald danach sind sie in der Lage zu schwimmen, aber auch dann holen die Eltern jeden Ausreißer wieder in den Schwarm zurück oder führen die Brut zur Futtersuche umher bis sie größer wird, der Schwarm sich auflöst und der Brutpflegetrieb der Eltern erlischt.

Die *Pterophyllum-* und *Symphysodon*-Arten laichen ihre Eier an sorgfältig ausgewählten Blättern oder Wurzeln ab, oder an senkrechten Steinen, und bewachen und befächeln sie bis zum Schlupf. Die Jungtiere werden mit dem Maul von einem Ort zum anderen getragen und gegen die neue Fläche gespuckt, wo sie haften bleiben. Dies geschieht mitunter mehrfach bis die Jungfische freischwimmen und den Eltern folgen. Dabei bleiben sie dicht in der Nähe der Eltern und bewegen sich vor allem um deren Kopf und in Sichtweite, so daß die Eltern eventuelle Ausreißer sofort bemerken und die Brut zusammenhalten können. Bei den Diskusfischen leben die Jungtiere einige Wochen von einem nährstoffhaltigen Sekret, das von der Haut der Elternfische abgegeben wird.

Ein ganz merkwürdiges Ablaichverhalten zeigt auch der Spritzsalmler, ein südamerikanischer Salmler *(Copella arnoldi).* Der Laich wird an einem Blatt oberhalb der Wasseroberfläche abgelaicht und befruchtet. Dazu springen Männchen und Weibchen Seite an Seite aus dem Wasser und bleiben einige Sekunden lang an der vom Männchen zuvor ausgesuchten Ablaichstelle kleben. Bis zu einem Dutzend Eier werden gleichzeitig abgelaicht, und es können etwa ein halbes Dutzend solcher Sprünge erfolgen. Das Männchen hält anschließend den Laich feucht, indem es während der gesamten Entwicklungsdauer von einigen Tagen mit seinem Schwanz und Körper etwa alle 20 Minuten Wasser hochspritzt. Nach dem Schlüpfen fallen die Jungtiere ins Wasser. Ein weiterer Fisch mit ganz besonderem Ablaichverhalten ist der Blattfisch *Monocirrhus polyacanthus,* der seine Eier mit klebrigen Fäden an der Unterseite eines Blattes anheftet, wo das Männchen sie dann bewacht.

Maulbrüter

Einige Süßwasserfische, wie beispielsweise alle *Haplochromis-*, *Sarotherodon-* und *Pseudotropheus-*Verwandten und weitere Cichliden und ein paar Anabantiden, wie etwa *Betta pugnax,* und ebenso Seewasserfische, wie die Kardinalfische (Familie Apogonidae) und einige Welse (Ariidae), verwenden ihr Maul und den Kehlsack als Brutkammer. Dieses Verhalten ist etwas weniger ausgeprägt auch bei anderen Arten entwickelt, wie etwa solchen der Gattungen *Geophagus* und *Chromidotilapia,* die oft erst nachträglich die Jungtiere ins Maul nehmen, vor allem dann, wenn Gefahr droht.

Bei maulbrütenden Fischen werden die Eier vom Weibchen erbrütet, wie bei den Cichliden, oder auch vom Männchen, wie bei *Betta-* und *Apogon-*Arten oder den Ariidae. Sie werden entweder während der kurzen Zeitspanne zwischen der Eiabgabe und der Aufnahme mit dem Maul befruchtet, oder sonst innerhalb des Maules, wobei sowohl die Eier als auch die Spermien aufgesogen werden. Während der Entwicklung der Eier zieht sich der brutpflegetreibende Elternteil an einen ruhigen Ort zurück und schichtet die Eier im Maul ständig um. Wenn die Larven geschlüpft sind, werden sie aus dem Maul entlassen und schwärmen um seinen Kopf. Der Jungfischschwarm folgt dem Elterntier umher und flieht solange bei Beunruhigung in das Maul zurück, bis die Tiere selbständig sind und fortschwimmen.

Bei den Apogonidae, den Kardinalfischen des Seewassers, werden die Eier, die durch dünne Fäden aneinanderhaften, in einem Klumpen abgegeben und dann sofort vom Männchen mit dem Maul aufgenommen. Dort werden sie aufbewahrt bis die Jungtiere schlüpfen, wobei ständig Wasser an ihnen entlangstreicht. Etwa 20000 Eier von ca. 0,5 mm Durchmesser können gleichzeitig erbrütet werden.

Nestbauende Fische

Außer den Gruben, die von vielen Cichliden als Kinderstube angelegt werden, bauen viele Süßwasserfische die verschiedensten Formen von Nestern, um den Laich dort zur Entwicklung zu bringen. Bei vielen Stichlingsarten (Familie Gasterosteidae) kann man den Nestbau mit Pflanzen- oder Algenteilen, die mit einem Sekret miteinander verklebt werden, sehr schön beobachten. Im Frühling errichtet der Fisch auf dem flachen Bodengrund ein Revier und verteidigt es. Darin baut er ein Nest und entfernt dazu oft zunächst mit dem Maul Sand und Kies und klebt dann Algenteile und anderes Pflanzenmaterial zusammen. Während dieser Laichzeit zeigt das Männchen leuchtende Farben und versucht nun ein Weibchen in das Nest zu locken. Das Weibchen dringt in das tunnelartige Nest ein, legt dort seine Eier ab und verläßt es wieder, worauf das Männchen folgt und die Eier befruchtet. Es kann zwei oder drei Weibchen zum Ablaichen in sein Nest locken, das es dann etwa eine Woche lang bewacht und mit seinen Brustflossen befächelt. Wenn die Fische geschlüpft sind, hält der Vater sie noch eine Zeitlang im Nest zusammen, indem er sie behütet und Ausreißer mit dem Maul packt und sie wieder ins Nest zurückspuckt bis sie groß genug sind, um fortzuschwimmen.

Die nordamerikanischen Sonnenbarsche (Familie Centrarchidae) graben zwischen Steinen eine Nisthöhle aus. Verschiedene Karpfenartige der Gattungen *Hybopsis, Semotilus* und andere bauen Steinnester, die aus einem Hügel sorgsam ausgesuchter und zusammengetragener Steine bestehen, der über einer ausgegrabenen Vertiefung aufgeschüttet wird.

Wo der Gewässergrund oft aus feinem Schlamm besteht und der Sauerstoffgehalt des Wassers gering ist, erzeugen verschiedene Süßwasserfische oft eine Menge kleiner Blasen, in denen die abgelaichten Eier deponiert werden. Hierzu gehören der Kampffisch *(Betta splendens),* die Fadenfische (*Colisa-* und *Trichogaster-*Arten) und andere Anabantiden und einige Schilderwelse (*Callichthys-*Arten). Dieses Schaumnest wird vom Männchen gebaut, das an der Oberfläche Luft schöpft und eine Anzahl von Blasen ausstößt, von denen jede mit einem klebrigen Sekret umgeben ist. Das Nest kann einen Durchmesser von 7 oder 8 cm besitzen und wird an der Wasseroberfläche zwischen Pflanzen verankert, oder es treibt frei an der Oberfläche. Wenn das Nest fertig ist, sucht das Männchen eine Partnerin, und das Paar laicht darunter ab. Die befruchteten Eier werden vom Männchen aufgesammelt und in die Schaummasse des Nestes gespuckt. Das Männchen bewacht dann anschließend das Nest, spuckt eventuell herabgefallene Eier oder Jungfische wieder zurück, und bessert es mit weiteren Blasen gegebenenfalls aus, bis die Brut selbständig fortschwimmen kann.

Fische, die ihre Eier bei sich tragen

Verschiedene Fischarten haben weitere Möglichkeiten entwickelt, um ihre Eier und die Jungbrut zu schützen. Bei Welsen aus der Familie Bunocephalidae liegt die Mutter auf den befruchteten Eiern, und ihre Hautfalten wachsen um die Eier, um diese zu schützen. Bei den Seenadeln trägt das Männchen die Eier mit sich, wobei sie entweder an der Unterseite des Schwanzes festkleben oder sich in einer besonderen Brutfalte befinden, wie bei den *Syngnathus-*Arten. Die Jungfische werden freigelassen, sobald sie vollständig entwickelt sind, und die Brutfalte entwickelt sich dann wieder zurück.

Männliche Seepferdchen, auch manche Männchen aus der Familie Syngnathidae, haben an der Körperunterseite eine besondere Bruttasche, in die die Weibchen die Eier ablaichen und in der die Jungfische erbrütet werden. Sobald sie vollständig entwickelt sind, werden die Jungfische dann aus der Bruttasche entlassen. Die Innenschicht dieser Bruttasche gibt eine »Nährmilch« ab und ist von zahlreichen Blutgefäßen durchzogen, die die sich entwickelnden Eier mit Sauerstoff versorgen.

Lebendgebärende Fische

Die Fische, die statt Eier zu legen lebende Junge zur Welt bringen, kann man in ovovivipare und vivipare Arten einteilen. Bei der ersten Gruppe werden die Eier im Körperinneren befruchtet und in eine Höhle des Eierstockes abgegeben, wo sich der Embryo dann entwickelt. Dabei wird er durch den Dottersack ernährt, bei einigen Arten auch zusätzlich noch durch Sekrete aus der Wand des Eierstockes. Der Guppy, *Poecilia (Lebistes) reticulata,* ist dafür ein gut bekanntes Beispiel. Bei vielen Skorpionfischen (*Sebastes-*Arten) bleiben die Eier bis zum Zeitpunkt des Schlupfes im Eierstock und werden dann abgelaicht.

Bei den weiterentwickelten viviparen Arten bleiben die Eier in den Follikeln des Eierstockes, die von einer Anzahl Blutkapillaren durchzogen werden. Durch kleine ineinandergreifende finger- oder blasenartige Auswüchse wird zwischen dem Embryo und dem Follikel eine placentaartige Verbindung geschaffen. Die Jungtiere kommen in einem recht weit entwickelten Stadium zur Welt, meist sind sie schon regelrechte Miniausgaben der Elterntiere.

Unter den Knochenfischen gibt es nicht viele lebendgebärende Arten. Die meisten gehören zur Familie der Poeciliidae: Guppy, Schwertträger, Platys und Mollys. Weitere Beispiele sind die Süßwasserhalbschnäbler (Unterfamilie Hemirhamphinae), die Vieraugen (Anablepidae), die Mexikanischen Hochlandkärpflinge (Goodeidae) und die Jenynsiidae, außerdem die erwähnten Skorpionfische (Scorpaenidae).

Bei den Knorpelfischen sind die meisten Haie und alle Rochen – mit Ausnahme der Glattrochen – ovovivipar. Die Embryonen werden noch im Eileiter aus der Eihülle freigelassen, wo sie von ihren Dottersäcken und von milchartigen Sekreten des Muttertieres ernährt werden. Einige Blau-, Hammer- und kleine Hundshaie der Familien Carcharhinidae und Sphyrnidae sind vivipar. Der Dottersack bildet bei ihnen mit der Eileiterwand eine placentaartige Verbindung. Die jungen Haie und Rochen kommen vollständig ausgebildet zur Welt.

Literatur

Brichard, P.: Fishes of Lake Tanganjika. T.F.H.-Publications, Jersey City, USA, 1978.

Fricke, H. W.: Korallenmeer. Parkland Verlag, Stuttgart 1972.

Fryer, G. and Iles, T. D.: The Cichlid Fishes of the Great Lakes of Africa. Oliver & Boyd, Edinburgh 1972.

Gärtner, G.: Zahnkarpfen – Die Lebendgebärenden im Aquarium. Eugen Ulmer, Stuttgart 1981.

Geisler, R.: Wasserkunde für die aquaristische Praxis. Alfred Kernen, Stuttgart 1964.

Gery, J.: Characoids of the World. T.F.H.-Publications, Jersey City, USA, 1977.

Gilbert, J. und Legge, R.: Das große Aquarienbuch. Eugen Ulmer, Stuttgart 1977.

Greenwood, P. H.: The Haplochromine Fishes of the East African Lakes. Kraus International Publications, München 1981.

–, Rosen, D. E., Weitzman, S. H., and Myers, G. S.: Phyletic studies of teleostean fishes, with a provisional classification of living forms. Bull. Am. Mus. Nat. Hist., 131 (4), 399–456.

Horst, K. und Kipper, H.: Das perfekte Aquarium. Tetra-Verlag, Melle 1978.

Hückstedt, G.: Aquarienchemie. Franckh'sche Verlagshandlung, Stuttgart 1963.

–: Aquarientechnik. Franckh'sche Verlagshandlung, Stuttgart 1963.

Jacobs, K.: Die lebendgebärenden Fische der Süßgewässer. Verlag Harri Deutsch, Frankfurt 1969.

Klausewitz, W.: Handbuch der Meeres-Aquaristik, Band I–III. Engelbert Pfriem Verlag, Wuppertal-Elberfeld 1975.

Linke, H. und Staeck, W.: Afrikanische Cichliden I, Buntbarsche aus Westafrika. Tetra-Verlag, Melle 1981.

Lowe-McConnell, R. H.: Fish Communities in Tropical Waters. London, 1975.

Lythgoe, J. und Lythgoe, G.: Meeresfische. BLV-Verlagsgesellschaft, München-Bern-Wien 1974.

Marshall, N. B.: Das Leben der Fische, Bd. I u. II. Editions Rencontre, Lausanne 1972.

Mayland, H. J.: Große Aquarienpraxis, Bd. I–III. Landbuch-Verlag, Hannover 1978.

–: Der Malawi-See und seine Fische. Landbuch-Verlag, Hannover 1982.

Mühlberg, H.: Das große Buch der Wasserpflanzen. Werner Dausien, Hanau 1980.

Nelson, J. S.: Fishes of the World. New York 1976.

Paffrath, K.: Bestimmung und Pflege von Aquarienpflanzen. Landbuch-Verlag, Hannover 1978.

Pinter, H.: Handbuch der Aquarienfischzucht. Alfred Kernen Verlag, Stuttgart 1966.

Probst, K. und Lange, J.: Das große Buch der Meeresaquaristik. Eugen Ulmer, Stuttgart 1975.

Redaktion Aquarienmagazin (Hrsg.): Kosmos Handbuch Aquarienkunde. Franckh'sche Verlagshandlung, Stuttgart 1977.

Richter, H.-J.: Das Buch der Labyrinthfische. Neumann Verlag, Leipzig-Radebeul 1979.

Riehl, R. und Baensch, H. A.: Aquarien Atlas. Mergus, Melle 1982.

Schmettkamp, W.: Die Zwergcichliden Südamerikas. Landbuch-Verlag, Hannover 1982.

Schubert, G.: Krankheiten der Fische. Franckh'sche Verlagshandlung, Stuttgart 1964.

Seegers, L.: Killifische – Eierlegende Zahnkarpfen im Aquarium. Eugen Ulmer, Stuttgart 1980.

Staeck, W.: Cichliden – Verbreitung, Verhalten, Arten, Bd. I–III. Engelbert Pfriem Verlag, Wuppertal-Elberfeld 1974–1983.

– und Linke, H.: Afrikanische Cichliden II, Buntbarsche aus Ostafrika. Tetra-Verlag, Melle 1982.

Sterba, G.: Lexikon der Aquaristik und Ichthyologie. Edition Leipzig 1978.

–: Süßwasserfische aus aller Welt, Bd. I u. II. Urania-Verlag, Leipzig-Jena-Berlin 1970.

Vierke, J.: Labyrinthfische und verwandte Arten. Engelbert Pfriem Verlag, Wuppertal-Elberfeld 1978.

Wheeler, A.: Das große Buch der Fische. Eugen Ulmer, Stuttgart 1977.

Wickler, W.: Das Meeresaquarium. Franckh'sche Verlagshandlung, Stuttgart 1962.

Wilkens, P.: Niedere Tiere im tropischen Seewasseraquarium. Engelbert Pfriem Verlag, Wuppertal-Elberfeld 1974.

de Wit, H. C. D.: Aquarienpflanzen. Eugen Ulmer, Stuttgart 1971.

Register

Die mit * versehenen Seitenzahlen verweisen auf Abbildungen